Australien
Nationalparks

Australien ist ein uralter Kontinent, der seine Geheimnisse noch längst nicht alle preisgegeben hat: Hier gibt es schier endlose Wüsten und Steppen, dampfende Regenwälder und Küsten, uralte Gebirge und bizarre Felsmonumente, rauschende Wasserfälle und eine paradiesisch anmutende Tier- und Pflanzenwelt, die auf der ganzen Welt ihresgleichen sucht.

Donatus Fuchs

Australien
Nationalparks

Bruckmann

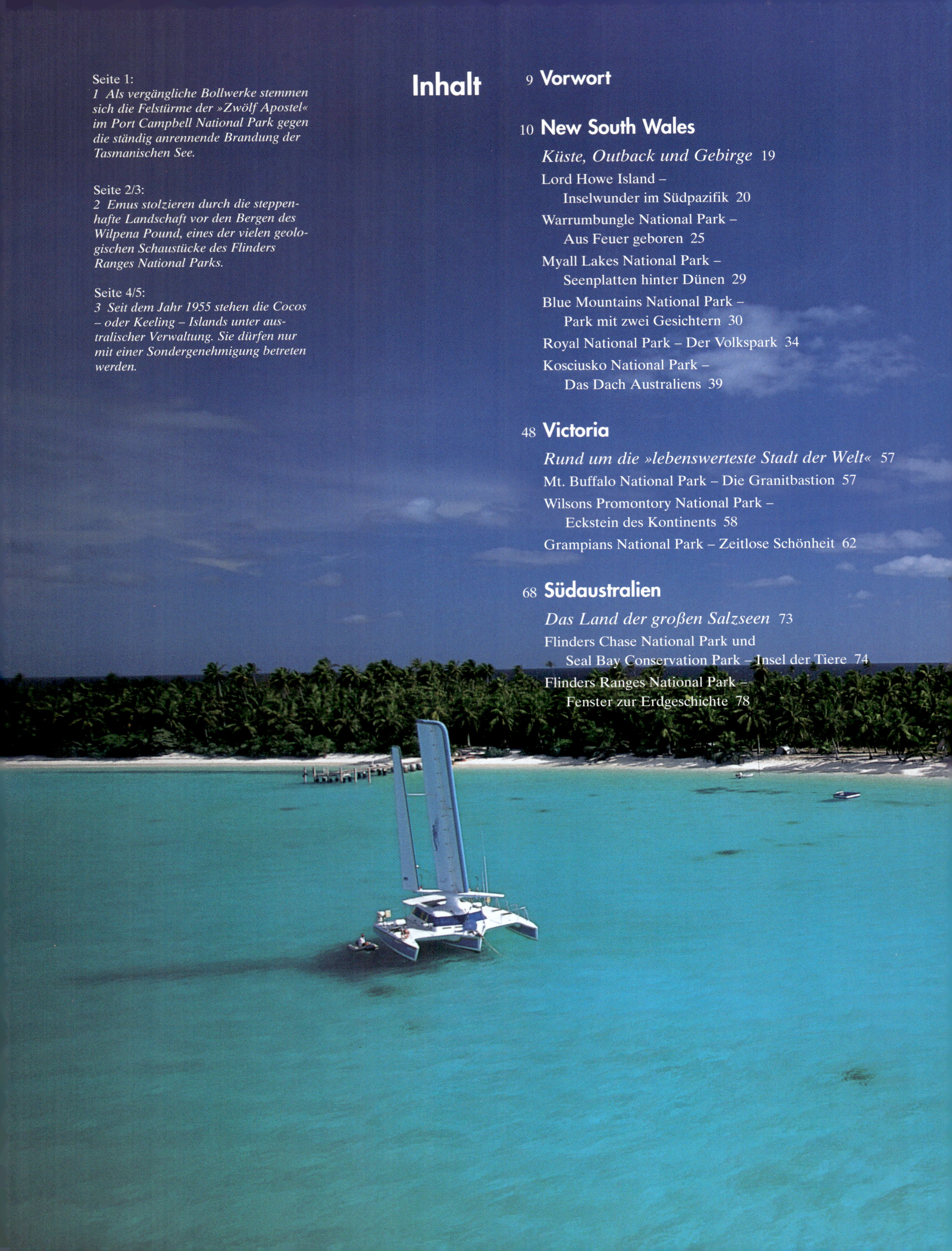

Seite 1:
1 Als vergängliche Bollwerke stemmen sich die Felstürme der »Zwölf Apostel« im Port Campbell National Park gegen die ständig anrennende Brandung der Tasmanischen See.

Seite 2/3:
2 Emus stolzieren durch die steppenhafte Landschaft vor den Bergen des Wilpena Pound, eines der vielen geologischen Schaustücke des Flinders Ranges National Parks.

Seite 4/5:
3 Seit dem Jahr 1955 stehen die Cocos – oder Keeling – Islands unter australischer Verwaltung. Sie dürfen nur mit einer Sondergenehmigung betreten werden.

Inhalt

AUSTRALIEN

Indonesien
Kl. Sunda-Inseln
Port Moresby
Papua-Neuguinea
Salomonen
Neue Hebriden
Neu-kaledonien
AUSTRALIEN
Brisbane
Norfolk-Ils.
Lord Howe Is.
Perth
Canberra
Sydney
Melbourne
Auckland
Neuseeland
Wellington
Tasmania
Hobart
Christchurch
Timor Sea
Indian Ocean
Admiralty Gulf
Kalumburu
Bonaparte Archipelago
Kimberley
Wyndh
Buccaneer Archipelago
Yampi Sound
Cockatoo Island
Cape Leveque
Gibb River Road
Gibb River
King Sound
King Leopold Range
Beagle Bay
Derby
Windjana Gorge
Tunnel Creek
Broome
Roebuck Bay
Fitzroy Crossing
Halls Creek
Geikie Gorge
Cape Bossut
Lagrange
Eighty Mile Beach
Wolf Creek Meteorite Crater
Larrey Pt.
Port Hedland
Goldsworthy
Point Samson
Great Sandy Desert
Barrow Island
Dampier
Wickam
Karratha
Marble Bar
Millstream Chichester Nat. Park
Onslow
Nullagine
North West Cape
Exmouth Gulf
Exmouth
Hamersley Range
Mt. Bruce 1226 m
Wittenoom
Roy Hill
Rudall River Nat. Park
Cape Range Nat. Park
Ningaloo Marine Park
Tom Price
Karijini Nat. Park
WESTERN
Coral Bay
Paraburdoo
Newman
AUSTRALIA
Südlicher Wendekreis
Tropic of Capricorn
23° 26' 30''
Canning Stock Route
Gibson Desert
Lake Macleod
Carnavon
Dairy Creek
Dorre Island
Bernier Island
Cape Peron
Shark Bay
Gladstone
Gunbarrel Highway
Monkey Mia
Dirk Hartog Island
Denham
Hamelin Pool
Wiluna
Warburton
Meekatharra
Leinster
Laverton
Kalbarri
Kalbarri Nat. Park
Mt. Magnet
Agnew
Sandstone
Northampton
Horrocks
Yalgoo
Leonora
Geraldton
Mullewa
Morawa
Dongara
Three Springs
Menzies
Eneabba
Paynes Fint
Jurien
Wubin
Kalgoorlie
Nambung Nat. Park
Moora
Kambalda
Pinnacles Desert
New Norcia
Coolgardie
Widgiemooltha
Nullarbor
Lancelin
Southern Cross
Higginsville
Cocklebiddy
Northam
Merredin
Norseman
Perth
York
Kellerberrin
Fremantle
Wave Rock
Frank Hann Nat. Park
Balladonia
Brookton
Hyden
Pinjarra
Yalgorup Nat. Park
Narrogin
Lake King
Harvey
Bunbury
Geographe Bay
Donnybrook
Wagin
Ravensthorpe
Esperance
Pt. Dempster
Cape Arid Nat. Park
Busselton
Stirling RA. Nat. Park
Jerramungup
Margaret River
Nannup
Manjimup
Hopetoun
Esperance Bay
C. Le Grande
Sandy Bight
Leeuwin-Naturaliste Nat. Park
Augusta
Pemberton
Mt. Barker
Fitzgerald River Nat. Park
Archipelago of the Recherche
Nornalup Nat. Park
Cheyne Bay
Walpole
Denmark
Albany
King George Sound
King Island
Melbourne
Bass Strait
Flinders Island
Cape Barren Island
Cape Grim
Smithton
Marrawah
Burnie
George Town
Cape Portland
Devonport
St. Helens
Cradle Mtn. Lake St. Clair Nat. Park
Launceston
St. Marys
Queenstown
Strahan
Bicheno
Melton Mowbray
Freycinet Peninsula
Swansea
Franklin Lower Gordon Wild River Nat. Park
New Norfolk
Triabunna
Hobart
South West Nat. Park
Port Arthur
Tasman Peninsula
Southport
South West Cape
TASMANIEN
N
0
150 km

Torres Strait
Thursday Is.
Cape York
Prince of Wales Is.
Newcastle Bay
Bamaga
Jardine River Nat. Park
N
0
150
300 km
Arafura Sea
Coral Sea
South Pacific Ocean
Gulf of Carpentaria
Melville Is.
Coburg Peninsula
Bathurst Is.
Van Diemen Gulf
Melville Bay
Gove Peninsula
Nhulunbuy (Gove)
Clarence Strait
Howard Springs
Darwin
Ubirr
Kakadu Nat. Park
Litchfield Nat. Park
Adelaide River
Jabiru
Arnhem Land
Batchelor
Anson Bay
Jim Jim Falls
Daly River
Pine Creek
Port Keats
Blue Mud Bay
Groote Eylandt
Katherine Gorge
Katherine
Mataranka
Roper Bar
Roper
Limmen Bight
Duyfken Pt.
Weipa
Cape Weymouth
Wenlock
Rokeby Nat. Park
Coen
Princess Charlotte Bay
Cape Melvile
Edward River
Kowanyama
Cape York Peninsula
Lakefield Nat. Park
Laura
Cooktown
Lakeland Down
Cape Tribulation Nat. Park
Mossman River Gorge Nat. Park
Mossman
Port Douglas
Daintree NP
Kuranda
Cairns
Mareeba
Green Is.
Staaten River Nat. Park
Mungana
Ravenshoe
Innisfail
Mission Beach
Tully
Rockingham Bay
Hichinbrook Is.
Willeroo
Timber Creek
Kununurra
Larrimah
Gregory River Nat. Park
Newry
Daly Waters
Borroloola
Sir Edward Pellew Group
Victoria River Downs
Top Springs
Mornington Island
Bentinck Island
Newcastle Waters
Kalkarinji
Nicholson
HWY
BUCHANAN
HIGHWAY
Elliot
GULF SAVANNAH TRACK
Burketown
Karumba
Normanton
Croydon
Mt. Surprise
Georgetown
Wallaman Falls
Greenvale
Ingham
Halifax Bay
Magnetic Is.
Townsville
Ayr
GREAT BARRIER REEF MARINE PARK
+8:00
+9:30
Northern Territory
Barkly Tableland
Tanami Desert
TANAMI TRACK
Tennant Creek
Avon Downs
Camooweal
Queensland
Devil's Marbles
Lake Nash
Camooweal Nat. Park
Mt. Isa
Cloncurry
Richmond
Charters Towers
Cape Bowling Green
Bowen
Whitsunday Islands
Mt. Elliot Nat. Park
Proserpine
Lake White
Barrow Creek
Julia Creek
Hughenden
Lake Mackay
Ti Tree
SANDOVER HIGHWAY
Djarra
Kynuna
Great Dividing Range
Eungella Nat. Park
Mackay
Sarina
PLENTY HIGHWAY
Middleton
Winton
Broad Sound
McDonnell Ranges
Boulia
Hamilton
Muttaburra
Südlicher Wendekreis
Tropic of Capricorn
Ross River
Clermont
Wattarka Nat. Park
Kings Canyon
Alice Springs
McDonnell Ranges
Barcaldine
Alpha
Anakie
Emerald
Rockhampton
Great Keppel Island
23° 26' 30"
Lake Neale
Henbury
+9:30
+10:00
Longreach
Lake Amadeus
Keppel Bay
Docker River
Ayers Rock
Mt. Ebenezer
Chambers Pillar
Bedourie
Blackall
Dingo
Gladstone
Kata Tjuta (Olgas)
Uluru Nat. Park
Uluru (Ayers Rock)
Simpson Desert
Finke
Simpson Desert Nat. Park
Tambo
Biloela
Mystery Craters
Kulgera
Windorah
Carnarvon Nat. Park
Robinson Gorge Nat. Park
Monto
Bundaberg
Great Sandy Nat. Park
Fraser Island
Childers
Hervey Bay
Maryborough
Witjira NP
Birdsville
Augathella
Musgrave Ranges
Agnes Creek
Gray Range
Charleville
Mitchell
Taroom
Gympie
Sunshine Coast
Noosa
Everard Park
Clifton Hills
Quilpie
Roma
Miles
Murgon
Nambour
Caloundra
OODNADATTA TRACK
Marla
Oodnadatta
Nanango
Glass House Mts. Nat. Park
Caboolture
Great Victoria Desert
Innamincka
Bunya Mts. Nat. Park
Dalby
Toowoomba
Brisbane
Lake Eyre Nat. Park
Thargomindah
Cunnamulla
St. George
Moonie
Ipswich
Southport
Surfers Paradise
+8:00
+9:30
Lake Eyre
BIRDSVILLE TRACK
Bollon
Goondiwindi
Warwick
Lamington Nat. Park
Gold Coast
South Australia
Opale
Coober Pedy
Sturt Nat. Park
Hungerford
Barringun
Dirranbandi
Hebel
Lismore
Byron Bay
Ballina
Tibooburra
Milparinka
Lightning Ridge
Tenterfield
Marree
Brewarrina
Moree
Glen Innes
+10:00
Bourke
Plain
Leigh Creek
Packsaddle
Opale
Walgett
Grafton
Nullarbor
Lake Frome
Narrabri
Armidale
Eucla
Yalata
Glendambo
Lake Torrens
Flinders Ranges Nat. Park
Wilpena Pound
White Cliffs
Range
Coffs Habour
Nullarbor Nat. Park
Head of Bight
Penong
Ceduna
Pimba
St. Mary Peak 1165 m
+9:30
Broken Hill
Wilcannia
Cobar
Nyngan
Coonamble
Nambucca Heads
Kempsey
Fowlers Bay
Streaky Bay
Lake Gairdner
Bookaloo
Hawker
Cockburn
Menindee
Tamworth
Flinders Ranges
Darling
Gilgandra
Port Macquarie
Streaky Bay
Port Augusta
Kinchega Nat. Park
Ivanhoe
Muswellbrook
Port Kenney
Venus Bay
Kyancutta
Whyalla
Port Pirie
Peterborough
Mungo NP
Gilgunnia
Dubbo
Singleton
Taree
Great Australian Bight
Elliston
Eyre Peninsula
Kimba
Cowell
Port Wakefield
Lofty Ranges
New South Wales
Hilston
Condobolin
Wollemi Nat. Park
Raymond Terrace
Nelson Bay
Newcastle
Mt. Hope
Tumby Bay
Maitland
Barossa Valley
Wentworth
Mildura
Robinvale
Marsden
Forbes
Orange
Bathurst
Wyong
Gosford
Coffin Bay
Spencer Gulf
Renmark
Hattah
Cowra
Kanangra Boyd Nat. Park
Ku-ring Gai Nat. Park
Sydney
Cape Carnot
Port Lincoln
Gulf St. Vincent
Adelaide
Murray Bridge
Pinnaroo
Ouyen
Hay
Griffith
Blue Mountains Nat. Park
Botany Bay
Royal Nat. Park
Sleaford Bay
Victor Harbour
Tailem Bend
Swan Hill
Narrandera
Wagga Wagga
Goulburn
Wollongong
Cape Spencer
Investigator Strait
Kingscote
Hopetoun
Kerang
Deniliquin
Canberra
Nowra
Jervis Bay
Flinders Chase Nat. Parc
Meningie
Bordertown
Charlton
Echuca
Albury
ACT
Ulladulla
Cape du Couedic
Kangaroo Island
Encounter Bay
Nhill
Horsham
Shepparton
Wodonga
Snowy Mountains
Batemans Bay
Alpine NP
Great Dividing Range
Cooma
Narooma
Klingston SE
Grampians
Ararat
Bendigo
Castlemaine
Benalla
Mt. Kosciusko 2228 m
Tasman Sea
Southern Ocean
Robe
Hamilton
Ballarat
Melbourne
Omeo
Bega
Merimbula
Snowy River NP
Bombala
Eden
Millicent
Mt. Gambier
Geelong
Port Phillip Bay
Victoria
Morwell
Bairnsdale
Orbost
Cape Howe
Mallacoota
Croajingolong Nat. Park
Portland
Warrnambool
Surfstrande
Sale
Lakes Entrance
The Twelve Apostles
Apollo Bay
Cape Otway
Wonthaggi
Yarram
Wilsons Promontory Nat. Park
King Island
Bass Strait
Tasmanien
Flinders Island

Vorwort

Mit einem gesunden Schuß Selbstbewußtsein nennen die Australier ihr Land gerne das »lucky country«. Was Nationalparks betrifft, ist Australien nun wahrlich ein glückliches Land: Weit über 500 Schutzgebiete tragen stolz den Titel Nationalpark – und jährlich werden es mehr. Diese erstaunliche Zahl muß allerdings relativiert werden. So liegen zahlreiche Nationalparks derart abgelegen, daß kein öffentlicher Zugang existiert. Manche Parks sind nur mit großem Aufwand und Allradfahrzeugen erreichbar, eine touristische Infrastruktur fehlt oft völlig. Einige Schutzgebiete sind zudem für die Allgemeinheit gänzlich gesperrt und dienen als Rückzugsgebiete für seltene Tierarten. Der *Epping Forest National Park* in Queensland zum Beispiel bildet einen idealen Lebensraum für das *Hairy-nosed Wombat,* eine seltene Unterart des endemischen Beuteltieres, und darf nur von Wissenschaftlern betreten werden. Dies gilt auch für den *Mallee Cliffs National Park* in New South Wales. Die strikten Schutzbestimmungen dort gelten dem *Mallefowl*, einer vom Aussterben bedrohten Vogelart.

4 Eine Laune der Natur avancierte zu einer der interessantesten geologischen Sehenswürdigkeiten im Flinders Chase National Park auf Kangaroo Island: die »Remarkable Rocks«, bizarr verwitterte, flechtenüberwachsene Felskugeln, die den Rücken eines gewaltigen Granitdorns schmücken.

Auch in der Größe der Nationalparks gibt es gewaltige Unterschiede. Zwischen einer Fläche von nur einem einzigen Hektar bis hin zu über einer Million Hektar sind alle Größenabstufungen zu finden.

Eine der Hauptfunktionen der Nationalparks ist der Schutz herausragender Landschaften sowie der Erhalt der einzigartigen, teilweise in ihrem Bestand gefährdeten Flora und Fauna Australiens. Gerade in dieser Hinsicht ist Australien ein wirklich glückliches Land. Dank der langen Isolation des Kontinents – Australien trennte sich vor etwa fünfzig Millionen Jahren von der Antarktis und driftet seither als gigantische Insel langsam nach Norden – entstand eine Tier- und Pflanzenwelt, die auf dieser Welt nichts Vergleichbares hat. So sind etwa achtzig Prozent aller australischen Pflanzenarten endemisch, kommen also nur auf dem »Fünften Kontinent« vor. Ähnliches gilt für die Fauna: zum einen überlebten dank der Isolation Relikttierarten aus der Zeit des urweltlichen Superkontinents Gondwanaland, zum anderen entstanden im Laufe der Jahrmillionen neue, endemische Tierarten.

Dabei ist so manch unwegsamer australischer Park noch gar nicht vollständig wissenschaftlich erfaßt. Immer wieder sorgen sensationelle Entdekkungen für Aufsehen. So fand ein Nationalpark-Mitarbeiter im Januar 1995 in dem unwegsamen *Wollemi National Park* nur 200 Kilometer westlich von Sydney eine Baumart, von der man annahm, daß sie seit 65 Millionen Jahren ausgestorben sei. Und erst kürzlich entdeckten Wissenschaftler im *Kakadu National Park* eine bis dato unbekannte Tierart. Nationalparks fungieren also als »biologische Banken«, ohne die zahlreiche Tier- und Pflanzenarten nicht überleben und unwiderruflich vom Antlitz dieser Erde verschwinden würden.

Gleichzeitig werden Nationalparks auch für die Erholung der Menschen konzipiert und bilden vor allem im Einzugsbereich der großen Städte Rückzugsoasen und Freizeitrefugien. Da die Parks durch Steuergelder finanziert werden, erwarten die Menschen verständlicherweise Vorteile aus diesen Einrichtungen. Eine zunehmend schwieriger werdende Gratwanderung zwischen dem Schutzanspruch und einem berechtigten Freizeitgedanken ist die Folge.

Das Konsumieren der Natur vom Auto aus – wie es in Amerika in den meisten Parks gang und gäbe ist – ermöglichen nur die wenigsten australischen Nationalparks. Um die einzigartige Natur zu erleben, muß man oft auf die Bequemlichkeit verzichten und sich zu Fuß aufmachen. Für seine Mühen wird man allerdings mit bizarren und einzigartigen Landschaften, einer exotischen Tier- und Pflanzenwelt und viel Freiheit belohnt: das »lucky country« Australien findet man vor allem in den Nationalparks.

New South Wales

Den Südosten des »Fünften Kontinents« nimmt der mit 801 428 Quadratkilometern fünftgrößte der australischen Bundesstaaten ein. Als hier 1770 James Cook anlandete, begann die Geschichte der Europäer auf dem Erdteil, der schon im Jahrhundert zuvor entdeckt worden war.
Aus der einstigen – hier 1788 erstmals eingerichteten – britischen Strafkolonie ist längst ein Land mit bedeutender Schaf- und Rinderzucht geworden, das darüber hinaus mit Bodenschätzen gesegnet ist und auch seine Naturwunder, die durch mehr als 70 Nationalparks geschützt sind, nicht zu verbergen braucht.
Diese konzentrieren sich vor allem in der Küstenregion, wo auch die Hauptstadt Sydney liegt. Dieser Gebietsstreifen am Pazifischen Ozean ist durch den Gebirgszug der Great Dividing Range, der mit dem 2228 Meter hohen Mt. Kosciusko den höchsten Berg Australiens beinhaltet, vom weiten Hinterland des Outbacks abgetrennt.

7 | 8

Vorhergehende Abbildungen:

5 Lord Howe Island hat alle Zutaten einer exotischen Trauminsel: Die Korallenbänke des Johnsons Reef bilden den Vordergrund für die beiden höchsten, von Regenwald überzogenen Berge der Insel, den Mt. Lidgebird (links) und den Mt. Gower (rechts).

6 Beim Aufstieg zum Gipfel des Mt. Gower gibt ein Fenster im tropischen Pflanzengewirr einen flüchtigen Blick auf den unnahbaren Gipfel des Mt. Lidgebird frei.

7/8 Das auffallende »Lachen« des Kookaburra gehört zu den auffälligsten Vogelrufen in den Nationalparks der Ostküste. Das krähengroße Tier gehört zur Familie der Eisvögel und gilt als gewandter Schlangenjäger (7). Eine Woodhen plustert ihr Gefieder auf (8).

9/10 Nur auf Lord Howe Island, und dort beschränkt auf die Gipfelregionen der höchsten Berge, kommt die kleinwüchsige, gerade zwei Meter hohe Moorei-Palme (Lepidorrhachis mooreana) vor. Ebenfalls endemisch ist die Mountain Rose (Metrosideros nervulosa), deren Blüten ganze Berghänge mit dunklem Rot überziehen.

9|10

◁ 11 12 | 13 | 14

Küste, Outback und Gebirge

»The Premier State« nennt sich New South Wales stolz und gibt dies zum Beispiel auf den Nummernschildern der Autos kund. Dieses Selbstbewußtsein schöpft der Bundesstaat aus der historischen Tatsache, daß an seinen Gestaden durch die Landung von James Cook vor über zweihundert Jahren die Geschichte der Europäer in Australien begann.

Vorhergehende Abbildungen:

11 An den Watsons Crags finden die Snowy Mountains im Kosciusko National Park ihre wohl alpinste Ausprägung. Über 1300 Meter ziehen sich die Steilflanken bis zum dichtbewaldeten Tal des Geehi Rivers hinunter.

12 Schnee-Eukalypten widerstehen den klimatischen Extremen des Gebirgsparks, der als Kältepol Australiens gilt, ausgezeichnet. Jahr für Jahr versinken hier im Kosciusko National Park die Hochlagen unter einer dicken Schneedecke.

13 Reminiszenz aus vergangenen Zeiten: Die Coolamine Homestead im Nordteil des Kosciusko National Parks ist längst aufgegeben und wird nun von der Nationalpark-Verwaltung als historisches Monument gepflegt.

14 Brushtail Possums gehören zu den regelmäßigen nächtlichen Besuchern auf Zeltplätzen im Kosciusko National Park. Man tut deshalb gut daran, seinen Proviant sicher zu verstauen, denn den feinen Nasen der possierlichen Beuteltiere entgeht nichts.

15 Ein Juwel unter den von Gletschern geschaffenen Seen im Kosciusko National Park ist der Blue Lake. In dem tiefen, in einem großartigen Felsrund gelegenen See lebt eine winzige Garnelenart, die nur hier vorkommt.

Flächenmäßig kommt New South Wales innerhalb der australischen Bundesstaaten und Territorien zwar erst an fünfter Stelle; betrachtet man die Wirtschaft und die Einwohnerzahl, steht das Land allerdings ganz vorne. Der bevölkerungsreichste Bundesstaat Australiens – etwa ein Drittel aller Einwohner leben hier – gründet seine Anziehungskraft in erster Linie auf das günstige Klima der Küstenregionen. Nach wie vor geben deshalb die meisten Einwanderer diesen Bundesstaat und vor allem seine faszinierende Metropole Sydney als Ziel ihrer Wünsche an. Zudem ist New South Wales der am höchsten industrialisierte Teilstaat Australiens. Drei Standbeine sichern die Ökonomie des Landes: Bergbau, Landwirtschaft und die verarbeitende Industrie.

Geografisch läßt sich New South Wales in einen fruchtbaren *Küstenstreifen*, die *Gebirgsketten* der *Great Dividing Range*, die landwirtschaftlich intensiv genutzten *Ebenen im Westen* des Gebirges und die Weiten des *Outbacks* unterteilen. Mit dem Abstand zur Küste nimmt die Bevölkerungsdichte rasch ab.

Mit Naturwundern und -schönheiten ist der Bundesstaat dank der abwechslungsreichen Geografie reich gesegnet. Von *subtropischen Regenwäldern* über wilde und einsame *Küstenregionen* bis hin zu den im Winter schneebedeckten Bergen der *Snowy Mountains* reicht die Palette. Im Landesinneren locken die Weiten des trockenen und menschenleeren *Outbacks*. Weit über siebzig Nationalparks – die meisten entlang der Küste und der Great Dividing Range – bewahren die Besonderheiten des Landes.

Information

Anreise: Internationales Einfallstor für New South Wales ist Sydney. Die faszinierende Stadt am Pazifik wird von zahlreichen Fluglinien angeflogen, dementsprechend vielseitig sind die Flugverbindungen von Deutschland aus.

Unterkunft: Sydney zählt zu den Top-Sehenswürdigkeiten des »Fünften Kontinents«, und kaum eine Australienreise führt an dem wirtschaftlichen und kulturellen Mittelpunkt des Landes vorbei. In Sydney ist man sich dieser Spitzenstellung bewußt und bietet seinem internationalen Publikum ein breitgefächertes Angebot an Unterkünften. Die meisten Top-Hotels liegen in der City und in »The Rocks«, darunter das Old Sydney Park Royal (Tel. 02/2520524), das Park Hyatt Sydney (Tel. 02/2411234) oder The Regent (Tel. 02/2380000). Hohen Standard bieten auch das Novotel (Tel. 02/9340000) und das Golden Gate Park Plaza International (Tel. 02/2816 8888) in Darling Harbour. Etliche Hotels – darunter auch preisgünstige Häuser – haben sich in Kings Cross etabliert. Empfehlenswert ist zudem das Manly Pacific Parkroyal im feinen Vorort Manly (Tel. 02/9777666).

Internationales Einfallstor für ganz Australien ist die Millionenmetropole *Sydney*. Von hier aus starten die meisten Besucher ihre Australienreise. Der nächste Nationalpark ist dann auch nicht mehr weit. Allein im Ballungsraum von Sydney bieten mehrere davon den gestreßten Städtern die Möglichkeit, der Hektik des Alltags zu entfliehen. Erwähnt seien da nur der *Royal National Park, Ku-ring-gai Chase National Park, Sydney Harbour National Park* oder der *Brisbane Water National Park*. Und die *Blue Mountains* liegen als eines der wichtigsten Naturreservate Australiens nur eineinhalb Fahrstunden von der City entfernt. Kaum eine andere Großstadt der Erde kann sich deshalb mit so vielen Parks schmücken wie Sydney.

Auch zu den meisten anderen bedeutenden Nationalparks von New South Wales ist es von Sydney aus nicht allzu weit. In ein paar Stunden erreicht man beispielsweise den *Kosciusko National Park*, der im Winter zum Skifahren oder Langlaufen lockt und im Sommer ein traumhaftes Wanderrevier darstellt. Auch die zahlreichen Parks entlang der Küste liegen für australische Verhältnisse sozusagen im Nahbereich.

Lord Howe Island

Inselwunder im Südpazifik

Hier werden Südseeträume wahr: sich im Wind wiegende Palmen, ein langgeschwungener Sandstrand, die türkisschimmernde Lagune, der weiße Brandungssaum des Korallenriffs, die hohen, mit Regenwald überzogenen Berge, unnahbar steil und meist mit einer Wolkenhaube geschmückt – Die Rede ist nicht von Tahiti, Moorea oder Bora Bora, sondern von Lord Howe Island, vielleicht Australiens schönster Insel. Sie versprüht den Charme Polynesiens und hat alle Zutaten zu einer Trauminsel für Naturliebhaber. Neben der herausragenden landschaftlichen Schönheit war es eben die außergewöhnliche Fauna und Flora, die dieser abgelegenen Insel vor der Küste von New South Wales 1982 den Status *»Erbe der Menschheit«* eingebracht hat. 75 Prozent von Lord Howe Island und alle umliegenden Inseln sind seit damals – obwohl nicht als Nationalpark ausgewiesen – dauerhaft unter den Schutz der UNESCO gestellt.

Entdeckt wurde Lord Howe Island, ein winziger, abgelegener Splitter, der 770 Kilometer nordöstlich von Sydney aus den Fluten des Südpazifiks ragt, von dem Engländer *Henry Lidgebird*, der 1788 an der Insel vorbeisegelte. Die ersten Siedler erreichten sie allerdings erst 1834. Die Abgelegenheit und die Unberührtheit der Insel sind wohl die Gründe, daß Lord Howe Island sich ihre natürliche Schönheit bis heute bewahren konnte. Die Insel ist halbmondförmig geschwungen, gerade einmal elf Kilometer lang und knapp drei Kilometer an der breitesten Stelle breit. Überraschend urtümlich ist die Topografie. Dominiert wird Lord Howe Island von den beiden steil aus dem Meer ragenden Bergen *Mt. Lidgebird* (777 m) und *Mt. Gower*, der mit 875 Metern den höchsten Punkt der Insel bildet. Die beiden Berge nehmen den gesamten, unwegsamen *Süden* der Insel ein. Der schmale, wie eine Taille eingeschnürte *Mittelteil* ist gemäßigter und den Menschen vorbehalten. Hier liegt der Flughafen, hier lebt die gerade 300 Köpfe zählenden Inselbevölkerung, hier finden sich alle touristischen Einrichtungen. Der *Nordteil* der Insel dagegen wird von einem querliegenden, hammerförmigen *Gebirgsriegel* gebildet, der in dem 208 Meter hohen *Malabar Hill* kumuliert. Hier hat wieder die Natur das Sagen. Während die rauhe und felsige *Ostküste* der Insel der mächtigen Brandung des Südpazifiks direkt ausgesetzt ist, schützt ein sechs Kilometer langes *Korallenriff* – es gilt als das südlichste der Erde – das Innere des Inselbogens und bildet die flache *Lagune*, deren türkisschimmerndes Wasser ein Traumrevier für Schnorchler und Taucher darstellt.

Geologie

Lord Howe Island ist der stark verwitterte Rest eines großen *Schildvulkans*, dessen Alter man auf sieben Millionen Jahre schätzt und der einen Durchmesser von etwa dreißig Kilometern gehabt haben muß. Die zerstörerische

Information

Auskünfte: Lord Howe Island Tourist Centre, 39 York Street, Sydney, NSW 2000, Tel. 02/2626555.
Reisezeit: Die Insel erfreut sich eines subtropischen Meeresklimas, geprägt von milden Sommern mit regelmäßigen Niederschlägen. Die Temperaturen im Winter kühl bis mild. Das ausgeglichene Klima macht die Insel zu einem Ganzjahresziel, wobei die Monate November bis Mai als die schönsten gelten.
Unterkünfte: Genächtigt wird auf der Insel meist in sogenannten »self contained units«, das sind vollständig eingerichtete, geräumige Ferienwohnungen. Informationen über das Angebot bekommt man bei Fastbook Pacific Holidays, 163 Eastern Valley Way, Middle Cove, NSW 2068, Tel. 02/9582799.
Camping: Es gibt keinen Campingplatz auf der Insel.
Aktivitäten: Wandern, Tauchen, Schnorcheln, Fischen, Tierbeobachtungen.
Touren: Geführte Wanderungen werden von Lord Howe Island Nature Tours, P. O. Box 6367, Coffs Harbour Plaza, NSW 2450, angeboten.

16 Höhepunkt eines jeden Aufenthalts auf Lord Howe Island ist die Besteigung des 875 Meter hohen Mt. Gower. Die anstrengende Tour darf nur mit einem Führer unternommen werden. Lohn der Mühen sind eine einzigartige Pflanzen- und Vogelwelt und der Blick zur 23 Kilometer entfernten Balls Pyramid, einer 551 Meter hohen Felspyramide (im Hintergrund).

17 Einer der wirtschaftlichen Grundstützen Lord Howe Islands ist der Export von Samen der Kentia-Palme (Howea forsteriana) in alle Welt. Die meisten Zimmerpalmen in Europa haben ihren Ursprung auf dieser Insel.

Folgende Abbildung:

18 Der Blick hinab vom Mt. Gower präsentiert die landschaftliche Schönheit Lord Howe Islands in ihrer gesamten Vielfalt.

19 | 20

Kraft der Erosion hat im Laufe der Jahrmillionen die Fläche der Insel auf ein Vierzigstel und die Höhe auf die Hälfte der ursprünglichen Landmasse reduziert. Lord Howe Island liegt in einer Linie mit einer ganzen Reihe von untermeerischen Vulkanen, und man geht heute davon aus, daß ein *»hot spot«*, eine stationäre und hochliegende Magmakammer, die Inseln und Vulkane geschaffen hat. Balls Pyramid, eine spektakuläre, 551 Meter hohe Felsenpyramide 23 Kilometer südostlich von Lord Howe Island, ist der letzte Rest einer bereits fast vollständig verwitterten Nachbarinsel.

Die gerade noch 200 Meter aufragenden Hügel am Nordende von Lord Howe Island stammen aus einer früheren vulkanischen Periode als die zwei das Antlitz der Insel prägenden Berge Mt. Lidgebird und Mt. Gower. Letztere entstanden, so vermuten die Geologen, als der Gipfel des großen Vulkans in sich zusammensackte und eine große Caldera bildete. Diese füllte sich wieder mit Lava auf, und die beiden steil aufragenden Berge stellen heute den verwitterten Rest dieser Caldera-Füllung dar. So erklären sich auch die horizontalen Basaltschichten der imposanten Gipfel. Im flacheren Mittelteil der Insel bilden durch Kalziumkarbid verfestigte alte Sanddünen eine geologische Besonderheit auf der vulkanischen Insel. In den versteinerten Sandmassen fand man die Eier und Skelette der längst ausgestorbenen *Gehörnten Schildkröte* (horned turtle).

Die Natur der Insel

Die Lage und Isolation der Insel führte zur Entwicklung einer ganz speziellen Pflanzenwelt. Auf Lord Howe Island vermischt sich die Flora Australiens mit derjenigen Neuseelands, Neukaledoniens und Norfolk Islands. Diese ungewöhnliche Kombination sowie der hohe Anteil an endemischen Pflanzenarten – ein Drittel der 180 Blütenpflanzen und 54 Farnarten kommt nur hier vor – waren die ausschlaggebenden Argumente dafür, die Insel zum »Erbe der Menschheit« zu erklären.

Eine besondere Bedeutung kommt der Vogelwelt der Insel zu. Über 130 Arten hat man bisher gezählt, 28 brüten regelmäßig auf der Insel. Riesige Brutkolonien bilden dabei die *Seeschwalben*, zwei Arten von *Sturmtauchern* und der sogenannte *Red-tailed Tropic Bird*, dessen Hauptmerkmal zwei lange, rotgefärbte Schwanzfedern sind.

Der wohl berühmteste Vogel der Insel aber ist die *Woodhen*, ein flugunfähiger, etwa hühnergroßer Waldbewohner, der nur auf Lord Howe Island vorkommt. Die Zahl der einst recht häufigen Vögel sank in den siebziger Jahren auf etwa dreißig Exemplare ab, die im unzugänglichen Regenwald auf dem Gipfel des Mt. Gower überlebten. Die Art schien verloren. Ein großangelegtes Brutprogramm, das 1980 zur Rettung der Vogelart gestartet wurde, verlief aber so erfolgreich, daß sich der Bestand auf etwas mehr als 200 Vögel erhöhte und das Aussterben der Spezies verhindert werden konnte.

Auf der Insel unterwegs

Lord Howe Island ist eine Insel der Wanderer – und Radfahrer. Die zahlreichen Attraktionen der Insel – wie beispielsweise Neds Beach mit den zahmen Fischen – und die Ausgangspunkte zu den Wanderungen können umweltfreundlich mit dem Zweirad erreicht werden. Aber erst zu Fuß auf dem ausgedehnten Wegenetz unterwegs bekommt man einen umfassenden Einblick in die ungewöhnliche Natur von Lord Howe Island. Auf den Wanderungen sind die ungewöhnliche Vegetation und vor allem die Vogelwelt das Ziel – mit atemberaubenden Ausblicken als Dreingabe.

Höhepunkt aller Wanderungen ist die Besteigung des Mt. Gower, dessen massiger, mit Regenwäldern überzogener Gipfel die *Südspitze* der Insel bildet. Da das Gelände sehr zerklüftet, der Weg nicht markiert und die Witterung am Berg recht unbeständig ist, darf diese Tour nur in Begleitung eines autorisierten Führers angegangen werden. Höhepunkte dieser außergewöhnlichen und anstrengenden Tageswanderung sind die phantastischen Blicke über die Insel, die Lagune und das Riff, die einzigartige Vegetation des Gipfelregenwaldes und die Möglichkeit, die seltenen Woodhen aus nächster Nähe zu sehen. Ähnlich eindrucksvoll, aber nicht so anspruchsvoll, ist der Aufstieg zum Goat House, einer großen Grotte an der steilen Nordflanke des Mt. Lidgebird. Auf den von Steilabbrüchen umrahmten Gipfel selbst führt kein Weg. Atemberaubende Ausblicke bietet auch die Überschreitung des Malabar Hill zu Kims Lookout im *Norden* der Insel. Der Pfad verläuft entlang einem bis zu 200 Meter tief abstürzenden Steilabbruch und bietet herrliche Ausblicke zur Gruppe der Admiralty Islands. In den Steilwänden nisten zahllose Seevögel, darunter der *Red-tailed Tropic Bird*. Die Brutkolonien dieses wunderschönen Vogels auf Lord Howe Island gelten als die größten der Welt.

Ein besonders für Vogelliebhaber lohnender Ausflug führt vom nördlichen Ende der Lagoon Road parallel zum Old Settlement Beach über den Max Nichols Memorial Track zur malerischen Bucht des North Beach. Von dort läßt sich der Gipfel des Mt. Eliza (147 m) in einer halben Stunde besteigen. Das Gipfelplateau ist ein bevorzugter Nistplatz der *Rußseeschwalbe*.

Warrumbungle National Park

Aus Feuer geboren

Vulkankegel, über denen kilometerhohe Aschesäulen stehen, rotglühende Lavaströme, zerstörerische Eruptionen, Termalgebiete à la Yellowstone –

19 Massentourismus ist auf Lord Howe Island ein unbekanntes Wort. Die Anzahl der Gäste ist begrenzt, überfüllte Restaurants sind deshalb selten.

20 Vor einem dichten Hain aus Kentia-Palmen auf Lord Howe Island stehen Murray-Lilien (Crinum penduculatum) in voller Blüte und schaffen einen tropischen Paradiesgarten.

das alles wird man in Australien vergeblich suchen. Aktiven Vulkanismus kann der Inselkontinent seinen Besuchern nicht bieten. Nicht immer aber waren die Zeiten »down under« so ruhig. In zahllosen Regionen Australiens findet man Zeugnisse einer feurigen Vergangenheit, als Vulkane das Antlitz des australischen Kontinents mitgestalteten, und immer wieder stößt man auf Spuren gewaltiger, landschaftsverändernder Naturkatastrophen. Eines dieser ehemals von aktiven Feuerbergen geprägten Gebiete liegt im Nordwesten des Bundesstaates New South Wales, etwa 500 Kilometer von Sydney entfernt. Aus der bewaldeten Bergkette der *Warrumbungle Range* ragen seltsame, fremd wirkende Felsgestalten, bizarre Gesteinstürme, -mauern und -dome auf. Diese ungewöhnlichen Formationen sind der augenscheinliche Beweis, daß die Gegend einmal Schauplatz heftiger vulkanischer Aktivitäten war. Die »Krummen Berge«, so die Übersetzung des Namens Warrumbungle, bilden heute den Kern des beliebten *Warrumbungle National Parks*.

Geologie

Der Gebirgszug gehört zu einer ganzen Reihe von vulkanischen Gebieten in New South Wales, die entlang von Verwerfungslinien – im Zuge der Auffaltung der *Great Dividing Range* – entstanden. Vor 17 Millionen Jahren begann sich hier Lava über den uralten Sandstein aus dem Mesozoikum und dem Perm zu ergießen. Es handelte sich dabei um zähe, siliziumreiche Lava, die schnell erhärtete und gelegentlich die Schlote der Feuerberge verstopfte. Dann staute sich der Druck im Inneren und entlud sich in katastrophalen, explosionsartigen Eruptionen. Bei diesen gewalttätigen Ausbrüchen wurden große Mengen von Gesteinstrümmern, Asche und Bimsstein über das umliegende Land verteilt. Unterschiedliche Gesteinsschichten mit einer Mächtigkeit von mehreren hundert Metern lagerten sich ab. In der Endphase dieser feurigen Zeit schließlich, als der Druck im Erdinneren nachließ, verstopfte Trachyt, eine besonders schnell abkühlende Lava, die Schlote. Vor etwa dreizehn Millionen Jahren verebbte der Vulkanismus in der Gegend des heutigen Warrumbungle National Parks.

Seitdem gestaltet die Erosion das Antlitz des Gebirgszuges. Im Lauf der Jahrmillionen verwitterte das weichere Gestein, übrig blieben die harten Lavapfropfen, Trachytdome und -adern. Sie prägen heute das unverwechselbare Gesicht des Parks. Die bekanntesten Berggestalten des Parks sind unter anderem das *Breadknife*, eine bis zu 90 Meter hohe Trachytmauer, die grandiose Felsnadel des *Belougery Spire* oder der massive Felsdom des *Bluff Mountain*.

Flora und Fauna

Eine besondere Bedeutung kommt dem Park, der an der Schnittstelle zwischen der feuchteren Küstenregion im *Osten* und dem trockenen *Westen* liegt, als Pflanzenschutzgebiet zu. Gerne als Treffpunkt des Ostens mit dem Westen bezeichnet, findet man in der Warrumbungle Range Pflanzenarten aus den beiden klimatisch so unterschiedlichen Regionen. So treffen Bäume, die normalerweise auf dem regenreicheren New-England-Hochland beheimatet sind, an den geschützten Südhängen des Gebirges auf brauchbare Lebensbedingungen. Auf der trockenen, mehr der Sonne ausgesetzten Nordseite des Gebirgszuges gedeihen dagegen wasserspeichernde Pflanzen, die ansonsten typisch für die westlichen Trockengebiete sind.

Die überraschende Vegetationsvielfalt spiegelt die abwechslungsreiche Topografie und die verschiedenen Böden des Gebietes wider. Weit über 600 Blütenpflanzen sind bisher entdeckt und registriert worden. Da der gebirgige Park von landwirtschaftlich genutztem Land umgeben ist, macht ihn sein Inselcharakter zu einem bedeutenden Rückzugsgebiet für zahlreiche Pflanzen.

Die vielseitigen Landschaftsformen, Mikroklimata und die damit verbundenen Pflanzengemeinschaften bilden die unterschiedlichsten Lebensräume für Tiere. Die auffälligsten Vertreter des Tierreichs sind das *Eastern Grey Kangaroo* und das plumpe *Wallaroo*. Zusammen mit zahlreichen Emus bevölkern sie die Wiesenflächen des Parks. Die scheuen *Rotnacken-* und *Sumpfwallabies* sowie die putzigen *Koalas* bekommt man dagegen selten zu Gesicht – es sei denn, man hat gute Augen. Selten blicken lassen sich auch die zahlreiche Reptilien – von einem gelegentlichen *Goanna* abgesehen. Die größte Vielfalt aber können die Vögel für sich verbuchen: Mehr als 180 Arten bevölkern den waldreichen Park.

Im Park unterwegs

Von *Coonabarabran*, einem geschäftigen Ort nordwestlich des Parks, führt der *John Renshaw Parkway* in das Schutzgebiet. Kurz vor Erreichen der Nationalpark-Grenze zweigt rechts ei-

Information

Auskünfte: National Parks & Wildlife Services, 56 Cassilis Street (P. O. Box 39), Coonabarabran, NSW 2375, Tel. 068/421311.
Reisezeit: Der Park ist ganzjährig geöffnet. Frühling und Frühsommer gelten als die schönste Reisezeit, im Winter kann es im Park empfindlich kalt werden.
Unterkunft: Außer Camping gibt es im Park keine Übernachtungsmöglichkeiten. Hotels und Motels findet man im nahen Coonabarabran.
Camping: Mit allen sanitären Anlagen ausgestattet ist Camp Blackman, Toiletten und Wasser gibt es im Camp Wambelong. Camp Elongery ist für Gruppen reserviert.
Aktivitäten: Wandern, Klettern (Permit notwendig), Tierbeobachtungen.

21 Eines der Schaustücke des Warrumbungle National Parks ist die Trachytsäule des Belougery Spire. Die Felsnadel stellt den erkalteten, erosionsbeständigen Pfropfen eines Vulkanschlotes dar. Der Gipfel der Zinne ist nur erfahrenen Kletterern vorbehalten.

ne steile Teerstraße zum *Siding Spring Observatory* ab – ein Abstecher, der zu empfehlen ist. Das große Teleskop kann besichtigt werden, und eine ständige Ausstellung mit dem lockenden Titel »Exploring the Universe« entführt Besucher in die geheimnisvolle Welt der Sterne.

Ein Hinweisschild mit der Aufschrift *Whitegum Lookout* weist ein paar Kilometer weiter im Park auf die erste Sehenswürdigkeit hin. Ein kurzer Spaziergang von fünfzehn Minuten führt zu einem Aussichtspunkt, von dem aus die gesamte *Hauptkette der Warrumbungle Range* mit ihren markanten Felsgestalten überblickt werden kann. Eine Schautafel erklärt das Panorama und vermittelt Wissenswertes über die Entstehungsgeschichte der Gegend.

Die Straße windet sich nun in einer großen Schleife den Berghang hinunter. Schon bald darauf öffnet sich das Gelände, weite Grasebenen bestimmen jetzt das Bild. Besonders am Morgen und am Abend bevölkern hier ganze Herden von *Känguruhs* die Wiesen. Zum *Visitor Centre*, dem Hauptquartier des Parks angegliedert, ist es jetzt nicht mehr weit. Hier werden die Permits für das Zelten ausgegeben, Ausstellungen und Videovorführungen stellen die Besonderheiten des Parks vor und freundliche Ranger geben Auskünfte über die Wandermöglichkeiten im Park.

Wandern im Park

Denn um den Park wirklich kennenzulernen, müssen die Wanderstiefel geschnürt werden. Ein Netz von Wanderwegen durchzieht den zentralen Teil des Reservats und ermöglicht den Zugang zu praktisch allen landschaftlichen Ausprägungen. Als schönste Wanderung lockt der *Grand High Tops Circuit*. Er verbindet die bekanntesten Felsformationen der *Warrumbungle Range* zu einer langen, aber äußerst lohnenden Tour. *Bluff Mountain* – auf einem Abstecher vom Weg aus zu besteigen –, *Bluff Pyramid, Crater Bluff* und *Belougery Spire* – die *Grand High Tops* – stehen Parade. Als optische Zugabe gibt es die Trachytmauer des *Breadknife*. Früher war der schmale Gesteinswall ein beliebtes Kletterziel, heute ist die erosionsgefährdete Mauer allerdings für Felsakrobaten tabu. Näher als auf dem Grand High Tops Circuit kommt man an die berühmten Felsgestalten des Parks nicht heran. Mit Abstand betrachten kann man sie vom Felsgipfel des *Macha Tor*, erreichbbar über den *Goulds Circuit*. Gipfelstürmer werden an der Besteigung des *Mt. Exmouth* ihre Freude haben. Auch von seinem höchsten Punkt aus sind die Aussichten grandios.

Myall Lakes National Park

Seenplatte hinter Dünen

Nördlich der Stadt Newcastle schwenkt der *Pacific Highway* ins Landesinnere ein, hält nun für längere Zeit Abstand zur Küste – und umgeht so einen der attraktivsten Nationalparks von New South Wales, den *Myall Lakes National Park*. Vom Highway aus nicht einsehbar, zieht sich zwischen dem kleinen Küstenort *Hawks Nest* und dem zauberhaften Städtchen *Forster* eine *Kette von Seen* parallel zur Küste entlang. Vom offenen Meer sind sie durch einen hohen *Dünenwall* abgeschirmt. Die miteinander verbundenen Seen *Bombah Broadwater, Two Mile Lake, Boolambyte Lake* und *Myall Lake* bilden mit einer Fläche von etwa 10000 Hektar das größte natürliche System von Küstenseen in New South Wales und nehmen bereits ein Drittel der Gesamtfläche des Parks ein. Sie stellen ein wichtiges *Laichgebiet* für zahlreiche Fischarten und *Garnelen* dar.

Entstehungsgeschichte

Die Seen begannen sich vor etwa 8000 Jahren, gegen Ende der letzten Eiszeit, zu bilden. Damals stieg der Meeresspiegel an und überflutete küstennahe Flußtäler. Dabei wurden höhergelegenes Land und felsige Hügel zu Inseln, die die Grundsteine zu der Landschaft, wie sie sich heute präsentiert, bildeten. Die Inseln fungierten sozusagen als Anker für die angespülten Sandmassen. Letztere begannen sich um die Inseln abzulagern; im Lauf der Zeit bildeten sich riesige Dünenwälle und das aufgestaute Wasser wurde vom Meer abgeschnitten. Diese Wälle schützen heute die Seen vor der wilden Brandung des Pazifischen Ozeans.

Vegetation begann die Dünen zu erobern. Vor allem sandbindende Gräser und kleine Büsche, die im Frühling ihre bunten Blüten entfalten, trugen dazu

22/23 Zwei Gesichter – ein Park: Erst kürzlich in den Myall Lakes National Park eingegliedert wurde die felsige Landzunge des leuchtturmgeschmückten Sugar Loaf Point. Kernstück des großartigen Parks ist jedoch eine ausgedehnte Seenplatte, die in den Ferienzeiten ein beliebtes Revier für Wassersportler und Fischer darstellt. Eine der geruhsamsten Möglichkeiten, die miteinander verbundene Seen sowie deren Vogel- und Pflanzenwelt zu erleben, ist per Kanu – hier entlang des mit Papierrinden-Bäumen bewachsenen Ufers des Two Mile Lake.

Information

Auskünfte: Myall Lakes National Park, 5 Bourke St. (P. O. Box 270), Raymond Terrace, NSW 2324, Tel. 049/873108.
Reisezeit: Der Park ist ganzjährig geöffnet.
Unterkünfte: Die einzige Übernachtungsmöglichkeit im Park gibt es am Bombah Point. Die umliegenden Orte Hawks Nest, Tea Garden, Nerong, Bulahdelah und Bungwahl bieten Unterkünfte verschiedener Kategorien.
Camping: Zahlreiche Campingplätze unterstreichen die Beliebtheit des Parks. Die mit dem Auto erreichbaren Zeltplätze finden sich bei Mungo Brush, Broadwater, Bombah Point, Yagoon und Violet Hill. Nur mit dem Boot zu erreichen sind die Campingplätze River Mouth (Bombah Broadwater), Shelly Beach (Myall Lake), Korsmans Landing (Two Mile Lake) und Johnstons Beach (Boolambayte Lake).
Aktivitäten: Alle Arten von Wassersport (Segeln, Windsurfen, Motorbootfahren, Wasserski, Schwimmen) sowie Wandern und Fischen.

bei, die Sandmassen zu stabilisieren. In den von salzbeladenen Winden geschützteren Regionen wächst *Eukalyptuswald*, dominiert von *Red Bloodwood, Blackbutt* und *Swamp Mahogany*. Auffälligstes Gehölz an den Ufern der Seen ist der *Papierrindenbaum* mit einer vielschichtigen papierähnlichen Rinde. Eine Besonderheit im Bereich des Parks bildet der *Küstenregenwald* von *Mungo Brush*. Diese Vegetationsgemeinschaft, von der nur noch winzige Reste vorhanden sind, wächst nahe der Küste, und ihre Pflanzen sind den salzhaltigen Winden ausgesetzt. Die Bäume in dieser rauhen Umwelt wachsen nicht besonders hoch, *Moose, Farne* und *Epiphyten* sind selten; der Unterschied zu den küstenfernen Regenwäldern ist augenscheinlich.

Diese Vegetationszonen bilden Lebensräume für die unterschiedlichsten Tiere. Zu den häufigsten »Großtieren« zählen *Eastern Grey Kangaroos, Sumpf-* und *Red-necked Wallabies, Dingos* und *Koalas*. Zahlreich sind die nachtaktiven *Ring-tailed* und *Brush-tailed Possums*. Viele Reptilien, darunter auch Giftschlangen, fühlen sich im Park wohl. Für Vogelliebhaber bilden die Seen ein weites Betätigungsfeld. *Pelikane, Schwarze Schwäne, Enten* und *Reiher* beleben die Gewässer, über den Seen kreisen häufig *Weißbauch-Seeadler* auf der Jagd nach Fischen. Auffälligste Vögel in den Waldgebieten des Parks sind der blauschwarz schimmernde *Seidenlaubenvogel* und der auffällig gefärbte *Königssittich*.

Im Park unterwegs

Die großartigen Freizeitmöglichkeiten sorgen dafür, daß das Schutzgebiet in bezug auf seine Popularität einen Spitzenplatz innerhalb der Nationalparks des Staates New South Wales einnimmt. Segeln, Kanutouren, mehrtägige Aufenthalte auf Hausbooten oder Spritztouren mit Motorbooten sowie Wasserskifahren sind beliebt, Fischen eine Passion vieler Australier. Wandermöglichkeiten erhöhen die Attraktivität weiter; wer möchte, kann zwischen Meer und Seen wählen, wenn ihm nach Schwimmen zumute ist. Denn der Park umfaßt nicht nur die Seen mit den umliegenden Wäldern, sondern auch einen weiten *Küstenabschnitt* mit kilometerlangen *Sandstränden*.

Fährt man von Hawks Nest auf der geteerten *Mungo Brush Road* in den Park hinein, verlocken immer wieder Sandpisten zwischen den Dünen zu Strandabstechern. Diese kurzen Stichstrecken sind allerdings nur mit dem Allradfahrzeug zu befahren. Am *Bombah Broadwater* bietet sich die Gelegenheit, die botanische Besonderheit des Mungo Brush auf einer Rundwanderung zu erkunden, bevor es weiter geht zur Fähre, die den Verbindungskanal zwischen Bombah Broadwater und *Two Mile Lake* überwindet. Dann ist *Bombah Point*, das touristische Zentrum im Park, erreicht. Ein kleiner Laden, eine Tankstelle, ein Caravan- und Campingplatz und ein Bootsverleih sind hier ebenso zu finden wie diverse Übernachtungsmöglichkeiten. Bombah Point ist der beste Ausgangspunkt, um die glitzernde Wasserwelt der Seenplatte mit dem Kanu, dem Motorboot oder dem Segelboot zu erkunden. Eine der schönsten Bootsausflüge im Park hat dabei den *Boolambyte Creek*, der kurz vor dem gleichnamigen See in den Two Mile Lake mündet, zum Ziel. Im dunklen, von Gerbsäuren gefärbten Wasser spiegeln sich die *Papierrindenbäume*, deren Äste bilden ein Dach über den stillen Fluß, und wer sich leise vorantastet, hat in dieser verwunschenen Landschaft gute Möglichkeiten, seltene Vögel zu beobachten.

Von *Bombah Point* führt die Straße, die sich jetzt *Lakes Road* nennt und noch nicht durchgehend geteert ist, aus dem Park hinaus nach *Buhladelah*. In diesem kleinen Ort an dem Pacific Highway können Hausboote gemietet werden. Über den *Upper Myall River* erreicht man mit den Booten vom Ort aus problemlos *Bombah Broadwater* und kann nun tagelang die Seenplatte durchkreuzen.

Einen Abstecher wert ist die nordöstlichste Ecke des beliebten Nationalparks. Für Einsamkeitsfanatiker bietet sich dort der verschwiegene Campingplatz von *Yagoon* (Straße von Bungwahl) als Ziel an. Das Meer ist nur ein paar Gehminuten entfernt, und nichts steht hier langen Strandspaziergängen im Wege. Die drei Kilometer entfernte Felshalbinsel *Seal Rock* mit dem *Leuchtturm* lohnt einen Abstecher. Seal Rock mit den wilden Felsabstürzen zum Meer hin wurde erst kürzlich dem Nationalpark angegliedert.

Blue Mountains National Park

Park mit zwei Gesichtern

Spaziert man durch die Straßen der quirligen Millionenmetropole *Sydney*, fällt einem die Vorstellung schwer, daß nur eineinhalb Autostunden von diesem Stadtmoloch entfernt eine der schönsten und spektakulärsten Naturlandschaften Australiens wartet: die *Blue Mountains*.

Genau betrachtet sind die Blue Mountains eigentlich gar kein Gebirge, sondern ein mächtiges Sandsteinplateau, das am Ende des Tertiärs durch gewaltige Kräfte im Erdinneren hochgedrückt wurde, dabei zerbrach und im Laufe der Jahrmillionen von Flüssen zersägt und aufgeteilt wurde. So entstand ein verzweigtes System an Tälern, Schluchten und Canyons, begrenzt von zum Teil mehrere hundert Meter hohen Felswänden und Klippen. Das zerklüftete Sandsteinplateau bildete für eine ganze Generation von Siedlern eine unüberwindbare Barriere auf dem Weg nach Westen. Zahlreiche Versuche der Überquerung scheiterten. Erst 1813 gelang es einer Expedition, das unwegsame Hindernis zu überwinden und den Weg nach Westen freizumachen. Bereits 1815 hatte man die erste Straße über die Blue Mountains

24 Die verwunschene Waldwelt im Tal des tief eingeschnittenen Williams Rivers im Barrington Tops National Park ist nur zu Fuß zu erreichen. Mit etwas Glück kann man hier den scheuen Leierschwanz mit seinem auffälligen Schwanzgefieder beobachten.

fertiggestellt, und mit der Inbetriebnahme der Great Western Railway begann 1868 der Tourismus in der Region. 1959 erklärte man große Teile des zerklüfteten Plateaus zum Nationalpark, weitere Gebiete wurden 1977 hinzugefügt, und heute umfaßt der Park 247000 Hektar.

Die Natur des Parks

Dank der reich gegliederten Topografie der Blue Mountains findet man im Park die unterschiedlichsten Vegetationsgemeinschaften und Lebensräume. Während auf den Plateauhöhen *Heidegemeinschaften* und trockene *Eukalyptuswälder* mit einer erstaunlichen Vielfalt an Pflanzenarten vorherrschen, bestimmt *subtropischer Regenwald* mit mächtigen *Sassafras*- und *Coachwood-Bäumen* in den Tiefen der Täler und Canyons das Bild. Farne, Moose und Flechten bilden den Unterbau dieser feuchten Wälder. Viele Tiere im Park sind nachtaktiv und deswegen selten zu sehen. Dazu gehören die *Possums, Wombats, Sugar- und Greater Glider. Sumpf-Wallabies* sind gelegentlich in der Dämmerung zu beobachten. Die auffälligste und artenreichste Tierfamilie im Park aber sind die Vögel. Über einhundert Arten wurden im Park registriert, darunter so auffällige Schönheiten wie der bunte *Königssittich* oder der *Leierschwanz*. Wanderer begleitet das charakteristische Schnalzen des *Whip Bird* und das helle Klingeln des *Bell Bird*. Eine ganze Reihe von *Reptilien* finden im Park ihren Lebensraum.

Die Blue Mountain Drives

Die Nähe zur Stadt und die leichte Erreichbarkeit über den *Great Western Highway* machen den *Blue Mountain National Park* zu einem beliebten Naherholungsziel der Sydneysider. Entsprechend groß ist der Andrang; die Beliebtheit des Parks spiegelt sich wider in der weitentwickelten touristischen Infrastruktur. Das große Schutzgebiet wird durch einen breiten Korridor entlang dem Great Western Highway in zwei Teile geschnitten. An dieser wichtigen Westverbindung reihen sich zahlreiche Ortschaften, zusammengefaßt als *City of the Blue Mountains*, wie Perlen an einer Schnur auf. Die Orte *Glennbrook* mit dem Information Centre, *Wentworth Falls, Leura, Katoomba, Medlow Bath, Blackheath* und *Mt. Victoria* bilden dabei die touristischen Brennpunkte.

Vom Great Western Highway nun zweigen zehn Ausflugsstraßen ab – die sogenannten *Blue Mountain Drives*. Sie führen zu Sehenswürdigkeiten und Aussichtspunkten am Rande des Nationalparks. Der Routenverlauf ist jeweils mit Schildern gekennzeichnet. Die besten Einblicke in die landschaftlichen Schönheiten des Reservats bekommt man auf den Blue Mountains Drives 6 bis 8. Sie beinhalten praktisch alle touristischen Höhepunkte des Parks. *Blue Mountain Drive 6* – auch als *Cliff Drive* bekannt – hat seinen Ausgangspunkt in *Katoomba*, dem Epizentrum der touristischen Aktivitäten. Erstes Ziel des Rundkurses ist der *Honeymoon Lookout*, Höhepunkt ist aber sicher der kurz darauf folgende *Echo Point*. Hier sind die Auswirkungen des Tourismus allerdings besonders stark zu spüren. Während der Hochsaison muß man hier den Blick über das *Jamison Valley* hinüber zum *Mt. Solitary* und zum *Ruined Castle* sowie zu den nahen Sandsteintürmen der *Three Sisters*, der bekanntesten Felsformation der Blue Mountains, mit ganzen Busladungen von Touristen aus aller Herren Länder teilen. Das *Blue Mountains Information Center* am *Echo Point* offeriert Auskünfte, Bücher, Karten und Souvenirs.

Nächster Stopp entlang dem *Blue Mountain Drive 6* ist die Bergstation der *Scenic Railway*, einer Zahnradbahn, die durch eine Steilrinne in den Wandabstürzen ins dichtbewaldete *Jamison Valley* hinunterführt. Atemberaubende Blicke bietet die Fahrt mit der *Scenic Skyway*, einer Seilbahn, die eine enge Talausbuchtung des Plateauabbruchs überquert. Unweit der Bergstation zweigt vom Cliff Drive eine unbefestigte Seitenstraße auf das *Narrow Neck*, eine schmale, von senkrechten Felswänden eingerahmte Landzunge, ab. Schließlich rundet der *Cahill's Lookout* den Ausflug ab.

Höhepunkte des *Blue Mountain*

25 Eine der zahlreichen Launen der Natur im Blue Mountains National Park ist die »Wind-eroded Cave« an der Anvil Ridge. Erosion hat hier einen großartigen Felsüberhang geschaffen und dessen Sandsteinwände mit bizarren Mustern und Formen versehen.

Information

Auskünfte: Blue Mountains Heritage Centre, Govetts Leap Road (P. O. Box 43), Blackheath, NSW 2785, Tel. 047/878877; Glenbrook Visitor Centre, Bruce Road, Glenbrook, NSW 2773, Tel. 074/392950.
Reisezeit: Der Park ist ganzjährig geöffnet. Als schönste Jahreszeiten zum Wandern empfiehlt sich der australische Frühling und Herbst. Einen eigenen Reiz haben die Wintermonate, gelegentlich fällt in den höheren Lagen Schnee.
Unterkünfte: In den Orten entlang dem Great Western Highway, besonders in Leura, Katoomba und Blackheath, gibt es Unterkünfte in allen Preislagen und Kategorien. Auskünfte gibt die Blue Mountains Tourism Authority, P. O. Box 8, Glennbrook, NSW 2773, Tel. 047/396266.
Camping: Caravanparks mit allen Einrichtungen gibt es in Katoomba, Blackheath und Leura. Sehr einfache, mit dem Auto erreichbare Campingplätze sind außerdem Euroka Clearing und Ingar (nahe Wenthworth Falls), Murphys Glen (nahe Woodford) und Perrys Lookdown (nahe Blackheath). Wildes Zelten ist im Park abseits der Wege und Straßen erlaubt. Einschränkungen gibt es nur im Grose Valley. Hier darf nur bei Acacia Flat und Burra Korain gezeltet werden.
Aktivitäten: Die Blue Mountains sind in erster Linie ein Wanderpark. Andere Aktivitäten sind Canyoning, Klettern, Reiten (Tel. 047/879165) und Hubschrauberrundflüge (Tel. 047/881109).
Touren: Neben von Rangern angebotenen Wanderungen bietet Mountain Designs (Tel. 047/825999) Kletter- und Canyontouren an.

Drive 7 sind ohne Zweifel die spektakulären Aussichtspunkte Govetts Leap und Evans Lookout. Vor allem der Blick über das mächtige Grose Valley vom Govetts Leap aus offenbart geradezu bilderbuchhaft die außergewöhnliche Struktur der Blue Mountains. Das dichtbewaldete Tal wird eingerahmt von steilen Felsabbrüchen, die zum Teil bis zu 300 Meter hoch sind. Blickt man nach rechts, fügen die über die Felskante stürzenden Bridal Vail Falls, mit 180 Metern Fallhöhe der höchste Wassersturz in den Blue Mountains, dem Bild noch eine weitere Dimension hinzu.

Auf dem Weg zum Govetts Leap passiert man das interessante Blue Mountain Heritage Centre. Von hier führt der Fairfax Heritage Track zum Govetts Leap Lookout hinunter und gibt einen guten Einblick in die abwechslungsreiche Vegetation der Region.

Einen ganz anderen Aspekt der Blue Mountains lernt man auf dem Blue Mountain Drive 8 kennen. Nicht die an Aussichtspunkten reichen Plateauränder sind hier das Ziel, sondern die Tiefen eines Tals: Durch dichten Regenwald windet sich die Straße in das Megalon Valley hinunter.

Zu Fuß im Park unterwegs

Die Blue Mountain Drives machen die touristisch erschlossene Seite des Parks zugänglich, erlauben aber nur Ein- und Ausblicke auf das andere, wilde Gesicht des Parks. Nur wer bereit ist, auf Bequemlichkeit zu verzichten, und sich zu Fuß aufmacht, wird die eigentliche Schönheit dieser Wildnis erleben können. Dabei bilden die zahlreichen Lookouts entlang dem Blue Mountain Drive die Ausgangspunkte für die Fluchten in die Einsamkeit. Der an Landschaftspanoramen reiche Wanderweg zum Evans Lookout, der dunkle Einschnitt des Grand Canyon und der duftende Eukalyptushain des Blue Gum Forest im Grose Valley sind zum Beispiel vom Govetts Leap Lookout aus zu erreichen. Lohnend vom Echo Point aus sind der mit Aussichtspunkten garnierte Prince Henry Cliff Walk oder der Abstieg über die Giant Stairway in das Jamison Valley. Die *Bergstation der Scenic Railway* steht am Anfang einer abwechslungsreichen Wanderung über die Furber Steps in die Tiefe der Regenwälder und weiter zum Ruined Castle und zum Mt. Solitary. Über die steilen Furber Steps erreicht man auch den Federal Pass und den Regenwald des Leura Forest.

Royal National Park

Der Volkspark

Der 5. Januar 1994 war ein schwarzer Tag für den Royal National Park. An diesem Tag begann eines der verheerendsten Buschfeuer, das je den Park heimgesucht hatte. Zwei getrennt entstandene Brandherde im Park vereinigten sich, angetrieben durch heiße Winde, zu einer unkontrollierbaren Feuersbrunst und zerstörten in fünf Tagen über 14000 Hektar, das entspricht 95 Prozent der Parkfläche. Nur einige Küstentäler und die Südostecke des Parks blieben von den Flammen verschont.

Diese Brandkatastrophe läßt an das Jahrhundertfeuer denken, das 1988 den amerikanischen Yellowstone National Park großflächig verwüstete; denn was den Amerikanern der Yellowstone, ist den Australiern der Royal National Park. Obwohl ihre Natur keinerlei Gemeinsamkeiten aufweist, gibt es doch einige Punkte, die einen Vergleich zulassen. Der Royal National Park ist der erste Nationalpark, der in Australien eingerichtet wurde – und zwar im Jahre 1879 als *»The National Park«*. Damit wurde das erste Mal überhaupt die Bezeichnung Nationalpark für ein öffentliches Schutzgebiet verwendet. Damit ist er gleichzeitig der zweitälteste Nationalpark der Erde, geschlagen von dem nur sieben Jahre älteren Yellowstone National Park, der sich »erster Nationalpark der Erde« auf seine Fahnen schreiben darf. Allerdings war beim Yellowstone zur Zeit der Gründung im Jahre 1872 noch nicht von einem Nationalpark die Rede. Erst 1883, also vier Jahre nach der Gründung von The National Park, wurde Yellowstone per Gesetz zum Nationalpark erklärt. Genaugenommen würde also der Titel »erster Nationalpark der Erde« dem Royal National Park zustehen. Aber für Spitzfindigkeiten dieser Art fehlt den Australiern der Sinn. Die Bezeichnung »Royal« wurde übrigens anläß-

26/27 Um die ganze Schönheit des Blue Mountains National Parks zu erfahren, muß man sich zu Fuß aufmachen. Nur so kann man in die subtropischen Regenwälder der geschützten Täler eindringen, die einen starken Kontrast zu den trockenen Eukalyptuswäldern auf den Plateauhöhen bilden. Im Bild der Aufstieg zum Evans Lookout und die Überquerung des Greaves Creek beim Abstieg in das Grose Valley.

Folgende Abbildung:

28 Monumentales Wahrzeichen und das am häufigsten fotografierte Objekt der Blue Mountains sind die freistehenden Felstürme der Three Sisters. Einer Aboriginal-Legende zufolge stellen sie die versteinerten Töchter des Medizinmannes Tyawan dar.

Information

Auskünfte: Royal National Park, P. O. Box 44, Sutherland, NSW 2232, Tel. 02/521 2230 oder 02/542 0648.
Reisezeit: Der Park ist ganzjährig geöffnet.
Unterkunft: Im Park selbst gibt es außer Zelten keine Übernachtungsmöglichkeiten. Ein eingeschränktes Angebot an Unterkünften bieten die Orte Bundeen und Otford.
Camping: Der einzige mit allen sanitären Anlagen ausgerüstete Campingplatz liegt in Bonnie Vale bei Bundeena. Wild zelten ist überall im Park erlaubt, solange man sich von Wegen und Picknick-Plätzen fern hält. Fürs Zelten braucht man ein Permit.
Aktivitäten: Wandern, Kanufahren, Radfahren, Fischen. Lohnend sind folgende Wanderungen: Coast Track (26 km, 2 Tage), Uloola Track (11 km), Lady Carrington Walk (9,6 km), Forest Island (4 km) und der Wallumarra Track.
Touren: In den Schulferien veranstalten Ranger geführte Touren. Buchungen im Visitor Centre in Audley.

lich des Australienbesuchs Königin Elizabeths II. von England 1954 nachträglich angefügt.

Ursprünglich war das über 15000 Hektar große Areal als Volkspark (*»the peoples park«*) als Erholungsgebiet für das damals von Krankheiten und Ungeziefer heimgesuchte Sydney geplant worden. Der Park erfreute sich bald großer Beliebtheit, die bis heute ungebrochen anhält. Einer der Gründe für die große Popularität ist seine ausgezeichnete Verkehrsanbindung an *Sydney*. Der Royal National Park erstreckt sich südlich der Großstadt entlang der Küste und ist von den Vororten der Millionenmetropole nur durch den Meeresarm des *Port Hacking* getrennt. So ist es möglich, von der City mit einem Vorortzug nach *Cronulla* zu fahren, auf eine kleine *Fähre* umzusteigen und auf der anderen Seite des Meeresarmes in den Park hineinzuwandern. Ebenso günstig ist die Verkehrslage am südlichen Ende des Parks: der kleine Ort *Otford* ist ebenfalls mit einem Nahverkehrszug von der City aus zu erreichen. Kein anderer Nationalpark Australiens hat eine so gute Anbindung durch öffentliche Verkehrsmittel an einen Ballungsraum wie der Royal National Park.

Geologie

Vor 230 Millionen Jahren war das Gebiet, auf dem sich heute der Royal National Park befindet, Teil eines riesigen Deltas an der Küste. Flüsse, die ihren Ursprung im Neuengland-Distrikt im Norden von New South Wales hatten, luden hier Schicht für Schicht Sand und Geröll ab und bedeckten damit die Kohleablagerungen der vorhergehenden Epoche mit mächtigen Sedimentlagen, die sich später zu Gesteinspaketen verdichteten. Vor etwa 100 Millionen Jahren begann sich dann das Land langsam zu heben. Dabei wurden die Sedimentpakete nach Norden gekippt, und es entstand das pfannenförmige Becken, in dem heute Sydney liegt. Einmal exponiert, konnten die Kräfte der Erosion ansetzen und das Bodenrelief formen. Vor allem das Meer trug dazu bei, der Landschaft ihren Stempel aufzudrücken. So ist die Küste mit ihren wilden Sandsteinklippen, den versteckten Buchten und Stränden, den zahlreichen Gezeitenbecken und den weiten Dünenlandschaften die interessanteste Seite des »Oldies«.

29 Nahe dem Aussichtspunkt Govetts Leap stürzen die Bridal Vail Falls über die Kante einer Sandsteinwand. Mit 180 Metern Fallhöhe gelten sie als der höchste Wasserfall der Blue Mountains.

Pflanzen und Tiere

Der nährstoffarme sandige Boden des Parks läßt eine überraschend reiche Flora gedeihen. Zwischen Juli und November entfalten über 700 Blütenpflanzen ihre farbige Pracht. *Heidevegetation* bestimmt das Bild an der *Küste*. Mit steigender Höhe geht diese in *Waldland* über. Hochstehender Wald und *Regenwald* gedeihen in den tief eingeschnittenen Schluchten. In den Gezeitenzonen der Flüsse finden *Mangroven* ihr Auskommen; Schilf bedeckt die Sumpfgebiete des Reservats. Wer heute im Park unterwegs ist, stößt überall auf die Spuren des Buschfeuers vom Januar 1994. Aber man wird auch mit Erstaunen feststellen, wie schnell sich die Pflanzenwelt dort regeneriert hat. Bereits ein paar Wochen nach dem Feuer begannen verkohlte Eukalyptusbäume wieder auszutreiben, Gras- und Farnschößlinge durchbrachen den aschegedüngten Boden, Samen begannen zu keimen. Glimpflich davongekommen sind auch jene Waldstücke, in denen feuerempfindlicher Regenwald wächst.

Im Park unterwegs

Ein idealer Ort, seine Erkundungen zu beginnen, ist das *Visitor Centre* in *Audley* im Nordteil des Parks. Ausstellungen und Videoshows informieren über die Geschichte, Geologie, Pflanzen und Tiere des Parks; ein wichtiges Thema ist natürlich auch das Feuer von 1994. Mehrere Straßen durchziehen das Reservat, dessen Hauptsehenswürdigkeiten an der Küste liegen. Strände sind hier rar: der größte Teil der Küste zeigt sich als dramatische Steilküste mit hohen, brandungsumtosten Sandsteinklippen. Beliebt bei Familien ist vor allem der *Wattamolla Beach*, der über die *Wattamola Road* vom *Bundeena Drive* aus erreicht wird. Die wunderschöne Sandbucht eignet sich ausgezeichnet zum Schwimmen, die umliegenden Klippen bieten vielversprechende Plätze zum Brandungsfischen. Die bekannten Strände *Big* und *Little Marley Beach* sowie *Burning Palms* sind nur zu Fuß zu erreichen. Den intensivsten Eindruck von dem wilden Küstenabschnitt zwischen *Bundeena* und *Otford* bekommt man allerdings auf dem *Coast Track*, für den man zwei Tage veranschlagen muß. Der an Aussichtspunkten reiche Weg verläuft meist an der Kante der Steilküste und verbindet alle Höhepunkte entlang der Küste. Neben den Stränden herausragende Attraktionen sind der *Eagle Rock*, ein riesiger überhängender Fels, der an den Kopf eines Adlers erinnert, oder der *Figure Eight Pool* bei Burning Palms. Auf einer Felsplatte am Meer haben sich erstaunliche Gezeitenbecken gebildet, darunter der Figure Eight Pool, der die Form einer großen Acht hat. Insgesamt erschließt ein Wegenetz mit einer Gesamtlänge von 150 Kilometern praktisch alle Ecken des Parks.

Kosciusko National Park

Das Dach Australiens

Australien – mit einer durchschnittlichen Höhe von 300 Metern der flachste Kontinent der Erde – fehlt eine Gebirgslandschaft mit alpinen Dimensionen. Vor diesem Hintergrund fällt es leichter, die Begeisterung der Australier für die *Snowy Mountains* und den grandiosen *Kosciusko National Park* zu verstehen. Der riesige Park – er umfaßt über 690000 Hektar – beherbergt eine ganze Reihe der höchsten Berge Australiens, darunter den Kumulationspunkt des gesamten Kontinents, den

2228 Meter hohen Mt. Kosciusko. Baumlose Höhen, blumenreiche Matten, Gebirgsseen, ungestüme Flüsse und endlose Wälder bilden die Komponenten einer für Australien einzigartigen Landschaft – die sich zudem im Winter in eine Zauberwelt mit Schnee und Eis verwandelt. Damit kommen die Snowy Mountains mit ihren abgerundeten Kuppen, denen allerdings die alpine Schroffheit gänzlich fehlt, der Vorstellung eines richtigen Gebirges am nächsten – und locken die Australier in hellen Scharen an. Drei Millionen Besucher pro Jahr sprechen eine deutliche Sprache. Im Sommer einmal auf den Mt. Kosciusko, das Dach Australiens zu pilgern, ist für viele Australier nationale Pflicht. So tummeln sich an schönen Sommertagen dann auch Menschenmassen in wahrlich alpinen Dimensionen auf dem von Granitblöcken übersäten prominenten Gipfel. Und im Winter sind die Skigebiete innerhalb des Nationalparks für die schneeverrückten Australier das Ziel ihrer Träume.

Geologie

Die Genesis der Snowy Mountains begann vor etwa 450 Millionen Jahren. Damals waren große Teile von Südost-Australien vom Meer bedeckt. In den folgenden 100 Millionen Jahren lagerten sich Sedimentgesteine und vulkanisches Material ab. Schließlich begann sich der Meeresboden zu heben, die Gesteinsschichten wurden aufgefaltet und verworfen, Erosion setzte ein. Zu dieser Zeit drangen große Mengen Magma in die Sedimentschichten ein, erkalteten und erhärteten sich zu Granit. An den Kontaktzonen wurde Gestein durch Hitze und Druck umgewandelt. Im Laufe der Jahrmillionen wurde der Granitkern herausgewittert; in das durch die Anhebung entstandene Plateau schnitten sich Flüsse ein und schufen tiefe Täler.

Eine besondere Form der Landschaftsumgestaltung – mit auch heute noch sichtbaren Zeugnissen – begann vor etwa 40000 Jahren. Damals wurde das Klima immer kälter, und es bildeten sich Gletscher. Mit steigenden Temperaturen zogen sich die Eisströme wieder zurück und verschwanden schließlich ganz aus dem Landschaftsbild der Snowy Mountains. Die Spuren des Eises, ausgehobelte Kare und dunkle Karseen, poliertes Gestein und Moränen, sind heute noch sichtbar. Ein besonders gutes Beispiel für diese glacialen Landschaftsformen ist der Blue Lake in der Main Range, dem Hauptkamm der Snowy Mountains.

Ein von Menschen geprägter Park

Nicht nur die Natur mit ihren verändernden Kräften hat den Bergen des Kosciusko National Parks ihren Stempel aufgedrückt. Auch der Mensch in seinem Streben nach Profit trug das Seine dazu bei, die Landschaft zu gestalten. 1859 fand man Gold bei Kiandra, und innerhalb kürzester Zeit schnellte die Zahl der Einwohner des Ortes auf über 10000. Von dem einstigen Boom ist heute nicht mehr viel zu sehen. Der Ort, Schauplatz menschlichen Glücks und Unglücks, ist längst verschwunden. Nur die Reste von Maschinen, die zur Gewinnung des Goldes verwendet wurden, hat man dort, wo sich Kiandra früher befand, am Snowy Mountains Highway aufgestellt. Dahinter – am sogenannten New Chum Hill – erkennt man die Wunden, die man der Landschaft zugefügt hat.

In den dreißiger Jahren desselben Jahrhunderts zwang eine katastrophale Dürre die Viehzüchter, die ihre Weiden zu Füßen der Snowy Mountains hatten, ihre Tiere zum Grasen in die Hochlagen zu treiben; in den sechziger Jahren war die Sommerweide bereits gängige Praxis. Erst 1972 (der Park wurde bereits 1967 gegründet) wurde, erzwungen durch die verheerenden Auswirkungen der Sommerweide auf die empfindliche Vegetation, der Weidebetrieb eingestellt. Heute noch findet man auf Wanderungen in den Snowy Mountains, zum Beispiel auf dem an Aussichtspunkten reichen Main Range Walk, der vom Charlotte Pass aus entlang der Hauptkette des Gebirges zum Mt. Kosciusko führt, die Überreste von Stacheldrahtzäunen.

Weitaus größer – und in ihren Dimensionen kaum überschaubar – war jedoch die Einrichtung des Snowy Mountain Hydro-Electric Scheme. Das ehrgeizigste Projekt in der Geschichte

Information

Auskünfte: Kosciusko National Park, Private Mail Bag, via Cooma, NSW 2630, Tel. 064/562102.
Reisezeit: Der Park ist ganzjährig geöffnet. Die schönste Zeit zum Wandern sind die Monate Februar und März, wenn die Wildblumen in voller Blüte sind. Zwischen Dezember und September gehört der Park den Wanderern, in den Wintermonaten (August bis Oktober) liegt in den Hochlagen meist Schnee; Schneestürme und Frost sind dann die Regel.
Unterkunft: Eine ganze Palette an Übernachtungsmöglichkeiten bieten sich im Park an. Zentrum des touristischen Geschehens ist dabei Thredbo mit Chalets, Lodges und Hotels. Sämtliche Orte des Skigebiets bieten Unterkünfte. Außerhalb des Parks kommt vor allem das Städtchen Jindbyne als Übernachtungslokalität in Frage.
Camping: Bestens ausgerüstet ist der Campingplatz bei Sawpit Creek, Tel. 064/562224.
Aktivitäten: Wandern, Wildwasserfahren, Skifahren, Skitouren.
Touren: Skitouren, Tageswanderungen und mehrtägige Trekkings im Park werden von dem Bergsportausrüster Paddy Pallin, PMB 5, Jindabyne, NSW 2627, Tel. 064/562922 angeboten.

30 An der Küste des Royal National Parks hat sich die Natur als Künstler betätigt und die Sandsteinplatten im Brandungsbereich mit eigenartigen Ornamenten ausgestaltet. Auffälligster Teil ist der Figur-Eight-Pool, zwei miteinander verbundene kreisrunde Vertiefungen, die eine Acht bilden.

31 Beliebte Freizeitbeschäftigung im gut zugänglichen Royal National Park ist das Brandungsfischen. Die Felsküste ist fischreich, und gute Fänge – etwas Erfahrung vorausgesetzt – können garantiert werden.

32 | 33 34 ▷

32/33 Zwei Aspekte des etwa 30 Kilometer langen Coast Walk im Royal National Park: Der Strand von Burning Palms bietet die letzte Möglichkeit eines erfrischenden Bades im Meer, bevor der schweißtreibende Aufstieg zum Kamm der Garawarra Ridge beginnt. Verkohlte Banksia-Büsche begleiten an manchen Abschnitten der Zweitagewanderung den Trekker, mahnende Zeugen des verheerenden Buschfeuers im Januar 1994.

34 Zahllose Gezeitenbecken entlang der Felsküste des Royal National Parks – hier südlich des Strandes von Burning Palms – bieten Einblicke in das Leben in der Brandungszone. Tange, Seeanemonen, zahlreiche Fische und Krabben stellen nur einen Teil des reichhaltigen Lebens in den Felsbassins dar.

35 Einen der wildesten Küstenabschnitte des Royal National Parks bilden die Klippen bei Curracurrong. Im Vordergrund rauscht das Wasser des Curracurrong Creek über die Sandsteinfelsen ins Meer. Beim Annähern an die ungeschützten Steilabstürze ist jedoch größte Vorsicht geboten.

36 Mit einer ungewohnten Landschaft im Norden des Schutzgebietes überrascht der Mt. Kosciusko National Park. In dem verkarsteten Kalksteingebiet entspringt an den Quelltöpfen der Blue Waterholes der Cave Creek, um anschließend durch einen großartigen Canyon zu fließen.

37 Frühsommer ist die beste Zeit für Wanderungen entlang der Hauptkette der Snowy Mountains. Dann überziehen Wildblumen die sanften Matten. Eine der farbbestimmenden Pflanzen ist der gelbblühende Common Billy Button (Craspedia glauca).

◁ 35

Australiens wurde 1949 gestartet und umfaßte die Ableitung von fünf Flüssen, verbunden mit der Anlage von 145 Kilometern Tunnel, 130 Kilometern Aquädukte, 1600 Kilometern Straßen, 17 großen und zahlreichen kleineren Staudämmen sowie der Errichtung ganzer Orte und Arbeitslager innerhalb und außerhalb des Nationalparks. Ein Teil der Stauseen liegt heute innerhalb der Parkgrenzen.

Damit nicht genug: Innerhalb des Parks haben sich einige der bekanntesten Skigebiete Australiens etabliert. Jedes Jahr strömen die wintersportbegeisterten Australier vor allem aus der Millionenstadt Sydney nach *Thredbo, Perisher Valley* oder *Smiggin Holes*. Trotzdem haben weite Gebiete des riesigen Nationalparks ihr ursprüngliches Gesicht bewahren können und sind nach wie vor unberührte Wildnis.

Im Park unterwegs

Die meisten Besucher fahren über das Städtchen *Jindabyne* in den Park hinein. Hier, im Südteil des riesigen Schutzgebietes, wartet auch die größte Attraktion auf die Besucher: die Hauptkette der Snowy Mountains mit ihrem Kumulationspunkt *Mt. Kosciusko*. Wer lange Wanderungen scheut und trotzdem einen Blick auf den höchsten Berg des Kontinents werfen will, fährt am besten von Jindabyne über *Sawpit Creek* (Ranger Station und *Visitor Centre*) zum *Charlotte Pass* hinauf. Von hier zeigt sich Australiens höchster Berg als weiche, unscheinbare Kuppe. Am Paß (etwas unterhalb liegt ein kleines Skigebiet) starten auch der *Main Range Walk*, der schönste, aber auch längste Zustieg zum Gipfel, und die acht Kilometer lange *Mt. Kosciusko Summit Road*, eine für den Autoverkehr geschlossene Schotterstraße. Sie stellt eine kürzere Alternative für die weniger Energetischen dar.

Die verschiedenen Landschafts- und Vegetationszonen des Parks, mit Ausnahme der Hochlagen, erlebt man auf dem 200 Kilometer langen *Alpine Way* von *Jindabyne* über *Thredbo* und *Khancoban* nach *Kiandra*. Thredbo ist das Zentrum des Skibetriebs und der einzige größere Ort in den Snowy Mountains. Dementsprechend stark ist das Ortsbild von Hotels und Chalets geprägt. Von hier führt auch der beliebteste Anstieg auf den Mt. Kosciusko. Erst mit einem *Sessellift* und dann auf einem Weg aus Eisenrosten, der zum Schutz der erosionsempfindlichen Matten angelegt wurde, pilgern jährliche Tausende auf das Dach Australiens.

Eine andere Möglichkeit, in den Park zu gelangen, bietet der *Snowy Mountain Highway*. Die Straße führt von *Tumut* über *Kiandra* diagonal durch den nördlichen Abschnitt des Parks nach *Adaminaby*. Auf dem Weg nach Kiandra ist ein Abstecher zu den prachtvoll gelegenen *Yarangobilly Caves* zu empfehlen. Mehrere Höhlen können im Rahmen von Führungen besucht werden.

Trekking

Im Sommer lockt der großartige Nationalpark vor allem erfahrene »bushwalker«, wie sich die Wanderer in Australien nennen. Sie finden im Kosciusko ihren ganz persönlichen Trekkinghimmel. Der sichere Umgang mit Kompaß und Karte sowie eine vollständige Trekkingausrüstung sind für Exkursionen in die Wildnis des Parks unabdingbar.

38 Um die empfindliche alpine Vegetation zu schützen und um Erosion zu verhindern, sah sich die Nationalpark-Verwaltung gezwungen, große Strecken des überaus beliebten Anstieges zum Mt. Kosciusko, dem höchsten Berg des australischen Kontinents, mit Gitterstegen zu befestigen.

Victoria

Der zweitkleinste Bundesstaat Australiens ist gleichzeitig mit der zweithöchsten Bevölkerungszahl aller Bundesstaaten der am dichtesten besiedelte. Allein im Großraum Melbourne leben an die drei Millionen Menschen. Damit ist Melbourne nach Sydney die zweitgrößte Stadt Australiens.

Den kleinen Bundesstaat – mit 227 600 Quadratkilometern umfaßt er gerade drei Prozent der Gesamtfläche Australiens – nun aber als zweitklassig abzutun, wäre vermessen. Wirtschaftlich spielt Victoria innerhalb des Staatengefüges Australiens eine wichtige Rolle. Sein Reichtum basiert vor allem auf den enormen Braunkohlevorkommen im Latrobe Valley, deren Umfang auf 52 000 Megatonnen geschätzt werden. Bezogen auf die Landesfläche hat Victoria aber auch bei den landwirtschaftlichen Produkten die Nase vorn.

40 | 41

42 ▷

43 | 44

45 ▷

Vorhergehende Abbildungen:

39 »The Monolith« im Mt. Buffalo National Park ist nur einer der vielen Granitmonumente, die das Bild des gebirgigen Schutzgebiets prägen.

40 Von den verschiedenen Aussichtspunkten des Mt. Buffalo Plateaus geht der Blick hinüber zu den Victorian Alps.

41 Höchster Gipfel des Mt. Buffalo National Parks ist »The Horn« am Südende des Hochplateaus.

42 Besonders von Kletterern geschätzt wird die aus himmelwärts strebenden Granitsäulen aufgebaute »Cathedral«. Den schönsten Blick auf diesen formschönen Gipfel hat man von »The Hump«, dem gegenüberliegenden, durch einen Pfad erschlossenen Berg.

43/44 Die wilde Seite der Küste des Wilsons Promontory National Parks ist eine eindrucksvolle Kombination aus weit in das Meer hinausragenden Halbinseln, versteckten Stränden und riesigen Felsblöcken – wie das doppelstöckige Granitmonument, das über die weit geschwungene Whisky Bay wacht (43), oder der Pillar Point (44).

45 Mächtige Wellen rennen nach einer abziehenden Kaltfront gegen die Granitgestade des Wilsons Promontory National Parks an.

46 Zeugnisse einer vergangenen Aborigines-Kultur bilden die Muschelhaufen; sogenannte »middens«, an der Küste des Wilsons Promontory National Parks. Muscheln und Krustentiere bildeten den Hauptteil der Nahrung der hier lebenden Ureinwohner. Die ungenießbaren Schalen häuften sich im Lauf der Zeit an den Eßplätzen an.

47 Entlang des Tidal Rivers im Lilly Pilly Gully zeigt sich der Wilsons Promontory National Park von einer ganz anderen Seite. Baumfarne und Lilly-Pilly-Bäume prägen dort die subtropisch anmutende Vegetation.

48 Einer der auffälligsten Vögel im Wilsons Promontory Park ist der prächtig gefärbte Crimson Rosella, eine Sittichart. Die Vögel sind an die Anwesenheit der Menschen gewöhnt und zeigen oft wenig Scheu.

49 Die Schönheit der australischen Nationalparks zeigt sich sehr oft auch im Detail. Dieser strahlende Farbtupfer, die Jugendblätter eines Eukalyptus, wurden im Mt. Buffalo National Park entdeckt.

Rund um die »lebenswerteste Stadt der Welt«

Trotz seiner geringen Größe zeigt sich Victoria erstaunlich abwechslungsreich, das geografische Spektrum ist weit gefächert. Seine größten Höhen erreicht der Bundesstaat am *Mt. Bogong* (1986 m) und am *Mt. Feathertop* (1922 m) in der *Great Dividing Range*. Die Schönheit der *Victorian Alps*, wie dieser Teil des Gebirges auch genannt wird, kann sich mit der der Snowy Mountains durchaus messen. Ein weiterer geografischer Großraum ist das Becken des Murray Rivers, Australiens mächtigster Fluß. Über 1200 Kilometer lang ist die an Naturschönheiten überreiche Küste Victorias. Angesichts dieser geografischen Vielfalt erstaunt es nicht, daß Victoria einige der wichtigsten Nationalparks Australiens innerhalb seiner Grenzen beherbergt. Über dreißig Schutzgebiete weisen den Status eines *Nationalparks* auf und umfassen zusammen mit knapp fünfzig *Wilderness State Parks* ein Zehntel der Landesfläche. So unterschiedlich die Geografie des Landes, so unterschiedlich präsentieren sich auch die Parks. Hochgelegenes Bergland mit Schnee im Winter prägt den *Alpine National Park* und den *Mt. Buffalo National Park*. Trocken und halbwüstenartig präsentieren sich die Parks im Nordwesten. Gemäßigte *Regenwälder* – etwa im *Errinundra National Park* oder im *Otway National Park* – gehören ebenso zum Naturspektrum wie wilde und spektakuläre Küstenparks. Einer der bekanntesten ist sicher der *Port Campbell National Park*, einer der außergewöhnlichsten der *Croajingalong National Park*. Praktisch alle Schutzgebiete können von der Stadt Melbourne, die 1990 zur »lebenswertesten Stadt der Welt« geadelt wurde, innerhalb eines Tages erreicht werden.

Mount Buffalo National Park

Die Granitbastion

Als die Forscher *Hamilton Hume* und *William Hovell* im Jahre 1824 auf ihrer beschwerlichen Fußreise von Sydney zur *Port Philipp Bay* durch das nördliche Victoria zogen, entdeckten sie in der Ferne einen hohen, schneebedeckten Gebirgsstock. Die Umrisse des geheimnisvollen Massivs erinnerten sie an die Gestalt eines Büffels, und so nannten sie den unbekannten Berg schlicht *Mt. Buffalo*. Das alleinstehende, auf allen Seiten von dicht bewaldeten Steilabbrüchen und Wandabstürzen umgebene Massiv mit seinem Hochplateau von elf mal sieben Kilometern Ausdehnung überragt die umliegenden Ebenen um gut 1000 Meter. Aufgebaut ist der Bergstock, der zu den *Victorian Alps* gezählt wird und zu seiner Gänze als *Mt. Buffalo National Park* geschützt ist, aus Granit.

Entstehung

Der Grundstock für das Granitmassiv des Mt. Buffalo wurde gelegt, als vor etwa 300 Millionen Jahren geschmolzenes Gestein aus dem Erdinneren unter die mächtigen Sedimentschichten der Region gedrückt wurde und dort langsam abkühlte. Im Laufe der Jahrmillionen wurden die Sedimentschichten langsam abgetragen, und schließlich blieb nur noch der widerstandsfähige

50 An den Eurobin Falls in den Tieflagen des Mt. Buffalo National Parks rauscht das Wasser des Eurobin Creek über glattpolierte Granitplatten und schafft ein kleines Naturwunder abseits des Besucherstroms.

Information

Anreise: Melbourne, das internationale Tor Victorias, wird täglich von einer ganzen Reihe von Fluglinien von Deutschland aus angeflogen. Von hier aus sind Flugverbindungen zu allen wichtigen Städten Australiens möglich.

Unterkunft: Als weltoffene Kulturstadt bietet Melbourne eine kaum noch zu überschauende Vielfalt an Übernachtungsmöglichkeiten, die die gesamte Palette von »First Class« bis »preisgünstig« umfaßt. Nobel ausgestattet und zentral gelegen sind zum Beispiel das Menzies at Rialto (Tel. 03/6209111) und das Chateau Melbourne (Tel. 03/6633161). Im mittleren Preisbereich rangieren das Astoria City Travel Inn (Tel. 03/6706801) oder das City Square Motel (Tel. 03/6547011). Günstige Unterkünfte bieten viele nicht klassifizierte Hotels im Stadtkern und den Vororten.

Granitkern übrig. Die verwitterten Sedimente bilden heute die weiten Ebenen dieses Teils von Victoria. Die phantastischen Granitkugeln, -türme und -burgen, die dem Park einen ganz eigenen Charakter verleihen, entstanden ebenfalls durch Erosion.

Im Park unterwegs

Touristische Lebensader des Nationalparks ist die gut ausgebaute Teerstraße, die von dem Örtchen *Porepunkah* aus in weiten Kehren die Steilstufe des Massivs überwindet und das Plateau auf seiner ganzen Länge durchquert. Als *Nature Drive* kann man mit Hilfe einer Broschüre die Sehenswürdigkeiten auf dem Weg zur Hochfläche »erfahren«. Kurz nach dem Parkeingang lohnt ein kurzer Abstecher zu den hübschen *Eurobin Falls*, wo das Wasser des *Eurobin Creek* über eine glatte Granitwand rauscht. Wenige Kilometer weiter, etwa auf halber Höhe des Aufstiegs, leitet ein kurzer Wanderweg zu den *Rollasons Falls* hinunter. Während der Fahrt zum Plateau bietet sich gute Gelegenheit, die Änderungen in der artenreichen Vegetation des Parks zu beobachten. Bei *The Gap* schließlich ist die Hochfläche erreicht. Der Wald tritt zurück und macht einer weiten, sumpfigen Wiesenfläche, der *Hospice Plain*, Platz. Hier zweigt nun der Zubringer zum *Mt. Buffalo Chalet* ab, einem altehrwürdigen Gästehaus, das an ein Grand Hotel erinnert. Einzigartig ist die Lage des Chalets. Es steht unmittelbar am größten Wandabsturz des Parks, nur durch die Straße und einen schmalen Waldstreifen von diesem getrennt. *The Gorge* wird dieser beeindruckende Abschnitt genannt, der auf dem *Gorge Nature Walk* erkundet werden kann. Zahlreiche Aussichtspunkte direkt an der Kante geben den Blick auf die Bergketten der Victorian Alps und auf das tief unter dem Betrachter liegende fruchtbare *Tal des Ovens Rivers* frei. Die Granitwände und -pfeiler um den Wasserfall des *Cristal Brooks* gelten als eines der besten und anspruchsvollsten Klettergebiete Australiens – mit Wandhöhen bis zu 300 Metern. Von den Klippen starten Drachenflieger, in Kursen kann man Abseilen lernen. Mehrere lohnende Wanderwege nehmen beim *Chalet* ihren Anfang und haben zum Beispiel den riesigen freistehenden Granitblock *The Monolith*, den *Underground River* – auf mehreren hundert Metern fließt der *Eurobin Creek* in der *Haunted borge* unterirdisch und kann auf einer geführten Tour erkundet werden – sowie den *View Point Nature Walk* als Ziel. Eine informative Broschüre gibt für diesen Naturlehrpfad Einblicke in die komplexe Ökologie des Plateaus.

Zurück auf der Hauptstraße ist der erste Anlaufpunkt die *Ranger Station* mit einem kleinen Informationszentrum. Einen ganz anderen landschaftlichen Aspekt bietet der malerische *Lake Catani*. An dem tiefblauen See, der im Sommer zum Baden und Schwimmen lockt, liegt der einzige Campingplatz des Parks. Nun beginnt die Straße in zahlreichen Kurven anzusteigen, und immer wieder führen kurze Wanderwege zu Sehenswürdigkeiten. Lohnend ist vor allem die Besteigung von *The Hump*. Von seinem Gipfel hat man einen herrlichen Blick auf die Felszinnen von *The Cathedral*, einer der bekanntesten Felsformationen im Park. Gute Kletterer finden an den Granitpfeilern ihre Herausforderung. Schließlich ist das *Tatra Inn* mit dem kleinen Skigebiet erreicht. Hier endet die Teerstraße; jedoch führt eine Schotterpiste noch einige Kilometer weiter zum Ausgangspunkt für die Besteigung von *The Horn*, der mit 1723 Metern höchsten Erhebung des Massivs. Besonders zur Zeit des Sonnenuntergangs ist die Aussicht von dem exponierten Felsgipfel grandios.

Information

Auskünfte: Mt. Buffalo National Park, Park Road, Mt. Buffalo, VIC 3745, Tel. 057/551466.
Reisezeit: Der Park ist das ganze Jahr über geöffnet. Als beste Monate für einen Besuch gelten November bis April. Dann ist es tagsüber warm, mit kühlen Nächten. Plötzliche Wetterwechsel mit Kälteeinbrüchen können auch im Sommer auftreten. Im Winter schneit es in den Hochlagen des Parks regelmäßig.
Unterkünfte: Stilvoll untergebracht ist man im Mt. Buffalo Chalet, Tel. 075/551500. Seit kurzem auch im Sommer geöffnet ist das Tatra Inn, das eine preisgünstige Alternative zum Chalet bildet (Tel. 057/551988). Die nahegelegen Orte Porepunkah, Bright und Myrtleford bieten eine ganze Reihe von Übernachtungsmöglichkeiten. Informationen bei The Bright and Ovens Tourist Association, Tel. 057/552275.
Camping: Einziger Zeltplatz im Park ist der wunderschön gelegene Lake Catani Camping Ground, Tel. 057/551577. In Bright und Myrtleford gibt es Caravan Parks.
Aktivitäten: Kaum ein Park in Victoria bietet so viele Möglichkeiten wie der Mt. Buffalo National Park. Neben wandern kann man im Park reiten, radfahren, Drachenfliegen, klettern, schwimmen und Kanu fahren. Pferde können am Chalet gemietet werden. Im Winter sind Skifahren und Cross Country Skiing populär.
Touren: Geführte Reitausflüge, Fotokurse, Abseilkurse und die Exkursion zum Underground River werden vom Mt. Buffalo Chalet aus angeboten, Tel. 075/551500.

Wilsons Promontory National Park

Eckstein des Kontinents

Am südlichsten Punkt des australischen Kontinents scheint die Natur noch einmal all ihre Kräfte zu einem

51 Eine Aussichtswarte par excellence bildet der Gipfel des Mt. Oberon. Von dem Kulminationspunkt des Wilsons Promontory National Parks überblickt man weite Bereiche des Schutzgebiets, ein Augenschmaus, besonders zur Stunde des Sonnenuntergangs.

52 »The Gorge« nennt sich das hufeisenförmige, von senkrechten Granitwänden gebildete Amphitheater unterhalb des altehrwürdigen Hotels »The Chalet« im Mt. Buffalo National Park. Die Wandfluchten des Bergmassivs bieten ein einzigartiges Revier für extreme Kletterer. Manche Routen erreichen mit Wandhöhen von über 300 Metern nahezu alpine Dimensionen.

51 | 52

53 | 54

»grande finale« zu vereinigen. Nur rnoch gut 200 Kilometer von der Insel Tasmanien entfernt ragt hier die gebirgige Halbinsel des Wilsons Promontory trotzig in die rauhe Bass Strait – ein oft sturmumtostes Granitgebirge mit wilden Felsgestaden, herrlichen Stränden, versteckten Traumbuchten, dichten Wäldern und einer artenreichen Fauna. Vor diesem Felsfinger liegen, wie von großzügiger Hand ausgestreut, eine Reihe von Inseln. Dieses prachtvolle Landschaftsensemble ist als Wilsons Promontory National Park geschützt, die umliegenden Gewässer mit den Inseln als *Marine Park*.

Geologisch bilden die Berge und Inseln des Parks den ertrunkenen Teil eines Granitgebirges, das einst das Festland mit Tasmanien verband. Seit dem Anstieg des Meeresspiegels nach der letzten Eiszeit ragen nur noch die Gipfel des Gebirgszugs aus dem Wasser.

Die relative Nähe zur Millionenstadt *Melbourne* – 230 Kilometer sind für australische Verhältnisse ein Katzensprung – machen den Wilsons Promontory National Park zu einem bevorzugten Wochenendziel für die Melbournesen, und dieser Park führt – gemessen an den Besucherzahlen – die Beliebtheitsskala der Nationalparks in Victoria an. Gut ausgebaute und markierte Wanderwege erschließen alle Landschaftsaspekte des »Prom«, wie der Nationalpark in Victoria kurz genannt wird. Der gehfreudige Besucher hat dabei die Wahl zwischen kurzen Spaziergängen und ausgiebigen Tagestouren bis hin zu mehrtägigen Trekkings.

Die Wilsons Promontory Road

Die Zufahrt von Melbourne zum Park erfolgt über den South Gippsland Highway bis zum Städtchen Meeniyan und von dort über die Straße 189 zum einzigen Parkeingang (*Yanakie Entrance*) kurz hinter der kleinen Ortschaft Yanakie.

Die 32 Kilometer lange Wilsons Promontory Road vom Parkeingang nach Tidal River, dem touristischen Nervenzentrum des Reservats, gibt einen wunderschönen Überblick über die Landschaften und Besonderheiten des »Prom«. Die ersten Kilometer führen über den Yanakie Isthmus, der im hinteren Teil von einer weiten Wiesenebene geprägt wird. Eingerahmt wird die an die afrikanische Savanne erinnernde Ebene in der Ferne von den blaugrünen Bergen der Voraker Range.

Der flache Yanakie Isthmus, eine aus Sand aufgebaute Landbrücke, verbindet das »Prom« mit dem Festland, das nach dem Ende der letzten Eiszeit, bedingt durch das Ansteigen des Wasserspiegels, eine gebirgige Insel bildet. Nach und nach lagerte sich dann Sand ab, bis schließlich eine Verbindung zum Festland zustande kam.

Begrenzt wird die Grasfläche von einem Höhenzug, den die Straße nun überwindet. Kurz danach überquert man den Darby River, einen dunklen, stillen, von Schilf eingerahmten Fluß, der sich knapp einen Kilometer weiter ins Meer ergießt. Ein kurzer Wanderweg führt von hier zum Darby Beach. Wo heute ein beliebter Picknick-Platz ist, stand früher das berühmte Darby River Chalet. 1910 als kleine Hütte gegründet, wurde es später erweitert und war bis zum Zweiten Weltkrieg ein beliebter Treffpunkt für Liebhaber des »Prom«. Nach dem Krieg wurde der Bau abgerissen.

Nun beginnt der gebirgige Teil des Parks, und die Straße steigt in weiten Kurven zum Darby Sattel, Ausgangspunkt einer Wanderung zum Tongue Point, einer weit ins Meer hinausragenden Halbinsel mit großartigen Granitfelsen an ihrer Spitze. Der Straßenabstieg vom Sattel wird versüßt durch überraschende und spektakuläre Blicke auf die wilde Küste, das türkisfarbene Meer und die vorgelagerte Felsinsel. Ein kurzer Abstecher etwa einen Kilometer nach dem Sattel führt hinunter zur herrlich gelegenen Whisky Bay mit ihrem weißen Sandstrand.

Von hier an reiht sich eine Traumbucht an die andere, getrennt durch felsige Landzungen. Picnic Bay und Leonhard Bay mit dem Squeaky Beach, benannt nach dem quietschenden Geräusch, das beim Gehen in dem feinen Quarzsand zu hören ist, sind nur zu Fuß zu erreichen. Ins Blickfeld kommt jetzt der Mt. Bishop (319 m), ein hervorragender, durch einen einfachen Weg erschlossener Aussichtsberg. Zu seinen Füßen gibt eine der beliebtesten

53 Die von Granitfelsen eingerahmte Sandbucht der Whisky Bay im Wilsons Promontory National Park wird von angehenden Surfern als Übungsrevier geschätzt.

54 Nur in einer strammen Tagestour – oder im Rahmen einer gemütlichen Zweitagetour – ist der weite Sandbogen des einsamen Sealers Cove im Wilsons Promontory National Park zu erreichen.

Information

Auskünfte: Informationen über den Park bekommt man am Parkeingang und im Visitor Centre. Ranger in Charge, Wilsons Promontory National Park, Tidal River via Foster, Vic. 3960, Tel. 056/809555.
Reisezeit: Der Park ist ganzjährig geöffnet. Zu Weihnachten, Ostern sowie an den Labour-Day- und Melbourne-Cup-Wochenenden ist der Park überfüllt. Als beste Reisezeit gelten der Frühling und der Herbst.
Unterkünfte: Die Ortschaft Tidal River im Nationalpark bietet eine ganze Reihe von Unterkunftsmöglichkeiten: Appartements und Hütten (2–6 Personen, Tel. 056/809500) und Motor Hus (4–6 Personen, Tel. 056/809555). Auskünfte gibt die South Gippsland Tourism Association, Tel. 056/552233.
Camping: Die Tidal River Camping Area hat 500 Plätze. Trotzdem sind Reservierungen mehrere Monate im voraus vor allem für die Stoßzeiten notwendig (Tel. 056/809555). Bei großem Andrang werden die verfügbaren Plätze verlost. Für die nur zu Fuß erreichbaren Zeltplätze im Park benötigt man ein Permit.
Aktivitäten: Wandern, Surfen, Schwimmen, Tauchen, Fischen. Da die Gewässer um den Nationalpark als Marine Park unter Schutz stehen, empfiehlt es sich, Informationen zum Tauchen, Schnorcheln und Fischen im Tidal River Information Centre, Tel. 056/809555, einzuholen.

Wanderstrecken im Park, der Lilly Pilly Gully Nature Walk, eine Einführung in die abwechslungsreiche Vegetation des Nationalparks. Schließlich erreicht man Tidal River an der Norman Bay. Hier befindet sich die Hauptverwaltung des Reservats; das Visitor Centre, ein kleiner Supermarkt mit Imbiß, Tankstelle und öffentlichem Telefon, versorgt die Besucher, die hier die einzige Übernachtungsmöglichkeit im Park finden. Der breite, weitläufige Norman Beach ist der Hausstrand des in Ferienzeiten regelmäßig überfüllten Ortes.

Vor der Abzweigung nach Tidal River führt die Wilsons Promontory Road nach einigen kurvenreichen Kilometern zum Telegraph Saddle. Vom Sattel ist der Granitgipfel des Mt. Oberon (558 m) auf einem breiten Forstweg in etwa einer Stunde zu erreichen. Dort liegt dem Besucher dann der »Prom« in seiner ganzen Schönheit zu Füßen.

Am Telegraph Saddle beginnt eine mehrtägige Wanderung, die mit Sealers Cove, Refuge Cove, Waterloo Bay, Oberon Bay und Norman Bay eine Reihe der schönsten Buchten und Strände verbindet. Die Anzahl der Trekker wird durch die Vergabe von Permits begrenzt, so daß man sein Fleckchen vom Paradies hier ungestört genießen kann. Noch ruhiger ist der abgelegene Nordteil des Parks: Five Mile Beach, Chinaman Long Beach und Tin Mine Cove sind nur durch lange Wanderungen erreichbar.

Grampians National Park

Zeitlose Schönheit

Seit das Gebiet der Grampians 1984 zum Nationalpark erklärt wurde, kann sich der kleine Bundesstaat Victoria mit einem der eindrucksvollsten und beliebtesten Nationalparks Australiens schmücken. Geografisch wird das wild zerklüftete Sandsteingebirge – obwohl keine unmittelbare Verbindung besteht – zur *Great Dividing Range* gezählt. Wie eine Insel erhebt sich aus den endlosen, landwirtschaftlich intensiv genutzten Ebenen West-Victorias ein Gebirge aus mehreren parallel verlaufenden Bergketten. Die meisten der verwitterten, exakt in Nord-Süd-Richtung verlaufenden Gebirgszüge brechen ostseitig abrupt in imposanten Wandabstürzen ab, während die Westseite sanft geneigte Hänge aufweist.

Die Natur des Parks

Bereits vor der Einrichtung des Nationalparks erfreuten sich die Grampians bei der Bevölkerung großer Beliebtheit. Die Weide- und Holzwirtschaft wurde bereits früh eingeschränkt, große Teile des Gebirges zum Grampian State Forest erklärt. So konnten umfangreiche Gebiete praktisch im unberührten Zustand in den Grampians National Park eingebracht werden. Neben der abwechslungsreichen und reizvollen Landschaft sorgten vor allem die reiche Vegetation und das interessante Tierleben dafür, daß die Grampians geschützt wurden. Immerhin ein Drittel aller Pflanzen Victorias, also nahezu 900 Blütenpflanzen, darunter etwa einhundert verschiedene Orchideen, gedeihen im Park. Neben zahlreichen endemischen Arten fand man in den Grampians Pflanzen, die sonst nur noch in weit entfernten Gebieten wie etwa Tasmanien oder Westaustralien vorkommen. Dazwischen aber treten sie nicht auf. Eine *Küsten-Banksia*, deren Standort versteckt hoch in den Felsen liegt, erreicht das Ende ihres Verbreitungsgebietes eigentlich mit der *Port Philipp Bay* bei Melbourne und das überraschende Vorkommen dieser Küstenpflanze wird von Wissenschaftlern als Beweis dafür angesehen, daß das Meer einst bis zu den rötlichgelben Felswänden der Grampians reichte.

Auch für Vogelkundler tut sich in den Grampians ein Paradies auf. Über 200 Vogelarten wurden aufgelistet, darunter die frechen *Kookaburras*, die farbenprächtigen *Crimson Rosellas* und *Galahs*, die *Yellow-tailed Black Cockatoos* mit ihrem charakteristischen Krächzen, *Emus, Reiher, Kormorane, Ibisse* und *Weißbauch-Seeadler*. Auch die Säugetiere sind reich vertreten.

Im Park unterwegs

Touristisches Zentrum des Parks ist Halls Gap. Der bekannte Ort bildet für die meisten Besucher den ersten Anlaufpunkt. Nicht ganz drei Kilometer südlich des Ortes, zu erreichen über die Grampians Road, wartet das sehenswerte National Park Visitor Centre auf interessierte Besucher. Nur zwei Gehminuten vom Visitor Centre entfernt präsentiert sich eine ganz besondere Attraktion: das Brumbuk Living Cultural Centre. Hier kann man eintauchen in die bewegte Geschichte und das Leben der *Kooris*, wie sich die Aborigines hier selbst nennen. Das Zentrum ist als Begegnungsstätte der Kulturen gedacht und ist gleichzeitig Ausdruck des wiedererwachten Selbstbewußtseins der Ureinwohner Australiens. Das außergewöhnliche Design des Gebäudes, geschaffen von dem Architekten *Greg Burgess*, wurde mit einer ganzen Reihe von wichtigen Architekturpreisen ausgezeichnet.

55 Victorias Südküste findet ihren dramatischen Höhepunkt im Port Campbell National Park. Die grandiose, oft sturmumtoste Steilküste unterliegt ständigen Veränderungen und fasziniert mit großartigen Naturmonumenten. Im Bild zwei der »Zwölf Apostel«.

Folgende Abbildungen:

56 Um den Sonnenaufgang von der exponierten Schaukanzel »The Pinnacle« erleben zu können, muß man noch bei Dunkelheit losmarschieren. An klaren Morgen wird man dafür mit einem farbenprächtigen Schauspiel belohnt.

57 Aus weiten, landwirtschaftlich genutzten Ebenen, deren Monotonie nur durch vereinzelte Eukalyptusbäume unterbrochen wird, ragen die beiden südlichsten Gipfel der Grampians auf: der Mt. Sturgeon und der Mt. Abrupt.

58 Schwindelfrei müssen Besucher schon sein, wenn sie sich auf die waagrecht herausragenden Sandsteinplatten der »Balconies« im Grampian National Park wagen. Ein kurzer Wanderberg führt zu diesem beliebten Aussichtspunkt.

56 | 57

58 ▷

59 | 60

Ausgestattet mit einer Fülle von Informationen kann man sich nun auf Entdeckungstour in dem 167000 Hektar großen Park begeben. Eine der meistgeschätzten Regionen liegt ganz nahe an Halls Gap: die Wonderland Range. Eindrucksvolle Felsformationen, großartige Aussichtspunkte, Schluchten, Wasserfälle und eine besonders vielfältige Vegetation rechtfertigen die Beliebtheit. Die Schönheiten der Wonderland Range können nur zu Fuß erkundet werden. Bester Ausgangspunkt für die Exkursionen ist der Wonderland Turntable, den man von Halls Gap aus bequem über die bestens ausgebaute Mt. Victory Road und eine kurze Stichstraße erreicht. Die wohl interessanteste, aber stellenweise anstrengende Wanderung führt von hier durch den Grand Canyon, eine tief in den Sandstein eingeschnittene Schlucht, und den engen Felsspalt der Silent Street zu The Pinnacle, einem äußerst exponierten, aber mit einem Geländer gesicherten Felssporn an der Absturzkante des Gebirgszuges. Von dort oben liegt dem Betrachter das Tal von Halls Gap zu Füßen, der Blick reicht zum aufgestauten Lake Bellfield und über die Ausläufer der Mt. William Range hinaus in die im Hitzedunst flirrende Ebene. Kürzer und weit weniger anstrengend ist die luftige Aussichtswarte vom Sundial Turntable aus zu erreichen.

Die Mt. Victory Road bildet den Zugang zu zwei weiteren Attraktionen: Reid Lookout und The Balconies. Reid Lookout, an der Kante der Mt. Victory Range, überblickt das weite, dicht bewaldete Victoria Valley bis hin zur fernen Victoria Range. Eine ständig besetzte Feuerbeobachtungsstation am Rande des Wandabbruchs nützt den grandiosen Panoramablick.

Nur einen guten Kilometer entfernt davon ziehen waagrecht über den steilen Waldhang hinausragende Sandsteinplatten, The Balconies, den Besucher in ihren Bann.

Während des Abstechers zum Lake Wartook wartet der Park noch mit einer anderen Überraschung auf: die malerischen MacKenzie Falls, eine Serie von imponierenden Wasserfällen. Geologisch bilden diese Felsstufen eine Besonderheit, handelt es sich hier doch nicht um Sandstein, sondern um einen alten Eruptivgang aus tiefschwarzem Basalt. Beliebtes Ausflugsziel entlang der *Mt. Victory Road* ist der Picknickplatz Zumstein am MacKenzie River, berühmt-berüchtigt für seine *Kängu-ruhs*, die beim Betteln ganz schön aufdringlich werden können.

Etwas abseits des Hauptgeschehens liegt das nördliche Ende des Parks – zu Unrecht. Vor allem das wilde Felschaos des Mt. Stapylton und des bemerkenswerten Hollow Mountains kann man ohne Gewissensbisse zu den herausragendsten Gebieten des Parks zählen. Die zerklüftete Felswelt ist allerdings allein erfahrenen Wanderern und Kletterern vorbehalten. Als letzter Vorposten des Gebirges garantiert der alleinstehende Mt. Zero grandiose Weit- und Panoramablicke. Seine Besteigung ist einfach. Erreicht wird der Norden der Grampians von Halls Gap aus auf der ungeteerten, stellenweise recht ruppigen Mt. Zero Road.

Mit Schotterstraßen vorliebnehmen muß man auch, wenn man zwei der schönsten und interessantesten Aboriginal-Felsmalereien im äußersten Westen des Parks besichtigen will. Billimina (Glenisla shelter) und Manja (Cave of Hands) liegen in den westlichen Abhängen der Victoria Range.

Von Halls Gap aus führt die Grampians Road, später Mt. Abrupt Road, parallel zur vielzackigen Sierra Range nach Süden. Endpunkt der Straße ist der bereits außerhalb des Parks liegende Ort Dunkeld, »The Southern Gateway to the Grampians«. Auf dem Weg dorthin hat man die Möglichkeit über die Mt. William Road dem Mt. William – mit 1167 Metern der höchste Berg der Grampians – nahezukommen. Das letzte Stück zum Gipfel ist für Autos gesperrt, verlangt aber vom Fußgänger auch keine Großtaten mehr. In weiten Kurven führt eine breite Schotterstraße zur mit Antennen, Masten und Gebäuden »geschmückten« Bergspitze. Sie beeinträchtigen jedoch den Augenschmaus vom Gipfel nicht. Der Blick schweift über das weite und dicht bewaldete Major Mitchel Plateau südlich des Gipfels und bleibt an der zerklüfteten Sierra Range im Osten hängen.

Eine lohnende Wanderung im Süden führt auf den prachtvolle Ausblicke gewährenden Gipfel des Mount Abrupt, der – nomen est omen – ganz plötzlich aus der Ebene wächst und mit einer beeindruckenden Steilflanke bewehrt ist.

59 Eine der schönsten Wanderregionen im Grampians National Park stellt das Gebiet der Wonderland Range dar. Die Wanderer im Bild befinden sich im Aufstieg zu »The Pinnacle«, einer luftigen Aussichtskanzel hoch über Halls Gap.

60 Das Umland des Moora Reservoirs im Zentrum des Grampians National Parks wird von sumpfigen Ebenen geprägt. Die Straßen in diesem Teil des Reservoirs sind ungeteert und streckenweise in schlechtem Zustand.

Information

Auskünfte: Grampians National Park, Halls Gap, Vic. 3381, Tel. 053/564381.
Reisezeit: Heiße Sommer und kalte Winter charakterisieren das Klima im Park. Die beste Zeit für einen Besuch ist das Frühjahr zur Wildblumenblüte oder der Herbst.
Unterkünfte: Zentrum des touristischen Geschehens im Park ist Halls Gap. Hier findet man verschiedenste Unterkunftsmöglichkeiten in Hotels, Motels und Cabins. Besonders empfehlenswert sind die Pioneer Cottages etwa 10 km außerhalb von Halls Gap, Tel.053/564402.
Camping: Gut ausgestattet ist der Halls Gap Lakeside Caravan Park, Tel. 053/564281. Mit allen sanitären Anlagen versehen ist auch der Campingplatz in der Zumstein Recreation Area, Tel. 053/836242, im Nationalpark.
Über den ganzen Park verstreut gibt es zusätzlich einfache Zeltplätze, die nur mit dem Nötigsten ausgestattet sind. Informationen über diese Zeltplätze bekommt man im Visitor Centre.
Aktivitäten: Wandern, Tierbeobachtungen, Klettern.

Südaustralien

Knapp drei Jahrzehnte nach der »Inbesitznahme« Australiens durch James Cook erforschte der Engländer Matthew Flinders im Rahmen seiner Expedition auch über mehrere Jahre die Südküste des »Fünften Kontinents«. Kein Wunder, daß nicht nur der bedeutendste Gebirgszug Südaustraliens, die rund 430 Kilometer langen Flinders Ranges mit dem 1165 Meter hohen St. Mary Peak, nach dem Pionier benannt ist, sondern auch zwei prominente Schutzgebiete dessen Namen tragen, der Flinders Ranges National Park auf dem Festland und der Flinders Chase National Park auf der vorgelagerten Kangaroo Island. Umgekehrt verdankt ihm der »Fünfte Kontinent« seinen heutigen Namen, denn Flinders schlug für den bis dahin »Neuholland« genannten Erdteil den Namen »Australien« vor. Heute konzentriert sich die Bevölkerung Südaustraliens auf den Großraum der Hauptstadt Adelaide; das Hinterland mit seinen großen Salzseen ist fast menschenleer.

St Mary Peak
1170 metres

63 | 64

Das Land der großen Salzseen

Betrachtet man die Verteilung der Bevölkerung im Bundesstaat Südaustralien, bekommt man damit gleich einen guten Eindruck von der geografischen Struktur des Landes. Etwa siebzig Prozent der Einwohner leben in dem Großraum der Hauptstadt *Adelaide*, nur ein Prozent im Norden des Landes, der Rest verteilt sich auf die landwirtschaftlich nutzbaren Küstengebiete und die Eyre Peninsula. Geografisch ist Südaustralien dreigeteilt: zunächst in den wüsten- oder halbwüstenhaften Norden mit riesigen *Salzseen* einerseits und dem uralten Gebirgsstock der *Flinders Ranges* andererseits. Mehr Niederschläge bekommt der zweite Landschaftsgürtel, die sogenannten *»gulf lands«*. Damit ist die Region um den *Spencer Gulf* einschließlich der *Eyre Halbinsel* gemeint. Zu dieser Region gehören auch die Küstenebenen und die *Mt. Lofty Range*. Als dritte Zone gelten die Ebenen im Südosten. Landwirtschaftlicher Erfolg beruht hier auf Bewässerung. Die Hauptwasserquelle ist dabei der große *Murray River*.

Trotz der klimatischen Widrigkeiten zählt Südaustralien zu den führenden Staaten, was die landwirtschaftliche Produktion betrifft. Weizen, Gerste, Zitrusfrüchte, Wein und Trauben sind dabei die wichtigsten Erzeugnisse. Rohstoffe wie Eisen, Uran, Kupfer sowie Naturgas bilden eine weitere Stütze der Wirtschaft. Nicht zu vergessen ist auch die *Opalgewinnung* im weltbekannten *Coober Pedy*. Inzwischen hat sich Südaustralien von dem wirtschaftlichen Absturz in den siebziger Jahren wieder erholt, der zum Niedergang der weiterverarbeitenden Industrie geführt hatte. Vor allem der Schiffsbau, der Südaustralien in den vorangegangenen Jahren eine Periode wirtschaftlichen Wohlstands beschert hatte, war davon betroffen. *Adelaide, Port Augusta* und *Port Pirie* sind heute die Zentren einer wiedererstarkten weiterverarbeitenden Industrie.

Wie alle anderen australischen Staaten setzt auch Südaustralien zunehmend auf den Tourismus. Neben den Besucherhits *Kangaroo Island, Adelaide* und dem *Barossa Valley* hat Südaustralien viel Natur zu bieten. Allein in den Flinders Ranges haben sich drei interessante Nationalparks etabliert, der *Mt. Remarkable National Park*, der bekannte *Flinders Ranges National Park* und der abenteuerliche *Gammon Ranges National Park* im Norden des Gebirgszuges. Im Bereich der riesigen Salzseen sind einige Nationalparks und Schutzgebiete eingerichtet worden, die allerdings touristisch keine Rolle spielen. Einer der wichtigsten Nationalparks ist ohne Zweifel der *Flinders Chase National Park* auf *Kangaroo Island*, aber auch einige der Küstenparks sind populär.

Vorhergehende Abbildungen:

61 Die Hitze der Mittagsstunden verdöst dieser Koala in den Zweigen eines Eukalyptusbaumes nahe dem Besucherzentrum des Flinders Chase National Parks auf Kangaroo Island.

62 Ungehindert schweift der Blick vom Gipfel des St. Mary Peak, der höchsten Erhebung der Flinders Ranges, über die zeitlose Landschaft eines Gebirges im Endstadium. Von der einstigen Größe der Flinders Ranges, eines der ältesten Gebirge der Erde, ist nur noch das Skelett übriggeblieben.

63 An die Werke eines modernen Bildhauers erinnern manche der verwitterten Granitfelsen der »Remarable Rocks« im Flinders Chase National Park.

64 Landschaften im Westen der USA ähnelt dieses Bild, aufgenommen in der Ebene vor dem Bergsaum des Wilpena Pounds im Flinders Ranges National Park.

Information

Anreise: Der internationale Flughafen von Adelaide wird regelmäßig von zahlreichen Fluglinien angeflogen. Von hier bestehen gute Verbindungen zu allen australischen Städten.

Unterkunft: Als Einfallstor für Südaustralien und Ausgangs- bzw. Endpunkt vieler Touren im Land hat Adelaide eine umfangreiche Auswahl an Hotels, Motels und Pensionen. Die meisten Hotels höherer Kategorie sind im Zentrum angesiedelt, wie z. B. das ausgezeichnete Adelaide Hilton International, Tel. 08/271 07 11, oder das Hyatt Recency, Tel. 08/231 12 34. Empfehlenswert ist zudem die Adelaide Travellodge, Tel. 08/223 27 44.

Flinders Chase National Park und Seal Bay Conservation Park

Insel der Tiere

Kangaroo Island ist – nach Tasmanien und Melville Island – mit der respektablen Fläche von 4405 Quadratkilometern die drittgrößte Insel Australiens. Sie liegt in westlicher Fortsetzung der Landzunge, die sich südlich von Adelaide ins Meer hinausschiebt und den St. Vincent Golf an dessen östlicher Seite säumt. Vom Festland durch die schmale Backstairs Passage getrennt, hat sich die Insel zu einer der wichtigsten Touristendestinationen Südaustraliens entwickelt. Viel dazu beigetragen haben zwei Parks der Insel, der Flinders Chase National Park im Westen der Insel, der ohne Zweifel zu den wichtigsten Schutzgebieten des Landes zählt, und der kleine Seal Bay Conservation Park an der rauhen Südküste. Ohne den Besuch dieser beiden Reservate wäre der Aufenthalt auf der Insel nicht komplett.

Seal Bay Conservation Park

Man erreicht das kleine, aber außergewöhnliche Schutzgebiet auf einer ungeteerten Stichstraße, die von der ebenfalls recht rauhen South Coast Road abzweigt. Der Seal Bay Conservation Park umfaßt einen schmalen Küstenstreifen mit wind- und salzgestutzter Vegetation und eine langgezogene, auf beiden Seiten mit Felsklippen begrenzte Sandbucht. Dieses unberührte Stück Küste hat sich eine große Kolonie *Australischer Seelöwen* (Neophoca cinerea) zu ihrer Heimstatt auserkoren. Die Kolonie in der Seal Bay umfaßt mit mehreren hundert Exemplaren etwa zehn Prozent der Weltpopulation dieser herrlichen Tierart und gilt als die zweitgrößte Brutkolonie in Australien. Der Anblick der friedlich in der Sonne liegenden Tiere vermittelt zumindest einen kleinen Eindruck der paradiesischen Verhältnisse, die vor der Ankunft der Robbenjäger auf Kangaroo Island herrschten. Hundert Jahre gnadenloser Jagd auf Robben und Seelöwen, die wegen ihrer Felle, des Leders und ihres Specks zu Tausenden abgeschlachtet wurden, haben die Seelöwen an den Rand des Aussterbens gebracht. Diese dunklen Zeiten gehören zum Glück der Vergangenheit an, der Bestand der Tiere ist vorerst gesichert.

Heute ist es in der Seal Bay unter der kundigen Führung von Rangern möglich, den Strand entlang zu bummeln und sich mitten in der Kolonie zwischen den Tieren aufzuhalten – ein Erlebnis, das einzigartig in Australien ist. Im Laufe der Jahre haben sich die Seelöwen an die Anwesenheit der Menschen gewöhnt und bleiben ruhig liegen, wenn man sich ihnen nähert. Die Ranger achten allerdings genau darauf, daß ein Sicherheitsabstand von fünf Metern nicht unterschritten wird. Die Bucht ist in erster Linie ein Rastplatz für die erschöpften Tiere, die mehrere Tage hintereinander auf offener See beim Fressen zubringen. Sie genießen ganz offensichtlich die Sonne und tanken Kraft für den nächsten Jagdausflug. Das Gebären und Aufziehen der Jungen findet dagegen hauptsächlich in unzugänglichen Buchten am westlichen und östlichen Ende des langgezogenen Seal Bay Strandes statt. Der Zutritt zu diesen Buchten ist strengstens verboten, jede Störung der Tiere soll vermieden werden. Um den kompletten Schutz der Kolonie zu gewähren, wurde die Schutzzone des Parks einen Kilometer in das Meer hinaus erweitert. In diesem Seal Bay Aquatic Reserve ist Schwimmen und Fischen nicht erlaubt. Seit Jahren markieren Mitarbeiter des *South Australian National Parks and Wildlife Service* die in der Bucht geborenen Jungen, um mehr über das Leben der beeindruckenden Tiere zu erfahren. Die gewonnenen Erkenntnisse sollen einen besseren Schutz und das zukünftige Überleben der Tierart sichern.

Flinders Chase National Park

Wie im Seal Bay Conservation Park sind es auch im Flinders Chase National Park vornehmlich die Tiere, die das Herz der Besucher erobern. Erster Anlaufpunkt des Parks ist das Rocky River Park Headquarter. Hier sind das *Visitor Centre* und ein großer Campingplatz situiert, von hier aus sind alle Attraktionen des Parks zu erreichen. Das weitere Umfeld des Visitor Centres gleicht einem Freilichtzoo. Schon am Parkplatz wird man von ganzen Scharen

65/66 Die Kombination aus Geschichte und Natur macht den besonderen Reiz des Flinders Chase National Parks aus. Der historische Leuchtturm am Cape Borda tut seit 1858 seinen Dienst und zieht Besucher ebenso an wie die freundlichen und gar nicht scheuen Kangaroo Island Grey Kangaroos, eine Unterart des Western Grey Kangaroos vom Festland. Die Inselkänguruhs sind im Vergleich zur Festlandspezies dunkler gefärbt und haben ein längeres Fell.

Information

Auskünfte: Flinders Chase National Park and Seal Bay Conservation Park, PMB 246, Kingscote, SA 5223, Tel. 0848/37235.
Reisezeit: Der Park ist das ganze Jahr über geöffnet. Milde regenreiche Winter und warme trockene Sommer prägen das Klima der Insel. Etwa zwei Drittel der Jahresniederschläge gehen zwischen Mai und September nieder, als feuchtester Monat gilt der Juli.
Unterkünfte: Flinders Light und Hartley Hut am Cape Broda, die Old Rocky River Homestead sowie die Parndana und Karatta Lodge am Cape du Couedic bieten außergewöhnliche Unterkünfte zu niedrigen Preisen in historischen Gebäuden innerhalb des Flinders Chase National Parks. Im Seal Bay Conservation Park gibt es keine Übernachtungsmöglichkeiten.
Camping: Ein Caravan- und Campingplatz mit allen Einrichtungen findet sich am Rocky River Park Headquarter. Einfache Buschcampingplätze gibt es bei Harveys Return, West Bay und Snake Lagoon. Für alle Campingplätze ist ein Permit vom Parkhauptquartier notwendig. Camping ist im Seal Bay Conservation Park nicht erlaubt.
Aktivitäten: Wandern, Sightseeing, Schwimmen, Tierbeobachtungen.

65 | 66

bettelnder Känguruhs empfangen. Jahrelanges Füttern durch die Besucher hat dazu geführt, daß die *Kangaroo Island Grey Kangaroos*, eine nur auf der Insel vorkommende Unterart des auf dem Festland lebenden *Western Grey Kangaroos*, jede Scheu verloren haben. Die Nationalparkverwaltung hat inzwischen eine Aufklärungskampagne gestartet, die auf die tödlichen Gefahren aufmerksam macht, die das Füttern für die Tiere bringt. Mit zum hungrigen Empfangskomitee gehören auch die ansonsten scheuen *Tammar Wallabies*. Zahllose *Cape-Barren-Gänse* und *Emus* scheint die Anwesenheit der Menschen ebenfalls nicht zu stören; in den *Eukalypten* kann man *Koalas* entdecken, farbenprächtige *Sittiche* lärmen durch die Bäume; unweit des Parkhauptquartiers, am *Rocky River*, hat man – Geduld und die richtige Tageszeit vorausgesetzt – gute Chancen, das scheue *Schnabeltier* zu beobachten, und nachts treiben die possierlichen *Brushtail Possums* vor allem am Campingplatz ihr Unwesen.

Nicht weniger beeindruckend als die Tierwelt sind die zahlreichen landschaftlichen Attraktionen des Parks. Vom *Rocky River Park Headquarter* führt eine rauhe, aber mit normalen PKWs befahrbare Schotterstraße durch dichten Wald und undurchdringliches Mallee-Gestrüpp zum sturm- und wellenumtosten *Cape du Couedic*. Ein malerischer *Leuchtturm* und ein fotogenes Ensemble aus historischen Gebäuden geben dieser exponierten Felszunge ein ganz besonderes Ambiente. An der äußersten Spitze des Kaps hat sich an der Schwächezone zwischen zwei Gesteinsarten durch die ungebremste Kraft der tobenden See eine grandiose Naturbrücke, der *Admirals Arch*, gebildet, die vor allem zur Zeit des Sonnenuntergangs ihre ganze Schönheit entfaltet. Hier, an der Spitze des Kaps, hat auch eine Kolonie *Neuseeländischer Pelzrobben* die schräg ins Meer abfallenden Felsplatten zu ihrem Rastplatz auserkoren. Kurz vor dem Leuchtturm zweigt eine kurze Stichstraße zu *Weirs Cove* ab. Hier steht hoch über den steil abfallenden Klippen die Ruine eines Hauses. Als es noch keine Straßenverbindung zu dem im Jahre 1906 errichteten Leuchtturm gab, wurden die Verpflegung und Ausrüstung für die Leuchtturmwärterfamilie mittels einer kleinen Seilbahn zu diesem Haus heraufgebracht. Die türkisfarbene Bucht unterhalb davon war der einzige Platz an der wilden Steilküste, der das sichere Anlanden der Schiffe ermöglichte.

Eine weitere Stichstraße, der vier Kilometer lange *Boxer Drive*, zweigt unweit des Leuchtturms in Richtung Osten ab und bringt die Besucher zur wohl bekanntesten Sehenswürdigkeit des Parks, den *Remarkable Rocks*. Einen treffenderen Namen für dieses Naturmonument hätte man nicht finden können. Die »bemerkenswerten Felsen« bilden eine Gruppe von bizarr verwitterten, flechtenbewachsenen Granitblöcken, die wie Skulpturen eines modernen Bildhauers auf einem mächtigen, zum Meer hin abfallenden Granitdom ruhen.

Ebenfalls am Rockey River Park Headquarter seinen Anfang nimmt der *West Bay Track*, an dessen Ende die malerische Sandbucht der *West Bay* liegt. Hier erinnert ein schlichtes Holzkreuz an einen unbekannten Seemann der *Loch Vennacher*, die 1905 ganz in der Nähe der Bucht sank. Auf dem Weg zur West Bay zweigen mehrere lohnende Wanderwege zur Küste ab: der *Rocky River Trail*, mit guten Chancen, etwas abseits des Weges in den tiefen Pools des Flusses *Schnabeltiere* zu sehen, der *Sandy Creek Trail*, der durch eine interessante und abwechslungsreiche Vegetation zum Meer hinunter führt, und der sechs Kilometer lange *Breackneck River Track*, dessen Ziel ebenfalls die Küste ist.

Die größten Teile des 74000 Hektar umfassenden Parks gelten als unzugängliche Wildnis. Vor allem die nahezu unpassierbare *Malle-Vegetation*, ein grünes, undurchdringliches Meer aus niedrigen Bäumen und Büschen, bildet ein wichtiges Rückzugsgebiet für Tiere. Touristisch interessant ist nur noch die Nordwestspitze des Parks. Wieder ist es die Verquickung von atemberaubender Natur und Geschichte, die begeistert. Die Rede ist von dem historischen und in seiner Architektur einmaligen *Leuchtturm* am *Cape Broda*. Das ungewöhnliche Gebäude weist einen quadratischen Grundriß auf und sitzt am Rande steil zum Meer abstürzender Klippen, die hier eine Höhe von 155 Metern erreichen. Es war also aufgrund dieser exponierten Lage nicht notwendig, einen richtigen Turm zu errichten. Ein kleines, liebevoll eingerichtetes Museum und der nach wie vor in Betrieb stehende Leuchtturm selbst können im Zuge einer geführten Tour besichtigt werden.

Drei Kilometer vor dem Leuchtturm zweigt eine Stichstraße zum Ausgangspunkt der längsten Wanderung im Park ab, dem sieben Kilometer langen Pfad zur *Ravine des Casoars*. Ein abgelegener, von mächtigen, höhlenzerfressenen Kalkwänden eingerahmter Strand ist das lohnende Ziel der Mühen. Ein weiteres landschaftliches Kleinod in der Nähe des Leuchtturms ist eine versteckte Bucht namens *Harveys Return*. Ein kleiner Campingplatz am *Playford Highway* markiert den Ausgangspunkt des kurzen Steilabstiegs in die Bucht. In dieser geschützten Bucht landeten vor dem Bau der Straße die Versorgungsboote für den Leuchtturm am Cape Borda. Spuren des im Jahre 1859 über die steile Flanke verlegten Doppelgleises sind immer noch zu sehen. Mit Hilfe von Winden, die von Pferden angetrieben wurden, schaffte man Güter über den Steilhang nach oben. Die Bucht selbst eignet sich herrlich zum Schwimmen – am besten als Abschluß eines aufregenden Besichtigungstages im Park –, und Hobbygeologen werden an dem hübsch gebänderten Gestein der Klippen ihre helle Freude haben.

67 Unweit von Cape Borda im Flinders Chase National Park, in einer versteckten Bucht namens »Harveys Return«, kann man dieses ungewöhnlich gebänderte Gestein entdecken, ein geologisches Bonbon, das sich noch nicht zur Touristenattraktion gemausert hat.

Flinders Ranges National Park

Fenster zur Erdgeschichte

Südaustraliens größtes Gebirge, die Flinders Ranges, zieht sich vom Spencer Gulf als eine Serie parallel verlaufender Bergketten über eine Strecke von etwa 430 Kilometern nach Norden und verliert sich in den endlosen Wüsten südöstlich der gigantischen, hitzeflimmernden Salzpfanne des Lake Eyre. Im zentralen Teil des Gebirges, wo sich auch dessen höchste Erhebung, der St. Mary Peak mit 1165 Metern, befindet, liegt der Flinders Ranges National Park, ein Reservat, das Geologen, Historiker, Ästheten, Fotografen und Maler gleichermaßen entzückt.

Der bekannte australische Landschaftsmaler *Sir Henry Heysen* nannte die Flinders Ranges, deren Faszination der Künstler hoffnungslos erlag, die »offenliegenden Gebeine der Natur« (»the bones of nature laid bare«). Besser und exakter kann man den Charakter dieses uralten Gebirges kaum beschreiben. Es ist eine Formation im Endstadium, von ihrer ursprünglichen Größe ist nur noch der Rumpf vorhanden. Der unfaßbare, Jahrmillionen umfassende Prozeß der Erosion hat eine grandiose Naturlandschaft entstehen lassen, deren gnadenlos entblößte geologische Struktur an den rauhen Rückenpanzer eines uralten Krokodils erinnert.

Entstehungsgeschichte

Das Verständnis für diese Landschaft kommt mit dem Wissen über ihren geologischen Aufbau. Es ist keine spannende, aber eine lange Geschichte. In erster Linie ist das Gebirge aus Sedimenten wie Sandstein, Quarzit, Kalk und Schiefer aufgebaut, die sich vor mehr als 1000 Millionen Jahren am Grunde eines untermeerischen Troges – Geologen sprechen von der *»Adelaide Geosyncline«* – abzulagern begannen. Dieser Prozeß dauerte etwa 500 Millionen Jahre, dann begann sich das Bild der Landschaft gründlich zu ändern. Unendlich langsam, getrieben von unfaßbaren Kräften, begann das Land sich zu heben und im Laufe dieses Vorgangs wurden die Gesteinsschichten gekippt, gefaltet und zu einem Gebirge geformt, das die heutigen Flinders Ranges an Höhe weit übertraf. Einmal den Elementen ausgesetzt, begann der Verwitterungsvorgang, der bis heute andauert. Die weichen Gesteinsschichten verschwanden im Lauf der Jahrmillionen, und übrig blieb der Kern des Gebirges, gebildet aus harten, widerstandsfähigeren Gesteinen wie Quarzit oder Sandstein. Bäche und Flüsse zerschnitten die Bergketten und schufen tiefe Schluchten, die geradezu modellhaft Einblicke in den steinernen Rumpf des Gebirges bieten. Eine dieser Schluchten im Flinders Range National Park, die Brachina Gorge, bildet so ein Fenster in die Erdgeschichte und wurde zu einem geologischen Lehrpfad ausgebaut, dem Brachina Gorge Geological Trail. Er durchläuft auf zwanzig Kilometern Länge zwölf geologische Formationen; Tafeln am Rand der Schotterstraße erklären die erdgeschichtlichen Besonderheiten, Gesteine und Fossilien darunter eines der ältesten bisher bekannten versteinerten Tiere. Eine spektakuläre, farbenprächtige Landschaft bildet den Rahmen für diesen Exkurs in die Vergangenheit. Der Ausgangspunkt des Geotrails liegt an der Straße von Wilpena nach Blinman.

Der Wilpena Pound

Das bekannteste geologische Schaustück im Park aber ist der Wilpena Pound. Es handelt sich bei ihm um die erodierten Reste einer beckenförmigen Quarzitfalte, die weichere Gesteinsschichten schützend umschließt und so die Verwitterung und Abtragung verhindert. Deshalb liegt das flache, parkähnliche Innere des Wilpena Pound auch ein gutes Stück höher als die umliegenden Ebenen. Dort sind die weichen Sedimente längst abgetragen. Die außergewöhnliche Struktur des Wilpena Pounds offenbart sich am besten aus der Luft; von Wilpena aus werden *Rundflüge* angeboten. Wie eine überdimensionale Schüssel – der Pound hat eine Länge von sechzehn und eine Breite von sechs Kilometern –, umgeben von nach außen hin steil abfallenden Felsmauern, liegt dann das geologische Unikum unter dem Betrachter.

Der Wilpena Pound bildet das prominenteste und wichtigste Kernstück des Parks. Wegen seiner gewaltigen, einzeln stehenden *River Gums* und der

68/69 Ohne den Besuch des kleinen Seal Bay Conservation Parks wäre ein Aufenthalt auf Kangaroo Island unvollständig. Die langgestreckte Bucht ist der Lebensraum einiger hundert Australischer Seelöwen. In Begleitung von Rangern kann man sich den sonnenbadenden Tieren bis auf wenige Meter nähern. Nur die etwas abseits gelegenen Brutplätze dürfen nicht betreten werden.

Information

Auskünfte: Flinders Ranges National Park, Wilpena, SA 5730, Tel. 086/480048; National Parks and Wildlife Service, 60 Elder Terrace, Hawker, SA 5434, Tel. 086/484244.
Reisezeit: Der Park ist ganzjährig geöffnet. Da das Klima in den Flinders Ranges im Sommer durch hohe Temperaturen, die 40° C übersteigen, geprägt wird, empfehlen sich die milden Wintermonate (Mai bis Oktober) für einen Besuch. Regen ist in dem wüstenhaften Park selten.
Unterkünfte: Die einzige Unterkunft im Park bietet das Wilpena Pound Resort, Tel. 086/480004. Der nächstgelegene Ort ist das rund 60 Kilometer entfernte Hawker.
Camping: Ein großer, mit allen notwendigen sanitären Einrichtungen ausgerüsteter Campingplatz findet sich in Wilpena. Alle anderen festgelegten Plätze im Park sind einfache Buschcampingplätze ohne weiteren Komfort.
Aktivitäten: Wandern, Rundflüge, Malen, geologische Exkursionen.
Touren: Das Wilpena Pound Resort veranstaltet verschiedene Allradtouren im Park und in der Umgebung. Hier können auch Rundflüge und Safaris mit dem Flugzeug gebucht werden.

weiten offenen Flächen erinnert das Innere des Pounds stark an eine angelegte Parklandschaft. Genaugenommen ist das Naturpanorama hier auch von Menschen beeinflußt und gestaltet. Entdeckt wurde der Wilpena Pound im Jahre 1950 von *Edward John Eyre* auf der Suche nach Wasser. Bald folgten die Viehzüchter. Fehlendes Verständnis für die harsche, aber empfindliche Natur, Überweidung, Dürrezeiten und das Verschmutzen der wenigen Quellen ließen die Weidewirtschaft allerdings bald scheitern. 1870 folgten Weizenfarmer. In den ersten, ungewöhnlich regenreichen Jahren gelangen sogar einige sehr erfolgreiche Ernten, dann zerstörten katastrophale Dürrejahre – für diese halbwüstenartige Region nichts Ungewöhnliches – den Traum von der blühenden Landwirtschaft und zwangen die Bauern zum Aufgeben. Die Ruine der alten *Homestead* im Wilpena Pound erzählt die tragische Geschichte des Scheiterns in einer unbarmherzigen Natur.

Wandern im Wilpena Pound

Die meisten Wanderwege des Parks finden sich im Bereich des Wilpena Pound. Zugänglich ist die gewaltige Gesteinsschüssel nur an einer einzigen Stelle. Bei *Wilpena*, dem kommerziellen Zentrum des Parks (Visitor Centre, Geschäft mit Tankstelle, Motel, Campingplatz), hat der *Wilpena Creek* einen schmalen, schluchtähnlichen Durchbruch in der kompakten Felsmauer des Pounds geschaffen, der durch einen Wanderweg erschlossen ist. *Emus* und *Känguruhs* sind im Inneren des Pounds nicht selten Wegbegleiter.

Ein stolzes Ziel von Wilpena aus ist der *St. Mary Peak*, mit 1171 Metern der höchste Gipfel der gesamten Flinders Ranges. Lohn des steilen, anstrengenden und im Gipfelbereich relativ anspruchsvollen Weges ist ein atemberaubendes Panorama, das die seltsame Struktur des Wilpena Pound sowie der *Heysen* und *ABC Range* enthüllt. Schneller, kürzer, aber recht schweißtreibend ist der Aufstieg zum *Mt. Ohlsen Bagge*, dessen felsiger Gipfelaufbau wie ein Wächter über der Zugangsschlucht zum Pound thront. Quer durch den Wilpena Pound, hinüber zum *Bridle Gap*, führt ein Abschnitt des *Heysen Trail*, eines nahezu 2000 Kilometer langen Weitwanderweges. Ein weiteres Ziel für fitte Wanderer könnte die *Edeowie Gorge* am Nordwestende des *Wilpena Pounds* darstellen. Einen kleinen Einblick in die vergangene Kultur hier lebender *Aborigines* bekommt man am *Arkaroo Rock* unterhalb der südlichen Felsabstürze des Pounds. Unter einem gewaltigen überhängenden Felsblock haben sich an einer durch Erosion stark zerfurchten Wand Felszeichnungen erhalten. Um die zum größten Teil aus Strichzeichnungen bestehenden und nur in wenigen Fällen als farbige Flächen ausgeführten Motive wegen ihrer hohen Empfindlichkeit vor der Zerstörung durch Anfassen zu bewahren, befinden sie sich heute hinter einem weitmaschigen Schutzgitter. Der Ausgangspunkt des Weges zu dieser heiligen Stätte der Urbevölkerung liegt an der Straße nach *Hawker*.

Exkursionen mit dem Auto

Um den knapp 100000 Hektar großen Park in seiner faszinierenden Gesamtheit zu erkunden, kommt man um ein Auto nicht herum. Die Fahrt ist dabei das Ziel. Den Exkursionen in die abgelegeneren Regionen des Parks haftet dank teilweise rauher Schotterstraßen ein Hauch von Abenteuer an. Zwar sind die Schotterpisten auch mit normalen Fahrzeugen befahrbar, sie verlangen aber stellenweise höchste Konzentration des Fahrers und belasten das Gefährt nicht unerheblich. Vorsichtiges und vor allem langsames Fahren ist deshalb erste Pflicht. Nur so lassen sich die gewaltigen Landschaftseindrücke des Schutzgebietes richtig genießen.

Als erster Stopp nach dem Verlassen von Wilpena bietet sich der berühmte *Casneaux Tree* an, ein uralter, alleinstehender *Red River Gum* vor der Kulisse der steilaufragenden Felswände des Wilpena Pounds. 1937 fotografierte *Harold Cazneaux* den Baum, und sein Foto, dem er den Titel »Spirit of Endurance« (»Geist der Beständigkeit«) gab, wurde in Australien und Übersee ausgestellt. Ganz in der Nähe verwittern die fotogenen Kulissen des 1984 hier gedrehten Spielfilms *»Robbery under Arms«*.

Geradezu atemberaubend ist die Fahrt von Wilpena auf einer Schotterstraße in das phantastische *Bunyeroo Valley*. Nach etwa fünfzehn Kilometern erreicht man einen Aussichtspunkt, der prachtvolle Panoramablicke über das Tal gewährt. Nun folgt der spektakulärste Abschnitt der Route. Die Straße bleibt erst auf der Höhe des Kamms – mit Einblicken in eine seltsam zeitlose Landschaft, deren karge Schönheit immer wieder zum Verweilen zwingt – und windet sich schließlich steil in das Tal hinunter. Ziel nach 28 Kilometern ist dort der tiefe Einschnitt der *Bunyeroo Gorge*, die auf einem eineinhalbstündigen Wanderweg erkundet werden kann.

Ganz im Norden des Parks erzählen die *Aroona Ruins* in dem verzauberten *Aroona Valley* eine weitere Leidensgeschichte der frühen Siedler. Im Jahre 1851 begann der Engländer *Frederick Hayward* hier Schafe zu züchten, verkaufte elf Jahre später seinen Betrieb mit Gewinn und kehrte nach England zurück. Seinen Nachfolgern blieb das Glück allerdings nicht treu, und 1886 lag die Homestead in Ruinen. Überlebt haben nur die Weiden- und Maulbeerbäume, die Frederick Hayward an der nahen Quelle gepflanzt hat. Die Ruinen von Aroona bilden zudem den Ausgangspunkt für ausgedehnte Wanderungen.

Im abgelegenen Nordostzipfel des Parks wartet schließlich als weiterer Höhepunkt eine Route durch die fossilienreiche *Wilkawillana Gorge* auf den Besucher.

70 Einer der auffälligsten und majestätischsten Baumgestalten in den Flinders Ranges ist der sogenannte »Cazneaux Tree« nahe Wilpena. Der uralte Red River Gum, ein Eukalyptus, erlangte durch ein 1937 gefertigtes Foto von Harold Cazneaux weltweit Berühmtheit.

Tasmanien

Die annähernd herzförmige Insel Tasmanien, die zusammen mit kleineren umgebenden Eilanden den insgesamt 67800 Quadratkilometer großen gleichnamigen Bundesstaat bildet, hieß noch bis 1853 Van Diemens Land und wurde dann erst nach ihrem Entdecker, dem Niederländer Abel Tasman, benannt, der sie 1642 als erster Europäer erreicht hatte. Da die Insel geologisch eine Fortsetzung des südaustralischen Gebirgsgürtels darstellt, die heute durch den Meeresarm der Bass Strait vom Festland getrennt ist, hat sie überwiegend gebirgigen Charakter und weist nur an einigen Küstenabschnitten Tieflandregionen auf. Mit einem Anteil der Nationalparks von rund zwanzig Prozent an der Gesamtfläche stellt Tasmanien das am intensivsten mit Schutzgebieten versehene Mitglied des australischen Staatenbundes dar; allein die unter dem Protektorat der UNESCO stehende »Tasmanian Wilderness World Area« belegt 1,4 Millionen Hektar.

72|73|74 75 ▷

76 | 77

78 ▷

Vorhergehende Abbildungen:

71 Zerbrochene Säulen aus Diorit bilden den Gipfel des Cradle Mountain im Cradle Mountain-Lake St. Clair National Park.

72 Die meterhohen Pandani (Richea pandanifolia) geben dem Cradle Mountain-Lake St. Clair National Park stellenweise ein exotisches Ambiente.

73 Der Schnabeligel, der Echidna, bevorzugt offene Waldstücke im Cradle Mountain-Lake St. Clair National Park.

74 Zu den schönsten und auffälligsten Bäumen im Park zählen die knorrig verdrehten Schnee-Eukalypten mit ihrer farbenfrohen Rinde.

75 Offene Moor- und Heidelandschaften erlebt man entlang des Hounslow Heath Tracks, der seinen Ausgangspunkt im Cradle Valley hat.

76 Namenlose, aber fischreiche Seen prägen die Nordostecke des Cradle Mountain-Lake St. Clair National Parks.

77 Ein kühlgemäßigter Regenwald bildet in geschützten Lagen im Cradle Mountain-Lake St. Clair National Park dichte Bestände.

78 Der Overland Track, ein sechstägiger Weitwanderweg, verbindet die beiden Nationalparkzentren Cradle Mountain und Lake St. Clair.

79 | 80

Insel im Abseits?

Mit einer Fläche von 86300 Quadratkilometern – das entspricht etwa der Größe Bayerns – ist Tasmanien das kleinste Mitglied im Staatenverbund Australiens. Die annähernd herzförmige Insel wird durch die 240 Kilometer breite, oft stürmische Bass Strait vom Festland getrennt. Der Inselstaat liegt seit jeher im ökonomischen Abseits Gesamtaustraliens und weist die traditionell höchste Arbeitslosenquote auf.

Wirtschaftliche Standbeine Tasmaniens sind die Holzindustrie und die Agrarwirtschaft. Allerdings kann wegen der gebirgigen Struktur der Insel nur ein Drittel der Fläche landwirtschaftlich genutzt werden. Von ökonomischem Vorteil sind die unerschöpflichen und billigen Energiereserven des Landes. Tasmanien setzt dabei auf die Wasserkraft, dank der hohen Niederschläge eine gesicherte Energiequelle. In den letzten Jahrzehnten entstanden in Tasmanien zahlreiche *Wasserkraftwerke*, mit der Folge, daß man dort inzwischen mehr Strom produziert als gebraucht wird. Nirgendwo auf der Welt ist Elektrizität deshalb billiger als in Tasmanien. Dieser Überschuß an Energie hatte zur Folge, daß sich energieintensive Industrien wie die *Metallveredelung* und *Aluminiumherstellung* in Tasmanien ansiedelten.

Der vielleicht größte Schatz Tasmaniens aber ist seine einmalige Natur. Geografisch gesehen ist Tasmanien eine Gebirgsinsel. Im Westen ragen die Berge über 1500 Meter auf, das Massiv des Ben Lemond im Nordosten erreicht 1573 Meter. Dazwischen erstreckt sich das seenreiche *Zentralplateau*, das in dem 1617 Meter hohen Mt. Ossa kumuliert, dem höchsten Gipfel Tasmaniens. Das östliche Plateau erreicht dagegen nur noch Höhen zwischen 300 und 400 Metern. Dank der differenzierten topografischen Struktur zeigt sich Tasmanien als Insel der Kontraste. Neben den Gebirgsregionen fügt die zum Teil stark gegliederte *Küste* mit einer Gesamtlänge von 3200 Kilometern dem Landschaftsbild der Insel einen weiteren wichtigen Aspekt zu. Vor allem im Bereich der Nordküste prägen Wiesen und Felder das Bild, und in der Region zwischen Launceston und Hobart, den beiden wichtigsten Städten der Insel, fühlt man sich oft in das ländliche England versetzt.

Ökonomie und Ökologie prallen in dem ärmsten Bundesstaat immer wieder aufeinander. Berühmtestes Beispiel war der Kampf der Naturschützer gegen den geplanten *Franklin-Lower Gorden-Staudamm*, der weltweit Aufsehen erregte. Mit der Niederschlagung dieses – wie man heute weiß – sinnlo-

79 Ein kurzer Abstecher vom Overland Track bringt Wanderer zu den versteckt gelegenen Hartlett Falls. Sie bilden die ersten Fälle einer ganzen Serie von Seilabstürzen, die der Mersey River auf dem Weg zum Lake Rowallan überwinden muß.

80 Die Trekker sind am Cooks Beach, einem der vielen nur zu Fuß erreichbaren Traumstrände im Freycinet National Park, angelangt und werden ihr Lager ganz in der Nähe, bei Cooks Corner, aufschlagen.

Information

Anreise: Die Anreise nach Tasmanien erfolgt immer über Australien, einen direkten Flug von Europa gibt es nicht. Mehrere Fluglinien verbinden alle größeren Städte Australiens mit der Insel. Regelmäßig angeflogen werden Hobart, Launceston und Devonport. Eine moderne Autofähre verbindet das Festland mit Tasmanien. Die Überfahrt geht über Nacht und dauert etwa 15 Stunden. Informationen bei TT Line Reservation, P. O. Box 168 E, East Devonport, Tel. 004/230333.
Unterkunft: Übernachtungsmöglichkeiten aller Preis- und Komfortklassen bietet die Hauptstadt Hobart. Zentral gelegen sind zum Beispiel das Hobart Macquarie Motor Inn, Tel. 002/344422, das Westside Hotel, Tel. 002/346255, oder das Innkeepers St. Ives Hotel, Tel. 002/301801. Lauceston, die zweitgrößte Stadt Tasmaniens, bietet ebenfalls eine reiche Palette an Unterkunftsmöglichkeiten. Empfehlenswert sind unter anderem das Innkeepers Penny Royal Village, Tel. 003/316699, oder das Batman Fawkner Inn Hotel, Tel. 003/317222. Auf dem Land findet man in jedem größeren Ort ein Motel, zahlreiche kleine Pensionen offerieren Bed & Breakfast. Homehost & Heritage Tasmania bietet eine Reihe von stilvollen Pensionen in historischen Gebäuden oder Übernachtungen auf Farmen, Tel. 002/241612.

sen Projektes konnte ein einzigartiges Ökosystem im wilden Südwesten der Insel gerettet werden. Es ist heute als Franklin-Gorden Wild Rivers National Park geschützt. Nach wie vor ein großes Problem für die einzigartige Natur der Insel ist der intensive Holzeinschlag.

Trotzdem ist Tasmanien in bezug auf Nationalparks in einer glücklichen Lage. Mit etwa zwanzig Prozent der Landesfläche weist Tasmanien den weitaus größten Anteil an Parks in ganz Australien auf. In den zum Teil nur schwer zugänglichen Regionen werden immer noch Entdeckungen gemacht, die die Fachwelt erstaunen lassen. Auf einem abgelegenen Berg im Nordwesten Tasmaniens fand man vor kurzem den ältesten lebenden Organismus auf der Erde. Der Baum, eine *Huon Pine*, bedeckt eine Fläche von mehr als einem Hektar, und sein Alter wird mit mindestens 10500 Jahren angegeben!

Mehrere zusammenhängende Nationalparks, darunter der Cradle Mountain-Lake St. Clair National Park, der Walls of Jerusalem National Park, der Franklin-Gorden Wild Rivers National Park, der Hartz Mountain National Park und der große South West National Park wurden zur Tasmanian Wilderness World Heritage Area zusammengefaßt. Das unter dem Protektorat der UNESCO stehende Schutzgebiet bildet eine der letzten gemäßigten Wildnisse dieser Welt mit unberührten temperierten Regenwäldern, berückenden Gebirgslandschaften, ungezähmten Flüssen und einem Schatz an zum Teil endemischen Pflanzen und Tieren. Mit 1,4 Millionen Hektar entspricht die Fläche des Weltparks einem Fünftel der Inselfläche. Kein Wunder also, daß die wirtschaftlich gebeutelte Insel nun zunehmend auf den Tourismus setzt: Alle Voraussetzungen dazu hat sie.

Cradle Mountain-Lake St. Clair National Park

Der Gebirgspark

Tasmaniens landschaftlicher und topografischer Höhepunkt liegt gerade einmal 85 Kilometer südlich der Hafenstadt Devonport, eines der Einfallstore des Inselstaates: der Cradle Mountain-Lake St. Clair National Park. Das Reservat bildet den nordwestlichen Eckpfeiler des riesigen Weltparks der »Tasmanian Wilderness World Heritage Area«. Mit 161000 Hektar nimmt der Park ohne Zweifel einen Spitzenrang innerhalb der Schutzgebiete Australiens ein und gilt als Tasmaniens bekanntester Nationalpark. Einer der Gründe ist die außergewöhnliche Schönheit der für australische Verhältnisse ungewöhnlich alpinen Landschaft. Zahlreiche Seen und Seenaugen, Hochplateaus mit weiten Sümpfen und Mooren, wilde und bizarre Gipfel – darunter der Mt. Ossa, mit 1616 Metern Tasmaniens höchster Berg – und undurchdringliche Regenwälder in tiefen Tälern bilden das Landschaftsspektrum des bekannten und beliebten Cradle Mountain-Lake St. Clair National Parks.

Entstehung der Landschaft

Die bedeutendsten Gesteine innerhalb des Parks sind metamorphe und aufgefaltete Sedimente aus dem Präkambrium. Ihr Alter wird mit mehr als 700 Millionen Jahren angegeben. Vorherrschend sind dabei Quarzit und Schiefer, die vor allem im Westen und Norden des Parks den Unterbau bilden. Die aus diesen Gesteinen entstehenden Böden sind sauer und unfruchtbar. Hier haben sich die ausgedehnten *Button-Gras-Ebenen* gebildet. Jüngere Sedimente wie Sandstein (180 bis 275 Millionen Jahre alt) finden sich über den ganzen Park verteilt. Landschaftsgestaltend ist jedoch das rötliche Intrusionsgestein *Dolerit*, das vor etwa 165 Millionen Jahren unter und in die Sedimente der Region eingedrungen und dort erkaltet ist. Die charakteristische säulenartige Ausprägung des Ge-

Information

Auskünfte: Cradle Mountain-Lake St. Clair National Park, Cradle Mountain, via Sheffield, TAS 7306, Tel. 004/921133, Department of Parks, Wildlife and Heritage, 134 Macquarie Street, Hobart, TAS 7001, Tel. 002/302620.

Reisezeit: Das Klima im Park kann als sehr feucht und äußerst unbeständig charakterisiert werden. Heftige Wetterstürze, Schneefälle, gelegentlich auch im Sommer, und lange Regenperioden machen vor allem Trekkern und Bergsteigern zu schaffen. Als die beständigsten Monate haben sich Dezember bis März erwiesen.

Unterkünfte: Einfache Hütten können im Cradle Valley (Waldheim Cabins, Tel. 004/921395) und in Cyntia Bay (Tel. 002/891137) angemietet werden. Stilvoll und komfortabel untergebracht ist man in der knapp außerhalb des Parks gelegenen Cradle Mountain Lodge (Tel. 004/921303). Frühe Anmeldung ist dringend empfohlen. Entlang des Overland Tracks kann man in einfachen Hütten übernachten. Man sollte sich jedoch nie darauf verlassen, einen Platz zu bekommen. Schlafsack und Liegematte sind notwendig.

Camping: Ein großer, bestens ausgestatteter Campingplatz liegt einige Kilometer vor der Cradle Mountain Lodge, Tel. 004/921395. Informationen über den Zeltplatz in Cyntia Bay bekommt man unter Tel. 002/891137. Wildzelten ist im Park überall erlaubt, entlang dem Overland Track befinden sich die Zeltplätze im Bereich der Hütten.

Aktivitäten: Wandern, Bergsteigen, Trekking.

Touren: Der Overland Track wird als geführte Trekkingtour von verschiedenen lokalen Organisationen angeboten. Komfort-Trekking mit Unterkunft in privaten Hütten bietet Cradle Mountain Huts, Tel. 003/312006, an. Preiswerter und mit dem Zelt unterwegs ist man dagegen mit Tasman Expedition, Tel. 003/343477. Beide Firmen haben ihren Sitz in Launceston. Regelmäßig veranstaltet werden zudem von Rangern geführte Wanderungen, auch die Cradle Mountain Lodge bietet ihren Gästen eine ganze Reihe von Unternehmungen an.

81/82 Stilgerechte Unterkunft für die Nordseite des Cradle Mountain-Lake St. Clair National Parks bieten die an einem kleinen Teich direkt am Parkeingang gelegenen Cradle Mountain Lodge und die ein paar Kilometer entfernte, rustikale Lemonthyme Lodge.

81 | 82

83 | 84

steins hat große Ähnlichkeit mit Basalt. Ständige Erosion hat die über dem eingedrungenen Gestein liegenden Sedimentschichten im Laufe der Zeit abgetragen und ein Doleritplateau freigelegt, das wegen seiner Härte dem nagenden Zahn von Wind und Wetter weit besser widersteht als die weichen Sedimente. Nur an Bruchlinien innerhalb des Plateaus konnten Flüsse und Erosion ansetzen und die kompakte Gesteinsmasse zerteilen. Den letzten Schliff erhielt der Park schließlich während der letzten großen Eiszeit. Vor etwa 20000 Jahren bedeckte eine Eisfläche mit einem Durchmesser von 65 Kilometern das Gebiet einschließlich der *Du Cane Range* und des *Cradle Mountain Plateaus*. Die Eismassen rundeten die Topografie, hobelten Täler aus, bildeten Kare, Moränen und Seen. Diesen Zeugen der einstmaligen Vergletscherung begegnet man heute bei Streifzügen durch den Park auf Schritt und Tritt.

Vegetation und Tierwelt

Die Pflanzenwelt des Parks reicht von alpinen Mooren über Eukalyptuswälder bis hin zu kühl-gemäßigten Regenwäldern. Bestandsbildend sind hier *Sassafras-Bäume, Myrtle Beech* – eine Südbuchenart – und die *Celery Top Pine*. Die Stämme der Wälder sind flechtenbedeckt, Moose und Farne bilden einen dichten Unterwuchs und geben den urwüchsigen Wäldern den Flair eines mystischen Zauberwaldes. Auffällige Pflanzenarten im reichen Vegetationsspektrum sind die *King Billy Pines* und die *Pencil Pines* der Bergwälder. Einen tropischen Eindruck vermitteln die *Pandanis*. Diese palmenähnlichen Pflanzen sind frostresistent und gehören zu den Heidegewächsen. Hoch im Gebirge kommt auch die seltsame *Cushion Plant*, die große, leuchtendgrüne Polster bildet, vor. Im Herbst kann man im Park dann ein ganz besonderes Schauspiel erleben. Dann verfärben sich die Blätter einer laubabwerfenden Buchenart, und ganze Hänge überziehen sich mit einem gelben bis bronzefarbenen Farbschleier. Ebenfalls eine Charakterpflanze der Hochlagen sind die *Schnee-Eukalypten* mit ihren auffällig gefärbten Stämmen.

So einzigartig wie die Vegetation zeigt sich auch die Fauna des Parks. Am bekanntesten sind die *Tasmanischen Teufel*, nachtaktive Beuteltiere, deren Schreie man im Dunkeln oft hört. Zu Gesicht bekommt man die scheuen Tiere allerdings sehr selten. Häufig zu sehen sind dagegen das *Bennett Wallaby* und das *Pademelon*, eine kleine endemische *Wallabyart*. *Echidnas* und *Schnabeltiere* sind ebenfalls häufig im Park. Obwohl man es in dem rauhen Gebirgsklima des Parks nicht erwarten würde, sind Schlangen häufig. Vor allem die schwarze *Tiger Snake* entdeckt man an warmen Tagen nicht selten bei ihrem Sonnenbad auf den Wanderwegen.

Zu Fuß im Park unterwegs

Der größte Teil des gebirgigen Parks ist weglose Wildnis und nur erfahrenen, bestens ausgerüsteten Trekkern zugänglich. Doch auch auf gut ausgebauten, beschilderten und markierten Wegen, die von leichten Spaziergängen bis hin zu anstrengenden und anspruchsvollen Tagestouren die gesamte Palette umfassen, kann man die außergewöhnliche Natur des Cradle Mountain-Lake St. Clair National Parks erkunden.

Ausgangspunkt für die zahlreichen Wanderungen ist im Norden des Parks das *Cradle Valley*, im Süden der *Lake St. Clair*. Beide Nationalparkzentren werden verbunden von dem über achtzig Kilometer langen *Overland Track*, einem der schönsten Weitwanderwege Australiens. Voraussetzung für die fünf- bis sechstägige Wanderung ist gute Fitneß, Unempfindlichkeit gegenüber dem launischen, oft rauhen Wetter und die Bereitschaft, einen schweren Rucksack mit kompletter Trekkingausrüstung zu schleppen.

Den *Nordteil* des Parks erreicht man über eine vierzehn Kilometer lange Stichstraße, die von der Straße C 132 abzweigt. Kurz vor der Parkgrenze steht die rustikale, aber komfortable *Cradle Mountain Lodge*, beliebter Ausgangspunkt für Unternehmungen innerhalb des Parks. Gleich nach dem Parkeingang liegen die *Ranger Station* und das *Cradle Mountain Visitor Centre*. Ausstellungen und Video-Vorführungen geben Einblicke in die Geschichte, Geologie und Natur des Parks, freundliche Ranger stehen Rede und Antwort, geben Tips für Wanderungen und stellen die Permits für den Overland Track aus. Hier werden auch die Anmeldungen für die von Rangern geführten Wanderungen entgegengenommen.

Ausgerüstet mit einer Fülle an Informationen geht es nun in das *Cradle Valley* hinein. Bald nach dem Visitor Centre endet die Teerstraße und leitet in eine Schotterstraße über. Vorbei an der Abzweigung zu den *Waldheim Huts* – hier stehen einfache Unterkunftshütten und das als Museum ausgebaute historische *Waldheim Chalet* – führt die enge Straße zu ihrem Bestimmungsort, dem Parkplatz am romantisch gelegenen *Lake Dove*. Waldheim und Lake Dove sind die Ausgangspunkte für praktisch alle Wanderungen im Nordteil des Parks; man hat die Qual der Wahl. Den besten Blick über Lake Dove und die vom Eis gestaltete Landschaft der Region bietet *Marions Lookout*; ein erst 1994 fertiggestellter *Rundweg um den See* zählt zu den schönsten Wanderungen im Park, der Gipfel des 1545 Meter hohen *Cradle Mountain* hat bei trittsicheren Bergwanderern einen hohen Stellenwert, und mit dem *Artists Pool* auf der Ostseite des Cradle Mountain Massivs be-

83 Der Blick vom Face Track unterhalb der Steilabstürze des Cradle Mountain Massivs über den Lake Wilks (links) und den Lake Dove offenbart deren Entstehungsgeschichte: Ein Gletscher hat das geschwungene Tal ausgeschabt und nach seinem Abschmelzen die beiden Seen hinterlassen.

84 Ein dichter Pandani-Hain im Cradle Valley suggeriert tropische Üppigkeit in einer Region, die im Winter schneebedeckt ist und wo tiefer Frost zur klimatischen Normalität zählt.

sitzt der Nordteil des Parks ein landschaftliches Kleinod von berückender Schönheit. Weitere beliebte Wanderziele sind die lieblichen Twisted Lakes, der Bilderbuch-Karsee Crater Lake oder der temperierte Regenwald nahe Waldheim.

Andere, nicht minder lohnende Eindrücke bietet der *Südteil* des Parks. Auf einer Stichstraße, die bei Derwent Bridge vom Lyell Highway abzweigt, erreicht man Cyntia Bay am Lake St. Clair. Hier bilden eine Ranger Station, ein Campingplatz und ein Kiosk die touristische Infrastruktur. Cyntia Bay ist Ausgangs- oder Endpunkt des Overlandtracks, hier starten zahlreiche Wanderungen, die den See und die umliegende Bergwelt zum Ziel haben. Im Sommer bringt eine kleine Fähre die Wanderer, Trekker und Ausflügler über den Lake St. Clair zur Narcissus Bay am Nordende des großen Sees.

Der Lake St. Clair gilt mit 200 Metern als der tiefste See Australiens. Sein Bett wurde von gewaltigen Gletschern ausgeschürft, deren Endmoräne das Südende des Gewässers bildet. Der langgezogene See liegt fjordähnlich in einem steilwandigen, dicht bewaldeten Trogtal und wird überragt von einigen der prominenten Gipfel des Parks – wie dem Massiv des Mt. Olympus (1447 m), der schlanken Felsnadel des Mt. Ida (1253 m) oder dem Mt. Gould (1491 m) am Nordende des Sees. Als schönste Wanderziele im Südteil des Parks gelten der Mt. Rufus (1416 m), der Cuvier Valley Track sowie von Narcissus Bay aus die Besteigung der Akropolis (1471 m) und die Wanderung zu The Labyrinth, einer wilden Seenlandschaft in der Du Cane Range.

Freycinet National Park

Naturtheater aus Fels und Meer

Gemessen an dem schlechten klimatischen Ruf, der Tasmanien allgemein anhaftet, kann man im Freycinet National Park an der Ostküste der Insel recht oft sein blaues Wunder erleben. Im wahrsten Sinne des Wortes, denn das Klima hier ist vergleichbar mit dem in Südfrankreich: lange Trockenperioden mit viel Sonnenschein sind eher die Regel als die Ausnahme. Das glitzernde Wasser, die wilden Granitgestade, die versteckten Buchten – alles versprüht mediterranes Flair, Vergleiche mit der wilden Westküste Korsikas drängen sich auf.

Wie ein knochiger Finger deutet die gebirgige Freycinet Peninsula, die der Nationalpark umfaßt, in die Tasman-See hinaus und legt sich, einem schützenden Wall gleich, vor die Küste Tasmaniens. Der Gebirgszug der Halbinsel fängt die Brecher der oft wilden Tasman-See ab. Dahinter liegt die außergewöhnlich fischreiche Bucht der Great Oyster Bay. Sie gilt unbestritten als bestes Fischgewässer Tasmaniens. Die vor der Fingerspitze sitzende Insel *Schouten Island* wurde ebenso wie ein großes Areal um die Friendly Beaches nachträglich in das Schutzgebiet eingegliedert. Der Nationalpark umfaßt so einen Landschaftsmix aus zerklüfteten Granitbergen, langgezogenen Sandstränden, monumentalen Steilküsten, versteckten Traumbuchten, dichten Wäldern, Sümpfen und Lagunen.

Der Park lebt von dem Gegensatz zwischen Gebirge und Meer. Die sich an der geschützten Westküste reihenden Strände sind vor allem im Spätsommer sehr beliebt. Sie gelten im Gegensatz zu den Stränden an der Ostseite als sicher zum Schwimmen. Aber gerade an der Ostküste, zum offenen Meer hin, findet man die schönsten Buchten und Strände. Die mit Abstand malerischste Bucht fungiert auch als Aushängeschild für den Park und ist Ziel der meisten dortigen Wanderer: die Whineglass Bay. Das perfekte Halbrund der mehrere Kilometer langen Bucht, der blendendweiße Sand und das türkisfarbene Meer lassen Gedanken an das Paradies aufkommen. Und den scheinbar endlosen Stränden der Friendly Beaches nördlich der Hazards gebührt sowieso ein Spitzenplatz in der Strandparade Tasmaniens. In den Dünenlandschaften dahinter fand man große Haufen an Muschelschalen, sogenannte *»mitten«*. Sie sind Beweis, daß früher die Aborigines dieses Gebiet durchstreiften und sich an dem vielfältigen Nahrungsangebot des Meeres bedienten.

Information

Auskünfte: Freycinet National Park, via Coles Bay, TAS 7215, Tel. 002/570107.
Reisezeit: Der Park ist ganzjährig geöffnet. Sonnenreiche Sommer und milde Winter charakterisieren das Klima im Park. Februar und März eignen sich besonders zum Wandern.
Unterkunft: Im Park bietet die Freycinet Lodge stilvolle Unterkunft, Tel. 002/570101. In Coles Bay findet man eine ganze Reihe von Schlafmöglichkeiten.
Camping: Der Nationalpark-Campingplatz liegt kurz hinter dem Parkeingang, ein großer Caravan- und Campingplatz bietet in Coles Bay alle Bequemlichkeiten. Kleine Campingplätze für Wanderer und Trekker liegen an der Wineglass Bay, an Bryans Corner und am Cooks Beach. Hier gibt es nur einfache Toiletten, Wasser ist rar.
Aktivitäten: Wandern, Trekking, Schwimmen, Fischen.
Touren: Die in Launceston ansässige Firma Freycinet Experience bietet ein fünftägiges, geführtes Trekking an, das alle landschaftlichen Höhepunkte des Freycinet National Parks berührt. Übernachtet wird in feststehenden Zeltlagern und in einer privaten Lodge, Tel. 003/344615.

85 Vom Aufstieg zum Ossa geht der Blick hinüber zum weiten Tal des Mersey Rivers, flankiert links vom Cathedral Mountain und rechts von den Ausläufern der Du Cane Range. Die grünen Polster im Vordergrund sind sogenannte Cushion Plants, die nur in dem feucht-kühlen Klima der Bergregionen Tasmaniens gedeihen.

86 Die felsigen Dioritzinnen im Hintergrund markieren das Gipfelmassiv des Mt. Ossa, des höchsten Berges Tasmaniens. An klaren Tagen liegt dem Betrachter vom Gipfel aus fast die gesamte Insel zu Füßen. Der Gipfel kann als Abstecher vom Overland Track bestiegen werden.

85 | 86

87 | 88

89 ▷

87 Ein verstecktes Kleinod im Freycinet National Park bildet die Little Bluestone Bay, deren flechtenbewachsene Granitfelsen in den weichen Farben eines frühen Morgens leuchten.

88 Einen geeigneten Platz, um »die Seele baumeln zu lassen«, finden Wanderer in der langgezogenen Sandbucht des Cooks Beach im Freycinet National Park. Die Berge im Hintergrund sind Mt. Mayson (links) und Mt. Amos (rechts), zwei Mitglieder des Gipfelquartiers »The Hazards«. Links hinten leuchtet der Sand des zwei Kilometer langen Hazard Beachs.

89 Von dem verschlafenen Ferienort Coles Bay geht der Blick hinüber zu »The Hazards«. Alle vier Hauptgipfel des Granitriegels stehen Parade: Mt. Parsons, Mt. Dove, Mt. Amos und Mt. Mayson (von links nach rechts).

Im Park unterwegs

Vom *Tasman Highway* zwischen *Swansea* und *Bicheno* zweigt eine 35 Kilometer lange geteerte Stichstraße ab. Sie führt entlang dem Nationalpark nach *Coles Bay*. Ungeteerte Seitenwege führen von dieser Straße in den jüngsten Teil des Parks, die Dünen- und Küstenlandschaft um die *Friendly Beaches*. Hinter dem verschlafenen Örtchen Coles Bay ist dann der offizielle Parkeingang erreicht. Hier bekommt man Auskünfte und Broschüren über das Reservat und kann sich einen Platz im nahen Campingplatz am langgezogenen *Richardsons Beach* sichern. Verwöhnte Naturen finden ihr Paradies wahrscheinlich ein paar Kilometer weiter in der unter Schweizer Führung stehenden *Freycinet Lodge*. Ganz in der Nähe zweigt eine rauhe Schotterpiste zum *Cape Tourville* ab. Nicht weit davon entfernt liegt die kleine Felsenbucht der *Little Blue Stone Bay*. Besonders am frühen Morgen ist dieses Kleinod der Natur sehenswert. Dann leuchten die mit orangefarbenen Flechten überzogenen Felsen besonders kräftig. Die sechs Kilometer lange Stichstraße von Coles Bay endet dann unweit der Lodge vor der viergipfligen Granitbarriere der *Hazards*. Ab hier geht es nur noch zu Fuß weiter, denn andere Straßen gibt es in diesem Teil des Parks nicht. Hinter diesem schützenden Bergriegel nun tut sich eine versteckte Wunderwelt für Fußgänger auf, die es auf Tageswanderungen, aber auch auf mehrtägigen Trekkings, zu erkunden gilt.

Wandertouren

Am besten überblicken kann man dieses Natur- und Wanderparadies vom Gipfel des *Mt. Amos* (440 m) aus. Auf diesen zweithöchsten Gipfel der Hazards führt vom Parkplatz am Ende der Stichstraße ein steiler Wanderweg. Lohn der Mühe ist ein Blick über die traumhafte *Whineglass Bay* zu den beiden höchsten Gipfeln des Parks, dem *Mt. Graham* (579 m) und *Mt. Freycinet* (620 m), und zu den abgelegenen Stränden der Freycinet Halbinsel.

Zweifellos zu den schönsten Rundwanderungen im Park gehört die Kombination der drei Wanderwege *Hazards Beach Track, Isthmus Track* und *Wineglass Bay Track*. Auf dieser leichten Tagestour umrundet man den *Mt. Mayson* (400 m), einen der vier Hazardgipfel, und erreicht damit zwei der schönsten Buchten des Parks, den westseitig gelegenen *Hazard Beach* und die *Wineglass Bay* auf der Ostseite. Eine weitere großartige Runde, für die man allerdings mindestens zwei Tage veranschlagen sollte, ist der *Peninsula Track*. Er führt von der *Wineglass Bay* über den Granitgipfel des *Mt. Graham* zum *Cooks Beach* und an der Küste entlang zurück zum *Hazard Beach*. Vom Cooks Beach führt ein weiterer Pfad, der *Bryans Beach Track*, zum weitgeschwungenen und einsamen Sandstrand des *Bryan Beach*.

Schouten Island

Die weglose Insel *Schouten Island* vor der Südspitze der Freycinet Peninsula ist nur mit dem Boot zu erreichen. Die Insel ist durch eine gut erkennbare Störungslinie geologisch zweigeteilt. Während die Nordhälfte von Schouten Island aus Granit aufgebaut ist, dominiert im Süden das Intrusionsgestein Dolerit. Die Vegetation der Insel besteht vorwiegend aus salzbeständigem Küstengebüsch und Heide. Auf der Insel wartet ein primitiver Zeltplatz ohne sanitäre Einrichtungen auf Entdeckungsfreudige.

90 Eine Schaukanzel ohnegleichen stellt der Gipfel des Mt. Graham, des höchsten Berges im Freycinet National Park, dar. Im Hintergrund begrenzen drei der vier Hazards-Gipfel den Blick, links des schmalen, sumpfigen Isthmus leuchtet das Sandband des Hazard Beach herauf, und rechts lockt Tasmaniens schönste Bucht, die Wineglass Bay.

91 Gedanken an das Paradies liegen angesichts des landschaftlichen Schmuckstücks der Wineglass Bay nahe. Kaum vorstellbar ist, daß diese Traumbucht einst der Standort einer florierenden Walfangstation war. Noch heute liegen die ausgebleichten Knochen der Meeressäuger am Strand und erzählen die grausame Geschichte.

Westaustralien

Das westliche Drittel des »Fünften Kontinents« ist durch eine schnurgerade Grenzlinie, die vom Joseph-Bonaparte-Golf im Norden bis zum Scheitelpunkt der Großen Australischen Bucht im Süden verläuft, von seinen Nachbarn Northern Territory und Südaustralien getrennt. Solche ohne Rücksicht auf natürliche oder historische Gegebenheiten mit dem Lineal gezogenen Landesgrenzen sind stets ein sicheres Indiz für eine koloniale Vergangenheit. Und Westaustralien wurde auch erst 1890, als allerletzter der australischen Bundesstaaten, von Großbritannien in eine weitgehende Autonomie entlassen. Daß das überwiegend wüstenhafte Landesinnere – weswegen weit mehr als zwei Drittel der Bevölkerung im Großraum der Hauptstadt Perth leben – kaum Landwirtschaft ermöglicht, wird durch reiche Bodenschätze ausgeglichen. Westaustralien ist mit über 90 Prozent an der australischen Erzförderung beteiligt.

94 | 95

96 ▷

Vorhergehende Abbildungen:

92 Im stillen Wasser der Kalamina Gorge spiegeln sich die roten Felswände aus eisenhaltigem Gestein. Die zahlreichen Schluchten am Nordrand der Hamersley Range gehören zu den eindrucksvollsten Schaustücken des Karijini National Parks.

93 Ein Wald aus bizarr verwitterten Kalksteinsäulen ragt im Nambung National Park aus dem hellen Sand auf und bildet eine Landschaft, die der Phantasie eines Science-fiction-Autors entsprungen sein könnte: »The Pinnacles«.

94/95 Ein Allradfahrzeug ist Voraussetzung, um in die steinerne Wunderwelt des Purnululu National Parks vorzudringen. Lohn des Aufwandes ist eine unvergleichbare, fremdartige Landschaft aus Sandsteindomen und -pagoden, die das merkwürdig bleiche, von Rillen durchzogene Felsbett des nur periodisch fließenden Piccaninny Creek flankieren (unten).

96 Ohne Übergang ragen die verkarsteten Kalksteinwände der Napier Range im Windjana Gorge National Park über der Steppenlandschaft der Kimberley auf. Die rötlichgraue Felsmauer stellt einen Teil eines uralten Riffs aus dem Devon dar.

97 | 98 | 99

100 ▷

101 | 102

Der dünnbesiedelte Riese

Der flächenmäßig größte Bundesstaat Australiens ist gleichzeitig auch der am dünnsten besiedelte. Auf einer Fläche von weit über 2,5 Millionen Quadratkilometern – das entspricht etwa einem Drittel der Fläche Gesamtaustraliens oder siebenmal der Größe Deutschlands – leben gerade einmal 1,6 Millionen Menschen.

Vorhergehende Abbildungen:

97 Kurz nur bricht die abendliche Sonne durch die dunklen Wolken einer Gewitterfront und taucht die Landschaft des Stirling Range National Parks in ein unwirkliches Licht. Die Straße läuft direkt auf den Bluff Knoll zu, den höchsten Gipfel der Stirling Range.

98–100 Botaniker und Pflanzenfreunde aus aller Welt zieht es alljährlich zur Wildblumenblüte in das botanische Wunderland Westaustralien. Besonders reichhaltig ist die Flora im Stirling Range Nationalpark, mit Raritäten wie der Albany Banksi (Banksia coccinea) mit ihren großartigen, roten Blütenständen. Die gelben Blütenhäuschen gehören zu einer Wattle, Mitglied der mit 800 Spezies zu den größten Pflanzenfamilien Australiens zählenden Akazien. Nur auf die Südwestecke Westaustraliens beschränkt ist der silberblättrige Grass Tree (Kingia australis). Nach Buschbränden bildet die Pflanze regelmäßig Blüten aus, die an Paukenschlegel erinnern.

101/102 Als höchster Gipfel der Stirling Range gilt der Bluff Knoll als eines der nobelsten Ziele für Wanderer. Der Aufstiegsweg umgeht die steilen Nordabstürze des Berges und führt über die Graslandschaft der flachen Südabdachung auf den einen herrlichen Panoramablick gewährenden Kulminationspunkt des Parks. An klaren Tagen kann man von seinem Gipfel aus den Brandungssaum der etwa 60 Kilometer entfernten Küste erkennen.

Eine Million davon bevölkern die Hauptstadt <u>*Perth*</u>.

Von den Europäern erst spät erforscht, erwischte der riesige Bundesstaat wirtschaftlich einen langsamen Start. Größtes Hindernis bei der Entwicklung Westaustraliens waren die enormen Ausmaße des Landes, seine klimatische und geografische Struktur. Topografisch gesehen ist das Land zweigeteilt, in das große westaustralische Plateau mit Höhen zwischen 300 und 600 Metern und den schmalen, bis 60 Kilometer breiten Küstenstreifen, der das Plateau säumt. Die Küstenlinie Westaustraliens hat eine Länge von 12 500 Kilometern.

Während der *Norden* des Landes im Bereich des Monsuns liegt und von ausgeprägten Trocken- und Regenzeiten geprägt ist, weist der *mittlere Teil*, der zwei Drittel der Gesamtfläche einnimmt, wüstenhaftes Klima mit unregelmäßigen Niederschlägen (unter 250 Millimeter im Jahr) auf. Der *Süden* schließlich ist mit einem mediterranen Klima gesegnet.

Der erste Wirtschaftsboom fand in den Jahren 1885 bis 1895 statt, als man reiche *Goldvorkommen* in Westaustralien entdeckte. Auch heute noch sind es die enormen Rohstoffreserven, die die Wirtschaft des Landes antreiben. Eisen, Nickel, Gold, Bauxit und seit noch nicht allzulanger Zeit Öl, Erdgas und Diamanten begründen den Reichtum des Landes. Heute weist Westaustralien das größte Wirtschafts- und Bevölkerungswachstum aller Bundesstaaten des Fünften Kontinents auf. Neben dem Bergbau sind der Fischfang sowie die Land- und Forstwirtschaft die wichtigsten wirtschaftlichen Stützen Westaustraliens.

Auch touristisch ist Westaustralien ein »Spätzünder«. Mit seinen faszinierenden, menschenleeren Landschaften und zahlreichen Sehenswürdigkeiten ist der Bundesstaat auf der touristischen Landkarte noch nicht sehr lange präsent. Fremdenverkehr wird erst seit wenigen Jahren intensiv gefördert, aber langsam spricht sich herum, daß der große Bundesstaat am Indischen Oze-

Information

Anreise: Dreh- und Angelpunkt für Reisen in und nach Westaustralien ist die Hauptstadt Perth, die über einen internationalen Flughafen verfügt. Mehrere internationale Fluglinien bieten von Deutschland aus gute Verbindungen in die Stadt am Swan River an. Von hier sind Flugverbindungen zu allen wichtigen australischen Städten möglich.

Unterkunft: Die Millionenstadt Perth besitzt zahlreiche Hotels und Motels aller Preiskategorien. Die feinsten Adressen, wie z. B. das Hyatt Regency, Tel. 09/225 12 34, oder das Perth Parkroyal, Tel. 09/325 38 11, findet man direkt in der City. Preislich günstiger sind das Wenthworth Plaza, Tel. 09/481 10 00, und das Grand Central Private Hotel, Tel. 09/325 56 38.

an viel zu bieten hat. Gerade hier kann man noch das »echte« Australien entdecken und erleben. Große Gebiete des Landes sind zudem als Nationalparks geschützt und mausern sich langsam zu Touristenattraktionen.

Stirling Range National Park

Blumenwunder im Südwesten

Tief im Süden des riesigen Bundeslandes Westaustralien, dort, wo man es eigentlich gar nicht mehr erwarten würde, erheben sich ohne Übergang die *Stirling Range* mit ihren steilen Gipfeln wie eine zerklüftete Insel aus den Weiten der landwirtschaftlich intensiv genutzten Küstenebenen. Die Millionenstadt *Perth* liegt etwa 380 Kilometer nordwestlich des Gebirgszuges, das Küstenstädtchen *Albany* dagegen ist nur noch 64 Kilometer entfernt, also praktisch in Sichtweite. An klaren Tagen erkennt man von den Höhen der Gipfel die Südküste Westaustraliens.

Benannt wurde der Gebirgszug zu Ehren von *Captain James Stirling*, des ersten Gouverneurs Westaustraliens. Der gleichnamige Nationalpark schützt heute ein Gebiet von 115671 Hektar, umfaßt steile, zerklüftete Berggestalten, unzugängliche Geröllhänge, Sandebenen, weites Buschland und eine Kette von kleinen Seen im äußersten Südosten des Reservats. Fünf Gipfel ragen über 1000 Meter auf, oft eingehüllt in Nebel, und im Winter zaubert gelegentlicher Schneefall einen weißen Zuckerguß auf die Höhen der Stirling Range. Kumulationspunkt des Gebirges ist mit 1073 Metern der mächtige, nach Nordwesten hin steil abbrechende *Bluff Knoll*.

Die Annäherung an den Park, sei es vom Süden, also von *Albany* über die *Chester Pass Road*, oder von *Perth* erst über den *Albany Highway* und dann ab *Cranebrook* auf der zum Teil unbefestigten *Salt River Road*, ist bereits Teil der Dramaturgie. Kaum ein Besucher wird sich dem Erstaunen entziehen können, wenn plötzlich am Horizont über den endlosen Feldern der Region seltsame, unwirklich erscheinende Berggestalten, Sägezähnen nicht unähnlich, emporwachsen.

Geologie der Stirling Range

Die markanten Berge der Stirling Range stellen den verwitterten Rest einer einstmals mächtigen Sedimentdecke dar, die sich über Jahrmillionen in einem flachen Meer gebildet hatte. Beweise für diese erstaunliche Transformation vom Meeresboden zum zerklüfteten Gebirge finden sich an vielen Stellen des Parks. Im Gipfelbereich des steilen *Toolbrunup Peak* zum Beispiel sind die Rippelmarken des ehemaligen Meeresbodens erkennbar, als hübsches Muster verewigt in den harten Gesteinsplatten.

Schließlich zog sich das Wasser des Flachmeeres langsam zurück und das Land versank in einer flachen Mulde. Während das umliegende Land also der Erosion ausgesetzt war und die mächtigen Sedimentschichten bis auf den granitenen Untergrund verschwanden, überstanden die Sedimentgesteine der heutigen Stirling Range dem nagenden Zahn der Zeit. Erst als sich das Land zu heben begann, setzte der Verwitterungsprozeß ein, der das Antlitz der Berge gestaltete. Flüsse schnitten tiefe Täler in das weiche Gestein, Wind und Wetter zersetzten den Fels zu sandigem Boden, schufen die steilen Berge, deren Kanten und Ecken sich im Laufe der Jahrmillionen zum Teil wieder abschliffen; zahlreiche Berge weisen heute runde, domartige Formen auf. Vor 28 Millionen Jahren stieg der Meeresspiegel dann wieder an, die flachen Küstenebenen versanken erneut im Wasser, und die Gipfel der Stirling Range verwandelten sich in Inseln. Schließlich zog sich das Meer nach drei Millionen Jahren zurück und das Gebirge sowie die umliegenden Ebenen tauchten wieder aus dem Wasser auf.

103/104 Wenig beachtet im Schatten des bekannten Besuchermagnets »The Pinnacles« liegt der übrige Teil des Nambung National Parks. Dabei bildet die wilde Küste des Schutzgebietes eine Attraktion für sich. Im Frühjahr verwandeln sich die überwachsenen Dünen in ein Blütenmeer. Ein weiteres, vernachläßigtes Kleinod des Parks ist der Lake Thetis. Der brackige Binnensee gilt als einer der wenigen Orte auf der Welt, an dem man lebende Stromatolithen, eine primitive, steinharte Höcker bildende Lebensform, sehen kann.

Folgende Abbildung:

105 Den Faltentwurf der Erdgeschichte in leuchtenden Farben und aus nächster Nähe erleben kann man in der Tiefe der Hamersley Gorge am Nordwestrand des Karijini National Parks. Ein kurzer, aber steiler Pfad führt hinunter zu diesem geologischen Lehrstück. Das Schluchterlebnis wird noch vertieft durch ein Bad im kühlen Wasser des Fortescue River South, dessen glasklares Wasser auch zu Dürrezeiten nie versiegt.

Information

Auskünfte: Department of Conservation and Land Management, Chester Pass Road, c/o P. O. Amelup via Borden 6338, Tel. 089/279230 oder 279278. Im Park gibt es kein Visitor Centre.
Reisezeit: Der Park ist ganzjährig geöffnet. Die beste Zeit für einen Besuch ist der Spätfrühling und der Frühsommer, zur Blütezeit der Wildblumen. Dann sind die Tage warm und die Nächte mild. Die Winter in der Stirling Range sind feucht und kalt, Schneefälle in den höheren Lagen nichts Ungewöhnliches. Auch im Frühjahr kann es gelegentlich noch zu Kälteeinbrüchen kommen.
Unterkunft: Außer Camping gibt es keine Übernachtungsmöglichkeiten im Park. Motels und Hotels findet man in Cranebrook und im über 60 Kilometer entfernten Küstenstädtchen Albany.
Camping: Im Park selbst gibt es nur einen Campingplatz, nämlich die Moingup Springs Camping Area an der Chester Pass Road. Für diesen einfachen Campingplatz ist ein Permit notwendig. Voll ausgestattet ist dagegen der Stirling Range Caravan Park an der Chester Pass Road knapp außerhalb des Parks.
Aktivitäten: Neben der Pflanzenwelt gilt das Interesse der meisten Besucher den Wanderungen im Park. Die schönsten Touren führen auf den Bluff Knoll (4 Std. hin und zurück), Toolbrunup Peak (4 Std. hin und zurück), Mt. Trio (2 bis 3 Std. hin und zurück) und auf den Mt. Hassell (2 bis 3 Std. hin und zurück).

103 | 104

106 | 107

Eine botanische Wunderwelt

Es war während dieser langen Periode, in der nur die höchsten Gipfel der Stirling Range aus dem Meer aufragten, als der Grundstock für das größte Wunder des Nationalparks gelegt wurde – die außergewöhnliche Vielfalt an seltenen und ungewöhnlichen Pflanzen. Die lange Zeit der Isolation ermöglichte es, daß sich neue Pflanzenarten bildeten. Zur Zeit der Wildblumenblüte im Spätfrühling und Frühsommer, also von September bis Dezember, schlägt das Herz eines botanisch interessierten Besuchers höher. Dabei ist es nicht die schiere Masse an blühenden Blumen, Büschen und Bäumen, die fasziniert, sondern die erstaunliche Artenvielfalt und die gerade für europäische Augen ungewöhnlichen Ausprägungsformen, die den Park in dieser Zeit zum Mekka für Botaniker machen. Mehr als tausend Arten von Blütenpflanzen wurden bisher in dem botanischen Wunderland der Stirling Range identifiziert, sechzig davon findet man nur hier im begrenzten Bereich des Nationalparks. Die Bandbreite der Blütenpflanzen reicht von winzigen *Orchideen* – 44 Arten wurden im Park registriert –, deren betörende Schönheit sich oft erst bei einem Blick durch das Vergrößerungsglas offenbart, bis hin zu blühenden *Eukalypten*.

Botanisch interessierte Besucher, und das sollte man beim Besuch des Nationalparks auf alle Fälle sein, werden zur richtigen Jahreszeit ihr ganz persönliches Pflanzenparadies am besten entlang dem *Stirling Range Drive* finden. Diese ungeteerte Straße schlängelt sich durch das Zentrum des mit einem dichten Vegetationspelz überzogenen Gebirges, durchquert weite Senken und windet sich um Bergstöcke herum. Am Straßenrand erschließt sich eine wahre Wunderwelt an blühenden Pflanzen.

Besonders intensiv erleben wird man die Natur der Stirling Range auf den Wanderungen und Bergtouren im Park – die Bereitschaft zu dieser schweißtreibenden Tätigkeit auf schmalen, steinigen Pfaden und eine gewisse Fitneß vorausgesetzt. Vom *Stirling Range Drive* zum Beispiel zweigen mehrere kurze Wege ab, mit den Bergen *Mondurup Peak, Mt. Magog* oder *Mt. Hassell* als Ziel. Die Ausgangspunkte der Wege auf die zwei schönsten und lohnendsten Berge, den steilen Kegel des *Toolbrunup Peak* und das Felsmassiv des *Bluff Knoll*, erreicht man dagegen über kurze Stichstraßen von der *Chester Pass Road*.

Karijini National Park

Das rote Herz der Pilbara

Selbst in dem an Naturschönheiten so reichen Westaustralien stellt der *Karijini National Park* tief im Herzen der *Pilbara-Region* eine Ausnahmeerscheinung dar. Die herbe, strenge Schönheit der trockenen und kargen Landschaft hinterläßt einen tiefen Eindruck der Zeitlosigkeit. Wer sich auf den roten Staubstraßen durch die uralte Landschaft des Parks bewegt, wird vor allem die phantastischen Farben in Erinnerung behalten: das intensive, manchmal fast schon ins Schwarz übergehende Rot des Gesteins, den tiefblauen Himmel, über den weiße Thermikwolken segeln, das schimmernde Gold des allgegenwärtigen *Spinifexgrases*, die leuchtendweißen Baumstämme der knorrigen *Snappy Gum-Bäume*, das üppige Grün an den Wasserstellen.

Die Nordwestecke des Australischen Kontinents stellt eine der ältesten Landformen der Erde dar. Während andere Teile Australiens dramatische Änderungen erlebten, ist die Felsmasse der *Hamersley Range* seit über 600 Millionen Jahren praktisch unverändert geblieben. Die jüngsten Gesteine im Park sind zwischen 600 und 1000 Millionen Jahre alt. Auffällig ist der enorme Reichtum an *Eisenerz*. Die Entstehung dieser metallführenden Sedimente liegt 2500 Millionen Jahre zurück, als sich Eisen und Kieselerde am Grund eines urzeitlichen Ozeans ablagerten. Diese Schichten wurden wiederum von anderen Sedimenten überdeckt. Deren Gewicht preßte das eingeschlossene

Information

Auskünfte: Karijini National Park, P. O. Box 29, Tom Price, WA 6751, Tel. 091/898157; Pilbara Regional Office, Department of Conservation and Land Management, SGIO Building, Welcome Road, P. O. Box 835, Karratha, WA 6714.
Reisezeit: Der Park ist das ganze Jahr über geöffnet. Die beste Besuchszeit ist im Winter und Frühling. Dann sind die Tage warm und klar, nachts muß man allerdings mit tiefen Temperaturen, im Extremfall sogar mit Frost rechnen. Im Sommer wird es sehr heiß im Park. Temperaturen über 40° C sind dann keine Seltenheit. Die völlig unberechenbaren Niederschläge fallen in dieser Jahreszeit, meist begleitet von heftigen Gewittern oder gelegentlich sogar ausgelöst durch einen tropischen Wirbelsturm.
Unterkünfte: Im Park selbst gibt es (außer auf den Campingplätzen) keine Übernachtungsmöglichkeiten. Nächstgelegene Orte sind die Asbeststadt Wittenoom und die Eisenstadt Tom Price. Beide Orte bieten eine ganze Palette von Unterkünften an.
Camping: Camping ist nur an den drei ausgewiesenen Plätzen Weano Camping Area, Joffre Camping Area und Fortescue Camping Area erlaubt. Die Plätze sind mit einfachen Toiletten, Gasgrills und Holztischen ausgerüstet. Wasser gibt es hier nicht.
Aktivitäten: Die Hauptaktivität im Park ist Wandern. Auf zahlreichen beschilderten und markierten Wegen können die Schluchten im Nordteil des Parks erkundet werden.
Touren: Die Firma Snappy Gum Safaris aus Karratha hat sich auf Touren im Park spezialisiert. Informationen unter Tel. 091/851278.

106 Die charakteristischen, weißstämmigen Snappy Gums, eine knorrige Eukalyptusart, goldenes Spinifexgras und rote Termitenhügel prägen die weiten Steppenlandschaften des Karijini National Parks.

107 Eine völlig andere Welt präsentiert sich dem Besucher in den schattigen Schluchten der Hamersley Range. Hier klammert sich eine Felsenfeige an das eisenhaltige Gestein der Weano Gorge.

Wasser aus den Erzlagern und verwandelte diese langsam in Gestein. An vielen Stellen im Park, vor allem in den Schluchten am Rande des Plateaus der Hamersley Range, kann man die eisenhaltigen Bänder im Gestein gut erkennen, und die knapp außerhalb des Parks gelegene Eisenerzmine Mt. Tom Price gilt als die größte der Erde.

Die Schluchten

Ein Großteil des riesigen Nationalparks – mit einer Fläche von mehr als 600000 Hektar stellt er die zweitgrößte Schutzzone des Staates dar – ist als Wildnisgebiet (*»wilderness area«*) ausgewiesen und weder durch Straßen noch Wege erschlossen. Nur der nördliche Bereich des Parks ist durch Staubstraßen zugänglich gemacht worden. Landschaftliche Höhepunkte stellen am Plateaurand die zahlreichen Schluchten dar. Bis zu hundert Meter tiefe Klammen und Canyons, durch Flüsse in das Gestein gesägt, haben sich hier im Lauf der Jahrmillionen gebildet. In den Tiefen vieler Canyons fließt das ganze Jahr über Wasser; Pflanzen und Tiere finden in den geschützten Schluchten einen idealen Lebensraum. Farne und Moose gedeihen in feuchten Felsnischen, Frösche und Fische bevölkern die Wasserbecken, Vögel lärmen durch die Waldoasen aus großen *Papierrindenbäumen, Flußeukalypten* und vereinzelten *Palmen. Reptilien* wie *Pythons* machen Jagd auf Fledermäuse und Vögel, zahlreiche Echsen finden Nahrung im Überfluß, scheue und seltene *Felsenwallabys* verbergen sich in den Klüften und Hohlräumen der Felswände.

Im Park unterwegs

Einen ersten, überwältigenden Einblick in die verborgene Welt der Schluchten bekommt man in der Hamersley Gorge. Eine kurze, ungeteerte Stichstraße führt von der Nanutarra Wittenoom Road zum Ausgangspunkt des steilen Abstiegs, der von der trockenen, heißen Hügelwelt in eine phantastische Szenerie führt. Vor allem geologisch interessierte Besucher kommen beim Anblick der hier aufgeschlossenen Gesteinsfalten auf ihre Kosten. Vergleichbar einem von Titanenhand durchgekneteten Blätterteig, liegen in der Schlucht die bunten, oft nur wenige Zentimeter dicken Sedimentschichten bloß. Dominierende Farbe der Gesteine ist Rot, und so bildete dieser Faltenwurf der Erdgeschichte einen herrlichen Kontrast zum Grün der Pflanzen und dem Glitzern des Wassers in den tiefen Pools.

Den Zugang zu den abgelegeneren Schluchten bildet die Hamersley Mt. Price Road. Von dieser Straße wiederum zweigt die Joffre Road ab, die gleich ein ganzes System an solch engen Tälern erschließt. Berühmt ist der Felsbalkon des Oxers Lookout. Vier Einschnitte, Joffre Gorge, Hancock Gorge, Weano Gorge und Red Gorge treffen hier zusammen. Einen intimen Einblick in die kühle Welt der Schluchten vermittelt insbesondere eine Wanderung in die klammartige Weano Gorge. Über einen kurzen und steilen Abstieg taucht man in das Halbdunkel des engen Tals ein. Über eine mit Seil gesicherte Steilstufe klettert man zum mit Wasser gefüllten Becken des Handrail Pools hinunter. Abenteuerlustige, klettergewandte Wanderer können der engen Klamm weiter bis zu einem Steilabbruch folgen. Die nahe Knox Gorge erlebt man dagegen am besten von drei Aussichtspunkten aus, die durch einen kurzen Wanderweg miteinander verbunden sind. Die vom Oxers Lookout nicht einmal 25 Kilometer entfernte Kalamina Gorge dagegen ist vergleichsweise zahm und bietet auf einer dreistündigen Wanderung einen hervorragenden Einblick in die Welt der Schluchten des Karijini National Parks. Ziel des Weges ist der Rock Arch Pool mit einem großartigen Felsentor.

Der landschaftliche Höhepunkt des Parks ist für viele Besucher die Dales Gorge, erreichbar über die Dales Gorge Road. Der Gorge Rim Walk zwischen dem Circular Pool Lookout und dem Dales Gorge Parkplatz sowie die Fortsetzung, der Callitris Track zum Fortescue Falls Parkplatz, vermittelt atemberaubende Tiefblicke in die Schlucht. Für die vielleicht schönste Unternehmung im Park, den Abstieg zu den ständig fließenden Fortescue Falls und die Wanderung am Schluchtgrund zum dunklen, von Farnen eingerahmten Felsbecken des Circular Pool, sollte man sich einen ganzen Tag Zeit nehmen.

Purunululu (Bungle Bungle) National Park

Dome, Kuppeln und Pagoden

Der Purunululu National Park in den östlichen Kimberleys – besser bekannt als Bungle Bungle National Park – hat eine erstaunliche Karriere hinter sich. Die Landschaft, die der Nationalpark heute schützt, wurde erst 1982 eher zufällig bei Filmaufnahmen vom Helikopter aus für die australische Allgemeinheit entdeckt. Bereits fünf Jahre später wurde hier ein Nationalpark eingerichtet, der sich in kürzester Zeit zu einem der bekanntesten Schutzgebiete Westaustraliens entwickelte. Viel dazu beigetragen hat die geradezu bizarre, scheinbar nicht zu diesem Planeten passende Landschaft der Bungle Bungle Range. Tausende von gerundeten und gestreiften *Sandsteinkuppeln* erheben sich hier über die mit *Spinifexgras* bewachsene Sandebene, enge Schluchten öffnen Tore in das Innere dieser Steinwelt, an den rotleuchten-

108 Nachmittagslicht fällt in das Schluchtende der Frog Hole Gorge im Purunululu National Park. In diesem natürlichen Felsenamphitheater wachsen die endemischen Livistona-Palmen. In der Regenzeit stürzt ein gewaltiger Wasserfall von den Höhen des Bungle Bungle Massivs in die Schlucht und macht jede Annäherung unmöglich.

Folgende Abbildung:

109 Erst aus der Vogelperspektive bekommt man einen Überblick über die bizarre Landschaft der Bungle Bungle. Da der größte Teil des Purunululu National Parks unzugängliche Wildnis ist, bietet ein Helikopterflug oft die einzige Möglichkeit, dieses Naturwunder aus Stein zu erleben.

den Felswänden klammern sich Palmen.

Entstehungsgeschichte

Das Massiv der Bungle Bungle Range hat seinen Ursprung im Zeitalter des Devons, vor 350 Millionen Jahren. Flüsse und Bäche schwemmten nach und nach Sand und Geröll in das Gebiet des heutigen Nationalparks. Diese Ablagerungen verfestigten sich langsam zu Sandstein und Konglomerat. Später wurde das ganze Gebiet durch tektonische Bewegungen angehoben. Im Laufe der Jahrmillionen schufen dann die heftigen Niederschläge während der Regenzeiten jene bizarren Felsformen und Schluchten, die heute jeden Besucher faszinieren. Ein zweites bedeutendes Ereignis fand vor etwa 250 Millionen Jahren statt. Ein großer Meteorit schlug damals auf dem durch Hebung entstandenen Massiv ein und schuf einen Krater von zehn Kilometer Durchmesser. Dieser Einschlagskrater ist allerdings längst erodiert; alles, was man heute noch von dem Meteoritentreffer erkennen kann, ist eine kreisähnliche Struktur auf dem Plateau.

Besichtigungen

Der Großteil des abgelegenen Parks besteht aus unzugänglicher Fels- und Steppenwildnis, die ihre Geheimnisse geschickt vor dem Besucher verbirgt. Die touristische Infrastruktur im Park ist eher dürftig. Wie bei keinem anderen australischen Nationalpark bestimmen deshalb Hubschrauberrundflüge über die Bungle Bungle Range die Besucheraktivitäten. Denn gerade aus der Vogelperspektive bekommt man den besten Eindruck von der Größe und Wildheit des zerklüfteten Sandsteinmassivs, kann in Ecken des Parks vordringen, die zu Fuß nur sehr schwer oder überhaupt nicht erreichbar wären, bekommt Einblicke in die dunklen Abgründe der Schluchten, staunt über die ungeheure Ansammlung bienenkorbartiger Sandsteindome, bei deren Anblick man sich in eine Welt versetzt fühlt, die der Phantasie eines Science-Fiction-Autors entstanden sein könnte. Kein Wunder also, daß viermal mehr Besucher den Park aus der Luft erleben als solche, die mit Allrad und Wanderstiefeln in die Steinwelt der Bungle Bungle Range eindringen.

Wer sich allerdings auf den beschwerlichen Weg in den Park macht, wird für seine Mühen mehr als belohnt. Das Abenteuer beginnt bereits mit dem *Spring Creek Track*, der 53 Kilometer langen Zufahrtspiste, die 250 Kilometer südlich von *Kununurra* vom *Great Northern Highway* abzweigt. Die Strecke gleicht eher einer Achterbahn als einer Straße. Sie ist nur mit Allradfahrzeugen zu bewältigen, und auch versierte Fahrer müssen für die Strecke zweieinhalb Stunden einplanen. Diese Anfahrt durch die zeitlose Landschaft aus weichen Hügeln, erodierten Gebirgsriegeln und spärlich bewachsener Steppe ist Teil der Annäherung, der erste Akt einer naturgegebenen Dramaturgie. Die Abgelegenheit der Bungle Bungle Range wird so spürbar, das lange Schlummern in der Unbekanntheit verständlich. Kommt dann der Felsriegel des plateauartigen Gebirgszuges mit seinen Felsfluchten in Sicht, sind die Erwartungen hochgespannt. Doch die Schauseite der wilden Felsenlandschaft – die Dome, Pagoden und Kuppeln – liegt auf der dem Besucher abgewandten Westseite.

Bei *Three Ways* gabelt sich die Zufahrtspiste. Die *nach links abzweigende Route* hat die Nordspitze des Massivs mit ihren wenigen erschlossenen Sehenswürdigkeiten zum Ziel. Ein kurzer Weg führt dort entlang einem ausgetrockneten Bachbett in eine von himmelhohen Wänden eingezwängte schattige Klamm, die *Echidna Chasm*. Nicht weit davon entfernt kann eine weitere Schlucht erkundet werden, die *Froghole Gorge*. Über hohe Wände stürzt hier in der Regenzeit ein Wasserfall in das Felsrund der Schlucht und bildet ein tiefes Becken, in dem sich das Wasser noch Wochen nach dem Ende des Monsuns hält. In beiden Schluchten wachsen die endemischen *Livistona-Palmen*, an die Wände klammern sich *Felsfeigen*.

Die *nach rechts abzweigende Piste* dagegen führt in einem weiten Bogen um die Bungle Bungle Range herum und nähert sich dann von Süden dem Massiv. Hier nun ist man in dem Gebiet der bekannten und oft fotografierten Felskuppeln. Ziel der Piste ist der Parkplatz am *Piccaninny Creek*. Hier startet eine Wanderung entlang dem Bachbett in die *Piccaninny Gorge*. Die Wanderzeit in die gewaltige Schlucht ist mit achtzehn(!) Stunden angegeben. Kürzer ist der Weg in die *Cathedral Gorge*, deren Ende von einem riesigen, domartigen Überhang geprägt wird.

110/111 Zu Fuß unterwegs im Windjana Gorge National Park: Während außerhalb der Schlucht meterhohes Gras die Landschaft prägt, bildet im Schutz der Windjana Gorge tropischer Wald einen grünen Saum entlang der permanenten Wasserpools des Lennard Rivers. Besonders auffällig sind hier die mächtigen Papierrinden-Bäume.

Information

Auskünfte: Kununurra Visitor Centre, P. O. Box 446, Kununurra, WA 6743, Tel. 091/681177; Halls Creek Information Centre, Halls Creek, WA 6770, Tel. 091/686087.

Reisezeit: Trockenes Monsunklima prägt das Wetter im Park. Der größte Teil der Niederschläge fällt zwischen November und März. Da die Piste nach starken Regenfällen schnell unpassierbar wird, bleibt der Park in diesen Monaten geschlossen.

Unterkünfte: Im Park findet man außer den Zeltplätzen keine Unterkünfte.

Camping: Im Park gibt es zwei einfache Campingplätze, Bellburn Camp (Toiletten, kein Trinkwasser) und Kurrajong Camp (Toiletten, Trinkwasser).

Aktivitäten: Wandern, Fotografieren, Hubschrauber-Rundflüge (Tel. 091/681811).

Touren: Die Firma Kimberley Wilderness Adventures (Tel. 091/681711) aus Kununurra führt regelmäßig mehrtägige Touren in den Nationalpark durch. Übernachtet wird in einem festen Zeltcamp, das die Firma im Park errichtet hat.

Northern Territory

Der drittgrößte der australischen Bundesstaaten zerfällt in zwei Regionen, die unterschiedlicher kaum sein können.
Der ans Meer angrenzende tropische Norden mit der Hauptstadt Darwin, der unter Einfluß des Monsuns steht, wartet mit üppiger Vegetation auf und kontrastiert mit dem wüstenhaften Landesinneren, in welchem Alice Springs die wichtigste Ansiedlung darstellt.
Stellvertretend für diese beiden Klimazonen stehen auch die beiden bekanntesten Naturreservate nicht nur dieses Bundesstaates, sondern ganz Australiens: der Kakadu National Park im Norden, das flächenmäßig größte Reservat des gesamten Kontinents und von der UNESCO zum »Welterbe der Menschheit« erklärt, und im äußersten Süden der Uluru-Kata Tjuta National Park mit den Olgas und dem gewaltigen Monolithen des Ayers Rock.

113 | 114

115 | 116

117 | 118 119 ▷

Vorhergehende Abbildungen:

112 Ubirr, in der äußersten Nordostecke des Kakadu National Parks gelegen, bietet eine der großartigsten Sammlungen an Felsmalereien der Aborigines des gesamten Schutzgebiets.

113 Von den Sandsteinfelsen von Ubirr geht der Blick hinaus über die weiten Überschwemmungsebenen des East Alligator Rivers.

114 Darstellung des gefährlichen und furchteinflößenden Dämons Nabulwinjbulwinj findet man im Kakadu National Park.

115 Ubirr: Verwitterte Sandsteinfelsen mit den golden glänzenden Büscheln des stacheligen Spinifex-Grases.

116 Seerosen bedecken die Oberfläche des Anbangbang Billabongs nahe Nourlangie.

117 Meterhohe Termitenbauten dominieren die Ebenen im Litchfield National Park.

118 Wasser, selbst während der Trokkenzeit im Überfluß vorhanden, stellt – wie hier am Buley Rockhole – eine der größten Attraktionen des Litchfield National Parks dar.

119 Cycads bilden oberhalb der Tolmer Falls im Litchfield National Park ausgedehnte Bestände.

Tropen und Wüste – Kontraste pur

Denkt man an Outback, an Staubstraßen in roter Unendlichkeit, an das »wahre« Australien, dann denkt man vermutlich an das Northern Territory. Das riesige Land – es steht flächenmäßig an dritter Stelle nach Westaustralien und Queensland – entspricht so ganz und gar den gängigen Klischeevorstellungen vom »Fünften Kontinent«. Geografisch läßt sich das Northern Territory zweiteilen: in den *tropischen Nordteil* mit der Hauptstadt Darwin und in das *wüstenhafte Land* um die Stadt Alice Springs – jene Region, die oft als das »rote Zentrum« Australiens bezeichnet wird. Während der Norden im Bereich des Monsuns liegt, herrscht im Inneren Wüstenklima vor. Ein Großteil des 1346200 Quadratkilometer umfassenden Landes ist arid oder semiarid: Spinifex-Savannen, Sand- und Steinwüsten, erodierte Gebirgszüge prägen die Landschaft. Nur im Norden findet man üppige Vegetation. Kein Wunder also, daß dieses abweisende, extreme Land äußerst dünn bevölkert ist. Lediglich ein Prozent der australischen Gesamtbevölkerung lebt im Northern Territory, das entspricht einer Populationsdichte von 0,12 Einwohnern pro Quadratkilometer. Vor der Ankunft der Weißen lebten etwa 35000 Aborigines im Northern Territory. Auch heute noch ist hier der Anteil der Ureinwohner größer als in allen anderen Bundesstaaten, und 34 Prozent der Landesfläche ist als sogenannter *»Aboriginal Land Trust«* ausgewiesen und wird von der Urbevölkerung selbst kontrolliert.

Wirtschaftlich steht das Northern Territory auf zwei Standbeinen, dem Bergbau – Bauxit, Mangan, Uran und Gold – und dem wachsenden Tourismus. Dabei konzentrieren sich die Aktivitäten auf die zwei wichtigsten Orte des Landes, Darwin und Alice Springs. Mit den beiden Weltparks Kakadu National Park und Uluru-Kata Tjuta National Park beherbergt der Bundesstaat zwei der größten touristischen Zugpferde des gesamten Inselkontinents auf seinem Gebiet. Keine Australienreise gilt als vollständig, ohne den Ayers Rock zumindest gesehen und dem Kakadu National Park einen Besuch abgestattet zu haben.

Kakadu National Park

Das Land des Crocodile Dundee

Als der Schauspieler *Paul Hogan* in dem erfolgreichen australischen Kinofilm *»Crocodile Dundee«* augenzwinkernd australische Lebensart einem weltweiten Publikum vorführte, brachte er dem »Fünften Kontinent« einen grandiosen Public Relation-Erfolg.

Vorhergehende Abbildung:

120 Sonnenaufgang auf dem Ayers Rock: Für die meisten Besucher des Uluru-Kata Tjuta National Parks gehört die Besteigung des mächtigen Monolithen zum Höhepunkt ihres Aufenthalts.

121 Wo in der Trockenzeit nur ein schwarzer Wasserstreifen die Felswand markiert, stürzen in der Regenzeit gewaltige Wassermassen über die Abbruchkante des Arnhem Land Plateaus und bilden die beeindruckenden Jim Jim Falls. Dieser Teil des Kakadu National Parks ist dann von der Außenwelt abgeschnitten.

Information

Anreise: Mehrere internationale Fluglinien haben Darwin auf ihren Flugplänen. Die Hauptstadt des Northern Territory wird zudem von jeder größeren australischen Stadt aus angeflogen. Alice Springs hat keinen internationalen Flughafen, aber beste Flugverbindungen zu allen wichtigen australischen Städten.

Unterkunft: Darwin ist touristischer Anfangs- und Endpunkt aller Unternehmungen im Norden des Territoriums. Dementsprechend vielseitig ist das Angebot an Hotels, Motels und Pensionen. An der Esplanade gelegen ist die Darwin Travelodge, Tel. 089/815388, als erste Adresse in der Stadt gilt das Beaufort International Hotel, Tel. 089/829911.
Alice Springs dominiert das touristische Geschehen im roten Zentrum und bildet den Ausgangspunkt für alle Touren zu den Nationalparks des Outback. Die Auswahl an Hotels und Motels ist deshalb entsprechend groß. Empfehlenswert ist das Oasis Frontier Resort, Tel. 089/521444, erstklassig das Sheraton Alice Springs, Tel. 089/528000.

Und er hob den Kakadu National Park, der den fotogenen exotischen Rahmen der Geschichte bildete, in das Bewußtsein zahlloser Menschen. Eigentlich aber hätte dieses Reservat der Superlative den werbeträchtigen Erfolg als Filmkulisse gar nicht nötig gehabt. Allein die Fakten sprechen für sich: Der größte Nationalpark Australiens – er umfaßt 20000 Quadratkilometer – gilt als eines der wichtigsten Feuchtgebiete der Erde und bildet mit seinen riesigen Überschwemmungsflächen ein einzigartiges Rückzugsgebiet für Zug- und Wasservögel. Der Tier- und Pflanzenreichtum des tropischen Parks im Norden Australiens ist berühmt, seine internationale Reputation verdankt er aber vor allem seiner kulturellen Bedeutung. Nirgendwo in Australien finden sich mehr Felsmalereien der Aborigines als hier. Wegen seiner außergewöhnlichen Natur und seines herausragenden kulturellen Wertes wurde der Park 1987 von der UNESCO zum *»Weltpark«* erklärt und in die Liste des *»Erbes der Menschheit«* aufgenommen.

Die Topografie des Parks

Der Kakadu National Park ist das einzige Gebiet auf dieser Erde, in dem ein tropisches Flußsystem von den Quellen bis hin zur Mündung ins Meer einschließlich des Einzugsgebietes vollständig geschützt ist. Der South Alligator River mit seinen Zuflüssen durchquert sämtliche Regionen – fünf unterschiedliche topografische Zonen – des Parks, die sich in sich in fünf unterschiedliche Regionen unterteilen lassen. Weit ab der üblichen Touristenrouten erhebt sich die zeitlose Landschaft des Arnhem Land Plateaus. Das mächtige Sandsteinplateau bildet eine menschenleere, unzugängliche Steinwelt, die von Spalten, Schluchten und Rinnen durchzogen ist. Der nährstoffarme Boden des felsigen Plateaus ermöglicht nur Pflanzengemeinden, die in ähnlicher Ausprägung in ariden Gebieten vorkommen, ein Überleben. Hauptsächlich Gräser, darunter das anspruchslose *Spinifex*, und Buschwerk finden in der harschen Umgebung der Hochfläche ein Auskommen. Nur in den tiefen Rissen, Spalten und Schluchten, die das Sandsteinplateau durchziehen, gedeihen Palmen, Schraubenpalmen, Moose, Farne sogar Orchideen und andere Regenwaldpflanzen. Auf den Höhen des Plateaus haben die meisten Quellflüsse, die später die mächtigen Ströme bilden, ihren Ursprung. Wenn sich während der Regenzeit die Schleusen des Himmels öffnen, rinnt das Wasser über den Fels schnell ab und stürzt in mächtigen Wasserfällen über die Abbruchkanten des Plateaus, das sogenannte Escarpment, in die Tiefe. Hier, am Fuß der Hochebene, beginnt das *Waldland*. Endlose *Eukalyptuswälder* überziehen die trockenen Hügel und Höhenzüge und schaffen eine auf den ersten Blick eintönige Landschaft. Doch der Eindruck täuscht. Es handelt sich hier um eines der artenreichsten Waldgebiete Australiens.

Eine eigenständige topografische Region stellen die Southern Hills im Süden des Nationalparks dar. Die Landschaft wird aus steinigen Hügeln und Granitketten gebildet und stellt ein wichtiges Einzugsgebiet für den South Alligator River dar. Außergewöhnlich sind hier die Fauna und Flora. Vertreter des feuchten Nordens sind ebenso ansässig wie Pflanzen und Tiere aus dem wüstenhaften Inneren Australiens. Das Areal bildet ein wichtiges Rückzugsgebiet für seltene oder gefährdete Arten.

Das Waldland geht nun in die Wetlands, die ausgedehnten Feuchtgebiete, über. Die Fließgeschwindigkeit der Gewässer nimmt ab, der inzwischen mächtig gewordene South Alligator River windet sich nun in weiten Mäandern Richtung Meer. *Mangroven* und Schlickflächen zeigen an, daß die Flüsse bereits bis zu achtzig Kilometer vom Meer entfernt vom Salzwasser beeinflußt werden. In der Regenzeit verwandelt sich die Ebene in einen mehrere hundert Quadratkilometer großen See. In dieser amphibischen Landschaft kommt es dann zu einer wahren Explosion des Tier- und Pflanzenlebens.

Dort, wo sich die Flüsse in den Van Demian Gulf ergießen, liegt die letzte topografische Zone des Parks, der Küstensaum. *Küsten-Monsunregenwälder*, Relikte aus einer feuchteren Zeit, *Mangrovenwälder*, die eine wichtige Brutstätte für Fische bilden, und Sandinseln, wie die als Nestplatz der *Seeschildkröten* wichtige Field Island, bilden das abgelegene und nicht erschlossene Ende des Kakadu National Parks.

Information

Auskünfte: Kakadu National Park, P. O. Box 71, Jabiru, NT 0886, Tel. 089/381100; Australien Nature Conservation Agency, G. P. O. Box 1260, Darwin, NT 0801, Tel. 089/815299.
Reisezeit: Der Park ist das ganze Jahr über geöffnet. Die meisten Besucher bereisen den Park in der Trockenzeit zwischen Mai und September. In der Regenzeit (November bis März) sind die Bewegungsmöglichkeiten im Park stark eingeschränkt und das Klima schwülheiß. Kenner bezeichnen diese Jahreszeit aber als die schönste.
Unterkunft: Übernachtungsmöglichkeiten im Park bieten das Gagudju Crocodile Hotel (Tel. 089/792800), die Gagudju Cooinda Lodge (Tel. 089/790145), das Kakadu Holiday Village (Tel. 089/790166) und die Kakadu Frontier Lodge (Tel. 089/792422).
Camping: Zeltplätze mit Duschen und Toiletten sind bei Merl, Mardugal, Muirella und Gunlom eingerichtet worden.
Aktivitäten: Wandern, Tierbeobachtungen, Fotografie, Rundflüge, Fischen.
Touren: Neben von Rangern geleiteten Wanderungen bieten zahlreiche Unternehmen von Darwin und Jabiru aus Touren in den Park an, z. B. Rundflüge mit Kakadu Air (Tel. 089/792411) oder eine Flußfahrt mit East Alligator River Cruise (Tel. 089/792411).

122/123 Um die Schluchten des Katherine Rivers im Nitmiluk National Park zu erkunden, gibt es zwei Möglichkeiten: Entweder schließt man sich einer geführten Bootstour an, oder man nimmt das Paddel selbst in die Hand und dringt aus eigener Kraft in die faszinierende Schluchtenlandschaft ein.

Aborigines

Das Gebiet des Kakadu National Parks ist uraltes Aboriginal-Land. Wann die ersten Menschen hier im Norden des Kontinents auftauchten, ist nicht eindeutig belegt. Man geht aber davon aus, daß die Aborigines vor etwa 50000 Jahren Australien erreichten. Von frühester Zeit an hinterließen die Menschen im späteren Kakadu National Park Felsmalereien, die die Jahrtausende überstanden. Das genaue Alter dieser Wandbilder läßt sich allerdings nicht feststellen. Man geht heute davon aus, daß die ältesten Malereien mindestens 23000 Jahre alt sind, vermutlich sogar 35000 Jahre. Das würde bedeuten, daß sie die ältesten Kunstwerke der Menscheit und Zeugen einer der ältesten Kulturen überhaupt darstellten. Ungefähr 7000 Fundplätze dokumentieren im Park die Kultur der Aborigines über einen Zeitraum von Tausenden von Jahren hinweg, und die Tradition der Felsmalerei dauert nach wie vor an. Ursprünglich bewohnten Aborigines von nicht weniger als dreißig Clans mit unterschiedlichen Sprachen das Gebiet, das heute als Kakadu bekannt ist. Die *Bunity* und ihre benachbarten Clans, die am Westufer des East Alligator Rivers lebten, sprachen *Gagudju*. Als Weiße begannen, das Gebiet zu besiedeln, wurde Gagudju zur Hauptsprache der Urbevölkerung in der Region. Heute ist diese Sprache, aus deren Namen die Bezeichnung *Kakadu* entstand, ausgestorben.

Die Tierwelt des Parks

Klima, Nahrungsangebot und Vegetation bestimmen die Fauna im Park. Aufgrund der harten klimatischen Bedingungen in der lebensfeindlichen Steinwelt des Arnhem Land Plateaus findet man dort außer dem scheuen *Kurzohr-Felsenwallaby* keine größeren Säugetiere. *Ringtail-Possums, Northern Quoll, Sugar Glider* und *Fledermäuse* leben in den Schluchten und Canyons des zerklüfteten Sandsteinmassivs. Unterhalb des Plateaus ist der Lebensraum völlig anders. Hier verstecken sich so seltene Tiere wie der *Hoodet Parrot*, der in aufgelassenen Termitenbauten nistet, oder der farbenprächtige, vom Aussterben bedrohte *Gouldian Finch*. Daß die Tierwelt Kakadus immer noch Überraschungen bereithält, beweisen zwei erst kürzlich in den Waldhügeln entdeckte Tierarten, die *Calabys Mouse* und der *Kakadu Dunnart*. Die Feuchtgebiete, Wasserläufe und Überschwemmungsebenen dagegen sind fest in der Hand der Vögel. *Magpie-Gänse, Kraniche* und *Schwarzkopf-Störche, Pelikane, Enten* und *Reiher* kommen in großer Zahl vor, von den zahllosen kleineren Wasservögeln ganz zu schweigen. *Seeadler* und andere große Raubvögel patrouillieren im Luftraum. Die Lagunen und Billabongs sind äußerst fischreich. Ein Viertel aller Süßwasserfischarten Australiens, darunter der begehrte *Barramundi*, leben im Park. Hier finden auch *Schildkröten* wie die seltene *Pig-nose Turtle* ein sicheres Rückzugsgebiet. Und natürlich bevölkern neben zahlreichen anderen Reptilien auch die gefürchteten *Salzwasserkrokodile* und die als ungefährlich geltenden *Süßwasserkrokodile* das Reservat.

124/125 Nur auf einem organisierten Bootsausflug läßt sich die amphibische Landschaft der Feuchtgebiete von Yellow Water im Kakadu National Park erkunden. Die großartige Landschaft, die überaus reichhaltige Vogelwelt und die gelegentlichen Salzwasserkrokodile am Ufer lassen diese Tour zu einem Fest für Fotografen werden.

Im Park unterwegs

Um den riesigen Kakadu National Park mit all seinen landschaftlichen Facetten richtig kennenzulernen, müßte man mehrere Wochen veranschlagen. Aber auch bei einem Kurzbesuch ist es durchaus möglich, einen Überblick über die vielfältige Natur und Kultur des Reservats zu bekommen. Zwei Straßen durchziehen den riesigen Nationalpark, von denen aus auf Abstechern die wichtigsten Sehenswürdigkeiten erreicht werden können. Von Darwin kommend benützt man den durchgehend geteerten Arnhem Highway, der zur im Park gelegenen Uranstadt Jabiru führt. Von der Parkgrenze über die Northern Entrance Station führt die Straße durch trockenes Wald- und Buschland. Erst im Bereich des Kakadu Holiday Village ändert sich die Landschaft. Hinter dem Feriendorf breitet sich ein *Monsunwald* aus, der auf dem 3,6 Kilometer langen Gungarre Walk erkundet werden kann. Kurz nach dem Feriendorf überquert der Highway den hier bereits mächtigen South Alligator River. In der Nähe der Brücke legen die Boote der *Kakadu Spirit River Cruises* ab. Nur sieben Kilometer nach dem Fluß zweigt die kurze Stichstraße nach Mamukala ab. Schon vom Parkplatz aus hört man das Geschnatter unzähliger Wasservögel, deren geschäftiges Treiben man von zwei Beobachtungsständen aus in aller Ruhe bewundern kann. Nicht ganz dreißig Kilometer weiter, bereits kurz vor Jabiru, zweigt die Zufahrtsstraße nach Ubirr, einer der bedeutendsten Kunststätten des Parks, ab. Einige der *Felszeichnungen* hier sind vermutlich bis zu 20000 Jahre alt, die jüngsten stammen aus dem Jahr 1985. Unter den verschiedenen Stilarten der Felszeichnungen sind besonders die im sogenannten *Röntgenstil* gezeichneten Tiere bemerkenswert. Sie scheinen deren Skelettstrukturen darzustellen.

Die zweite Hauptstraße im Park, der Kakadu Highway, führt von Süden durch den Park nach Jabiru. Weite Strecken des Kakadu Highways sind nach wie vor Staubstraße und erfordern – vor allem, wenn man mit einem normalen PKW unterwegs ist – besondere Aufmerksamkeit. Die erste Abzweigung vom Highway führt über eine stellenweise recht rauhe Piste nach Gunlom. Der Waterfall Creek stürzt hier über die Abbruchkante des Plateaus in einen malerischen, fischreichen Teich, der zum Schwimmen geradezu herausfordert. Ein kurzer Weg führt zu schönen Felspools oberhalb des Wasserfalls. Zur nächsten Seitenstraße sind es dann über vierzig Kilometer. Vor allem während der Hitze des Tages ist die *Barramundi Gorge (Maguk)*, die über eine zwölf Kilometer lange Allradpiste und nach einer kurzen Wanderung erreicht wird, ein kleines Paradies. Hier kann man sich in den kühlen Fluten des *Barramundi Creeks* tummeln, der über einen Wasserfall in einen tiefen, fischreichen Teich stürzt. Tropische Vegetation macht das Tal zur Oase, und gelegentlich sieht man hier den *Rainbow Pitta*, einen farbenprächtigen, etwa amselgroßen Vogel. Darüber hinaus erschließt ein Wanderweg oberhalb des Felsabsturzes versteckte Felsbecken und Pools.

Der *Kakadu Highway* führt nun direkt in das Zentrum des Parks und erreicht mit *Yellow Water* einen touristischen und landschaftlichen Höhepunkt. Die große Lagune, ein Teil des *Jim Jim Creek*, ermöglicht einen phantastischen Einblick in die Welt der Feuchtgebiete. Auf geführten Bootstouren – am schönsten ist die erste Fahrt des Tages bei Sonnenaufgang – dringt man in eine amphibische Welt aus Wasserläufen und Kanälen ein. Krokodile und eine kaum zu überblickende Zahl an Wasservögeln können garantiert werden.

Abenteuerliche Naturen, die mit einem Allradfahrzeug ausgerüstet sind, sollten die sechzig Kilometer lange Schotterstraße, die auf den letzten zehn Kilometern besondere Vorsicht verlangt, nicht scheuen und einen Abstecher zu den *Jim Jim Falls* einplanen. In der Regenzeit stürzen hier die Wassermassen des *Jim Jim Creek* über die Plateaukante in eine tiefe Schlucht. Obwohl das Wasser in der Trockenzeit – und nur dann ist die Schlucht erreichbar – nicht fließt, entschädigt die grandiose Umgebung für die Mühen. Das untere Ende der Fälle kann auf einer kurzen Wanderung erreicht werden.

Ein weiterer Höhepunkt des Parks wartet 32 Kilometer von der Abzweigung zu den *Jim Jim Falls* entfernt auf die Besucher: *Nourlangie Rock*, eine wichtige archäologische Stätte mit großartigen *Felsmalereien* der Aborigines. Auf einem anderthalb Kilometer langen Rundweg taucht man in die Vergangenheit der australischen Ureinwohner ein.

Kurz vor der Einmündung des *Kakadu Highway* in den *Arnhem Highway* liegt das neu errichtet *Visitor Centre*. In hervorragend gestalteten Ausstellungen und Diashows bekommt man einen guten Überblick über den außergewöhnlichen Park.

Litchfield National Park

Termiten, Tropenwälder, Wasserfälle

Auf dem Deckblatt einer Karte des *Litchfield National Parks* ist das glasklare, sprudelnde Wasser des *Florence Creeks* zu sehen. Eingerahmt von tropischem Grün, rauscht der Bach über Felsstufen und weckt die Assoziation eines erfrischenden Bades. Mit diesem Bild wird die Quintessenz des tropischen Parks im Norden Australiens eingefangen. Denn die größte Attraktion des Litchfield National Parks ist der große, nie versiegende Reichtum an Wasser. Das ganze Jahr über rauschen im Park muntere Bäche durch üppige Monsun-Regenwälder, stürzen Wasserfälle über Felskanten in tiefe Schluchten und bilden große Becken, die zu einem erfrischenden kühlen Bad locken. Dann lassen sich die tropische Hitze und die hohe Luftfeuchtigkeit schnell vergessen.

Im Schatten des großen Bruders

Vor ein paar Jahren noch fristete der etwa einhundert Kilometer südwestlich von *Darwin* gelegene Nationalpark ein wenig beachtetes Dasein im Schatten des berühmten Kakadu National Parks. Das hat sich inzwischen gründlich geändert, und für viele Wildnisfreunde ist der überschaubare und wasserreiche Litchfield National Park zu einer echten Alternative – wenn auch nicht vergleichbar – zum recht überlaufenen Touristenmagneten Kakadu National Park geworden! Im Gegensatz zu diesem weltbekannten Reservat ist der Litchfield National Park ein Schutzgebiet der leisen Töne, der stillen Attraktionen, dessen Reiz eben darin liegt, nicht eine der Top-Attraktionen des Northern Territory zu sein.

Topografisch ist der Park recht einfach strukturiert. Kernstück ist das bewaldete *Sandsteinplateau* der *Tabletop Range*, das sich über tropischem Waldland erhebt. Im Bereich dieses Plateaus, vor allem an den steil abfallenden Rändern, konzentrieren sich alle wichtigen Sehenswürdigkeiten des Reservats. Erschlossen werden sie durch die *Litchfield Park Road*. Der Rest des Schutzgebietes bleibt als weglose Wildnis den meisten Besuchern vorenthalten.

Information

Auskünfte: The Conservation Commission of the Northern Territory, First Floor, Gaymark Building, P. O. Box 496, Palmerston, NT 0831, Tel. 089/894559.
Reisezeit: Obwohl der Park das ganze Jahr über geöffnet ist, kommt es während der Regenzeit (November bis April) immer wieder zu Überflutungen in den tiefer gelegenen Bereichen, und der Zugang kann für Wochen unmöglich werden. Bevor man in dieser Zeit zu einem Besuch des Parks aufbricht, sollte man deshalb den Straßenzustand bei der Northern Territory Police (Tel. 089/223394) erfragen.
Unterkünfte: Im Park selbst gibt es, abgesehen von den Campingplätzen, keine Unterkünfte. Motels gibt es in dem nahen Ort Batchelor.
Camping: Einfache Zeltplätze finden sich bei Wangi und Florence Falls sowie am Buley Rockhole und den Tjaynera Falls.
Aktivitäten: Wandern, Schwimmen.

126 Die Barramundi Gorge im Süden des riesigen Kakadu National Parks ist auf einem nur für Allrad-Fahrzeuge befahrbaren Abstecher vom Kakadu Highway aus zu erreichen. Zahlreiche vom Barramundi Creek geschaffene Felsbassins bieten einen erfrischenden Zufluchtsort vor der Hitze des Tages.

Die Litchfield Park Road

Die *Litchfield Park Road* durchzieht den nördlichen Teil des Parks in einem großen Bogen, überwindet die Hochfläche der *Tabletop Range* und steigt dann wieder ins Flachland ab. Sie bildet die touristische Lebensader, von der aus alle bekannten Sehenswürdigkeiten auf Abstechern zu erleben sind. Mit dem ersten Stopp, noch bevor die Straße das Plateau erklimmt, bekommt man gleich eine der Besonderheiten des Parks zu sehen. Auf einer baumlosen Ebene stehen zahlreiche Bauten der sogenannten *Magnetic Termites*. Der Name ist irreführend. Die Vorstellung, daß die Termiten einen eingebauten Kompaß besäßen, kommt daher, weil alle der keilförmigen, an Grabsteine erinnernden Termitenbauten exakt von Nord nach Süd ausgerichtet sind. Heute geht man davon aus, daß die Tiere mit dieser Nord-Süd-Orientierung die Temperatur im Bau regulieren können. So scheint die Morgensonne auf die breite Ostseite und sorgt für eine rasche Erwärmung, während zur Mittagszeit, wenn die Sonne am Zenit steht, nur ein kleiner Teil des Baus bestrahlt wird. Am Parkplatz an den Termitenbauten informieren Tafeln und Schaubilder über die Natur und Geschichte des Schutzgebietes.

Nur wenige Kilometer später zweigt die ebenfalls geteerte Stichstraße zu den *Florence Falls* ab. Einen kurzen Abstecher zum *Buley Rockhole* auf dem Weg dorthin sollte man auf jeden Fall unternehmen. Der glasklare *Florence Creek* stürzt in einem kleinen Tal etwas abseits der Straße über mehrere Felsstufen, bildet Kaskaden und wunderschöne Felsbecken, die ein kühlendes Refugium vor der Tropenhitze darstellen.

Nicht weit von hier bietet dann der Bach noch einmal ein Naturschauspiel: die *Florence Falls*. An der Ostkante des *Tabletop Plateaus* stürzt das Wasser über einen roten Felsabbruch in einen großen, von Monsun-Regenwald gesäumten Teich. Zugänglich ist dieses paradiesische Kleinod über zwei kurze Wanderwege, und kaum ein Besucher kann sich den Lockungen des kühlen Wassers entziehen.

Auf dem Plateau der Tabletop Range

Zurück auf der *Litchfield Park Road* führt diese nun auf die bewaldete Hochfläche der *Tabletop Range*, und nach vier Kilometern zweigt die Zufahrtsstraße zur *Lost City* ab, einer der wenigen Sehenswürdigkeiten im Park, die nichts mit Wasser zu tun hat. Hier geht es nur noch mit Allradfahrzeugen weiter. Die achtzehn Kilometer lange Piste zu den bizarr verwitterten Sandsteinsäulen und -türmen der »verlorenen Stadt« ist extrem ruppig und verlangt auch mit geländegängigen Fahrzeugen Fingerspitzengefühl vom Fahrer. Man muß die abenteuerliche Annäherung an die steinerne Stadt als Teil des Erlebnisses sehen. Von der Weiterfahrt von den Felsformationen der Lost City zu *Blyth Homestead* sollte man allerdings Abstand nehmen. Dieser Abschnitt der »Straße« ist auch für australische Verhältnisse ziemlich abenteuerlich. Das historische Farmhaus hat zudem einen einfacheren Zugang.

Die zweite Sehenswürdigkeit auf dem Plateau bildet ein paar Kilometer weiter der *Tabletop Swamp*. In einer Senke des Plateaus bildet sich zur Regenzeit ein Teich, dessen Wasser während der Trockenzeit langsam in dem Sandstein des Plateaus versickert. Übrig bleibt dann nur ein von Papierrindenbäumen umstandener Sumpf, der mit seinem Nahrungsangebot eine ganze Reihe von Wasservögeln anlockt, darunter den *Kingfischer*, die *Magpie-Gänse* und *Reiher*. Für Vogelfreunde ist der Tabletop Swamp deshalb immer eine sichere ornithologische Adresse.

Mit dem *Abstieg* der *Litchfield Park Road* vom *Tabletop Plateau* beginnen sich die Abstecher zu häufen. Etwa auf halber Höhe führt eine Stichstraße an den Rand der Felsabstürze zu den *Tolmer Falls*. Ein Wasserfall stürzt über die Felskante in ein tiefes Becken am Ende einer engen Schlucht. Ein kurzer Rundweg führt zu Aussichtspunkten, von denen aus Einblicke in die Schlucht gewonnen werden können. Auf Schautafeln wird die Vegetation entlang des Weges erklärt. Auffälligste Pflanze ist eine palmenähnliche *Cycadia*-Art, die nur hier vorkommt.

Die Schlucht selbst wurde zur Schutzzone erklärt und darf nicht betreten werden. In Höhlen und Grotten nisten verschiedene *Fledermausarten*, die empfindlich auf Störung reagieren.

In weiten Kurven windet sich die Straße nun in die Ebene hinaus. Am *Greenant Creek* bekommt man gute Einblicke in ein üppiges, von einem munteren Bach durchflossenes Stück Monsun-Regenwald, und ein Wanderweg führt zu den versteckt gelegenen *Tjaetaba Falls*. Kurz darauf zweigt in Richtung Süden eine nur für Allradfahrzeuge befahrbare Piste von der Hauptstraße ab. Sie bildet den einfachen Zugang zur 1992 errichteten *Blyth Homestead* und zu den *Tjaynera Falls (Sandy Creek Falls)*. Aber auch auf dieser Piste ist ein Allradfahrzeug notwendig. Hinter der restaurierten Homestead sind noch die Spuren eines *Zinnbergwerks* zu sehen. Nun ist man nicht mehr weit von den *Wangi Falls* entfernt, der Hauptattraktion des Parks. Der große Teich unterhalb des Wasserfalls ist besonders populär und dementsprechend überlaufen. Abstand zu den Besuchern bekommt man hier auf einem Rundwanderweg, der durch Monsunregenwälder zur Kante des Wasserfalls hinaufführt.

Ab der Abzweigung zu den Wangi Falls geht die gut ausgebaute Teerstraße der *Lichfield Park Road* in eine

127 Die Tjaynera Falls am südwestlichen Absturz der Tabletop Range im Litchfield National Park bilden eine versteckte, von Monsun-Regenwald umstandene Oase. Nur wenige Besucher unterziehen sich der Mühe einer Allrad-Anfahrt und einer anschließenden Wanderung zu diesem stillen, tropischen Kleinod.

unbefestigte Piste über. Für kurze Zeit verläßt die Staubstraße den Park, führt über Privatland, um dann wieder in das Reservat einzudringen. Die letzten beiden Sehenswürdigkeiten sind der Walker Creek und die Ruinen der Bamboo Creek Tin Mine in der äußersten Nordwestecke des Schutzgebietes.

Watarrka National Park

Riesenspalte im roten Sandstein

Der Eingang der gewaltigen Schlucht – mehr Canyon als Tal – ist weit geöffnet. Verstreut liegen mächtige Gesteinsbrocken am Grunde des Tals, große Bäume wachsen im trockenen Bachbett des King Creek. Doch nicht weit von dem einladenden Portal entfernt zieht die Schlucht in einem sanften Bogen nach Osten und zeigt nun ein anderes Gesicht: rechts ragt die *Südwand* über 200 Meter hoch auf – unnatürlich glatt, wie mit dem Messer geschnitten, abweisend; der Gedanke an eine Besteigung kommt erst gar nicht auf. Gegenüber droht die *Nordwand* des Canyons – weit überhängend, stärker strukturiert, mit absturzbereiten Felsbalkonen. Dort, wo beide Felswände trichterförmig zusammenlaufen, beendet eine unüberwindbare Steilstufe diesen Teil der Schlucht. Die Fortsetzung findet ein Stockwerk höher statt. Im rechten Winkel zum bisherigen Verlauf zieht der Canyon als tiefe Spalte in den roten Sandstein des verwitterten Gebirges hinein.

Geologie

In der zeitlosen, sonnendurchglühten Landschaft Zentral-Australiens versteckt sich eines der größten Wunder des Outbacks: der Kings Canyon, die tiefste und beeindruckendste Schlucht des roten Zentrums Australiens. Der gewaltige Canyon mit seinen versteckten Geheimnissen inmitten der kargen Steinwelt der Gorge Gill Range bildet die größte Sehenswürdigkeit im Watarrka National Park.

Quarzitreicher Sandstein ist das prägende Gestein der Gorge Gill Range – entstanden aus Sanden, die sich vor etwa 350 Millionen Jahren am Grund eines flachen Meeres ablagerten. Dann hob sich das Land – der Gebirgszug der heutigen Gorge Gill Range bildete sich. Bei diesem Hebevorgang entstanden zahllose Risse und Fugen, die sich gitterartig durch den Gesteinskörper zogen. Sie bildeten Ansatzpunkte für Wind und Wetter. Ergebnis der jahrmillionenlangen Feinarbeit der Erosion sind die Sehenswürdigkeiten von heute: ein Meer aus seltsam gerundeten, an Bienenkörbe erinnernden Sandsteindomen, die das Plateau bedecken. Im Bereich des Kings Canyon werden die Gesteinsgebilde Lost City, »vergessene Stadt«, genannt.

Auch die Südwand des Canyons folgte einer dieser tiefen Spalten im Gestein. Dies erklärt die ungewöhnliche Glattheit der kompakten Wand. Der Kings Canyon selbst entstand dann durch Verwitterung von weicherem Sandstein in der Tiefe. Das unterminierte, härtere Gestein der darüberliegenden Schichten auf der Nordseite brach nach, und die Schlucht erweiterte sich immer mehr. Die Geologie des Gebirges birgt auch den Grund für die permanenten Wasserstellen im Park in sich. Die oberste Schicht der Sedimente, der sogenannte *Mereenie Sandstein*, ist porös und saugt das Wasser der unregelmäßigen Niederschläge wie ein gigantischer Schwamm auf. In der Tiefe, über einer dünnen, undurchlässigen Lage *Tonschiefer*, bildet sich der Grundwasserspiegel. Dieses im Gestein gespeicherte Wasser tritt an verschiedenen Stellen der Gorge Gill Range ans Tageslicht und bildet in der wüstenhaften Region ständig fließende Quellen und Tümpel.

Geschichte

Die ersten Weißen, die das gewaltige Naturmonument des Kings Canyon zu sehen bekamen, waren die Mitglieder einer Expedition des Forschers *Ernest Giles* im Jahre 1872. Den in der Gegend lebenden *Aborigines*, dem Volk der *Luritja*, waren die gewaltige Schlucht und die Wasserstellen an der Basis der Gorge Gill Range natürlich längst bekannt. Die Luritja bewohnten das Gebiet bereits seit etwa 22 000 Jahren und durchstreiften vor der Ankunft der Weißen als nomadisierende Jäger und Sammler die Gegend. Heute lebt diese Urbevölkerung in drei kleinen Siedlungen innerhalb des Parks, ganz in der Nähe für sie wichtiger, heiliger

128 Unangefochtener Mittelpunkt des Watarrka National Parks in Zentralaustralien ist die gewaltige Schlucht des Kings Canyon, dessen gewaltige überhängende Nordwände hier im Abendlicht leuchten. Die beeindruckende Schlucht in der Gorge Gill Range ist durch einen lohnenden Rundwanderweg erschlossen.

Folgende Abbildung:

129 »Lost City« nennen sich die bienenkorbförmigen Sandsteinkuppeln oberhalb des Kings Canyon. Im Vordergrund sind die Rippelmarken eines flachen, längst vergangenen Meeres zu erkennen, in dem sich die Sedimente, die heute die Gorge Gill Range bilden, abgelagert haben.

Information

Auskünfte: Conservation Commision of the NT, P. O. Box 1046, Alice Springs, NT 0871, Tel. 089/51 82 11.
Reisezeit: Das Gebiet des Parks gilt als Halbwüste, Regenfälle sind selten und völlig unvorhersehbar. Im Sommer wird es sehr heiß, die Winter sind mild mit gelegentlich frostigen Nächten. Neben dem Winter sind die Übergangszeiten für den Outback-Park die beste Reisezeit.
Unterkunft: Die neu errichtete Frontier Kings Canyon Lodge bietet die einzige Übernachtungsmöglichkeit im Park, Tel. 008/89 11 01.
Camping: Der Kings Canyon Lodge angegliedert ist ein Campingplatz mit allen sanitären Einrichtungen und einem Swimming Pool.
Aktivitäten: Wandern.
Touren: Zahlreiche Unternehmen bieten von Alice Springs aus Touren in den Park an.

Stätten. An der Verwaltung des Wüstenparks ist sie beteiligt, ihre Stimme hat im *Park Management Committee* Gewicht.

Obwohl die Gorge Gill Range bereits relativ früh entdeckt wurde und bereits 22 Jahre nach der Auffindung des Areals durch *Ernest Giles* die durchziehende *Horn-Expedition* den dortigen Reichtum an Pflanzen und Tieren erkannte, blieb das Gebiet bis 1960 praktisch unerforscht. Ende des 19. Jahrhunderts wurde dann in der Gegend mit der Viehhaltung begonnen, und 1889 grasten über 6000 Rinder auf dem Gebiet des heutigen Nationalparks. Die Folge waren die Verschmutzung der Wasserstellen und ein großer Schaden an den zum Teil seltenen Pflanzen. Erst als der damalige Besitzer der ehemaligen *Wallara Ranch* eine Piste durch den Busch legte und damit den Zugang zu diesem abgelegenen Gebirgszug erleichterte, begann die wissenschaftliche Bestandsaufnahme des Gebietes. Bei einer großangelegten systematischen Untersuchung im Jahre 1981 registrierte man 572 Pflanzenarten, darunter über sechzig seltene sogenannte Reliktpflanzen aus einer Epoche mit einem wesentlich feuchteren Klima. Sie überlebten die Austrocknung in den schützenden Schluchten der *Gorge Gill Range*. Trotz der nachgewiesenen Schäden wurde die Viehzucht noch bis 1983 weiterbetrieben. In diesem Jahr schließlich wurde ein Gebiet von über 71 000 Hektar zum *Kings Canyon National Park* ernannt. Erst später änderte man den Namen in *Watarrka National Park*.

Im Park unterwegs

Noch vor wenigen Jahren hatte der Besuch des Parks etwas Abenteuerliches an sich. Die damals einzige Zufahrtsstraße war bis auf wenige Kilometer eine rauhe Outbackpiste, touristische Einrichtungen – von einem primitiven Campingplatz ohne sanitäre Einrichtungen einmal abgesehen – fehlten in dem abgelegenen Park. Die Schotterstraße gehört der Vergangenheit an, der *Ernest Giles Drive* ist inzwischen durchgehend geteert, und die *Frontier Kings Canyon Lodge*, nur ein paar Kilometer vom *Kings Canyon* entfernt in den Busch gebaut, bietet heute allen erdenklichen Komfort. Nur die Anfahrt über den erst 1994 eröffneten *Namatjiara Drive*, der von *Alice Springs* aus einen neuen Zugang zum Park schafft, vermittelt noch richtiges Outback-Gefühl. Für die Benutzung dieser Schotterstraße benötigt man ein Permit, da ein Großteil der Strecke über Aborigines-Land führt.

Trotz touristischem Fortschritt, der dem Park zweifelsohne eine große Popularität eingebracht hat, offeriert der *Kings Canyon* nach wie vor atemberaubende Erlebnisse. Denn um dieses Naturwunder zu erleben, muß man sich zu Fuß aufmachen, und wer den *Kings Canyon Walk* nicht erwandert hat, hat den Park nicht erlebt. Auf einer sechs Kilometer langen Rundtour werden alle landschaftlichen Höhepunkte der großen Schlucht berührt. Ein kurzer Steilaufstieg führt vom Parkplatz auf den nördlichen Canyonrand hinauf. Herrliche Tiefblicke in die talähnliche Öffnung der Schlucht würzen diesen Teil. Oben angelangt, dringt man in das Labyrinth der Sandsteinkuppeln ein: die »Lost City« ist erreicht. Ein markierter Abstecher bildet einen Zugang zum Schluchtrand oberhalb der Nordabstürze. Nur absolut Schwindelfreie wagen sich an die ungesicherte Abbruchkante. Der Hauptweg selbst führt über Holztreppen in den oberen, engen Teil der Schlucht hinunter, in den *Garden Eden*. Üppiges Grün umsteht eine Reihe tiefer, wassergefüller Becken und schafft einen urzeitlichen Garten von berückender Schönheit. Auf einem Seitenweg kann man in der Tiefe des Canyons bis zur Abbruchkante in die Hauptschlucht vordringen; ein dunkles Bassin mit kühlem Wasser erfrischt dort die Besucher. Der Hauptweg erklimmt – wieder über Holztreppen – die andere Seite des Canyons und führt in einem weiten Bogen zurück zum Ausgangspunkt.

Uluru-Kata Tjuta National Park

Das rote Zentrum

Die Annäherung an Australiens bekanntestes Naturdenkmal beginnt meist mit einem Irrtum. Etwa 120 Kilometer nach der Abzweigung des *Lasseter Highways* vom *Stuart Highway*

130 Zwei »Wüsteneichen«, eine Kasuarinenart, bildet den Rahmen dieses Blicks zum Ayers Rock. Der mächtige Monolith im Zentrum des Fünften Kontinents hat sich zu einem weltbekannten Wahrzeichen Australiens entwickelt. Der Felsen – er gilt als eines der wichtigsten Heiligtümer der Aborigines – zieht jährlich zahllose Besucher aus aller Welt an.

Information

Auskünfte: Uluru-Kata Tjuta National Park, P. O. Box 119, Yulara, NT 0872, Tel. 089/562299. Eine Broschüre mit einer Karte bekommt man am Parkeingang, weitere Informationen und Auskünfte erteilen die Ranger im Visitor Centre in Yulara und am Ayers Rock.
Reisezeit: Der Park ist ganzjährig geöffnet. Am angenehmsten ist der Aufenthalt im Park in den Monaten Mai bis Oktober. Gelegentlich sinken die Nachttemperaturen im Juli unter den Gefrierpunkt. Im Sommer wird es unerträglich heiß, und Temperaturen über 40 Grad werden nicht selten erreicht.
Unterkunft: Im Park gibt es keine Übernachtungsmöglichkeiten. Alles konzentriert sich auf das außerhalb des Parks aus dem Sand gestampfte Touristendorf Yulara. Zahlreiche Hotels nehmen hier die Besucher auf.
Camping: Ebenfalls in Yulara situiert ist ein riesiger Campingplatz, der 500 Stellplätze umfaßt.
Aktivitäten: Sightseeing, Wandern.
Touren: Es werden regelmäßig von Rangern geführte Wanderungen im Park angeboten. Zahlreiche kommerzielle Unternehmen offerieren ebenfalls eine weite Palette an Touren im Park. Beliebt sind außerdem Helikopter-Rundflüge. Auskünfte über das Tourenangebot erteilt das Ayers Rock Resort Visitor Centre in Yulara, Tel. 089/562240.

wächst ein mächtiger Tafelberg aus der hitzeflimmernden Ödnis Zentralaustraliens auf. Doch die bei den meisten Besuchern hier einsetzende Aufregung ist übereilt: Es handelt sich nicht um den berühmten Monolithen des Ayers Rock, sondern um den 863 Meter hohen *Mt. Connor*. Bis zum Ayers Rock und damit zum *Uluru-Kata Tjuta National Park* sind es von dort immer noch einhundert Kilometer!

Den Titel des bekanntesten und meistbesuchten Nationalparks Australiens darf – daran gibt es keine Zweifel – der Uluru-Kata Tjuta National Park im trocken-heißen Zentrum Australiens für sich beanspruchen. Innerhalb seiner Grenzen liegen zwei der bekanntesten Naturmonumente des gesamten Kontinents: die *Olgas (Kata Tjuta)*, eine Ansammlung beeindruckender Felsdome, und natürlich der *Ayers Rock (Uluru)*. Dieser gewaltige rote Felsbuckel, der nahe dem geografischen Zentrum Australiens ohne Vorwarnung aus der endlosen Weite wächst, hat sich zu einem Symbol für den »Fünften Kontinent« entwickelt und schlägt – zumindest was den Bekanntheitsgrad betrifft – sämtliche Sehenswürdigkeiten des Landes. Obwohl nicht der größte Monolith der Erde – diesen Superlativ darf der *Mt. Augusta* in den Weiten Westaustraliens für sich beanspruchen –, prägt der charakteristisch geformte Gesteinsbrocken für viele das landschaftliche Bild Australiens und verschaffte ihm den Stellenwert eines »Wallfahrtsortes«.

Geologie des Parks

Die Entstehung der beiden großartigen Schaustücke des Parks liegt etwa 550 Millionen Jahre zurück, als die kilometerdicken Sedimente des sogenannten *Amadeus-Beckens* zu einem Gebirge hochgedrückt und aufgefaltet wurden. Verwitterung setzte ein, und am Fuß des Gebirges bildeten sich riesige Schuttfächer, aus deren verfestigten Ablagerungen schließlich der *Ayers Rock* und die *Olgas* entstehen sollten. Fest steht heute, daß die beiden Naturmonumente ihren Ursprung in zwei getrennten Schuttfächern haben. Dies erklärt die deutlichen Unterschiede in der Zusammensetzung der Gesteine der beiden Felsburgen. Die mit Sand und Geröll angereicherten Muren, die den »Ayers Rock-Schuttfächer« aufbauten, ergossen sich über einen schwach nach Norden geneigten Hang und erreichten eine Dicke von bis zu 2,5 Kilometern. Das Konglomerat, aus dem die vielköpfigen Olgas aufgebaut sind, war sogar noch mächtiger und vermutlich an die sechs Kilometer dick. Die Größe der Kiesel und Felsen – einige haben einen Durchmesser von bis zu 1,5 Metern – belegen, daß sich dieser Schuttfächer näher an dem Gebirge befand, denn grobes Material lagert sich wegen seines Gewichts früher ab als feiner Kiesel und Sand. Die Bildung der Schuttkegel verebbte, als das Gebirge schließlich verwittert war. Vor etwa 500 Millionen Jahren begann sich in diesem Bereich ein flaches Meer auszubreiten, und im Lauf der Jahrmillionen lagerten sich riesige Mengen an Sand und Schlamm sowie kalkhaltige Sedimente über die Schuttfächer ab. Vor etwa 430 Millionen Jahren zog sich das Meer wieder zurück, und vom Wind verfrachteter Sand begann sich über den Sedimenten aufzutürmen. Unruhige Zeiten begannen dann vor etwa 400 Millionen Jahren, als die Sedimente, darunter die ehemaligen Schuttfächer, gefaltet und hochgedrückt wurden. 300 Millionen Jahre hatte anschließend die Erosion Zeit, die weltbekannten Felsformationen und Touristenmagneten *Ayers Rock* und *Olgas* herauszumodellieren.

Geschichte

Seit Jahrtausenden war die Uluru-Kata Tjuta-Region der Brennpunkt religiöser, kultureller und wirtschaftlicher Beziehungen zwischen den Völkerschaften der *Western Desert*. Das Netzwerk enger Beziehungen verband die Region mit großen Gebieten des Northern Territory, dem Nordwesten Südaustraliens und den zentralen sowie südöstlichen Bereichen Westaustraliens. Seit Jahrtausenden gilt der Ayers Rock für die Ureinwohner Australiens als zentrales Heiligtum. Zahlreiche Details des großen Felsens haben ihre mythologische Bedeutung und gelten den Aborigines als heilige Orte. Sie dürfen weder betreten noch fotografiert werden. Am Ayers Rock treffen zahlreiche Traumpfade der mythologischen Vorfahren zusammen.

Mit der Ankunft der Weißen begann eine weniger friedvolle Zeit für die *Anangu* – wie sich die in der Region ansässigen Aborigines selbst nennen. Bald sahen sie ihr Land von Schafen und Rindern überrannt. Überweidung und zwei Dürrekatastrophen in den dreißiger und fünziger Jahren zerstörten ihre Nahrungsgrundlagen und zwangen sie, in Missionen, Rinderfarmen und von der Regierung errichteten Siedlungen Zuflucht zu suchen. Trotzdem blieb die starke Bindung zum Land bestehen, die traditionellen Fertigkeiten und Vorstellungen wurden weitergegeben, die Kultur der Anangu blieb lebendig. Nach einem langen Kampf wurde 1985 das Land, auf dem sich der heutige Nationalpark befindet, im Zuge der Landrechtsbewegung *(»land right movement«)* an die Anangu zurückgegeben. Gleichzeitig wurde der Park an *den »Australian National Parks and Wildlife Service«* verpachtet. Seitdem wird das Reservat gemeinsam von Aborigines und Weißen verwaltet. Wegen seiner außergewöhnlichen kulturellen und ökologischen Bedeutung wird der Uluru-Kata Tjuta National Park seit 1987 in der UNESCO-Liste als *»Erbe der Menschheit«* geführt.

Im Park unterwegs

Den einzigen Zugang für Fahrzeuge zu dem abgelegenen Park bildet der durchgehend geteerte, 247 Kilometer lange *Lasseter Highway*, der 202 Kilometer nach *Alice Springs* vom *Stuart*

131 Mit Hilfe einer Eisenkette überwinden Touristen die fugenlose Steilflanke des Ayers Rock. Trotz der Absicherung wird der Aufstieg zum Gipfel des Monolithen oft sträflich unterschätzt – die Folge sind Unfälle, die nicht selten tödlich enden.

132/133 Wesentlich vielgestaltiger als der nahe Felsklotz des Ayers Rock präsentieren sich die über dreißig Felsdome der Olgas, des zweiten Höhepunkts des Uluru-Kata Tjuta National Parks. Das Innere der Olgas wird durch einen Rundweg erschlossen, der das »Valley of the Winds«, ein enges Tal zwischen zwei mächtigen Domen, durchquert.

132 | 133

134 ▷

134 Geologie, Geschichte, Fauna und Flora sind Themen auf den von Rangern geführten Wanderungen im Uluru-Kata Tjuta National Park. Die freundlichen Ranger stehen Rede und Antwort und ermöglichen eine kompetente Einführung in den vielseitigen Nationalpark.

135 | 136

Highway abzweigt und in dem knapp außerhalb des Schutzgebiets gelegenen Touristenresort *Yulara* endet. Nachdem alle touristischen Einrichtungen aus dem Park entfernt wurden, stellt Yulara den Ausgangs-, Dreh- und Angelpunkt für den Besuch des Reservats dar. Yulara ist auch mit dem Flugzeug zu erreichen. Der etwa 10 Kilometer von Yulara entfernte *Connellan Airport* wird regelmäßig von verschiedenen Städten Australiens angeflogen.

Von Yulara aus führt eine Teerstraße in Richtung Park und erreicht nach fünf Kilometern zunächst die *Park Entrance Station*. Dreizehn Kilometer weiter warten die *Ranger Station* und das *Park Visitor Centre* auf die Besucher. Eine ständige Ausstellung vermittelt hier Wissenswertes über den Park und die Aborigines. An die Ranger Station angegliedert ist das *Maruku Arts and Crafts Centre*, wo von Aborigines handgefertigte Gegenstände ausgestellt und zum Verkauf angeboten werden.

Nach einem weiteren Kilometer ist dann die *Ringstraße* um den *Ayers Rock* erreicht. Hält man sich hier links, kommt man als erstes zum Parkplatz am Beginn des Aufstiegswegs *(The Climb)* zum Gipfel der roten Gesteinsburg. Für die Besteigung des 863 Meter hohen Gipfels des *Uluru* sollte man mindestens zwei Stunden (hin und zurück) veranschlagen. Man überwindet dabei einen Höhenunterschied von 348 Metern und eine einfache Strecke von 1,6 Kilometern.

Wer sich die Strapazen des ungeschützten Aufstiegs nicht zumuten will, kann hier zur neun Kilometer langen Umwanderung des Felsens, dem *Uluru Circuit Walk*, aufbrechen. Die etwa vierstündige, landschaftlich sehr reizvolle Wanderung führt an zahlreichen Sehenswürdigkeiten und heiligen Plätzen vorbei. Zu den wichtigsten Attraktionen entlang dem Rundweg, wie zum Beispiel der *Kantju Gorge* oder der *Mutitjulu (Maggie Springs)*, führen auch von der Ringstraße kurze Stichwege.

Höhepunkt für die meisten Parkbesucher ist allerdings das Spektakel des *Sonnenuntergangs* am *Ayers Rock*, das jeden Abend von zahllosen Menschen zelebriert wird. Kaum ein Besucher will sich dieses vielgepriesene Ereignis entgehen lassen. Treffpunkt aller Fotografen, Romantiker und Neugierigen ist dabei die *Sunset Viewing Area*, an der Straße zum Ayers Rock gelegen.

Die Olgas

Etwas weiter, nämlich 51 Kilometer ab *Yulara*, gestaltet sich die Anfahrt zu den *Olgas*. Unterwegs kann man sich an der *Kata Tjuta Viewing Area* die Füße vertreten. Von der Höhe einer überwachsenen Sanddüne aus schweift der Blick über *Spinifexebenen* und großartige Bestände an *Wüsteneichen* zu den beeindruckenden Kuppeln der Olgas hinüber. Kurz nach der Abzweigung der *Docker River Road* weist ein Hinweisschild zur *Sunset Viewing Area*. Von dort aus können die Olgas im Licht des Sonnenuntergangs betrachtet werden. Der Andrang ist hier im Vergleich zum Ayers Rock wesentlich geringer. Ganz in der Nähe beginnt der *Olga Gorge Walks*, ein zwei Kilometer langer Weg, der in die beeindruckende Schlucht zwischen dem 1069 Meter hohen *Mt. Olga* und dem *Nachbargipfel* führt. Der Ausgangspunkt zum *Valley of the Winds Walk* schließlich bildet das Ende der Straße. Auf dieser vielleicht schönsten *Rundwanderung* im Park dringt man in den zentralen Bereich der Olgas ein und durchwandert den engen Einschnitt des *Valley of the Winds*.

135 Nur Frühaufsteher kommen in den Genuß, den Sonnenaufgang über den endlosen Ebenen Zentralaustraliens von dem Gipfel des Ayers Rock aus zu erleben.

136 Eine lohnende Alternative zum anstrengenden und schweißtreibenden Aufstieg auf den Ayers Rock stellt die an Sehenswürdigkeiten so reiche Umrundung des Monolithen dar. Heilige Stätten der Aborigines, Wasserlöcher, interessante Erosionsphänomene und eine ganz spezielle Vegetation lassen die etwa vierstündige Wanderung äußerst kurzweilig werden.

Queensland

Was sich in den letzten fünfundzwanzig Jahren in Queensland wirtschaftlich getan hat, kann ohne Übertreibung als dramatisch beschrieben werden. Australiens zweitgrößter Bundesstaat wandelte sich vom Agrargebiet zu einer dynamischen Industrieregion. Seine beiden wichtigsten Standbeine sind heute Bodenschätze und Tourismus. Kein Land Australiens hat sich so hemmunglos dem Fremdenverkehr verschrieben wie Queensland. Seit Jahren herrscht diesbezüglich wahre Goldgräberstimmung.

Die Voraussetzungen dafür sind günstig. Kein Teil des »Fünften Kontinents« kann dem Besucher so viel bieten wie der »Sunshine State«, so die marketinggerechte Bezeichnung für Queensland. »Australien im kleinen« wäre eine passendere Bezeichnung für den vielseitigen Bundesstaat, der praktisch alle Naturlandschaften dieses Erdteils in sich vereinigt.

Vorhergehende Abbildungen:

137 Luxus im Regenwald: Nobel nächtigt man in dem erst 1994 eröffneten Ferntree Resort am Cape Tribulation. Das Resort wurde ohne größere Eingriffe in den üppigen Regenwald der Region eingefügt. Trotzdem wird die touristische Entwicklung im Cape Tribulation National Park von Umweltschützern mit wachsendem Argwohn betrachtet.

138 Ein Bild, das Sehnsüchte wecken kann: Vor den Hügeln des Magnetic National Parks erstreckt sich der helle Traumstrand der Balding Bay. Das glasklare Wasser der als Marine Park geschützten Bucht ist ideal zum Schwimmen.

◁ 139

140 | 141

139 Bunt gefärbte, verwitterte Sandklippen ziehen sich entlang dem Cathedral Beach im Great Sandy National Park auf Fraser Island.

140 Eines der herausragendsten Naturphänomene auf Fraser Island stellt der Lake Boomanjin dar, dessen Wasser durch Tannin rot gefärbt ist.

141 Wenig Scheu zeigen die Dingos auf Fraser Island. Sie gelten als reinste Rasse in Australien, da sie sich nicht mit Haushunden vermischt haben.

143 | 144

Australien im kleinen

In Queensland, dem anerkannt vielfältigsten der australischen Bundesstaaten, finden sich – von den im Winter schneebedeckten Bergen einmal abgesehen – so ziemlich alle Naturlandschaften des »Fünften Kontinents«: tropischer Regenwald und Feuchtgebiete, das Outback mit trockenen Buschlandschaften, Wüsten, zerklüftete Berge ebenso wie wilde Flüsse, endlose Ebenen und Savannen; und natürlich die Küste und das als *Marine Park* geschützte *Great Barrier Reef* mit seinen artenreichen Riffen und Inseln – nicht nur ein touristischer Superlativ. Kein Wunder also, daß Queensland auch die größte Anzahl an Nationalparks für sich beanspruchen darf. Über 300 Schutzgebiete nennt der Bundesstaat sein eigen – und jährlich kommen neue dazu. Allein in den Jahren 1991 und 1992 wurde die Gesamtfläche der Parks um fast eine Million Hektar erweitert. Auch das Wetter trägt dazu bei, daß der Tourismus boomt. Das subtropisch-tropische Klima macht Queensland zu einer Ganzjahresdestination.

Die politische Geschichte des Staates ist geprägt von Skandalen. Erst 1989 wurde eine langjährige Korruptionsaffäre größten Ausmaßes aufgedeckt, die das Ende des damaligen Premierministers *Joh Bjelke-Petersen* bedeutete. Seine 32 Jahre währende Regierungszeit war geprägt von ungehemmter kommerzieller Erschließung des Landes, Rassismus – vor allem gegenüber den Aborigines –, Chauvinismus und starker Opposition zu Gewerkschaften. In dieser Zeit war die Politik weniger von der Sorge um die als vom Raubbau an der Natur geprägt. Artenreiche *Regenwälder* fielen der Holzindustrie zum Opfer, der *Bergbau* forderte seinen Preis, und intensive Agrarwirtschaft engte den Naturraum immer mehr ein. Eine weitere Gefahr für die vielseitigen ökologischen Strukturen des Landes bedeutete der aufstrebende Tourismus. Erhaltung der Natur und schnelle Erschließung sind immer noch ein kontroverses Thema in Queensland. Inzwischen ist man sich aber des Wertes der außergewöhnlichen Natur bewußt geworden, und eine wache, starke Umweltlobby versucht recht erfolgreich, dem Wildwuchs Einhalt zu gebieten.

Vorhergehende Abbildung:

142 Einer der Gründe, warum die Whitsunday Islands als eines der besten Segelreviere Australiens gelten, sind die zahlreichen sicheren Ankerplätze in tiefen geschützten Fjorden und Buchten – wie der Nara Inlet, ein tiefer Einschnitt in der als Nationalpark geschützten Hook Island.

143 Eine der Charakterpflanzen in den tief gelegenen Regenwäldern des Cape Tribulation National Parks stellt die anmutige Fan Palm (Lucuala Ramsyi) dar.

144 Mangroven bilden einen wichtigen Bestandteil des vielseitigen Ökosystems des Cape Tribulation National Parks. Die bogenförmigen Wurzeln ermöglichen es der Pflanze, bei Ebbe Sauerstoff direkt aus der Luft aufzunehmen.

Information

Anreise: Queensland besitzt mit Cairns und Brisbane zwei internationale Flughäfen, die von Deutschland aus regelmäßig angeflogen werden. Von hier sind leicht inneraustralische Anschlußflüge zu nahezu allen wichtigen Städten zu bekommen.

Unterkunft: Cairns ist das touristische Zentrum Nordqueenslands und bietet eine kaum mehr zu übersehende Fülle an Hotels, Motels, Resorts und Pensionen an. Nach wie vor entstehen an allen Ecken und Enden Bettenburgen, da seit Jahren die Kapazitäten in der aufstrebenden Touristenregion Far North Queensland ausgelastet sind. Die Palette reicht dabei von der Nobelherberge bis hin zur einfachen Unterkunft für »Backpacker« (Rucksackreisende), die auf den Luxus eines eigenen Zimmers verzichten können und mit Schlafsälen vorliebnehmen. Beliebt ist der Cairns Colonial Club Resort, Tel. 070/53 51 11; erst 1994 eröffnet wurde das Palm Royale etwas außerhalb des Stadtzentrums, Tel. 070/32 27 00. Als erste Adresse gilt das zentral gelegene Radisson Plaza Hotel at the Pier, Tel. 070/31 14 11. Brisbane, die Hauptstadt Queenslands und drittgrößte Stadt Australiens, besitzt ebenfalls ein breitgefächertes Angebot an Hotels und Motels sowie Übernachtungsmöglichkeiten für jeden Geldbeutel. Empfehlenswert sind dabei vor allem das Albert Park Inn, Tel. 07/831 31 11, das Mayfair Crest International, Tel. 07/229 91 11, sowie die Brisbane City Travellodge, Tel. 07/238 22 22.

Informationen: Queensland Tourist & Travel Corporation, Neuhauser Str. 27, 80331 München, Tel. 089/260 96 93.

Cape Tribulation National Park

Wo der Regenwald auf das Riff trifft

Die neben dem großartigen *Barrier Reef* größte Attraktion des tropischen Nordens von Queensland stellt der artenreiche *Regenwald* der Region dar. Etwa 140 Kilometer nördlich des quirligen Touristenmekkas Cairns, begrenzt vom Daintree River und dem Bloomfield River, findet der Urwald Australiens seine vielleicht schönste Ausprägung. Von den Höhen eines steilen, meist wolkenverhangenen *Granitgebirges* – höchster Gipfel ist mit 1375 Metern der Thornton Peak – bis hinunter zur *riffgesäumten Küste* mit *Mangrovenwäldern* zieht sich jungfräulicher *Regenwald* mit einem atemberaubenden Artenreichtum. Und das Besondere: Nirgendwo sonst auf der Welt liegen Regenwald und Korallenriff buchstäblich nur wenige Meter auseinander. Diese etwa 17000 Hektar umfassende Region ist seit 1981 als Cape Tribulation National Park geschützt und bildet nun einen Teil der zum *»Erbe der Menschheit«* erklärten *»Wet Tropics«*.

Die Region um das Cape Tribulation ist eines der regenreichsten Gebiete Australiens. Die Schauer verteilen sich über das ganze Jahr. Während der Regenzeit zwischen Februar und Mai sorgt der Monsun für hohe Niederschlagsmengen, während außerhalb dieser nassen Jahreszeit die vorherrschenden Passatwinde feuchtigkeitsgeladene Wolken gegen die abrupt aus dem Meer aufragende Gebirgskette treiben. Hier steigen die Wolken in kühlere Höhen auf und regnen sich als heftige tropische Schauer ab. Diese kontinuierlichen Niederschläge und die gleichbleibend hohen Temperaturen schaffen ein Treibhausklima, das die Entwicklung des vielleicht artenreichsten Regenwaldes der Erde begünstigte. Einige der am leichtesten zu identifizierenden Regenwaldpflanzen sind die *Fan Palm* mit ihren auffälligen runden Wedeln, die schlanken *Black Palms*, die *Würgerfeige* und das *Lawyer Cane*, eine palmähnliche, dornenreiche Kletterpflanze.

Entstehungsgeschichte

Immer wieder ist der Regenwald in der Daintree-Region Schauplatz aufregender botanischer Entdeckungen. So fand man 1971 im Tal des Noah Creek Exemplare der primitiven Baumart *Idiospermum australiense*, die bislang nur aus Versteinerungen bekannt war. Zahlreiche andere primitive Blütenpflanzen, Relikte aus fernen Urzeiten, leben in der unzugänglichen Urwaldregion. Inzwischen vermuten einige Wissenschaftler, daß dieser Regenwald der älteste der Erde sein könnte. Die Theorie, daß sich die Urwälder Australiens aus den asiatischen entwickelt hätten, muß vielleicht bald umgeschrieben werden.

Man geht heute davon aus, daß die Bildung des Regenwaldes hier bereits in der Mitte der Kreidezeit, also vor etwa 110 Millionen Jahren, abgeschlossen war – zu einer Zeit, in der das Auseinanderbrechen des Superkontinents *Gondwanaland* noch nicht begonnen hatte. Australien trennte sich erst vor etwa 50 Millionen Jahren von der Antarktis und begann nach Norden zu driften. Dann wurde das Klima trockener, *Eukalypten* und *Akazien* begannen sich aus Urwaldspezien zu entwickeln; der Regenwald zog sich in die Küstenregion zurück – dorthin, wo heute unter anderem der Cape Tribulation National Park liegt. Die hohen Berge boten dort dem Regenwald Schutz und garantierten ausreichend Niederschläge. Die Daintree-Region bildete somit ein sicheres Refugium für feuchtigkeitsabhängige Pflanzen. Als dann während der letzten 20 Millionen Jahre

145 Nirgendwo im Cape Tribulation National Park läßt sich das Zusammentreffen von Regenwald und Korallenriff besser erleben als am Coconut Beach. Nur ein schmaler Sandstreifen trennt hier die beiden artenreichen, so unterschiedlichen Ökosysteme.

Folgende Abbildungen:

146 Entlang der Straße zum Cape Tribulation hat eine tierfreundliche Familie ein Waisenhaus für Tierkinder eingerichtet. Hier wird ein junges Wallaby, dessen Mutter von einem Auto überfahren wurde, mit einer Flasche aufgepeppelt.

147 Obwohl Teilstrecken inzwischen geteert sind, hat die Zufahrtsstraße zum Cape Tribulation immer noch etwas Abenteuerliches an sich. Auf einer Brücke aus groben Balken überquert man den mächtigen Noah Creek.

148 Gewaltige Baumriesen mit mächtigen Brettwurzeln bilden die Schaustücke des artenreichen Regenwaldes im Cape Tribulation National Park.

149 Von der Felsenspitze des Cape Tribulation blickt man zurück zum palmengesäumten Myall Beach. Dahinter ragen die mit dichtem Regenwald überzogenen Berge der Thornton Range auf.

Information

Auskünfte: Cape Tribulation National Park, P. O. Box 2066, Cairns, QLD 4870, Tel. 070/523096.
Reisezeit: Der Park ist das ganze Jahr über geöffnet; während der Regenzeit zwischen Dezember und März kann es zu Überflutungen kommen. Als beste Reisezeit gelten die Wintermonate.
Unterkunft: Gehobene Unterkunft bieten das Coconut Beach Rainforest Resort, Tel. 070/521311, und das Ferntree Resort, Tel. 070/980000, am Cape Tribulation. Junge Leute bevorzugen dort das Jungle Village, Tel. 070/980040.
Camping: Einen Campingplatz mit allen sanitären Einrichtungen gibt es am Cape Tribulation; hingegen sind die Zeltplätze am Thornton und Noah Beach nur sehr einfach.
Aktivitäten: Wandern, Schwimmen, Reiten, botanische Exkursionen.
Touren: Viele der außergewöhnlichen Sehenswürdigkeiten am Rande des Nationalparks liegen versteckt oder sind nur über Privatland zu erreichen. Deshalb ist besonders für diesen Nationalpark empfehlenswert, sich einer geführten Tour anzuschließen. Erfahrene Guides können Besuchern die verwirrende Pflanzenwelt und ihre Geheimnisse am besten nahebringen. Ausgezeichnete Regenwald-Exkursionen bieten Paul Masons Rainforest Walks (Buchungen über das Ferntree Resort) und Wet Tropics Safaris, Tel. 070/500673, an.

146 | 147 | 148

149 ▷

gewaltige Vulkanausbrüche große Flächen des Regenwaldes zerstörten, blieb die Daintree-Region vor dem vulkanischen Holocaust verschont. Auch das Ansteigen des Meeresspiegels am Ende der letzten Eiszeit konnte dem Regenwald nichts anhaben. Nur ein Teil des Tiefland-Urwaldes verschwand in den Fluten.

Im Park unterwegs

Obwohl der Großteil des Regenwaldes im Nationalpark völlig unzugänglich ist, gibt es doch ausgezeichnete Möglichkeiten, einen hautnahen Eindruck von seiner botanischen Wunderwelt zu bekommen. Eine inzwischen teilweise geteerte Straße von *Mossman* nach *Cooktown* erschließt die Küstenregion des Parks.

Das Erlebnis Regenwald beginnt mit der Überquerung des breiten, träge fließenden *Daintree Rivers*, der wegen seiner großen *Salzwasserkrokodile* berühmt-berüchtigt ist. Hinter dem Fluß wendet sich die Straße erst einmal ins Landesinnere und überwindet das bergige Hindernis der *Alexander Range*. Erst nach der Überquerung des Cooper Creek führt die Straße wieder Richtung Meer. Die Mündung des *Cooper Creek* ist ein beliebter Aufenthaltsort der *»Salties«*, wie die Australier die mächtigen Salzwasserkrokodile nennen. Parallel zum *Thornton Beach* zieht die Straße nun nach Norden und wendet sich erst zur Überquerung des *Noah Creek* wieder ins Landesinnere. Kurz hinter der Holzbrücke über den Noah Creek führt der *Marrdja Nature Walk* durch artenreichen Tiefland-Regenwald. Durch einen wahren Waldtunnel verläuft nun die Straße parallel zur Küste weiter. *Noah Beach* und *Coconut Beach* werden passiert, sind aber von der Straße aus nicht einsehbar. Am Coconut Beach bietet sich die beste Gelegenheit, bei Ebbe das küstennahe Riff zu erkunden. Schließlich ist das *Cape Tribulation* erreicht, das touristische Epizentrum im Park. Ein neues Luxusresort ist dort entstanden; an die Zeiten, als nur abenteuerliche Rucksackreisende diesen abgelegenen Ort besuchten, erinnert eine Jugendherberge. Die felsige *Landzunge des Cape Tribulation* liegt etwas nördlich des gleichnamigen Ortes und kann auf einer Strandwanderung entlang dem *Myall Beach* erreicht werden. Nach dem Kap beginnt die Straße anzusteigen, eine riesige *Würgerfeige* am Straßenrand ist eine weitere Attraktion auf dem Weg zum *Bloomfield River*. Die Piste ist jetzt nur noch mit Allradantrieb befahrbar, extrem steile Abschnitte verlangen gute Nerven. Für die meisten Besucher jedoch endet ihr Ausflug in den Regenwald am *Cape Tribulation*, einem der bezauberndsten Plätze Australiens.

Undara Volcanos National Park

Outback – Unterwelt

Die Tarnung ist perfekt. Scheinbar endlos zieht sich flaches, in der Hitze flimmerndes Busch- und Grasland hin, hie und da unterbrochen von Granitfelsen. Nur in der Ferne begrenzen ebenmäßige, flache Hügel den Horizont. Schütterer Baumbestand und dürres Gras bestimmen die Vegetation – ein Landstrich ohne Höhepunkte. Doch hier, in der Weite des *Savannah Country*, wie sich das trockene Innere von Nord-Queensland nennt, verbirgt sich eine Sehenswürdigkeit der Superlative: das geologische Wunder der *Lavahöhlen von Undara*. 295 Straßenkilometer südwestlich der Touristenmetropole *Cairns* wartet das größte und längste System an Lavahöhlen der Welt darauf, von neugierigen Besuchern »entdeckt« zu werden. Noch muß sich die geologische Sensation der Anziehungskraft des *Great Barrier Reefs* und der großartigen *Regenwälder an der Küste* geschlagen geben. Das wird sich ändern! Seit August 1994 sind die Höhlen als *Undara Volcanos National Park* – Queenslands jüngster Nationalpark – geschützt, und eine steigende Besucherzahl zeigt, daß dieses neue Schutzgebiet in Zukunft eine attraktive Ergänzung für die an Höhepunkten so reiche Region *»Far North Queensland«* darstellen wird.

Die Entstehung der Lavahöhlen

Die feurige Geburt der Lavahöhlen fand vor etwa 190000 Jahren statt, als ein gewaltiger Ausbruch des heute 1020 Meter hohen *Undara-Vulkans* die Landschaft umgestaltete. Bemerkenswert bei dieser Eruption war die Menge des ausgeworfenen Materials. Wissenschaftler errechneten, daß der Vulkan pro Sekunde ungefähr 1000 Kubikmeter Lava ausspuckte, die sich vor allem nach Nordwesten ergoß. Mit einer Fließgeschwindigkeit von etwa 500 Metern pro Stunde dauerte es nur zwei bis drei Wochen, bis 1550 Qua-

150/151 Etwa 200 Kilometer südwestlich der Küstenstadt Cairns verbirgt sich unter trockener Savannen- und Waldlandschaft eines der größten Naturwunder Queenslands: die Lavahöhlen von Undara. Über dreißig Kilometer mißt das bisher entdeckte System an Röhren und Tunnels und bildet damit das größte bisher bekannte System an Lavahöhlen auf der Erde.

Information

Auskünfte: Undara Experience, P. O. Box 6268, Cairns OLD, Tel. 070/317933.
Reisezeit: Der Park ist das ganze Jahr über geöffnet, in der Regenzeit kann der Zugang zu den Höhlen zeitweise unterbrochen sein.
Unterkunft: Im Park selbst gibt es keine Unterkünfte, Camping ist nicht erlaubt. Übernachtungsmöglichkeiten verschiedener Kategorien (genächtigt wird in Abteilen renovierter Eisenbahnwaggons oder in feststehenden Safari-Zelten) bietet die in der Nähe der Höhlen gelegene Undara Lava Lodge (Tel. 070/971411).
Camping: Der Undara Lava Lodge angegliedert ist ein Campingplatz mit allen touristischen Einrichtungen (Tel. 070/971411).
Touren: Die Höhlen können nur im Rahmen von geführten Touren besichtigt werden, die täglich von der Undara Lava Lodge aus angeboten werden.

dratkilometer flaches Land mit einer zwischen fünf und zwanzig Meter mächtigen Gesteinsschicht überzogen waren. Das Gesamtvolumen des ausgeflossenen Materials betrug 23 Kubikkilometer. Der Hauptstrom des glutflüssigen Magmas folgte dabei einem alten Flußbett, und es entstand – mit einer unglaublichen Länge von 160 Kilometern – der längste Lavafluß der Erde. Das ganz besondere an *Undara* sind aber die *Lavaröhren*, die sich bei diesem Ausbruch bildeten. Auch hier bestimmen Superlative die Fakten: Bis zu einhundert Kilometer lang ist das System der Höhlen, und mit einer maximalen Breite von zwanzig sowie einer Deckenhöhe von stellenweise fast vierzehn Metern stehlen sie jeder bekannten Lavahöhle auf dieser Erde die Schau. Der längste Höhlenabschnitt, die *Bayliss Cave*, weist eine Länge von 1350 Metern auf und gilt als die längste Lavaröhre Australiens. Die Entstehungsgeschichte dieser Superröhren ist einfach erklärt: Die glühende Lava begann, während sich das flüssige Gestein durch das Flußtal ergoß, an der Oberfläche, am Boden und an der Seite zu erhärten. So bildete sich eine gut isolierte Röhre, in der die ständig nachströmende Lava wie in einer Pipeline weiterfloß und so den Lavastrom immer weiter verlängerte. Als die Eruptionen schließlich verebbten und der Nachschub ausblieb, trat die restliche Lava aus diesem Kanal aus und hinterließ riesige Röhren, Tunnel und Kavernen.

Im Lauf der Zeit brachen die Tunnels an vielen Stellen ein und bildeten Einsturzkrater, in denen sich eine dünne, aber fruchtbare Humusschicht bildete. Feuchtigkeit durch Sickerwasser und der Schutz vor Buschfeuern ermöglichten es, daß in diesen Vertiefungen der Regenwald die stetige Austrocknung der Region überlebte. Die Pflanzengemeinschaft in den geschützten Kratern hat große Ähnlichkeit mit Wäldern auf Madagaskar und in Ostafrika. Wissenschaftler vermuten deshalb, daß dieser Typ von Wald ein Relikt aus den Zeiten des Superkontinents *Gondwana* darstellt. Nähert man sich Undara mit dem Flugzeug, erkennt man deutlich die dunklen Einsturzstellen, die den Verlauf des Lavahöhlensystems nachzeichnen.

Entdeckungsgeschichte

In den sechziger Jahren des vorigen Jahrhunderts begann die Familie *Collins* mit der Viehzucht in der Undara-Region, hatte aber lange Jahre keine Ahnung davon, was für ein geologischer Schatz sich unter ihrem Grund und Boden verbarg. Erst in den neunziger Jahren des vorigen Jahrhunderts entdeckte sie die Lavahöhlen. Es dauerte weitere Jahrzehnte, bis die Wissenschaft auf die Höhlen aufmerksam wurde. Einige davon wurden bei Kartografierarbeiten in den Jahren 1972 bis 1974 dokumentiert, aber erst in den achtziger Jahren begann man das gesamte Ausmaß des Systems zu begreifen. 1988 entdeckten zwei Wissenschaftler den *Wind Tunnel* und den *Inner Dome*. Im Jahr 1989 wurden bei einer großangelegten Erkundung durch den *Queensland National Parks and Wildlife Service* einundzwanzig neue Höhlenabschnitte entdeckt. Heute sind über fünfzig davon erforscht und vermessen.

In den achtziger Jahren begann auch der Besucherstrom langsam einzusetzen. Auslöser war das 1985 erschienene Buch *»Natural Wonders of Australia«*, in dem die Höhlen erstmals in Farbfotos vorgestellt wurden. Die Familie *Collins*, inzwischen in der vierten Generation, begann Touren zu den Lavaröhren anzubieten. 1990 schließlich wurde die *Undara Lava Lodge* errichtet, um den zunehmenden Besucherzahlen gerecht zu werden. Schließlich verkaufte die Familie das Land, auf dem die Höhlen liegen, an die Regierung von Queensland, und 1994 wurde das Gebiet zum *Nationalpark* erklärt. Nach wie vor wird die Lodge von den Collins betrieben, ihnen untersteht auch die Organisation der geführten Touren.

Die in der Gegend lebenden *Aborigines* wußten bereits lange vor den weißen Siedlern von der Existenz der Höhlen, mieden die dunklen Röhren allerdings. Es fanden sich in ihnen weder Höhlenmalereien noch Spuren von Feuerstellen, die beweisen würden, daß Menschen diese Höhlen als Unterschlupf nutzten.

Besichtigung der Höhlen

Eine Besonderheit in dem neu geschaffenen Nationalpark ist, daß die Höhlen nur in Begleitung von erfahrenen und kompetenten Führern betreten werden dürfen. Alle Führer gehören der *Savannah Guides Organisation* an, die wegen der strengen Maßstäbe bei der Auswahl ihrer Mitglieder in Australien Standards setzte. Hauptgründe dieser für australische Nationalparks ansonsten unüblichen Regelung waren die Sicherheit der Besucher und der Schutz der einzigartigen unterirdischen Welt. Für die Öffentlichkeit zugänglich ist deshalb auch nur ein kleiner Teil der mehr als fünfzig bisher bekannten Höhlen. So ist beispielsweise die *Barkers Cave*, eine wichtige Brutstätte für *Fledermäuse*, in den entsprechenden Monaten gesperrt. Die freigegebenen Höhlen können auf Halb- oder Ganztages-Exkursionen erlebt werden. Miteinbezogen in die speläologischen Touren wird auch die auf den ersten Blick eintönig wirkende »Oberwelt« von Undara mit ihrer interessanten Flora und Fauna. Eines der spektakulärsten Naturmonumente ist der *Archway*, eine großartige Naturbrücke, die entstand, als die Höhle an zwei Stellen einbrach und einen weiten Gesteinsbogen übrig ließ.

152 Typisch für Magnetic Island sind die von Granitfelsen gesäumten Küstenabschnitte. Unterbrochen werden die abweisenden Gestade von paradiesischen Sandstränden.

153 Besonders zahlreich im Magnetic Island National Park vertreten ist die Death Adder, die Todesotter. Sie zählt zu den giftigsten Schlangen Australiens. Besonders gefürchtet ist das Reptil, weil es sich auf seine perfekte Tarnung im Laub des Waldbodens verläßt und bei Annäherung nicht wie andere Schlangen flüchtet.

Magnetic Island National Park

Ferieninsel mit grünem Anstrich

Die Menschen von *Townsville* haben eines der schönsten Ausflugsziele der Region praktisch täglich vor Augen. Nur 12 Kilometer nördlich der Stadt ragt die gebirgige *Magnetic Island* – ihr Kulminationspunkt ist mit 497 Metern der *Mt. Cook* – aus dem Meer. Die Fährfahrt in das Ferienparadies dauert gerade einmal eine halbe Stunde.

Schutzgebiete und Siedlungen – es leben etwa 2500 Menschen auf der Insel – sowie die Touristenresorts sind so ineinander verwoben, daß man die Insel nur als Einheit betrachten kann – mit dem Nationalpark als stärkstem Besucherargument. Die Kombination aus landschaftlicher Schönheit, Nationalpark und einer ausgedehnten Infrastruktur machen den Reiz der Region aus. Der *Magnetic Island National Park* nimmt etwas mehr als die Hälfte der gesamten Insel ein, wobei weite Teile des Reservats unzugänglich sind. Die schönsten Buchten, Riffe und Küstenabschnitte sind geschützter *Marine Park*.

Die Insel und der Park

Ihren seltsamen Namen verdankt die Insel *Captain James Cook*, der im Jahre 1770 beim Vorbeisegeln eine Mißweisung an seinem Kompaß bemerkte und dies dem Magnetismus der Insel zuschrieb. Heute weiß man, daß seine Vermutung falsch war. *Magnetic Island* besteht hauptsächlich aus Granit und weist keinerlei Magnetismus auf. Die Topografie der Insel ist erstaunlich wild. Charakteristisch sind die riesigen gerundeten Granitfelsen, die überall aus dem schütteren, trockenen Wald ragen. Besonders die felsigen Küsten mit den zahlreichen Landzungen bekommen durch die scheinbar von Titanenhand aufgehäuften Felsbrocken einen ganz eigenen Charakter. Große Flächen des Parks sind mit trockenem *Eukalyptuswald* bedeckt, in den geschützten Rinnen und Bachtälern gedeiht stellenweise *Regenwald*. Auffälligster Baum der Insel ist die *Hoop Pine*, die als Standort vor allem die felsigen Landzungen bevorzugt.

Die Fauna der Insel ist auffallend reichhaltig. *Koalas, Possums, Echidnas* und *Rock Wallabies* sind häufig, acht verschiedene *Fledermausarten* leben auf Magnetic Island, auch die Reptilien sind mit *Geckos, Skinks* und *Schlangen* reich vertreten. Am erstaunlichsten allerdings ist die Vogelwelt. Eine von Rangern erstellte Liste beinhaltet 195 Arten, die dauernd oder periodisch auf der Insel zu finden sind. Einer der auffälligsten Vögel ist dabei der *Bush Thicknee* (auch *Curlew*), dessen weinerlich-heulende Rufe die ganze Nacht über zu hören sind.

Auf der Insel unterwegs

Zwei Tatsachen machen Magnetic Island für Naturliebhaber so reizvoll. Einmal sind es die wunderschönen, nie überlaufenen Sandbuchten, die sich zwischen felsigen Landzungen verstecken, und zum anderen ist es – betrachtet man die Größe der Insel – ihr Reichtum an Tieren. Beliebtes Fortbewegungsmittel vor Ort sind die sogenannten *Mokes*, kleine, spartanisch ausgerüstete offene Fahrzeuge, die für das kurze Straßennetz der Insel ideal sind. Ein Wanderwegenetz von 22 Kilometer Länge erschließt Randbereiche des Parks und bietet Zugang zu den abgelegenen Buchten. Besonders empfehlenswert ist die kurze Wanderung hinauf zu *»The Forts«*. Es handelt sich um alte Wehranlagen aus der Zeit des Zweiten Weltkriegs, als man eine Invasion der Japaner befürchtete. Entlang dieses Wegs sollte man die Augen offenhalten und die Bäume nach Koalas absuchen. Da die *Eukalypten* hier nicht sehr groß werden und die Tiere recht zahlreich sind, können *Koala*-Sichtungen nahezu garantiert werden! Der späte Nachmittag ist dafür die beste Zeit. Ein weiterer ausgezeichneter Platz für Tierbeobachtungen ist die felsige Halbinsel, die bei *Arcadia* die *Geoffrey Bay* begrenzt. In der Nähe der alten Bootsanlegestelle kann man jeden Morgen die hübschen *Unadorned Rock Wallabies* sehen. Weitere lohnende Wanderungen führen vom Ostende der *Horseshoe Bay* zu den vielleicht schönsten Buchten der Insel, *Balding Bay* und *Radikal Bay*. Einen guten Einblick in das Inselinnere gibt die Wanderung von *Nelly Bay* nach *Arcadia*. Einen landschaftlich ganz anderen Aspekt erschließt eine acht Kilometer lange unbefestigte Buschstraße (kaum Verkehr, da nur mit Allrad-Fahrzeugen befahrbar) von *Picnic Bay* nach *West Point*. *Mangroven* und *Wattgebiete* charakterisieren diesen Teil der Küste. Bei Niedrigwasser (Gezeitenplan beachten) kann man in der *Geoffrey Bay* eine

154 Entlang der Ostküste von Hinchinbrook Island verläuft der Thorsborne Trail. Diese abenteuerliche viertägige Wanderung bietet die einzige Möglichkeit, den wilden Inselnationalpark intensiv zu erleben. Der Trekker im Bild befindet sich im Abstieg über eine mit Seilen gesicherte Steilstufe zur Basis der Zoe Falls.

Information

Auskünfte: The Ranger, 22 Hurst Street, Picnic Bay, Magnetic Island, QLD 4816, Tel. 077/785378 (nur an Wochentagen zwischen 1.30 und 4.30 Uhr); Department of Environment and Heritage, Great Barrier Reef Wonderland Office, Box 5391, Townsville Mail Centre, Townsville, QLD 4810, Tel. 077/212399.
Reisezeit: Der Park ist ganzjährig geöffnet. Das Klima der Insel ist geprägt von warmen trockenen Wintern und heißen regenreichen Sommern (Dezember bis März).
Unterkunft: Unterkünfte jeglicher Preislage und Ausstattung finden sich in den kleinen Ortschaften Picnic Bay, Nelly Bay, Arcadia und Horseshoe Bay. Die Palette reicht von einfachen Backpackers Hostels bis hin zu luxuriösen Resorts.
Camping: Zelten ist im Park nicht erlaubt.
Aktivitäten: Wandern, Tierbeobachtungen, Fischen, Schnorcheln, Tauchen, Schwimmen. Vorsicht: zwischen Oktober und Mai machen giftige Quallen (box jellyfish) das Schwimmen gefährlich!

kurze Riffwanderung unternehmen. Schilder erläutern die Korallen und Riffbewohner. Daß die Insel weiter auf den Nationalpark setzt, zeigen die Pläne der Tourismusplaner: In naher Zukunft sollen Wanderwege Zugang zum Gipfel des *Mt. Cook* und zur abgelegenen *Five Beach Bay* ermöglichen, um damit die Attraktivität des Reservats und der Insel weiter zu erhöhen.

Whitsunday Islands National Park

Die verzauberten Inseln

Wie von großzügiger Hand ausgestreut liegt vor der Küste Ost-Queenslands – geschützt durch das *Great Barrier Reef* – eine Gruppe von 74 Inseln und Inselchen im blauschimmernden tropischen Meer des Pazifiks: die *Whitsunday Islands*. Diese größte Inselgruppe an der Ostküste Australiens steht seit Jahren auf der touristischen Hitliste ganz oben und ist sicher die beliebteste Ferienregion der Australier. Die außergewöhnliche Schönheit des Areals, ein Landschaftsmix aus subtropischer Üppigkeit, glitzerndem Meer, farbenfrohen Korallenriffen, einsamen Traumbuchten und verschwiegenen Fjorden, aus zerklüfteten Bergen und unberührten Tropenwäldern, hat dafür gesorgt, daß sich hier eine boomende Tourismuswirtschaft etablierte.

Aber obwohl die Whitsunday Islands fest in der Hand der Tourismusindustrie zu sein scheinen, hat man viel zum Schutz der Inselwelt getan. Fast alle Inseln sind ganz oder teilweise zu *Nationalparks* erklärt worden. Nur die Resortinseln *Hayman Island* und *Hamilton Island* sowie *Dent Island* haben diesen Status nicht. Die Gewässer und Riffe um die Inseln sind Teil des riesigen *Great Barrier Reef Marine Parks* und damit ebenfalls vor Übererschließung und Raubbau geschützt.

Geologie

Während der letzten Eiszeit, als der Wasserspiegel etwa hundert Meter niedriger lag als heute, bildeten die Whitsunday Islands eine Gebirgskette auf dem Festland. Als dann mit zunehmender Erwärmung die Eiskappen an den Polen zu schmelzen begannen und das gebundene Wasser wieder frei wurde, stieg der Wasserspiegel kontinuierlich an und überflutete die tiefen Täler dieses Gebirges. Von dem ehemaligen Gebirge ragen heute nur noch die Gipfel als Inseln aus dem Wasser. Korallen begannen schließlich, Riffe an den Inseln zu bilden, aus deren Bruchstücken die meisten Sandstrände der Inseln entstanden.

In der Inselwelt unterwegs

Ausgangspunkte für die meisten Unternehmungen in der verzauberten Inselwelt sind *Airlie Beach* und *Shute Harbour*. Die wohl beste Möglichkeit, die Whitsunday Islands in ihrer ganzen Vielfalt und Schönheit kennenzulernen, bietet ein mehrtägiger Segeltörn. Da die meisten Inseln weglose Wildnis sind, lassen sich viele der »Sehenswürdigkeiten« nur vom Wasser aus erreichen. So ist die größte Attraktion der namensgebenden Hauptinsel *Whitsunday Island* ein kilometerlanger Traumstrand aus blendendweißem Quarzsand – *Whitehaven Beach*. Weitere beliebte Anlegestrände auf Whitsunday Island sind *Trekker Beach* und *Hill Inlet*. Die stark bewaldete Granitinsel umfaßt 19900 Hektar und ist die größte Insel der Gruppe. Der Hauptgipfel, der *Whitsunday Peak*, erreicht eine Höhe von 435 Metern. Den höchsten Punkt der gesamten Inselgruppe aber bildet der *Hook Peak* mit 459 Metern. Der Berg ist der Kulminationspunkt von *Hook Island*, der zweitgrößten, nur durch einen schmalen Kanal von Whitsunday getrennten Insel. Auch Hook Island ist vollständig als Nationalpark geschützt und völlig unerschlossen. Sie hat vor allem bei Seglern einen guten Namen, denn mit dem fjordähnlichen, tief eingeschnittenen *Nara Inlet* bietet sie einen bei jedem Wetter sicheren Ankerplatz. Einen beliebten Ausflug vom Nara Inlet aus bildet der kurze Aufstieg zu einer *Felsgrotte mit Felszeichnungen der Aborigines*. Landschaftlich ähnlich wie das Nara Inlet stellt sich das benachbarte *Macona Inlet* dar.

155 Nach einem langen Wandertag auf dem Thorsborne Trail genießen die beiden Trekker den stillen Anblick der mangrovengesäumten Mündung des South Zoe Creeks.

156 Der verschlafene Fischerort Dungeness ist der südliche Ausgangspunkt für den Hinchinbrook Island National Park. Von hier kann man sich zur nur sechs Kilometer entfernten Insel übersetzen lassen.

Folgende Abbildungen:

157–159 Die Zahl der Trekker auf dem Thorsborne Trail wird durch ein Permitsystem strikt reguliert. Da sich nie mehr als dreißig Wanderer gleichzeitig auf der viertägigen Wanderung befinden dürfen, kann man die landschaftlichen Schönheiten des Inselnationalparks ungestört genießen. Mit dem Überqueren eines Baches haben die Trekker den Strand der Little Ramsey Bay erreicht. Die menschenleere Zoe Bay bildet einen der zahlreichen Höhepunkte entlang des Trails, der stellenweise über Felspassagen führt und gutes Gleichgewichtsgefühl verlangt.

Information

Auskünfte: Whitsunday District Information Centre, Crn. Mandalay and Shute Harbour Rd., Airlie Beach, QLD 4802, Tel. 079/467022.
Reisezeit: Auf den Inseln herrscht das ganze Jahr über Saison. Die Sommer können allerdings heiß und regenreich sein. An der Küste ist das Schwimmen im Meer zwischen Oktober und Mai wegen der Quallen gefährlich.
Unterkunft: Auf folgenden Inseln gibt es Ferienresorts: Hayman Island, Hamilton Island, Lindeman Island, Long Island, South Molle Island und Daydream Island.
Camping: Auf den Inseln gibt es zahlreiche Campingplätze, über die eine ausführliche Broschüre, die im District Office in Airlie Beach erhältlich ist, Auskunft gibt.
Aktivitäten: Segeln, Fischen, Tauchen, Schnorcheln, Wandern.
Touren: Mehrtägige Segeltörns auf der »Coral Trekker«, einem liebevoll restaurierten Rahsegler, veranstaltet die Firma Whitsunday Sailing, Tel. 079/467197.

155 | 156

◁ 157

158 | 159

Im *Unterwasser-Observatorium* an der Südspitze von Hook Island können Besucher Korallen und Fische neun Meter unter der Meeresoberfläche beobachten. Meeresbiologen erklären die Wunderwelt des Riffs. Eine interessante Symbiose zwischen Tourismus und Nationalpark ist man auf der 800 Hektar großen Lindeman Island eingegangen. Dort wurde erst vor kurzem das *Club Med Village Resort* eröffnet. Da der Großteil des Parks als Nationalpark geschützt ist, arbeitet das Resort mit den Rangern zusammen, um den Gästen die Natur der Insel nahezubringen.

Einer der beliebtesten Wanderwege auf Lindeman Island führt auf den Gipfel des Mt. Oldfield. Als eine der schönsten Inseln gilt die dem Festland am nächsten gelegene Long Island. Wunderschöne Strände und Wanderwege mit einer Gesamtlänge von dreizehn Kilometern machen die 144 Hektar große Nationalparkinsel attraktiv. Zwei Resorts, *Palm Bay Hideaway* und *Radisson Long Island Resort*, sorgen für den touristischen »Anstrich« der Insel. Ebenfalls dem Festland dicht vorgelagert sind North Molle und South Molle Island. Während die Nordinsel unbewohnt ist, sorgt ein Resort auf South Molle Island für touristische Infrastruktur. Zahlreiche der kleinen, unbewohnten Inseln sind dagegen das Ziel von Seglern, die dem Trubel entgehen wollen. Als Geheimtip wird dabei Border Island östlich von *Whitsunday Island* gehandelt.

Eungella National Park

Land in den Wolken

Wenn man bei der Stadt Mackay die Küste verläßt und sich nach Westen wendet, durchfährt man Zuckerrohrland. So weit das Auge reicht, ziehen sich die Felder hin. Nur das Stahlungetüm der *Zuckerrohrfabrik* von Mirani vermittelt einen Hauch von Industrie. Später dann beginnt das Land Wellen zu werfen; die Straße zieht in das weite und sanfte, von grünen Hügeln begrenzte Pioneer Valley hinein. Reizvolles, tropisches Farmland, unterbrochen von kleinen Orten mit stillem Hinterwäldlercharme wie Mirani oder Finch Hatton, umfängt den Besucher. Wenn man in dieses schöne Gelände hineinfährt, erkennt man schon von weitem einen dunklen Querriegel, dessen Höhen in weißen Wolken verschwinden und die das Tal absperren. Es sind die Berge der Clark Range, die die gemütliche Landstraße plötzlich zur steilen, kurvenreichen Paßstraße machen. Fast abrupt, kurz nach Beginn der Steigung, beginnt dann der Regenwald, der sich an den steilen Bergflanken bis in die Wolken hinaufzieht. Der Eungella National Park ist erreicht. Eungella – der Name bedeutet *»Land in den Wolken«* – macht diesem Namen meist alle Ehre, wolkenlose Tage sind selten.

Der Nationalpark, der die *Clark Range* krönt, schützt über 50000 Hektar größtenteils unzugängliche, zerklüftete Wildnis. Mit dem 1280 Meter hohen Mt. Dalrymple erreicht er seinen höchsten Punkt. Steile, dicht mit *Regenwald* bewachsene Berghänge ziehen sich ins Tiefland hinunter, zerschnitten von schnellfließenden Bächen. Auf dem trockeneren und unzugänglichen Dicks Tableland dagegen dominiert *offenes Waldland* die Landschaft.

Entstehungsgeschichte

Hauptattraktion im Park ist und bleibt der *Regenwald*. Vor der letzten Eiszeit war die Gegend von einer Mischung aus tropischem und subtropischem Regenwald bedeckt. Dann, als die Welt im kalten Griff der Eiszeit lag, wurde das Klima auch hier kühler und trockener. Der Regenwald zog sich in geschützte Gebiete der wolkenbedeckten Gipfelregionen und in die tiefen Schluchten zurück. In der Umgebung etablierte sich offener Wald und isolierte den Regenwald von anderen Tropenwäldern. Als dann das Klima wieder feuchter und wärmer wurde, verhinderte das regelmäßige Abbrennen der umliegenden Wälder durch die *Aborigines* ein Ausbreiten der Regenwälder. Heute bilden die Regenwälder im Eungella National Park eine einzigartige *Mischung* aus den subtropischen Wäldern des Südens und den tropischen Wäldern des Nordens.

Im Park unterwegs

Der große Nationalpark ist für Besucher nur an zwei Stellen zugänglich. Kurz vor dem verschlafenen Ort Finch Hatton zweigt die Zufahrtsstraße zur Finch Hatton Gorge, einer der größten Attraktionen im Park, ab. Ein lohnender Wanderweg führt in die Schlucht des Finch Hatton Creek. Der Bach rauscht hier, eingerahmt von herrlichem Regenwald, über Felsstufen in die Tiefe und stürzt über zahlreiche Kaskaden in tiefe Becken. Eines davon, an den Araluen Falls, ist ein beliebter Platz zum Schwimmen während der heißen Jahreszeit. Eine halbe Wegstunde weiter oben ergießen sich die Callistemon Cascades über die Felsen der urwaldgesäumten Schlucht.

Wieder zurück auf der Hauptstraße folgt man der Mackay Eungella Road über die steilen Hänge der *Clark Range* hinauf zur kleinen Ortschaft Eungella. Hier zweigt die Broken River Road ab, die den Zugang zu den meisten Wanderwegen des Parks schafft. Noch in der Nähe des Eungella Chalets beginnt der Cedar Grove Track, der durch wild-romantischen Regenwald zur *Picnic Area* am Sky Window führt. Zahlreiche Palmen, darunter die *Bangalow Palms, Picabeen Palms* und *Fan Palms*, unterstreichen das tropische Ambiente, große *Würgerfeigen* umschlingen mit ihrem Stammgeflecht ihre Wirtsbäume, *Laywer Cane*, eine Rattanart, klettert an großen Bäumen hoch und sucht sich so den Weg zum Sonnenlicht. Am Picknickplatz erreicht man wieder die Broken River Road.

160 Bei Ebbe zieht sich von Langford Island eine schmale Sandbank kilometerweit ins Meer hinaus und lädt zu einem Spaziergang ein. Langford Island ist, wie die große, dichtbewaldete Hook Island im Hintergrund, Teil des Whitsunday National Parks.

Der nur wenige hundert Meter lange Rundkurs des *Sky Window Circuits* bietet durch zwei Öffnungen im Pflanzengewirr des Regenwaldes herrliche Aussichtspunkte, die einmal den Steilanstieg der *Mackay Eungella Road* und zum anderen das weite *Pioneer Valley* überblicken. Nur einen knappen Kilometer weiter zweigt der *Palm Walk Track* von der *Broken River Road* ab. Dieser Wanderweg führt erst entlang dem Höhenzug und steigt dann in das tiefe Tal des *Broken River* ab. Dort trifft der reizvolle Weg auf den *Broken River Track*, der zurück zur Straße führt.

Die meisten Besucher aber ziehen es vor, mit dem Auto bis zum *Broken River* zu fahren. Die größte Attraktion am Fluß ist eine *Beobachtungsplattform*. Die Chancen, am frühen Morgen oder am späten Abend in dem tiefen Pool *Schnabeltiere* zu sehen, stehen nicht schlecht. Was man auf jeden Fall zu Gesicht bekommt, sind *Schildkröten*, die zahlreich die stillen Becken des Flusses bevölkern. Bevor man sich nun aufmacht, die Broken River Region zu erkunden, sei ein Besuch der hier errichteten *Broken River Ranger Station* empfohlen. Sie ist Ausgangspunkt des *Broken River Track*, eines stillen, acht Kilometer langen Pfades, der entlang dem gleichnamigen Fluß durch Regenwald zur *Credition Road* führt. Über diese Schotterstraße erreicht man wieder den Ausgangspunkt.

Carnarvon National Park

Das verlorene Tal

Tieforange steigt die Sonne über den niedrigen Hügeln vor der großen Ebene auf. Ein dichter Schleier aus Rauch liegt schwer über den Wäldern, sammelt sich am trichterartigen Ausgang der *Carnarvon Gorge*. Die berückende Landschaft, die sich von der Felskanzel des *Boolima Bluff* ausbreitet, ist in weiche Pastellfarben getaucht. Seit Tagen fressen sich Feuer durch die Wälder der Region. Nachts hatten sich die Glutfronten, bedingt durch das Nachlassen des Windes und die höhere Luftfeuchtigkeit, verlangsamt, bald allerdings werden trockene Winde und die unbarmherzige Sonne die Brände wieder aufleben lassen – zum Wohle des Parks! Denn die Feuer wurden von Menschenhand gelegt, um das Unterholz auszudünnen und großen verheerenden Buschbränden die Nahrung zu nehmen. Feuer als Schutzmaßnahme – das erscheint widersinnig und erfüllt doch seinen Zweck.

Die meisten Nationalparks des an Schutzgebieten so reichen Bundesstaates Queensland ziehen sich entlang der Küste, liegen in den küstennahen Bergen oder umfassen vorgelagerte Inseln. Je weiter man jedoch in das trockene, sonnenverbrannte Innere Queenslands eindringt, desto spärlicher ist es um Reservate bestellt. Eine der großartigsten Ausnahmen bildet der *Carnarvon National Park* in Zentral-Queensland, ein Juwel unter den australischen Schutzgebieten.

Das riesige Reservat umfaßt 251 000 Hektar des *Consuelo Tablelands*, eines gewaltigen Sandsteinplateaus, und ist in vier Sektionen gegliedert: *Mount Moffat*, *Salvator Rosa*, *Ka Ka Mundi* und *Carnarvon Gorge*. Diese Schlucht stiehlt den anderen, abgelegenen Bereichen des Parks eindeutig die Schau und läßt deren touristische Bedeutung gegen Null schrumpfen. Neben der außergewöhnlichen Schönheit dieser Schlucht sind es vor allem der relativ einfache Zugang und die bestehende Infrastruktur, die diese Entwicklung bedingten. Wenn man heute vom Carnarvon National Park spricht, meint man eigentlich die *Carnarvon Gorge*.

Die Entstehung der Schlucht

Das *Sandsteinplateau* des *Consuelo Tablelands*, in das sich die einzigartige Schlucht eingegraben hat, ist aus mäch-

Information

Auskünfte: The Ranger, Eungella National Park, c/o Post Office, Dalrymple Heights, QLD 4740, Tel. 079/584552; Mackay District Office, Cnr. River and Wood Sts., Mackay, QLD 4740, Tel. 079/518788.
Reisezeit: Der Park ist das ganze Jahr über geöffnet. Das Klima ist subtropisch bis tropisch, mit sehr warmen und feuchten Sommern. Meist sind die Berge in Nebel oder Wolken gehüllt. Im Winter herrscht meist trockenes und vor allem in den Höhenlagen gelegentlich recht kühles Wetter.
Nach starken Regenfällen treten der Pioneer und der Broken River sowie deren Zuflüsse schnell über die Ufer. Die Zufahrt zum Park kann dann für mehrere Tage unterbrochen sein.
Unterkunft: Im Park gibt es, abgesehen von einem Campingplatz, keine Unterkünfte. Im Ort Eungella findet man verschiedene Übernachtungsmöglichkeiten, wie zum Beispiel das Eungella Chalet, Tel. 079/584503.
Camping: Campingplätze mit guten Einrichtungen sind die Broken River Camping Area und die Fern Flat Camping Area, beide in der Nähe der Broken River Ranger Station gelegen.
Aktivitäten: Wandern.

161 Ein Paradies für Taucher und Schnorchler bilden die fischreichen Korallenstöcke des Bait Reef. Das Riff liegt nordöstlich von Hayman Island, einer der Whitsunday-Inseln.

162 Ein wenig abenteuerlich, auf jeden Fall sehr romantisch, sind Segeltörns auf alten Segelbooten – im Bild der Rahsegler »Coral Trekker« – zwischen den Whitsunday Islands. Das Boot verläßt gerade den schützenden Nara Inlet auf Hook Island.

Folgende Abbildungen:

163–166 Schaustück des großen Carnarvon National Parks in Zentral-Queensland ist die Carnarvon Gorge, ein tiefer Schluchteinschnitt im Sandsteinplateau des Consuelo Tablelands (163). Zahlreiche Sehenswürdigkeiten warten in der Schlucht auf gehfreudige Besucher – wie der mit Baumfarnen bewachsene Seitencanyon der Violet Gorge (164), der bezaubernde »Moss Garden«, wo ein dichtes Moospolster die Felsen überzieht (165), oder die Cathedral Cave, deren Wände mit Felsmalereien der Aborigines geschmückt sind (166). Buschfeuer sind in diesem Park – wie in vielen anderen Australiens – nichts Ungewöhnliches. Durch kontrolliertes Abbrennen versucht die Parkverwaltung, verheerende Feuer zu verhindern – nicht immer mit Erfolg.

161 | 162

◁ 163 164 | 165 | 166

tigen Sedimenten aufgebaut, welche Flüsse vor etwa 160 Millionen Jahren abgelagert haben. Durch Hebung der Region entstand aus den Gesteinslagen im Lauf der Jahrmillionen ein gewaltiges Plateau. Es folgte eine feurige Epoche, in der die Landschaft erneut umgestaltet wurde. In einer Periode vulkanischer Aktivitäten bildete Lava eine etwa 300 Meter dicke Basaltschicht über dem Sandstein des Plateaus. Heute ist diese dunkle Basaltdecke zum größten Teil verwittert, und der helle Sandstein liegt wieder offen. Entlang der Störungslinien innerhalb des Gesteinskörpers gruben sich Bäche in den weichen Sandstein ein und schufen in unendlicher Kleinarbeit schließlich die großartige *Carnarvon Gorge*. Die Schlucht – flankiert von bis zu 200 Meter hohen Sandsteinwänden – windet sich 30 Kilometer tief in das Plateau hinein. Zahlreiche Seitencanyons und Klamme bildeten sich entlang dem Haupteinschnitt – versteckte Welten von erstaunlicher Schönheit. Dank des permanent verfügbaren Wassers – der *Carnarvon Creek* trocknet das ganze Jahr über nicht aus – schmückt eine üppige und erstaunlich vielseitige Vegetation die verzweigte Schlucht. Umgeben von trockenen Weiten hat sich hier in den Tiefen der Schlucht eine verwunschene Oase gebildet.

Exkursion in die Schlucht

Auf einer herrlichen Wanderung, die ihren Ausgangspunkt am *Visitor Centre* hat, kann man über neun Kilometer in die beeindruckende *Carnarvon Gorge* eindringen. Von diesem Hauptweg zweigen beschilderte Seitenpfade zu den versteckten Attraktionen der Schlucht ab. Gleich nach der ersten Überquerung des *Carnarvon Creeks* beginnt der erste Abstecher, der Aufstieg zum *Boolimba Bluff*, einer luftigen Aussichtskanzel hoch über dem Schluchteingang.

Der weitere Weg in die Schlucht überquert nun mehrmals den Bach, bis ein Seitenpfad zum *Moss Garden* abzweigt. Versteckt in der tief eingeschnittenen *Violet Gorge*, einer engen Seitenschlucht, sickert Wasser aus dem Gestein und bildet den Nährboden für eine feuchte Miniaturwelt aus üppig wachsenden Moosen, welche Wände, Felsbrocken und Baumstämme mit einem grünen Pelz überzogen haben.

Ziel eines weiteren »Seitensprungs« ist das *Amphitheatre*. Über Eisenleitern dringt man in einen engen Felsspalt ein, der sich kurz darauf zu einem gewaltigen, von hohen Wänden umgebenen Rund weitet. Das Zusammentreffen zweier Störungslinien und die Erosion schufen dieses erstaunliche Naturdenkmal.

Durch den *Casuarina Grove* führt der Hauptweg zum nächsten Abzweig, den vor allem botanisch interessierte Besucher nicht auslassen dürfen. Im *Wards Canyon*, einer engen Seitenschlucht, wächst der äußerst seltene *Königsfarn* (Angiopteris evecta) – die größte Farnart der Erde. Knapp einen Kilometer weiter wartet eine Attraktion ganz anderer Art auf die Wanderer: die *Art Gallery*. Unter einem gewaltigen Überhang verzieren *Malereien der Aborigines* die Felsen. Zahllose Hände, Bumerangs, Keulen und andere Utensilien und Gebrauchsgegenstände lassen sich auf den hellen Sandsteinwänden identifizieren. Die Bilder sind nach der sogenannten Schablonenmethode gefertigt. Dabei nimmt der Künstler einen Schluck Farbe in den Mund und sprüht sie über den an die Wand gedrückten Gegenstand, so daß dessen Umriß nachher negativ ausgespart bleibt. Seltener sind Darstellungen, die mit einem pinselähnlichen Gegenstand aufgetragen wurden. Über die Bedeutung der unzähligen Ritzzeichnungen im Fels, die ausschließlich Vulvas darstellen, rätseln die Wissenschaftler nach wie vor. Den Endpunkt des Hauptweges bildet schließlich *Cathedral Cave*. Ähnlich wie in der Art Gallery finden sich auch hier unter einem gewaltigen, domartigen Überhang zahlreiche *Felsmalereien*. Grabungen bewiesen, daß *Aborigines* hier schon vor mindestens 3600 Jahren gelagert haben.

Fraser Island und Great Sandy National Park

Auf Sand gebaut

Schier endlose Strände mit mächtiger Brandung, imposante Dünenlandschaften, farbenprächtige Klippen aus verfestigtem Sand, versteckte Süßwasserseen, glasklare Bäche und geheimnisvoll stille Urwälder: *Fraser Island* vor der Ostküste Queenslands überrascht mit seiner landschaftlichen Vielfalt und ungewöhnlichen Natur. Denn die Insel – ein beliebtes Ferienziel mit zahllosen Erholungsmöglichkeiten – ist gänzlich aus Sand aufgebaut.

Die 184000 Hektar große Insel – sie hat eine Länge von 123 Kilometern und eine schwankende Breite zwischen sieben und fünfundzwanzig Kilometern – darf sich mit diesen eindrucksvollen Maßen die größte Sandinsel der Welt nennen; und der an Naturwundern so reiche Bundesstaat Queensland kann sich mit einem weiteren Su-

167 Arm an spektakulären Sehenswürdigkeiten, aber reich an versteckten Kleinodien ist der Eungella National Park. Eine davon sind die regenwaldgesäumten Araluen Falls in der Finch Hatton Gorge.

Information

Auskünfte: Carnarvon National Park, via Rolleston, QLD 4702, Tel. 079/824555.
Reisezeit: Der Park ist das ganze Jahr über geöffnet; in der Regenzeit zwischen Dezember und März wird die Zufahrtsstraße häufig schnell unpassierbar.
Unterkünfte: Außer dem Campingplatz gibt es im Park keine Unterkünfte. Kurz vor der Parkgrenze der Carnarvon-Sektion des Parks bietet die Oasis Tourist Lodge stilvolle Unterkünfte in Zelthütten.
Camping: Am Eingang der Carnarvon Gorge, in der Nähe des Visitor Centres, liegt die Carnarvon Gorge Camping Area.
Aktivitäten: Die einzige Möglichkeit, den Park kennenzulernen, ist zu Fuß.

perlativ schmücken. Der inselbildende Sand, der sich just hier zu einem riesigen Haufen ansammelte, hat eine weite Reise hinter sich. Er kommt aus dem Süden und hatte seinen Ursprung in den Küstengebirgen des Bundesstaates New South Wales. Flüsse schafften das feine Material, ein Erosionsprodukt, in großen Mengen ins Meer und übergaben dort ihre Fracht den kräftigen Meeresströmungen, die – unterstützt von den vorherrschenden Südost-Winden – das zermahlene Gestein in Richtung Norden verfrachteten. Dort aber stießen die driftenden Sandmassen auf ein Hindernis – dunkle Felsinseln vulkanischen Ursprungs, die quasi als Anker für das Material dienten und die Keimzellen für die Geburt der großen Sandinsel bildeten. Denn hier lagerten sich die Sedimente ab, bauten sich immer weiter auf und ließen Fraser Island entstehen. Die Felsen – das einzige feste Gestein auf der Insel – tragen heute die Namen *Indian Head, Middle Rock* und *Waddy Point* und stellen das nördliche Ende des *Seventy-five Mile Beach* dar.

Der nördliche Teil von Fraser Island, knapp mehr als die Hälfte der Insel, bildet den *Great Sandy National Park*. Das Schutzgebiet umfaßt weitläufige Sandgebiete mit Wanderdünen; zahlreiche Seen und Lagunen, die für Vögel große Anziehungskraft besitzen, ausgedehnte Heideflächen und Regenwälder gehören ebenso zu seinen Attraktionen wie weitläufige Strände und die drei bereits erwähnten felsigen Halbinseln. Doch einige der bekanntesten Sehenswürdigkeiten der Insel befinden sich im Süden. Sich angesichts dieser Naturwunder nur auf den geschützten Nordteil von Fraser Island zu beschränken, würde bedeuten, eine Grenze zu ziehen, wo es eigentlich gar keine gibt. Die Insel läßt sich nur als ein geschlossener Naturraum betrachten, was auch durch deutlich wird, daß sie in ihrer Gesamtheit die strengen Auflagen der UNESCO erfüllte und zum *»Erbe der Menschheit«* erklärt wurde. Es bestehen zudem konkrete Pläne, auch den Südteil der Insel, trotz ehemaligem intensivem Holzeinschlag und großangelegter Sandgewinnung, zum Nationalpark zu erklären.

Auf der Insel unterwegs

Regelmäßig verkehrende Fähren von *Urangan* und *River Heads* bei *Harvey Bay* schaffen Besucher und Fahrzeuge vom Festland auf die Sandinsel. Um zu den zahlreichen Sehenswürdigkeiten und Naturwundern der Insel zu gelangen, ist übrigens ein Allrad-Fahrzeug Grundvoraussetzung. Das Gelände ist durchzogen von einem ausgedehnten Netz an einspurigen Sandpisten, die ein etwas anderes Fahrerlebnis vermitteln. Die Hauptverkehrsader von Fraser Island ist ebenfalls auf Sand gebaut: wie ein mehrspuriger Highway offeriert der über 120 Kilometer lange, breite *Sandstrand der Ostküste* die schnellste Nord-Süd-Verbindung. Bevor man zu den Allrad-Abenteuern aufbricht, sollte man sich allerdings genauestens über die Gefahren, Besonderheiten und Regeln erkundigen – und die Schautafel im *Eurong Visitor Centre* studieren. Anhand von abschreckenden Fotos wird hier verdeutlicht, in welch prekäre Situationen unachtsame und unerfahrene Allradpiloten auf der wilden Insel geraten können.

Am meisten befahren ist die stellenweise zweispurige Sandpiste vom *Wanggoolba Creek*, dem Anlegepunkt der Fähre von *River Heads*, zum Touristenresort *Eurong*. Sie stellt die schnellste West-Ost-Verbindung dar und führt quer durch die Insel. Auf dem halben Weg zur Ostküste liegt *Central Station*. Ehemals ein Holzfällercamp, informiert hier ein kleines *Visitor Centre* über die einmalige Natur der Insel; das kleine Museum zeigt Relikte aus der noch gar nicht so weit zurückliegenden Zeit der forstwirtschaftlichen Nutzung. Ein Campingplatz unter großen, schattigen Bäumen lädt zum Bleiben ein. Central Station ist Ausgangspunkt für eine kleine Wanderung entlang dem glasklaren *Wanggoolba Creek*, der hier durch wunderschönen, palmenbestandenen subtropischen Urwald fließt. Verlängern läßt sich der Weg bis zum *Pile Valley*. Hier wachsen beeindruckende *Satinay-Bäume* in den Himmel. Sie waren zur Zeit des Holzschlags gefragte Gewächse, weil sich das Holz als resistent gegenüber Bohrmuscheln erwies. Die bis zu 70 Meter hoch wachsenden Bäume wurden in die ganze Welt verkauft und unter anderem beim Bau des Suezkanals eingesetzt.

Eine der großen Attraktionen auf der Sandinsel sind überraschenderweise *Süßwasserseen*. Dabei unterscheidet man zwei verschiedene Arten von Seen, die sogenannten *»Window Lakes«*, die genau auf dem Niveau des Grundwasserspiegels liegen, und die sogenannten *»Perched Lakes«*, die höher als der Grundwasserspiegel in wasserundurchlässigen Senken in der Sonne glitzern. Kurz nach *Central Station* zweigt eine Piste ab, die sich als erster Ausflug anbietet. Sie führt zuerst durch das mit Baumriesen bestandene *Pile Valley* zum *Lake McKenzie*. Leuchtendweiße Strände und glasklares Süßwasser machen ihn zu einem der beliebtesten und schönsten Badeseen der Insel. Die stellenweise recht rauhe Sandpiste leitet nun in einem großen Bogen zum Ausgangspunkt des kurzen Pfades, zum *Lake Wabby*, dem mit elf Metern tiefsten See der Insel. Während das Gewässer auf drei Seiten von dichtem Wald umgeben ist, bedroht auf der Ostseite eine hochaufgetürmte Wanderdüne die Idylle und wird den kleinen, fischreichen See eines Tages unter sich begraben. Die Piste erreicht schließlich knapp sechs Kilometer oberhalb von *Eurong* die *Ostküste*.

Eine weitere interessante Seenrunde hat ebenfalls ihren Ausgang in *Central Station*. Diesmal führt die Strecke nach

168/169 Die meisten Sehenswürdigkeiten auf Fraser Island, der größten Sandinsel der Welt, haben mit Sand zu tun – wie die wilden Sandklippen der Pinnacles, die das Allradfahrzeug am Strand winzig erscheinen lassen. Außergewöhnlich ist auch der von einer mächtigen Wanderdüne bedrohte Lake Waddy. Er gilt als tiefster See auf Fraser Island und bildet ein beliebtes Badeziel.

Süden und verbindet die Seen *Lake Jennings, Lake Birrabeen* – einen weiteren beliebten Badesee mit kristallklarem Wasser und blendend weißen Stränden – und *Lake Benaroon* mit dem großen *Lake Boomanjin*. Dieses Gewässer stellt eine Besonderheit dar. Es handelt sich um den größten der sogenannten *»perched lakes«*, und sein Wasser ist, im Gegensatz zu den anderen Seen, rot gefärbt. Ursache für diese Laune der Natur ist die Gerbsäure *Tannin*, die von den zahllosen *Tea-Trees* an seinen Ufern freigesetzt wird. Diese Seenrunde endet schließlich bei *Dilli Village* an der Ostküste.

Ein Unternehmen für sich ist die Fahrt von *Eurong* entlang der *Ostküste* zum *Great Sandy National Park*. Schon die Anfahrt auf dem breiten »Küsten-Highway« wird zum Erlebnis. Vorsicht ist besonders bei der Querung der zahlreichen Süßwasserbäche angeraten, die über den *Seventy-five Mile Beach* ins Meer fließen. Mit dem wasserreichen *Eli Creek* ist die Schlüsselstelle und die Nationalparkgrenze erreicht. Über vier Millionen Liter glasklares Trinkwasser fließen hier stündlich ins Meer. Das ständig wechselnde Mündungsbett des wasserreichsten Bachs der Insel macht eine Überquerung bei Flut gefährlich. Ein kurzer Wanderweg führt am Ufer des paradiesischen Gewässers entlang.

Nun reihen sich auf dem Weiterweg nach Norden die Attraktionen. Kurz nach *Eli Creek* verrostet das Stahlgerüst der *Maheno* am Strand. Das ausrangierte Passagierschiff wurde während eines Zyklons an das Ufer getrieben. *The Pinnacle* und später *The Cathedrals* – hoch aufragende, farbenfrohe Sandklippen – begleiten den weiteren Weg auf den nächsten Kilometern bis zum Touristenresort *Dundubara*. Hier zweigt eine interessante Route ins Inselinnere ab, die unter anderem zum *Lake Bowarrady* führt. Der stille, abgelegene See ist für seine zutraulichen *Schildkröten* und das reiche Vogelleben bekannt. Die felsigen Halbinseln des *Indian Head, Middle Rock* und *Waddy Point* könnten dann das Ziel dieser Tages-Exkursion sein. Von den senkrecht in das Meer abfallenden Klippen des *Indian Head* kann man im klaren Wasser *Mantas, Haie, Seeschildkröten* und in den Wellen spielende *Delphine* beobachten.

170 Tief im Regenwald des Lamington National Parks verstecken sich die Elabana Falls, einer der zahlreichen Wasserfälle des West Canunga Creeks. Der Anblick des schäumenden Wassers ist Wanderern vorbehalten.

171 In den zahlreichen Bächen des Lamington National Parks lebt der blauweiß gefärbte Lamington Spiny Crayfish, eine Flußkrebsart, die nur im Bereich des Nationalparks vorkommt.

Lamington National Park

Abenteuer Regenwald

Würgerfeigen halten mit einem Netzwerk aus kräftigen Wurzeln uralte Baumriesen im Todesgriff, schlanke Palmen filtern in versteckten Tälern das Tageslicht, Moose und Farne überziehen im Tröpfchenschauer der zahllosen Wasserfälle das vulkanische Gestein, seltsame, bemooste Baumgestalten zaubern im diffusen Nebellicht Urweltatmosphäre…

Ohne Zweifel zählt der *Lamington National Park* am südöstlichen Ende Queenslands zu den bekanntesten und beliebtesten Nationalparks des Bundesstaates – eigentlich erstaunlich: muß man sich doch, will man das Reservat in all seiner Schönheit erleben, zu Fuß aufmachen. Viel zur Popularität des Parks beigetragen haben ohne Zweifel die zwei gut erreichbaren Ausgangszentren, *Binna Burra* mit der gleichnamigen Lodge im *Westen* und *Green Mountains* mit dem berühmten *O'Reilly's Rainforest Resort* im *Osten*. Wie selten in Australien kann man hier Komfort und Gastfreundschaft mit dem Erlebnis unberührter Natur kombinieren. Und natürlich hat die Nähe zur Millionenstadt *Brisbane* und zum Touristenmekka *Gold Coast* zum hohen Stellenwert des Parks beigetragen.

Von der wissenschaftlichen Seite her betrachtet stellt sich die Frage nach der Bedeutung des Parks erst gar nicht. Das über 20000 Hektar große Reservat umfaßt die größte zusammenhängende Fläche subtropischen Regenwalds in Queensland und kann sich zudem mit einer botanischen Rarität schmücken: In seinen Höhenlagen findet man ausgedehnte *Südbuchen*-Bestände (Nothofagus moorei). Diese knorrigen, moosbewachsenen Bäume kommen nur in Höhen über 1050 Meter vor und stellen ein eindrucksvolles Relikt aus der Vegetation des Superkontinents *Gondwanaland* aus der Frühzeit unseres Planeten dar. Diese Gewächse zeugen zudem von einer wesentlich kühleren Epoche im Südosten Queenslands.

Zur artenreichen Flora gesellt sich eine ganz spezielle Fauna. Vor allem der Vogelreichtum – man hat etwa 190 Arten gezählt – ist bemerkenswert. In den dichten Wäldern leben unter anderem so auffällige Vertreter der Vogelwelt wie der *Seidenlaubenvogel*, der prächtige *Schwarzleierschwanz*, der farbenfrohe *Königssittich* oder der sel-

Information

Auskünfte: Queensland NPWS, Rainbow Beach Road, Rainbow Beach, QLD 4581, Tel. 074/863160. Detaillierte Auskünfte erteilen die Ranger im Eurong Vistor Centre.
Reisezeit: Der Park ist ganzjährig geöffnet. Das Klima ist mild, die Sommer können allerdings gelegentlich heiß und schwül sein.
Unterkunft: Mehrere Resorts offerieren Unterkünfte verschiedener Preisklassen. Nobel ist das Kingfisher Bay Resort an der Westküste, günstig an der Ostküste liegen Dilli Village, Eurong und Happy Valley.
Camping: Gut ausgestattete Campingplätze findet man an folgenden Lokalitäten: Dilli Village, Lake Boomanjin, Central Station, Lake McKenzie, Cathedral Beach Resort, Dundubara und Orchid Beach. Wildes Zelten ist überall erlaubt, Ausnahmen sind gekennzeichnet.
Aktivitäten: Wandern, Fischen, Schwimmen, Tierbeobachtungen; Rundflüge veranstaltet Harry's Aircharter, Tel. 071/289056.

tene *Rufus Bird*, der ein heimliches Leben in den kühlen Südbuchenwäldern der Höhenzüge führt. Obwohl der Park ein Paradies für Ornithologen darstellt, ist es schwer, Vögel in freier Wildbahn zu beobachten. Einige der Flugtiere sind nachtaktiv oder fristen ein verborgenes Dasein. Gute Gelegenheit, einen Teil der farbenprächtigen oder seltenen Vögel ganz aus der Nähe zu beobachten, bietet sich vor allem am *O'Reilly's Rainforest Resort*, wo die Tiere regelmäßig gefüttert werden. Auch an der *Binna Burra Lodge* zeigt sich so manch scheuer gefiederter Waldbewohner ganz offen.

Ähnlich verhält es mit der übrigen Fauna des Waldes. Auf Exkursionen und Wanderungen im Park wird man selten größere Tiere sehen. Das *Pademelon* trifft man aber mit Sicherheit im Bereich der Lodges an. Im Wald selbst sind die kleinen, känguruhähnlichen Tiere so gut wie unsichtbar. Die baumbewohnenden *Brushtail-* und *Ringtail-Possums* oder das *Bandicoot*, ein Bodenbewohner, sind nachtaktiv und zeigen sich tagsüber praktisch nie. Obwohl zahlreiche Reptilien – darunter auch einige *Giftschlangen* – im Park leben, wird man selten das »Vergnügen« haben, ihre nahe Bekanntschaft zu machen.

Geschichte

Wo heute üppiger und artenreicher Waldpelz die Hänge und Bergkuppen bedeckt, regierte vor 20 bis 23 Millionen Jahren das Feuer. Über einem sogenannten *»hot spot«*, einer hochgelegenen Magmakammer, bildete sich die Kuppe eines vermutlich an die 2000 Meter hohen Schildvulkans. Nach dem Abklingen der Eruptionen setzte die Erosion ein und begann, den gewaltigen Vulkan grundlegend zu verwandeln. Die heutige *Border Range* mit dem *Lamington National Park* ist aus den Flanken des Urvulkans entstanden. Der von Tälern und Schluchten zerfressene Höhenzug legt sich halbkreisförmig um den auffälligen Gipfel des *Mt. Warning* (1156 m), der nichts anderes darstellt als den erkalteten Lavapfropfen des Haupteruptivgangs des einstigen Vulkans. Von einigen Wanderwegen des Parks aus hat man Gelegenheit, durch Waldfenster zu diesem steilen Berg hinüberzublicken. Es hat fast zwanzig Jahre gedauert, bis die einmaligen Wälder schließlich unter den Schutz des Staates gestellt wurden.

Wandern im Park

Ein ausgezeichnet beschildertes und gut unterhaltenes Wegenetz von etwa 160 Kilometern Länge durchzieht heute große Teile des Reservats und macht den Lamington zu einem idealen Wanderpark. Die zwei gut mit dem Auto erreichbaren Ausgangspunkte für Exkursionen zu Fuß sind *Binna Burra* und *Green Mountains*. Beide Zentren werden durch den eindrucksvollen *Border Track*, einen knapp 22 Kilometer langen Wanderweg, wie mit einer Klammer verbunden. Diese Route, die praktisch alle Vegetationszonen des Parks durchläuft, bildet das Rückgrat des gesamten Wegenetzes im Park. Von ihr zweigen die meisten Ausflugswege ab.

Lohnende Wanderziele im *Westen* des Parks, also von *Binna Burra* aus, sind das *Hidden Valley* mit einem wunderschönen Hain aus Palmen, ein herausragender Abschnitt des knapp 20 Kilometer langen *Ship Stern Circuits*, die 64 Meter hohen *Goomera Falls*, erreichbar über den *Goomera Falls Circuit*, oder der *Dave Creek Circuit*, der im Gegensatz zu den meisten anderen Wegen durch offenen *Eukalyptuswald* und *sumpfiges Heideland* führt. Als ideale Einführung in die botanische Welt des Parks eignen sich die regelmäßig von Rangern geführten Wanderungen, die ihren Ausgangspunkt in *Binna Burra* haben. Hier findet man auch den *Senses Trail*, einen kurzen Naturlehrpfad, ausgestattet mit einem Führungsseil für Sehbehinderte.

Green Mountains im *Osten* des attraktiven Parks, wo man auch eine *Ranger Station* findet, bietet mit dem *Tree Top Walk* ein in ganz Australien einmaliges Erlebnis. Auf diesem nicht ganz einen Kilometer langen »Weg« erlebt man den Regenwald aus einer ungewohnten Perspektive. Neun *Hängebrücken*, die sich zum Teil fünfzehn Meter über dem Boden von Baum zu Baum spannen, und eine *Aussichtsplattform* in einem riesigen *Feigenbaum* erlauben erstaunliche Einblicke in die Beletage des Waldes.

Beeindruckende Baumriesen (*pink barked brush box/Tristania conferta*) findet man entlang dem *Box Forest Circuit*. Ein weiterer Höhepunkt dieser Runde sind die fotogenen *Elabana Falls*. Eine gute Gelegenheit, den blauen, nur im Lamington National Park beheimateten *Flußkrebs (Lamington spiny creyfish)* in einem der zahllosen Gumpen des *Toolona Creek* zu entdecken, bietet sich auf dem *Toolona Creek Circuit* – mit 17,4 Kilometern Länge praktisch eine Tagestour.

Information

Auskünfte: Für den Ostteil des Parks: The Ranger, Lamington National Park, Binna Burra via Nerang, QLD 4211, Tel. 075/333548. Für den Westteil des Parks: The Ranger, Lamington National Park, Green Mountain via Canungra, QLD 4275, Tel. 075/440634. Schriftliche und mündliche Informationen über den Park bekommt man außerdem bei: Queensland National Parks & Wildlife Service, P. O. Box 42, Kenmore, QLD 4069, Tel. 07/2020200.

Reisezeit: Der Park ist ganzjährig geöffnet. Das Klima ist subtropisch und regenreich. Die Niederschläge fallen zum größten Teil zwischen Oktober und März. Im Winterhalbjahr ist das Wetter stabiler, die Temperaturen sind dann vor allem in den Hochlagen recht kühl. Für Wildblumenfreunde empfiehlt sich der Frühling.

Unterkunft: O'Reilly's Rainforest Guesthouse, Tel. 075/440644, Binna Burra Lodge, Tel. 075/336622 oder 333566.

Camping: Privater Campingplatz in der Nähe der Binna Burra Lodge, Tel. 075/336622 oder 333566, und ein Nationalpark-Campground nahe der Green Mountain Ranger Station, Tel. 075/440634.

Aktivitäten: Wandern, Tierbeobachtungen.

Touren: Geführte Wanderungen werden von der Binna Burra Lodge und dem O'Reilly's Rainforest Resort aus angeboten.

Anhang

Kurzführer durch weitere, im Text nicht abgehandelte wichtige Nationalparks (nach Bundesstaaten geordnet)

Allgemeine Vorbemerkungen

Um eine repräsentative Auswahl aus der Fülle an interessanten Nationalparks zu finden, waren folgende Kriterien ausschlaggebend. Einmal war es ein Anliegen, die ganze landschaftliche Vielfalt des riesigen Kontinents vorzustellen. Regenwälder – ob tropisch, subtropisch oder gemäßigt – sollten ebenso ihren Niederschlag in diesem Buch finden, wie Wüsten, Steppen, Gebirge, Inseln und Riffe. Hinzu kam die kulturelle und historische Bedeutung mancher Parks. Ein wichtiges Auswahlkriterium war schließlich, daß bereits eine touristische Infrastruktur in den Parks existierte. Dabei wurde besonderes Augenmerk auf den Zugang zum Park, die Unterkunftsmöglichkeiten und das Vorhandensein von erschlossenen Wanderwegen gerichtet.

Zahlreiche der in diesem Buch vorgestellten Nationalparks erhielten wegen ihrer außergewöhnlichen internationalen Bedeutung den Status eines »Weltparks« – sie sind zum *»Erbe der Menschheit«* erklärt worden und stehen nun unter dem Schutz der UNESCO. Dazu gehören unter anderem der weltbekannte *Kakadu National Park*, der *Uluru-Kata Tjuta National Park*, das 2000 Kilometer lange *Great Barrier Reef*, der größte aller Weltparks, oder die Nationalparks im tasmanischen Westen. In Queensland wurden zahlreiche Nationalparks, National Forests und Privatgrundstücke zu den *»Wet Tropics«* zusammengefaßt und in die UNESCO-Liste aufgenommen. Die letzten Bestände an unberührtem tropischem Regenwald auf dem Fünften Kontinent sollen für alle Zeiten gesichert werden.

Der Status *»world heritage area«* war auch der Grund dafür, daß die abgelegene *Lord Howe Island* in das Buch aufgenommen wurde, obwohl sie nicht als Nationalpark ausgewiesen ist. Die wunderschöne Pazifikinsel offeriert Besuchern nicht nur Südseeambiente und eine spektakuläre Landschaft, sondern vor allem eine außergewöhnliche, auch für Australien einmalige Flora und Fauna. Große Bedeutung kommt Lord Howe Island als Vogelinsel zu.

Bei der Erstellung der Texte wurde darauf geachtet, daß die wichtigsten Tier- und Pflanzenarten in den jeweiligen Parks erwähnt werden. Dabei ergab sich das Problem, daß für viele Pflanzen und Tiere keine *deutschen Bezeichnungen* existieren. Es werden deshalb zumeist die in Australien gebräuchlichen Namen verwendet, denn wer in Australien unterwegs ist, hört erst einmal die einheimischen Bezeichnungen. Gibt es allgemein bekannte deutsche Namen, so wurde auf diese zurückgegriffen; im Zweifelsfalle aber wurde den *australischen Bezeichnungen Vorrang* eingeräumt.

Inzwischen hat man in Australien auch die internationale touristische Bedeutung der Nationalparks erkannt. Die Bezeichnung *»national park«* oder *»world heritage area«* ist zum schlagenden Verkaufsargument geworden. Mit dem steigenden Tourismus eröffnen sich natürlich Chancen für die Parks – aber auch Gefahren. Viele Gebiete Australiens könnten einen großen Besucheransturm nicht vertragen. Als Beispiel sei hier nur der *Purnululu (Bungle Bungle) National Park* in Westaustralien genannt. Seine bizarre Felswelt ist so empfindlich, die Gefahr der Erosion so groß, daß Wandern abseits etablierter Wege und ausgetrockneter Bachbette nicht erlaubt werden kann. Oft fehlen in den australischen Nationalparks die geeigneten Einrichtungen, um den zunehmenden Besucheransturm verkraften zu können. Denn im Vergleich beispielsweise zu den amerikanischen Nationalparks, die auf eine bequemlichkeitsorientierte Autogesellschaft zugeschnitten sind und eine dementsprechende Infrastruktur aufweisen, sind die australischen Nationalparks noch wesentlich ursprünglicher, ja primitiver. Zwar ist auch in Australien das Auto das wichtigste Transportmittel, aber die Straßen in den Parks sind selten geteert, manchmal nur mit dem Allradfahrzeug befahrbar.

Barrington Tops National Park (NSW)

Das Naturschutzgebiet – 1986 zum *»Erbe der Menschheit«* erklärt – ist der südlichste der Regenwaldparks entlang der Ostküste. Das gebirgige Reservat umfaßt zwei über 1500 Meter aufragende *Plateaus.* Geprägt durch eine gebirgige Topografie mit enormen Höhenunterschieden, stellt die vielfältige Vegetation die größte Attraktion des Parks dar. Die Spannbreite reicht von im Winter gelegentlich verschneiten *Schnee-Eukalyptusbeständen* über *Südbuchenwälder* bis hin zu subtropischen *Regenwäldern* in den geschützten Tälern der Tieflagen. Auf zahlreichen Wanderwegen können die Schönheiten des stillen Waldparks erkundet werden.
Informationen: Barrington Tops National Park, P. O. Box 270, Raymond Terrace, NSW 2324, Tel. 049/8731 08.

Ku-ring-gai Chase National Park (NSW)

Der Park – einer der ältesten in Australien – grenzt im Norden an die Millionenmetropole *Sydney*. Trotz der Nähe zur Stadt sind weite Gebiete des Parks nach wie vor unberührt und bieten den Städtern ein wunderschönes *Wildnisgebiet*, das mit versteckten Buchten und Wäldern und mit einem erstaunlichen Reichtum an Pflanzenarten lockt. Die fjordartigen Buchten des *Küstenparks* sind ein Paradies für Fischer und Segler.
Informationen: Ku-ring-gai Chase National Park, Bobbin Head, Turramurra, NSW 2074, Tel. 02/457 93 22.

Morton National Park (NSW)

Als einer der größten Nationalparks von New South Wales umfaßt der Morton National Park ein mächtiges *Sandsteinplateau*, das von den Schluchten des *Shoalhaven River* zerteilt wird. Große Teile des Parks sind unwegsame Wildnis. Hauptattraktion sind die großartigen Wasserfälle *Fitzroy Falls* und *Belmore Falls* im Norden, bekannt ist der *Pigeon House Mountain* im äußersten Süden des Parks.

Informationen: Fitzroy Falls Visitor Centre, Nowra Rd., Fitzroy Falls, NSW 2577, Tel. 048/877270.

Mount Kaputar National Park (NSW)

Der Park umfaßt die erodierten Reste einer Kette mächtiger *Vulkane*, die mit dem *Mt. Kaputar* (1524 m) ihren Kulminationspunkt erreichen. Felsdome und -gipfel, steile *Gesteinsnadeln* und *Basaltsäulen* bilden die Sehenswürdigkeiten des Parks, der sich über die weiten, landwirtschaftlich intensiv genutzten Ebenen im westlichen New South Wales erhebt. Offener *Eukalyptuswald* dominiert die Vegetation. Zahlreiche Wanderwege durchziehen den Park, und im Sommer können sich die Menschen im kühleren Klima der Hochlagen von der Hitze in den Ebenen erholen.
Informationen: Mt. Kaputar National Park, 55 Maitland Street, Narrabri, NSW 2390, Tel. 067/927234.

Mungo National Park (NSW)

Der Park im heißen Inneren des Landes umfaßt die Uferregion des ausgetrockneten *Lake Mungo*, die außergewöhnlich reich an Zeugnissen einer verschwundenen *Aboriginal-Kultur* ist. Die Funde reichen 40000 Jahre zurück. Schaustück des *Wüstenparks* ist die *Wall of China*, eine 30 Kilometer lange, verwitterte *Dünenkette*.
Informationen: Mungo National Park, Shop 8, Buronga Shopping Centre (P. O. Box 318), Buronga, NSW 2648, Tel. 050/231278.

New England National Park (NSW)

Der große, praktisch unberührte Park reicht von den Höhen des *New England Plateaus* – höchster Punkt ist der *Point Lookout* (1562 m) – bis in die Tiefen der mit *Regenwald* bewachsenen Täler auf nahezu Meereshöhe. Die Höhen des Parks sind meist in Nebel und Wolken gehüllt. Wegen seiner außergewöhnlichen Schönheit und seiner Vielzahl an Lebensräumen wurde der Park von der UNESCO zum *»Erbe der Menschheit«* erklärt.
Informationen: Dorrigo District Office, P. O. Box 170, Dorrigo, NSW 2453, Tel. 066/572309.

Sydney Harbour National Park (NSW)

Mehrere Flächen an unberührtem Buschland um den *Sydney Harbour* wurden zu einem Nationalpark zusammengefaßt, der Geschichte und Natur verbindet. *Festungen*, eine alte *Quarantänestation* und *Felszeichnungen der Aborigines* findet man ebenso innerhalb des aus verschiedenen, nicht miteinander verbundenen Teilen bestehenden Parks, wie steile *Sandsteinklippen, Heidelandschaften* und versteckte *Strände*. Bemerkenswert sind die Aussichten auf die City von *Sydney*.
Informationen: Sydney Harbour National Park, Greycliff House (P. O. Box 461), Rose Bay, NSW 2029, Tel. 02/3375355.

Willandra National Park (NSW)

Der große Park, der *semiaride Flußebenen* umfaßt, war einmal die bekannteste Schaf-Farm im Westen des Staates. Auf den *roten Sandebenen* wachsen Salzbüsche und anspruchslose Gräser, nur an den Ufern der Flüsse gedeihen Bäume. Die *Sümpfe* sind ein Paradies für Wasservögel und andere Wassertiere. *Känguruhs* und *Emus* durchstreifen regelmäßig die offenen Flächen. Die historische Schaf-Farm ist Teil des Parks.
Informationen: Willandra National Park, 105 Banna Avenue, Griffith, NSW 2680, Tel. 069/627755.

Bellenden Ker National Park (QLD)

Der kaum erforschte und nur an wenigen Stellen zugängliche Park umfaßt die *Bellenden Ker Range* mit dem höchsten Berg Queenslands, dem *Mt. Bartle Frere* (1657 m). Praktisch die gesamte Fläche des Reservats ist mit dichtem *Regenwald* bedeckt, der von zahlreichen Flüssen und Bächen durchzogen wird. Der Park ist ein Zufluchtsgebiet für seltene Regenwaldtiere wie das *Baumkänguruh*. Zwei anspruchsvolle und anstrengende Wanderungen führen auf den Gipfel des Mt. Bartle Frere. Touristisch mit einem Wanderweg sowie einem Picknick- und Zeltplatz erschlossen sind die *Josephine Falls*. *The Boulders*, ein stark verblockter Abschnitt des *Babinda Creeks*, lockt ebenfalls Besucher an.
Informationen: Bellenden Ker National Park, P. O. Box 93, Miriwinni, QLD 4871, Tel. 070/676304.

Blackdown Tableland National Park (QLD)

Der Park besteht aus dem *Blackdown Tableland*, einem mächtigen *Sandsteinplateau*, das sich über die trocken-heißen Ebenen Zentralqueenslands erhebt. Auf der Hochfläche spendet hochgewachsener *Eukalyptuswald* Schatten; Quellen, Bäche und Wasserfälle, die über Felsabbrüche in tiefe, farnbewachsene Schluchten stürzen, überraschen den Besucher. Das Klima ist auf dem Plateau feuchter und kühler als in den Ebenen.
Informationen: Blackdown Tableland National Park, via Dingo, QLD 4702, Tel. 079/861964.

Green Island National Park (QLD)

Green Island, eine flache, mit Regenwald bewachsene *Insel aus Korallensand*, ist die populärste und am meisten besuchte Insel am *Great Barrier Reef*. Das Gelände ist zum Teil National Park, die restliche Fläche wird von einem *Nobelresort* belegt, das in japanischem Besitz ist. Vor allem Schnorcheln und Tauchen entlang der *Riffe* der Insel sind beliebt. Mehrere Veranstalter bieten Tagesausflüge von *Cairns* aus auf die Insel an. Ein *Unterwasserobservatorium* und ein *Aquarium* sind weitere Attraktionen.
Informationen: Green Island National Park, P. O. Box 2066, Cairns, QLD 4870, Tel. 070/523096.

Hinchinbrook Island National Park (QLD)

Hinchinbrook Island – der Welt größter *Inselnationalpark* – liegt vor der Küste Queenslands. Abgesehen von einem kleinen Ressort ist die gebirgige Insel praktisch unangetastet. Die einzige Möglichkeit für fitte und erfahrene Trekker, die zahlreichen Ökosysteme und wilden Landschaften der tropischen Insel zu erleben, bietet der *Thorsborne Trail*. Die viertägige Wanderung führt an der Ostseite von Hinchinbrook Island entlang. Ein strenges *Permitsystem* regelt die Anzahl der Wanderer.
Informationen: Hinchinbrook Island National Park, P. O. Box 74, Cardwell, QLD 4816, Tel. 070/668601.

Lawn Hill National Park (QLD)

Das Reservat liegt auf dem *Barkly Tableland* im Nordwesten des Staates und umfaßt eine *tropische Oase*, umgeben von Sandstein- und Kalksteinterrassen. Die *Lawn Hill Gorge* ist ein Rückzugsgebiet für Regenwaldflora und -fauna. Im türkisgrünen Wasser des Baches kann man herrlich schwimmen. Die *Felsgrotten* entlang der Schlucht enthalten *Felsmalereien der Aborigines*. Ein Campingplatz wurde im Park errichtet. Der Zugang ist nur mit Allradfahrzeugen möglich.
Informationen: Lawn Hill National Park, PMB 12, Mt. Isa, QLD 4825, Tel. 077/485572.

Palmerston National Park (QLD)

Der Palmerston National Park ist ein unzugänglicher, praktisch unerschlossener *Regenwald*-Park zwischen dem Ort *Innisfail* und dem *Atherton Tableland*. Durchflossen wird das Reservat von dem *North Johnstone River*, der als der beste *Raftingfluß* Queenslands gilt. Das Gewässer bildet – abgesehen von ein paar kurzen Wanderrouten an den *Tchupala Falls* – den einzigen Zugang in das wilde Innere des Parks. Von *Cairns* aus werden drei- oder fünftägige Raftingexpeditionen angeboten, die von den Teilnehmern allerdings ein gehöriges Maß an Abenteuerlust verlangen.
Informationen: Palmerston NP, P. O. Box 800, Innisfail, OLD 4860, Tel. 070/645115.

Croajingalong National Park (VIC)

Der Park zieht sich von der Grenze zu New South Wales fast 100 Kilometer entlang der wilden Küste Nordost-Victorias. Neben der

Küste schützt der Park die fjordähnlichen *Flußmündungen* des *Mallacoota Inlet, Wingan Inlet, Tamboon Inlet* und *Sydenham Inlet*. Große *Wanderdünen*, felsige Landspitzen, unberührte Strände, temperierter Regenwald, Heidegemeinschaften und vorgelagerte Inseln sind weitere Bausteine des attraktiven Reservats. Der Ort *Mallacoota* inmitten des Nationalparks ist ein kleines Ferienparadies. Große Abschnitte des Areals wurden zu Wildnisgebieten erklärt, um die ungewöhnliche Flora und Fauna zu schützen.
Informationen: Cann River Information Centre, Princes Highway, Cann River, VIC 3890, Tel. 051/586351.

Hattah-Kulkyne National Park (VIC)

In der semiariden Nordwestecke Victorias, begrenzt vom *Murray River*, bildet der Nationalpark eine Oase aus einem stillen System von *Seen*, die zwischen *Sandhügeln* eingebettet sind. Die Vegetation besteht hauptsächlich aus *Mallee-Gebüsch*. Regelmäßige Überflutungen der Region durch den Murray River ziehen zahllose Wasservögel an. Kurze Wanderrouten durchziehen das wichtige Ökosystem, das von der UNESCO zur »*World Biosphere Reserve*« erklärt wurde.
Informationen: Hattah-Kulkyne National Park, RSD Hattah, VIC 3501, Tel. 050/293253.

Otway National Park (VIC)

Dichter *Eukalyptuswald*, gemäßigter *Regenwald*, *Heideflächen* und eine wilde, ungezähmte *Küste* charakterisieren den Park und machen ihn zu einer der großen Attraktionen entlang der *Great Ocean Road*. Im Bereich des Reservats erreichen Ausläufer der *Otway Range* die oft sturmumtoste Küste und schaffen eine wilde, größtenteils unangetastete Landschaft. Einen guten Einblick in den gemäßigten Regenwald bekommt man auf dem kurzen *Maits Rest Walk*.
Informationen: Otway National Park, P. O. Box 63, Apollo Bay, VIC 3233, Tel. 052/376889.

Port Campbell National Park (VIC)

Der langgezogene, schmale Park schützt einen spektakulären Küstenabschnitt entlang der *Great Ocean Road*. Die wilde Steilküste, mit so bekannten und berühmten Felsformationen wie den »*Zwölf Aposteln*«, der »*London Bridge*« oder der »*Loch Ard Gorge*«, bildet den Hauptbestandteil des Schutzgebietes. Kurze Wanderwege und Aussichtspunkte entlang der Küstenstraße erschließen den Park. Eine kleine Kolonie von *Fairy-Pinguinen* brütet in einem der unzugänglichen Strände bei den »Zwölf Aposteln«.
Informationen: Port Campbell National Park, Trega Street, Port Campell, VIC 3269, Tel. 055/986382.

Ben Lemond National Park (TAS)

Der Gebirgspark – er umfaßt das bis zu 1572 Meter hohe *Dolerit-Plateau* der *Ben Lemmond Range* – ist bei Skifahrern und Wanderern gleichermaßen beliebt. Der Park bietet imposante Ausblicke über das nordöstliche Tasmanien. Zahlreiche Wildblumen bedecken im Frühsommer die Hochflächen. Die steilen *Felsabstürze* des Plateaus sind im Sommer Ziel der Kletterer. Im Winter ist der Park ganz in der Hand der Skifahrer.
Informationen: Ben Lemond National Park, P. O. Box 180, Kings Meadow, TAS 7249, Tel. 004/286277.

Maria Island National Park (TAS)

Die *Insel* liegt vor der Ostküste Tasmaniens, 88 Kilometer nordöstlich von *Hobart*. Maria Island besteht eigentlich aus zwei gebirgigen Inseln, die durch einen schmalen, *sandigen Isthmus* verbunden sind. Weiße Sandstrände, spektakuläre Sandstein- und Kalkklippen, dichtbewaldete Täler und eine reiche Geschichte – die Insel fungierte zur Zeit der Kolonisation als *Gefängnisinsel* – machen den Park zu einem beliebten Ziel. Bekannt ist der Tierreichtum des Reservats.
Informationen: Maria Island National Park, P. O. Triabunna, TAS 7190, Tel. 002/571420.

Mount Field National Park (TAS)

Wilde, zerklüftete Berge, von Gletschern ausgehobelte *Seen*, weite *Moore* und dichte *Regenwälder* erwarten den Besucher des Parks. Der Mt. Field National Park zählt zu den ältesten Schutzgebieten Tasmaniens und bietet vor allem Wanderern ein *ausgebautes Wegenetz*. Prominente Ziele sind die Gipfel des *Mt. Field West* (1434 m) und des *Mt. Field East* (1270 m). Größte Attraktion des Reservats sind die *Russell Falls* in der Nähe des Parkeingangs. Sie können über einen kurzen Wanderweg erreicht werden. Im Winter sind die Hochlagen regelmäßig schneebedeckt und ziehen Skifahrer und Langläufer an.
Informationen: Mt. Field National Park, P. O. Box 41, Westerway, TAS 7140, Tel. 002/881149.

Walls of Jerusalem National Park (TAS)

Die spektakuläre Gebirgswildnis des Parks ist Teil der riesigen »*Tasmanian Wilderness World Heritage Area*«. Dominiert wird das Schutzgebiet von fünf steilen Bergen, die ein natürliches Amphitheater bilden. Zahllose von Gletschern ausgeschürfte Seen und Seeaugen, umstanden von uralten *Pencil Pines*, bilden dort das landschaftliche Umfeld für erfahrene Wanderer und Trekker, die bereit sind, die gesamte Ausrüstung mitzuschleppen.
Informationen: Walls of Jerusalem National Park, P. O. Box 180, Kings Meadow, TAS 7249, Tel. 004/286277.

Coorong National Park (SA)

The Coorong ist ein schmales *Wasserband*, das durch die *Younghusband Peninsula*, eine schmale und lange Sandzunge, vor der Brandung des Meeres geschützt ist. Der *Küstenpark* im Süden des Staates umfaßt die *Halbinsel* und die *Lagunen* des *Coorong*. Bekannt ist das Reservat wegen seines überaus reichen Vogellebens und als ausgezeichneter *Fischgrund*. Coorong National Park gilt als eines der wichtigsten Feuchtgebiete des Staates.
Informationen: Salt Creek Visitor Centre, Princes Highway, Salt Creek, Meningie, SA 5264, Tel. 085/757014.

Mount Remarkable National Park (SA)

Der Nationalpark liegt in den südlichen *Flinders Ranges* zwischen dem Tiefland um den *Spencer Gulf* und den weiten Weizenanbaugebieten. Durch die Höhe des Parks – der *Mt. Remarkable* erreicht 955 Meter – sind Regenfälle häufiger, die Vegetation ist dementsprechend üppig im Vergleich zum Umland. Das Reservat besteht aus zwei Sektoren, dem Höhenzug des Mt. Remarkable und einem ovalen, stark bewaldeten Felsbassin. Eine ganze Reihe von Wanderwegen durchzieht den Park.
Informationen: Mt. Remarkable National Park, Mambray Creek, PMB 7, Port Germain, SA 5495, Tel. 086/425070.

Finke Gorge National Park (NT)

Der *Finke River* gilt als einer der ältesten Flüsse unserer Erde. Seit mehr als 100 Millionen Jahren gräbt sich das nur nach heftigen Regenfällen fließende Gewässer in die *James* und *Krichauff Ranges*. Dort hat es großartige *Schluchten* gebildet. Diese tiefen Einschnitte sind eine der Attraktionen in dem wüstenartigen Nationalpark. Die größte Sehenswürdigkeit aber versteckt sich im *Palm Valley*. Dort hat die *Red Cabbage Palm*, eine sehr seltene Palmenart, die langsame Austrocknung der Region im Schutz der Schlucht überlebt und bildet eine üppige Oase in der trockenen Felslandschaft des Parks.
Informationen: Conservation Commission of the NT, P. O. Box 1046, Alice Springs, NT 0871, Tel. 089/508211.

Nitmiluk National Park (NT)

Hauptsehenswürdigkeit des tropischen Parks ist das gewaltige *Schluchtensystem* des *Katherine Rivers* im zerklüfteten *Arnheim Land Plateau*. Die Schluchten mit ihrem interessanten Tier- und Pflanzenleben können auf organisierten Bootstouren oder auf eigene Faust mit dem Kanu erkundet werden. Wan-

derwege führen zu verschiedenen Punkten der Katherine Gorge. Ein zweites, weniger besuchtes Zentrum ist *Edith Falls* im Nordwesten des Nationalparks.
Informationen: Conservation Commision of the NT, P. O. Box 344, Katherine, NT 0851, Tel. 089/72 18 86.

West MacDonnells National Park (NT)

Erst kürzlich wurde eine ganze Reihe von Nationalparks und Schutzgebieten in der *MacDonnell Range* westlich von *Alice Springs* zum West MacDonnells National Park zusammengefaßt. Zu den bekannten Sehenswürdigkeiten gehören die *Ormiston Gorge* und das *Simpsons Gap*. Der neu errichtete Weitwanderweg des *Larapinta Trail* durchzieht den Park in seiner ganzen Länge. Mehrere Stichstraßen ermöglichen den Zugang zu den Naturwundern des Wüstengebirges.
Informationen: Conservation Commission of the NT, P. O. Box 1046, Alice Springs, NT 0871, Tel. 089/50 82 11.

Cape Le Grand National Park (WA)

Der Cape Le Grand National Park schützt einen wilden *Küstenabschnitt* im Süden des Bundesstaates Westaustralien. Hügel aus blankem Granit, felsige Landzungen, zwischen denen blendendweiße *Strände* und versteckte *Buchten* eingebettet sind, sowie das tiefblaue Wasser des Meeres machen die optische Schönheit des Nationalparks aus. Ein fünfzehn Kilometer langer *Küstenwanderweg* verbindet diese Sehenswürdigkeiten. Das *Hinterland* des Parks besteht aus *Sandebenen*, die mit niedrigem Gebüsch bewachsen sind. Der Park ist bekannt für seine artenreiche Flora.
Informationen: Cape Le Grand National Park, P. O. Box 706, Esperance, WA 6450, Tel. 090/75 90 22.

Geikie Gorge National Park (WA)

Auf dem Gebiet des Parks hat der *Fitzroy River* eine bis zu 30 Meter tiefe *Schlucht* durch das Kalkgestein der *Geikie Range* geschliffen. Der Gebirgszug ist Teil eines riesigen *Riffkomplexes* aus dem Devon. Die Hochwassermarken an den Wänden der Schlucht zeigen, daß das Wasser während der Regenzeit um bis zu sechzehn Meter steigen kann. Ein von Rangern geführter *Bootsausflug* erschließt die an Vögeln reiche Schlucht. An den Sandbänken sonnen sich *Süßwasserkrokodile*, und im tiefen Wasser des Flusses leben *Schwertfische* und *Stachelrochen*, die sich an das Süßwasser gewöhnt haben.
Informationen: Geikie Gorge National Park, c/o P. O., Fitzroy Crossing, WA 6765, Tel. 091/91 51 21.

Kalbarri National Park (WA)

Einer der attraktivsten *Küstenabschnitte* Australiens mit hohen *Sandsteinklippen* und spektakulären *Naturbrücken* wird durch den Park geschützt. Ein weiterer Höhepunkt des Reservats sind die tiefen Schluchten des *Murchison River*. Herausragend ist die Vegetation im Park. Über 300 verschiedene *Blütenpflanzen* wurden bisher gezählt. Die Wildblumenblüte beginnt im August. Wanderwege führen zu den schönsten Aussichtspunkten und wichtigsten Felsformationen.
Informationen: Kalbarri National Park, P. O. Box 37, Kalbarri, WA 6536, Tel. 099/37 11 40.

Millstream-Chichester National Park (WA)

Der Großteil des Nationalparks ist abweisende *Wüstenlandschaft*. Nur *Millstream* bildet eine faszinierende Oase inmitten felsiger Hügel und trockener *Spinifex-Savannen*. Hier kommt das Wasser eines riesigen, vom nur periodisch fließenden *Fortescue River* gespeisten, unterirdischen Wasserreservoirs zutage und bildet tiefe *Teiche*, die von üppiger Vegetation umstanden sind.
Informationen: Millstream-Chichester National Park, P. O. Box 835, Karratha, WA 6714, Tel. 091/84 51 44.

Nambung National Park (WA)

Der kleine *Küsten-Nationalkpark* 245 Kilometer nördlich von Perth verdankt seine Popularität einzig einer Laune der Natur, den *Pinnacles*. Abgesehen von diesen bizarren Kalksäulen, die zu Tausenden aus dem Sand der *Pinnacle Desert* ragen, ist vor allem die wilde Küste von Interesse. Sie galt als gutes Revier für Fischer. Im Frühjahr blühen zahlreiche Wildblumen im Park.
Informationen: Nambung National Park, P. O. Box 62, Cervantes, WA 6511, Tel. 096/52 70 43.

Windjana Gorge National Park (WA)

Rund 140 km östlich von *Derby* erhebt sich unvermittelt aus der umgebenden Grassteppe die rötlichgraue, zerklüftete Kalksteinmauer der *Napier Range*, Überrest eines *Saumriffs* aus der Zeit vor rund 350 Millionen Jahren, als die Region unter dem Meeresspiegel lag. Kernstück des Reservats ist die beeindruckende, 4 km lange *Schlucht*, die sich der nur in der Regenzeit fließende *Lennard River* in den Gesteinsriegel gefräst hat. Die in der Trockenperiode in der Schlucht zurückbleibenden *Teiche* bieten ein Refugium für Boabs (Flaschenbäume), Leichhardt-, Feigen- und Papierrindenbäume sowie für eine reiche Fauna mit fliegenden Hunden, Corellas und Süßwasserkrokodilen. Am Ende der Schlucht finden sich an versteckter Stelle *Felsmalereien* der Aborigines.
Informationen: Windjana Gorge National Park, P. O. Box 942, Kununurra, WA 6743, Tel. 091/68 02 00 oder 92 10 36.

Verzeichnis der im Text erwähnten Nationalparks

Bildnachweis:

Die Übersichtskarte auf S. 6/7 wurde erstellt vom Büro für Karten und Grafik Elsner & Schichor, Karlsruhe.

Nationalparks USA

Sightseeing bei Mutter Natur, die gerade in den USA kaum zu überbietende Trümpfe im Ärmel hat: Wer die großen Städte schon kennt oder lieber meidet, hat zwischen New York City, Anchorage, Honolulu, San Diego und Miami die besten Gelegenheiten, die schönsten und interessantesten Landschaften kennenzulernen – vom Acadia bis zum Zion National Park.

Nationalparks USA

Text Manfred Braunger
Fotos Peter Mathis

Bruckmann

Seite 1:
1 In vielen nördlichen Nationalparks wie Mt. Rainier oder etwa Yellowstone ist das Murmeltier zu Hause, das sich häufig zu einem immer hungrigen »Wegelagerer« entwickelt hat, weil die Tiere trotz Verboten von vielen Parkbesuchern gefüttert werden.

Seite 2/3:
2 Im Arches National Park hat die Natur ihre verrücktesten Launen ausgelebt, wie z. B. die Window Section mit dem North Window und dem Turret Arch zeigt. Auf dem Parkgelände finden sich mehr als 200 große und kleine Naturbogen.

3 Der Hafen Seward mit seinen vielen Fischkuttern ist nicht nur Startpunkt für das berühmte Hundeschlittenrennen nach Anchorage und Nome, sondern auch Ausgangspunkt für Touren in den ungezähmten Kenai Fjords National Park mit seinen vergletscherten Bergrücken.

Inhalt

Einleitung

›Potato Couch‹ ist ein Begriff, der in den letzten Jahren in den USA Berühmtheit erlangt hat. Er bezeichnet ein modernes Phänomen, das man kurz so skizzieren könnte: Da hockt jemand mit einer Tüte Kartoffel-Chips im Arm mampfend auf einem weichen Sofa vor der Glotze und sättigt sich außer mit den knusprigen Dickmachern ungebremst mit TV und Videostreifen. Soziologen meinen dazu, daß die moderne Gesellschaft dabei sei, sich zu Tode zu amüsieren, allen voran die Amerikaner.

Mit dem ›Potato Couch‹-Syndrom lassen sich die Statistiken der US-Nationalparks nicht so recht in Einklang bringen. Die stellen nämlich in den schönsten Naturschutzgebieten des Landes seit Jahren ständig steigende Besucherzahlen fest, so daß der Eindruck aufkommt, daß die Nation außer dem Mattscheibenvergnügen auch noch andere Freizeitreize zu würdigen weiß – ›sightseeing‹ bei Mutter Natur nämlich, die gerade in den USA kaum zu überbietende Trümpfe im Ärmel hat. Wer die großen Städte schon kennt oder lieber meidet, hat zwischen New York City, Anchorage, Honolulu, San Diego und Miami die besten Gelegenheiten, seine Zeit in Amerikas schönsten und interessantesten Landschaften zu verbringen, sozusagen das Land von A bis Z kennenzulernen, also vom Acadia bis zum Zion National Park.

4 Unweit des Old Faithful Geysir im Yellowstone National Park kocht der Castle Geysir vor sich hin, den man häufig bei seinen überschäumenden Aktivitäten beobachten kann. Durch Ablagerungen hat er sich im Laufe der Zeit eine eigene »Burg« gebaut.

Die Geschichte der Nationalparks

Als erster Nationalpark der Welt wurde im Jahr 1872 der ***Yellowstone Park*** gegründet, und zwar in einem Gebiet, das erst 18 Jahre später unter dem Namen Wyoming als 44. Bundesstaat in die Amerikanische Union eintrat. Das entsprechende Gesetz hatte Präsident Ulysses Grant am 1. März jenes Jahres unterzeichnet und damit eine Öko-Bewegung in Gang gesetzt, die nicht nur in den USA, sondern weltweit in den folgenden Jahrzehnten häufig kopiert wurde. Heute gibt es in den Vereinigten Staaten rund ein halbes Hundert solcher Territorien, die auf den Schutz von Flora und Fauna abzielen und den Menschen als Freizeitgebiete dienen.

Welche Beweggründe haben die Regierung in Washington D.C. überhaupt veranlaßt, ein großes Terrain von Besiedlung und wirtschaftlicher Nutzung auszunehmen? Um die Mitte des 19. Jahrhunderts waren ›Der letzte Mohikaner‹ und ›Der Wildtöter‹ von James Fenimore Cooper, die mit mystischen Meditationen verbundene Naturbeobachtung von Henry D. Thoreau sowie die romantisch verklärten Reisegeschichten und Erzählungen von Washington Irving vielgelesene Bücher, die in der breiten amerikanischen Öffentlichkeit ein Gefühl der Wertschätzung für die großen Naturräume des Landes entstehen ließen. Das galt u. a. für die riesigen Gebiete der heutigen Staaten Wyoming und Montana, die nur von Trappern, Jägern und Goldsuchern durchstreift wurden. Diese Einzelgänger trugen die ersten Erzählungen über kochende Quellen und dampfende Geysire an die zivilisierte Ostküste, wo 1870 eine offizielle Expedition unter dem Geologen Ferdinand V. Hayden in die Region aufbrach, um zu erkunden, was tatsächlich hinter den phantastischen Geschichten steckte. Mit von der Partie waren der Maler Tho-

mas Moran und der Fotograf William H. Jackson, die in der folgenden Zeit mit ihren Bildern viel dazu beitrugen, daß Yellowstones Schönheit und Unverdorbenheit auch in politischen Entscheidungsgremien bekannt wurde.
Schon einige Jahre früher, nämlich 1864, war im kalifornischen Yosemite-Tal ein ›National Public Park‹ gegründet worden, der aber unter kalifornischer, also staatlicher Verwaltung stand. Deshalb gilt Yellowstone als erster ›echter‹ Nationalpark, der 1872 de jure unter die Aufsicht der Bundesbehörden gestellt wurde.

Verwaltete Natur: der National Park Service

Nachdem sich die hohe Politik im US-Kongreß mit überwiegender Mehrheit für den Schutz Yellowstones entschieden hatte, nahm die Besucherzahl langsam, aber stetig zu. Meistens wollten die begeisterten Yellowstone-Reisenden nicht ohne Souvenir nach Hause fahren und nahmen sich deshalb einen herausgebrochenen Stein, das Geweih eines erlegten Wapitihirsches oder sonst ein Mitbringsel aus dem Park mit, so daß nach fünf Jahren Vandalismus und Wilderei deutliche Spuren hinterlassen hatten. Als erste Touristen in den siebziger Jahren auch noch von Nez-Perce-Indianern behelligt wurden, die quer durch den Park von Idaho in die Great Plains ziehen wollten, beauftragte die Regierung 1886 die amerikanische Armee mit dem Schutz des Parks. Die Soldaten blieben, bis im Jahre 1917 die Ranger des neugebildeten National Park Service (NPS) an ihre Stelle traten.

Der NPS untersteht dem amerikanischen Innenministerium in Washington D.C. und ist administrativ für alle ihm übertragenen Gebiete zuständig. Das sind nicht nur riesige Naturparks wie Yellowstone oder Grand Canyon, sondern beispielsweise auch die Freiheitsstatue in New York oder Denkmale zur Erinnerung an den Pazifikkrieg auf der Insel Guam. Insgesamt betrachtet ist der NPS für rund 340 Parks zuständig, die zusammen eine Fläche von 324000 Quadratkilometern besitzen, was ungefähr dem Staatsgebiet der heutigen Bundesrepublik Deutschland ohne Baden-Württemberg entspricht.

Was die bekannten, im vorliegenden Buch beschriebenen Parks anbelangt, hat der NPS dort die Aufgabe, die Natur innerhalb der Parkgrenzen zu erhalten und dafür zu sorgen, daß sich die Menschen an ihr auch in Zukunft erfreuen können. Das waren bis heute zwei Funktionsbereiche, die nur schwer miteinander zu vereinbaren waren. Straßen und Hotels mußten gebaut werden, um überhaupt Zugang zu den teilweise entlegenen Gegenden zu schaffen. Das machte Eingriffe in die Natur notwendig, die es eigentlich zu schützen galt. Manche versuchten ›Eingriffe‹ konnten glücklicherweise abgewehrt werden wie zum Beispiel der Plan, einen Aufzug in die Tiefe des Grand Canyon zu bauen oder eine Eisenbahn mitten durch die Thermalgebiete Yellowstones zu führen. Dennoch wurde dort noch 1972 mit Grant Village ein neues Touristendorf errichtet, um die Besucher unterzubringen, die sich anschickten, Yellowstone wie andere bekannte Parks ›zu Tode zu lieben‹.
Ein anderes Problem innerhalb des NPS besteht darin, daß in dieser Behörde unterschiedliche Interessen vertreten sind, wie beispielsweise Naturschützer, Lobbyisten der Gastronomie und der Freizeitindustrie, Urwaldphilosophen und andere, die teils weit auseinandergehende Vorstellungen über die Parkpolitik hatten und auch heute noch befürworten.

Vergnügungspark oder Naturreservat?

Seit Jahren schwelt in den USA die Diskussion um die Zukunft der National-

5 Der normale Aufstieg zum Mount Whitney beginnt im Owens Valley und führt die Ostflanke der Sierra Nevada entlang, wo die Route an einem schönen Bergsee vorbeiführt.

parks. Das verantwortliche Innenministerium ist dabei ins Kreuzfeuer der Kritik von Umweltschützern geraten, die der obersten Aufsichtsbehörde des NPS vorwerfen, sie habe seit langem der Kommerzialisierung der Parks auf Kosten der Ökologie Vorschub geleistet. Die in den Parks existierenden Restaurant- und Hotelbetriebe beispielsweise werden von Konzessionären gemanagt, die über langfristige Verträge und auf den Parkterritorien über das alleinige Recht verfügen, solche kommerziellen Unternehmen zu führen. Dabei galt in der Vergangenheit als Norm, daß sie etwa 0,75 Prozent ihres Umsatzes als Lizenzgebühren an den NPS abführten, wenngleich ihre Gewinne nicht selten über 30 Prozent des Umsatzes betrugen. Der ›Fall‹ Yosemite macht die Gewinnspannen deutlich. Der dort operierende Konzessionär machte im Jahre 1990 knapp 90 Millionen Dollar Umsatz, entrichtete aber nur etwa 600000 Dollar Gebühren.

Umweltschutzbewegungen, unter ihnen der in den USA sehr angesehene und einflußreiche Sierra Club, machten sich in der Vergangenheit dafür stark, daß kommerzielle Gewinne in den Parks nicht mehr abgeschöpft, sondern gewissermaßen in einem Recycling-Prozeß an die Parkverwaltungen für Naturschutzzwecke zurückgeführt werden. Generelle Entscheidungen, wie in Zukunft mit solchen Fragen verfahren wird, sind noch nicht getroffen. Einstweilen bläst der Old Faithful im Yellowstone Park in regelmäßigen Abständen seine dampfenden Wasserfontänen ab, wie er es seit Menschengedenken immer getan hat – unbeeindruckt von den Zuschauermassen, die er nicht braucht, die ihn aber sehen wollen.

6 Eine von Menschenhand geschaffene Attraktion ist das Don Pedro Reservoir an der Straße 120, die von Nordwesten her, der Ostflanke der Sierra Nevada folgend, zum Yosemite National Park führt.

Erst kommerzielle Interessen, dann Gold, politischer Einfluß, Siedlungsland, schnöder Mammon, Arbeitsplätze und schließlich »California Dreaming«, diese Mischung aus leichter Lebensart, einer großen Portion Zweckoptimismus und dem Prinzip Hoffnung: Während der vergangenen eineinhalb Jahrhunderte sind Amerikaner und Einwanderer zu unterschiedlichen Zeiten aus ganz unterschiedlichen Gründen ins ferne Kalifornien gezogen. Aber durch eines waren sie alle geradezu magisch angezogen – die Illusion eines riesigen, unverbrauchten »Landes der unbegrenzten Möglichkeiten«, eine Attraktion, die der westliche amerikanische Bundesstaat auch heute noch ausstrahlt, da der süße Traum längst von der bitteren wirtschaftlichen und sozialen Wirklichkeit eingeholt wurde.

Trotzdem hat der Name Kalifornien auch im heutigen Amerika noch einen ganz besonderen Klang. Das liegt zu einem Teil an der Größe (flächenmäßig größer als die Bundesrepublik Deutschland und die Schweiz zusammen und mit 28 Millionen mehr Einwohner als Kanada), an seinem Rang als Industriestandort, aber auch an seinen weltweit bekannten Landschaften, unter denen die Nationalparks eine ganz besondere Anziehungskraft ausüben.

Kalifornien ist mit seinen insgesamt sechs Nationalparks nicht nur ein Nationalpark-›Schwergewicht‹ im US-Vergleich, sondern bildet mit seinen Großstädten auch den wichtigsten Zielpunkt für internationale Flüge sowie den zentralen Ausgangspunkt für Nationalparkbesuche im ganzen Westen Amerikas. Wer aus Europa anreist, kommt meist in Los Angeles, San Diego oder San Francisco an und beginnt dort seine Reise. Von San Francisco aus sind zum Beispiel die Parks Redwood, Lassen Volcanic, Yosemite und Crater Lake gut zu erreichen. Von San Diego und Los Angeles gelangt man leicht nach Kings Canyon und Sequoia und kann dabei noch einen Abstecher in die lohnenden Wüstenregionen des Anza Borrego Desert State Park sowie des Joshua Tree National Monument machen. Auch zum Grand Canyon und zu anderen bekannten Nationalparks des Südwestens, wie etwa Bryce Canyon und Zion National Park in Süd-Utah, ist Südkalifornien ein bevorzugtes »Sprungbrett«.

Information

Anreise in Nordkalifornien: Am einfachsten ist der Flug nach San Francisco, das einen internationalen Flughafen besitzt, wo man auch leicht inneramerikanische Anschlußflüge bekommt.

Unterkunft: San Francisco besitzt viele Hotels und Motels aller Preiskategorien. Die Nobelherbergen der internationalen Ketten liegen um den Union Square. Preisgünstigere Motels findet man beispielsweise an der Lombard Street. Sehr günstig zum Stadtzentrum liegt Roadway Inn-Downtown (895 Geary Steet, Tel. 415/441–8220). Auch von der kalifornischen Hauptstadt Sacramento aus sind die im Staat bzw. seiner Nachbarschaft liegenden Nationalparks gut erreichbar. Die Stadt verfügt ebenfalls über zahlreiche Hotels/Motels wie das Best Western Ponderosa (1100 H Street, Tel. 916/441–1314).

Anreise in Südkalifornien: Internationale Flughäfen gibt es in Los Angeles und San Diego. Wer dort ankommt, sollte auf der Fahrt zu den Nationalparks des Südwestens unterwegs eine Stippvisite in den Wüstenlandschaften Anza Borrego Desert State Park und Joshua Tree National Monument einplanen, was sich vor allem im Frühjahr lohnt, wenn die Vegetation blüht.

Unterkunft: Los Angeles besitzt eine breit gefächerte Hotellerie. Preisgünstig ist das Motel Best Western Royal Palace (2528 S Sepulveda Boulevard, Tel. 213/477–9066). Günstig liegt das Hyatt Regency Downtown (711 South Hope Street, Tel. 213/683–1234). In San Diego liegt der Flughafen nahe am Stadtzentrum, wo man bessere Hotels findet wie etwa The Horton Grand (311 Island Avenue, Tel. 619/544–1886). Beim Besuch von Anza Borrego kann man in Borrego Springs im La Casa del Zorro Desert Resort Hotel stilecht übernachten (3845 Yaqui Pass Road, Tel. 619/767–5323). Als Ausgangspunkt für Touren zum Joshua Tree National Monument bietet sich Palm Springs an, zum Beispiel mit der preisgünstigen Travelodge (333 E Palm Canyon Drive, Tel. 619/327–1211). Ein wunderschönes, sehr ruhiges Resort ist La Mancha (444 Avenida Caballeros, Tel. 619/323–1773 und 800/854–1298), wo man sich seine eigene Villa mit palmengesäumtem Pool mieten kann.

Vorhergehende Abbildung:

7 Das Wahrzeichen von Yosemite: Half Dome mit seinem Buckel aus grauem Granit und seiner fast senkrechten Wand, an der schon mancher Bergsteiger sein Mütchen gekühlt hat.

8 Ruhig fließt der Merced River über den flachen und von Nadelhölzern bestandenen Talboden des Yosemite Valley in Richtung Westen.

Folgende Abbildungen:

9 Vom Glacier Point hat man einen wunderbaren Blick auf den Half Dome, den unverwechselbaren grauen Riesen von Yosemite, hinter dem sich die Hohe Sierra mit ihren bis in den Frühsommer hinein weißen Gipfeln erstreckt.

10 Steil stürzen an der Tioga-Pass-Straße die Granitwände in den Lake Tenaya, die den Sommer über vielen Felskletterern als Übungsfelsen dienen, bevor sie sich an extremere Touren, wie z. B. die Besteigung des El Capitán, machen.

11 Wer in der Hohen Sierra eine längere Wanderung unternimmt, braucht zwischendurch auch einmal eine Ruhepause, um die großartige Bergszenerie überhaupt »verdauen« zu können.

12 Im Yosemite National Park bieten sich viele Routen auch für Mountainbiker an. Dieser Sport auf zwei Rädern erfreut sich in den USA seit geraumer Zeit großer Beliebtheit, weshalb man keine Probleme bekommt, wenn man sich eine entsprechende Ausrüstung leihen will.

9–12

13 | 14

Yosemite National Park

Das unvergleichliche Tal

Popularität hat ihren Preis. Da machen sogar Naturwunder keine Ausnahme. Ein Beispiel dafür ist der Yosemite National Park in der kalifornischen Sierra Nevada, der – am Besucherandrang gemessen – zu den beliebtesten Naturlandschaften des amerikanischen Westens zählt.

Im wesentlichen sind dafür drei Eigenschaften des Parks verantwortlich. Erstens umfaßt die Parkfläche eine sehr reizvolle Gebirgsszenerie mit tiefeingeschnittenen Tälern, sprühenden Wasserfällen, Hainen uralter, riesiger Mammutbäume, hochalpinen Wanderpfaden und Klettergärten, die zu den spektakulärsten überhaupt gehören. Zweitens ist der Park durch Autostraßen so gut erschlossen, daß mancher Besucher dieses kalifornische ›Highlight‹ schon ausschließlich vom Auto aus gesehen hat. Und drittens gibt es in Amerika keinen weiteren Nationalpark, der von großen Ballungsgebieten wie etwa Los Angeles, San Francisco, San José und Oakland samt Umgebung mit einer Gesamtbevölkerung von annähernd zehn Millionen Einwohnern so leicht erreichbar ist. Sowohl vom internationalen Flughafen von San Francisco als auch vom Stadtmittelpunkt von Los Angeles fährt man in vier bis fünf Stunden bequem nach Yosemite.

Die Anfahrtswege verlaufen von der Bay-Metropole quer durch das San Joaquin Valley über die Straßen 120 (zum ***Big-Oak-Flat-Eingang***) oder 140 (zum ***Arch-Rock-Eingang***), aus dem südlichen Kalifornien über Fresno und die Straße 41, die den Park am ***Südeingang*** bei Wawona erreicht. Einen vierten Zugang gibt es im Nordosten des Parks mit dem ***Tioga-Pass-Eingang*** für Besucher, die aus dem Osten anreisen.

13 Folgt man dem Merced River durch das Yosemite-Tal flußaufwärts, kommt man zu Fuß oder auf dem Pferderücken schließlich zum Vernal Fall, wo das Wasser donnernd in den Merced Canyon stürzt.

14 Mit etwas Glück trifft man im Yosemite National Park auf Wild. Zu den imponierendsten Erscheinungen zählen die stattlichen Wapiti-Hirsche, vor denen man sich zur herbstlichen Brunftzeit in acht nehmen sollte.

Das Tal

Yosemite wird häufig auch »das unvergleichliche Tal« genannt, weil das touristische Zentrum des Parks in einem wunderschönen U-förmigen Tal liegt, das im Norden wie im Süden von 1000 Meter hohen Felswänden eingeschlossen ist. Über den flachen, von hohen Ponderosa-Kiefern, Schuppenzedern und Douglasien bestandenen und sattgrünen Wiesen bedeckten Talboden bahnt sich der mäandernde ***Merced River*** seinen Weg, dem im Sommer viele Besucher auf Schlauchbooten oder sonstigen schwimmbaren ›Untersätzen‹ folgen. Im hinteren Teil des Tales liegen zwei Dörfer. Südlich des Flusses wurde ***Curry Village*** aufgebaut, wo ein Ehepaar dieses Namens 1899 ein erstes Camp errichtete. Heute kann man sich dort Pferde für einen Ausritt mieten oder sein Zelt auf einem der benachbarten Campingplätze aufschlagen, die zur Hochsaison von bis zu 4500 Menschen bewohnt werden.

Im ***Yosemite Village*** auf der nördlichen Flußseite befindet sich die Hauptverwaltung des Parks, die Yosemite Lodge, das altehrwürdige Ahwanee Hotel sowie ein Besucherzentrum mit allen notwendigen Informationen. Gleich dahinter liegt das ***Indian Culture Museum***, das mit seinen Exponaten an die Awanitschi-Indianer erinnert, die das Tal schon vor über 4000 Jahren zu ihren Jagdgründen zählten. Das naturverbundene Leben der Indianer ging um die Mitte des 19. Jahrhunderts abrupt zu Ende, als im Zuge des kalifornischen Goldrausches Glücksritter aus allen Teilen Amerikas die Sierra Nevada überschwemmten, um auch in den abgelegensten Bächen nach ›nuggets‹ und Goldstaub zu suchen.

Die Indianer wehrten sich verständlicherweise gegen die Eindringlinge und überfielen deren Handelsposten, bis im Jahre 1851 das sogenannte *Mariposa Bataillon* mit dem Auftrag losgeschickt wurde, das »störende« Indianerproblem zu beseitigen. Mit den Soldaten kehrten die ersten Berichte in die kalifornischen Küstenstädte zurück über die Schönheit des Tales, das nach dem indianischen Wort für Grizzlybär *u-zu-ma-te* benannt wurde, woraus im Laufe der Zeit durch Verballhornung der Name Yosemite entstand. Im Jahr 1859 ließ sich im Tal der erste Siedler James Lammon nieder, dessen Spuren heute noch auf dem großen Parkplatz des ***Curry Village*** zu finden sind: Apfelbäume, die im Herbst noch immer rotbackige Früchte tragen.

Nördlich des Yosemite Village beginnt ein breiter Fußweg, auf dem man schon nach wenigen Minuten die ***Yosemite Falls*** erreicht, deren Wasser aus 739 Meter Höhe in die Felsen am Fuß der Wand donnern. Weiter rechts sieht man die ***Royal Arches*** dort, wo aus einer Granitwand Steinplatten bogenförmig herausgebrochen sind. Über diesen »königlichen Bögen« wölbt sich 1088 Meter über dem Talboden der ***North Dome***. Rechts neben den Bögen erkennt man deutlich eine hervortretende Felskanzel, die 582 Meter hohe ***Washington Column***. Blickt man vom Village schräg über das Tal in dessen hinteren Teil, tritt bei gutem Wetter das Wahrzeichen von Yosemite zutage, der 2695 Meter hohe ***Half Dome***, der tatsächlich wie ein halbierter Dom aussieht. Seine vordere Wand, die nahezu senkrecht und 600 Meter hoch ist, wurde wie das gesamte Tal durch die Hobelwirkung eiszeitlicher Gletscher geformt. Auf der Rückseite führt ein durch ein Stahlseil gesicherter Klettersteig auf den Gipfel des Half Dome.

Eine noch gewaltigere Herausforderung für geübte Kletterer ist die Granitwand des ***El Capitán***, die im Jahr 1958 erstmals durchstiegen wurde – einer der größten Monolithen der Erde, der vom Talboden knapp 1000 Meter fast vertikal ansteigt. Blickt man von der Straße in diese gewaltige Wand, kann man sogar mit bloßem Auge Kletterer erkennen, die dort im Sommer ihre Kräfte messen. Man sieht aber auch unterschiedliche Farbschattierungen im Gestein, die durch verschiedene Granite verursacht werden.

Glacier Point und Wawona

Zu den großen Attraktionen im Park gehört die Fahrt zum ***Glacier Point***. Auf der Route, die zum südlichen Parkeingang führt, erreicht man zunächst die 189 Meter hohen ***Bridalveil Falls***, deren Name ›Brautschleierfälle‹ damit zu tun hat, daß häufig der Wind die Gischt vor der dunklen Granitwand wie einen Schleier verteilt. Rund zwei Kilometer weiter liegt vor dem Tunnel ein Parkplatz, von dem man einen schönen Blick über das gesamte Yosemite Valley hat und die durch Gletscher verursachte U-Form des Tales gut erkennen kann.

Die Eismassen gehörten zu den späten Gestaltern der Region, deren Geschichte vor mehr als 500 Millionen Jahren begann. Damals bedeckte ein Meer diesen Teil des Kontinents, auf dessen Boden sich über lange Zeiträume hinweg Sedimente ablagerten. Tektonische Kräfte begannen dann den Meeresboden aufzureißen, zu falten und gleichzeitig über die Wasserfläche anzuheben. Durch Spalten drang aus dem Erdinnern flüssiges Magma, das sich unter dem Druck der obenauf liegenden Sedimente zu Granit verhärtete. Dieses harte Gestein wurde über Millionen Jahre hinweg durch die Einwirkungen von Wind und Wetter bloßgelegt, ehe vor etwa zwei Millionen Jahren die Vereisung voranschritt und Gletscher mit ihrer Hobelarbeit den letzten Schliff in erster Linie dort besorgten, wo der Granit weicher war als an anderen Stellen.

Wo heute das Yosemite Valley liegt, hatte der Merced River schon eine Schlucht gegraben, die vom langsam fließenden Eis vertieft wurde. Als die Eiszeit zu Ende ging, blieben in der Hohen Sierra in Vertiefungen viele Seen stehen, deren Abfluß durch die Gletschermoränen versperrt war. Auf diese Weise entstand im »unvergleichlichen Tal« der Yosemite Lake, der nach und nach verlandete und deshalb einen so gleichmäßig flachen Talboden bildete. Die seitlich in den alten See mündenden Flüsse wurden nach und nach mit dem Absinken des Wasserspiegels immer höhere Wasserfälle.

Am Rande des Tals windet sich die gut ausgebaute Autostraße bergan, biegt in ***Chinquapin*** nach links ab und folgt in etwa der Abbruchkante des Tales. Der 2476 Meter hohe ***Sentinel Dome*** liegt links der Straße und ist ausgeschildert. Seinen abgerundeten Granitgipfel erreicht man über einen Wanderweg von nur etwa zwei Kilometern, der lediglich auf den letzten 200 Metern steiler ansteigt. Seit Urzeiten wird der Gipfel von einer Ende der siebziger Jahre aus Altersgründen gestorbenen Jeffrey-Kiefer bewacht, die so phantastisch krumm gewachsen ist, daß sie zu den beliebtesten Fotomotiven von Yosemite gehört.

Der berühmte Glacier Point liegt, nachdem man den ebenfalls schönen ***Washburn Point*** passiert hat, auf 2199 Meter Höhe wie ein phantastischer Logenplatz über dem Yosemite-Tal. Ende der achtziger Jahre baute man den Parkplatz aus, um der stetig wachsenden Zahl von Besuchern gerecht zu werden. Zum Greifen nah liegt der Half Dome,

15 Das Yosemite Valley trägt auch den Beinamen »das unvergleichliche Tal« nicht zu Unrecht. Ein Spaziergang über den flachen Talboden an den Steilabbrüchen entlang enthüllt den Zauber dieser einzigartigen Naturlandschaft.

16 Ebenso wie kleine Seen weisen auch abgerundete Granitkuppen auf die Hobelarbeit eiszeitlicher Gletscher hin, die dem Yosemite National Park über lange Zeiträume hinweg sein heutiges Gesicht geformt haben.

Folgende Abbildung:

17 Seltsam, bizarr, unheimlich: der Mono Lake an der Ostflanke des Yosemite National Park zählt zu den merkwürdigsten und schönsten Gewässern Amerikas mit den »tufas« genannten Kalktürmen.

18 Orangerotes Licht und flauschige Wolken hüllen den Lembert Dome nördlich der Tioga-Pass-Straße bei den Tuolumne Meadows ein, einer hochalpinen Landschaft, die fürs Wandern wie geschaffen ist.

19 Wenn sich der Tag über der Sierra Nevada in sein farbiges Bett legt, fällt der Abglanz auch auf den salzigen Mono Lake, der zu den ältesten, aber auch gefährdetsten Seen der USA zählt, weil seine Zuläufe in Richtung Los Angeles abgeleitet werden.

dessen runden Buckel und dessen vordere Steilwand man direkt vor sich hat. Rechts von Yosemites Wahrzeichen liegen zwei Wasserfälle, der 186 Meter hohe ***Nevada Fall*** (oben) und der 100 Meter hohe ***Vernal Fall*** (unten).

Steht man im äußersten Winkel des Aussichtspunktes, liegt Curry Village direkt unterhalb. Schräg über dem Tal erkennt man die Yosemite-Fälle sowie den North Dome. Unterhalb des Steilabbruches kann man den ***Mirror Lake*** ausmachen, der vom Tenaya Creek gefüllt wird und an windstillen Tagen (vor allem im Frühjahr und Frühsommer) die Umgebung wie ein Spiegel reflektiert.

Bis nach Chinquapin muß man die Glacier Point Road zurückfahren und biegt dann in Richtung Süden ab, wo die sehr kurvige Straße ***Wawona*** erreicht. Dies war der erste, 1874/75 gebaute Zugang zum Yosemite-Tal, den auch das Mariposa Bataillon nahm, um die Indianer zu vertreiben. *Wawona* ist ein Name aus der Indianersprache und bedeutet wahrscheinlich »Großer Baum«. Vor der Jahrhundertwende entstand dort das erste Hotel innerhalb des Parks, heute eine vornehme Anlage mit Swimmingpool und Golfplatz. Gleich nebenan liegt das *Pioneer Yosemite History Center* aus alten Blockhütten, einigen wenigen Exponaten wie Pferdewagen sowie einer gedeckten Brücke über den Südarm des Merced River.

Mariposa Grove

Von Wawona fährt man am südlichen Parkeingang vorbei und erreicht 36 Meilen vom Valley entfernt ***Mariposa Grove***, einen der Hauptbesichtigungspunkte in Yosemite. Die Pflanzenwelt innerhalb der Parkgrenzen ist sehr vielfältig, weil die Vegetationszonen zwischen 670 und knapp 4000 Meter liegen. Zu den im wahrsten Sinne des Wortes ›herausragenden‹ Spezies gehören aber die Mammutbäume (*Sequoia gigantea*) von Mariposa, wo mehr als 200 dieser Riesen stehen, die allesamt einen Stammdurchmesser von mindestens drei Metern, einen Umfang von knapp zehn Metern und eine Höhe von 70 Metern und mehr haben. Der größte und vermutlich älteste ist der *Grizzly Giant*, dessen Alter auf 2700 Jahre geschätzt wird. Sein schräger Wuchs hat offenbar nichts mit Altersschwäche zu tun, denn Fotos aus dem Jahr 1861 zeigen, daß er schon damals aussah, als würde er bald umstürzen. Nachweislich hat er schon sechs Blitzschläge überlebt, wie man seinem teils verkohlten Stamm ansehen kann.

In der Nähe von *Grizzly Giant* steht *California Tree*, einer von zwei Bäumen, durch deren Stämme ein Tunnel geschnitten wurde. Der *California Tree* ist seit 1895 ein »Tunnelbaum«, was seiner Existenz anscheinend nichts anhaben konnte. Heutzutage wären solche Verunstaltungen natürlich undenkbar, da die Sequoia-Bestände in diesem Jahrhundert ohnehin stark dezimiert wurden.

Tioga Pass Road

Eine zweite Gegend, in der zahlreiche Mammutbäume erhalten geblieben sind, ist ***Tuolumne Grove*** an der Old Big Oak Flat Road. Eine Einbahnstraße führt durch diesen schönen Wald, in dem auch viele andere Baumarten zu sehen sind, wie zum Beispiel die Hartriegelart *Pacific Dogwood*, deren weiße Blüten die Symbolblume des Yosemite-Parks sind. Dort befindet sich der zweite »Tunnelbaum«, durch den man mit dem Auto fahren kann. Diese riesigen Bäume sind gegen Feuer durch eine mehr als 50 Zentimeter dicke Borke geschützt, die sich weich anfühlt und einen asbestartigen Schutz gewährt. Daß die Bäume häufig über 1000 Jahre alt werden, haben sie zudem dem Umstand zu verdanken, daß ihr Holz durch starke Gerbsäuren gegen Insektenfraß geschützt ist.

Die ***Tioga Pass Road*** (Highway 120), die 1882/83 als Zugang zu einem Bergwerk gebaut und 1961 zur Touristenstraße erweitert wurde, erschließt den nördlichen Teil des Yosemite Park. An der den ganzen Winter über geschlossenen Straße liegen zahlreiche Aussichtspunkte, unter denen der *Olmsted Point* wahrscheinlich der schönste ist. Von ihm aus sieht man in Richtung Yosemite Valley über die Hohe Sierra hinweg, und gleich in der Nachbarschaft liegt der ***Tenaya Lake***, der häufig noch im Mai/Juni von einer Eisschicht bedeckt ist.

Tuolumne Meadows auf 2600 Meter Höhe bilden das größte und vielleicht auch schönste subalpine Almengebiet in der ganzen Sierra Nevada. Im Sommer kann man von dort aus Wanderungen abseits von Straßen und Touristenpunkten machen, während sich das Gebiet im Winter für Langlauftouren anbietet. Das Besucherzentrum schließt zwar im Herbst, doch bleiben Übernachtungshütten hier ebenso wie am Badger Pass, am Glacier Point und am Ostrander Lake geöffnet. Allerdings muß man Plätze vorab reservieren.

Die schöne Panoramastraße erreicht am ***Tioga Pass*** auf 3030 Meter ihren höchsten Punkt auf dem Kamm der Sierra Nevada. Nirgends in Kalifornien kann man mit dem Auto weiter in Richtung Himmel fahren. Sobald man den Park durch den *Tioga Pass Entrance* verlassen und die beiden Bergseen *Tioga Lake* und *Ellery Lake* passiert hat, ändert sich die Landschaft fast schlagartig. Die Gebirgsvegetation bleibt zurück, und mit jedem Kilometer, den man talwärts fährt, spürt man deutlicher, wie sich die riesige Trockenzone des Great Basin mit ihren grauen Beifußbüschen nähert. Ein wahrer Lichtblick ist der seltsame ***Mono Lake***, der plötzlich pastellblau tief unten in der Ebene auftaucht.

Wer schon so weit gefahren ist, sollte nicht versäumen, dem *Navy Beach* am südlichen Seeufer einen Besuch abzustatten. Sowohl im Salzwasser des Sees als auch an seinem Ufer stehen sogenannte *tufas*, bizarre Kalkformationen, die sich durch die chemische Verbindung von Karbonaten im Seewasser mit Kalzium im Quellwasser, das durch den Seeboden dringt, ausformen. Schon seit Jahren ist der Mono Lake Gegenstand gerichtlicher Auseinandersetzungen um Wasserrechte zwischen Umweltgruppen und der Stadt Los Angeles.

Schon zu Beginn des Jahrhunderts hatte die südkalifornische Großstadt die Süßwasserzugänge in den See angezapft und abgeleitet, um ihren Riesendurst zu stillen. Dadurch verlor der Mono Lake seinen lebenswichtigen Nachschub am Frischwasser und verkam immer mehr zur Salzpfütze, so daß u. a. die gesamte Ökologie des Vogeldurchzugsgebietes in Gefahr geriet. Inzwischen haben die Seeschützer wichtige Siege erstritten, die dem wunderbar-seltsamen Gewässer wahrscheinlich das Leben gerettet haben.

Informationen

Auskünfte: Wer sich Informationen über den Yosemite National Park besorgen will, bekommt Broschüren und Pläne an jedem Parkeingang oder bei in den Visitor Centers im Yosemite Village oder in Tuolumne Meadows. Auf Band gesprochene allgemeine Informationen unter Tel. 209/372–0264; Fax 209/456-0542; Yosemite Visitors Bureau, 49074 Civic Circle, P.O. Box 1404, Oakhurst, CA 93644, Tel. 209/683–4636.
Reisezeit: Im Sommer klettern die Temperaturen im Tal häufig auf 35 Grad. Dann ist es in der Hohen Sierra angenehm frühlingshaft. Im Winter fallen die Temperaturen bis auf minus 10 Grad, können aber auch weit über dem Gefrierpunkt liegen. Straßenzustand und Wetterinformationen Tel. 209/372–4605.
Öffnungszeiten: Der Park ist ganzjährig geöffnet, im Winter mit Einschränkungen: Mariposa Grove Road, Tuolumne Grove, Glacier Point Road und Tioga Pass Road sind von Mitte November bis Ende Mai geschlossen.
Unterkünfte: Alle Hotelreservierungen oder Absagen unter Tel. 209/252–4848). Im Park selbst gibt es folgende Möglichkeiten: Ahwahnee Hotel (Tel. 209/252–4848, ganzjährig geöffnet); Yosemite Lodge; Curry Village; Wawona Hotel (geöffnet Ostern bis Oktober, während der Weihnachtsferien sowie an allen Winterwochenenden). In der sommerlichen Hauptsaison sind die Hotels im Park häufig ausgebucht. Dann kann man nach Fish Camp, Oakhurst, Mariposa oder Lee Vining ausweichen.
Camping: Sämtliche Reservierungen (mindestens acht Wochen im voraus) laufen über Ticketron, P.O. Box 61556, Chicago, IL 60661–7516 oder Tel. 800/452–1111. Im Park gibt es 17 Campingplätze, die teils reserviert werden müssen, wo man teils aber je nach Verfügbarkeit Platz findet. Zwischen 1. 6. und 15. 7. ist das Campen auf sieben Tage im Tal, außerhalb des Tals auf 14 Tage begrenzt.
Aktivitäten: Wandern, Skilaufen, Schneeschuh- und Eislaufen, Klettern (im Curry Village gibt es eine Kletterschule, Tel. 209/372–1244), Mountain Biking (Leihstellen Yosemite Lodge und Curry Village), Reiten (Tel. 209/372–1248). Das bekannteste Wintersportgebiet im Park ist Badger Pass mit einer Skischule (Tel. 209/372–

20 Am Olmsted Point an der Tioga-Pass-Straße, wo Bäume mitten aus dem Felsen wachsen, sieht man deutlich, wie die ehemaligen Gletscher Felsbrocken zu fast runden Kieseln abgerieben haben.

21 El Capitán (links) ist mit einer Höhe von rund 1000 Metern der höchste Granitmonolith der Welt. Was auf Flachländer bedrohlich wirkt, verfehlt seinen Nervenkitzel nicht bei Bergsteigern aus aller Welt.

22 Aus 189 Meter Höhe stürzen die Bridalveil Falls im Yosemite Valley in di Tiefe. Mit einem Brautschleier hat ma sie verglichen, weil d Wind das zerstäuber de Wasser häufig wi einen Schleier vor de Felswand ausbreitet.

23 Anachronismus i Holz: Im vergangene Jahrhundert wurden manche Mammutbä me in lebende Tunne umfunktioniert, was man offenbar als besonders attraktiv empfand. Einer dies Tunnelriesen steht in Sequoia National Park.

24 Flüsse und Bäch tragen in vielen Reg nen der Sierra Neva zur Schönheit der Landschaft bei. Das auch für den Sequoi National Park, in de das Schmelzwasser Frühjahr manche kleine Stromschnell bildet.

23 | 24

1244), 5 Abfahrtspisten, einem Schlepp- und 4 Sesselliften.
Touren: Im Sommer finden täglich rangergeführte Touren statt (Tel. 209/372–1240) zum Glacier Point, im Tal, zu den Tuolumne Meadows und zum Mariposa Grove. Nicht nur für Schlafwandler: zweistündige Touren im Tal bei Vollmond.

Sequoia und Kings Canyon National Parks

Berge, Bäume, Blumenwiesen…

Die Sierra Nevada, Kaliforniens schönstes und höchstes Gebirge, offenbart ihre reizvollsten Landschaften nicht nur in Yosemite, sondern auch in den beiden anderen Nationalparks ***Sequoia*** und ***Kings Canyon***. Die beiden Schutzgebiete werden in der Regel in einem Atemzug genannt, weil sie ähnliche Sehenswürdigkeiten und zudem eine gemeinsame Grenze aufweisen. Der Sequoia Park ist allerdings wesentlich älter, da er bereits im Jahre 1890, fünf Tage vor Yosemite, erster Nationalpark Kaliforniens wurde. Kings Canyon reihte sich erst im Jahr 1940 in den erlauchten Kreis der Nationalparks ein.

Die bekannteste Attraktion im Sequoia Park ist die namengebende Spezies *Sequoia gigantea*, die man auch wegen ihres Riesenwuchses Mammutbaum nennt. Nirgendwo in Kalifornien existieren noch so große Bestände wie hier, wo der Wald sich bis zum Ende des 19. Jahrhunderts dem Zugriff der Holzindustrie durch seine Abgelegenheit und erschwerte Zugänglichkeit entzogen hatte. Diese Sequoias sind weder die größten noch die ältesten Bäume der Erde, und doch zogen sie das Interesse der Welt der Weißen nach ihrer Entdeckung um die Mitte des 19. Jahrhunderts auf sich wie keine andere botanische Spezies in Amerika. Im Doppelpark Sequoia und Kings Canyon existieren zwei Gebiete, wo man die schönsten Exemplare dieser hölzernen Riesen bewundern kann, nämlich ***Giant Forest*** im Sequoia Park und ***Grant Grove*** im Kings Canyon Park.

25 Der General Sherman Tree gehört zu den eindrucksvollsten Sequoia-Riesen im Sequoia National Park. Der 83 Meter hohe Baum ist nach dem General der Unionstruppen im Bürgerkrieg, William T. Sherman, benannt.

Wer aus Richtung San Francisco kommt, fährt über Fresno in Richtung Sierra Nevada. Wer aus Südkalifornien anreist, folgt der Straße 198, die sich östlich von ***Visalia*** um den ***Lake Kaweah*** herumwindet, schließlich das im Jahr 1992 neueröffnete ***Foothills Visitor Center*** erreicht, das anstelle des älteren Ash Mountain Visitor Center gebaut wurde. Dieser Südzugang wurde in den achtziger Jahren des 19. Jahrhunderts in vierjähriger Arbeit durch die Investorengruppe *Kaweah Colony* gebaut, die um ein Haar zum Totengräber der Mammutbäume geworden wäre. Sie wollte im Giant Forest nämlich mit dem kommerziellen Holzeinschlag beginnen, was in letzter Sekunde durch den Gesetzgeber verhindert wurde.

Bevor man die Parkgrenze bei ***Ash Mountain*** erreicht, kann man in ***Three Rivers*** von der Straße 198 in östlicher Richtung abbiegen, um auf einer 29 Meilen langen ehemaligen Goldschürferstraße an der East Fork des Kaweah River entlang in den südlichen Teil des Sequoia Park zu fahren, der erst 1978 Nationalparkgelände wurde. Die Disney Corporation hatte diese naturverbundene Gegend ***Mineral King*** bereits als Standort eines Skizirkus ins Auge gefaßt, als sie dem Sequoia-Schutzgebiet zugeschlagen wurde. Auf den dortigen Wanderpfaden wie dem 3566 Meter hohen ***Sawtooth Pass*** kann man die entrückte Bergwelt der Sierra Nevada noch so erleben, wie sie zu Beginn des 19. Jahrhunderts überall aussah.

Innerhalb des Parks, wo die Straße zum *Generals Highway* wird, kommt man zunächst am ***Hospital Rock*** vorbei, einem Felsen mit Felszeichnungen der frühen Mono-Indianer, die sich dort um die Mitte des 14. Jahrhunderts niederließen. Danach biegt auf dem Weg zum *Giant Forest* eine kleine ausgeschilderte Straße nach links zur neun Meilen entfernten ***Crystal Cave*** ab. Den Sommer über kann man geführte Touren (täglich 10–15 Uhr) in die Höhlenwelt der Stalagmiten und Stalaktiten unternehmen. Im Winter ist Crystal Cave nicht zugänglich.

Der unumstrittene ›Star‹ im ***Giant Forest*** ist der ***General Sherman Tree***, der wahrscheinlich rund 3000 Jahre alt und 83 Meter hoch ist und dessen Stammdurchmesser etwa elf Meter beträgt. Als die Holzfäller der *Kaweah Colony* seinerzeit schon die Äxte schärften, hieß der Baum noch *Karl Marx*. Später wurde er, was auch nicht passender war, nach William T. Sherman (1820–91) benannt, einem führenden General der Unionstruppen im Amerikanischen Bürgerkrieg 1861 bis 1865. Beim Sherman Tree beginnt der etwa drei Kilometer lange *Congress Trail*, an dem zahlreiche weitere Sequoia-Berühmtheiten ihre Wipfel in den Himmel recken, wie etwa die Bäume ***Senate***, ***President McKinley*** und ***Chief Sequoyah***, dessen Namenspate der Cherokee-Häuptling Sequoyah war. Weiter südlich führt ein Abstecher auf der *Crescent Meadow Road* zum 2050 Meter hohen ***Moro Rock***, einem mächtigen Monolithen, den man über eine gemauerte Treppe besteigen kann, um aus der luftigen Höhe den wunderschönen Rundblick zu genießen. Eingeweihte behaupten, daß man auf diesem Felsen die Erschütterungen entfernter Erdbeben deutlich spüren kann! Fährt man auf der Straße weiter, kommt man zum ***Tunnel Log***, der im Jahr 1937 umstürzte und die Straße blockierte, bis eine Passage in den mächtigen Baumstamm geschnitten wurde, die für ein Auto eben breit genug ist. Die Straße endet bei ***Crescent Meadow***, einer feuchten Niederung, von wo aus man zu ***Tharp's Log*** spazieren kann, einem ausgehöhlten Sequoia, der dem ersten weißen Siedler in dieser Gegend, Hale Tharp, in den fünfziger Jahren des 19. Jahrhunderts als Wohnung diente. Durchtrainierte Hiker setzen von dort den Weg bis zum bekannten ***John Muir Trail*** fort, der einen Teil des ***Pacific Crest Trail*** bildet und beim höchsten Berg im zusammenhängenden Staatsgebiet der USA beginnt, dem 4417 Meter hohen ***Mount Whitney***. Die ›Normalroute‹ zur Whitney-Besteigung führt von ***Lone Pine*** her im südlichen ***Owens Valley***.

Nördlich vom General Sherman Tree liegt mit ***Lodgepole Visitor Center*** ein weiteres Besucherzentrum auf rund 2000 Metern Höhe, wo man sich Filmvorführungen und eine Reihe interessanter Exponate anschauen kann, welche die Welt der Sierra Nevada zu verstehen helfen. Von Lodgepole bietet sich eine Wanderung durch das ***Tokopah Valley*** an, das ähnlich wie das Yosemite Valley durch die gewaltige Hobelarbeit von Gletschern geschaffen wurde. Am oberen ***Kaweah River*** entlang kann man in Richtung Osten zu den ***Tokopah-Falls*** gehen oder sich auf den etwa zehn Kilometer langen *Lake Trail* zum ***Heather Lake***, ***Emerald Lake*** und ***Pear Lake*** machen.

Nordwestlich von Lodgepole verläßt der Generals Highway das Parkgelände zwischen *Lost Grove* und *Stony Creek* für einige Meilen, um durch den Sequoia National Forest in einen kleinen ›Ableger‹ des Kings Canyons zurückzuführen. Der heute ***Grant Grove*** genannte Parkteil bildete zwischen 1890 und 1940 den ***General Grant National Park***, ehe dieses Territorium mit dem Kings Canyon Park verbunden wurde. In dieser Parkenklave stehen vier der fünf größten Sequoia-Riesen, darunter der Mammutbaum ***General Grant***, benannt nach Ulysses S. Grant (1822–85), dem 18. US-Präsidenten. Der Sequoia ist mit 82 Metern der zweithöchste seiner Art, aber noch beeindruckender sind zwei andere Merkmale: sein gewaltiger Umfang von 33 Metern und seine ebenmäßige Krone, die ihm den Beinamen »Weihnachtsbaum der Nation« eingebracht hat. Ein weiterer mächtiger Baum ist nach dem Südstaatengeneral ***Robert E. Lee*** (1807–70) benannt.

Von Grant Grove kann man den Park in westlicher Richtung auf der Straße 180 verlassen und kommt dann nach Fresno. Auf diesem Weg kann man am ***Big Stump Area*** einen Halt machen, wo die traurigen Relikte gefällter Mammutbäume aus dem Boden ragen und an die Zeit der Holzfäller erinnern. Auch in der Nachbarschaft der beiden Bäume Grant und Lee ist ein solcher Baumstumpf zu sehen. Der umgesägte Riese wurde 1875 zur Weltausstellung nach Philadelphia transportiert, um die staunende Welt von der Existenz der Mammutbäume zu überzeugen.

Wenn man nach Norden fährt, gelangt man in einem großen Bogen durch den ***Sequoia National Forest*** auf dem ***Kings Canyon Highway*** in den nordöstlichen Teil des ***Kings Canyon National Park***. Man passiert zunächst die *Kings Canyon Lodge* und erreicht dann die Höhle ***Boyden Cave***, in deren Innerem ganzjährig eine konstante Temperatur von nur 12,7 Grad Celsius herrscht (geöffnet im Sommer 10–17 Uhr).

Kern dieser Bergregion ist der vom *Kings River* und seinen Nebenflüssen tief eingeschnittene ***Kings Canyon***. Der Fluß wurde

26 Wer den 4417 Meter hohen Mount Whitney besteigt, läßt das an der Ostflanke der Sierra Nevada liegende Owens Valley weit unter sich und trifft in der Höhe auf eine berückende Bergszenerie.

27 Normale Erosion trägt über lange Zeiträume nicht nur ganze Berge ab, sondern entledigt auch uralte Bäume ihrer Borke. Mancher hölzerne Methusalem bekommt dadurch ein geradezu geisterhaftes Aussehen.

im Jahr 1805 vom spanischen Forscher Gabriel Moraga entdeckt und auf den Namen *Rio de los Santos Reyes* getauft. Sobald man die Parkgrenze überschritten hat, verbreitert sich das V-förmige Flußtal zur ***Cedar Grove*** mit dem dort liegenden ***Cedar Grove Village***, das aus Unterkünften im Blockhüttenstil, einem Laden, Zeltplätzen und anderen Einrichtungen besteht. Die Autostraße führt noch ein Stückchen weiter bis zum *Copper Creek* und endet dort. Nördlich der Straße liegt der 2657 Meter hohe ***North Dome***, dem im Süden der ***Grand Sentinel*** mit 2592 Meter gegenübersteht. Die Täler und Canyons, die man vom Endpunkt der Straße erreichen kann, sind Wanderern vorbehalten. Doch auch entlang der Straße durch die nach den wohlriechenden Zedern benannte Cedar Grove gibt es einiges zu sehen, wie zum Beispiel blühende Wiesen mit Lupinen, Pantherlilien, Veilchen und dem fast überall auf den Höhenlagen des Westens verbreiteten *Indian Paintbrush* (Castilleja). Hier, im Kings Canyon, befindet man sich selbst zur Hochsaison im Hochsommer weitab vom Trubel, wie er in Yosemite herrscht – ein still und natürlich gebliebenes Stückchen Erde, sobald man sich einige Schritte vom Parkplatz entfernt hat.

Informationen

Auskünfte: Sequoia/Kings Canyon National Parks, P.O. Box 789, Three Rivers 93271, Tel. 209/565–3134, Fax 209/565–3497; Ranger Station Cedar Grove, geöffnet Mo–Do 7–15, Fr/Sa 7–17 Uhr, Tel. 209/565–3341; Visitor Center Grant Grove, geöffnet tägl. 8–17 Uhr, Tel. 209/335–2315; Visitor Center Lodgepole, geöffnet tägl. 8–17 Uhr, Tel. 209/563–3341.
Reisezeit: Im Hochsommer bildet vor allem Cedar Grove ein kühles Refugium. Auch das Frühjahr mit seinen blühenden Blumen sowie der Herbst sind attraktive Reisezeiten. Die beiden Parks sind ganzjährig geöffnet, doch bleiben im Winter manche Straßen geschlossen.
Unterkünfte: Innerhalb des Parks gibt es einfache Hütten im Giant Forest Village, Grant Grove und Cedar Grove. Außerhalb des Parks kann man Unterkunft in Stony Creek, der Kings Canyon Lodge sowie an den Zufahrtsstraßen aus Richtung Visalia oder Fresno finden. Im Hochsommer muß man in Parknähe mit ausgebuchten Unterkünften rechnen. Dann bietet sich die Stadt Visalia als Ausweichmöglichkeit an, zum Beispiel mit dem Holiday Inn Plaza Park (900 N Airport Drive, Tel. 209/651–5095).
Camping: Die rund ein Dutzend Campingplätze sind außer im Hochsommer an Wochenenden in der Regel immer verfügbar.
Aktivitäten: Für größere Wanderungen benötigt man ein *Wilderness Permit* sowie eine Vorabreservierung (Tel. 209/565–3307). In Grant Grove kann man sich Pferde mieten, auch für Ausritte mit Übernachtung. Für Angler ist die South Fork des Kings River ein begehrtes Gebiet. Personen über 16 Jahre brauchen eine Lizenz. Für Wintersport (Langlauf) empfiehlt sich das kleine *Wolverton Ski Area* sowie die Grant Grove.
Touren: Im Park werden zahlreiche geführte Wanderungen und Ausritte zu Pferd angeboten.

Redwood National Park

Amerikas Zauberwald

In Amerika wie anderswo ist der Mensch in der Vergangenheit mit der Natur teilweise schonungslos umgegangen. Eines von vielen demonstrativen Beispielen dafür ist die wilde Küste Nordkaliforniens. Dieser Landstrich war noch in der ersten Hälfte des 19. Jahrhunderts nicht nur durch die ungestüme Brandung des Pazifischen Ozeans geprägt, sondern auch durch einen etwa 50 Kilometer breiten und etwa 700 Kilometer langen undurchdringlichen Urwald mit riesigen Beständen von sogenannten Redwood-Bäumen, den größten Lebewesen auf dem Planeten Erde. Diese auch *Sequoia sempervirens* genannte Spezies wird über 2000 Jahre alt und kann eine ehrfurchtgebietende Höhe von über 100 Metern erreichen. Die Küsten-Redwood sind nur eine von insgesamt drei unterschiedlichen Sequoia-Arten. Eine zweite Art, die *Sequoia gigantea* ist ebenfalls in Kalifornien heimisch und kann in den bekannten Nationalparks Yosemite, Sequoia und Kings Canyon besichtigt werden. Ein Exemplar der dritten Art, die in China beheimatet ist, steht am Eingang zur Parkver-

28 Mit Brachialgewalt schlagen die Brecher des Pazifik auf Höhe des Redwood National Park gegen die wildromantische Küste, an der man im Prinzip das ganze Jahr über mit unsicherem Wetter rechnen muß.

29 Die Pazifikküste Nordkaliforniens strotzt geradezu vor vielfältigem Meeresleben. Bei Strandspaziergängen stößt man häufig auf die dekorativen Seesterne.

waltung beim Visitor Center an der *Avenue of the Giants*.

Als Kalifornien nach dem Goldrausch 1848 von Tausenden von Glücksrittern überschwemmt wurde und sich immer mehr Siedler an der Pazifikküste niederließen, entdeckte man schnell den Wert der stolzen Bäume als Holzlieferanten, der sich in barer Münze auszahlte. Kaum waren die ersten Riesen gefällt, stand das Holz als Bau- und Dekorationsmaterial hoch im Kurs, weil es sehr widerstandsfähig und gleichzeitig fäulnisresistent ist angesichts seines hohen Gerbsäuregehalts. In Windeseile fiel ein Waldareal nach dem anderen den Sägen und Äxten der Holzfällertrupps zum Opfer, so daß sich die Bestände der Redwood-Bäume schon merklich gelichtet hatten, als sich im Jahr 1918 eine Reihe vorausschauender Umweltschützer zur *Save-the-Redwoods-League* organisierten.

Danach dauerte es noch weitere 50 Jahre, ehe aus den drei bereits existierenden State Parks *Jedediah Smith*, *Del Norte Coast Redwoods* und *Prairie Creek Redwoods* der ***Redwood National Park*** gebildet wurde. Inzwischen ist zur Parkfläche durch Ankauf weiteres Terrain hinzugekommen, das von der Rodung ausgenommen ist. 1980 erhoben die Vereinten Nationen den Park zum »Erbe der Menschheit« und damit zum 112. Naturwunder der Welt.

Wer von San Francisco aus den Reedwoods einen Besuch abstatten will, fährt auf dem legendären Küsten-Highway 101 nach Norden. Etwa auf der Höhe der Ortschaft ***Phillipsville*** beginnt die parallel zum Highway 101 verlaufende ***Avenue of the Giants***, die einen Vorgeschmack von dem gibt, was später im Nationalpark zu sehen ist. Diese *Straße der Giganten* bietet auf rund 33 Meilen Länge eine ganze Reihe von Sehenswürdigkeiten, von denen die meisten auf die eine oder andere Weise mit den Redwood-Bäumen und ihrer Geschichte zu tun haben. Den ersten Kontakt kann man mit den Bäumen in der ***F. K. Lane Grove*** aufnehmen, wo ein Fußweg durch den Wald angelegt wurde, für den man etwa 20 Minuten benötigt. Nach 13 Meilen erreicht man das ***Visitor Center***, wo Dia-Shows über das Gebiet gezeigt werden. Der kleine Ort ***Weott*** geriet im Jahr 1964 in die Schlagzeilen, als er durch ein Hochwasser im *Eel River* schwer in Mitleidenschaft gezogen wurde. Insgesamt 54 Häuser fielen damals der Überschwemmung zum Opfer. Es folgen weitere ausgeschilderte Möglichkeiten, um das Auto abzustellen und kleine Spaziergänge durch den Wald zu machen, ehe die Avenue of the Giants nach der Ortschaft ***Pepperwood*** endet und auf den Highway 101 zurückführt.

Über das Städtchen ***Eureka*** mit seinem viktorianischen Kern fährt man weiter nach Norden und erreicht beim ehemaligen Holzfällerflecken ***Orick***, etwa 530 Kilometer nördlich von San Francisco, das ***Redwood National Park Visitor Center*** und kurz danach die Parkgrenze. Häufig hängen bis um die Mittagszeit Nebelschwaden zwischen den riesigen Stämmen. Wenn die Sonne dann schließlich den Schleier durchbricht, ist der urweltliche Zauberwald in märchenhaftes Licht gehüllt. Nordöstlich von Orick liegt ***Lady Bird Johnson Grove***, wo man sich auf einem Naturlehrpfad mit den einzelnen Pflanzenarten und natürlich auch mit den dort stehenden Redwood-Bäumen vertraut machen kann. Einen Superlativ bietet das weiter südlich gelegene Gebiet ***Tall Tree Grove***, wo der höchste Baum der Welt steht: 112,10 Meter hoch, etwa 600 Jahre alt und trotzdem immer noch am Wachsen. Von der Ranger Station aus kann man dem Riesen auf einem 13,6 Kilometer langen Wanderpfad einen Besuch abstatten. Wer es sich bequemer machen will, nimmt den Shuttle Bus für 3 Dollar.

Folgt man dem Highway 101 in Richtung Norden, kommt man in den ***Prairie Creek Redwoods State Park*** genannten Teil des Nationalparks. In der Nähe der dortigen Ranger Station kann man auf einer Wiese häufig Roosevelt-Hirsche beobachten, die zwar frei leben, sich aber die *Elk Prairie* offensichtlich zu ihrem Lieblingsplatz erkoren haben. In diesem Parkteil gibt es unter den rund 160 Kilometer Wanderwegen sogar einen Pfad, der speziell für Blinde ausgestattet ist. Sowohl der Strand bei ***Gold Bluff Beach*** als auch der malerische ***Fern Canyon*** sind wegen der landschaftlichen Schönheit Abstecher wert.

Die Gegend um ***Klamath***, wo der *Klamath River* ins Meer mündet, liegt außerhalb des Parks und bietet einige kommerzia-

30/31 Ganz naturverbunden übernachtet man auf den vielen Campingplätzen, die es in den meisten Nationalparks gibt. Man sollte rechtzeitig reservieren. In der Hochsaison sind die populärsten Plätze oft schnell ausgebucht.

SHUTTLE BUSES
ARE FREE
PLEASE USE THEM
CAMP
FULL

lisierte Redwood-Erlebnisse, wie zum Beispiel ***Cathedral Tree***, wo das ganze Jahr über Hochzeitszeremonien an einer Stelle stattfinden, an der neun Bäume aus einer einzigen Wurzel herausgewachsen sind und eine kleine Baumkathedrale bilden. Weiter nördlich gelangt man in den ***Del-Norte-Coast-Teil*** des Nationalparks, der eher durch die schönen Strände und die sehenswerte Küste glänzt als durch Urwaldbäume. Der ***Coastal Trail*** verläuft dort zwischen Straße und Brandung bis nach *Enderts Beach* südlich der Stadt ***Crescent City***, die über gute Einkaufsmöglichkeiten verfügt. Zu den Sehenswürdigkeiten der knapp 5000 Einwohner zählenden Ortschaft gehört die gesamte Küstenlinie mit vielen vorgelagerten Felsinseln, wie etwa Castle Rock, auf dem Tausende von Vögeln und viele Seelöwen einträchtig nebeneinander leben. Am Hafen liegt das hübsche Battery Point Lighthouse, eine Station der Küstenwache, die man bei Ebbe auf einem kurzen Spazierweg erreichen kann.

Nördlichster Redwood-Parkteil ist ***Jedediah Smith Redwood State Park***, benannt nach dem vermutlich ersten Weißen, der die gewaltige Distanz zwischen Mississippi und Pazifik im Jahre 1828 bewältigte, ehe er drei Jahre später von Komantschen getötet wurde. In insgesamt 18 Hainen stehen Redwood-Bäume, doch ist dieser Teil auch bekannt für seine guten Angelplätze sowie für die Flußstrecken, die man per Kanu zurücklegen kann.

Informationen

Auskünfte: Crescent City Information Center, 1111 Second Street, Tel. 707/464–6101; Redwood National Park Visitor Center bei Orick, geöffnet täglich 9–17, im Sommer bis 18 Uhr, Tel. 707/488–3461.
Reisezeit: Der Park ist das ganze Jahr zugänglich. Im Winter regnet es häufig, so daß die besten Besuchszeiten in den Monaten zwischen Frühjahr und Herbst liegen. Mit Nebel muß man zu jeder Jahreszeit rechnen.
Unterkunft: Entlang dem Highway 101 gibt es zwischen Eureka und der Staatsgrenze Oregons zahlreiche Motels. Auch in Eureka selbst gibt es Unterkünfte unterschiedlicher Kategorien.
Camping: In den einzelnen State Parks, die auf dem Nationalparkgelände liegen, gibt es zahlreiche Campingplätze. Reservierungen über MISTIX, P.O. Box 85705, San Diego, CA 92138–5705, Tel. 800/446–7275. Pro Reservierung werden 3,75 $ berechnet.
Aktivitäten: Wandern auf Waldpfaden oder an der Küste entlang auf vielen markierten Pfaden; Angeln vor allem im Jedediah Smith Park; Kanufahren; Walbeobachtung von der Küste aus im Winter.
Touren: Es gibt geführte Kanutouren auf dem Smith River im Norden sowie informative Wanderungen unter Rangerführung (Details in den Besucherzentren).

32 Wanderwege führen im Redwood National Park in die grüne Wildnis aus bemoosten Baumstämmen und vor Nässe glitzernden Farnen, durch die sich hie und da ein Bach seinen Weg bahnt.

Noch ist er gewissermaßen ein Geheimtip, Amerikas pazifischer Nordwesten, der durch die beiden Bundesstaaten Oregon und Washington gebildet wird – einem Duo, das im internationalen Tourismus eine weitaus geringere Rolle spielt als die sonnenverwöhnten Strände des südlichen Kalifornien beispielsweise. Dennoch braucht sich diese Region mit ihren landschaftlichen Reizen nicht zu verstecken – im Gegenteil. Wer eventuell regnerisches Wetter und Kühle in Kauf nimmt, wird die beiden Staaten als ein anderes Amerika kennenlernen, in das Lifestyle-Erscheinungen nach der Machart von Los Angeles noch nicht vorgedrungen sind und wo das einfache, naturverbundene Leben noch eine größere Bedeutung hat als in den restlichen kontinentalen USA. Die größten Städte sind ***Portland*** (Oregon) mit knapp 400000 und ***Seattle*** (Washington) mit etwa 500000 Einwohnern. Zu den schönsten Landschaften in dieser Ecke der Vereinigten Staaten gehören unzweifelhaft die vier Nationalparks Crater Lake, Mount Rainier, Olympic und North Cascades.

Crater Lake National Park

Wo Oregon sein blaues Wunder erlebt

In manchen amerikanischen Nationalparks hat die Natur ihr dramaturgisches Können auf die Spitze getrieben. Dazu zählt der ***Crater Lake National Park*** im Bundesstaat Oregon, der flächenmäßig so groß wie die Bundesrepublik ohne die neuen Bundesländer ist, aber nur etwa 2,5 Millionen Einwohner zählt. Gleichgültig, ob man von der Oregonküste anreist, aus Kalifornien oder aus dem Norden: nichts in dieser Berglandschaft der ***Cascade Range*** läßt vermuten, daß man sich einem wahren Juwel nähert, genauer gesagt einem wunderschönen tiefblauen Saphir. Die Landschaft fällt durch nichts Besonderes auf, bis man schließlich den Rand des Riesenkraters erklommen hat und den ersten Blick auf den Kratersee wirft.

Umgeben von grauen Geröllhängen, an denen Wind und Wetter stellenweise den bloßen Felsen freigelegt haben und hier und da Nadelwälder sprießen, füllt ein fast kreisrunder See die Mondlandschaft des Kraters. Ist der ***Crater Lake*** an sich schon ein im wahrsten Sinne des Wortes spektakuläres Naturwunder, so setzt seine bei Sonneneinstrahlung fast unnatürlich blaue Farbe seinem optischen Reiz noch die Krone auf. Die auf den ersten Blick einzige Unregelmäßigkeit im Rund ist das im Westteil des Sees gelegene ***Wizard Island***, das aussieht wie ein kleiner, von Wasser umgebener Vulkan. Und dieser Eindruck täuscht nicht, sondern gibt einen Hinweis auf die Entstehungsgeschichte dieser Traumlandschaft.

Entstehungsgeschichte

Der pazifische Westen ist trotz seiner schlafenden Vulkane, die wie Zuckertüten aus der Landschaft herausragen, auch heute noch eine im Prinzip dynamische Region. Die gesamte Kontinentalplatte Amerikas driftet erwiesenermaßen zentimeterweise in nordwestlicher Richtung, was darauf schließen läßt, daß wie eh und je tief in der Erde tektonische Prozesse ablaufen, über die höchstens ein Erdbebenschreiber Auskunft geben könnte.

Vulkanische Aktivitäten begannen im Nordwesten schon vor 60 Millionen Jahren, als sich die Region aus dem Meer zu heben begann. Flüssiges Magma drang unter Wasser in gigantischen Mengen durch Risse aus dem Erdinnern, und vor etwa 40 Millionen Jahren begannen Vulkane auch auf dem Land, ihre glühende Asche in den Himmel zu spucken. Alte Feuerberge sind heute längst durch Erosion und Gletscherfluß abgehobelt, jüngere lassen sich noch an ihren typischen Kegelformen erkennen.

Vor etwa 700000 Jahren begann sich dort, wo sich heute der Crater Lake ausbreitet, der Vulkan *Mount Mazama* zu bilden, der schließlich durch den Austritt von Lava im Laufe der Jahrtausende auf eine Höhe von rund 3600 Meter anwuchs, wobei es durchaus Zeiten gab, zu denen der Vulkan zu schlafen schien. Ähnliche Erscheinungen hat man bei anderen Vulkanen festgestellt, wie zum Beispiel dem in Nordkalifornien liegenden *Lassen Peak*, der nach einer Ruhezeit im Jahr 1914 zu rumoren begann.

Vor etwa 7000 Jahren kündigten eine Reihe von Eruptionen eine neue aktive Phase des Mount Mazama an, die in einem gewaltigen Ausbruch ihren Höhepunkt erlangte. Freigewordenes Gas schleuderte einen

Vorhergehende Abbildung:

33 Phantom Ship, die Spitze eines auserodierten Vulkankegels inmitten des Crater Lake, gleicht tatsächlich einem Geisterschiff mit schwarzer Takelage.

34/35 Nicht nur in der warmen Jahreszeit, sondern auch im Winter bietet der Crater Lake faszinierende Ein- und Ausblicke. Verschneite Baumwipfel sind vor Kälte erstarrt, während dünnes Eis bunte Flechten in gläsern wirkende Kunstwerke verwandelt.

Folgende Abbildung:

36 Wenn im Winter der weiße Schnee mit dem saphirblauen Wasser des Crater Lake kontrastiert, versteht man, warum dieser einzigartige Nationalpark auch als das »Juwel« Oregons bezeichnet wird.

37 | 38

GIFT SHOP
LLAO ROCK CAFE
CRATER LAKE
CAFETERIA
GIFT SHOP
WATCHMAN LOUNGE
OPEN

37/38 **Der Rim Drive um den Crater Lake bleibt in der Wintersaison wegen der ausgiebigen Schneefälle für Autos gesperrt. Das ist die Zeit der Wintersportler, die dann ungestört ihrer liebsten Freizeitbeschäftigung frönen können. Anlaufpunkte, um sich bei Kaffee und Blueberry Muffin aufzuwärmen, werden natürlich offengehalten.**

Großteil des Gipfels weg, so daß Partikel sogar in den kanadischen Provinzen Alberta, Saskatchewan und Britisch-Kolumbien »landeten«. Tausende von Quadratkilometern versanken in Oregon unter einer 15 Zentimeter dicken Ascheschicht. Wann diese Apokalypse den Himmel über dem Nordwesten verdunkelte, hat die Wissenschaft in detektivischer Kleinarbeit ermittelt. Als nämlich die Hitze des Feuerberges die Wälder an seinen Flanken in Holzkohle verwandelte, bildete sich jenes Material, das die Forscher nach der C-14-Methode untersuchen und so das Alter ziemlich genau bestimmen konnten: 6840 Jahre.

Als sich die schwarzen Aschewolken über der Cascade Range verzogen hatten, existierte Mount Mazama nicht mehr. Wo sich früher sein Gipfel erhoben hatte, war eine Caldera (Kessel) in die riesige, unterirdische Magmakammer eingebrochen, die sich durch die Eruption entleert hatte. Die von den Kraterrändern umgebene Einsenkung besaß einen heißen, dampfenden Boden, auf dem in der Folgezeit kleinere Tuffkegel entstanden wie Wizard Island. Selbst heute sind diese Aktivitäten nicht zum Stillstand gekommen, sondern spielen sich in reduziertem Maße auf dem Seeboden ab, doch werden ihre Auswirkungen durch die riesige Menge kalten Wassers im See gebremst. Dieses etwa 10 Kilometer breite und maximal 589 Meter tiefe Gewässer, das tiefste in ganz Amerika, bildete sich durch Grundwasser sowie durch die Niederschläge, die heute pro Jahr etwa 1750 Millimeter ausmachen und meist zwischen Oktober und Ende Juni in Form von Schnee fallen.

Zum ersten Mal wurde die Seetiefe im Jahr 1886 vermessen – auf etwas unkonventionelle Weise mit einem Senkblei, das an zusammengeflochtenem Klavierdraht ins Wasser gelassen wurde. Daß diese Methode gar nicht mal so schlecht war, stellte sich 1959 heraus, als mit elektronischen Apparaturen die Tiefe von 589 Metern und damit eine Abweichung von nur 19 Metern von der ersten Messung festgestellt wurde.

Rundtour um den Kratersee

Der Hauptzugang zum Crater Lake führt von Süden her, wo die Straße 62 zwischen ***Klamath Falls*** (90 Kilometer entfernt) und ***Medford*** (120 Kilometer entfernt) verläuft und sich der Südeingang bei ***Annie Spring*** befindet. In ***Steel Center***, wo die Parkhauptverwaltung und ein Informationsbüro ihren Sitz haben, trifft man auf den sogenannten ***Rim Drive***, der den See auf einer 53-Kilometer-Rundtour umkreist. Fährt man zunächst in Richtung Westufer des Sees, gelangt man zum ***Rim Village Visitor Center***, das direkt am Kraterrand liegt und von dem aus man einen ersten Blick über den See auf Wizard Island und den nordöstlichen Kraterabschnitt werfen kann.

Die gesamte Rundtour ist mit vielen Aussichtspunkten gespickt, wo man das Auto parken und jeweils kleine Spaziergänge machen kann. Teilweise führen von der Rundstraße kleine Abstecher zu den einzelnen Punkten, wie beispielsweise am 2446 Meter hohen ***Watchmann*** am westlichen Kraterrand, von wo aus man den schönsten Blick auf die genau vor dem Ufer liegende Insel Wizard Island hat. Am 2486 Meter hohen ***Hillman Peak*** vorbei geht es zur ***North Junction***, an der die vom nördlichen Parkeingang her führende Autostraße den Rim Drive erreicht. Fährt man dort in Richtung Nordausgang des Parks, kommt man in die Bimssteinwüste ***Pumice Desert***, die sich im Frühjahr in einen bunten Blumenteppich verwandelt.

Ein Halt empfiehlt sich auf jeden Fall am Parkplatz an der *Cleetwood Bay*, von wo der einzige Wanderpfad, der 1,5 Kilometer lange ***Cleetwood Trail***, vom steilen Kraterrand 213 Höhenmeter hinunter bis ans Seeufer führt. Über die seichten, türkisgrünen Uferzonen mit ihren großen Steinblöcken hinweg blickt man von dort über die blaue Wasserfläche und bekommt einen lebhaften Eindruck von der Tiefe des Kraterbeckens. Natürlich hat die wissenschaftliche Forschung längst den Grund für die intensive Bläue des Sees herausgefunden. Das Wasser selbst ist farblos wie destilliertes Wasser und sehr transparent, weil es außerordentlich wenige Schwebestoffe enthält. Dadurch kann das Licht sehr tief in den See eindringen und das dunkle Blau der größeren Tiefen reflektieren. An der Schiffslände legen Ausflugsboote ab, mit denen man auf einer zweistündigen Fahrt unter anderem Wizard Island besucht.

Kommt man auf der Autofahrt im Osten des Sees an, kann man eine Serpentinenstraße zum ***Mount Scott*** hinauffahren, einem schönen Aussichtspunkt. Vom Panoramablick abgesehen lohnt sich der Stopp wegen einer speziellen Baumart, der weißstämmigen Zirbelkiefer, die an extremen Standorten wie diesem gedeiht und durch die klimatischen Einwirkungen häufig einen wind- und wettergeprüften Eindruck macht. Auch ein Abstecher zum Parkplatz von ***Cloudcap*** lohnt sich, wo die Panoramastraße auf 2457 Metern ihren höchsten Punkt erreicht.

Eine weitere Sehenswürdigkeit schwimmt« am südöstlichen Ufer des Sees. ***Phantom Ship*** sieht nur aus wie ein geheimnisvolles Geisterschiff, ist aber das gezackte Überbleibsel eines ehemaligen Vulkans, welcher der Abtragung über lange Zeiträume widerstanden hat. Am besten erkennt man die Formation vom Aussichtspunkt ***Kerr Notch***. Dort biegt eine Nebenstraße zu den sechs Meilen entfernten ***Pinnacles*** ab, durch Erosion aus dem Tuff- und Bimsgestein herausmodellierte bizarre Felsnadeln, die ein bißchen an die *Tufas* am Mono Lake in Kalifornien oder an die *Hoodoos* im Bryce Canyon in Utah erinnern. Auch von ***Sun Notch*** aus blickt man nochmals auf das Phantom Ship, ehe der *Rim Drive* über den 2012 Meter hohen ***Tututni Pass*** wieder bei der Parkverwaltung anlangt. Neben dem Cleetwood Trail ins Kraterinnere gibt es auf dem Parkgebiet weitere Möglichkeiten zu kleineren Wanderungen, etwa zum Garfield Peak (knapp 3 Kilometer), zum Watchman (1,3 Kilometer) oder zum 2721 Meter hohen Mount Scott (4 Kilometer) im Osten des Crater Lake. Beliebt sind auch der Godfrey Glen Trail und Annie Spring Canyon Trail.

Informationen

Auskünfte: Park Headquarters, P.O. Box 7, Crater Lake, OR 97604, Tel. 503/594–2211.
Reisezeit: Der Nationalpark ist ganzjährig geöffnet, doch ist der Rim Drive zwischen Mitte Oktober und Anfang Juli durch Schnee blockiert und deshalb für Autos gesperrt. Wanderer und Skilangläufer haben in diesen Monaten die Rundstraße für sich. Im Winter ist nur der Südzugang bis zum Rim Village Visitor Center geöffnet. Beste Reisezeit ist der Hochsommer.
Unterkunft: Einzige Möglichkeit innerhalb des Parks zwischen Mai und September sind die Mazama Cabins (Tel. 503/594–2511). Weitere Motels gibt es aber am nördlich gelegenen Diamond Lake, an der Straße nach Klamath Falls sowie in Chiloquin an der Straße 97. Klamath Falls besitzt mehr als ein Dutzend Motels.
Camping: Nur erlaubt auf den beiden Campgrounds Mazama und Lost Creek. An der Straße 62 bei Fort Klamath liegt der Jackson F. Kimball State Park, wo es jedoch kein Wasser gibt.
Aktivitäten: Die Campfire Talks auf dem Mazama Campingplatz sind abendliche Veranstaltungen, bei denen Ranger über die Geologie, Entdeckungsgeschichte oder über Flora und Fauna des Nationalparks sprechen. Jeden August wird ein Marathonlauf rund um den See veranstaltet. Um den Crater Lake gibt es viele Wanderwege. Im Westen führt der Pacific Crest Trail durch den Park.
Touren: Die kommentierten Bootstouren auf dem See beschränken sich auf die Monate Juli bis September. Im Sommer führen Parkranger Touren, auf denen jeweils ein bestimmtes Thema behandelt wird.

39 Wie ein Blick in die Entstehungsgeschichte der Erde nimmt sich der Second Beach im Olympic National Park aus, wo das Meer an der Küste frißt und bizarre Felsinseln geschaffen hat.

Olympic National Park

Abenteuer Regenwald

Gletscherbedeckte Bergrücken, undurchdringliche Regenwälder mit moosbehangenen Urwaldriesen, menschenleere Ozeanstrände, an denen die Brandung mit gigantischen Treibholzstämmen Mikado spielt, stille Seen und farbenprächtige Gebirgswiesen: kaum eine andere Naturlandschaft der USA bietet so kontrastreiche Ferien- und Freizeitmöglichkeiten wie die ***Olympic Peninsula*** im US-Bundesstaat Washington. Obwohl die Großstadt Seattle, die jahrelang einen Spitzenplatz auf der Skala der lebenswertesten amerikanischen Städte belegte, ebenso in der Nachbarschaft liegt wie die kanadische Metropole Vancouver, ist die auf drei Seiten vom Meer umgebene Halbinsel ein Urlauberparadies abseits der großen Touristendestinationen geblieben – eher ein Platz für Eingeweihte, die diesen Geheimtip frühestens nach dem fünften Glas Bier weitergeben.

Die Olympic-Halbinsel wird im Westen durch den Pazifik, im Norden durch die ***Juan de Fuca Strait*** und im Osten durch den tiefeingeschnittenen ***Puget Sound*** begrenzt, so daß eine Landverbindung nur im Süden besteht. Diese Halbinsellage, die während der Eiszeiten vor zwei bis drei Millionen Jahren entstand, ist unter anderem dafür verantwortlich, daß es dort heute noch ein knappes Dutzend endemischer Pflanzenarten gibt, die ausschließlich im ***Olympic National Park*** vorkommen. Dieser Teil der USA rühmt sich nicht zu Unrecht, die letzte unverfälschte Naturlandschaft im zusammenhängenden Staatsgebiet der USA zu sein. Von den auf der Erde vorkommenden sieben Lebenszonen existieren vier im Nationalpark und damit mehr als in jedem anderen Teil Nordamerikas. Der Superlative nicht genug. Die ***Olympic Mountains*** mit dem 2428 Meter hohen ***Mount Olympus*** in ihrem Zentrum bilden die höchste Bergkette Amerikas in unmittelbarer Nachbarschaft einer Meeresküste.

40/41 Traumbaum in Grün: ein Pelz aus Moos verwandelt die Bäume im Hoh Rain Forest des Olympic National Park in wundersame Gebilde. In starkem Kontrast dazu stehen die nackten Baumskelette an der Küste bei La Push, die sich teilweise wie blanke Saurierknochen aus einem längst vergangenen Zeitalter ausnehmen.

Besichtigungstour

Von Pier 52 in Seattle kann man mit der Fähre nach ***Winslow*** auf ***Bainbridge Island*** übersetzen und von dort über die Straßen 305 bzw. 104 in Richtung Olympic-Halbinsel weiterfahren. Über die Ortschaft ***Sequim*** erreicht man auf dem Highway 101 die größte Stadt auf der Halbinsel, ***Port Angeles***, das sich als Ausgangspunkt für den ersten Abstecher in den Nationalpark anbietet. An der Zufahrt, die südlich der Stadt bergan führt, liegt das ***Pioneer Memorial Museum Visitor Center***. Nach 18 Meilen auf dem *Heart o' the Hills Highway* erreicht man die 1593 Meter hoch gelegene ***Hurricane Ridge*** bzw. den noch etwas höher gelegenen ***Obstruction Point***, von wo aus man das faszinierende Bergland mit seinen unberührten Wäldern und weißen Gletscherflecken wie von einem Ballonkorb aus überblicken kann.

Fährt man von Port Angeles die Straße 101 in westlicher Richtung weiter, kommt man nach etwa 15 Meilen zum idyllischen, aber eiskalten ***Lake Crescent***. Bei ***Sappho*** kann man einen Abstecher nach Nordwesten über den Fischerhafen ***Clallam Bay*** nach ***Neah Bay*** machen, wo die Durchgangsstraße in der *Makah Indian Reservation* endet. Der Besuch lohnt sich vor allem im August, wenn die lokalen Indianer ihre *Makah Days* mit Tänzen und traditionellem Brauchtum feiern. Wem der Sinn eher nach Küstenlandschaft steht, der kann den Weg 11 Kilometer weit zum ***Cape Flattery*** fortsetzen, wo man zum Leuchtturm auf ***Tatoosh Island*** hinübersieht.

Zurück in Sappho, führt die Reise weiter nach ***Forks***, ein noch heute von der Holzindustrie lebendes Städtchen mit einem Holzmuseum. Von dort aus läßt sich die zum Nationalpark gehörende knapp 100 Kilometer lange Pazifikküste entweder bei ***La Push*** oder bei ***Rialto Beach*** leicht erreichen. Sie bildet den längsten unverbauten und wildesten Küstenstreifen in den ganzen USA, ein Paradies für Hiker. Vor einer Wanderung sollte man sich jedoch genau über die Gezeiten informieren, da schon viele unvorsichtige Küstenwanderer von der steigenden Flut eingeschlossen wurden. Ein großartiges Schauspiel am Strand von La Push sind die gigantischen Treibholzmengen, die dort von den Winterstürmen an Land geworfen werden.

Eine gänzlich andere Nationalparkseite

lernt man südlich von Forks kennen, wenn man vom Highway 101 zum ***Hoh Rain Forest*** nach Osten abbiegt. Am Ende der Straße liegt das ***Hoh Rain Forest Visitor Center***, in dem man sich über größere oder kleinere Wandertouren informieren kann, ehe man sich in diesen einzigartigen Urwald mit seinen moosüberwucherten Baumriesen, gewaltigen Farnen und lichtgrünen Pflanzenkathedralen begibt. In diesem Regenwaldtal, neben dem es zwei weitere, nämlich das ***Quinault*** und das ***Queets Valley,*** gibt, fallen jährlich zwischen 3,5 und 4 Meter Regen, weil die weiter östlich liegenden Berge den Zug der Wolken landeinwärts verhindern. So ist es kein Wunder, daß der gesamte Regenwald wie ein vollgesogener Schwamm wirkt und auf nahezu jedem Quadratmeter Boden entweder winzige Pflänzchen oder über 80 Meter hohe Sitkafichten wachsen läßt. Über 1000 unterschiedliche Arten von Moosen, Farnen und Pilzen wuchern auf abgestorbenen Stämmen und auf den rankenden Ästen der hohen Bäume, durch die sich die Sonnenstrahlen manchmal nur mühsam ihren Weg bahnen können.

Südlich der Mündung des ***Hoh River*** in den Pazifik erreicht der Highway 101 nach dem »Ausflug« ins Landesinnere der Halbinsel die Küste bei ***Ruby Beach***. Bis nach ***Kalaloch*** folgt ein Strand dem andern, einer malerischer als der andere. Auf der Höhe von ***Beach No. 6*** erkennt man vor der Küste eine Insel, die den Namen ***Destruction Island*** trägt. Im Jahr 1775 ankerte dort der spanische Seefahrer Bodega y Quadra und schickte sieben Mannschaftsmitglieder an Land, um Holz und frisches Wasser zu besorgen. Alle sieben wurden von Küstenindianern umgebracht. Zwölf Jahre später passierte das gleiche mit Crew-Mitgliedern eines englischen Schiffes. Südlich von Beach No. 6 biegt nach links die ***Big Cedar Road*** zu einer Stelle ab, an der eine der größten Rotzedern Amerikas steht, die über 50 Meter hoch ist und einen Umfang von mehr als 20 Meter hat.

Bei ***South Beach*** südlich der ***Kalaloch Information Station*** wendet sich der Highway 101 wieder landeinwärts, überquert bei ***Queets*** den gleichnamigen Fluß und erreicht dann den ***Quinault Lake***, wo man noch einmal zum Regenwald im ***Quinault Valley*** abbiegen kann. Am Quinault-See fallen jährlich etwa 5 Meter Niederschläge, was die Gegend für einen der obersten Plätze in der Rangliste der feuchtesten Flecken der Erde qualifiziert. Am südlichen Seeufer entlang, das touristisch stärker ausgebaut ist als das

Informationen

Auskünfte: Park Superintendent, Olympic National Park, 600 East Park Avenue, Port Angeles, WA 98362, Tel. 206/452–4501. Weitere Besucherzentren: Pioneer Memorial Museum Visitor Center (südlich von Port Angeles), Storm King Information Station (am Lake Crescent), USFS/NPS Information Station (nördlich von Forks), Hoh Rain Forest Visitor Center (im Hoh Rain Forest) und Kalaloch Information Station (in Kalaloch).
Reisezeit: Der Nationalpark ist das ganze Jahr über zugänglich. Der Hochsommer ist relativ trocken, während vor allem ab dem Herbst teils heftiger und langanhaltender Regen fällt.
Unterkunft: Innerhalb des Parks gibt es einige Lodges bzw. Blockhütten wie Kalaloch Lodge (Kalaloch, Tel. 206/962–2271), Lake Crescent Lodge (Tel. 206/928–3211) und Sol Duc Hot Springs Resort (Tel. 206/327–3583). Zahlreiche Motels gibt es in Port Angeles, Forks, an der Straße nach La Push, am Quinault Lake sowie in Aberdeen und Olympia.
Camping: Zum Park gehören knapp zwei Dutzend Campingplätze, die zwar Wasser, aber keine Duschen haben.
Aktivitäten: Der Nationalpark ist ein Wanderparadies mit insgesamt etwa 1000 Kilometer kürzeren und längeren Strecken. Wer sich auf Hiking-Touren ins Parkinnere oder entlang der Küste begibt, sollte sich vorab über die örtlichen Voraussetzungen informieren. Vorsicht bei Strandwanderungen wegen der über drei Meter betragenden Gezeitenunterschiede. Bergsteigen, Reiten, Angeln und Wintersport sind ebenfalls möglich im Park.
Touren: In den Besucherzentren bei Port Angeles, Hoh Rain Forest und am Lake Crescent werden von Rangern geführte Touren angeboten.

42 Schwere Winterstürme graben auf der Olympic-Halbinsel so manchen Baumriesen aus und schwemmen ihn ins Meer. Als Treibholz werden die Bäume dann wieder an Land geworfen, wo sie die Strände in wahre Geisterlandschaften verwandeln.

43 Im kleinen Hafen von La Push suchen Sportfischer mit ihren Booten Schutz, sobald die Nacht über der unberechenbaren Küste des Olympic National Park hereinbricht.

44–46

Nordufer, folgt die South Shore Road diesem 6,5 Kilometer langen und 3 Kilometer breiten Gewässer, das eine maximale Tiefe von rund 100 Meter aufweist und für Fischarten wie Forellen und Lachse geradezu ideale Bedingungen besitzt. Im Osten des Sees hört der Asphaltbelag der Straße auf und geht in gut befahrbaren Schotter über. Die Piste endet bei der Ranger Station von Graves Creek, wo sich ein Campingplatz befindet und der etwa 33 Kilomter lange Wanderweg zum Enchanted Valley im Olympic National Park beginnt. Um auf den Highway 101 zurückzufahren, kann man die North Shore Road entlang dem steilen Nordufer des Quinault Lake nehmen, das stellenweise wie ein verwunschener Märchenwald aussieht.

Um nach Seattle zurückzukehren, muß man den Olympic National Park im Süden in einem großen Bogen umfahren, der über ***Aberdeen***, ***Olympia*** und ***Tacoma*** führt. Ost-West-Verbindungen durch den Park existieren nicht.

Man verläßt auf dem Highway 101 in südlicher Richtung den Einzugsbereich des Olympic National Park und gelangt über die kleineren Ortschaften ***Neilton*** und ***Humptulips*** in die beiden längst zusammengewachsenen Nachbarstädte Hoquiam und Aberdeen, die am östlichen Ende von Grays Harbor liegen, einer tiefeingeschnittenen natürlichen Bucht, in die bei Aberdeen der Chehalis River mündet. Die Zwillingsorte haben zusammen etwa 30000 Einwohner und verdanken ihre wirtschaftliche Entwicklung in erster Linie der traditionellen Fisch- und Holzindustrie. Aberdeen – nomen est omen – wurde im vergangenen Jahrhundert von schottischen Einwanderern gegründet, deren Nachfahren heute noch zahlreich in dieser Gegend vertreten sind. An die großen Zeiten der Holzindustrie des vergangenen Jahrhunderts erinnert in Hoquiam vor allem das ***Hoquiam's Castle,*** die ehemalige, 20 Räume große Privatresidenz des Holzbarons Robert Lytle, die im Jahr 1897 erbaut wurde.

Auf der Straße 109 kann man von Hoquiam einen Abstecher am Nordufer von Grays Harbor entlang zur Küste des Pazifik machen, die zwischen ***Point Brown*** im Süden und ***Ocean City*** im Norden zahlreiche schöne Strände sowie Feriensiedlungen aufweist. Gegenüber von Point Brown auf der Südseite von Grays Harbor liegt bei ***Point Chehalis*** das Städtchen ***Westport,*** das sich in den vergangenen Jahren zum wohl bekanntesten Charterboot-Hafen an der Washington-Küste gemausert hat. Daneben dient Westport einer stattlichen kommerziellen Fischereiflotte als Liegeplatz. Wer in der sommerlichen Hauptsaison nachmittags an der Marina entlangschlendert, wird auf Schiefertafeln jeweils über die größten Fänge der Sportfischer informiert. Am Ende der Hafenpromenade steht ein kleiner Aussichtsturm, von dem man einen schönen Blick über das Hafengelände und die niedrigen Häuser der Stadt hat.

Zurück in Aberdeen folgt man der Straße 12 im Tal des Chehalis River bis nach Elma, um dann auf die Straße 8 abzubiegen. Durch rollende Hügel und Weideland mit malerischen Gehöften kommt man schließlich nach ***Olympia,*** von wo aus man über ***Tacoma*** auf der Interstate 5 Seattle erreicht. Eine andere Alternative zur Rückkehr in die Stadt ist die Fahrt über ***Shelton*** und danach die Straße 3 in Richtung ***Bremerton,*** von wo die Fähre die Verbindung quer über den Puget Sound nach Seattle herstellt.

44 Die Aronstabgewächse *(Araceae)*, die man im Olympic National Park findet, sind eine von etwa 100 unterschiedlichen Gattungen und 1500 Arten, die es weltweit gibt.

45 Wind und Wetter haben an der Küste der Olympic Peninsula ein Stück Treibholz in eine Skulptur verwandelt. Der Sonnenuntergang rückt das Kunstwerk noch ins rechte Licht.

46 Der Regenwald im Olympic National Park zählt zu den feuchtesten Flecken auf dem Planeten Erde. Dementsprechend sieht die Vegetation aus. Mooskissen saugen sich voll Feuchtigkeit wie Badeschwämme.

Die Rocky Mountains

Neben der Einwanderungswelle war die große Westwärtsbewegung das Ereignis, welches das Gebiet der heutigen USA im 19. Jahrhundert nachdrücklich prägte. Pelzhändler, Goldsucher, Missionare, Abenteurer und Siedler machten sich damals mit ihren von Ochsen gezogenen Planwagen auf den Weg in die riesigen unbekannten Territorien des amerikanischen Westens, um dort eine neue Existenz aufzubauen oder den Lebensunterhalt zu verdienen. Hatten die Trecks den Westrand der flachen *Great Plains* erreicht, begann der schwierigste Teil der Wegstrecke an den Ausläufern der ***Rocky Mountains***, die den gesamten Kontinent wie eine Barriere abriegelten.

Diese ***Rockies***, wie sie von den Amerikanern heute gerne genannt werden, sind Teil der geologisch noch jungen ***Kordilleren***, welche den nordamerikanischen Kontinent von Alaska bis nach Mexiko wie ein steinernes Rückgrat durchziehen. Sie entstanden im Tertiär vor etwa 60 Millionen Jahren in der Folge gewaltiger tektonischer Prozesse, als sich die pazifische Platte unter die nordamerikanische Festlandsplatte schob und damit große Verwerfungen und Spannungen auslöste, wie sie heute noch durch die häufigen Erdbeben um den kalifornischen St.-Andreas-Graben zum Ausdruck kommen. Auf dem Gebiet der USA sind vor allem die Bundesstaaten Idaho, Montana, Wyoming, Utah, Colorado und New Mexico durch die Rocky Mountains gekennzeichnet. Allein in Colorado liegen 54 Gipfel, die höher als 4200 Meter sind, unter ihnen der alle überragende ***Mount Elbert*** mit 4399 Metern. In dieser Bergwelt der Rockies liegen einige der bekanntesten und schönsten Nationalparks der Vereinigten Staaten.

Yellowstone National Park

Amerikas »heißester« Oldie

Unter Naturliebhabern machte sich im Sommer 1988 weltweit Entsetzen breit. Massenmedien in aller Welt berichteten über das Großfeuer im ***Yellowstone National Park***, das sich mit unheimlicher Geschwindigkeit durch die Natur dieses wohl berühmtesten Schutzgebietes der Welt fraß. Schätzungsweise 36 Prozent der Waldflächen fielen dieser gigantischen Feuersbrunst zum Opfer, die unter anderem durch Fehleinschätzungen außer Kontrolle geraten war. Kommt man heute aus dem Süden durch den ***Grand Teton Park*** nach Yellowstone, zeugen verkohlte Wälder entlang der Straße immer noch von den damaligen Ereignissen, doch wird man überrascht sein, wie schnell sich der Park zumindest optisch seither erholt hat. Zudem betonen Fachleute auch heute noch, daß Waldbrände grundsätzlich für die Regeneration von Yellowstone eine wichtige Voraussetzung, geradezu eine »Verjüngungskur« seien. Amerikas berühmtester und ältester Nationalpark hat durch die Ereignisse von 1988 nichts von seiner Attraktivität eingebüßt. Das belegen die Besucherzahlen, selbst wenn man davon ausgehen muß, daß der Katastrophentourismus auch vor abgebrannten Naturreservaten keinen Halt macht.

Entstehungsgeschichte

Yellowstone gehört zu jenen Gebieten, in denen man geologische Prozesse und der Erde innewohnende Kräfte am deutlichsten sehen kann. Die vulkanische Geschichte der Region im äußersten Nordwesten des Bundesstaates Wyoming begann vor etwa 50 Millionen Jahren, als sich an der östlichen Parkgrenze die ***Absaroka Mountains*** aufzuwerfen begannen. Flüssige Lava aus dem Erdinnern begann über lange Zeiträume, das gesamte Gebiet des heutigen Parks anzuheben, bis die Erdoberfläche dem Druck nicht mehr standhalten konnte und platzte. Die Geologen gehen davon aus, daß ein solcher Prozeß sich während der vergangenen zwei Millionen Jahre dreimal wiederholte, das letzte Mal vor ungefähr 600000 Jahren, als sich die letzte und vermutlich größte Vulkaneruption ereignete, die jemals auf der Erde stattfand. Damals wurde die unvorstellbare Menge von ca. 1000 Kubikkilometern Gestein und Asche in die Atmosphäre geschleudert, was den Ausbruch rund 20mal stärker erscheinen ließ als die Eruption des Krakatau zwischen Sumatra und Java im Jahre 1883. Durch die im Erdinnern leergeblasenen Magmakammern brach der gesamte Vulkan danach zu einer *Caldera* zusammen und bildet heute noch einen Kessel von 45 auf 75 Kilometer Fläche.

Vorhergehende Abbildung:

47 Nirgendwo in den kontinentalen USA gibt es »steilere Zähne« als im Grand Teton National Park in Wyoming, wo die Bergkette der Tetons eine fabelhafte Landschaftskulisse bildet.

48 Ein dampfender Heißwasser-Pool im Upper Geysir Basin im Yellowstone National Park enthüllt nicht nur die thermischen Aktivitäten unter der dünnen Erdkruste, sondern auch deren Schönheit an der Erdoberfläche.

49 Als sei Vanille-Eiscreme aus dem Erdinnern gedrungen und in der klaren Bergluft zu Stein erstarrt: die Sinterterrassen von Mammoth Hot Springs im Yellowstone National Park.

Folgende Abbildung:

50 Urweltlich mutet die Szene an, wenn sich eine Bisonherde langsam durch einen versumpften Wald bewegt. Diese zottigen Tiere haben sich in Yellowstone so sehr vermehrt, daß die Population seit Jahren durch den National Park Service reguliert werden muß.

51 | 52

51 Der Dunraven Pass, hier im letzten Licht des Tages, ist mit 2700 Metern der höchste Punkt im Yellowstone National Park, den man per Auto erreichen kann.

52 Gespenstisch sehen die Felspfeiler im Grand Canyon of the Yellowstone im Yellowstone Park aus, die man am besten vom Artist Point aus sehen kann.

Die Erdkruste in dieser Caldera mit dem Zentrum im Yellowstone Park ist nur wenige Kilometer dick, was den Park zu einem der heißesten Flecken der Erde macht; denn kaum irgendwo finden sich höhere Erdtemperaturen als zum Beispiel im ***Firehole Basin***. Geologen wissen auch, daß die Gegend um den ***Yellowstone Lake*** jedes Jahr um etwa zwei Zentimeter angehoben wird, was unter Umständen auf einen ähnlichen Prozeß schließen läßt, wie er schon dreimal stattgefunden hat.

Entdeckungsgeschichte

Sogenannte *Sheepeater*-Indianer bewohnten das Gebiet von Yellowstone schon vor rund 11 000 Jahren. Die Populationen wechselten über die Zeiten, da manche Gruppe weg-, andere nachzogen. Um die Mitte des 19. Jahrhunderts besaßen die *Blackfeet*, die *Crow* sowie die *Bannock* und *Shoshone* ihre Jagdgründe noch teilweise im Park, wurden durch die Ankunft der Weißen aber bis in die siebziger Jahre des 19. Jahrhunderts vollkommen verdrängt.

Wahrscheinlich drangen die ersten Trapper schon um 1820 in die entlegene Bergwelt der Rocky Mountains vor, und manche von ihnen, welche die »Hexenküche« von Yellowstone zu Gesicht bekamen, kehrten in die Zivilisation mit geradezu unglaublichen Geschichten zurück, die man wie so manche andere Erzählungen der *Mountain Men* für unterhaltsames Jägerlatein hielt. Im Jahr 1869 machte sich schließlich in ***Bozeman*** (Montana) eine dreiköpfige Truppe auf den Weg, um den hahnebüchenen Berichten auf den Grund zu gehen. Als sie nach ihrer Rückkehr ihren Erfahrungsbericht der *New York Tribune* zur Veröffentlichung anboten, winkten die Redakteure mit dem Argument ab, man wolle mit einer solchen Story nicht den guten Ruf des Blattes riskieren.

Eine weitere Expedition folgte ein Jahr später, aber es war der sogenannten ***Hayden Expedition*** im Jahr 1871 vorbehalten, den Schleier über dem Geheimnis Yellowstone schließlich in offiziellem Regierungsauftrag zu lüften. Nachdem der Geograph Ferdinand V. Hayden seinen Bericht vorgelegt hatte und die Schönheit sowie Besonderheit von Yellowstone inzwischen auch die Medien interessierte, kam schnell der Gedanke auf, dieses fabelhafte Gebiet unter Schutz zu stellen. Ausschlaggebend bei der Gründung des Nationalparks im Jahr 1872 war nicht nur der Naturschutzgedanke, sondern auch die Tatsache, daß sich das Yellowstone-Territorium weder landwirtschaftlich noch bergbaulich nutzen ließ.

Besichtigung

Mit einer Fläche von 9000 Quadratkilometern bildet der Yellowstone National Park das größte aktive Thermalgebiet der Erde. Das Zentrum des Parks wird durch das ***Yellowstone Plateau*** gebildet, das durchschnittlich zwischen 2100 und 2400 Meter hoch liegt und im ***Mount Washburn*** im nördlichen Bereich mit 3122 Metern den höchsten Punkt erreicht. Dieses Plateau entspricht in etwa der ehemaligen, nach der riesigen Eruption eingebrochenen Caldera, die sich im Laufe der Zeit wieder mit nachfließender Magma füllte.

Yellowstone besitzt insgesamt fünf Zugänge: im Süden an der Straße 89/191/287 (***Rockefeller Memorial Parkway***), bei der Ortschaft ***West Yellowstone*** an der Straße 20 im Westen, bei ***Gardiner*** im Norden an der Straße 89, im Nordosten bei ***Silver Gate*** an der Straße 212 und schließlich im Osten an der Straße 14/16/20, die nach ***Cody*** führt. Große Wildnisgebiete sind nur zu Fuß zugänglich, und doch gilt Yellowstone als einer derjenigen Parks, die durch Verkehrswege ausgezeichnet erschlossen sind. Das liegt daran, daß die Autostraße ***Grand Loop Road***, die eine unregelmäßige »Acht« beschreibt, zumindest in die Nähe aller großen Sehenswürdigkeiten führt, so daß man Geysire, Schlammlöcher, Wasserfälle und Seen von den jeweiligen Parkplätzen aus gut erreichen kann. In den Thermalgebieten baute die Parkverwaltung hölzerne Stege, um die Natur vor den Menschen und die Menschen vor der Natur, nämlich vor siedendem Wasser, zu schützen. Wer abseits der Stege spazierengeht, riskiert, durch die eventuell dünne Erdkruste einzubrechen und sich schwer zu verletzen.

Im Süden beginnen die Sehenswürdigkeiten, nachdem man die ***Lewis Falls*** am Südende des ***Lewis Lake*** passiert hat, mit dem Thermalgebiet ***West Thumb*** bei ***Grant Village***. Wer diesen Teil schon früher besichtigt hat, wird feststellen, daß er sich in den letzten Jahren merklich verändert hat, indem manche Aktivitäten zum Stillstand gekommen sind, sich verlagert haben bzw. neue entstanden sind. West Thumbs Attraktivität liegt unter anderem in seiner Lage direkt am Ufer des ***Yellowstone Lake***. Das Gewässer ist Amerikas größter See und liegt über 2300 Meter hoch. Er besitzt eine etwa 165 Kilometer lange Uferzone. Zum Baden ist der See viel zu kalt, so daß in ihm außer Purpurforellen keine größeren Fische leben. Vor einigen Jahren wurde sein Boden mit einem Forschungs-U-Boot erkundet, wobei festgestellt wurde, daß er bis dahin unbekannte unterirdische Zuflüsse besitzt.

Folgt man der Grand Loop Road nach Westen, überquert man zweimal die Kontinentale Wasserscheide. Am ***Craig Pass*** ist diese Wasserscheide von ganz besonderer Bedeutung. Der dort liegende ***Isa Lake*** ist einer der ungewöhnlichsten Seen der Welt, weil er sein Wasser nämlich sowohl in Richtung Atlantik als auch in Richtung Pazifik ableitet. Wenig später erreicht man das wohl bekannteste Thermalgebiet der Welt, das ***Upper Geysir Basin*** mit dem weltberühmten ***Old Faithful***. Seit Menschengedenken schießt dieser Geysir in regelmäßigen Abständen von etwa 65 Minuten seine Wasserfontäne in den Himmel, mal höher, mal weniger hoch, je nachdem, wie das Gebiet durch Niederschläge mit Wasser versorgt wurde. Bis zu 30000 Liter Wasser »verschleudert« der *Alte Getreue* bei einer einzigen Eruption.

Nördlich des Geysirs führt der schöne ***Firehole River*** vorbei, an dessen beidseitigen Ufern man auf Holzstegen die zahlreichen Attraktionen dieser Gegend besichtigen kann. Überquert man den Fluß auf der Holzbrücke hinter der *Old Faithful Lodge*, führt ein Waldpfad bergan zu einem Aussichtspunkt, von dem man fast das gesamte Upper Geysir Basin überblickt. Flußabwärts liegt am asphaltierten Weg auf der linken Flußseite der ***Castle Geysir***, der sich selbst durch Kalkablagerungen in einer kleinen Burg verschanzt hat. Ihn sieht man häufig aktiv. Ein sehr farbenfrohes optisches Vergnügen beschert einem der ***Morning Glory Pool***, eine heiße Quelle mit kristallklarem Wasser, durch das man die von Algen bewachsenen braunen Ränder und das leuchtend blaue Innere der Quelle deutlich erkennen kann. Man kann von diesem Pool in die benachbarten Gebiete ***Biscuit Basin*** und ***Black Sand Basin*** zu Fuß gehen oder mit dem Auto über die Loop Road fahren. Bevor man dem Upper Geysir Basin aber den Rücken kehrt, lohnt sich ein Blick in die im Blockhausstil erbaute urgemütliche Lobby des *Old Faithful Inn*, wo man an kalten Tagen auf einer der Emporen sitzen und sich vom Feuer in dem 500 Tonnen schweren Steinkamin wärmen lassen kann.

Auf der weiteren Strecke liegen mit ***Midway Geysir Basin*** und ***Lower Geysir Basin*** zwei weitere Thermalgebiete, die man sich anschauen sollte. Die Straße folgt dem Firehole River bis nach ***Madison Junction***, wo die Loop Road nordöstlich zum ***Norris Geysir Basin*** abbiegt. Der im südlichen ***Back Basin*** liegende ***Steamboat Geysir*** sorgt in unregelmäßigen, unvorhersehbaren Abständen für die höchste Geysirfontäne der Welt. Das ganze Gebiet gilt als ein typischer »Hot Spot«, ein Flecken mit extrem hoher Wärmeströmung im Erdmantel. Das nördlich gelegene ***Porcelain Basin*** ist vor allem bei Fotographen wegen seiner zarten Farben beliebt.

Rund 34 Kilometer nördlich von ***Norris Junction*** liegen die ebenfalls bekannten ***Mammoth Hot Springs*** mit ihren wunderschönen Travertinterrassen und -pools, die aus Kalkstein oder Kalziumkarbonat bestehen, das in gelöster Form zusammen mit heißer Kohlensäure und heißem Wasser an die Erdoberfläche dringt. Während das obere Terrassengebiet seit Jahrzehnten trockenliegt und seinen ursprünglichen Reiz verloren hat, kann man auf Wegen und Stegen durch das *Main Terrace Area* spazieren und dort die großartigen Travertinablagerungen bestaunen. Am eindrucksvollsten ist die ***Minerva Terrace***, die in vielfältigen Stufen und Farben angelegt ist. Ursprünglich ist Travertin weiß, doch erkennt man an vielen Terrassen unterschiedliche Farbschattierungen von gelblich bis hin zu braun, die durch Algen und Bakterien verursacht werden.

Auf dem knapp 30 Kilometer langen Abschnitt der Grand Loop Road von Mammoth Hot Springs bis zur ***Roosevelt Lodge*** liegen keine besonderen Sehenswürdigkei-

53 Gigantische Mengen von Wasser stürzen an den Lower Falls des Yellowstone River zwischen gelben und orangeroten Felsen tosend in die Tiefe.

54–56 Der Yellowstone National Park ist nicht nur wegen seiner Geysire und thermischen Pools eine Reise wert. Auf der Parkfläche trifft man mit etwas Glück auch eine sehr artenreiche Tierwelt an. Dazu zählen Kanadagänse, die man beim Flugtraining beobachten kann, ebenso wie Reiher, die sich in den feuchteren Zonen ihre Nahrung suchen. Eine ganz andere Spezies sind die mit Kameras und Teleobjektiven ausgerüsteten Zweibeiner, die sich in erster Linie durch Neugier auszeichnen.

57 | 58

57 **Bei den Mammoth Hot Springs ist die Welt noch in Ordnung. Der Blick reicht über die Sinterterrassen weit über die Landschaften von Wyoming ins benachbarte Montana.**

58 **Zu den schönsten Angelrevieren im Yellowstone National Park gehört der mäandernde Firehole River, der dampfenden Zulauf bekommt aus den benachbarten Heißwasser-Pools.**

ten außer einem versteinerten Baum, den man über eine kleine Seitenstraße erreichen kann. Nach den 40 Meter hohen ***Tower Falls*** beginnt die Straße anzusteigen und führt am 3122 Meter hohen ***Mount Washburn*** vorbei zum ***Dunraven Pass*** auf 2700 Meter Höhe. Sobald man die große Kreuzung beim ***Canyon Village*** erreicht hat, biegt man nach links auf die Nebenstrecke ab, die zu einigen schönen Aussichtspunkten am ***Grand Canyon of the Yellowstone*** führt. Der aus dem Yellowstone Lake kommende und nach Norden fließende ***Yellowstone River*** hat sich dort eine spektakuläre, V-förmige Schlucht in den gelblich-braunen Fels gegraben, in die man von drei Aussichtspunkten auf der linken (dort vor allem *Grand View Point*) und zwei Punkten auf der rechten Flußseite hineinsieht. Vom Parkplatz *Upper Falls View* kann man auf einem befestigten Weg zu einem Aussichtspunkt direkt bei den ***Upper Falls*** hinabsteigen, wo die türkisgrünen Wassermassen 33 Meter in die Tiefe donnern. Überquert man den Yellowstone River auf der Brücke an der Grand Loop Road, blickt man vom ersten Aussichtspunkt wiederum auf die Upper Falls, vom zweiten, dem ***Artist Point***, durch den ganzen Canyon auf die 94 Meter hohen ***Lower Falls***, eine auch im Winter atemberaubende Aussicht, wenn Schnee die gezackten Felsformationen des Canyons und die an den Flanken wachsenden Nadelbäume schmückt.

Bis nach ***Fishing Bridge*** am Yellowstone Lake folgt die Grand Loop Road auf dem Weg nach Süden dem Yellowstone River, durchquert das idyllische ***Hayden Valley*** mit seinen ausgedehnten Wiesen und führt am Thermalgebiet ***Mud Volcano*** vorbei, wo man die schönsten Schlammvulkane sehen kann. Auf dem letzten Teil der Rundstrecke bis nach West Thumb windet sich die Straße am Seeufer entlang und erreicht schließlich wieder Grant Village, von wo aus man den Park durch den Südeingang in Richtung Grand Teton National Park verlassen kann.

Flora und Fauna

Thermische Aktivitäten sind nur eine Seite des Yellowstone National Park. Sein »anderes« Gesicht wird durch die vielfältige Tier- und Pflanzenwelt geprägt. Von den etwa 11000 Pflanzenarten innerhalb des Parks kommt die ebenmäßig wie ein Telegrafenmast wachsende Drehkiefer am häufigsten vor und macht etwa 80 Prozent aller Waldbestände aus. Dazwischen gedeihen Engelmannsfichten und Felsengebirgstannen, während man auf den höchsten Erhebungen auf alpinen Matten, in den Niederungen am Sumpfland entlang wandern kann. Nach der Feuersbrunst von 1988 zeigte sich in den verkohlten Wäldern schon im folgenden Frühjahr ein dichter Bewuchs von rosa blühenden Weidenröschen und Lupinen, denen inzwischen Gauklerblumen, Astern, Castilleja und andere Arten folgten.

Die Zeiten, als man ***Grizzlybären*** vom Auto aus füttern konnte, sind in Yellowstone längst vorbei. Der große und ständig wachsende Besucherandrang hat die diesbezügliche Parkpolitik verändert, so daß Campingplätze wie zum Beispiel Fishing Bridge für Zelte gesperrt wurden, weil es in der Vergangenheit zu einer Reihe von Konflikten zwischen Campern und Bären gekommen war, die sich an Menschen gewöhnt hatten. Grizzlies mußten sogar eingefangen und an entfernte Orte ausgeflogen werden, weil sie fast zutraulich und damit zu einer latenten Gefahr geworden waren. Die Parkverwaltung unternimmt große Anstrengungen, Yellowstone-Besucher darüber aufzuklären, daß die Bären des Parks wilde und unberechenbare Tiere sind, denen man auf keinen Fall zu nahe kommen sollte.

Ähnliches gilt für die ***Bisons***, die innerhalb des Parks mit etwa 2400 Exemplaren die größte in den USA existierende Herde bilden. Jedes Jahr werden Touristen von diesen tonnenschweren Muskelprotzen verletzt, weil man sich ihrer Gefährlichkeit nicht so recht gewahr wird, wenn sie scheinbar friedlich neben der Straße stehen und äsen. Im Jahr 1988 hatte sich die Herde sogar auf mehr als 3000 Stück vergrößert, und einige Hundert »Ausbrecher« hatten sich auf den Weg zu den Viehweiden Montanas gemacht. Damit war der Konflikt mit den dortigen Viehzüchtern vorgezeichnet, weil die Yellowstone-Bisons eine Krankheit namens *Brucellosis* in sich tragen, die ihnen zwar nichts ausmacht, die aber beim Kontakt mit Rindvieh dazu führt, daß Kühe ihre Kälber verlieren. Die Folge war, daß über

500 der ausgerückten Bions abgeschossen wurden.

Weitere interessante Tiere im Park sind Wapitihirsche, Dickhornschafe, Maultierhirsche, Elche, Kojoten, Trompeterschwäne, Kanadagänse, Pelikane und weitere gefiederte Spezies.

Informationen

Auskünfte: Sämtliche Besucherzentren im Park sind über die generelle Rufnummer Tel. 307/344–7381 erreichbar, doch muß jeweils der entsprechende Anschluß verlangt werden: Albright Visitor Center, Mammoth Hot Springs, Anschluß 2357; Old Faithful Visitor Center, Anschluß 6001; Canyon Visitor Center, Canyon Village, Anschluß 6205; Fishing Bridge Visitor Center, Anschluß 6150; Grant Village Visitor Center, Anschluß 6602. Eine kleinere Rangerinformation gibt es beim Norris Geysir Basin Museum. – Nützliche Informationen enthält die Parkzeitung »Yellowstone Today«, die gratis ist. In den Besucherzentren bekommt man auch Broschüren in deutscher Sprache. – Bei Notfällen: Tel. 911 oder 307/344–7381.
Reisezeit: Der Park ist ganzjährig geöffnet, im Winter sind einige Straßen jedoch geschlossen. Im Hochsommer ist zwar das Klima am günstigsten, aber der Besucherandrang auch am höchsten. Wer eine ruhigere Zeit bevorzugt, sollte nach dem Labor Day (erster Montag im September) anreisen.
Unterkunft: Reservierungen bei TW Recreational Services, Tel. 307/344–7311, für Old Faithful Inn, Old Faithful Snow Lodge, Old Faithful Lodge, Grant Village, Lake Yellowstone Hotel, Lake Lodge, Canyon Lodge, Roosevelt Lodge und Mammoth Hot Springs Hotel.
Camping: Im Park gibt es 14 Campingplätze. Nur für den Bridge Bay Campground kann man Plätze reservieren. Auf allen anderen gilt: wer zuerst da ist, bekommt zuerst Platz. Zwischen 1. Juli und Anfang September: maximale Aufenthaltsdauer 14 Tage. Bei Fishing Bridge gibt es einen Platz ausschließlich für Wohnmobile (Reservierung Tel. 307/344–7311).
Aktivitäten: Wanderern stehen Pfade mit einer Gesamtlänge von etwa 1800 Kilometern zur Verfügung. Wer in den Wildnisgebieten übernachten will, braucht ein Permit (kostenlos). Vor einer längeren Wanderung sollte man einen Ranger kontaktieren, um sich unter anderem über den Schutz vor Bären zu informieren. – Angler benötigen ebenfalls ein Permit. – Reitställe gibt es bei Mammoth Hot Springs, Canyon Lodge und Roosevelt Lodge.
Touren: Begleitete Angeltouren ab Bridge Bay Marina; Touren mit der Pferdekutsche ab Roosevelt Lodge; informative Wanderungen; Touren im Winter in Schneebussen auf Raupen, z.B. mit Yellowstone Expeditions, Tel. 1–800/728–9333.

Grand Teton National Park

Wyomings steilste Zähne

Kaum hat man den Yellowstone Park durch den Südeingang verlassen, gelangt man nach einem knappen Dutzend Kilometern auf dem Rockefeller Memorial Parkway ins nächste Naturwunderland: den ***Grand Teton National Park***. Er gehört mit einer Fläche von nur 1257 Quadratkilometern zu den kleinen Schutzgebieten und besteht im wesentlichen aus zwei sehr unterschiedlichen Landschaften – der über 4000 Meter steil aufragenden ***Grand Teton Range*** mit dem 4197 Meter hohen ***Grand Teton*** als höchster Erhebung und den Nachbargipfeln ***Middle Teton*** (3 903 Meter), ***South Teton*** (3814 Meter) und ***Mount Owen*** (3 940 Meter) sowie dem rund 80 Kilometer langen und 20 Kilometer breiten Hochtal ***Jackson Hole***, das in Nord-Süd-Richtung vom noch jungen ***Snake River*** durchflossen wird. Am Fuß der hochalpinen, gezackten Bergkette, die sich ganz unvermittelt aus der Ebene erhebt, liegen fünf malerische Bergseen, von denen der ***Jackson Lake*** der größte ist. Sie sind von einer berückenden Wald- und Wiesenlandschaft umgeben, die sich im Herbst wunderschön verfärbt.

Im Frühjahr und Frühsommer, wenn auf den höheren Lagen noch Schneeflecken glänzen, breiten sich auf den Talwiesen ganze Teppiche von Wildblumen aus. Insgesamt haben Biologen in den Rocky Mountains über 5000 unterschiedliche Blumenarten gezählt, was an den sehr unterschiedlichen Höhenlagen liegt. Viele davon kom-

59 Wenn der Herbst Wiesen und Espenwäldchen im Tal einzufärben beginnt, fällt auf den Felszacken der Grand Tetons bereits der erste Schnee. Zwischen den beiden Kontrasten breitet sich ein Areal aus, das durch einen Waldbrand vernichtet wurde.

Folgende Abbildung:

60 Schönste Jahreszeit in und um den Grand Teton National Park ist der Herbst, der nicht nur mit buntem Laub, sondern auch mit stabiler Witterung aufwartet.

men im Grand Teton Park vor, wo die Freilicht-Blumenshow in der Regel mit der gelbblühenden *Balsamwurzel* beginnt, die in der Form einem Gänseblümchen ähnelt. Danach folgen wilde Sonnenblumen, Arnika, Gauklerblumen, Campanula rotundifolia, Lupinen, verschiedene Castilleja-Arten und andere. Im Herbst zieht die Natur, wenn unter Umständen schon die ersten Schneeflocken vom Himmel taumeln, noch einmal alle Farbenregister, wenn sich Espen und andere Laubbäume in flammende Farbenmäntel hüllen.

Geologie der Tetons

Die »steilen Zähne« der Teton Range sehen zwar aus der Entfernung zerklüftet und verwittert aus; geologisch betrachtet sind sie aber mit einem Alter von nicht einmal zehn Millionen Jahren das jüngste Gebirgsmassiv der Rocky Mountains. Sie entstanden, als sich zwei Blöcke zu verschieben begannen. Während der westliche Block in die Höhe gedrückt wurde, sank der östliche Block immer weiter ab. So kommt es, daß heute Sandsteinreste auf dem Rücken des ***Mount Moran*** genau den Sandsteinschichten entsprechen, die inzwischen Hunderte von Metern unter dem Talboden des Snake River liegen. Blickt man vom Osten auf die Grand Tetons, sehen sie wie ein isoliert stehender Zackenkamm aus. In Wahrheit aber flachen sie nach Westen hin sanft ab, während die nach Osten gerichtete Flanke – der ehemalige Bruch – heute noch sehr steil abfällt.

Über lange Zeiträume hinweg wurden weichere Gesteinslagen nach und nach abgetragen, während die aus Granit bestehenden Zacken der Erosion trotzten. Die Täler wurden durch die Gletscher der letzten Eiszeit verbreitert, und schließlich dienen auch die am Fuße der Bergkette liegenden Seen als letzte Hinweise auf die frühere Vergletscherung. Dort hobelten die Eismassen nämlich Vertiefungen in den Untergrund, in denen sich nach der Schmelzphase Wasser sammelte und Seen formten.

Besichtigung

Ein günstiger Ausgangspunkt für Touren im Grand Teton Park ist das stimmungsvolle Westernstädtchen ***Jackson*** südlich des Parks. Viele Gebäude vermitteln das Flair des Wilden Westens. Während der Hochsaison wird jeden Abend um 18 Uhr die Hauptstraße für einen *Shootout* gesperrt, bei dem Laiendarsteller die pulverhaltige Ära der Postkutsche wiederaufleben lassen. Im Winter verwandelt sich Jackson in einen beliebten Wintersportort mit zahlreichen Pisten gleich außerhalb des Ortes. Eine renommierte Adresse für den »weißen Sport« ist auch das an der *Moose-Wilson Road* liegende ***Teton Village***, wo eine Bergbahn auf 3185 Meter Höhe hinaufführt.

In Jackson hat man die Wahl zwischen Dutzenden von Motels und kann auf einer Besichtigungstour den südlichen Parkeingang beim ***Moose Visitor Center*** mit dem Auto in etwa 15 Minuten erreichen. Biegt man bei ***Moose Junction*** von der Durchgangsstraße 191/26/89 nach links über die Snake River Bridge ab, gelangt man auf die eigentliche Parkstraße, die in einiger Entfernung am schönen ***Taggart Lake*** vorbei, zu dem man eine kleine Wanderung unternehmen kann, zunächst zum ***Jenny Lake*** führt. Dieser kleine See ist offensichtlich ein Favorit der Besucher; denn in der Hauptsaison hat man Schwierigkeiten, sogar auf den in jüngster Zeit erweiterten Parkflächen einen Platz zu ergattern. Am Westufer beginnt beim etwa 160 Meter über dem See gelegenen ***Inspiration Point*** ein populärer Wanderweg durch den von steilen Felswänden eingerahmten ***Cascade Canyon*** zum ***Lake Solitude***, der – nomen est omen – in einem von Bergspitzen umgebenen, einsamen Hochtal von berückender Schönheit liegt. Wer die Wanderung zu einer Rundtour machen will, kann vom Lake Solitude über den ***Paintbrush Canyon*** zum Sting Lake bzw. Jenny Lake zurückkehren.

Nördlich des Jenny Lake liegen zwei weitere Seen, der langgezogene, schmale ***Sting Lake*** sowie der ***Leigh Lake***, in dem sich häufig der massige Mount Moran spiegelt. Wer sich den Fußweg ersparen will, muß – wegen einer Einbahnstraße – zunächst zur *North Jenny Lake Junction* fahren und dort wieder nach Süden abbiegen. Nördlich der Straßenkreuzung verläuft die Parkstraße um das Südufer des großen Jackson Lake herum zur ***Signal Mountain Lodge***. Bevor man diese kleine Siedlung erreicht, biegt nach rechts eine schmale Straße zum 2314 Meter hohen

61 Im Bereich des Grand Teton National Park fließt der Snake River ruhig dahin und bietet Bibern gute Gelegenheiten, ihre Dämme zu errichten.

Signal Mountain ab. Von oben blickt man über die Wälder und den Jackson Lake auf die Grand Teton Range, vor allem am frühen Morgen und vor Sonnenuntergang ein unvergleichlicher Panoramablick.

Einen Besuch ist auch die weiter nördlich gelegene ***Colter Bay*** wert. Vom ***Visitor Center*** muß man zwar ein ganzes Stück gehen, um überhaupt ans Seeufer zu kommen. Aber eine Stippvisite lohnt sich dort auch wegen des kleinen, aber feinen Indianermuseums, in dem man viele Exponate wie perlenbestickte Mokassins, Federschmuck, Körbe und andere Geräte besichtigen kann, die in der Mehrzahl von den *Plains*-Indianern stammen und fast durchgängig von auserlesener Qualität sind. Zudem sind die meisten Ausstellungsvitrinen mit sehr aufschlußreichen Texten versehen. Von Colter Bay kann man in nördlicher Richtung am Jackson Lake entlang weiterfahren, um schließlich zum Yellowstone Park zu gelangen. Man kann aber auch umdrehen und die Rückreise über ***Moran Junction*** und die Hauptstraße 191 antreten, an der hoch über dem Snake River einige lohnende Aussichtspunkte auf die Teton Range liegen.

Zu den beliebtesten Zeitvertreiben im Park zählen Gummifloßtouren auf dem ruhig dahinfließenden Snake River. Der Einstieg befindet sich bei ***Deadman's Bar*** südlich der ***Triangle X Ranch***. In etwa zweieinhalb Stunden wird man von der Strömung bis zur Brücke bei Moose Junction getrieben und kann unterdessen nach Weißkopfadlern, Bibern, Elchen und anderen Tieren Ausschau halten, die man unterwegs mit etwas Glück sehen kann.

Informationen

Auskünfte: Moose Visitor Center, Moose, Tel. 307/733–2880; Colter Bay Visitor Center, Tel. 307/543–2467; Superintendent Grand Teton National Park, P.O. Drawer 170, Moose, Wyoming 83012, Tel. 307/733–2880; Jackson Hole Chamber of Commerce, P.O. Box E, Jackson, WY 83001, Tel. 307/733–3316.
Reisezeit: Die Hochsaison währt nur zwei Monate, Juli und August. Spätestens nach dem Labor Day (1. Montag im September) wird es ruhiger, aber auch merklich kühler, wenn tagsüber auch noch häufig die Sonne scheint. Die Durchgangsstraße 191/26 bleibt den ganzen Winter über offen. Jackson ist ein sehr schneesicheres Gebiet.
Unterkunft: Innerhalb des Parks: Colter Bay Village, Jackson Lake Lodge, Jenny Lake Lodge, Signal Mountain Lodge, Flagg Ranch. Außerhalb des Parks gibt es viele Unterkünfte in Jackson sowie in Teton Village.
Camping: Im Park liegen fünf Campingplätze, die zwischen Mai und Oktober geöffnet sind. Maximale Aufenthaltsdauer 14 Tage. Außerhalb der Parkgrenzen gibt es ein knappes Dutzend Campingplätze.
Aktivitäten: Wandern, Bergsteigen (auch Eisklettern), Wildwasserfahren (auf dem Snake River südlich von Jackson), Ballonfahren, Radfahren, Wintersport (Hundeschlittenfahren, Eislaufen, Langlauf, Schneemobilfahren).
Touren: Das ganze Jahr über werden unterschiedliche, von Rangern betreute Aktivitäten angeboten, über die man sich in den Besucherzentren informieren kann.

Rocky Mountain National Park

Einfach Spitze

Die 500000 Einwohner zählende Hauptstadt Denver ist das unumstrittene politische und wirtschaftliche Zentrum des Bundesstaates Colorado, gleichzeitig aber auch eine Art »Flüchtlingshochburg«. An Winterwochenenden machen sich ganze Blechkarawanen auf den Weg nach Westen, wo schon am Stadtrand die Ausläufer des Pulverschneeparadieses der Rocky Mountains beginnen. Im Sommer, wenn sich die Hitze in den Straßenschluchten der Kapitale zwischen den Bürohochhäusern staut, sehen die Einwohner von Denver zu, daß sie sich in höher gelegene und kühlere Regionen verziehen können – also beispielsweise vom 1600 Meter hoch gelegenen Stadtzentrum in den doppelt so hoch gelegenen ***Rocky Mountain National Park***, den man mit dem Auto bereits nach eineinhalb Stunden Fahrt erreicht.

Kein Nationalpark der USA ist höher gelegen als dieser. Innerhalb der Parkgrenzen

62 Die Grand Tetons geben ein grandioses Bild ab, wenn sich ihr vereister und verschneiter Felskamm im ruhigen Wasser des Snake River spiegelt.

63 Während Biber in vielen Teilen der USA wegen ihres Nageeifers nicht sehr willkommen sind, läßt man sie in den Nationalparks normalerweise gewähren.

64 Von der Durchgangsstraße 191, die von Jackson Hole zum Yellowstone National Park führt, hat man einen wunderschönen Blick auf die Teton Range mit dem 3842 Meter hohen Mount Moran.

65 Elche lieben schutzbietendes Unterholz und feuchte Wiesen. Zu beiden Seiten des Snake River im Grand Teton National Park finden diese imposanten Tiere geradezu ideale Lebensbedingungen vor.

66 Das rauhe Wetter Wyomings sorgt nicht nur für grandiose Landschaften und typische Vegetation. Es verfärbt auch abgestorbenes Holz auf künstlerische Art und Weise.

67 Selbst in der Luft gibt sich die Bergwelt der Rocky Mountains in Colorado sehr farbenfroh – zumindest dann, wenn man einen Blue Bird beobachten kann.

Folgende Abbildungen:

68–70 Noch im Frühjahr trägt das Rehwild in den Rocky Mountains ein wärmendes Fellkleid. Dasselbe gilt für den Kojoten, der am frühen Morgen aufmerksam und hungrig über eine Schneefläche im Rocky Mountain National Park trabt. Ein Rebhuhn sucht Schutz vor seinen Feinden im hohen Gras.

71 Noch nicht ganz vom Eis befreit ist im Frühjahr der Sheep Lake im Rocky Mountain National Park. Während auf den Talsohlen das Gras zu grünen beginnt, liegt auf den Höhen noch der Schnee.

68–71

72/73 **Die Winterqualitäten der Rocky Mountains in Colorado sind auch in Europa längst bekannt. Während sich der 3875 Meter hohe Hallett Peak im Westen des Bear Lake (oben links) als Augenschmaus empfiehlt, bietet sich die Trail Ridge für unentwegte Wintersportler an. Im Hintergrund sieht man Longs Peak, mit 4345 Metern der Hauptgipfel im Rocky Mountain National Park.**

recken sich rund 60 stolze Dreitausender in den Himmel, der ***Longs Peaks*** ist sogar 4345 Meter hoch. Mitten durch den Park zieht sich die ***Kontinentale Wasserscheide*** auf dem Hauptkamm der Rocky Mountains. Auf der westlichen Seite ergießen sich die Flüsse in den Pazifik, auf der östlichen Seite in den Atlantik bzw. in den Golf von Mexiko. Auf einer Fläche von nur 1068 Quadratkilometern teilt sich die malerische Bergwelt ihre Schätze in vier Ökosysteme, die man am besten auf einzelnen Abschnitten des insgesamt 500 Kilometer langen Wanderwegenetzes erkundet. Das am tiefsten gelegene dieser Systeme ist die *montane Stufe* unterhalb von 2700 Metern, wo sich Mischwälder, Wiesen und Feuchtgebiete abwechseln. Der *Fern Lake Trail* zum Beispiel, der dem ***Big Thompson River*** folgt, führt durch diese Zone, in der im Juni noch Frühjahr herrscht. Darüber liegt die *subalpine Zone*, in der die Temperaturen merklich niedriger sind und sich im Frühsommer die Gebirgsgärten mit Dotterblumen, Götterblumen, der Colorado-Akelei und Lilien in den schönsten Farben zeigen. Durch diese Zone führt z. B. der *Bear Lake Nature Trail*, den man eher als Spaziergang denn als Wanderung auffassen kann. Ab 3300 Meter geht die Natur in die *Krummholz-Zone* über, wo Latschenkiefern die Vegetation bestimmen. Darüber liegt schließlich die *alpine Tundra*, wo die Vegetationsperiode höchstens zehn Wochen dauert und nur niedrige Bodenpflanzen mit besonderen Anpassungsmechanismen wie Jungfernkraut, Schlüsselblumen, Primeln und Hahnenfuß überleben können. In diesen Höhen kann man mit etwas Geduld Weißschwanz-Schneehühner oder die niedlichen graubraunen Pfeifhasen entdecken.

Trail Ridge Road

Wer die ganzen Vegetationszonen auf möglichst bequeme Weise kennenlernen will, hat dazu im Rocky Mountain Park beste Gelegenheit: nämlich auf der 1933 fertiggestellten ***Trail Ridge Road***, auf der man im Sommer in Ost-West-Richtung oder umgekehrt sowohl den Kamm der ***Front Range*** als auch den Hauptkamm der Rockies überqueren kann. Bevor diese Verbindung gebaut wurde, existierte schon die ***Old Fall River Road***, die man heute noch als Alternative zur neuen Straße benutzen kann, allerdings nur im Sommer und nur in Ost-West-Richtung (Einbahnstraße). Sie beginnt in ***Endovalley*** im *Horseshoe Park* und mündet beim Alpine Visitor Center in die Trail Ridge Road.

Auf dieser etwa 80 Kilometer langen asphaltierten Panoramastraße, die einem historischen Indianerpfad folgt, gelangt man von Osten her über das Touristenstädtchen ***Estes Park*** mit seinen zahlreichen Hotels, Motels, Läden und Boutiquen am ***Visitor Center & Park Headquarter*** vorbei auf der Straße 36 in den Park. Schon kurz danach passiert man die Abzweigung der Straße, die vorbei am ***Morain Park Museum*** mit seinen geologischen, historischen und naturbezogenen Exponaten zum kleinen, aber vielbesuchten ***Bear Lake*** führt. Auf dem letzten Abschnitt werden an Wochenenden Pendelbusse eingesetzt, weil der Parkraum am Bear Lake dem Besucherandrang schon lange nicht mehr entspricht. Seine Attraktivität verdankt der See unter anderem den ihn umgebenden Wanderrouten, die zum *Nymph Lake*, zum *Mills Lake* oder in andere Richtungen führen.

Nachdem die Straße 36 in die Straße 34 eingemündet ist, windet sich die Trail Ridge Road in Serpentinen bergan, vorbei am *Hidden Valley Ski Area* zum ***Forest Canyon Overlook***, einem schönen Aussichtspunkt über den südwestlichen Parkteil. Bei ***Rock Cut*** führt der *Tundra Nature Trail* auf 3752 Meter Höhe hinauf, wo bizarre Felsgebilde wie die etwa eine Milliarde Jahre alten *Mushroom Rocks* in den Blumenwiesen mit der einzigartigen alpinen Vegetation stehen. Auf 3713 Meter erreicht die Aussichtsstraße ihren höchsten Punkt. Selbst bei Sonnenschein empfiehlt es sich, bei einem Spaziergang warme Kleidung zu tragen, weil der Wind häufig sehr kühl über die Bergmatten pfeift.

Am ***Alpine Visitor Center*** vorbei, das auf einer Höhe von 3594 Metern liegt, fährt man abwärts zur ***Medicine Bow Curve***. Stetig bergab verläuft die Straße am *Poudre Lake* vorbei, dann über den ***Millner Pass*** zum winzigen ***Irene Lake*** bis ins ***Kawuneeche Valley*** hinunter, und überall gibt es Möglichkeiten zu kleinen oder auch größeren Wanderungen. Unmittelbar nach dem ***Kawuneeche Visitor Center*** endet der Park bei der Ortschaft ***Grand Lake***, die nach dem nördlichsten von drei aufeinanderfolgenden Seen benannt ist. Bei ***Granby*** geht die Straße in den Highway 40 über, auf dem man durch die Wintersportzentren ***Silver Creek*** und ***Winterpark*** in einem großen Bogen nach Denver zurückfahren kann.

Informationen

Auskünfte: Park Headquarters Visitor Center, Hwy 36 westlich von Estes Park, Tel. 303/586–2371; Kawuneeche Visitor's Center, nördlich von Grand Lake, Tel. 303/627–3471; Alpine Visitor Center, am Fall River Pass auf der Trail Ridge Road, Tel. 303/586–4927.
Reisezeit: Der Park ist ganzjährig geöffnet, einige Straßen wie die Trail Ridge Road und die Fall River Road sind nur im Hochsommer offen. Zur Hauptsaison sollte man Wochenenden meiden, weil dann die Großstadt Denver in den Park umzuziehen scheint. Im September/Oktober verfärbt sich die Vegetation sehr schön.
Unterkunft: Wer im Park selbst übernachten will, muß campieren. In Estes Park und Grand Lake sowie an der Straße nach Winterpark gibt es viele Hotels und Motels aller Kategorien.
Camping: Im Park gibt es fünf Campingplätze, nämlich Longs Peak, Moraine Lake, Glacier Basin und Aspenglen im Osten in der Nähe von Estes Park sowie Timber Creek Campground bei Grand Lake. Allesamt sind sie sehr einfach eingerichtet und in der Hochsaison doch meist belegt.
Aktivitäten: Wandern ist die Freizeitaktivität Nr. 1 im Park. Zu den Touren gehört auch die Besteigung des höchsten Gipfels Long Peak, für die man kein technisches Können, sondern nur Kondition braucht (etwa 8 Stunden hin und zurück). – Für Skilanglauf bieten sich die Tallagen an; präparierte Loipen haben Seltenheitswert. Informationen gibt der Colorado Mountain Club, Tel. 303/586–6623. – Eisklettern z. B. am Taylor-Gletscher und Felsklettern am klassischen Diamond (Longs Peak).
Touren: Die Organisation Rocky Mountain Park Tours veranstaltet unterschiedliche Touren durch verschiedene Teile des Parks. Informationen bei den Besucherzentren und Tel. 303/586–8687.

Glacier National Park

Paradies unter den Wolken

Zahlreiche amerikanische Nationalparks sind unvergleichlich, was ihre Naturwunder oder anderen Sehenswürdigkeiten anbelangt. Einer davon ist der ***Glacier National Park***, der als einziger eine »internationale Dimension« besitzt. Er liegt im nördlichen Montana nämlich direkt an der kanadischen Grenze und ist mit dem auf kanadischer Seite liegenden ***Waterton National Park*** zum einzigen ***International Peace Park*** Nordamerikas und zu einer unter der Ägide der UNESCO stehenden Biosphäre verbunden.

Schon statistisch gesehen ist der Glacier National Park ein grandioses Stückchen Erde. Seinen Namen verdankt er rund 50 Gletschern, welche die Flanken der Rocky-Mountain-Bergwelt bedecken. Auf seinem Territorium, das zu 90 Prozent aus purer Wildnis besteht, liegen ungefähr 200 Seen, denen man auf knapp 1800 Kilometer Wanderwegen einen Besuch abstatten kann. Die Höhenlagen reichen von 555 bis auf 3900 Meter, wodurch der Park mit einer überaus reichen und bunten Vegetation ausgestattet ist. Daneben nimmt sich die Fauna nicht weniger vielfältig aus. In den zahlreichen Souvenirläden in Hotels und Besucherzentren werden vom Antibärenspray bis zum Bärenglöckchen ganz unterschiedliche »Vorkehrungen« angeboten, die verhindern sollen, daß man einem Grizzly oder einem Schwarzbären in die Quere kommt. Wer glaubt, daß es sich dabei nur um eine raffinierte Strategie handelt, den Besuchern die Existenz von Bären überhaupt glaubhaft zu machen, täuscht sich. Im Glacier Park hat man recht gute Chancen, Meister Petz zu beobachten. Sogar die selten gewordenen blonden Albinobären sind dort noch ebenso zu Hause wie Pumas, Schneeziegen, Dickhornschafe, aus Kanada über die Grenze gekommene Wölfe und auch kleinere Spezies wie etwa fliegende Eichhörnchen.

Going-to-the-Sun Road

Die bekannteste und einzige Durchgangsstraße im Park ist die vielgerühmte ***Going-to-the-Sun Road***, die sich in Südwest/Nordost-Richtung durch das Zentrum des Parks

74 Über den Swift Current Lake im Many-Glacier-Gebiet blickt man auf die berückende Bergwelt des Glacier National Park, der mit dem kanadischen Waterton Park den einzigen internationalen Friedenspark der Welt bildet.

75 Eine Herde äsender Wapiti-Hirschkühe bewegt sich langsam über eine Hochwiese im Glacier National Park, auf der im Frühjahr noch die letzten Schneereste liegen.

Folgende Abbildungen:

76 Zur eindrucksvollen Landschaft im Glacier National Park in Montana zählt der Lake McDonald, der auf knapp 1000 Meter Höhe liegt und von den Schneemützen der Rocky Mountains umgeben ist.

77 Im östlichen Teil des Glacier National Park führt die Straße am idyllischen Lake St. Mary entlang, der von Bergen und verwitterten Felsen umgeben ist, auf denen gelbe Flechten wachsen.

78 Kurz bevor das Wasser des McDonald River die Nordspitze des gleichnamigen Sees erreicht, bildet der Fluß einen kleinen, aber malerischen Wasserfall gleich neben der Durchgangsstraße.

79 Der Lake St. Mary ist von einem felsigen Ufer und Bergspitzen eingerahmt, die bis weit ins Frühjahr hinein von Schnee bedeckt sind.

80 **Blaue Stunde unter rosarotem Himmel im Glacier National Park. Wer diese Naturlandschaft mit ihrem unverwechselbaren Charakter erfahren will, sollte sich auf eine Hiking-Tour machen.**

81 **Im äußersten Südosten des Glacier National Park liegt der Two Medicine Lake zu Füßen des auf 2897 Meter ansteigenden Berges mit dem klingenden Namen Rising Wolf.**

zieht. Beginnt man die Fahrt am ***West Entrance*** bei ***West Glacier***, so kann man sich beim in der Nähe liegenden ***Apgar Information Center*** mit Kartenmaterial und Informationsbroschüren versorgen. Von dort, dem Südende des ***Lake McDonald***, führt die ***Camas Road*** in nördlicher Richtung zum ***Huckleberry Mountain***, wo sich ein Nebeneingang des Parks befindet. Im Winter ist diese Straße gesperrt. Die Going-to-the-Sun Road verläuft am Ostufer des Lake McDonald entlang zur 1913 erbauten ***Lake McDonald Lodge***. Einige Meilen weiter kann man auf dem ***Trail of the Cedars*** einen kleinen Spaziergang durch die halbdunklen Zedernwälder machen. Von der Parkverwaltung gebaute Holzstege folgen dort etwa eineinhalb Kilometer weit dem *Avalanche Creek*.

Dann beginnt die Straße vom Tal des *McDonald River* in Serpentinen aufzusteigen. Von zahlreichen Parkmöglichkeiten direkt neben der Straße blickt man weit über die wunderschöne Landschaft. Die Serpentinenstraße wird an manchen Stellen ziemlich eng und steil, um dann den 2026 Meter hohen ***Logan Pass*** zu erreichen. Hinter dem dortigen ***Visitor Center*** führt ein aus Umweltschutzgründen angelegter Holzsteg, der fünf Kilometer lange *Hanging Gardens Nature Trail*, durch die alpine Tundra zu einem Aussichtspunkt über den ***Hidden Lake***. Wer sich zur Hochsaison auf diese kleine Wanderung begibt, wird angesichts der vielen Besucher verstehen, warum sich die Parkverwaltung Gedanken machen muß, wie sie die Natur am besten vor den Besuchermassen schützt.

Schon bald nachdem die Schneepflüge im Mai den Going-to-the-Sun Highway freigeschaufelt haben, stecken auf den ersten abgetauten Grasflecken die frühesten Wildblumen ihre Köpfe in Richtung Sonne. Danach dauert es nicht mehr lange, bis die legendäre Bergstraße den Besucher durch ein lebendes Blumenbuch führt. Unter den großen und kleinen Schönheiten fällt eine Pflanze ganz besonders auf, weil man sie kaum irgendwo in der Häufigkeit sieht wie zum Beispiel am ***Logan Pass***: das weißblühende Bärengras, dessen knapp einen Meter hohe Blütenstengel von Rotwild und Schneeziegen gefressen werden.

Nach der Paßhöhe geht es bergab zum ***St. Mary Lake***, dem die Straße am Nordufer fast bis zum Parkausgang folgt. Auf dieser Uferstrecke liegen einige Aussichtspunkte, die vor allem bei Fotografen beliebt sind, weil man von dort aus erkennen kann, wie das Gewässer von den hochaufragenden Felswänden der Berge umgeben ist.

Vom Parkausgang ***St. Mary*** hält man sich auf der außerhalb des Parks gelegenen Straße 89 nach Norden und biegt bei der winzigen Ortschaft ***Babb*** nach links in das wieder innerhalb des Parks liegende Gebiet ***Many Glacier*** ab. Nach dem aufgestauten ***Sherbourne Lake*** erreicht man den ***Swiftcurrent Lake***, an dessen Ostufer mit dem *Many Glacier Hotel* eine der traditionsreichen Unterkünfte aus der Zeit des Eisenbahnbaus steht. Auf einer Anhöhe über dem Hotel befindet sich ein Parkplatz, der sich als Aussichtsplattform auf die weiter im Westen liegenden Berge ***Mount Grinell***, den pyramidenförmigen ***Grinell Peak*** sowie ***Mount Wilbur*** bestens eignet. Um den Swiftcurrent Lake und benachbarte Seen wie ***Josephine Lake*** und ***Grinell Lake*** führen Wanderwege, auf denen man Touren auch bis zum ***Grinell-Gletscher*** ausdehnen kann.

Information:

Auskünfte: Superintendent Glacier National Park, West Glacier, MT 59936, Tel. 406/888–5441; St. Mary Visitor Center, East Entrance, Tel. 406/732–4424.
Reisezeit: Die Parköffnungszeiten richten sich nach den jeweiligen Schneeverhältnissen, reichen aber im allgemeinen von Mai/Juni bis Oktober.
Unterkunft: Im Park selbst: Granite Park Chalet and Sperry Chalet, Lake McDonald Lodge, Many Glacier Hotel. Außerhalb des Parks gibt es Motels/Hotels in St. Mary, West Glacier sowie Hungry Horse und Columbia Falls an der Straße 2.
Camping: Neben den drei großen Campingplätzen Belly River, Crandell Mountain und Townsite gibt es zahlreiche einfachere Plätze im Hinterland.
Aktivitäten: Wandern, Bootfahren, Golf, Reiten, Angeln.
Touren: Wer auf das eigene Fahrzeug verzichten will, kann sich von kirschroten Oldtimerbussen über die Going-to-the-Sun Road chauffieren lassen.

Unter den einzelnen Regionen der USA spielt der Südwesten eine geradezu exotische Rolle. Lassen sich in anderen Teilen der Vereinigten Staaten Ähnlichkeiten mit nicht- amerikanischen Gegenden unschwer feststellen – Neuengland ähnelt England, Florida gibt sich fast karibisch, der Mittlere Westen weist mit seinen Stahlstandorten Ruhrpottparallelen auf, und Minnesota ist mit Skandinavien vergleichbar – so bieten sich Vergleiche mit Blick auf den Südwesten viel weniger an. Der Grund ist einleuchtend. Die Bundesstaaten Utah, Arizona, New Mexico und Nevada sind mit ihren teils bizarren und weltbekannten Landschaften wie Grand Canyon, Bryce Canyon oder Monument Valley einzigartig und unvergleichlich. Darüber hinaus gilt die Region zu Recht als das eigentliche historische Kerngebiet des Landes, weil dort noch die größten Indianerpopulationen vorhanden sind und man auch heute noch die Spuren längst verschwundener Urbevölkerungen vorfindet. Zu den meistbesuchten Zielen gehören natürlich die zahlreichen Nationalparks, die zu den größten Naturwundern nicht nur Amerikas, sondern der Erde zählen.

Grand Canyon National Park

Das Millionending

Als die amerikanischen Astronauten von *Apollo 11* im Juli 1969 von ihrer Landung auf dem Mond zurückkehrten, berichteten sie einer staunenden Weltöffentlichkeit, sie hätten von »oben« auf dem weit entfernten Planeten Erde mit bloßem Auge den ***Grand Canyon*** erkennen können. Das paßt ins Bild. Denn die riesige Schlucht im nördlichen Arizona wird von Amerikanern gemeinhin als das gewaltigste Naturwunder der Welt und gewissermaßen als steinerner Inbegriff amerikanischer Größe gepriesen.

Der Grand Canyon ist in der Tat groß, nein, eher großartig und so gewaltig, so daß es einem beim allerersten Blick über diese an die Erschaffung der Welt erinnernde Landschaft den Atem verschlägt. Abends, wenn die letzten Sonnenstrahlen die in Jahrmillionen verwitterten Abbruchkanten zu beiden Seiten des ***Colorado River*** in eine dramatisch ausgeleuchtete Theaterkulisse verwandeln, verliert man fast den Glauben daran, daß allein Mutter Natur als »Regisseurin« dieser berückenden Szenerie in Frage kommt. Teil der Dramaturgie ist auch die Annäherung an den Grand Canyon. Denn bei der Fahrt über das wellige ***Kaibab Plateau*** mit seinen Ponderosa- Kiefern und Wacholderbäumen lullt einen die Landschaft eher in Langeweile ein, ehe man urplötzlich den Canyonrand erreicht und sich die Riesenschlucht auftut – 1700 Meter tief, bis zu 29 Kilometer breit und 450 Kilometer lang. Steht man im ***Grand Canyon Village*** an der Südkante, ist die gegenüberliegende ***North-Rim*** Luftlinie zwar nur knapp 18 Kilometer entfernt. Zu Fuß braucht man für diese Strecke aber zwei Tage, weil man erst in den Canyon absteigen und auf der anderen Seite wieder hochklettern muß – durch sechs der insgesamt sieben auf der Erde vorkommenden Klimazonen. Mit dem Auto ist man für die Fahrt von der Süd- zur Nordkante zu einem gewaltigen Umweg von 342 Kilometern gezwungen.

Geschichte

Der Grand Canyon ist schon häufig als »offenes Buch der Erdgeschichte« bezeichnet worden, weil er in seinem Innersten Granit- und sog. Wischnu-Schieferformationen aufweist, die mit zwei Milliarden Jahren fast halb so alt wie der Planet Erde selbst sind. Am anschaulichsten ist die Geologie der Schlucht im ***Yavapai Museum*** im Grand Canyon Village dargestellt. Dort blickt man durch große Fenster in den Canyon, und was man an Plateaus, Seitenschluchten und erodierten Anhöhen und Felswänden in natura sieht, ist auf Schautafeln benannt und erklärt. Zudem sind viele Fossilien und Gesteinsproben ausgestellt, anhand derer man die ältesten mit den jüngsten, »nur« etwa 235 Millionen Jahre alten Formationen vergleichen kann. Sehr einprägsam ist die geologische Uhr im Museum, die zeigt, über welche Zeiträume hinweg sich die einzelnen Gesteinsschichten des Canyons herausgebildet haben. Der Uhrzeiger braucht für eine ganze Umdrehung drei Minuten, und jede einzelne Zeigerbewegung steht für einen Zeitraum von elf Millionen Jahren.

Die Genesis des Grand Canyon läßt sich etwa zwei Milliarden Jahre in die Vergan-

Vorhergehende Abbildung:

82 Wie auf einer Kanzel aus Naturstein steht man am Yaki Point an der South Rim des Grand Canyon. Tief unten tut sich die grandioseste Schlucht der Erde auf.

83 Hie und da ragt ein Felsendom aus der Erosionslandschaft des Grand Canyon empor und gibt ein dramatisches Bild ab, wenn von der Sonne angestrahlte Wolken über dieser theaterhaften Kulisse hängen.

Folgende Abbildung:

84 Eine der Zivilisation entrückte Szenerie bieten die Mooney Falls im Havasu Canyon auf dem Territorium der Havasupai Indian Reservation am Grand Canyon.

85 | 86

85 **Der Havasu Canyon ist eine Seitenschlucht zum Grand Canyon und liegt abseits des Touristenrummels, der normalerweise im Grand Canyon Village herrscht. Nach Havasu gelangt man am leichtesten über Kingman und Peach Springs an der historischen Route 66.**

86 **Zu den typischen und am weitesten verbreiteten Pflanzen des amerikanischen Westens zählt der Indian Paintbrush *(Castilleja)*, der in ganz unterschiedlichen Rotabstufungen auftaucht.**

genheit zurückverfolgen. Damals war das nördliche Arizona von einem flachen Meer bedeckt, in dem sich Sedimente und Lava von umliegenden Vulkanen in mehrere hundert Meter mächtigen Schichten ablagerten. Vor 1,7 Milliarden Jahren begannen sich diese Ablagerungen zu mehrere tausend Meter hohen Bergen aufzuwerfen, wobei sie sich durch Druck und Hitze zu Fels verdichteten. Flüssiges Magma drang aus dem Erdinnern in höher liegende Schichten vor, kühlte dort ab und verhärtete sich zu Granit, ehe Wind und Wetter die Berge über lange Zeiträume hinweg abzutragen begannen.

Diese Prozesse der Sedimentablagerung bzw. der Erosion bestimmten die Geschichte der Region über lange Zeiträume. Verglichen damit ist die Entstehung des heutigen Canyons ein Sekundenereignis. Wahrscheinlich begann sich der aus den Rocky Mountains kommende Colorado River erst vor etwa sechs Millionen Jahren in den sich langsam hebenden Untergrund einzugraben. Seit damals hat er stellenweise bis zu 1800 Meter Grabarbeit verrichtet. Da der Canyongrund aber selbst an seiner tiefsten Stelle noch mehr als 600 Meter über Meereshöhe liegt, bleibt dem Fluß auch in Zukunft noch viel Arbeit, wenngleich seine Fließgeschwindigkeit und damit seine »Schneidekraft« durch zahlreiche Regulierungen vermindert wurde.

So kann man sich selbst auf einem abenteuerlichen Wellenritt per Floß durch den Canyon heute kaum mehr vorstellen, welche Strapazen die erste Expedition im Jahre 1869 unter Führung des einarmigen Bürgerkriegsveteranen John Wesley Powell zu bewältigen hatte, die sich 98 Tage lang über rund 1600 Kilometer vom Colorado River durch bis dahin unbekannten Gegenden tragen ließ. Zwei Jahre später führte Powell ein weiteres Unternehmen durch den Grand Canyon. Seine Berichte lockten nicht nur Prospektoren an, die nach Gold, Silber und anderen Metallen gruben, sondern auch erste Touristen, die seit 1901 sogar per Zug aus Williams anreisen konnten.

Lange vor Major Powell bewohnten schon vor rund 11000 Jahren die frühesten Paläo-Indianer die Region. In den dreißiger Jahren fanden Archäologen kleine, aus Weidenzweigen gebastelte Tierfiguren, deren Alter mit der Radiokarbon-Methode auf ungefähr 4000 Jahre bestimmt wurde. Seit Beginn der modernen Zeitrechnung lebten Coconino- und Anasazi-Indianer in und um den Canyon, bauten Feldfrüchte wie Bohnen, Kürbis und Mais an, ehe sie eine rund 30 Jahre währende Trockenzeit zwang, ihre Dörfer aufzugeben. Die heute noch im Westteil des Canyons lebenden Hualapai- und Havasupai- Indianer sind Nachfahren der Cerbat-Indianer, die etwa eineinhalb Jahrhunderte nach dem Wegzug der Anasazi in die Region einwanderten. Die letzten Ankömmlinge vor den Weißen waren die Navajos, die vermutlich im 15. Jahrhundert von Norden her an den Grand Canyon vorstießen, in dessen Nachbarschaft die Navajo Indian Reservation heute mit rund 200000 Menschen das größte Stammesgebiet in den USA bildet.

South Rim, West Rim und East Rim Drive

Alljährlich ›pilgern‹ rund vier Millionen Besucher zum Grand Canyon, um dieses großartige Naturwunder zu besichtigen. Die meisten von ihnen beschränken ihr Besichtigungsprogramm auf das ***Grand Canyon Village*** und die dortige Canyonkante. Kommt man aus Richtung Süden, erreicht man kurz vor dem südlichen Parkeingang die Ortschaft ***Tusayan***, wo es einen kleinen Flugplatz sowie Startplätze für die Hubschrauberflüge über den Canyon sowie zahlreiche Restaurants und Motels gibt. Wer in der Hochsaison im Park selbst keine Unterkunft mehr findet, hat am ehesten noch in Tusayan eine Chance. Im dortigen IMAX-Theater kann man sich in dem auf eine Riesenleinwand projizierten Film ›Grand Canyon – The Hidden Secrets‹ bei atemberaubenden Aufnahmen so richtig auf die Riesenschlucht einstimmen.

Nachdem man den Südeingang des Nationalparks passiert hat, gelangt man am ***Mather Point*** zum ersten Aussichtspunkt am Canyonrand, wo man das grandiose Panorama der Colorado- Schlucht direkt vor sich hat. Westlich von Mather Point beim ***Yavapai Museum*** beginnt ein befestigter Fußpfad, auf dem man der Canyonkante durch das Village bis zum 3,2 Kilometer entfernten ***Maricopa Point*** folgen kann. Ab dort ist der Pfad ein unbefestigter Wanderweg, der dem ***West Rim Drive*** – einer asphaltierten Autostraße – bis zum 11 Kilometer entfernten Endpunkt der Straße bei ***Hermits Rest*** folgt. Früher konnte man vom Village bis nach Hermits Rest mit dem Auto fahren, was heute nur in der Nebensaison möglich ist. Zwischen Mitte Mai und Anfang September verkehren dort kostenlose Busse, die an allen Aussichtspunkten Passagiere ein- und aussteigen lassen.

Das Grand Canyon Village selbst ist eine kleine Hotel- und Motelsiedlung mit Restaurants, Snack Bars, Besucherzentrum, Supermarkt, Post, Bank, Krankenhaus, Tankstelle, Kirche und sogar einem historischen Bahnhof, dessen Gleise seit 1901 mit dem Städtchen ***Williams*** bei Flagstaff verbunden sind. Nach einer langen Pause von 21 Jahren wurde die Zugverbindung exakt 88 Jahre nach der Jungfernfahrt am 17. September 1989 wiederaufgenommen. Heute dampfen die historischen Loks mit ihren restaurierten Waggons das ganze Jahr über zum Grand Canyon, im Sommer täglich, im Winter nur an bestimmten Tagen, und das Passagieraufkommen steigerte sich bereits auf rund 150000 Fahrgäste pro Jahr, die aus Nostalgie- und Umweltschutzgründen lieber auf das eigene Fahrzeug verzichten.

Vom Grand Canyon Village führt in östlicher Richtung der 25 Meilen lange ***East Rim Drive***, eine gut ausgebaute Autostraße, der Canyonkante entlang bis zum östlichen Parkausgang. Über kurze Abstecher erreichbar bzw. direkt an der Durchgangsstraße liegen fünf Aussichtspunkte, die sich alle für einen Stopp und einen Blick in den Canyon lohnen. Der erste ist ***Yaki Point***, wo der beliebte Wanderweg ***South Kaibab Trail*** beginnt. Über ***Grandview Point*** und den nach dem Maler Thomas Moran benannten ***Moran Point*** erreicht man die Abzweigung zum ***Tusayan Museum*** und einer 800 Jahre alten Ruinenanlage, die ehemals von Anasazi-Indianern bewohnt war. Letzter Aussichtspunkt ist ***Desert View***, wo der 1932 von einer Eisenbahngesellschaft erbaute 21 Meter hohe *Watchtower* steht. Der Raum in der Basis des Aussichtsturms wurde einer Kiva nachempfunden, einem Zeremonialraum, wie man ihn in den meisten historischen Wohnanlagen der Anasazi-Indianer findet.

North Rim

Mit dem Auto ist die Straße 67 von Norden her der einzige Zugang zur Nordkante des Grand Canyon, die viel weniger besucht ist als die South Rim. Aber das ist nicht der einzige Unterschied. ***North Rim*** liegt mit etwa 2400–2700 Metern 300 bis 500 Meter höher als die 2170 Meter hohe Südkante, was sich durch kühlere Temperaturen und mehr Niederschläge bemerkbar macht. Dadurch wirken auf die North Rim auch stärkere Erosionskräfte ein, so daß der Canyonrand im Norden etwa doppelt so weit vom Colorado River entfernt liegt wie im Süden. Während der Südrand das ganze Jahr über erreichbar ist, wird die Straße zur North Rim erst Mitte Mai freigegeben, muß aber nach den ersten Schneestürmen meist im Oktober wieder geschlossen werden.

Highway 67 führt von Norden her direkt auf den Grand Canyon zu und endet am ***Bright Angel Point***, einem Felsvorsprung, zu dessen Seiten links der *Roaring Springs Canyon* und rechts der *Transept Canyon* liegt. Die Gegend östlich des Bright Angel Point ist durch eine Fahrstraße erschlossen, die zum höchsten Aussichtspunkt im ganzen Nationalpark, dem 2683 Meter hohen ***Point Imperial*** sowie unter dem Namen *Cape Royal Scenic Drive* zum ***Walhalla Overlook*** sowie zum ***Cape Royal*** führt. Westlich von Bright Angel Point führt eine Piste 27 Kilometer weit zum ***Point Sublime***, falls die Witterungsbedingungen die Route nicht unpassierbar machen (vorher bei einem Parkranger nachfragen).

Wandern im Inner Canyon

Die meisten Grand-Canyon-Besucher bekommen dieses Naturwunder nur von einem der Aussichtspunkte entlang der Fahrstraßen zu Gesicht. So schön die Blicke von dort auch sein mögen: seine wahre Größe zeigt der Grand Canyon nur demjenigen, der auf einem der zahlreichen Wanderpfade in Richtung Colorado River absteigt. Aus gutem Grund warnt die Parkverwaltung davor, ein solches Unternehmen auf die leichte Schulter zu nehmen. Schon mancher hat im Eifer der Begeisterung auf dem Weg bergab vergessen, daß der Rückweg bergan führt. Und im Sommer klettern die Temperaturen

87/88 Auf dem Gebiet der Havasupai Indian Reservation liegt der Tourismus in der Hand der dort lebenden Indianer. Sie haben in ihrem Dorf Supai ein kleines Besucherzentrum eingerichtet, in dem man unterschiedliche Aktivitäten buchen kann, so auch Reittouren in den Havasu Canyon, der zum Grand Canyon führt.

Folgende Abbildungen:

89 Von vielen Punkten entlang der South Rim präsentiert sich der Grand Canyon als ein Naturspektakel, das Herzklopfen verursacht. Zu den beliebtesten Aussichtspunkten zählt Hopi Point westlich des Grand Canyon Village.

90–94 Das nördliche Arizona, das Land des Grand Canyon, ist traditionsreiches Indianerland. Im Nordosten des Bundesstaates dehnt sich die Navajo Indian Reservation aus, die nicht nur den Navajo-Indianern, sondern auch den Hopis als Heimat dient. Wer diese Gegend bereist, wird feststellen, daß das Leben der Menschen dort einen anderen Gang geht als in der Welt der Weißen. Seit der Zeit der Spanier haben die Navajos sowohl die Schafzucht als auch das Pferd als Transportmittel übernommen. Zu ihrem beliebtesten Schmuck zählt der blaugrüne Türkis, der zusammen mit Silber in vielfältiger Form verarbeitet wird.

87 | 88

90–94

95 | 96

95 Der Aufstieg zu den Mooney Falls im Havasu Canyon führt auf einem gesicherten Pfad durch eine Märchenlandschaft aus ausgewaschenen Felsen.

96 Längst haben die Indianer im nördlichen Arizona das Geschäft mit den Touristen aus aller Welt entdeckt. An einfachen Holztischen verkaufen sie Schmuck und andere handwerkliche Arbeiten. Feilschen ist Voraussetzung für einen günstigen Kauf.

auf der Talsohle häufig auf über 40 Grad Celsius an, selbst wenn oben am Canyonrand ein kühler Wind weht. Bevor man sich auf eine Wanderung begibt, sollte man sich unbedingt bei einem Parkranger über eine geplante Tour informieren, weil die Bedingungen im Canyon mit denen in den Alpen oder anderen Gebirgen nicht vergleichbar sind. Wer im Canyon übernachten will, braucht eine (kostenlose) Genehmigung.

An der South Rim beginnen vier bekannte Trails. Der am häufigsten frequentierte ist der ***Bright Angel Trail***, der im Jahr 1891 als Zugang zu den damals im Canyon betriebenen Bergwerken angelegt wurde. Der heute auch von den Mulikarawanen genutzte Pfad führt hinab nach ***Indian Gardens*** und weiter zur *Silver Suspension Bridge* über den Colorado bzw. zur ***Phantom Ranch***, dem einzigen Übernachtungsbetrieb im Canyon. Dort können bis zu 100 Wanderer verpflegt und in Schlafsälen bzw. *Cabins* untergebracht werden. Ein Abstecher führt von diesem Trail von Indian Gardens zum *Plateau Point*, einem Felstisch direkt über dem Colorado River.

Der ***South Kaibab Trail***, der am ***Yaki Point*** beginnt, existiert seit 1928, als er vom NPS angelegt wurde. Er ist erheblich steiler als der Bright Angel Trail und führt ebenfalls zur Phantom Ranch, von wo man zur North Rim gehen oder auf dem Bright Angel Trail ins Village zurückkehren kann. ***Hermit Trail*** wird von der Parkverwaltung nicht instandgehalten. Der Pfad führt von Hermits Rest 14,5 Kilometer weit zum Colorado River und kreuzt, bevor man den Fluß erreicht, den ***Tonto West Trail***, der in etwa dem Coloradolauf folgt. Nur knapp 5 Kilometer lang ist der ***Grandview Trail***, der vom ***Grandview Point*** sehr steil zur *Horseshoe Mesa* führt, wo bis 1907 Kupfererz gefördert wurde. An der North Rim beginnen zwei instandgehaltene Pfade, der 22 Kilometer lange ***North Kaibab Trail*** sowie der 19 Kilometer lange ***Ken Patrick Trail***.

Obwohl der Colorado im Grand Canyon durch Staustufen und andere Maßnahmen entschärft wurde, bildet eine Floßfahrt durch die wilde Schlucht immer noch ein nervenzerfetzendes Abenteuer. Dutzende von Unternehmen veranstalten solche Wellenritte von unterschiedlicher Länge und Zeitdauer.

Informationen

Auskünfte: Visitor Information Center, Grand Canyon Village, AZ 86023, P.O. Box 129, Tel. 602/638–7888, geöffnet tägl. 8- 17 Uhr; Informationen bekommt man auch an jedem Parkeingang. Ein weiteres Tourist Center befindet sich im Gebäude des IMAX-Theater in Tusayan, Tel. 602/638–2626, geöffnet Mai–Oktober 8–20 Uhr.
Reisezeit: Während die South Rim ganzjährig geöffnet ist, bleibt North Rim je nach Witterung von etwa Oktober bis Mitte Mai wegen des dort liegenden Schnees geschlossen. Die besten Reisezeiten liegen vor Memorial Day (letzter Montag im Mai) und nach Labor Day (erster Montag im September), wenn die Hauptsaison noch nicht begonnen hat bzw. bereits zu Ende ist.
Unterkünfte: Die meisten Übernachtungsmöglichkeiten gibt es im Grand Canyon Village, doch kann man an der South Rim auch nach Tusayan bzw. notfalls sogar nach Flagstaff ausweichen. An der North Rim ist die Grand Canyon Lodge das einzige Hotel. Die Kaibab Lodge liegt 3 Meilen außerhalb des Parks. Grundsätzlich sollte man Motels und Hotels am Grand Canyon wegen des großen Besucherandrangs rechtzeitig reservieren (Vorab-Reservierungen Tel. 602/638–2401; Reservierungen am jeweiligen Tag Tel. 602/638–2631).
Camping: An der South Rim liegen zwei Campingplätze, nämlich Mather Campground (Reservierung Tel. 900/370–5566) und Desert View Campground (keine Reservierung möglich) sowie ein Trailer Village für Campmobile (Tel. 801/638–2401) beim Mather Campground. Weitere kommerzielle Campingplätze findet man außerhalb der Parkgrenze südlich von Tusayan und am Highway 64. An der North Rim gibt es nur einen Campingplatz (Tel. 801/ 638–2401). Im Grand Canyon Village gibt es auch eine Jugendherberge, für die telefonisch keine Reservierungen möglich sind.
Aktivitäten: Kaum ein anderer Nationalpark kann mit dem Grand Canyon konkurrieren, wenn es um Aktivitäten geht. Wandern, Reiten, Floßfahren gehören zu den ›klassischen Betätigungen‹, doch bietet der NPS eine Vielzahl von weiteren Möglichkeiten an, die in den Info-Blättern der Parkverwaltung ausgedruckt sind (wie Beschäftigung mit der indianischen Geschichte, mit

Geologie, Pflanzen, Tieren und sogar mit den Sternen über dem Canyon).
Touren: Viele begleitete Rangertouren mit unterschiedlichen Themen werden angeboten, auch Foto-Touren unter professioneller Führung. Flüge über den Canyon starten in Tusayan (Kenai Helicopters Tel. 602/638–2412). Floßfahrten (1–18 Tage) auf dem Colorado River werden von rund einem Dutzend Unternehmen veranstaltet (zum Beispiel Arizona River Runners, P.O. Box 2021, Marble Canyon, AZ 86036, Tel. 602/355–2224 oder Canyoneers, Inc., P.O. Box 2997, Flagstaff, AZ 86003, Tel. 602/526–0924).

Petrified Forest National Park

Wald aus Stein

Der Schein trügt. Wo sich heute eine trockene, nur von hartem Gras und niedrigen Büschen bewachsene fast steppenartige Ebene von Horizont zu Horizont erstreckt, bedeckte vor langer Zeit dichter Wald das Land, das von Flüssen und Bächen durchzogen war. Untrügliche Beweise dafür gibt es millionenfach: zerbrochene Baumstämme, die in weitem Umkreis den Boden bedecken und teilweise aussehen, als seien sie erst vor wenigen Jahrzehnten umgestürzt. Aber seit der alte Wald gestorben ist, sind tatsächlich Millionen Jahre vergangen, und das Holz hat sich längst in Stein verwandelt, in den ***Petrified Forest***.

Wäre das Terrain, das früher *Chalcedony Park* hieß und heute als National Park ausgewiesen ist, nicht schon im Jahr 1906 als National Monument unter Schutz gestellt worden, müßte man versteinertes Holz heutzutage in der Gegend wahrscheinlich mit der Lupe suchen. Bis um die Mitte des 19. Jahrhunderts hatten sich weder die durchziehenden Spanier noch die seit Jahrhunderten dort lebenden Indianer um die versteinerten Baumstämme gekümmert, die überall herumlagen. Dann jedoch wurden die ersten Reisenden auf die in allen Farben glänzenden Versteinerungen aufmerksam und begannen, Jagd auf die schönsten Stücke zu machen. Gegen Ende des 19. Jahrhunderts, als die Region per Eisenbahn erreichbar geworden war und immer mehr Siedler ins nordöstliche Arizona strömten, entwickelte sich das Sammeln von fossilem Holz zu einem verbreiteten ›Sport‹ und schließlich sogar zu einem profitablen Gewerbe.

Gewiefte Geschäftsleute polierten Stücke zu Kamintischen und Untertassen oder schliffen sie in dekorative Figuren, Briefbeschwerer oder Schmuckstücke um, so daß diese zu Stein gewordene, Millionen Jahre alte Vergangenheit Arizonas mehr und mehr aus der Gegend verschwand. Nachdem erste Schutzmaßnahmen im Süden des heutigen Parks schon 1906 ergriffen worden waren, kam der nördliche Teil 1932 hinzu, ehe im Jahr 1962 das gesamte Terrain zum Nationalpark erhoben wurde. Seither gilt für versteinertes Holz, und mögen die Stückchen auch noch so klein sein, ein absolutes Sammelverbot. Bei dringendem ›Tatverdacht‹ schrecken die Ranger auch nicht davor zurück, ein Auto zu durchsuchen, weil nur durch so strikte Maßnahmen der ›Totalausverkauf‹ von Petrified Forest unterbunden werden kann. Dennoch braucht man auf Souvenirs nicht zu verzichten. In den Besucherzentren kann man große und kleine Stücke kaufen.

Besichtigung

Der Petrified Forest National Park liegt östlich von Holbrook etwa zwischen der Interstate 40 im Norden und Highway 180 im Süden. Man kann die 47 Kilometer lange Strecke durchs Parkgelände von Norden nach Süden, aber auch in entgegengesetzter Richtung fahren (die vorliegende Beschreibung erfolgt von Süden nach Norden). Die Route führt dabei durch drei ganz unterschiedliche Teile.

Im Süden beginnt der Park mit jener Sektion, die ihm seinen Namen gab. An mehreren Stellen, teilweise über kurze Abstecher von der Hauptroute erreichbar, findet man dort Überreste versteinerten Holzes. Am dekorativsten sind die Stücke entlang dem *Giant Logs Trail*, der hinter dem ***Rainbow Forest Museum*** in der Nähe des ***Visitor Center*** beginnt. Dort kann man sich zunächst in Theorie üben und mit aufschlußreichen Informationen darüber versorgen, wie der Prozeß der Versteinerung

97 Über 200 Millionen Jahre alt sind die versteinerten Baumstämme, die den Petrified Forest National Park im östlichen Arizona zu einer Weltberühmtheit gemacht haben.

über lange Zeiträume ablief. Umgestürzte Bäume wurden durch Bäche und Flüsse vor rund 220 Millionen Jahren in tieferliegende Ebenen geschwemmt und dort in Sedimenten unter Luftabschluß ›beerdigt‹. Durch den weitgehenden Ausschluß von Sauerstoff verlangsamte sich der normalerweise stattfindende Zerfallsprozeß vor allem von dicken und deshalb resistenteren Baumstämmen. Im Wasser enthaltene Mineralien drangen in die Holzzellen ein und füllten sie über Jahrmillionen mit Silikaten aus, und zwar ohne die biologischen Strukturen des Holzes zu verändern. Das ist der Grund dafür, daß auch heute noch mancher fossile Baumstamm eher nach Holz als nach Stein aussieht.

Auf dem ***Giant Logs Trail*** liegen die größten Stücke von fossilem Holz, die darauf schließen lassen, daß es sich einstmals um Bäume von bis zu 60 Meter Höhe gehandelt haben muß. Noch imposanter als die Ausmaße sind teilweise die Verfärbungen, die durch unterschiedliche Mineralien und Metallverbindungen wie Kupfer, Kohle, Mangan und Eisen verursacht wurden. Die Wissenschaft hat sogar herausgefunden, daß es sich bei den meisten versteinerten Bäumen um Schuppentannen (Araucarioxylon) handelt, deren Verwandte heute noch in Südamerika, Australien und Neuseeland vorkommen.

Überquert man die Hauptstraße durch den Park von den Giant Logs in Richtung Osten, kommt man zum *Long Logs Nature Trail*, einem Pfad, der von zahlreichen bis zu 30 Meter langen Stämmen gesäumt wird. Über den befestigten Weg kommt man auch zu *Agate House*, einer über 700 Jahre alten indianischen Behausung, die komplett aus versteinertem Holz gebaut wurde.

An weiteren Besichtigungspunkten vorbei erreicht man *Agate Bridge*, einen versteinerten Stamm, der von einem kleinen Canyon unterspült wurde und heute eine Brücke bildet. Da der Stamm schon vor einem halben Jahrhundert durchzubrechen drohte, gab man ihm eine wenig ansehnliche Stütze aus Beton. Nach ***Blue Mesa*** führt eine kleine Stichstraße hinauf, an deren Ende man vom Parkplatz aus in die vor allem bei abendlicher Sonneneinstrahlung vielfarbig leuchtenden ***Badlands*** absteigen kann.

Beim *Newspaper Rock* gelangt man in den mittleren Teil des Parks, der durch eine Vielzahl indianischer Ruinen und Petroglyphen gekennzeichnet ist. Insgesamt gibt es im Park rund 300 archäologische Stellen, wo Zeugnisse menschlicher Existenz gefunden wurden, von Tonscherben bis zu ganzen Wohnanlagen. Die ältesten waren vermutlich bereits um das Jahr 500 von den Anasazi-Indianern bewohnt, die in der Region bis um das Jahr 1300 lebten, dann aber wahrscheinlich nach New Mexico zogen. Die größte Anasazi-Behausung im Park ist ***Puerco Ruin*** mit ursprünglich etwa 75 Räumen.

Knapp zehn Kilometer nördlich von Puerco Ruin fängt beim *Lacey Point Overlook* mit der ***Painted Desert*** der dritte und nördlichste Teil des Nationalparks an. Die Amerikaner nennen diese von Wasser und Wind auserodierten Formationen auch Badlands, weil sie einen wüstenhaften, lebensfeindlichen Eindruck machen. Unter entsprechender Sonnenbeleuchtung wird diese Painted Desert, die sich fast bis zum Grand Canyon erstreckt, aber eine Zauberlandschaft in den schönsten Regenbogenfarben, weil dann unterschiedlich gefärbte Sedimentschichten deutlich sichtbar werden. Weitere Aussichtspunkte auf diese Landschaft folgen entlang der Durchgangsstraße, die am 1924 erbauten ***Painted Desert Inn*** (heute als Museum genutzt) vorbei zum Nordeingang bzw. -ausgang des Parks führt. Im dortigen Visitor Center wird ein 17minütiger Film mit dem Titel *The Stone Forest* über den Nationalpark gezeigt, in dem man Informationen über die Entstehung der heutigen Landschaft sowie des versteinerten Holzes anschaulich dargeboten bekommt.

Bäume waren vor Urzeiten keineswegs die einzigen Lebewesen, die einen Prozeß der Versteinerung durchliefen. Neben fossilem Holz legt die Erosion auch andere fossile Pflanzen, wie Farnarten und Insekten, z. B. Kakerlaken, frei, die vor rund 200 Millionen Jahren in dieser Region existierten. Andere interessante Funde auf dem Gebiet des Petrified Forest National Park erinnern an längst ausgestorbene Wirbeltiere wie den alligatorähnlichen Phytosaurier oder bestimmte pflanzenfressende Spezies, aber auch unterschiedliche Fischarten.

98/99 Der Petrified Forest zeichnet sich nicht nur durch das von mineralischen Verunreinigungen verfärbte »Steinholz« aus, sondern bietet mit der Painted Desert auch eine atemberaubende Erosionslandschaft, in der man nur auf sehr karge Vegetation trifft.

Informationen

Auskünfte: Petrified Forest National Park, P.O. Box 2217, Petrified Forest, AZ 86028, Tel. 602/524–6228. Sowohl am Nord- als auch am Südeingang des Parks gibt es eine Touristeninformation.
Reisezeit: Der Park ist im Sommer von 6–19 und im Winter von 8–17 Uhr geöffnet. Durch Schneefälle kann die Durchgangsstraße in der kalten Jahreszeit u.U. blockiert sein.
Unterkünfte: Innerhalb des Parks gibt es keine Übernachtungsmöglichkeiten. Der nächstgelegene größere Ort ist das 32 Kilometer entfernte Holbook, wo es einige Motels gibt.
Camping: Weder im Park selbst noch in nächster Umgebung gibt es Campingmöglichkeiten.
Aktivitäten: Im Park kann man nur wandern. An den Informationsstellen gibt es Broschüren über Wanderpfade ins Hinterland, die u.a. zur Onyx Bridge in der Black-Forest- Gegend führen, wo ein rund 15 Meter langer versteinerter Baumstamm liegt.
Touren: Im Park werden keine Touren angeboten.

Arches National Park

Sandstein auf Biegen und Brechen

Der Südwesten der USA weist zahlreiche Landschaften auf, in denen die Natur wahre Kapriolen schlägt und einzigartige Felsformationen zustande gebracht hat. Geradezu künstlerisch hat sie sich im Arches National Park betätigt, wo auf einer relativ kleinen Fläche von nur knapp 300 Quadratkilometern die weltweit größte Ansammlung von Naturbögen zu sehen ist. Unter den mehr als 200 Bögen sind etwa 90 mit teils beträchtlichen Ausmaßen, darunter *Landscape Arch* mit einer Spanne von etwa 100 Metern, der damit zusammen mit dem *Kolob Arch* im Zion National Park als größter Naturbogen der Welt gilt. Neben diesen beiden Rekordbögen wurden in den vergangenen Jahrzehnten auch viele andere mit teils beträchtlichem technischem Aufwand vermessen, um eine Rangliste für die Staaten des Südwestens aufstellen zu können.

Daß gerade in diesem Teil des Colorado-Plateaus so viele naturgeschaffene Brücken und Bögen existieren, hat einen besonderen Grund. Vor etwa 300 Millionen Jahren war diese beckenartige Region Utahs von einem Binnenmeer bedeckt, das über lange Zeiträume hinweg durch Klimaveränderungen verschwand. Zurück blieb ein mehrere tausend Meter mächtiges Salzbett, auf dem spätere Meere sowie die Kräfte der Erosion nach und nach Sedimente ablagerten, die sich unter dem zunehmenden Gewichtsdruck des Materials zu Sandstein verhärteten. Unter der gigantischen Belastung begann das instabile Salzbett nachzugeben, so daß sich die Sandsteinschichten im Untergrund mit der Zeit zu ›verbiegen‹ begannen. In späteren Zeitaltern legte Erosion diese ›verbogenen‹ Felsen bloß und höhlte sie zu jenen Bögen aus, die man heute vielerorts im Park bewundern kann.

Besichtigung

Der ***Arches National Park*** besitzt nur einen Eingang etwa acht Kilometer nördlich des Städtchens ***Moab***, das wie eine grüne Oase südlich des Colorado River in einem durch Tektonik vor rund sechs Millionen Jahren entstandenen Tal zwischen roten Sandsteinabbrüchen liegt. Seit der Park im Jahr 1971 zum Nationalpark erhoben wurde und immer mehr Besucher anzog, entwickelte sich der früher vom Uranbergbau lebende, von Mormonen gegründete Ort zu einer kleinen Urlauberhochburg, die neben Parkbesuchern vor allem eine weitere, spezielle Klientel anzieht: Wassersportler, die mit Kajaks oder Schlauchbooten den nahegelegenen Colorado River befahren. So gibt es in Moab zahlreiche Unternehmen, die sich dieser Kundschaft widmen, Ausrüstung verleihen und eigene Touren anbieten.

Dennoch übt weiterhin der Arches National Park die größte Zugkraft in der Gegend aus. Das Parkgebiet liegt im Durchschnitt zwischen 1500 und 1700 Meter hoch und besteht im wesentlichen aus fünf Teilen, wo man kleine oder größere Wanderungen zu den einzelnen Naturwundern unternehmen kann. Durch den gesamten Park führt in Süd-Nord-Richtung eine 40 Kilometer lange

100 Über den Turret Arch im Arches National Park hinweg blickt man auf die Manti-La Salle Mountains im Hintergrund, die zu der bizarren Bogenlandschaft einen wunderbaren Kontrast bilden.

101 Ohne Zweifel sowohl der bekannteste als auch der spektakulärste Bogen im Arches National Park: Delicate Arch. Wenn sich dieser Superbogen im letzten Licht des Tages vom Himmel abhebt, bekommt das Wort »Naturwunder« einen ganz konkreten Sinn.

Folgende Abbildung:

102 Ein Monument aus rotem Sandstein ist der Tower of Babel im Arches National Park, der sich im Gebiet der Courthouse Towers in den Wolkenhimmel erhebt.

103 | 104

103 **Von beeindruckender Monumentalität ist der Double Arch in der Window Section im Arches National Park, wo zwei nebeneinander befindliche Naturbögen ein großartiges Ensemble bilden.**

104 **In den Trockengebieten des amerikanischen Westens sieht man im Frühjahr häufig die intensiv blauroten Blüten von Kakteen aus der Landschaft leuchten.**

Asphaltstraße, von der man über Abstecher diese einzelnen Sektionen erreicht.

Gleich nachdem man den Parkeingang passiert hat, steigt die Straße in Serpentinen an, von denen man einen schönen Blick über Moab und seine Umgebung hat. Am Aussichtspunkt ***South Park Avenue*** lohnt sich ein Halt, weil man von dort auf einen wunderschönen Parkteil blickt, der von hochaufragenden, erodierten Sandsteinwänden flankiert ist, als handle es sich um die Überreste einer ehemaligen Wolkenkratzerschlucht. Auf einem 1,6 Kilometer langen Pfad kann man vom Parkplatz durch die sogenannte *Park Avenue* bis zum Parkplatz an der *North Park Avenue* gehen, wo die ***Courthouse Towers,*** der ***Turm zu Babel*** sowie die auffallende Felsformation ***The Three Gossips*** (Die drei Klatschbasen) stehen. Auf einer kleinen Schautafel ist dort anschaulich erklärt, wie Wind und Wetter eine Felswand aushöhlen können. Auf dem Spaziergang über die Park Avenue kann man sich auch mit der in Arches wachsenden Vegetation vertraut machen, die zum Beispiel aus Wacholderbäumen, weißblühenden *Gilbert Yuccas*, zahlreichen Kakteenarten sowie Schachtelhalmsträuchern besteht, die man in Amerika auch *Mormonentee* nennt.

Auf der Weiterfahrt säumt zur Linken ***The Great Wall*** die Straße, und an der Basis dieser roten Sandsteinmauer kann man an manchen Stellen deutlich erkennen, wie der Untergrund unter dem Gewicht der Gesteinsschichten teilweise nachgegeben hat. Auf der rechten Straßenseite passiert man eine Landschaft mit versteinerten Dünen. In unmittelbarer Nachbarschaft der Abzweigung zur *Window Section* steht mit ***Balanced Rock*** eine der bekanntesten Formationen im Park. In 22 Meter Höhe balanciert ein 3600 Tonnen schwerer, knapp 18 Meter hoher Felsen aus Entrada-Sandstein auf einer zerbrechlich erscheinenden Felsbasis, so daß man sich wundert, wie lange der Brocken wohl noch sein Gleichgewicht behalten wird, ehe sein weicherer Steinfuß soweit verwittert ist, daß er die Gewichtsauflage nicht mehr zu tragen vermag.

Eine Ausnahmeerscheinung im Park ist die ***Window Section***, die man auf einem vier Kilometer langen Abstecher in Richtung Südosten erreicht. Vom Parkplatz kann man auf gut begehbaren Wegen sowohl ***North and South Window*** sowie den ***Turret Arch*** als auch den großartigen ***Double Arch*** besuchen. Schon auf der Anfahrt in diesen Parkteil erkennt man weit am südlichen Horizont die ***Manti-La Salle Mountains***, die rund 4000 Meter hoch sind und bis in den Frühsommer hinein mit ihren verschneiten Höhen eine dekorative Kulisse für die roten Bögen von Arches bilden.

Zurück auf der Hauptstraße durch den Park erreicht man nach weiteren vier Kilometern in nördlicher Richtung die Abzweigung einer Schotterstraße, die zum Parkplatz bei der ***Wolfe Ranch*** und weiter zum ***Delicate Arch Viewpoint*** führt. Von dort aus kann man in weiter Ferne den berühmtesten und schönsten Bogen von Arches erkennen, den großartigen ***Delicate Arch***, der völlig isoliert auf 1472 Meter Höhe am Rande eines Canyons steht. Wer dem Bogen einen Besuch abstatten will, begibt sich bei der ***Wolfe Ranch*** auf einen 2,4 Kilometer langen Wanderweg. Die alte Ranch im Blockhausstil mit einem zerfallenen Korral erinnert an den aus Ohio stammenden Bürgerkriegsveteranen und Siedler John Wesley Wolfe, der dort zwischen 1888 und 1910 mit seinem Sohn Fred eine Viehfarm betrieb. Man überquert den *Salt Wash* auf einer 30 Meter langen, pendelnden Hängebrücke und steigt dann auf dem markierten Weg über Sandsteinfelsen zum ***Delicate Arch*** auf, der unvermittelt auftaucht und seine Größe und Großartigkeit vor allem am späten Nachmittag offenbart, wenn er sich im schönsten Fotolicht präsentiert.

Die nächste Sektion, die man auf der Hauptstraße erreicht, ist ***Fiery Furnace***, wo Wind und Wetter seltsame, parallel verlaufende Felslamellen aus dem Gestein modellierten, die eine geologische Vorstufe der Bildung von Naturbögen darstellt. Zwischen Frühjahr und Herbst kann man sich an von Naturkundlern geführten Touren durch diese seltsame Felslandschaft beteiligen, bei denen man interessante Details über die Vergangenheit von Arches erfährt.

Nach Fiery Furnace kommt man an eine Abzweigung, wo eine Piste abbiegt, die durch das *Salt Valley* zu den knapp 15 Kilometer entfernten ***Klondike Bluffs*** führt. Da man auf dieser Strecke sehr steile Abschnitte bzw. tiefe Sandfelder bewältigen muß, sollte man diesen Parkteil nur mit Allradfahrzeugen anfahren und sich vor dem Abstecher bei der Parkverwaltung über den Zustand des Wegs erkundigen. Bekannteste Formation in diesem Parkteil, der aus dem lachsfarbenen Entrada-Sandstein und dem darüber liegenden weißen Moab-Member-Sandstein besteht, ist der Naturbogen ***Tower Arch***.

Die asphaltierte Parkstraße endet in der Sektion ***Devil's Garden***, die teilweise Formationen wie in Fiery Furnace, daneben aber auch 64 Naturbögen aufweist. Der bekannteste unter ihnen ist ***Landscape Arch***, den man auf einem 1,5 Kilometer langen Pfad durch die attraktive Landschaft erreicht. Der Bogen ist nicht nur wegen seiner Spannweite von rund 100 Metern, sondern auch wegen seiner fragilen Erscheinungsform (an der dünnsten Stelle ist er nur 1,80 Meter dick) ein ganz besonderes Erlebnis. Um ihn liegen weitere Bögen wie ***Partition Arch***, ***Navajo Arch*** sowie ***Wall Arch***, und etwa 1,2 Kilometer entfernt wölbt sich der ***Double O Arch***, von wo aus man einem einfachen Pfad in den *Fin Canyon* folgen kann.

Die Südgrenze des Parks wird durch den Colorado River gebildet, dem mit der Straße 128 außerhalb des Parkterritoriums eine landschaftlich lohnende Strecke folgt. Dieser »Scenic Drive« schlängelt sich unmittelbar am Ufer des Flusses entlang, der im Sommer meist wenig Wasser führt und träge dahinfließt. Etwa auf Höhe der Abzweigung zum Castle Valley, über das man in die rund 4000 Meter hohen Manti-La Salle Mountains hinauffahren und von dort nach Moab zurückkehren kann, liegt links der Straße White's Ranch, wo der Regisseur John Ford 1950 ein Fort als Kulisse für den Film »Rio Grande« mit John Wayne und Maureen O'Hara errichten ließ. Diese Gegend bildete in den 50er und 60er Jahren für mehr als zwei Dutzend bekannter Western den Hintergrund – kein Wunder angesichts der reizvollen Szenerie. Bleibt man an der Abzweigung zum Castle Valley auf der Straße 128, erreicht man nach rund 10 Meilen die spektakulären ***Fisher Towers***, Felsspitzen aus rotem Sandstein. Die Zufahrt zum Parkplatz ist zwar sehr holprig, doch lohnt sich dieser Abstecher, wenn man sich auf den wunderschönen Wanderweg um die Felstürme begeben will.

Informationen:

Auskünfte: Arches National Park, Visitor Center, an der Straße 191, Moab, UT 84532, P.O. Box 907, Tel. 801/259–8161, geöffnet in der Hauptsaison täglich 8–19, in der Nebensaison 8–16.30 Uhr.
Reisezeit: Der Park ist ganzjährig geöffnet. Am angenehmsten sind die Temperaturen dort im Frühsommer und im Herbst, während die Temperaturen im Hochsommer häufig auf über 40 Grad Celsius ansteigen.
Unterkünfte: Im Park selbst gibt es weder Hotels noch Motels, doch ist Moab mit vielen Unterkunftsmöglichkeiten ausgestattet. In Anbetracht der großen Populariät des Parks sollte man in der Hauptsaison vor allem an Wochenenden vorab reservieren.
Camping: Der einzige ausgewiesene Campingplatz liegt in der Sektion Devil's Garden (53 Plätze). Wer dort sein Zelt aufstellen will, muß in der Hochsaison rechtzeitig an Ort und Stelle sein. Im Hinterland ist Campen auch erlaubt, doch braucht man dazu eine kostenlose Genehmigung.
Aktivitäten: Arches ist ein Nationalpark für Wanderer. Neben den markierten Pfaden um die Hauptsehenswürdigkeiten gibt es im Hinterland viele Hiking-Möglichkeiten, doch existieren dort keine gekennzeichneten Wege. Ein kostenloses Permit ist für Touren in diesen abgelegenen Gegenden erforderlich. Klettern ist, von den bekannten Bögen abgesehen, ebenso erlaubt wie Radfahren auf den befestigten Straßen.
Touren: Die einzige von Rangern geführte Tour wird zwischen Frühjahr und Herbst durch den Teil Fiery Furnace angeboten.

Bryce Canyon National Park

Der rote Superstar

Schon vor vielen Jahren haben amerikanische Reisejournalisten damit begonnen, alljährlich ihr beliebtestes Reiseziel in den Vereinigten Staaten zu wählen. Schon mehrfach fiel ihre Wahl auf einen ganz besonderen Kandidaten: den ***Bryce Canyon National Park***. Selbst im von Naturwundern so überaus großzügig bedachten Südwesten des Bundesstaates Utah stellt dieser Park eine absolute Ausnahmeerscheinung dar, weil

105 Niemand kommt an Bryce Canyon vorbei. Dieser Nationalpark im südwestlichen Utah zählt mit seiner typischen ziselierten Felslandschaft zum Schönsten, was der Westen der USA zu bieten hat.

Folgende Abbildung:

106 Im Frühjahr noch übriggebliebene Schneereste machen aus dem roten Amphitheater von Bryce Canyon eine Formen- und Farbenoper, die in der Welt ihresgleichen sucht.

er das Bizarrste an Landschaft aufweist, das man sich vorstellen kann. Kein Wunder, daß die alten Indianer einen möglichst großen Bogen um Bryce machten, weil sie die Landschaft als Manitous heiliges Meisterwerk verehrten und zugleich fürchteten. Ebenezer Bryce, ein Mormonensiedler, nach dem der Park benannt wurde, gewann der steinernen Traumlandschaft einen ganz anderen Aspekt ab. Er nannte sie »einen höllischen Platz, um dort eine Kuh zu verlieren«. Wer je auf einem der zahlreichen Pfade durch das Felslabyrinth gegangen ist, wird die Meinung des Farmers nachempfinden können.

Steht man an einem der Aussichtspunkte am Rande des sogenannten ***Amphitheaters***, das den sehenswertesten Teil des Parks ausmacht, und blickt über das filigran wirkende Becken mit zerbrechlichen roten und gelben Steinpfeilern und Felsnadeln, kommt einem diese Landschaft wie ein riesiges Kunstwerk vor. Dabei unterscheidet sich die Genesis von Bryce im wesentlichen nicht von der anderer Erosionslandschaften, in denen ebenfalls die selbstzerstörerischen Kräfte der Natur am Werk sind.

Entstehungsgeschichte

Überblickt man die gesamte Entstehungsgeschichte von Bryce Canyon, offenbaren drei geologische Prozesse ihre Auswirkungen: Ablagerung, Anhebung und Erosion. Vor etwa 70 Millionen Jahren existierte in der Region ein von Geologen *Lake Flagstaff* genanntes riesiges Gewässer, das von Bergketten umgeben war, aus denen über lange Zeiträume hinweg vor allem weiche, schlammige Sedimente in den See gespült wurden, die heute in Bryce offenliegen und in der Fachsprache *Wasatch Formation* oder wegen ihrer Farbe *Pink Cliffs* genannt werden. Über Flüsse und Bäche gelangten Kalziumkarbonate in den Lake Flagstaff, die für die anderen sedimentären Bestandteile als verbindender ›Zement‹ dienten.

Vor 25 Millionen Jahren begann der zweite geologische Prozeß wirksam zu werden, der Bryce zu seinem unvergleichlichen Aussehen verhalf. Die gesamte Region des südlichen Utah und nördlichen Arizona begann sich bis etwa 3000 Meter über den Meeresspiegel anzuheben, während gleichzeitig Lake Flagstaff zu verschwinden begann. Die dafür verantwortlichen Kräfte im Erdinnern waren so stark, daß der nach oben gedrückte Landstrich, das Colorado Plateau, in große Einzelplatten zerbrach, von denen im südwestlichen Utah sieben existieren. Auf einer dieser Platten, dem *Paunsaugunt Plateau*, liegt Bryce.

Dritter Gestalter von Bryce war und ist die Erosion, vor allem die mechanische Abtragung durch Wasserkraft. Bryce liegt auf einer Höhe zwischen 2400 und 2800 Meter, so daß der erste Schnee häufig schon im Oktober fällt und sich bis zum Mai hält. Messungen haben ergeben, daß an über 200 Tagen im Jahr ein Gefrier- und Auftauprozeß an den roten Felsnadeln nagt, die man *hoodoos* nennt. Dadurch werden Risse und Sprünge im Gestein verbreitert und ausgeschwemmt, wodurch sich das Gesicht des Nationalparks ständig verändert. Jahrelang war beispielsweise der Wanderpfad durch die ***Wall Street***, eine enge Schlucht im Amphitheater, durch umgestürzte Felsen blockiert, ehe der steile Serpentinenweg wieder geöffnet werden konnte. Aber auch jetzt bleiben die Veränderungen demjenigen, der häufig nach Bryce kommt, nicht verborgen. Denn ab und zu schwemmt ein Regenguß eine Serpentinenschleife weg oder ist im Frühjahr plötzlich ein Felsturm von der Bildfläche verschwunden.

Besichtigung

Bryce Canyon liegt im südwestlichen Utah im Osten von ***Cedar City***. Den einzigen Parkeingang erreicht man auf der Straße 12 von Norden her. Dort liegt auch das Besucherzentrum, wo man sich mit Informationen versorgen sowie eine Dia-Show über den Park sehen kann.

Durch den langgezogenen Bryce Canyon National Park führt eine 32 Kilometer lange Asphaltstraße bis zum 2776 Meter hoch gelegenen ***Rainbow Point***. Wer noch weiter nach Süden will, muß zu Fuß gehen. Der schönste Parkteil, das ***Amphitheater***, liegt ganz im Norden in der Nähe des Besucherzentrums bzw. der *Bryce Canyon Lodge*. Diese Sektion ist im Grunde genommen kein Canyon, sondern der in Form eines Halbkreises erodierte Rand eines Plateaus, der nach Messungen in einem Jahrhundert

107 Eine Freude für jeden Parkbesucher sind die Streifenhörnchen, die im amerikanischen Westen fast allgegenwärtig sind. Wer sie füttert, kann Ärger mit den Parkrangern bekommen.

jeweils rund einen Meter abbröckelt und sich nach hinten verschiebt.

An dieser Abbruchkante liegen fünf Besichtigungspunkte, die allesamt einen Besuch wert sind. Der nördlichste ist der ***Fairyland Point***. Von ihm zieht sich der ***Rim Trail*** in Richtung Süden zum ***Sunrise Point***, von dem der Weg entlang der Kante bis zum ***Sunset Point*** asphaltiert und damit auch für Rollstuhlfahrer zugänglich ist. Vierter Aussichtspunkt ist ***Inspiration Point***, ehe der Pfad um den oberen Rand des Amphitheaters bei ***Bryce Point*** endet, vielleicht dem spektakulärsten Ausguck auf die seltsame und zugleich wunderschöne Landschaft. Alle fünf Punkte kann man auch mit dem Auto anfahren, doch sind die Parkplätze in der Hochsaison manchmal überfüllt, so daß man sich besser zu Fuß auf den Weg macht, zumal man mit dem Rim Trail eine Wanderstrecke vor sich hat, die zu den schönsten und zugleich am leichtesten begehbaren im ganzen Südwesten zählt.

Eine Steigerung bildet nur noch der Abstieg in das rote Labyrinth der *hoodoos*, einen steinernen Irrgarten von phantastischer Schönheit, in dem schon mancher Amateurfotograf, von der Begeisterung getragen, seine Filmreserven unabsichtlich stark überstrapaziert hat. Hinter jeder Wegbiegung warten neue, vielleicht noch schönere Aussichten, so daß man die Anstrengungen des Ab- bzw. Aufstieges gern vergißt.

Wandern im Bryce Canyon

Am bekanntesten und einfachsten ist der 8,9 Kilometer lange ***Rim Trail*** vom ***Fairyland Point*** zum ***Bryce Point***, der über nur wenige Steigungen verfügt. Vom ***Bryce Point*** kann man den Trail, der nun den Namen ***Under-the-Rim Trail*** trägt, in Richtung Süden bis zum 18 Kilometer entfernten ***Yovimpa Point*** fortsetzen. Aufstiege vom Pfad zur Autostraße gibt es an verschiedenen Stellen.

Am meisten frequentiert sind die Wanderpfade im Amphitheater. Steigt man am Sunrise Point ab, kann man durch den ***Queen's Garden*** bis unterhalb des Sunset Point gehen und über den Pfad durch die sehenswerte Wall Street wieder aufsteigen oder die Wanderung über den ***Peekaboo Loop Trail*** bis zum Bryce Point fortsetzen. Selbst in der Hauptsaison sind die Pfade im Amphitheater nicht überlaufen. Wer noch mehr Abseitigkeit und Stille sucht, ist auf dem ***Fairyland Loop Trail***, der am Fairyland Point beginnt und zwischen North Campground und Sunrise Point endet, besser aufgehoben, weil dieser knapp 8 Kilometer lange Pfad erfahrungsgemäß von nur wenigen Wanderern begangen wird. Im äußersten Süden des Parks kann man sich auf den 14 Kilometer langen ***Riggs Spring Loop Trail*** machen, eine Rundtour, die am Yovimpa Point beginnt und endet und für die man etwa 4 Stunden veranschlagen sollte.

Bei Wanderungen im Bryce Canyon National Park sollte man sich vergegenwärtigen, daß die leichteste Wegstrecke, der Abstieg in den Canyon, jeweils am Beginn einer Route liegt, während der teils steile Aufstieg dann erfolgt, wenn man u.U. bereits eine kräftezehrende Strecke hinter sich gebracht hat. Unten im Canyon können die Temperaturen im Sommer schweißtreibende Höhen erklimmen. Trinkbares muß man selbst mitnehmen, da es nirgendwo Wasserstellen gibt.

Unschwer läßt sich auf einer Wanderung im Canyon feststellen, daß das Gestein weich ist und leicht zerbröckelt. Kletterversuche an *hoodoos* sind deswegen nicht nur unangebracht, sondern äußerst gefährlich – davon abgesehen auch verboten. Bei Regen verwandeln sich die Wanderwege in kurzer Zeit in Schlammpisten, auf denen die Standfestigkeit selbst mit gutem Schuhwerk schnell abnimmt. Bei sommerlichen Gewittern bilden die hohen Ponderosa-Kiefern im Canyon häufig das Ziel von Blitzschlägen, so daß man bei diesen Wetterbedingungen auf eine Wanderung verzichten sollte.

Wer den Bryce Canyon ausgiebig genossen hat, kann sich auch außerhalb der Parkgrenzen drei weiteren interessanten Gebieten widmen. Auf der Fahrt über die Straße 12 in Richtung Hauptstrecke 89 kommt man durch den ***Red Rock Canyon***, der ähnliche Formationen wie der Bryce Canyon aufweist, nur sind die *hoodoos* dort noch intensiver rot. Ein Bryce Canyon im Kleinformat ist das ***Cedar Breaks Nat. Monument***. Orientiert man sich nach Osten, kann man dem ***Kodachrome Basin State Park*** mit seinen seltsamen Formationen einen Besuch abstatten.

108 Vom Rim Trail über dem Amphitheater hat man an vielen Stellen einen wunderbaren Überblick über die »hoodoo«-Landschaft des Bryce Canyon.

109 Einer der beliebtesten Wanderpfade im Park führt über den Queens Garden Trail, über dem die roten Felstürme in den Himmel ragen. Einen ganz besonderen Reiz besitzt diese Landschaft im Winter.

0 Die Straße durch
n Bryce Canyon
ational Park endet
Süden beim Rain-
w Point, wo ähnli-
e Formationen zu
hen sind wie im
nphitheater gleich
im Parkeingang.

1 Vom Bryce Point
s erkennt man
utlich, wie Wind und
etter die seitlichen
nyonwände abtra-
n. In einem Jahrhun-
rt weicht die Ab-
uchkante um etwa
en Meter zurück.

2 Blick vom Sunrise
int ins Amphitheater
n Bryce. Nirgendwo,
m Cedar Breaks
tional Monument in
ah abgesehen, bietet
Landschaft Ameri-
s ein ähnlich bizar-
Schauspiel mit
inernen Komparsen.

Informationen

Auskünfte: Bryce Canyon National Park, Visitor Center, General Delivery, Bryce Canyon, UT 84717, Tel. 801/834–5322, geöffnet in der Hauptsaison täglich 8–20 Uhr, Nebensaison 8–16.30 Uhr. Im Visitor Center wird in regelmäßigen Zeitabschnitten eine vertonte Dia-Show über den Park und die dortige Flora und Fauna gezeigt, die einen auf die Natur und die Sehenswürdigkeiten einstimmt, wie sie sich zu unterschiedlichen Jahreszeiten darstellen.
Reisezeit: Die beste Reisezeit liegt zwischen April und Oktober, wenn die frühen Morgen und Abende nicht mehr so kalt sind wie während der Nebensaison, wenn Schnee auf den roten *hoodoos* einen fast unwirklich erscheinenden Farbkontrast bildet. Im Hochsommer steigen die Temperaturen unten im Canyon häufig auf über 30 Grad Celsius, sind im allgemeinen aber in Anbetracht der Höhenlage des Parks gut zu ertragen.
Unterkünfte: Im Park selbst gibt es nur die Bryce Canyon Lodge, doch findet man außerhalb des Parks an der Straße 12 eine Reihe von Motels. Am nächsten ist Ruby's Inn. In der Hauptsaison sollte man vorab Zimmer reservieren, da dann häufig die Motels sogar in der weiteren Parkumgebung ausgebucht sind. Notfalls kann man im Westen bis zum Städtchen Panguitch (an der Straße 89) ausweichen, wo es zahlreiche Motels und Restaurants unterschiedlicher Preisklassen gibt.
Camping: Auf Höhe des Amphitheaters liegen der North Campground und der Sunset Campground, in dessen Nachbarschaft die von Rangern veranstalteten *Campfire Programs* abgehalten werden. Außerhalb des Parks gibt es zahlreiche staatliche wie kommerzielle Campingplätze, so auch bei Ruby's Inn.
Aktivitäten: In erster Linie ist der Nationalpark ein Wandergebiet, doch kann man dort auch radfahren und reiten. Bei Ruby's Inn außerhalb des Parks gibt es ein Gelände, auf dem den Sommer über Rodeos abgehalten werden. In der Nähe liegt der Flugplatz, von dem Hubschrauber zu Rundflügen starten.
Touren: Den ganzen Sommer über werden von Cowboys geführte Reittouren durch das Amphitheater veranstaltet, die man in der Bryce Canyon Lodge bucht.

113 Windschliff und Regen haben die Checkerboard Mesa (im Hintergrund) im Zion National Park ebenso wie die Sandsteinflanken anderer Hügel und Berge auf seltsame Weise »terrassiert«.

Zion National Park

Drama aus rotem Sandstein

Zwischen Bryce Canyon und ***Zion National Park*** liegt eine Strecke, die man mit dem Auto innerhalb von eineinhalb Stunden bequem bewältigen kann. Wer angesichts dieser Nähe zwischen den beiden Fabellandschaften optische Ähnlichkeiten erwartet, sieht sich getäuscht. Beide Nationalparks sind zwar durch Erosion geformt worden, sehen aber grundverschieden aus. Während Bryce Park filigran wirkt, macht der Zion Park einen gewaltigen Eindruck mit seinen hochaufragenden, steilen Felswänden, zwischen denen sich der ***Virgin River*** ein enges Tal gegraben hat. Aber dieser eingefräste Canyon ist nur das eine Gesicht von Zion. Zum Park gehört neben der Schlucht ein weiterer Teil, der mit seinen von Winderosion geschliffenen Felsen vollkommen anders aussieht.

Zion National Park liegt nordöstlich von St. George in der südwestlichsten Ecke des Bundesstaates Utah und ist am leichtesten über die Straße 9 erreichbar. Sie stellt eine Verbindung zwischen der Interstate 15 und dem Highway 89 her, der nach Bryce führt. Der südliche Haupteingang liegt außerhalb der kleinen Ortschaft ***Springdale*** an der Straße 9, die in Serpentinen bzw. durch einen Tunnel in Richtung Osten führt und dort den Park verläßt. Ein weiterer Eingang in den Nationalpark befindet sich 18 Meilen südlich von ***Cedar City*** an der I-15, wo eine am *Taylor Creek* bzw. *Timber Creek* entlang verlaufende Stichstraße in die sogenannte ***Kolob Canyons Section*** des Parks führt. Im Hinterland dieses Parkgebietes liegt der ***Kolob Arch***, der zusammen mit dem *Landscape Arch* im Arches National Park in der Rangliste der größten freistehenden Naturbögen auf Platz 1 liegt.

Entstehungsgeschichte

Im Grunde genommen hat Zion Canyon dieselbe geologische Vergangenheit wie Bryce Canyon, mit dem Unterschied, daß Zion nicht auf dem Paunsaugunt-Plateau des riesigen, in sieben Einzelblöcke zersprungenen Colorado-Plateaus liegt, sondern auf dem *Markagunt Plateau* und damit über ein anderes Gestein, nämlich Navajo-Sandstein, verfügt, das auf andere Art und Weise erodiert. Ein weiterer wichtiger Unterschied liegt darin, daß Zion Canyon durch den Virgin River gegraben wurde, der vor 13 Millionen Jahren zum Zeitpunkt der Anhebung der Region bereits als Flußlauf existierte und sich deshalb über Jahrmillionen immer tiefer in den roten Sandstein grub. Dieser Fels ist ziemlich hart und bildet bei Erosion fast senkrechte Wände aus, wie man sie vielerorts im Zion Park sehen kann. Das beste Beispiel dafür sind die ***Narrows***, die Schlucht des Virgin River im hinteren Teil des Zion Canyon, die kaum breiter als der Flußlauf selbst ist, über dem sich die Felswände fast zu berühren scheinen.

Weiter flußabwärts gelangt der Virgin River in weicheres Gestein, wo er ein breiteres Tal graben konnte. Da die oberen Schichten des Sandsteins wasserdurchlässig sind, sickert Feuchtigkeit durch diese Lagen, wobei der im Gestein enthaltene ›Zement‹, der die Sandkörner zusammenhält, langsam aufgelöst und der Fels damit brüchig wird. Mit dem Prozeß der Abtragung hat sich in Zion auch die Farbe mancher Felsen über die Zeiten hinweg verändert. Am häufigsten haben im Park Eisenoxide das Gestein eingefärbt, je nach Konzentration in sämtlichen Tönen zwischen Schwarz und Gelb. An manchen Stellen erkennt man auf den Höhen hellen Fels, aus dem eindringendes Wasser die Farbe nach und nach ausgewaschen hat.

Besiedlungsgeschichte

Als erste Menschen ließen sich im südlichen Utah etwa mit Beginn der modernen Zeitrechnung die Anasazi-Indianer nieder, die dort bis um 1300 lebten und bis um diese Zeit eine Hochkultur ausprägten, wie sie z.B. in den faszinierenden historischen Klippenwohnungen von Mesa Verde heute noch greifbar ist.

Als mit den spanischen Patres Escalante und Dominguez im Jahr der amerikanischen Unabhängigkeitserklärung 1776 die ersten Weißen nach Süd-Utah vordrangen, waren die Anasazi längst verschwunden und hatten den Paiute-Indianern Platz gemacht, die ein Teil der mächtigen Nation der Ute-Indianer waren. Die Paiute waren Nomaden, lebten von der Jagd und vom Sammeln von Beeren, Nüssen, Früchten und anderem, und sie wohnten in mobilen Zelten aus Tierfellen, die über ein Holzgestell geworfen wurden. Im Zion Canyon selbst ließen sich die Paiute nicht nieder, weil ihnen die schmale Schlucht mit ihren senkrechten Felswänden nicht ganz geheuer erschien.

Studiert man anhand einer Zion-Nationalparkkarte die heutigen Namen von Bergen und Felsformationen, fallen religiöse bzw. bibelhafte Bezüge bei Bezeichnungen wie *Altar of Sacrifice*, *Tabernacle Dome* oder *Three Patriarchs* deutlich ins Auge. Das hängt mit der Geschichte der weißen Besiedlung dieses Teiles des Bundesstaates Utah zusammen. Nachdem die aus dem Osten der USA kommenden Mormonen im Jahr 1847 die heutige Hauptstadt Salt Lake City gegründet hatten, schickten sie Kundschafter nach Süden, um Informationen über die dortigen Landstriche einzuholen und zu prüfen, ob sich das Land eventuell landwirtschaftlich nutzen ließ. Indianer führten 1858 mit Nephi Johnson vermutlich den ersten Weißen in den Canyon des Virgin River auf das Gebiet des heutigen Zion National Park. Aber erst vier Jahre später, nachdem die Ortschaft Springdale gegründet war, ließ sich mit Isaac Behunin der erste weiße Farmer im Canyon auf Höhe der heutigen Zion Lodge nieder. Damals trug die Schlucht noch ihren indianischen Namen *Mukuntuweap*. Die Kolonisierung des Gebietes kam jedoch bereits im Jahr 1866 mit Indianerunruhen zum Stillstand, als sich die Mormonen zur besseren Verteidigung in größeren Ortschaften sammelten.

Eine neue Ära der wirtschaftlichen Nutzung der Region begann um die Jahrhundertwende. Damals war der Bedarf an Bauholz groß, das vor allem von den Kieferbeständen auf der Hochfläche kam. Aber der Transport von dort in die tiefer gelegenen Gegenden war schwierig, so daß David Flanigan sich ein geniales System auszudenken begann. Mit mehr als 15000 Meter Telegrafendraht, Verankerungen und Rollen machte er sich an die Arbeit und konstruierte vom Ufer des Virgin River in der Nähe von *Weeping Rock* eine Seilbahn zum 1980 Meter hohen ***Cable Mountain***, über die er Holzstämme in den Canyon abseilte. Flanigans Erfindung blieb über zwei Jahrzehnte

114 Spalten und Brüche durchziehen die steilen, roten Felswände, die das Tal des Virgin River im Zion National Park flankieren. Hie und da tritt ein kleiner Wasserfall aus dem Fels.

115–117

115–118 Zum Sehenswertesten des Zion National Park zählt der Echo Canyon, eine enge Schlucht, die von den Kräften der Natur auf ganz unterschiedliche Weise gestaltet wurde. Während abgebrochene Felsblöcke an manchen Stellen Brüche bilden, die aussehen, als habe man dort den Stein abgesägt, weisen andere Formationen auf die Kraft des Wassers hin. Entsprechender Lichteinfall verwandelt die abgerundeten Canyonwände in eine Märchenlandschaft. Dort, wo Regen- und Schmelzwasser die senkrechten Felsen hinunterläuft, haben sich wundersame Streifenmuster gebildet.

bis zum Jahr 1926 in Betrieb. In dieser Zeit wurden Tausende von Festmetern Holz aus schwindelnder Höhe ins Tal transportiert. Im Jahr 1930 wurden die Seile und ihre Verankerungen größtenteils abgebaut, doch kann man am Cable Mountain heute noch die oberen Fixierungen der Kabel sehen.

Noch zur Zeit der Holzseilbahn entschied sich der Kongreß in Washington D.C. im Jahre 1919 für die Einrichtung eines Nationalparks im Virgin River Canyon. Vier Jahre später wurde die erste Straße bis Weeping Rock gebaut und in den Jahren danach bis zum heutigen Parkplatz am Ende fortgesetzt, als die Kunde vom sehenswerten Zion National Park immer mehr Besucher in die Abgelegenheit des südlichen Utah lockte.

Der Canyon Drive

Das eigentliche Zentrum des Nationalparks erreicht man von Springdale über die Straße 9, von der bei der Brücke über den Virgin River der *Zion Canyon Scenic Drive* abbiegt. Diese fünf Meilen lange Stichstraße aus rötlichem Asphalt, an der zahlreiche Parkplätze und Aussichtspunkte liegen, folgt dem Fluß bis zum letzten Parkplatz am ***Temple of Sinawava***. Auf dieser Fahrt kommt man zunächst an der im Westen liegenden ***Streaked Wall*** vorbei, einer langgezogenen, etwa 600 Meter hohen Klippe aus Navajo-Sandstein, die durch Mineralien ihre charakteristischen Streifen bekommen hat. Auf der Höhe des ***Court of the Patriarchs*** überspannt eine kleine Brücke den Virgin River an der Einmündung des *Birch Creek*. Von einem erhöhten Aussichtspunkt östlich der Straße blickt man auf die drei Patriarchen ***Abraham***, ***Isaac*** und ***Jacob*** im Westen.

Touristisches Zentrum des Parks ist der Teil um die in den 20er Jahren erbaute Zion Lodge mit ihrer Besucherinformation, einer Snack Bar sowie einem Motel mit Restaurant. Dort gibt es Parkmöglichkeiten, wo man das Auto abstellen und sich auf eine Wanderung zu den ***Emerald Pools*** machen kann, die nur etwa 130 Meter höher als die Lodge liegen und über einen schönen Pfad erreichbar sind.

Eine weitere Sehenswürdigkeit ist ***Weeping Rock***, der Weinende Felsen unterhalb des ***Cable Mountain***. Dort sickert aus einer steilen, von feuchtigkeitsliebenden Pflanzen bewachsenen Felswand aus porösem Sandstein Wasser, das etwa zwei Jahre zuvor als Regen auf der Hochfläche niedergegangen ist. Auf der gegenüberliegenden Seite des Virgin River sieht man mit ***Angels Landing*** und ***The Organ*** zwei der bekannten Riesenfelsen in der Schlucht. Bei Weeping Rock beginnen zwei lohnende Wanderstrecken. Der etwa 11 Kilometer lange ***East Rim Trail*** führt durch den bizarr ausgewaschenen *Echo Canyon* zum *Observation Point*, der mit 1983 Metern Höhe rund 600 Meter über dem Virgin River liegt. Eine andere, etwa 3 Kilometer lange Wanderung führt in den ***Hidden Canyon***, der nur über diesen schönen Pfad zugänglich ist.

Der Zion Canyon Scenic Drive endet auf dem Parkplatz beim ***Temple of Sinawava***, einer Felsformation, die nach dem wohltätigen Wolfsgott der Paiute-Indianer benannt wurde. An den Wochenenden während der Hochsaison ist der Parkplatz häufig überfüllt, so daß man entweder mit einer kleinen Bahn von der Zion Lodge aus fahren oder zu Fuß gehen muß. Auf dem Parkplatz beginnt ein befestigter Wanderweg, der etwa 1,5 Kilometer weit in die ***Narrows*** hineinführt, wo die Schlucht immer enger wird. Bei Niedrigwasser kann man den Virgin River durch das Flußbett noch kilometerweit aufwärts gehen, doch braucht man dazu Schuhwerk, mit dem man im Wasser auf den groben Kieseln festen Stand hat. Zudem sollte man sich vorab bei der Besucherinformation über die Wetterverhältnisse informieren, weil diese Wanderung im Falle von starken Regenfällen auf der Hochebene lebensgefährlich werden kann, da der Flußspiegel in der engen Schlucht innerhalb von nur wenigen Minuten dramatisch ansteigen kann.

Der obere Parkteil

Biegt man nördlich von Springdale an der Virgin-River-Brücke nicht in den eigentlichen Canyon ein, sondern setzt die Fahrt auf der Straße 9 in Richtung Osten fort, gewinnt man auf einer Serpentinenstrecke schnell an Höhe und passiert einige Punkte mit schöner Aussicht auf das Parkterrain. Durch einen 1800 Meter langen Tunnel, der 1930 unter erheblichen technischen Problemen fertiggestellt wurde, gelangt man in den oberen

119 Die »Patriarchen« genannten Felsen thronen hoch über dem Tal des Virgin River im Zion National Park. Auf manchen Berggipfeln haben die Niederschläge längst die rote Farbe aus dem Sandstein gewaschen.

Teil des Zion National Park – eine gänzlich andere Welt, auf die man sich bei einer kleinen Wanderung einstimmen kann.

Direkt nach dem großen Tunnel kann man den Wagen auf einer Parkfläche abstellen und den Wanderweg nehmen, der in etwa 20 Minuten zum ***Canyon Overlook*** führt. Der schmale Pfad, der mit einigen Steinstufen beginnt, ist teilweise in die Felswand über dem *Pine Creek* hineingehauen, besteht zum Teil aber auch aus Holzdielen, die man an die Wand angehängt und mit einem Geländer versehen hat. Der Sandstein in dieser Gegend ist vor allem durch Winderosion bizarr ausgeschliffen, und auch die Vegetation hat sich durch den Höhenunterschied von etwa 350 Meter merklich verändert. Am Canyon Overlook steht man wie am Rande einer riesigen Felsbühne, von der man über die tiefer liegenden Parkteile, durch welche die Serpentinenstraße führt, auf die Bergformation ***The Beehives*** und zum 2181 Meter hohen ***Sentinel*** hinüberblickt – ein großartiger Panoramapunkt vor allem vormittags, wenn man die Sonne im Rücken hat.

Die kurvige Straße 9 führt in Richtung östlicher Parkausgang an vielen spektakulären Windschlifformationen vorbei und erreicht als letztes Naturwunder im Park die ***Checkerboard Mesa***, eine versteinerte Düne, die über ein auffallendes Schachbrettmuster verfügt. Die Ursache für dieses Muster liegt weit in der Vergangenheit zurück, als Sand durch Wind aus wechselnden Himmelsrichtungen abgelegt wurde und die normale Erosion das ›Sandablagemuster‹ im Laufe der Zeit herausmodellierte. An zahlreichen Stellen entlang der Straße durch den oberen Parkteil gibt es Haltestellen, von denen man kleine Wanderungen durch diesen seltsam bizarren Abenteuerspielplatz der Natur machen kann, wo Blumen und Bäume mitten aus dem brüchigen Sandstein wachsen.

Ein Beispiel jüngeren Datums für solche Sandablagerungen kann man südlich von ***Mount Carmel Junction*** außerhalb des Nationalparks besichtigen. Von der Straße nach ***Kanab*** biegt eine Nebenstrecke zum 12 Meilen entfernten ***Coral Pink Sand Dunes State Park*** ab, einem korallenroten Dünenterrain, in dem man wandern und buggyfahren kann.

Informationen

Auskünfte: Zion National Park, Superintendent, Springdale, UT 84767, Tel. 801/772–3256; Kolob Canyons Visitor Center, Kolob Canyons, Tel. 801/586–9548, geöffnet Hauptsaison täglich 8–20, Nebensaison 8–17 Uhr.
Reisezeit: Der Park ist ganzjährig geöffnet. Beste Reisezeiten sind die Vor- bzw. Nachsaison (vor Memorial Day und nach Labor Day), weil dann mehr Ruhe in die Landschaft einkehrt. Im Frühjahr blühen viele Blumen; im Herbst verfärben sich die Kronen der Laubbäume. Im Juli und August brechen nachmittags häufig kurze, aber heftige Gewitter über den Park herein.
Unterkünfte: Einzige Unterkunft im Park ist die Zion Lodge, die im Sommer häufig ausgebucht ist. Motels findet man in Springdale sowie entlang dem Highway 9.
Camping: Am Ortsrand von Springdale liegen die beiden Campingplätze *Watchman* und *South Campground*, einer davon ist auch im Winter geöffnet. Bei *Lava Point* gibt es einen sehr einfachen Platz zum Zelten (Mai–Oktober).
Aktivitäten: Wandern, Felsklettern, Radfahren, Reiten, Angeln.
Touren: Geführte Reittouren kann man von Ende März bis Anfang November im Park unternehmen. Naturliebhaber können sich den Sommer über an informativen Touren zu unterschiedlichen Naturthemen beteiligen. Abends halten Ranger sogenannte Campfire Talks ab, wo man Interessantes über Flora, Fauna und Geologie des Parks erfahren kann. Für Kinder zwischen 6 und 12 Jahren gibt es von Juni bis September im Zion Nature Center spezielle Programme.

120 Eine erfrischende Open-Air-Dusche kann man sich bei den Emerald Pools im Zion Park besorgen, wo Wasser von einer überhängenden Felswand fällt.

Folgende Abbildung:

121 Von der Höhe des Echo Canyon Trail blickt man ins Tal des Virgin River zurück, der ebenso wie die Parkstraße einen großen Bogen um die Felsformation »The Organ« schlägt.

122/123 **Zu den am wenigsten besuchten und unerforschtesten Nationalparks der USA zählt Canyonlands mit seinen Fabellandschaften, wie z. B. dem Mesa Arch und dem Airport Tower (oben), oder der Gegend um den Green River, auf den man vom Green River Overlook (unten) fast wie aus der Vogelschau hinuntersieht.**

Canyonlands National Park

Labyrinth ohne Ariadnefaden

Die meisten populären Nationalparks der USA sind durch Straßen so gut erschlossen, daß man sogar vom Auto aus den einen oder anderen lohnenden Blick auf die jeweiligen Naturwunder werfen kann. Das gilt weniger für den ***Canyonlands National Park***, den mit 1350 Quadratkilometern größten, jedoch am wenigsten besuchten Nationalpark in Utah, der in manchen seiner Regionen noch nicht einmal genau vermessen ist. Canyonlands ist, was schon der Name sagt: eine grandiose Naturlandschaft in der östlichen Hälfte des südlichen Utah, in der Niederschläge zusammen mit der in Flüssen und Bächen gebündelten Wasserkraft aus dem roten Sandstein des ***Colorado Plateau*** eine phantastische Landschaft herausgeschliffen haben mit breiten Tälern, tiefen Schluchten, Felstürmen und zerbrechlich wirkenden Steinnadeln, an denen der Zahn der Zeit seit Jahrmillionen nagt. Die hauptsächlichen »Baumeister« dieser Region sind die beiden Flüsse ***Green River*** und ***Colorado River***, der sich hier schon auf sein Meisterwerk, den Grand Canyon, vorbereitet.

Besichtigung

Canyonlands hat sich seine Reputation als unverdorbenes Naturparadies in erster Linie durch seine Abgelegenheit erhalten. Das Territorium des Nationalparks teilt sich in drei ganz unterschiedliche Gebiete, nämlich ***Island in the Sky*** im Norden, ***The Needles*** südlich davon, und schließlich ***The Maze***, eine urzeitlich wirkende Region mit Schluchten und isoliert stehenden Felsformationen, die das Jahr über von nur sehr wenigen Menschen besucht wird. Die Straßen, die in diese Parkteile führen, sind bis zu einzelnen Aussichtspunkten asphaltiert, verwandeln sich dann aber in teils sehr holprige Pisten, auf denen man auf ein Allradfahrzeug angewiesen ist.

Populärster Ausgangspunkt für Touren in den Park bzw. zu einigen bekannten Aussichtspunkten ist das Städtchen ***Moab*** am Rande des Arches National Park. Fährt man von dort den Highway 191 nach Norden bis zur Abzweigung der Nebenstraße 313, die in einem großen Bogen nach Westen und dann nach Süden führt, gelangt man in die Region Island in the Sky, die im Prinzip aus einer Plateaulandschaft besteht, in die sich neben dem ***Green River*** und dem ***Colorado River*** zahlreiche kleinere Flüsse teils spektakuläre Canyons eingegraben haben.

Einen ersten atemberaubenden Eindruck bekommt man von der »Himmelsinsel« im ***Dead Horse State Park***. Auf 1830 Meter Höhe schiebt sich ein Geländevorsprung wie ein Felsbalkon über das zerrissene Felsparadies hinaus. Direkt unterhalb des Felsabbruches macht der Colorado eine U-förmige Schleife, die zu den am häufigsten fotografierten Motiven im ganzen Park gehört. Auf der östlichen Seite des Aussichtspunktes blickt man über die spiegelnden Flächen von Verdunstungsbecken, die zu einer Industrieanlage zählen, in der Pottasche gefördert wird. Durch in den Fels getriebene Bohrlöcher wird dort Wasser in den Boden gepumpt, das mit Pottasche angereichert wieder an die Erdoberfläche geholt und in diese Becken geleitet wird. Dead Horse State Park bekam seinen Namen im vergangenen Jahrhundert, als dieser von Steilabbrüchen eingefaßte Felsbalkon von Cowboys als eine Art natürlicher Korral benutzt wurde und einige Wildpferde verdursteten, die man vergessen hatte. Denn Wasser gibt es nirgendwo auf dem Plateau, was man an der spärlichen Vegetation erkennen kann.

Fährt man von diesem State Park zurück auf die Straße 313, kann man die Fahrt in südlicher Richtung fortsetzen und erreicht den ***Grandview Point*** mit einem großartigen Panoramablick. Weitere lohnende Punkte in dieser Gegend sind der fast 500 Meter tiefe Krater des ***Upheaval Dome*** sowie der ***Green River Overlook***, von wo aus man einen Blick auf den Green River werfen kann, der durch den ***Stillwater Canyon*** fließt. An dieser letztgenannten Stelle kommen Hiker und Mountainbiker auf ihre Kosten. In der Nähe beginnt der sogenannte ***Shafer Trail***, der zu einer über dem Colorado liegenden Felskante hinunterführt, an der eine alte Bergstraße verläuft.

Die Region ***The Needles*** erreicht man, indem man auf dem Highway 191 etwa 40

Meilen nach Süden fährt bis zur Abzweigung der Straße 211, die nach 35 Meilen diesen Parkteil erreicht. Die dortige Landschaft ist durch bizarre Felsformationen gekennzeichnet, unter denen vor allem die vielen Felsnadeln auffallen, die aus dem roten Gestein herauserodiert wurden. Vom ***Big Spring Canyon Overlook*** kann man zum knapp 9 Kilometer entfernten ***Confluence Overlook*** wandern, wo der Green River in den Colorado River mündet. In dieser Region gibt es noch weitere Pfade, die an spektakulären Aussichtspunkten enden. Wer sich für die Relikte früherer Indianerkulturen interessiert, kann auf der Zufahrtsstraße zum Needles District dem ***Newspaper Rock*** (12 Meilen von der Hauptstraße 191 entfernt) einen Besuch abstatten, wo Hunderte von Tier- und Menschenfiguren in einen Felsen geritzt sind.

Ein geradezu perfektes Ziel für zivilisationsmüde Großstädter ist ***The Maze*** (Irrgarten), eine Gegend in der westlichen Hälfte des Parks, in der man sich angesichts der Abgelegenheit beinahe wie auf einem anderen Stern vorkommt. Den nächstgelegenen Zugang erreicht man vom Westen her über den Highway 95, doch braucht man auf diesen Seitenpisten unbedingt geländegängige Fahrzeuge und sollte diese Zugänge nur nach eingehender Information bei einer Rangerstation benutzen. Die einzelnen Canyons bilden dort ein so verzweigtes Labyrinth, daß man ortsunkundig durchaus die Orientierung verlieren kann. Einer, der sich die Unübersichtlichkeit dieses Geländes zunutze machte, war der legendäre Bank- und Zugräuber Butch Cassidy, der mit *Robber's Roost* in Canyonlands ein sicheres Versteck besaß.

Informationen

Auskünfte: Canyonlands National Park, 125 W. Second South Street, Moab, UT 84532, Tel. 801/259–7164. Visitor Centers gibt es im Dead Horse State Park, an der Straße nach Island in the Sky sowie am Eingang zum Needles District (geöffnet jeweils 8–17 Uhr).
Reisezeit: Der Park ist ganzjährig geöffnet. Im Hochsommer können die Temperaturen in den tieferen Lagen auf über 40 Grad Celsius ansteigen.
Unterkünfte: Im Park selbst gibt es (außer auf den Campingplätzen) keine Übernachtungsmöglichkeiten. Nächstgelegener Ort und zentraler Ausgangspunkt für Touren ist Moab, das über viele Motels unterschiedlicher Kategorien verfügt. Man kann auch auf die südlicher gelegenen Ortschaften Monticello und Blanding ausweichen. Auf der Westseite des Parks bietet sich Hanksville an, wo es aber nur wenige einfache Motels gibt.
Camping: Sowohl im Dead Horse State Park als auch beim Green River Overlook gibt es Campingmöglichkeiten (ohne Wasserversorgung). Weitere Plätze liegen beim Newspaper Rock und im Needles District.
Aktivitäten: Wandern, Mountainbiking, Wildwasserfahren. Veranstalter entsprechender Touren gibt es in Moab. Dort kann man sich auch Mountainbikes leihen (Kaibab Mountain Bikes, Tel. 801/259–7423).
Touren: Am beliebtesten sind im Park die Wildwassertouren. In Moab gibt es zahlreiche Unternehmen, die solche teils sehr feuchte Touren organisieren, zum Beispiel Adrift Adventures (Tel. 801/259–8594). Jeep-Touren nach Canyonlands bietet Lin Ottinger's Tours (Tel. 801/259–7312) an.

124 In Vertiefungen im Fels sammelt sich in Canyonlands nach Regenschauern Wasser wie in einer Badewanne an, das von Tieren als willkommene Tränke genutzt wird.

125 Der Newspaper Rock mit seinen historischen indianischen Darstellungen liegt am Zugang zum Needles-Distrikt im Canyonlands National Park.

126/127 Auf eine berückende Mondlandschaft mit tiefen Schluchten und flachen Plateaus blickt man vom Grand View Point im nördlichen Teil des Canyonlands National Park. Zu den markantesten Punkten auf dem Parkgebiet gehört die Felsnadel Airport Tower, deren Umgebung von einem anderen Stern stammen könnte.

Capitol Reef National Park

Land des schlafenden Regenbogens

Utahs Nationalparks Bryce Canyon, Zion und Arches sind so populär, daß sie einen Großteil der Aufmerksamkeit auf sich ziehen, welche dem Mormonenstaat alljährlich seitens Millionen von Besuchern zuteil wird. Mit diesen Super-Parks verglichen spielt der ***Capitol Reef National Park*** eher eine Nebenrolle, unter anderem weil er mitten im Zentrum des südlichen Utah liegt, wo sich heute noch Kojote und Puma gute Nacht sagen. Kaum ein Gebiet der Region wurde durch Straßen und Transportmittel so spät erschlossen wie dieses. Die ersten Siedlungen, die im ausgehenden 19. Jahrhundert gegründet wurden, waren damals meist nicht mehr als vorgeschobene, isolierte Posten jenseits der Zivilisationsgrenze. Kein Wunder also, daß der Capitol Reef National Park selbst für Amerikaner eher eine Randerscheinung darstellt. Viele sehen darin einen Vorteil. Im Unterschied zum Grand Canyon oder Yosemite Park braucht sich die Parkverwaltung von Capitol Reef über ökologisch bedenklich ansteigende Besuchermassen (noch) keine Gedanken zu machen.

Lange bevor die ersten weißen Siedler und in ihrer Spur die ersten Touristen auftauchten, war dieser entlegene Landstrich Indianerland. Die frühen Anasazi-Indianer, die in dieser Gegend zwischen etwa 600 und 1300 lebten, bezeichneten ihre Heimat als *Land des schlafenden Regenbogens*, weil die dortigen Berge und Felsklippen häufig sehr unterschiedliche Färbungen aufweisen und bei entsprechender Sonneneinstrahlung einen phantasiebegabten Menschen an die Farben eines Regenbogens erinnern können. Der heute gebräuchliche amerikanische Name könnte auf die Existenz eines riesigen Riffs schließen lassen. In Wahrheit handelt es sich aber um eine geologische Formation, die mit ihren Abbrüchen nur einem Riff ähnelt, tatsächlich aber eine aufgefaltete Bergkette mit dem Namen *Waterpocket Fold* ist. Einer der höchsten Punkte, ***Capitol Dome***, erinnert an das Kapitol in der Hauptstadt Washington und hat zur Namensgebung des Parks beigetragen. Diese Formation zieht sich über rund 170 Kilometer in Nord-Süd-Richtung durch Süd-Utah und wurde etwa um dieselbe Zeit aufgeworfen, als das gesamte *Colorado Plateau* vor etwa 70 Millionen Jahren nach und nach angehoben wurde. Das Besondere an diesem Bergzug ist, daß er nur wenige Kilometer breit ist und nur einige tief eingeschnittene Canyons in Ost-West-Richtung durch diesen seltsamen Höhenzug führen – manche sogar nur wenige Meter breit.

Besichtigung

Die einzige ausgebaute Straße, die zum Park führt, ist der Highway 24, der das Parkgebiet in Ost-West-Richtung durchquert. Im Osten des Parks liegt ***Hanksville***, das kaum mehr als eine Straßenkreuzung mit wenigen Motels, Tankstellen und Restaurants ist. Im Westen des Parks ist ***Torrey*** die nächstgelegene Ortschaft, die auch nicht mehr als Hanksville bietet. Die Straße 24 durchquert den Nationalpark in der nördlichen Hälfte dort, wo sich der *Fremont River* bereits ein enges Tal durch die Bergkette gegraben hat. Direkt neben der Durchgangsstraße liegt ein Besucherzentrum unterhalb des ***Castle***, eines Riesenfelsens, der einen an eine gigantische wehrhafte Burg erinnern könnte. Östlich des Besucherzentrums befindet sich unter den hochaufragenden Felswänden ein Obstgarten, in dem Pfirsichbäume an die ehemalige Pioniersiedlung ***Fruita*** erinnern. Die Bäume werden heute vom National Park Service gepflegt, und wer dort im Spätsommer vorbeikommt, kann für wenig Geld ein Körbchen dieser Früchte erstehen. Ein weiteres Pionierrelikt ist das alte Schulhaus von Fruita, das letzte bauliche Überbleibsel des ehemaligen Mormonendorfes. Viel weiter in die Geschichte zurück verweisen die zahlreichen rund 1000 Jahre alten Petroglyphen, die man entlang der Straße in den Steilabbrüchen zwischen dem alten Schulhaus und der Besucherinformation findet und die von den Indianern der sogenannten Fremont-Kultur stammen.

Von dort kann man einer Stichstraße nach Süden folgen, die zunächst zum ***Grand Wash*** und einige Meilen weiter zur ***Capitol Gorge*** führt, zwei enge Schluchten, die in östlicher Richtung durch die *Waterpocket Fold* führen. Im Grand Wash kann man eine Wanderung durch einen nur wenige Meter

128 Langanhaltende Trockenheit hat die Erdkrume im Capitol Reef National Park aufplatzen lassen. Über der kargen Vegetation erhebt sich der rote Chimney Rock, dem man auf einem Wanderweg einen Besuch abstatten kann.

breiten vom Wasser in den Stein gegrabenen Canyon unternehmen. An manchen Stellen bleibt Regenwasser in Kuhlen nach Regenfällen oft wochenlang stehen und bildet kleine Pools. Pioniere, die in der Vergangenheit diesen Durchgang benutzten, hinterließen auf den Felswänden ihre Namenszüge, die heute Aufschluß über so manches abenteuerliche Unternehmen der damaligen Zeit geben. Eine lohnende Wanderung führt vom Grand Wash, vorbei an bizarren Erosionskunstwerken, bergan zum ***Cassidy Arch***, einem Naturbogen, der den Namen des legendären Gesetzlosen Butch Cassidy trägt, der sich Ende des 19. Jahrhunderts mit seiner *Hole-in-the-Wall*-Bande oft in der Gegend aufgehalten haben soll.

Die weiter südlich gelegene ***Capitol Gorge*** ist eine breitere Schlucht, die man auf einer Schotterstraße sogar mit dem Auto durchqueren kann. Bei der Fahrt vorbei an den steilen Abbrüchen tut sich an mancher Stelle der Blick auf die Bergkuppen und Höhenzüge hoch über der Talsohle auf. In den vergangenen Jahren stellte die Parkverwaltung in diesen etwas südlicher gelegenen Parkteilen wieder häufiger die Anwesenheit von Pumas fest, die sich gerne in der Nähe der Wasserstellen aufhalten. Ist man mit kleinen Kindern unterwegs, sollte man deshalb Vorsicht walten lassen.

Westlich des Visitor Center führt die Straße 24 unter anderem zum ***Goosenecks Overlook***, einen kleineren, etwa 160 Meter tiefen Canyon, den sich der ***Sulphur Creek*** geschaffen hat. Fährt man über Torrey weiter westlich und biegt dann auf der Straße 72 nach Norden ab, kommt man zu einer Abzweigung, über die man den nördlichen Teil des Capitol Reef National Parks erreicht. Die ersten Meilen auf dieser Straße kann man mit einem normalen Pkw bewältigen. Dann jedoch benötigt man ein geländegängiges Fahrzeug, um das wunderschöne ***Cathedral Valley*** zu erreichen. Hochaufragende Felsformationen, deren Spitzen wie Kirchtürme in den Himmel ragen, haben dem dortigen Tal seinen Namen gegeben.

In den äußersten Süden des Parks führt die ***Notom Road*** bzw. der ***Burr Trail***. An der Straße 24 führt auf Höhe des östlichen Parkeingangs die wassergebundene Notom-Straße etwa an der Parkgrenze entlang nach Süden und mündet nach rund 30 Meilen in den Burr Trail, der in der Ortschaft ***Boulder*** an der Straße 12 beginnt. Im extremen Süden stößt der Burr Trail auf die Straße 276, die schließlich in ***Bullfrog Basin Marina*** ans Nordufer des Lake Powell gelangt.

Informationen

Auskünfte: Capitol Reef National Park, Visitor Center, Tel. 801/425–3791, geöffnet täglich 8–17 Uhr.
Reisezeit: Capitol Reef ist das ganze Jahr über ein Reiseziel, doch muß man im Winter in Anbetracht der Höhenlage – das Visitor Center liegt auf 1650 Meter Höhe – mit Schnee rechnen. In den wärmsten Monaten Juni und Juli steigen die Temperaturen um die Mittagszeit häufig über 30 Grad Celsius, fallen aber gegen Abend auf teils unter 20 Grad Celsius. Frühling und Herbst sind mild.
Unterkünfte: Auf dem Parkgebiet gibt es nur Campingplätze, weder Motels noch Hotels. Die nächstgelegenen Orte mit entsprechenden Einrichtungen sind Hanksville im Osten sowie Torrey (zum Beispiel Chuck Wagon Motel, Tel. 801/425–3288) und Bicknell im Westen.
Camping: Einen schönen Campingplatz mit 53 Einheiten gibt es 1,6 Kilometer südlich des Visitor Center. Ein zweiter liegt im südlichen Parkteil auf der Cedar Mesa (kostenlos). Frei campen kann man abseits der Straßen und Pisten fast überall (Permit erforderlich).
Aktivitäten: Wandern, Mountain Biking.
Touren: Die Rim Rock Ranch in Torrey (Tel. 801/425–3843) bietet Reitausflüge von unterschiedlicher Länge an.

129 Grand Wash ist eine der wenigen Schluchten, welche die Bergkette Waterpocket Fold im Capitol Reef National Park in Ost-West-Richtung durchziehen.

Carlsbad Caverns National Park

Paläste in der Unterwelt

Die Landschaft im äußersten Süden des Bundesstaates New Mexico unweit der texanischen Grenze besteht aus weiten Ebenen, in denen die graugrünen Beifußbüsche von Horizont zu Horizont reichen und sich hie und da ein Hügel oder ein Berg erhebt. Nichts läßt vermuten, daß dieser Teil des Landes über grandiose Naturwunder verfügt – und zwar unter der Erde. Südlich des Städtchens ***Carlsbad*** dehnen sich riesige Höhlensysteme aus, die auch heute noch nicht vollständig erforscht und vermessen sind, wenngleich Höhlenforscher dort seit Jahrzehnten tätig sind. Im gesamten Westteil des amerikanischen Kontinents gibt es zwar zahlreiche Möglichkeiten zu einem Abstecher in die Unterwelt. Aber nirgendwo ist die Reise in dieses Dunkelreich so spektakulär wie in den ***Carlsbad Caverns***, die im Jahr 1930 von einem National Monument in einen National Park umgewandelt wurden. Vor allem durch Fotos in bekannten Publikationen wie dem amerikanischen Magazin *National Geographic* gewann Carlsbad schnell an Popularität und wurde zu einer der bekanntesten Höhlen der Welt.

Aber nicht nur der Bekanntheitsgrad hat in den zurückliegenden Jahren zugenommen, sondern auch die Ausdehnung der Caverns, die heute eine Fläche von etwa 19000 Hektar bedecken. Erst 1966 wurde mit dem ***Guadalupe Room*** die heute zweitgrößte unterirdische Halle entdeckt. Im Jahr 1982 folgte der sogenannte ***Bifrost Room*** und 1984 der ***Rim Room***. Die Erforschung ist noch keineswegs abgeschlossen, so daß man von den Carlsbad Caverns auch in Zukunft noch einige Überraschungen erwarten kann. Der tiefste bislang entdeckte Höhlenteil liegt 310 Meter unter der Erdoberfläche. Die Räume und Durchgänge, die man auf einem Rundgang besichtigen kann, sind nur ein Bruchteil des insgesamt etwa 32 Kilometer langen Höhlensystems.

Entstehungs- und Entdeckungsgeschichte

Die Entstehungsgeschichte des Höhlensystems begann vor etwa 250 Millionen Jahren. Auf dem Grund eines Binnenmeeres bildete sich damals aus den Überbleibseln von Naturschwämmen, Algen und Muscheln ein etwa 650 Kilometer langes hufeisenförmiges Riff heraus, das von Salz- und Gipsablagerungen überdeckt wurde, nachdem das Meerwasser verdunstet war. Jahrmillionen verrannen, ehe dieses Riff durch eine Anhebung den Kräften der Erosion ausgesetzt und freigelegt wurde. Durch Säuren aus der Luft und dem Boden angereichertes Regenwasser drang in Ritzen und Spalten des Riffs ein und höhlte den Kalkstein immer mehr aus, so daß sich über lange Zeiträume hinweg nach und nach unterirdische Höhlen zu bilden begannen. Zudem verband sich das eindringende Regenwasser mit tiefer liegenden Salzwasserschichten, wodurch wiederum stark korrosive Substanzen entstanden, die den Kalk des alten Riffs zu jenen wundersamen Gebilden auswuschen, die man heute auf einem Höhlenrundgang sehen kann. Südlich der Carlsbad Caverns existiert ein Teil des Riffs heute noch über dem Erdboden in den ***Guadalupe Mountains***, die auf dem Staatsgebiet von Texas ebenfalls einen Nationalpark bilden.

Schon vor mehr als 1000 Jahren entdeckten die damals in der Region lebenden Indianer die unterirdische Welt und suchten in manchen Höhlenteilen Schutz vor Wind und Wetter. Die einzigen Überbleibsel, die heute noch an ihre damalige Anwesenheit erinnern, sind geheimnisvolle Zeichen an den Wänden des natürlichen Höhleneingangs. Dieser Eingang fiel auch den Siedlern des 19. Jahrhunderts auf, weil allabendlich Millionen von Fledermäusen aus dem dunklen Loch in den Himmel aufstiegen, um sich die Nacht über von Insekten zu ernähren. Der in den Höhlen liegende Guano wurde von einigen geschäftstüchtigen Pionieren als natürlicher Dünger vermarktet, aber gleichzeitig mit dem Geschäftssinn entwickelten manche auch eine unzähmbare Abenteuerlust, die sie immer weiter in die Höhlen vordringen ließ. Einer der ersten, die das »touristische Potential« der mysteriösen Unterwelt erkannten, war der Cowboy Jim White, dessen Geschichten aber erst geglaubt wurden, nachdem die Fotografie die entsprechenden Beweise liefern konnte. Eine erste Fotoausstellung fand 1915 in Carlsbad statt – und schlug ein wie eine Bombe. In der Fol-

130 Im Norden des Capitol Reef National Park liegt das von Besuchern wenig frequentierte Cathedral Valley mit seinen eigentümlichen Felsformationen, die wie Ruinen alter Kirchenbauten aussehen.

131 Ein blühender Busch bringt einen gelben Farbklecks in eine rote Felswand, aus der ein gewaltiges Stück herausgebrochen ist. Die dunkleren Oxydationserscheinungen auf dem Felsen nennt man »Wüstenlack«.

gezeit führte Jim White, der später als erster die Funktion eines leitenden Rangers ausübte, die ersten Schaulustigen auf sehr unorthodoxe Weise in »seine« Höhle: er seilte sie über 50 Meter tief in einem Behältnis ab, in dem zuvor der Fledermaus-Guano an die Erdoberfläche geholt worden war.

Besichtigung

Im Zeitalter des Tourismus hat die Parkverwaltung einen zeitgemäßeren Höhlenzugang geschaffen. Anstatt in Guano-Eimern werden die Besucher, welche die ***Rote Tour*** wählen, heute per Aufzug »abgeseilt«. Nach einer Minute Fahrt hat man die 230 Meter unter der Erdoberfläche gelegene Empfangshalle erreicht, wo man sich vorkommt wie in der Kulisse eines Science-Fiction- Filmes. In einer Cafeteria kann man sich für den 2,3 Kilometer langen Rundgang stärken, der zunächst in die ***Hall of Giants*** führt. Dort steht mit dem 19 Meter hohen ***Giant Dome*** der größte Stalagmit der Carlsbad Caverns. Die benachbarten ***Twin Domes*** sind »nur« knapp 13 Meter hoch. Die Hall of Giants ist Teil des ***Big Room***, den die Rote Tour gewissermaßen umrundet. Diese unterirdische Halle in Form eines Kreuzes ist 549 Meter lang, 335 Meter breit und fast 78 Meter hoch und bildet damit eine der größten Höhlenhallen der Welt. Aber nicht allein die Größe ist atemberaubend, sondern auch die »Innenausstattung«, die etwa 500000 Jahre gebraucht hat, um zu dem zu werden, was sie heute darstellt: ein Zauberwerk aus Stalagmiten und Stalaktiten von fast unglaublicher Vielfalt. Zu den außergewöhnlichen Phänomenen, die man auf dem etwa eineinhalb Stunden dauernden Höhlenrundgang zu sehen bekommt, sind unter anderem der kristallklare ***Mirror Lake*** sowie am Ende des Big Room ***Bottomless Pit***, ein 43 Meter tiefes Loch ohne erkennbaren Boden.

Eine andere Besichtigungsalternative bietet die etwa fünf Kilometer lange ***Blaue Tour***. Auf ihr steigt man durch den natürlichen Eingang in die Höhle ein und lernt auf dem etwa dreistündigen Rundgang alle der Öffentlichkeit zugänglichen Höhlenteile kennen. An der Fledermaushöhle vorbei geht es durch den bis 60 Meter hohen ***Main Corridor*** steil bergab. Der ***Iceberg Rock***, ein rund 200000 Tonnen schwerer Kalkfelsen, der vor einigen tausend Jahren aus der Decke herausbrach, markiert das Ende des Korridors bzw. den Zugang zum ***Green Lake Room***, in dem ein kleiner See steht. Durch den märchenhaften ***Kings Palace*** geht es zur ***Queens Chamber*** und weiter zum ***Papoose Room***, von wo aus man durch einen weniger sehenswerten Höhlenteil schließlich zum ***Big Room*** gelangt, der auch Teil der Roten Tour ist.

Wer dem großen Besucherandrang in den Carlsbad Caverns entgehen und ein Tropfstein-Erlebnis doch nicht missen will, kann eine Führung durch die ***New Cave*** unternehmen. Diese Höhle liegt südwestlich der Carlsbad Caverns ebenfalls auf dem Parkgelände und ist – im Gegensatz zu den Caverns – nicht mit Elektrizität ausgestattet. Mit Taschenlampen tastet man sich unter der Leitung eines Rangers etwa zwei Stunden lang durch die unterirdischen Gänge, die im großen und ganzen naturbelassen sind. Geeignetes Schuhwerk sowie Taschenlampen sind unverzichtbar.

Neben der faszinierenden Unterwelt bieten die Carlsbad Caverns vom Frühjahr bis zum Herbst allabendlich ein Schauspiel, das nichts mit Tropfstein zu tun hat. Am natürlichen Höhleneingang legte der Nationalparkservice ein kleines ***Amphitheater*** an, in dem die Besucher den Ausflug von Hunderttausenden von Fledermäusen aus ihrem etwa 60 Meter unter der Erdoberfläche liegenden Quartier verfolgen können. Machten sich vor Jahrzehnten noch Millionen dieser Tiere jeden Abend in einer schwarzen Wolke auf den Luftweg zu ihren Futtergebieten, so dezimierte vor allem der chemische Pflanzenschutz die Bestände bis auf heute etwa 300000 Exemplare. Wenn im Oktober die Nächte in Carlsbad kühler werden, machen sich die Fledermäuse auf den Weg nach Süden, um in den wärmeren Landstrichen Mexikos zu überwintern und im Frühjahr in ihre Höhlen-Dependance zurückzukehren. Auch über dem Erdboden hat der Nationalpark Sehenswertes zu bieten. Auf dem ***Walnut Canyon Loop Drive*** (15 Kilometer) kann man die wüstenhafte Vegetation der Region näher kennenlernen. Ein ***Desert Nature Walk*** mit ausgeschilderten Spezies beginnt am Visitor Center.

132 Bequeme Touristen lassen sich per Aufzug in die Tiefe der Carlsbad Caverns transportieren. Wer dem Nationalpark naturverbundener »nahetreten« will, tut dies durch den natürlichen Höhleneingang.

133 Blühender Indian Paintbrush bringt zusätzliche Farbe in die wüstenhafte Landschaft, in welcher der Carlsbad Caverns National Park liegt.

Informationen

Auskünfte: Superintendent, Carlsbad Caverns National Park, 3225 National Parks Highway, Carlsbad, NM 88220, Tel. 505/785–2232.
Reisezeit: Die Höhlen sind das ganze Jahr über zugänglich bis auf den 25. Dezember. Im Sommer steigen die Temperaturen in der Gegend über 30 Grad Celsius, während sie sich im Winter um 15 bis 18 Grad bewegen. Im Innern der Höhle herrscht eine konstante Temperatur von 13 Grad Celsius.
Unterkünfte: Östlich des Visitor Center gibt es in White City an der Straße 62/180 ein Motel. Weitere Unterkünfte findet man in Carlsbad.
Camping: Im Park selbst gibt es keine Campingmöglichkeiten. Der nächstgelegene Platz befindet sich in White City an der Durchgangsstraße. Weitere Möglichkeiten gibt es im Städtchen Carlsbad.
Aktivitäten: Außer der Höhlenbesichtigung kann man den etwa 16 Kilometer langen Walnut Canyon Desert Drive durch den Park fahren, der durch die typische Vegetation des südlichen New Mexico führt. Auf dem Parkgelände befinden sich etwa 80 Kilometer Wanderwege, über die man sich im Visitor Center informieren kann.
Touren: Ranger leiten Führungen durch verschiedene Höhlenteile.

134/135 Eine faszinierende Unterwelt empfängt den Besucher in rund 230 Meter Tiefe in den Carlsbad Caverns. An manchen Stellen sind Stalaktiten und Stalagmiten zu dekorativen Säulen zusammengewachsen wie im King's Room (oben); an anderen Stellen türmen sich die Kalkablagerungen zu wundersamen Gebilden auf wie im großartigen Big Room (unten).

Mesa Verde National Park

Leben wie im Adlerhorst

Mesa Verde nimmt unter den amerikanischen Nationalparks eine Sonderstellung ein, weil es sich nicht wie etwa Grand Canyon, Yellowstone oder Yosemite mit bestimmten Naturphänomenen, sondern ausschließlich mit den archäologischen Überresten menschlicher Kultur beschäftigt. An nur wenigen Stellen in den USA verschaffen Ruinenanlagen und andere Zeugnisse menschlicher Kultur dem Besucher einen so umfassenden Eindruck von der ältesten noch nachvollziehbaren US-amerikanischen Indianerzivilisation seit Beginn der modernen Zeitrechnung wie in Mesa Verde. Rund 1300 Jahre lang lebten dort die sogenannten Anasazi-Indianer und bildeten zwischen 1100 und 1300 eine Hochkultur aus, von der heute noch viele *cliff dwellings* (Klippenwohnungen) zeugen, die zu den großartigsten Relikten der indianischen Geschichte Nordamerikas zählen.

Die Anasazi-Zivilisation existierte seit etwa Christi Geburt bis um das Jahr 1300 im sogenannten Four-Corners-Gebiet, der Region um den einzigen Punkt in den USA, wo vier Bundesstaaten (Colorado, Utah, Arizona und New Mexico) aneinandergrenzen. Im Umkreis von etwa 300 Kilometern um diesen Punkt liegen heute zahlreiche Ruinenanlagen wie Chaco Ruins in New Mexico, Keet Seel und Betatakin in Nord-Arizona, Hovenweep in Utah und eben Mesa Verde in der südwestlichsten Ecke des Bundesstaates Colorado. Die Anasazi waren längst nicht die ersten Indianer im Südwesten; denn früheste menschliche Spuren in dieser Region reichen rund 12000 Jahre in die Vergangenheit zurück. Aber die Anasazi waren diejenigen, die ihre Anwesenheit am eindrucksvollsten durch ihre sogenannten *cliff dwellings* dokumentierten.

Anasazi ist ein Name, welcher der Navajo-Sprache entstammt und soviel wie »die Vorfahren« bedeutet. Wie sich diese frühen Indianer selbst nannten, ist unbekannt. Sie tauchten zu Beginn der modernen Zeitrechnung an den Ufern des San Juan River auf, der heute die Nordgrenze der Navajo Reservation markiert, und lebten in sehr einfachen Behausungen, die aus Zweigen und Ästen über einer vertieften Erdmulde errichtet wurden. Die Archäologen nennen diese frühen Anasazi *basketmakers* (Korbmacher), weil um ihre Siedlungsplätze vielfältige Gegenstände wie Körbe und Sandalen gefunden wurden, die aus Weidenzweigen oder aus Pflanzenfasern geflochten waren. Manche Korbgefäße wurden so akkurat hergestellt, daß sie wasserdicht waren und sich zum Kochen der Nahrung eigneten, indem heiße Steine in den Inhalt geworfen wurden.

Über einen Zeitraum von rund 1000 Jahren hinweg veränderte sich die Lebensweise dieser steinzeitlichen Jäger und Sammler nach und nach, indem sie zu Ackerbauern wurden, die vornehmlich Mais, Bohnen und Kürbis anbauten und etwa ab der Mitte des

6. Jahrhunderts zu meisterhaften Töpfern wurden. Mit dieser veränderten Lebensweise einher ging die Entwicklung ihrer Architektur. Schon im 8. und 9. Jahrhundert errichteten sie sich auf den Hochflächen der Four-Corners-Region Bauten aus Steinquadern, ehe sie um etwa das Jahr 1100 begannen, ihre *cliff dwellings* aus rechteckig behauenen Sandsteinblöcken an sehr unzugänglichen Stellen in die überhängenden Klippen der Canyons zu bauen. Als Mörtel wurde eine Mixtur aus Lehm und Wasser verwendet.

Ein Großteil des täglichen Lebens der Anasazi spielte sich auf den Plätzen vor den eigentlichen Wohn- bzw. Speicherräumen ab, wo Frauen Töpferwaren herstellten, während die Männer aus Materialien wie Stein und Knochen Werkzeuge und Waffen fertigten. Metall war den Anasazi unbekannt. Unter den Vorplätzen befanden sich in der Regel *kivas*, runde Zeremonialräume, die nur über einen Einstiegsschacht und einen Rauchabzug für die Feuer verfügten, die in den kellerähnlichen Räumlichkeiten brannten. Jede Kiva war überdies mit einem *sipapu* ausgestattet, einem kleinen Loch im Boden, durch das die Anasazi die Verbindung mit dem Jenseits aufrechterhielten.

So primitiv die Steinzeitkultur der Anasazi auch gewesen sein mag, ihr ackerbauliches und handwerkliches Können befähigte sie zum Handel mit benachbarten Gruppierungen, von denen sie Gerätschaften und Rohstoffe bezogen, über die sie selbst nicht verfügten. Das gilt zum Beispiel für Meeresmuscheln, aus denen sie sehr kunstvolle Schmuckstücke herstellten.

Da die Anasazi keine schriftlichen Zeugnisse hinterließen, bleibt vieles, was ihr Alltagsleben, ihre Wertvorstellungen, ihren religiösen Glauben sowie ihre politischen und sozialen Strukturen anbelangt, Spekulation. Bis heute ist auch ein Geheimnis geblieben, warum sie um 1100 begannen, ihre Wohnungen an unzugänglicher Stelle in den Klippen zu errichten und warum sie etwa 200 Jahre später die Hochfläche von Mesa Verde ohne ersichtlichen Grund und ohne erkennbares Ziel verließen. Vielleicht waren Verteidigungsgründe für den Umzug in die Klippen ausschlaggebend, doch existieren keinerlei Beweise für diese Hypothese. Was das plötzliche Verschwinden der Anasazi in der zweiten Hälfte des 13. Jahrhunderts anbelangt, könnte eine ganz moderne Erklärung naheliegend sein. Unter Umständen verursachten die Indianer durch das Abholzen der Wälder auf der Hochfläche über längere Zeiträume hinweg eine Öko-Katastrophe, die sie schließlich dazu zwang, in Richtung Rio Grande abzuwandern.

Besichtigung

Der ***Mesa Verde National Park*** besitzt nur einen Eingang, der von Norden her entweder von ***Cortez*** oder von ***Durango*** auf der Straße 160 erreichbar ist. In Serpentinen windet sich die Asphaltstraße 21 Meilen weit auf die grüne, vor allem von Wacholderbüschen und Kiefern bestandene Hochfläche hinauf, die den spanischen Namen Grüner Tisch trägt. Die hauptsächlichen Sehenswürdigkeiten befinden sich in zwei Gebieten. Die ***Wetherill Mesa*** ist nur im Sommer mit öffentlichen Transportmitteln erreichbar. Die Pendelbusse dorthin fahren am ***Far View Visitor Center*** ab und erreichen nach 12 Meilen die beiden Ruinenanlagen ***Step House*** und ***Long House***. Im Unterschied zu anderen *cliff dwellings*, die man besichtigen kann, sind die beiden Häuser in dem Zustand belassen, in dem sie Ende des 19. Jahrhunderts entdeckt wurden.

Bekannter und von Besuchern viel stärker frequentiert ist die ***Chapin Mesa***, deren Sehenswürdigkeiten man auf einer Rundtour mit dem eigenen Auto aufsuchen kann. Vor dieser Tour empfiehlt sich ein Abstecher zum kleinen, aber interessanten Museum, in dem überwiegend archäologische Funde ausgestellt sind. Dort kann man sich einen Überblick über die Kultur der Anasazi verschaffen, ehe man in der Nachbarschaft mit dem ***Spruce Tree House*** dem ersten *cliff dwelling* der Chapin Mesa einen Besuch abstattet. Schon in unmittelbarer Nähe des Museums kann man von der Canyonkante einen Blick auf diese Ruinenanlage werfen, die man auf einem befestigten Weg in etwa fünf Minuten erreicht.

Das bekannteste *cliff dwelling* von Mesa Verde ist der ***Cliff Palace*** – eine monumentale Anlage unter einem weit vorspringenden Felsdach, die ursprünglich einmal mehr als 200 Menschen beherbergte. Seitlich über

136 Größtes und bekanntestes »cliff dwelling« im Mesa Verde National Park in Colorado ist der Cliff Palace, der unter einer mächtigen Felsplatte in einer Nische liegt und teilweise rekonstruiert wurde.

Folgende Abbildung:

137 Die Archäologen gehen davon aus, daß der Cliff Palace einmal aus 217 einzelnen Räumen sowie 23 Kivas bestand und dabei rund 250 Menschen als Wohnung diente.

dem Cliff Palace gibt es einen Aussichtspunkt, von dem man die zum Teil wieder-aufgebauten Gebäude überblicken kann. Die Dimensionen dieser »Etagenwohnungen« werden aber erst deutlich, wenn man über Treppen in die Anlage selbst abgestiegen ist. Als einziges *cliff dwelling* der Chapin Mesa besitzt der Cliff Palace einen im Innern ausgemalten Turm. Der Ausstieg führt über Holzleitern durch eine enge Felsspalte. Noch spektakulärer sind Zugang und Ausstieg beim ***Balcony House***, das direkt unterhalb der Fahrstraße liegt und deshalb von dort aus nicht sichtbar ist. Die von Rangern geführten Touren, die eine Stunde dauern, führen über haushohe, freistehende Leitern, über die man die senkrechten Felswände bewältigt. Der Ausgang aus dieser Klippenwohnung führt durch einen engen Tunnel, durch den man auf Händen und Füßen kriechen muß. Die Parkranger machen sich vor den jeweiligen Führungen einen Spaß daraus, die schwergewichtigeren Gäste von einer Teilnahme dadurch abzuschrecken, daß sie behaupten, der Höhlenausgang sei in der lichten Weite nicht größer als ein normaler Rangerhut.

Wer sich über die Möglichkeiten von Mesa Verde hinaus mit der Kultur der Anasazi beschäftigen will, hat dazu in der Ortschaft ***Dolores*** nördlich von Cortez Gelegenheit. Seit Ende der achtziger Jahre existiert dort das Anasazi Heritage Center, das viele Exponate aufweist und darüber hinaus über den neuesten Forschungsstand in Sachen Anasazi Aufschluß gibt.

Informationen

Auskünfte: Far View Visitor Center, Mesa Verde National Park, Colorado 81330, Tel. 303/529–4461, geöffnet im Sommer 8–17 Uhr; Chapin Mesa Museum, geöffnet im Sommer 8–18.30 Uhr, im Winter 8–17 Uhr.
Reisezeit: Der Nationalpark ist das ganze Jahr über geöffnet, doch können einige *cliff dwellings* nur im Sommer besichtigt werden. Der Cliff Palace ist nur von April bis Oktober zugänglich. In Anbetracht der Höhenlage zwischen 2100 und 2450 Metern muß man in der kalten Jahreszeit mit Schnee rechnen. Im Hochsommer steigen die Temperaturen tagsüber häufig auf über 30 Grad Celsius.
Unterkünfte: Einzige Unterkunft im Park ist die Far View Lodge (Reservierungen P.O. Box 277, Mancos, CO 81328, Tel. 303/529–4421). Alternative Möglichkeiten bestehen in den nächstgelegenen Orten Cortez (10 Meilen entfernt), Mancos (7 Meilen) und Durango (36 Meilen), wo es zahlreiche Motels gibt.
Camping: Wer in der Sommersaison auf dem Morefield Campground im Park unterkommen will, muß sich rechtzeitig um einen Platz bemühen. Keine Reservierungen. Außerhalb des Parks gibt es mehrere kommerzielle Campingplätze.
Aktivitäten: Wandern; wer den steilen Anstieg nach Mesa Verde nicht scheut, kann die Besichtigungstour zu den einzelnen *cliff dwellings* der Chapin Mesa auch mit dem Rad unternehmen.
Touren: Rangergeführte Besichtigungstouren durch unterschiedliche Parkteile.

138/139 Die Umgebung des Mesa Verde Park besteht aus größtenteils flachem Land vor allem im Westen, wo man auf dem Territorium der Ute-Indianer häufig auf kleine Schafherden trifft oder auch auf putzige junge Esel, die erst noch lernen müssen, mit den kargen Lebensbedingungen fertig zu werden.

Everglades National Park

Meer aus Gras

Der Highway 41, der den Süden Floridas in Ost-West-Richtung durchquert, zählt zu den einsamsten Straßen der gesamten amerikanischen Ostküste. Auf der Fahrt von Naples an der Golfküste nach Miami am Atlantik muß man auf dieser Strecke, die auch den Namen *Tamiami Trail* trägt, zwar in der Hauptsaison mit beträchtlichem Verkehrsaufkommen rechnen, aber links und rechts der schnurgeraden Fahrbahn dehnt sich ein scheinbar unendliches Meer aus harten Gräsern aus, über die nur hie und da ein Zypressenwipfel oder eine Palmenkrone hinausragt. Wer es eilig hat, die Straße hinter sich zu bringen, wird dieser grünen Wüste wahrscheinlich nicht viel abgewinnen können, die von Horizont zu Horizont reicht und die man für einen riesigen, unverfälschten Naturraum halten könnte. Doch der Schein trügt. Der ***Everglades National Park*** an der südlichsten Festlandspitze Floridas ist seit seiner Einrichtung im Jahr 1947 nicht nur das bekannteste Naturschutzgebiet im *Sunshine State* und seit vielen Jahrzehnten einer der größten Besuchermagneten an der Ostküste, sondern gleichzeitig auch ein ökologisches Sorgenkind, dessen Wohl und Weh mit der Zukunft des südlichen Florida aufs engste verbunden ist.

Mit einer Fläche von rund 12000 Quadratkilometern ist der Park das größte Süßwasser-Marschland der Welt, doch bildet dieses Terrain nur einen Teil des viel größeren Everglades-Ökosystems, das im Norden bis zum ***Lake Okeechobee*** reicht und damit den gesamten zentralen Süden der Staatsfläche einnimmt. Durch die immer weiter voranschreitende Besiedlung und landwirtschaftliche Nutzung wurde dieser Landstrich seit dem vergangenen Jahrhundert immer mehr eingeengt und durch den Bau von Dämmen, Kanälen sowie Straßen so sehr verändert, daß die Existenz dieses bedeutenden Ökosystems schon vor Jahrzehnten bedroht war. Da dieses System aber nicht nur den Fortbestand einer einmaligen Tier- und Pflanzenwelt garantiert, sondern darüber hinaus auch bei der Wasserversorgung der seit dem 19. Jahrhundert entstandenen Städte und Dörfer eine große Rolle spielt, wurde ein Teil der Region 1947 als Nationalpark unter Schutz gestellt. Das Problem war dadurch aber nicht insgesamt gelöst, weil viele umliegende Gebiete weiterhin als Farmland bewirtschaftet und mit Wasser aus dem Ökosystem bewässert wurden.

Längst hat die Forschung herausgefunden, daß diese Wasserversorgung bzw. der Zyklus von trockenen und feuchten Jahreszeiten eine Grundvoraussetzung für die Existenz dieses Ökosystems bildet. Seit jeher lebten die Everglades vom Überlauf des Lake Okeechobee und einiger anderer Süßwasserseen. Das Wasser strömte auf einer Breite von mehr als 100 Kilometer einem sehr langsam fließenden, seichten Fluß gleich über das flache, nach Südwesten leicht abfallende Land und verwandelte es in der feuchten Saison in einen riesigen Sumpf, der früher einmal für viele Tier- und Pflanzenarten einen idealen Lebensraum bildete. Wenn in den trockeneren Monaten der Wasserzufluß nachließ und der Sumpf auszutrocknen begann, existierten noch genügend feuchte Mulden, die Stelzvögeln und Alligatoren das Überleben möglich machten, während sich manche Vogelarten in den sporadisch verteilten Baumgruppen einnisten konnten. Mit dem Bau von Dämmen vor allem um den Lake Okeechobee versiegte ein Großteil der Wasserversorgung für den riesigen Ozean aus Gras und engte für viele Tiere und Pflanzen den Lebensraum ein, während durch künstliche Düngung und Pflanzenschutzmittel Schadstoffe in den Lebenskreislauf von Fischen und Schalentieren gerieten.

Die Everglades sind auch heute noch eine faszinierende Landschaft, die auf dem Staatsgebiet der USA nur wenige Parallelen findet. Zutreffend ist aber auch, daß die Natur dort einen immer schwieriger werdenden Stand gegenüber der menschlichen Zivilisation hat. Floridas stolze Panther, eine Art Puma, sind in den Everglades heute fast ausgestorben. Die Vögel wurden bis auf etwa 350 noch existierende Arten reduziert, während bis heute 120 unterschiedliche Baumarten sowie Säugetiere wie Opossums, Waschbären, Luchse, Seekühe, Delphine und Ottern im schrumpfenden Naturparadies überlebt haben.

Vorhergehende Abbildung:

140 Die zum Everglades National Park zählenden Thousand Islands bilden eine Welt für sich. Teilweise handelt es sich um winzige Eilande, teils aber auch um stattliche Inseln, die Wassersportlern ein reiches Betätigungsfeld bieten.

141 Typisch für bestimmte Gegenden der Everglades sind die Sumpfzypressen mit ihren verdickten Stämmen. Im moorigen Wasser und im dampfenden Unterholz kreucht und fleucht es.

142 Ein Mississippi-Alligator hat sich auf einem umgestürzten Baumstamm einen Sonnenplatz gesucht, von dem aus er das überwucherte Wasser in seiner Umgebung beobachten kann.

141 | 142

143 **Auf einem abgebrochenen Baumstumpf hat sich eine Schlange zusammengerollt. Die Everglades sind reich an unterschiedlichen Reptilienarten. Auch zahlreiche Schlangen-Spezies sind dort vertreten.**

Indianer

Lange bevor die ersten Touristen den Weg in die Everglades fanden, war diese Region offensichtlich von Indianern bevölkert. Ihre Existenz schon vor etwa 4000 Jahren ist archäologisch nachgewiesen. Bis zum 16. Jahrhundert, als die ersten goldsuchenden spanischen Konquistadoren Florida durchstreiften, war die Indianerpopulation schon bis auf maximal 20000 zurückgegangen, ehe die spanischen Kolonisierungsversuche sowie die US-Siedlungs- bzw. Militärpolitik die Urbevölkerung nahezu auslöschten. Ein letztes Aufbäumen der Indianer gegen die fortschreitende »Amerikanisierung« des südlichen Florida fand in den drei sogenannten Seminolen-Kriegen im 19. Jahrhundert statt, als sich die zur Seminolen-Nation vereinten Stämme 1817 bzw. 1835–42 sowie 1857/58 gegen US-Truppen zur Wehr setzten, welche die Abschiebung der Indianer in Territorien weiter im Westen der USA vorantreiben sollten.

Wer den Everglades heute einen Besuch abstattet, findet höchstens noch in einigen Randzonen bescheidene Indianersiedlungen vor, die längst den Tourismus als Einnahmequelle entdeckt haben, indem sie abenteuerliche Fahrten mit ihren Propellerbooten durch die Sumpfgegenden anbieten. Das gilt beispielsweise für die Miccosukee-Indianer, Abkömmlinge der im 19. Jahrhundert vertriebenen Seminolen, die vier Meilen östlich von ***Forty Mile Bend*** das ***Miccosukee Indian Village*** aufbauten und dort neben kunstgewerblichen Souvenirs auch Ausflugsfahrten in die Sümpfe anbieten.

Besichtigung

Zum Everglades National Park gibt es drei Zugänge. Wer von der Golfküste her anreist, kann südöstlich von ***Naples*** über den ***Tamiami Trail*** (Tampa-Miami-Trail; Highway 41) nach ***Everglades City*** fahren, wo es ein Besucherzentrum gibt. Der kleine Ort an der Golfküste wird von Bootbesitzern wegen der dort existierenden Marina häufig frequentiert. Der Nationalparkservice bietet Rundfahrten von unterschiedlicher Länge durch die Inselwelt der ***Ten Thousand Islands*** an, bei denen man auch Gelegenheit bekommt, auf einer der vielen der Küste vorgelagerten Inseln einen kleinen Spaziergang zu machen. Manche sind kaum größer als ein Badelaken, andere verfügen über ein stattliches Territorium.

Der zweite Eingang in den Park liegt beim ***Shark Valley*** eine Meile östlich von Miccosukee Indian Village am Highway 41, wo eine 14 Meilen lange Rundstraße in das Grasmeer der Everglades hineinführt. Wer auf öffentliche Transportmittel angewiesen ist, kann eine etwa zweistündige Tramtour buchen. Den besten Ausblick auf die von Horizont zu Horizont reichende Sumpflandschaft hat man vom zwölf Meter hohen Observation Tower am südlichen Ende der Parkstraße.

Der dritte und wichtigste Eingang in den Everglades National Park liegt südwestlich von ***Florida City***, wo die Nebenstraße 9336 rund 38 Meilen weit durch den Park verläuft und in ***Flamingo*** an der ***Florida Bay*** endet. Bevor die Straße gebaut wurde, war die Ortschaft eine nur per Boot erreichbare, abgelegene Fischersiedlung, deren Bewohner sich durch die Flamingojagd – der rosaroten Federn wegen – ein Zubrot verdienten. In den vergangenen Jahrzehnten entwickelte sich der Küstenflecken zu einem Touristendorf mit entsprechenden Einrichtungen. An der Parkstraße beginnen zahlreiche Pfade, auf denen man Abstecher in die Naturlandschaft der Everglades machen und die typischen Pflanzen- und Tierarten kennenlernen kann. Einen Naturpfad, von dem aus man in der Regel die ersten Alligatoren beobachten kann, findet man bereits beim ***Royal Palm Visitors Center*** unweit des Parkeingangs. Einige dieser Trails sind als Holzstege angelegt, einmal um die Natur von den Abertausenden von touristischen »Fußtritten« zu verschonen, andererseits um die Füße der Besucher vor den giftigen Reptilienarten zu schützen, die in den Everglades reichlich vertreten sind.

Zu den Top-Attraktionen der Everglades zählen in Anbetracht der vielen Wasserwege natürlich Kanutouren, für die sich in erster Linie der rund 170 Kilometer lange ***Wilderness Waterway*** zwischen Everglades City und Flamingo anbietet. Wer diesen in sieben Tagesetappen aufgeteilten Abenteuertrip unternehmen will, auf dem man auf einfachen Campingplätzen übernachtet, sollte über Erfahrungen im Kanusport verfügen und sich vorab bei einem der Besucherzentren über die genauen Voraussetzungen einer solchen Tour informieren.

Informationen

Auskünfte: Visitor Center, Everglades City (am Bootsdock), Tel. 305/695–3311, geöffnet täglich 8.30–17 Uhr; Shark Valley Visitor Center , Tel. 305/221–8776, geöffnet im Winter 8.30- 17.15 Uhr, im Sommer kürzere Zeiten; Royal Palm Visitor Center (beim Parkeingang an der Straße 9336), Tel. 305/247–6211, ganzjährig geöffnet 8–17 Uhr.
Reisezeit: Der Park ist ganzjährig zugänglich. Beste Reisezeit sind die Monate November bis April, wenn man wegen der geringeren Feuchtigkeit Gelegenheit hat, die sich um die verbliebenen Wasserstellen sammelnden Tiere zu beobachten. Zwischen Mai und Oktober gehen nachmittags häufig schwere Gewitterregen nieder, und die Moskitoschwärme können einem jedes Naturerlebnis verleiden.
Unterkünfte: Die einzigen regulären Hotelräume innerhalb des Parks bietet die Flamingo Lodge in Flamingo an (Tel. 305/695–3101 und 305/253–2241). Im Winter sollte man vorab reservieren. Außerhalb der Parkgrenzen findet man Motels in Everglades City sowie in Florida City und in Homestead. In Chokoloskee bei Everglades City kann man Wohnwagen für Übernachtungen mieten (Outdoor Resorts, Tel. 305/695–2881) oder kleine Hütten (Everglades Gun & Lodge Club, Tel. 305/695–4211).
Camping: In Flamingo gibt es zwei Campingplätze. Weitere Gelegenheiten existieren an zahlreichen Pfaden und Kanurouten, wo der Nationalpark Plattformen über dem Wasserspiegel errichtet hat, die über chemische Toiletten verfügen (für diese Plätze braucht man ein kostenloses Permit).
Touren: Sowohl von Everglades City als auch von Flamingo aus kann man mit Ausflugsschiffen Besichtigungstouren oder von Rangern geführte Kanutouren unternehmen. Im Miccosukee Indian Village bieten die Indianer Fahrten mit Propellerbooten an. Im Shark Village verkehrt auf einer 14 Meilen langen Rundstrecke eine Tram mit offenen Waggons.

Shenandoah National Park

Die Welt der Blauen Berge

Spaziert man in Washington D. C. durch die betriebsamen Straßen im Zentrum, läßt nichts vermuten, daß nur zwei Autostunden entfernt im Westen der amerikanischen Hauptstadt eine der schönsten Naturlandschaften der mittleren Atlantikküste liegt: der ***Shenandoah National Park*** im Nordwesten des Bundesstaates Virginia. Diese Landschaft besteht im wesentlichen aus einem etwa 100 Kilometer langen Bergzug der Appalachenkette, die sich von Nordosten in Richtung Südwesten durch das Staatsgebiet zieht. Da meist ein blauer Dunstschleier über diesen abgerundeten Höhen liegt, sind sie auch unter dem Namen ***Blue Ridge Mountains*** in vielen literarischen Erzeugnissen und Liedern »verewigt« worden. Der Name *Shenandoah* leitet sich aus der indianischen Bezeichnung für diese Region ab, die übersetzt etwa »Tochter der Sterne« bedeutet. Die Blue Ridge (Blaue Bergkette) bildet eine langgezogene Erhebung zwischen dem Piedmontplateau im Osten sowie dem Großen Appalachental im Westen, die mit dem 2000 Meter hohen ***Mount Mitchell*** ihre größte Höhe erreicht.

Geologie und Geschichte

Die Blue Ridge mit dem Shenandoah National Park ist Teil der über 2000 Kilometer langen Appalachen, die ein etwa parallel zur Atlantikküste verlaufendes Mittelgebirge sind, das sich von Kanada im Norden bis nach Alabama im Süden erstreckt. Geologisch betrachtet ist das Gebirge Resultat der Kontinentalverschiebung sowie der Subduktion, worunter man einen Prozeß der »Überlappung« von tektonischen Platten versteht, der sich abspielt, wenn gewaltige Landmassen miteinander kollidieren und sich übereinander schieben. Legt man die ältesten aus dem Präkambrium stammenden Urgesteine (Granit und Gneis) zugrunde, so besitzt der Bergzug ein stolzes Alter von etwa 500 Millionen Jahren. Jüngeren Datums sind die Sedimentgesteine, die unter anderem aus Kalk bestehen. Die eigentliche Auffaltung der Kette begann »erst« vor etwa 380 Millionen Jahren, als die Landmassen

144/145 Wenn die Tage kürzer und die Nächte kühler werden, hält im Shenandoah National Park der »Indian summer«, eine Art Altweibersommer, Einzug – für viele Freunde der farbigen Blätterwelt Grund genug, den Urlaub auf die Herbstwochen zu verlegen.

der heutigen Kontinente Amerika, Europa und Afrika noch einen zusammenhängenden Großkontinent bildeten.

Bereits etwa 7000 Jahre vor Beginn der modernen Zeitrechnung lebten die ersten Menschen an den Flanken dieses Berglandes und in den umgebenden Tälern. Die moderne Archäologie hat über die Jahrzehnte hinweg viele eindeutige Nachweise ihrer Existenz wie Pfeilspitzen sowie Bestattungshügel gefunden. Zu Beginn des 18. Jahrhunderts tauchten im Tal des ***Shenandoah River*** die ersten weißen Siedler auf, die sich nach und nach auch im Bergland niederließen. Ende des 19. Jahrhunderts entdeckte die Bevölkerung der schnell wachsenden Metropolen der amerikanischen Ostküste die Appalachen als Erholungsraum. Um die Blue Ridge vor Zersiedlung und den daraus erwachsenden Umweltbelastungen freizuhalten, wurde das Gebiet im Jahr 1926 zum National Monument und zehn Jahre später zum Nationalpark erklärt. Jahrzehntelange Aufforstung merzte in der Folgezeit die schweren Schäden aus, welche durch rigorose Abholzung im 19. Jahrhundert verursacht worden waren.

Besichtigung

Auf einer Länge von rund 180 Kilometern zieht sich mit dem ***Skyline Drive*** eine kurvige Panoramastraße durch das knapp 800 Quadratkilometer große Parkgelände. In westlicher Richtung blickt man auf das Tal des Shenandoah River, während sich im Osten die Hügellandschaft von Piedmont ausbreitet. Nördlicher Ausgangspunkt für eine Fahrt über diese Route ist die Ortschaft ***Front Royal***. Orientiert man sich von dort nach Süden, passiert man viele Rastplätze und Aussichtspunkte, wo man teilweise das Auto stehenlassen und sich auf einen der vielen Wanderpfade machen kann, die durch die unterschiedlichen Parkteile führen. Dabei bewegt man sich in erster Linie durch Mischwald aus Birken, Pappeln, Ahorn, Fichten, Tannen und anderen Arten, doch trifft man stellenweise auch auf Regionen, deren Landschaftscharakter durch Hochmoore und Wiesen bestimmt ist. Seit dieser Landstrich unter Schutz gestellt wurde, haben sich die Tierpopulationen wieder erhöht. Rotwild, Skunks, Waschbären, Erdhörnchen und andere kleine Nager sowie viele gefiederte Spezies kann man recht häufig beobachten, Bären und Luchse selten.

Eine besondere Sehenswürdigkeit sind die an der Route 211 gelegenen ***Luray Caverns***, das größte Höhlensystem in Virginia. Die im Jahr 1878 entdeckten Luray Caverns zeichnen sich durch besonders schön ausgebildete Stalagmiten und Stalaktiten aus. Auf Führungen, die etwa eine Stunde dauern, kann man diese wunderschöne Unterwelt genießen.

146 Fährt man über den Skyline Drive im Shenandoah Park, geben zahlreiche Aussichtspunkte den Blick frei auf die gestaffelten Höhenrücken der Appalachenkette.

Informationen:

Luray Caverns (neun Meilen westlich des Skyline Drive), Tel. 703/743–6551, geöffnet Mitte Juni-Anfang September tägl. 9–19 Uhr; Mitte März-Mitte Juni nur bis 18 Uhr; im Winter wird die Höhle um 16 Uhr geschlossen.
Auskünfte: Superintendent, Shenandoah National Park, P.O. Box 348, Route 4, Luray 22835, Tel. 703/999–2229.
Reisezeit: Der Park ist ganzjährig geöffnet und bietet sowohl im Sommer wie im Winter ein eindrucksvolles Naturerlebnis. Stark frequentiert ist der Park vor allem während der Schulferien im Sommer sowie im Herbst.
Unterkünfte: Auf dem Parkgebiet findet man an drei Orten Übernachtungsgelegenheiten, nämlich in Skyland (Meile 42), Big Meadows (Meile 51) und Lewis Mountain (Meile 58), wo man sich zwischen April und Oktober kleine Hütten mieten kann. Weitere Hotels/Motels findet man außerhalb des Parks im Norden in Front Royal sowie im Süden in Waynesboro. Reservierungen über ARA Virginia Sky-Line, P.O. Box 727, Luray 22835, Tel. 1- 800/999–4714.
Camping: Im Park liegen vier gut ausgestattete Campingplätze bei Matthews Arm (Meile 22), Big Meadows (Meile 51), Lewis Mountain (Meile 58) und Loft Mountain (Meile 80). Reservierungen über Ticketron, 401 Hackensack Avenue, Hackensack, NJ. 07601.
Aktivitäten: Wandern, Kanufahren, Reiten, Angeln (vor allem Forellen).
Touren: Der National Park Service bietet zahlreiche von Rangern geleitete Aktivitäten an, über die man sich am besten anhand des *Shenandoah Overlook* informiert, einer kostenlosen Zeitung über den Park, die man am Eingang oder in einem der Besucherzentren bekommt.

Denali National Park

Bärenstarker Norden

Seit mehr als zwei Stunden rumpelt der *Shuttle Bus* mit seinen neugierigen Passagieren an Bord in Richtung Südwesten. Während oben in den Gepäcknetzen die Lunchpakete hüpfen, zieht vor den klappernden Fenstern auf der linken Busseite die herbstfarbene Taiga des ***Denali National Park*** vorbei. Wie ein braungelber und roter Teppich liegen niedriges Buschwerk und Blaubeerensträucher in den Tälern und auf den Vorbergen der ***Alaska Range***, auf deren nächster Höhenstufe die Tundra bereits in das Weiß des ersten Schnees übergeht. Als sich die Schotterstraße nach der Überquerung des ***Toklat River*** den ***Polychrome Pass*** hinaufwindet, drücken sich die Fahrgäste an den Fensterscheiben fast die Nasen platt, als der Fahrer/Führer am Steuer über sein Mikrofon verlauten läßt, daß sich die Wolken vielleicht doch noch lichten, die »ihn« immer noch hartnäckig einhüllen, ihn, den gewaltigen ***Mount McKinley***.

Dieser mit 6194 Metern höchste Berg Nordamerikas heißt bei den Athabaska-Indianern ***Denali***, »Der Große«. Als Mike, der Fahrer/Führer, seinen Bus eine halbe Stunde später auf einen Parkplatz steuert, um draußen in der frischen Luft seinen ambulanten Tee- und Kaffeestand aufzubauen, läßt sich im grauen Wolkeneinerlei weit im Südwesten plötzlich ein scharfkantiges, eckiges Stückchen Himmel erahnen. Und plötzlich hat Mikes zweites Frühstück all seine Attraktion verloren, als der Berg wie eine blendendweiße Offenbarung aus den Wolken tritt. Nur wenige Augenblicke, in denen ein Gewitter klickender Kameraverschlüsse über ihn hereinbricht, zeigt sich der strahlende und so unnahbare Gletscherriese, ehe er sich wieder in seine arktische Einsamkeit zurückzieht.

Der Mount McKinley ist der höchste Punkt der knapp 1000 Kilometer langen Alaska Range, die zu einem Gutteil auf dem Terrain des 1917 gegründeten Nationalparks liegt. Mißt man den Berg nur an seiner auf 600 Meter beginnenden vertikalen Höhe, übertrifft er sogar den Mount Everest im Himalaya. Für Bergsteiger ist er eine der härtesten alpinen Herausforderungen überhaupt, was weniger mit seiner Höhe als mit seinem Wetter zu tun hat. Schon in Höhenlagen um 4400 Meter betragen die Tiefsttemperaturen im Winter manchmal minus 70 Grad Celsius, und bei stürmischem Wetter wurden schon Windstärken von 240 Stundenkilometern gemessen. Mehr als die Hälfte des gesamten Mount-McKinley-Massivs liegt ständig unter Schnee, und in den Hochlagen ist der Eispanzer über dem Granitgestein stellenweise mehrere hundert Meter mächtig.

Konsequenter als in anderen Parks hält der verantwortliche National Park Service um den Danali den privaten Autoverkehr aus dem Schutzgebiet heraus, um die Naturbelassenheit dieser großartigen Landschaft zu erhalten. Ein Grund für diese Maßnahme ist aber auch die Fragilität dieser Ökologie. Dem großen Denali zu Füßen liegen ausgedehnte Taiga- und Tundraflächen, auf denen in der relativ kurzen sommerlichen Vegetationsphase über 430 unterschiedliche Pflanzen blühen, die sich an die langen und meist bitterkalten Winter angepaßt haben. Seit sich die Gletscher der Eiszeit vor etwa 12000 Jahren zurückzogen, dauerte es Jahrhunderte, ehe sich eine dünne Humusschicht bilden konnte, die heute einer sehr empfindlichen Vegetation als Lebensgrundlage dient. Die Baumgrenze endet im Park schon auf einer Höhe von 820 Meter. Darüber breitet sich Tundra mit niedrigen Büschen, widerstandsfähigen Gräsern, Moosen, Flechten und winzigen Wildblumen aus. Im September, wenn der Herbst naht, beginnt im Denali Park die schönste Jahreszeit, wenn die Natur eine geradezu unglaubliche Farborgie feiert.

Die Gründung des Parks sollte ursprünglich aber nicht der Pflanzenwelt, sondern den Tieren zum Schutz dienen. Dall-Schafe, Karibus, Wölfe, Füchse, Vielfraße, Stachelschweine, Biber, Elche und viele Vogelarten kann man auf einer Tour in den Park beobachten. Das Hauptinteresse der Besucher gilt im allgemeinen aber den Grizzlybären, die sich zu etwa drei Viertel von Pflanzen und zu einem Viertel von Fleisch ernähren. Man kann die pelzigen Allesfresser häufig schon bei einer Fahrt mit dem kostenlosen Shuttle Bus entlang der Parkstraße sehen.

Vorhergehende Abbildung:

147 Ein grandioses Panorama gibt der Mount Foraker ab. Der mächtige Berg liegt westlich des Mount McKinley im Denali National Park und ist stolze 5303 Meter hoch.

148 Zu den ständigen Einwohnern des Denali National Park gehört das weiße Dall-Schaf, das man bei einer Fahrt über die zentrale Parkstraße oder bei Wanderungen häufig an den Bergflanken sehen kann.

149 Ptarmigans sind mit ihrem dichten, aber luftigen Federkleid gut gegen die winterliche Kälte im Denali Park geschützt. Im Sommer sieht man die stattlichen Vögel manchmal zusammen mit Artgenossen entlang der Parkstraße.

Folgende Abbildungen:

150 Der weiße Riese – Mount McKinley – ist mit 6194 Metern der höchste Gipfel Nordamerikas. Aber nicht nur durch seine absolute Höhe besticht er, sondern vor allem durch seinen vertikalen Anstieg als Massiv aus einer viel niedrigeren Umgebung.

151 Neben vielen anderen Tierarten entdeckt man im Denali Park auch häufig Karibus, die in kleineren oder größeren Herden durch die unverdorbene Naturlandschaft ziehen.

Informationen

Auskünfte: Superintendent Denali National Park and Preserve, P.O. Box 9, Denali National Park, AK 99755. Seit Anfang der 90er Jahre gibt es am Parkeingang ein neues Visitor Center, geöffnet Mai-September tägl. 5.45–20 Uhr, Tel. 907/683–1266. In Anchorage und Fairbanks gibt es jeweils ein Informationsbüro des Parks: Fairbanks, 250 Cushman Street, Suite 1 A, Tel. 907/451–7352; Anchorage, 605 W. 4th Avenue, Suite 105, Tel. 907/271–2737.

Reisezeit: Die Saison im Park dauert von Mai bis September. Die meisten Sonnentage hat man im Hochsommer, doch sollte man auch um diese Jahreszeit auf eventuell regnerisches Wetter gefaßt sein. Eine lohnende Zeit ist das Frühjahr sowie der September, wenn sich die Parkvegetation in allen Farben zeigt. Im Oktober und November herrscht häufig schlechtes Wetter, während sich Dezember und Januar durch rund 20stündige Dunkelheit pro Tag »auszeichnen«, was auf das Gemüt schlagen kann.

Unterkunft: Einziges Hotel im Park ist das Denali National Park Hotel, das von den ARA Services (Tel. 907/276–7234) betrieben wird und von Mitte Mai bis Mitte September geöffnet hat (neben dem Bahnhof). Eine einfachere Unterkunft innerhalb des Parks ist Kantishna Road House (Tel. 907/733–2535). Außerhalb des Parks liegt neben einigen anderen Motels das McKinley Chalet (Tel. 907/276- 7234).

Camping: Innerhalb des Parks gibt es sechs Campingplätze, die alle mit Wasser versorgt sind. Plätze müssen reserviert werden. Maximaler Aufenthalt: zwei Wochen. Wer über ein Camping Permit verfügt, kann mit dem eigenen Auto 29 Kilometer weit in den Park fahren. Zusätzliche Campingplätze gibt es außerhalb der Parkgrenzen.

Aktivitäten: Am Backcountry Desk im Visitor Center kann man sich ein Permit für Wandertouren im Park ausstellen lassen; Mountain Biking, Wildwassertouren, Flüge über den Denali Park.

Touren: Einige Unternehmen veranstalten Floßfahrten auf dem Nenana River, die etwa zwei Stunden dauern; feuchter geht es bei den Wildwasserfahrten auf dem etwa 16 Kilometer langen »Canyon Run« zu (Owl Rafting, Tel. 907/683–2215). Flüge werden von mehreren Veranstaltern angeboten wie ERA Helicopters (Tel. 907/683–2574) und Denali Air (Tel. 907/683–2261). Von Anchorage kann man Busfahrten nach Fairbanks unternehmen, die auch zum Denali Park führen (zum Beispiel mit Alaska Sightseeing Company, Tel. 907/452–8518).
Für eine Besichtigung des Parks bieten sich mehrere Möglichkeiten an. Wer nur wenig Zeit hat, kann sich mit dem kostenlosen Shuttle Bus auf der gut befahrbaren Piste durch den Park chauffieren lassen. Für die gesamte Parkstrecke sollte man einen ganzen Tag veranschlagen, wenngleich die Tour vom Parkeingang zum Wonder Lake und zurück nur etwa 270 Kilometer beträgt. Aber die Fahrer/Führer halten die Busse oft an, um den Passagieren die Möglichkeit zur Tierbeobachtung oder zum Fotografieren zu geben. (Vom Wonder Lake führt die Straße zwar noch weiter nach Kantishna, doch handelt es sich bei dieser Siedlung um ein in Privatbesitz befindliches Bergbaucamp.) Man kann sich von den Shuttles nahezu überall absetzen lassen, falls man sich zu einer Wanderung entschließt. Für den Rückweg kann man einen anderen Bus anhalten, der einen mitnimmt. In der Hauptsaison in den Monaten Juli und August sollte man Bustouren rechtzeitig reservieren, um am betreffenden Tag auch einen Platz zu bekommen. Spaßvögel haben den Moskito zum inoffiziellen »Staatsvogel« Alaskas ernannt, weil man den Stechmücken in vielen Gegenden des Staates begegnet – so auch im Denali National Park, wo vor allem der Parkteil um den Wonder Lake von diesen Insekten besonders geschätzt wird.
Wer sich zu einer größeren Wanderung entschließt, sollte sich vorab im Visitor Center über die vor Ort herrschenden Bedingungen informieren. Es gibt einige Gebiete, die z. B. als spezifische Bärenterritorien ausgewiesen und deshalb für Wanderer gesperrt sind. Zudem sollte man in jeder Jahreszeit auf eventuell rasche Witterungsveränderungen vorbereitet und entsprechend ausgerüstet sein.

152 Bergwanderer bei der Gipfelrast auf der Primrose Ridge, von der man über die Parkstraße hinweg in den verschneiten Denali National Park sieht.

153 »Hüttenzauber« vor einer »Cabin« im Holzfällerstil an der Denali Park Road. Bei entsprechenden Schneeverhältnissen kann man dem Schutzgebiet auf Skiern einen Besuch abstatten.

Haleakala und Hawaii Volcanoes National Parks

Heißer Sand

Kein Reiseziel in den USA kann mit den Hawaii-Inseln konkurrieren, wenn es um exotische Reize geht. Unverdorbene Strände, Küstenabschnitte, die zum Wellenreiten besser geeignet sind als fast jeder andere Flecken auf dem Planeten Erde, Dschungelparadiese mit einer unvergleichlichen Pflanzenvielfalt sowie Blütenpracht und nicht zuletzt magische Namen wie Honolulu und Waikiki Beach haben dem sechs Flugstunden vor der amerikanischen Westküste im Pazifik gelegenen Archipel ein weltweit bekanntes Renommee als Urlauberziel verschafft, das alljährlich etwa sechs Millionen Besucher in seinen Bann zieht. Wer auf allen hawaiianischen Inseln ein ungetrübtes Naturwunder erwartet, sieht sich teils enttäuscht, weil zumindest Teile von Oahu und Big Island längst zu überlaufenen Rummelplätzen des internationalen Tourismus geworden sind. Andererseits lassen sich auf Inseln wie Maui und Kauai aber noch Landschaften und Küstenstriche finden, die mit Sicherheit zu den schönsten der Erde zählen. Eine ganz besondere hawaiianische Attraktion sind die Vulkane, die einen Blick in die Entstehungsgeschichte des Archipels zulassen und die zu den meistbesuchten Zielen auf den »schwimmenden Blumentöpfen« im Stillen Ozean zählen.

Haleakala National Park

Haleakala auf der Insel ***Maui*** genießt den Ruf, der größte schlafende Vulkan der Welt zu sein. Seine oberen Höhenzonen wurden zum Nationalpark erklärt, um den riesigen Krater von rund 13 Kilometer Durchmesser nicht durch den modernen Massentourismus in Mitleidenschaft zu ziehen. Beliebteste Besuchszeit des 3000 Meter hohen Haleakala ist der frühe Morgen, wenn an manchen Tagen ganze Pilgerzüge in Richtung Kraterrand aufbrechen, um hoch über den Wolken den Sonnenaufgang mitzuerleben – schlotternd vor Kälte. Wer den Temperaturschock in Kauf nimmt, wird meist mit einem unvergleichlichen Naturschauspiel belohnt. Höchster Punkt am Kraterrand ist der ***Red Hill Overlook***, doch lohnt sich auch der ***Kalahaku Overlook***. Vom Besucherzentrum aus, wo man sich über die Geschichte des Vulkans und seine voraussichtliche Zukunft informieren kann, führen unterschiedliche Wanderpfade durch den Krater, auf denen man die Silberschwert-Pflanzen bewundern kann, die im Krater gedeihen.

Ein unvergeßliches Erlebnis ist die Wanderung in die von kleinen Vulkankegeln übersäte Caldera, den eingebrochenen Krater des Haleakala, über den ***Sliding Sands Trail*** sowie der Aufstieg aus dem Kraterbecken über den ***Halemauu Trail***. Für die gesamte Strecke durch diese bizarre, vielfarbige Mondlandschaft mit ihrer spärlichen Vegetation benötigt man etwa sieben Stunden. Haleakala ist kein akut heißer Vulkan. Die letzten kleineren Ausbrüche mit Austritten von flüssiger Lava liegen mehr als 200 Jahre zurück.

Hawaii Volcanoes National Park

Dieser Nationalpark auf ***Big Island*** besteht aus den beiden Vulkanen ***Mauna Loa*** und ***Kilauea***, die sich etwa 30 Meilen von der Inselhauptstadt ***Hilo*** entfernt in den Himmel erheben. An Dramatik übertrifft dieser Nationalpark denjenigen auf der Insel Maui bei weitem, weil man im Hawaii Volcanoes National Park die der Erde innewohnenden Kräfte in Aktion sehen kann.

Einer alten hawaiianischen Legende zufolge ist der Kilauea die Residenz der Göttin Pele. Wer diesen göttlichen Wohnort aus der Nähe genießen will, macht sich am besten auf zum ***Crater Rim Drive*** (Kraterrandstraße), von dem aus man sich einen Überblick über die Vulkanlandschaft verschaffen kann. An der knapp 18 Kilometer langen Rundtour liegen zahlreiche Aussichtspunkte und Wanderwege, von denen man die Landschaft näher in Augenschein nehmen kann. Am gründlichsten kann man den Haleakala natürlich zu Fuß kennenlernen, indem man sich z. B. zu einer Wanderung auf dem ***Crater Rim Trail*** entschließt. Man durchwandert einen Wald aus Riesenfarnen, kommt an geruchsintensiven Schwefelfumarolen vorbei und sieht aus nächster Nähe Lavaströme, durch die auch die ***Thurston Lava Tube*** entstanden ist, die man besichtigen kann – eine Lavaröhre, die außen

154 Über der tropischen Landschaft von Hawaii bildet sich ein Regenbogen – ein fast überflüssiges Unterfangen der Natur in Anbetracht der exotischen Pracht der Inseln.

155 Ein sich brechender Wellenkamm vor der Küste von Big Island. Wegen solcher Verhältnisse hat sich Hawaii einen weltweiten Ruf als geradezu ideales Surferparadies erobert.

Folgende Abbildung:

156 Fast bedrohlich wirkt die düstere, fast vegetationslose Landschaft mit ihren Vulkankegeln und Magmaschloten im Haleakala Crater auf der Insel Maui.

157 | 158

157/158 **In den unteren Höhenlagen zeigt sich der Haleakala National Park von seiner tropischen Seite mit einem Wasserfall und sattgrüner Vegetation, aus der an manchen Stellen eine kaum vorstellbare Blütenpracht hervorleuchtet.**

Folgende Abbildung:

159 Vieles läßt sich aus dem Gesicht Amerikas herauslesen, und so betrachtet, ist es dem Gesicht des bärtigen Amerikaner ähnlich, der sich anschickt, seine Mütze vor den Schönheiten seines Landes zu ziehen.

schneller abkühlte als innen. Sehr aufschlußreich ist das am Kraterrand gelegene ***Jaggar Museum*** (Tel. 808/967–7643, geöffnet täglich 8.30–17 Uhr), das anhand zahlreicher Exponate über die Geologie der Region informiert. Zu Fuß kann man dem etwa 5 Kilometer langen ***Halemaumau Trail*** über den Kraterboden folgen, falls der Pfad nicht wegen unvorhersehbarer Vulkantätigkeit gesperrt ist. In diesem Jahrhundert hat sich der Vulkan schon mehrere Male von seiner gefährlichen Seite gezeigt, so im Jahr 1924 bei einer gewaltigen Eruption und im Jahr 1959 bei einem erneuten Ausbruch. Die damals betroffene Region kann man heute auf dem ***Devastation Trail*** besichtigen, einem Steg, der durch die von Feuer, Asche und Lava geprägte Landschaft führt, in der seit einigen Jahren wieder Pflanzen gedeihen. Ihr Wachstum wird von Forschern genau registriert, weil herausgefunden werden soll, wie lange es dauert, bis sich nach einer Vulkaneruption eine neue Vegetation ausbreitet. Auch in der jüngeren Vergangenheit machte der Kilauea häufig Schlagzeilen, weil sich die Vulkanlandschaft um seinen Krater fast ständig verändert.

Der Mauna Loa erhebt sich 4170 Meter über den Pazifischen Ozean. Wer diesen Vulkan besteigen will, folgt dem knapp 26 Kilometer langen ***Mauna Loa Trail***, einem Hiking Trail, auf dem man sich wie auf einen fremden Stern versetzt vorkommt angesichts der erstarrten Lavalandschaft.

Der Pfad beginnt aus einer Höhe von rund 2000 Metern, wo man das Auto stehenlassen kann, an der Ostflanke. Durch ganz unterschiedliche Vegetationszonen führt der Wanderweg an der auf 3076 Meter gelegenen ***Red Hill Cabin*** vorbei hinauf auf 4041 Meter Höhe zu einer weiteren Schutzhütte, die man ebenfalls kostenlos benutzen kann. Für den Abstieg kann man den alternativen Observation Trail an der Nordflanke des Berges nehmen, der an einer auf 3355 Meter Höhe gelegenen Wetterstation vorbeiführt. Die besten Wetterbedingungen für eine Tour auf den Mauna Loa herrschen im Hochsommer. Im Winter muß man auf den höheren Lagen mit Schnee rechnen. Bevor man zu dieser Tour aufbricht, sollte man sich in jedem Fall im Kilauea Visitor Center über die örtlichen Voraussetzungen informieren und natürlich über eine entsprechende Wanderausrüstung verfügen.

Informationen

Auskünfte: Haleakala National Park (Parkverwaltung), P.O. Box 369, Makawao, Maui, Hawaii 96768, Tel. 808/572–9177; Visitor Center, Tel. 808/572–9172, geöffnet von Sonnenaufgang bis 15 Uhr. Die Hauptverwaltung des Hawaii Volcanoes National Park liegt am Kraterrand des Kilauea auf Big Island (Tel. 808/967- 7311, geöffnet täglich 7.30–17 Uhr). Unter Tel. 808/967–7977 kann man sich über jüngste vulkanische Aktivitäten informieren.
Reisezeit: Die beiden Parks sind ganzjährig geöffnet. Im Winter muß man in den Höhenlagen mit teils unfreundlichem Wetter und sehr kühlen Temperaturen rechnen.
Unterkünfte: Im Haleakala National Park gibt es lediglich einfache, aber preisgünstige Hüttenübernachtungen, die man drei Monate im voraus bei der Parkverwaltung (siehe oben) reservieren muß. Maximale Aufenthaltsdauer: drei Nächte. Auch im Gipfelbereich des Mauna Loa existieren ähnliche Hütten. Bequemer schläft man im Volcano House am Rand des Kilauea-Kraters (Reservierung bei Ken Direction Corporation, P.O. Box 53, Volcano, Hawaii 96718, Tel. 808/967–7321).
Camping: Freies Campen ist im Haleakala National Park an manchen Stellen erlaubt. Auch im Hawaii Volcanoes National Park kann man zelten. Auskünfte erteilen die Parkverwaltungen.
Aktivitäten: Wandern.
Touren: Über Führungen und andere Veranstaltungen (Vorträge, Ausstellungen) kann man sich im Besucherzentrum oder bei der Parkverwaltung informieren.

Kurzführer durch die im Text nicht abgehandelten Nationalparks

(in alphabetischer Reihenfolge)

Acadia (Maine)
Acadia ist der einzige Nationalpark Neuenglands. Das Parkgebiet umfaßt einen Teil des Territoriums von Mount Desert Island vor der Küste des Bundesstaates Maine. Vom nur 466 Meter hohen Mount Cadillac, der sich oft in Nebel und Wolken hüllt, überblickt man an schönen Tagen den ganzen Nationalpark mit seiner stark zergliederten Atlantikküste.
Informationen: Acadia National Park, P.O. Box 117, Bar Harbor, ME 04609, Tel. 207/288–3338

Badlands (South Dakota)
Der Badlands National Park umfaßt eine von Verwitterung gekennzeichnete bizarre, mit seltsamen Formationen ausgestattete Landschaft, die vor 35 Millionen Jahren noch ein Salzwassersumpf war. Aus der damaligen Zeit stammen viele Fossilien, die man in dieser Gegend gefunden hat. Die Sioux-Indianer nannten das unwirtlich-phantastische Gebiet *Mako Sica*, was soviel wie unbrauchbares Land bedeutet.
Informationen: Badlands National Park, P.O. Box 6, Interior, SD 57750, Tel. 605/433–5361

Big Bend (Texas)
Der Big Bend National Park liegt an der Grenze zwischen Texas und Mexiko, wo der Rio Grande in einem rechten Winkel abknickt. Die Landschaft des Parks besteht aus von Kiefernwäldern überzogenen Bergrücken und den heißen Zonen der Chihuahua-Wüste, in der Kakteen und andere hitzevertragende Pflanzen wachsen.
Informationen: Big Bend National Park, TX 79834, Tel. 915/477-2251

Biscayne (Florida)
Der größte Teil der Fläche des im Jahre 1968 eingerichteten Nationalparks besteht aus Wasser, Riffs und etwa 44 Inseln, die sich zu einer von Nord nach Süd verlaufenden Inselkette zusammensetzen – ein ideales Gebiet zum Schnorcheln und Tauchen.
Informationen: Biscayne National Park, P.O. Box 1369, Homestead, FL 33090, Tel. 305/247-PARK

Channel Islands (Kalifornien)
Der im Jahr 1980 gegründete Park setzt sich aus den fünf vor der südkalifornischen Küste liegenden Inseln Anacapa, Santa Barbara, San Miguel, Santa Rosa und Santa Cruz (noch in Privatbesitz) zusammen. Neben einer einzigartigen Pflanzenwelt bieten die Inseln eine vielfältige Population von Meerestieren wie Seelöwen und Seevögeln.
Informationen: Channel Island National Park, 1901 Spinaker Drive, Ventura, CA 93001, Tel. 805/644–8262

Gates of the Arctic (Alaska)
Das Terrain des etwa 300 Kilometer nördlich von Fairbanks liegenden und seit 1980 bestehenden Parks besteht zu einem großen Teil aus Tundra, durch die sich sechs ungezähmte Flüsse ihren Weg bahnen und in der viele andere Wasserwege und Seen liegen, von denen manche noch nicht einmal einen Namen tragen. Höchster Punkt der durch den Park verlaufenden Brooks Range ist der Mount Igikpak.
Informationen: Gates of the Arctic National Park & Preserve, P.O. Box 74680, Fairbanks, AK 99707, Tel. 907/456–0281

Glacier Bay (Alaska)
Der Park liegt im südöstlichen Alaska und ist am leichtesten zugänglich per Boot oder Flugzeug von Skagway und Haines. Straßen existieren im Park nicht. Die landschaftliche Szenerie wird durch Fjorde, Berge und großartige Gezeitengletscher bestimmt.
Informationen: Glacier Bay National Park, Gustavus, AK 99826, Tel. 907/697–2230

Great Smoky Mountains
(North Carolina/Tennessee)
Der Park umfaßt einen Teil der von Kanada bis in den Süden der USA reichenden Appalachenkette und zeichnet sich durch eine vielfältige Vegetation aus. Vor allem im Herbst, wenn sich die Blätter der Laubbäume bunt verfärben, lohnt sich ein Besuch.
Informationen: Great Smoky Mountains, Gatlinburg, TN 37738, Tel. 615/436–1200

Great Basin (Nevada)
Einer der jüngsten US-Nationalparks (gegründet 1986) mitten im trockenen und abflußlosen Great Basin zwischen Rocky Mountains im Osten und Sierra Nevada im Westen. Hauptsehenswürdigkeit sind die Tropfsteinhöhlen Lehman Caves sowie das Berggebiet um den 3981 Meter hohen Mount Wheeler, an dessen Flanken uralte Grannenkiefern wachsen.
Informationen: Great Basin National Park, Baker, NV 89311, Tel. 702/234-7331.

Guadalupe Mountains (Texas)
Geologisch muß man diesen Nationalpark zusammen mit den Carlsbad Caverns nennen, die sich aus dem gleichen fossilen Riff aus dem Perm gebildet haben. Die Guadalupe Mountains erheben sich bis zu einer Höhe von 2667 Metern und ragen damit weit über die trockenen Ebenen des Umlandes hinaus.
Informationen: Guadalupe Mountains National Park, P.O. Box 400, Salt Flat, TX 79847, Tel. 915/828–3551

Hot Springs (Arkansas)
Über vier Dutzend heiße Quellen, die Tag für Tag etwa vier Millionen Liter dampfendes Wasser an die Erdoberfläche bringen, haben diesem Gebiet südwestlich der Hauptstadt Little Rock den Namen gegeben. Schon lange vor Ankunft der ersten Weißen nutzten die Indianer das permanent 61 Grad Celsius warme Wasser zur Linderung von Gebrechen. Seit 1921 sind die Hot Springs Nationalpark.
Informationen: Hot Springs National Park, P.O. Box 1860, Hot Springs, AR 71902, Tel. 501/624–3383

Isle Royal (Michigan)
Der Nationalpark erstreckt sich über die größte Insel im Lake Superior, der wiederum der größte unter den fünf Großen Seen ist. Das Eiland, auf dem lange vor den Weißen schon Indianer Kupferminen ausbeuteten, stellt eine unverdorbene Wildnis dar, in der man sich auf Wanderwegen von über 250 Kilometer Länge auf Naturbeobachtung begeben kann.
Informationen: Isle Royal National Park, 87 North Ripley Street, Houghton, MI 49931, Tel. 906/482–0984

Katmai (Alaska)
Rund 470 Kilometer südwestlich von Anchorage gelegen, bildet Katmai eine der größten Parkflächen unter der Verwaltung des National Park Service. Zu den größten Sehenswürdigkeiten zählen neben den vielen Wildarten vor allem die Stellen, an denen thermische Aktivitäten sichtbar werden. Im Jahr 1912 brach in diesem Gebiet der Novarupta-Vulkan aus und bildete das von Vulkanasche überdeckte Valley of the Ten Thousand Smokes. Katmai ist die Heimat des Alaska-Braunbärs, der größten fleischfressenden Spezies der Erde.
Informationen: Katmai National Park & Pre-

serve, P.O. Box 7, King Salmon, AK 99613, Tel. 907/246–3305

Kenai Fjords (Alaska)
Vom Hafenstädtchen Seward aus gelangt man in diesen Park, der Teil der Kenai Mountains ist, aber auch eine durch Fjorde gekennzeichnete Küste mit reichem Meeresleben besitzt. Am einfachsten und besten lernt man den Park von einem Boot aus kennen.
Informationen: Kenai Fjords National Park, P.O. Box 1727, Seward, AK 99664, Tel. 907/224–3874

Kobuk Valley (Alaska)
Am besten erreicht man diesen abgelegenen Park im arktischen Teil Alaskas von Kotzebue aus mit dem Flugzeug. Er liegt südlich der Baird Mountains und besitzt mit dem Kobuk River sowie dem Salmon zwei größere Flüsse, deren Umland ein ideales Rückzugsgebiet für Grizzly-Bären, Schwarzbären, Wölfe und andere Tiere ist.
Informationen: Kobuk Valley National Park, P.O. Box 1029, Kotzebue, AK 99752, Tel. 907/442–3890

Lake Clark (Alaska)
Mit dem Charter-Flugzeug kann man den Park von Anchorage aus innerhalb von eineinhalb Stunden erreichen. Auf seinem Terrain liegen in den Küstengebirgen zwei noch tätige Vulkane. Wer das Gebiet besuchen will, sollte sich unbedingt mit wirksamem Mückenschutzmittel »bewaffnen«, ohne das ein Parkaufenthalt zur Selbstkasteiung wird.
Informationen: Lake Clark National Park & Preserve, 701 C Street, P.O. Box 61, Room E-561, Anchorage, AK 99513, Tel. 907/271–3751

Lassen Volcanic (Kalifornien)
Zwischen 1914 und 1921 zeigte sich dieser Vulkan, um den sich das Parkgebiet erstreckt, von seiner aktiven Seite. Die Spuren der Vernichtung der damals niedergehenden Ascheregen und der glühenden Lavaflüsse sind heute stellenweise noch deutlich erkennbar. Bei Bumpass Hell liegt Schwefelgeruch in der Luft, und rauchende Fumarolen lassen das immer noch aktive Innenleben der Region erkennen.
Informationen: Lassen Volcanic National Park. P.O. Box 100, Mineral, CA 96063, Tel. 916/595–4444

Mammoth Cave (Kentucky)
Knapp 500 Kilometer unterirdische Gänge sind im System von Mammoth Cave bis heute vermessen und kartographiert worden. Damit gilt diese mit Stalaktiten und Stalagmiten dekorierte Unterwelt als größte Höhle der Welt.
Informationen: Mammoth Cave National Park, Mammoth Cave, KY 42259, Tel. 502/758–2251

Mount Rainier (Washington)
Wie eine riesige, vergletscherte Kuppel erhebt sich an schönen Tagen der grandiose, 4392 Meter hohe Mount Rainier aus der Berglandschaft des Bundesstaates Washington. Selbst von Seattle aus ist der küstennahe Riese gut zu erkennen, an dessen Flanken im späten Frühjahr die schönsten Wildblumenwiesen ihre Farbenpracht zeigen. Der Mount Rainier ist, wie man an seiner Kegelform leicht erkennen kann, ein etwa eine Million Jahre alter Vulkan, dessen dynamisches Innenleben sich bei heftigeren Eruptionen vor etwa 2000 Jahren und dann wieder um die Mitte des vorigen Jahrhunderts gezeigt hat. Die letzten Schlagzeilen machte der Berg im Jahr 1963, als einem Ausbruch ein gigantischer Erdrutsch folgte.
Informationen: Mount Rainier National Park, Tahoma Woods, Star Route, Ashford, WA 98304, Tel. 206/569–2211

North Cascades (Washington)
Die Cascade Range verläuft auf einer Länge von rund 1100 Kilometern von der kanadischen Provinz British Columbia bis nach Kalifornien. In ihrem nördlichen Bereich liegt auf dem Territorium des Bundesstaates Washington der North Cascades National Park, eine alpine Region, deren Gesicht durch Granitintrusion vor etwa 15 Millionen Jahren sowie durch eiszeitliche Gletscher bis vor ca. 10000 Jahren geformt wurde. Zu den bemerkenswertesten Sehenswürdigkeiten zählen die *Liberty Bells*, zapfenartig abgeschliffene Felstürme, sowie Gletscher, Wasserfälle und Gewässer wie der von Bergen umgebene Diablo Lake, die Nordspitze des Lake Chelan sowie das Feriengebiet um Ross Lake. Durch den Park führt die Panoramastraße Highway 20.
Informationen: North Cascades National Park, 2105 Highway 20, Sedro Woolley, WA 98284, Tel. 206/856–5700.

Theodore Roosevelt (North Dakota)
Dieser Nationalpark setzt sich aus zwei voneinander getrennten Arealen zusammen. Die North Unit südlich von Watford City zieht sich am Little Missouri River entlang und besteht größtenteils aus Badlands, seltsamen Erosionsgebieten mit teils bizarr wirkenden Gesteinsformationen. Die South Unit liegt bei Medora auf der Nordseite der Interstate 94. Auch dort liegen Badlands aus alten Sedimenten wie z.B. im Painted Canyon östlich von Medora. Man sieht aber auch Überreste der letzten, unverfälschten Prärien Amerikas. Der ehemalige US-Präsident Theodore Roosevelt unterhielt zu Lebzeiten die Elkhorn Ranch und nutzte die Maltese Cross Cabin beim Medora Visitor Center als Quartier.
Informationen: Theodore Roosevelt National Park, Medora, ND 58645, Tel. 701/623–4466

Voyageurs (Minnesota)
Die ersten Weißen, die in diese Region der Wälder, der Inseln und Wasserläufe hart an der kanadischen Grenze kamen, waren die französischen und frankokanadischen Voyageurs – Jäger, Fallensteller und Entdecker, welche im 18. Jahrhundert immer weiter in den noch weitgehend unbekannten Westen des nordamerikanischen Kontinents vorstießen. Die Seenplatte des heutigen Parkterrains ist ein bevorzugtes Feriengebiet für einheimische Angler und Freizeitenthusiasten. Für den internationalen Tourismus liegt diese naturverbundene Ecke zu weit abseits der ausgetretenen Pfade.
Informationen: Voyageurs National Park, P.O. Box 50, International Falls, MN 56649, Tel. 218/283–9821

Wind Cave (South Dakota)
Reist man in den Südwesten des Bundesstaates South Dakota, läßt nichts an der Graslandschaft oder an den bis auf eine Höhe von über 2200 Meter ansteigenden Black Hills eine sehenswerte Unterwelt unter der Erdoberfläche vermuten. Wind Cave wurde im Jahr 1881 durch Zufall entdeckt, als ein auf der Jagd befindlicher Pionier hörte, wie der Wind aus einem Erdspalt pfiff – daher der Name Wind Cave. Das Höhlensystem, in dem ständig eine Temperatur von 11,6 Grad Celsius herrscht, wurde schon kurz nach der Jahrhundertwende zum Nationalpark erhoben und ist seitdem der Öffentlichkeit zugänglich.
Informationen: Wind Cave National Park, Hot Springs, SD 57747, Tel. 605/745–4600

Wrangell-St. Elias (Alaska)
Im Park liegt eine einzigartige Bergwelt um den Mount Elias, den mit 5489 Metern dritthöchsten Gipfel Nordamerikas. Das Terrain wird durch die größte Anzahl von Gletschern in den gesamten USA und zahlreiche Gipfel von über 4800 Meter Höhe gekennzeichnet. Von Anchorage aus kann man diese Welt der Riesen auf der Straße gut erreichen.
Informationen: Wrangell-St. Elias National Park & Preserve, P.O. Box 29, Glenallen, AK 99588, Tel. 909/822–5234

Ka
Puget Sund
Seattle
Olympic N.P.
OLYMPIA
WASHINGTON
4392 Mt. Rainier
Mt. St. Helens National Vulcanic Monument
Portland
Bonville-Damm
Columbia
Grand-Colee-Damm
OZEAN
SALEM
Kaskaden Kette
OREGON
Crater Lake N.P.
Redwood N.P.
IDAHO
BOISE CITY
American-Falls-Damm
Snake
Lewis Range
Rocky Mountains
Glacier N.P.
Missouri
Fort-Peck-Damm
HELENA
MONTANA
Yellowstone
Mammoth Hot Springs
Yellowstone N.P.
NORTH DAKOTA
BISMARCK
SOUTH DAKOTA
PIERRE
Devils Tower N.M.
Black Hills
Mt.Rushmore National Memorial
Badlands N.M.
Wounded Knee
WYOMING
Grand Tetons N.P.
Jeffrey City
CALIFORNIA
Humboldt Country
Shasta-Damm
Sacramento
Sierra Nevada
Westwood
Fort Ross State History Park
Muir Woods N.M.
Reno
Yuba City
NEVADA
CARSON CITY
SACRAMENTO
S.Quentin
S.Pablo Bay
Berkeley
Oakland
S. Francisco
Mono Lake
Yosemite N.P.
Half Dome
Glacier Point
Sequoia u. Kings Canyon N.P.
Salinas
Monterey
Carmel
Mission S.J.Bautista
S.Joaquin
Mt. 4418 Whitney
Death Valley N.M.
Las Vegas
Gr. Salzsee
Wasatch Mountains
SALT LAKE CITY
Bingham Canyon
Ely
UTAH
Capitol Reef N.P.
Arches N.P.
Canyonlands N.P.
Bryce Canyon N.P.
Glen Canyon N.P.
Zion N.P.
Colorado
CHEYENNE
Rocky Mountains N.P.
DENVER
Redcliff
Aspen
COLORADO
Dove Creek
Pueblo
NEBRASKA
LINCOLN
KANSAS
Arkansas
Great Plains
High Plains
San Luis Obispo
California Aquädukt
Santa Barbara
L.Angeles Aquädukt
Valley
Grand Canyon N.P.
Hoover-Damm
Grand Canyon Plateau
Humphreys Peak 3853
Navajo Ind.Res.
Hopi-Ind.Res.
Mesa Verde N.P.
Monument Valley
Pueblo Bonito
Canyon-de-Chelly N.M.
Chaco Canyon N.M.
Window Rock
Taos
Los Alamos
Hollywood
Long Beach
Mojave Wüste
Colorado River Aquädukt
Los Angeles
San Clemente
San Diego
Imperial Valley
Imperial-Damm
All American-Canal
Coconino Forest
Flagstaff
Sunset Crater N.M.
Painted Desert
Parker-Damm
Petrified Forest N.P.
Gila Wüste
ARIZONA
Salt River Mts.
PHOENIX
Davis Monthan A.F.B.
SANTA FE
Albuquerque
Acoma Pueblo
NEW MEXICO
Rio Grande
Organ Pipe N.M.
Organ Pipe Cactus N.M.
Saguaro N.M.
White Sands N.M.
Carlsbad Caverns N.P.
El Paso
Llano Estacado
OKLAHOMA CITY
OKLAHOMA
Red River
Fort Worth
Dallas
San Angelo
TEXAS
Fredericksburg
AUSTIN
Houston
Big Bend N.P.
Rio Grande
San Antonio
S. Antonio
Galveston
Rio Grande City
Mexiko
PAZIFISCHER OZEAN
Sioux
Missouri
TOPEKA
Kauai
Oahu
Pearl Harbour
HONOLULU
Molokai
Maui
Haleakala N.P.
Niihau
Lamai
Kahoolawe
Mauna Kea 4205
Hawaii
Mauna Loa 4170
Kilauea 4090
Hawaii Volcanoes N.P.
HAWAII

a
d
a
St. Lorenz Strom
Oberer See
Mesabi Range
MICHIGAN
Huronsee
Anthony Fälle
WISCONSIN
Michigansee
Mississippi
MADISON
Milwaukee
LANSING
Yale
Pontiac
Detroit
Ontariosee
Niagara Fälle
Erie-Kanal
Welland Ship Canal
Buffalo
Eriesee
NEW YORK
MAINE
AUGUSTA
MONTPELIER
Lake-Champlain
NEW HAMPSHIRE
VERMONT
CONCORD
Adirondack Mountains
Champlain-Kanal
Mohawk
ALBANY
BOSTON
Cape Cod
MASSACHUSETTS
PROVIDENCE
RHODE ISLAND
HARTFORD
CONNECTICUT
Hudson
Delaware
New York
TRENTON
Princeton
Susquehanna
Erie
PENNSYLVANIA
Cleveland
Pittsburgh
Toledo
Harvard
Chicago
INDIANA
OHIO
COLUMBUS
ILLINOIS
SPRINGFIELD
INDIANAPOLIS
Cincinnati
HARRISBURG
Mountains
Philadelphia
NEW JERSEY
Gettysburg
Glenville
Baltimore
DELAWARE
DOVER
Washington
MARYLAND
ANNAPOLIS
WEST VIRGINIA
Allegheny
Shenandoah N.P.
Williamsburg
Chesapeake Bay
CHARLESTON
FRANKFORT
Ohio
St. Louis
URI
Lexington
Kentucky
RICHMOND
Norfolk
VIRGINIA
Blue Ridge
KENTUCKY
Fredrickstown
Norris-Damm
Cape Hatteras
RALEIGH
NASHVILLE
2037
Mt. Mitchell
Cherokee-Ind. Res.
NORTH CAROLINA
NSAS
TENNESSEE
Columbia
Great Smoky Mts. N.P.
Appalachen
ITTLE ROCK
Memphis
COLUMBIA
SOUTH CAROLINA
Tennessee
ATLANTA
Charleston
Birmingham
Mississippi
MISSISSIPPI
Savannah
Vicksburg
MONTGOMERY
GEORGIA
JACKSON
ALABAMA
TALLAHASSEE
BATON ROUGE
L. Maurepas
L. Pontchartrain
Jacksonville
Gainesville
FLORIDA
New Orleans
Port Sulphur
Mississippidelta
Tampa
Cape Canaveral
Tampa Bay
Palm Beach
Fort Lauderdale
Miami
Miami Beach
Everglades N.P.
Key West
VON MEXIKO
ATLANTISCHER OZEAN
Hauptstädte
Städte
N.M. National Monument
N.P. Nationalpark
Prudhoe Bay
North Slope
Brooks Range
Fort Yukon
RUS
ALASKA
Cape Prince of Wales
Yukon
Kanada
Fairbanks
Mt. Mc Kinley 6193
Range
Alaska
Anchorage
Denali N.P.
Valdez
St. Elias Range
JUNEAU
Katmay N.P.
Tal der 10 000 Dämpfe
Kodiak
Südl. Aleuten
Kodiak Island

Register

Die geraden Ziffern beziehen sich auf die Textseiten, die *kursiven* auf die Bildseiten.
NP = National Park
SP = State Park

Fotonachweis:
Manfred Braunger, Freiburg: Abbildungen Seite 160, 163, 164

Die Übersichtskarte auf Seite 190/191 zeichnete Wolfgang Bayer, Röhrmoos.

Kanada
Nationalparks

So vielfältig wie ein ganzer Kontinent: In den kanadischen Nationalparks lässt sich an Seen und Flüssen noch Leben finden, das es so anderswo kaum noch gibt. Alte Indianerpfade führen in Abenteuer- und Wildnislandschaften, deren gewaltige Natureindrücke einem fast den Atem verschlägt: bizarr, pittoresk, grandios!

KANADA NATIONALPARKS

Text: Werner Krum, Peter Mertz Fotos: Peter Mertz

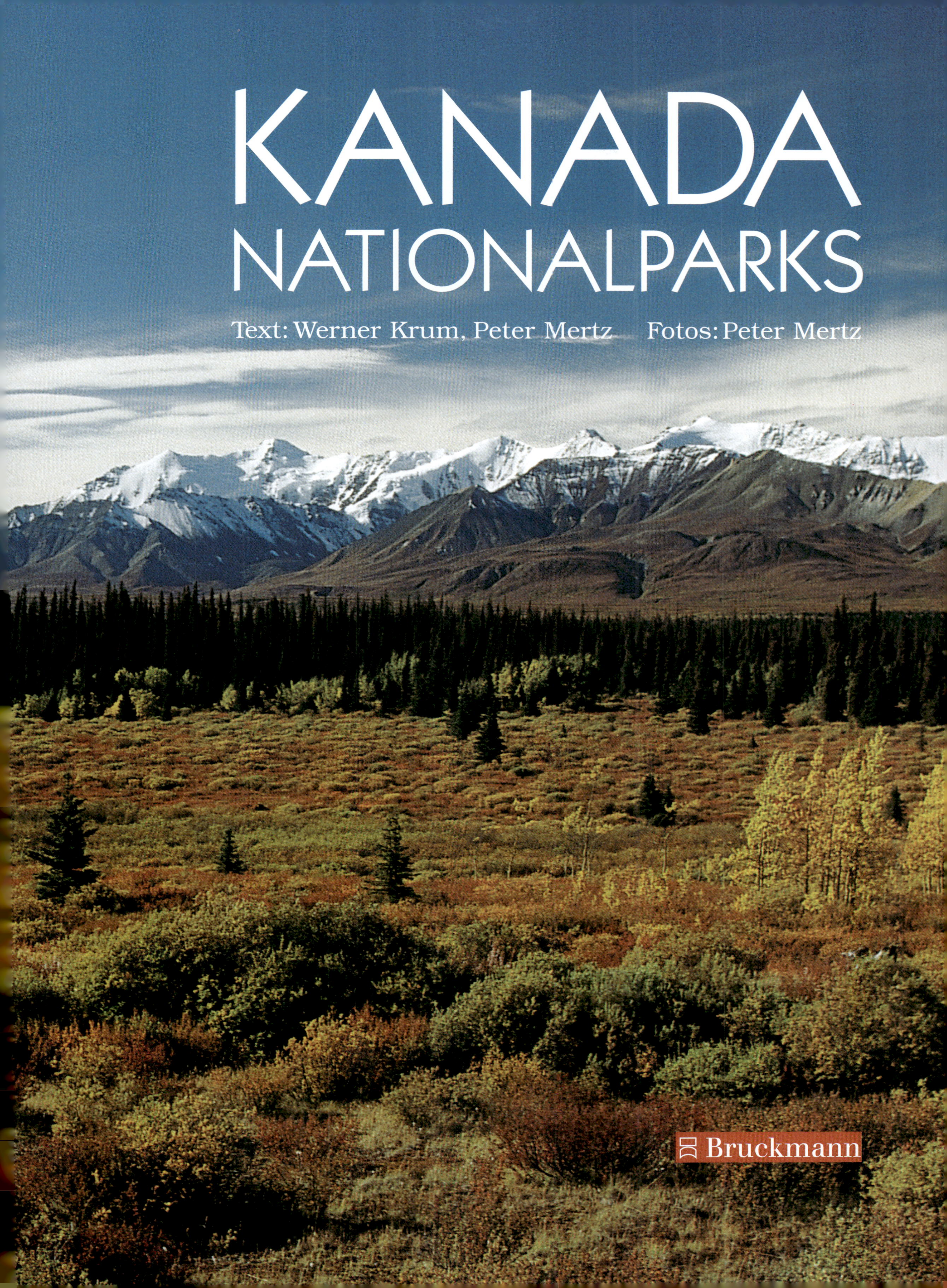

Bruckmann

INHALT

BUNTE WÄLDER UND TOSENDES MEER

Nebelverhangene Bergwälder, schlanke, dunkle Engelmannsfichten, die an den Hängen und im Tal aufragen, stille, smaragdgrüne Gebirgsseen, in denen sich ein rotes Kanu spiegelt und zur Metapher für den Menschen wird, gewaltige, blau schimmernde Gletscher, die im Herbst in lebhaftem Kontrast zu den gelb leuchtenden Eschen und rot glühenden Ahornwälder zu ihren Füßen stehen – all dies macht den Charme Kanadas aus. Auch die brandungsumtosten Küsten des Pazifik, etwa auf Vancouver Island und in der Queen Charlotte Strait, sind ein unvergeßliches Erlebnis. Das Meer funkelt in der Abendsonne, und die schwarzen Silhouetten der Douglasien werfen geheimnisvolle Schatten. Nicht minder heftig von der See umstürmt ist die Atlantikküste von Nova Scotia oder Newfoundland. Ihr Reiz liegt in den oft phantastisch geformten rosa Granitfelsen, dunkel skandiert von Weißzedern, Hemlock- und Balsamtannen, der Himmel voller kreischender Möwen. Die Parks des laurentidischen Gebirges, manche nahe den Städten am St.-Lorenz-Strom, sind alte Indianerlandschaft. An ihren Seen und Flüssen läßt sich noch jenes Leben finden, das in Europa längst fremd geworden ist.

Völlig verschieden von den Parks an der Pazifikküste und den großen bekannten Nationalparks in den Rocky Mountains sind die Parks im breiten Präriegürtel. Hier sind noch große Teile echter Prärie und ausgedehnte, kaum zugängliche Wälder erhalten, in denen man Präriebisons und die zotteligeren Waldbisons in Reservaten sehen kann. Riesige Seen gehören in diesen Parks den Besuchern der nahen Städte, aber auch dem Angler, der im Blockhaus abends seinen Fang auf dem Feuer grillt.

Die Atlantikküste am Green Cove Nature Trail im Cape Breton National Park ist von rauher, faszinierender Schönheit.

Je mehr man in den Norden kommt, nach Yukon und in die Northwest Territories, um so mehr steigert sich dieses Gefühl von Einsamkeit, das freilich nicht jeder ertragen kann. Im Kluane National Park findet sich in den Sankt-Elias-Bergen noch eines jener völlig abgeschiedenen Naturreservate, in die einzudringen schwer ist und die eine entsprechende Ausrüstung verlangen. Vier- bis Sechstausender (Mt. Logan 5950 Meter) grüßen die Besucher. Hier hat noch der Grizzly, in der Größe zwischen dem europäischen Braunbären und dem riesigen Kodiakbär Alaskas, seine Heimat, und »gewöhnliche« Touristen werden es besser bei Kurztouren bewenden lassen.

Der Flug zum Auyuittuq National Park auf Baffin Island führt an die äußerste Grenze des Landes. Meist wird jedoch der Große Sklavensee in den Northwest Territories das abgelegenste Gebiet sein, das unter normalen Umständen zu erreichen ist. Mancher wird sagen, der Weg dorthin lohne nicht – nichts als düstere, dunkle Fichten, Stromschnellen und endlose, eintönige Wälder, in denen abends die Wölfe heulen. Doch im September 1987 erschien hier sogar der reiselustige Papst Johannes Paul II. Vielleicht suchte auch er am einsamen, weiten Horizont und in der unendlichen Stille dieser Landschaft etwas, das das Leben im pulsierenden Rom nicht bieten kann: die Ahnung, am *finis terra cognita* zu sein.

Kanadas erster Nationalpark wurde 1885 als Rocky Mountains

Park gegründet und später Banff National Park genannt. Mit der langsamen Abtrennung vom Mutterland und in einem schwierigen Prozeß des Zusammenfindens sehr unterschiedlicher Regionen, der erst im 20. Jahrhundert zu Ende ging, gewann auch die Nationalparkidee festeren Stand. Mit der Bestellung des First Commissioner of National Parks, James B. Harkin (1911 bis 1936), gestaltete man ein System mit den leider unvermeidlichen Verwaltungsstrukturen und einer klaren finanziellen Basis, die vom Minister of Environment der Zentralregierung in Ottawa getragen wird. Ursprünglich geprägt vom Zeitgeist der *Conservationists* und *Naturalists*, aber auch der Erholung und Erbauung dienend, sah man noch wenig Konfliktpotential mit dem Tourismus. Erst die seit dem 2. Weltkrieg steigenden Besucherzahlen und das wachsende Umweltbewußtsein verlangen ein schärferes Eingreifen der Parkverwaltung.

DAS ERBE DER NATUR

Seit 1964 werden die Nationalparks von »Parks Canada«, einer Unterabteilung des Kanadischen Umweltministeriums verwaltet. Schon zwei Jahre später entstand ein weltweit einmaliges System, das Kanada in 39 Naturregionen teilt. Diese *Natural Regions* folgen biologischen, geologischen, geographischen und historischen Kriterien. Ziel ist es, zumindest einen Nationalpark für jede Naturregion einzurichten, um einen typischen und beispielhaften Abschnitt als geschütztes Gebiet für die Nachwelt zu erhalten.

Nationalparks können mit dem Zusatz »Reserve« versehen sein, wie zum Beispiel South Moresby, Nahanni, Kluane, Auyuittuq und Ellesmere Island. Sie werden zwar nach dem *National Park Act* verwaltet, besitzen aber nicht die volle rechtliche Anerkennung. Da nämlich Ureinwohner weiterhin Landansprüche an diese Gebiete stellen, wird die »Ausbeutung traditioneller Ressourcen« per Gesetz erlaubt. Darunter fallen alte Jagd- und Fischereirechte der Indianer und Inuit.

Parks Canada ist innerhalb der Nationalparks für deren Unterhalt, für die Serviceleistungen, Besucherlenkung, Wegebau, Öffentlichkeitsarbeit und Schulungsmaßnahmen verantwortlich, die Parks selbst werden von Superintendenten geleitet. Die meisten verfügen über ein Besucherzentrum, das nicht nur Informationen bereitstellt, sondern auch naturkundliche Ausstellungen und Multivisionsschauen über den jeweiligen Park ausrichtet.

Für dieses Buch wurden in erster Linie Nationalparks ausgewählt, von denen es derzeit 37 gibt. Sie decken aber nur 23 der 39 Naturregionen ab. Die Gesamtfläche beträgt 184000 Quadratkilometer, mehr als zwei Prozent der Landfläche. Es sind aber auch jene Provincial Parks – sie unterstehen den Provinzregierungen und haben nur einen geringeren Schutzstatus – aufgenommen, deren Qualität dies wünschenswert macht und die leicht zu erreichen sind. Texte und Bilder sollen dem Leser die Atmosphäre und den Charakter des jeweiligen Parks vermitteln. Die Kapitel »Pflanzen- und Tierwelt« am Ende jedes Kapitels stellen dem tiefer an der Natur Interessierten die typischen Pflanzen und Tiere sowie geologische Besonderheiten vor.

Der Besuch mancher kanadischer Parks erfordert eine gewisse Vorbereitung, gutes Kartenstudium und – je einsamer der Park, um so sorgfältiger – lokale Erkundigungen und im Norden oft genug Führung durch ortsansässige Unternehmen, sogenannte *Outfitter*. Häufig wird auch der Wunsch zum Fischen bestehen, was nur mit Lizenz erlaubt ist, dem Gedanken der Parks aber nicht widerspricht, sofern es in Maßen und von Fachkundigen angeleitet geschieht.

Die Farben des Indian Summer – hier im Gatineau Provincial Park bei Ottawa.

KANADA
N
0
400 km
ALASKA
Beaufortsee
Golf von Alaska
Pazifischer Ozean
VEREINIGT STAATEN
Nördlicher Polarkreis
YUKON TERRITORY
NORTHWEST TERRIT
BRITISH COLUMBIA
ALBERTA
SASKATCHEWAN
Inuvik
Kitikmeot
Fort Smith
Prince Patrick Island
Queen Elizabeth Island
Parry Islan
Melville Island
Viscount Melville Sound
Banks Island
Prince Albert Peninsula
Amundson Golf
Victoria Island
Prince of Wales Islar
Mc Clintoc Channe
Coronation Golf
Queen Maud Golf
Great Bear Lake
Great Slave Lake
Lake Athabasca
Reindeer Lake
Arctic Red River
Dawson City
Ogilvie Mts.
Mackenzie Mountains
Selwyn Mountains
Stewart Crossing
Kluane Lake
Carmacks
St. Elias Mts.
Kluane Nat. Park
Ross River
Whitehorse
Johnsons Crossing
Cassiar Mountains
Haines
Skagway
Atlin
Juneau
Watson Lake
Nahanni Nat. Park
Fort Simpson
Horn Mts.
Yellowknife
Fort Providence
Hay River
Liard River
Chichagof Is.
Sitka
Baranof Is.
Petersburg
Dease Lake
Rocky Mountains
Coast Mountains
Fort Nelson
Wood Buffalo Nat. Park
Forth Smith
Caribou Mts.
Peace Point
Forth Chipewyan
Prince of Wales Island
Hyder
Birch Mts.
Naikoon Prov. Park
Prince Rupert
New Hazelton
Queen Charlotte Islands
Fort St. John
Chetwynd
Dawson Creek
Peace River
Grand Prairie
Fort Mc Murray
South Moresby Nat. Park
Prince George
Slave Lake
Lac La Ronge Prov. Park
La Ronge
Vanderhoof
Willmore Wilderness Reserve
Lac la Biche
Cold Lake
Flin Flon
Bella Coola
Quesnel
Whitecourt
Mt. Robson
Edson
Edmonton
Prince Albert Nat. Park
Elk Island Nat. Park
Jasper
Jasper Nat. Park
Williams Lake
Mt. Robson Prov. Park
Lloydminster
Prince Albert
The Pas
Port Hardy
Vancouver Island
70 Mile House
Mt. Columbia
Wetaskiwin
Yoho Nat. Park
Banff Nat. Park
Melfort
Mt. Revelstoke Nat. Park
Strathcona Prov. Park
Lillooet
Kamloops
Saskatoon
Canmore
Drumheller
Kindersley
Port Alberni
Garibaldi Prov. Park
Revelstoke
Glacier Nat. Park
Calgary
Rosetown
Yorkton
Pacifik Rim Nat. Park
Vancouver
Vernon
Hope
Medicine Hat
Moose Jaw
Regina
Riding Mountain Nat. Park
Victoria
Osoyoos
Nelson
Cranbrook
Lethbridge
Swift Current
Creston
Waterton Lakes Nat. Park
Weyburn
Assiniboia
Portag Prairie
Yellowhead-Highway
Trans-Canada-Highway

GRÖNLAND
(DÄNEMARK)
Ellesmere Island
Baffin-bay
Nördlicher Polarkreis
Davisstraße
Baffin
Baffin Island
Boothia
Auyuittuq Nat. Park
Cumberland Peninsula
Pangnirtung
Prince Charles Is.
Melville Peninsula
Foxe-becken
Hall Peninsula
Foxe Peninsula
Lake Harbour Peninsula
Labrador-see
Southampton Island
Hudson-Straße
Ungava Bay
Coats Is.
Mansel Is.
Peninsula d'Ugava
Newfoundland
Ottawa Is.
LABRADOR
Hudson-bay
Schefferville
Island of Newfoundland
St. Anthony
Bonavista
Gander
St. John
Les Iles Belcher
Gros Morne Nat. Park
QUÉBEC
Corner Brook
Kegasha
St. Lawrence Golf
Stephenville
Anticosti Is.
Grand Bank
NEWFOUNDLAND
Channel-Port-aux-Basque
Sept-Iles
Parc National de Forillon
Gaspé
Akimiski Is.
Parc National de Gaspésie
Cape Breton Highlands Nat. Park
ONTARIO
Baie-Comeau
PRINCE EDWARD ISLAND
Glas Bay
Sydney
Réserve Faunique de Matane
Campbellton
Bathurst
Rimouski
Newcastle
Prince Edward Island Nat. Park
Pickle Lake
NEW BRUNSWICK
Kouchibouguac Nat. Park
Charlottetown
Chicoutimi
Matagami
St. Félicien
Alma
Rivière du Loup
Moncton
New Glasgow
Fredericton
NOVA SCOTIA
Truro
Dartmouth
Réserve Faunique des Laurentides
Hearst
Kapuskasing
Lake Nipigon
Sioux Lookout
Armstrong
Iroquois Falls
Val-d'Or
Parc National de la Mauricie
Fundy Nat. Park
Halifax
St. John
Québec
Dryden
Timmins
Rouyn-Noranda
Parc Regional du Mont Tremblant
Trois-Rivières
Kejimkujik Nat. Park
Kenora
Nipigon
Marathon
Thunder Bay
Mont-Laurier
St. Jérome
Sherbrooke
Atikokan
Fort Frances
Wawa
Parc de la Gatineau
Bay of Fundy
Lake Superior
North Bay
Pembroke
Montréal
Sault Ste. Marie
Sudbury
Ottawa
Espagnola
Algonquin Prov. Park
Brockville
Fathom Five Nat. Monument Park
Parry Sound
Huntsville
St. Lawrence Islands Nat. Park
Atlantischer-Ozean
Bruce Peninsula Nat. Park
Owen Sound
Barrie
Peterborough
Lake Huron
Toronto
Lake Ontario
Hamilton
Niagara Falls
London
Sarnia
St. Thomas
Lake Michigan
Detroit
Lake Erie

Am Wickaninnish Beach im Pacific Rim National Park finden hungrige und wissensdurstige Besucher in einem für die Gegend typischen Holzbau ein hervorragendes Restaurant und das Besucherzentrum.

Ein Ziel, das kein Besucher der Rocky Mountains auslassen sollte, ist der tief türkisblaue Morraine Lake zwischen majestätischen Bergriesen.

Die Bergwiesen des Mount Revelstoke entfalten im August ihre Hauptblüte mit der rot leuchtenden Indian Paintbrush, Arktischer Lupine, Baldrian und Kanadischem Berufkraut.

Der Lake Louise mit dem Valley of the Six Glaciers im Banff National Park.

Das Columbia Icefield liegt zwischen dem Banff und dem Jasper National Park.

Violett leuchtet das Kanadische Berufkraut.

Murmeltiere bewohnen die Felsregionen.

Die Paint Pots von Kootenay wurden früher zur Ockergewinnung genutzt.

Mit seiner imposanten Bergkulisse ist der Lake O'Hara im Yoho National Park einer der attraktivsten Seen der Rocky Mountains.

Die sanfte, von Wäldern und Sümpfen beherrschte Landschaft des Riding Mountain National Park nahe Wasagaming Townsite.

Die bizarren Felsformationen sind typisch für die Seeufer im Fathom Five National Park.

Faszinierende Bilder entstehen, wenn sich die Espen im stillen Wasser spiegeln.

Von Gletschern rundgeschliffene Felsen und endlose Wälder im Algonquin Provincial Park.

Ein großer, graugefärbter Kanadareiher.

Leuchtend buntes Herbstlaub.

Der Morgennebel lichtet sich an einem der kleinen Seen im Algonquin Provincial Park.

Der Cape Breton National Park auf Nova Scotia ist im Westen vom St.-Lorenz-Golf und im Osten, wie hier am Black Brook Beach, vom Atlantik umgeben.

Der Norden Kanadas wird von der arktischen Tundra und uralten Gebirgen geprägt. Ein Beispiel dafür ist das Weasel River Valley im Auyuittuq National Park auf Baffin Island.

PAZIFISCHE

Die pazifische Küste Kanadas ist eine der beeindruckendsten Meeresküsten der Welt. Ihre Fjorde und Sunde, umrahmt von dunklen, eindrucksvollen Regenwäldern, sind in weiten Teilen noch wenig berührt und unverdorben. Es ist keine Badeküste in unserem Sinn, wild peitscht die See hoch auf die Felsen, rollen gewaltige Wogen auf dem Sand der Buchten aus. Vor allem zur Stunde des Sonnenuntergangs ist der Pazifik berauschend schön, wenn die See zum Silberspiegel wird und sich einsame, sturmzerzauste Hemlocktannen als bizarre, scharf geschnittene Silhouetten von den Uferfelsen abheben.

KÜSTEN

Der am meisten besuchte Teil dieser Küste liegt auf Vancouver Island mit dem Pacific Rim National Park und dem Strathcona Provincial Park. Die gewaltige Landschaft setzt sich nach Norden auf den Queen Charlotte Islands mit dem schwer erreichbaren South Moresby National Park fort. Aber auch die tief zerklüfteten Küsten an der Queen Charlotte Strait sind Teil dieser einzigartigen Küstenlandschaft, in der sich tiefe Fjorde, hohe Gebirge und dichte gemäßigte Regenwälder zu einer einzigartigen Szenerie verbinden, die wir am besten vom Schiff aus erleben können.

WILDE KÜSTEN, SCHROFFE GIPFEL

Der kanadische Teil dieser Küste gehört ausschließlich zur Provinz British Columbia. Obwohl bereits recht nördlich gelegen und fern der Wärme Kaliforniens, zeigen sich erstaunliche Unterschiede im Vergleich zur atlantischen Küste Kanadas.

Beiden Küsten führt eine starke Meeresströmung warmes Wasser zu. Im Osten ist es der Golfstrom, im Westen die Kuro-Schio-Drift, die jeweils der Küste folgen und äquatoriale Wärme mit sich bringen. Während aber der Golfstrom bereits südlich von Neufundland von der Kreiselkraft der Erde östlich abgelenkt wird und, welch ein Glück für uns, noch die geographische Breite Norwegens erreicht, kann die Kuro-Schio-Drift, die aus der Tiefe des Pazifik kommt, dieser Kraft nicht nachgeben: Sie stößt auf Kanadas Westküste und wird nordwärts nach Alaska abgelenkt. Die Folge ist das milde Küstenklima von British Columbia. So haben die atlantischen Küsten Neuschottlands, Neufundlands und der Provinz Québec ein eisiges Winterklima mit einem zugefrorenen St.-Lorenz-Strom, während in Vancouver noch im Dezember die Rosen blühen.

Von den Europäern ist die pazifische Küste Kanadas erst sehr spät mit Interesse wahrgenommen worden. Vancouver ist eine ganz junge Stadt des späten 19. Jahrhunderts, und klein ist die Zahl der Siedlungen bis hinauf zur Grenze Alaskas. So haben sich hier Natur und indianische Kultur bis in unsere Tage erhalten, die Regenwälder ebenso wie die bedeutenden Schnitzereien und Totempfähle der Haida, Quilleute, Nootka, der Salish und Tsimshian, um nur einige zu nennen. Wir können ihren Zeugnissen im South Moresby National Park auf den Queen Charlotte Islands begegnen.

Totempfähle der Ninstints-Indianer auf den Queen Charlotte Islands.

Zwei Parks sind bisher an der Westküste eingerichtet, und beide liegen auf Inseln. Die Insel Vancouver, freilich von der Größe der Schweiz, beherbergt den Pacific Rim National Park und den Strathcona Provincial Park. Zwar sind nur Teile der beiden Parks auch motorisierten Besuchern zugänglich, aber sie sind dennoch angenehm einsam geblieben.

STRATHCONA PROVINCIAL PARK

Der Strathcona Provincial Park liegt im bergigen Zentrum der Insel Vancouver mit Höhen bis zu 2200 Metern. Man erreicht ihn über den Highway 28 von **Campbell River** aus, einer kleinen Stadt an der beängstigend schmalen und oft nebligen Discovery Passage, in der die Strait of Georgia zur breiteren Queen Charlotte Strait wird. Nach Campbell River kommt man auf der großen Küstenstraße von Victoria aus, an der auch Nanaimo liegt, wo die Autofähren von der Horseshoe Bay nahe Vancouver anlegen.

Der einsame Highway 28 führt uns am Campbell River entlang zum Upper Campbell Lake, dessen Südarm sich als Buttle Lake tief in den Strathcona Provincial Park mit seiner abwechslungsreichen und vielfältigen Landschaft fortsetzt. Das Gebirge, das Vancouver Island durchzieht, ist völlig zerfurcht von tiefen Flußtälern und schmalen Seen, die wie Finger des nah gelegenen Meeres tief ins Land hineingreifen und reizvolle Perspektiven eröffnen. So fallen auf der pazifischen Seite zwischen **Big Den** und **Elkhorn Mountain**, kaum daß wir den Paß gequert

haben, zwei tief eingeschnittene Flüsse, der Heber und Gold River, hinab zur kleinen Holzfällerstadt Gold River am **Muchalat Inlet**, einem Meeresarm, der sich rasch zum berühmten **Nootka Sound** erweitert. Der Sund war ein beliebter Handelsplatz der Otternjäger und Walfänger und deshalb zwischen Engländern, Spaniern und Russen heftig umstritten. Erst 1792 begrub man den Streit in der Nootka Convention – eine pikante und spannende Geschichte, von der wir später noch hören werden.

Die heutigen Besucher zieht es eher an den **Elk River**, um die großen Quinnat-Lachse (*Chinnok Salmon*) zu angeln, die mächtig und kraftvoll die Stromschnellen flußaufwärts springen. Das **Forbidden Plateau** des Strathcona Provincial Parks dient heute auch zum Skifahren. Der Name geht auf eine indianische Legende zurück. Sie berichtet von Frauen der Comox, die hier spurlos verschwanden.

Der Park ist ein beliebtes Wandergebiet, durch das sich der bereits erwähnte Highway 28 als Abzweigung bis zum Südrand des Buttle Lake zieht. Von dort führen weite Wanderwege bis zu den **Della Falls**, die in drei Stufen 440 Meter tief hinabstürzen. Bis in den Juli hinein glitzert das Firneis der Gletscher am Golden Hind, die hinter der Kulisse der gewaltigen Douglasien (*Douglas Fir*) bis in 2200 Meter Höhe aufragen. Am **Puntledge River** steht die größte Douglasie von British Columbia, die 93 Meter hoch ist und mit ihrem Alter von 1000 Jahren bis in die Zeit von Kaiser Otto I. zurückreicht. In manchen Parkzentren, vor allem in den südlicher gelegenen Visitor Centers des US-amerikanischen Olympic National Park, kann man sorgfältig präparierte Baumschnitte sehen, deren über 1000 Jahresringe von Besuchern ehrfürchtig nachgezählt werden.

Die Blumenwiesen (*Meadows*) der höheren Lagen im Strathcona Park blühen im frühen Sommer, wunderschön durchsetzt von zahlreichen, tiefblauen Seen. Hier wachsen Lupinen, Bärentraube (*Manzanita*), die die Indianer *Kinnikinnick* nennen, Kanadisches Berufkraut (*Mountain Daisy*), und die *Indian Paintbrush* mit ihrer leuchtend roten Blüte, die an einen Pinsel erinnert.

Die feuchten Regenwälder der gemäßigten Klimazone, die sogenannten *Temperate Rain Forests*, mit ihren Sitkafichten, Westamerikanischen Hemlocktannen, Rotzedern, vereinzelten Nootka-Scheinzypressen und den gewaltigen Douglasien in tieferen Tallagen sowie Weißtannen und der großen Küstentanne in den Nadelwaldbereichen sind ein großes Erlebnis. Dabei wird der Leser bemerken, daß Fichte im Englischen *Spruce* heißt, die Tanne *Fir*, die auch bei uns angepflanzten Hemlocktannen, die keine Tannen sind, *Hemlocks* und die sogenannten Rotzedern, die auch keine echten Zedern sind, sondern eine Wacholderart (*Red Cedar*). An Wild findet sich, wenn auch selten, der Wapiti mit fast schwarzem Brustfell, englisch *Elk* genannt, sowie Luchse, Wölfe und Rehwild.

PACIFIC RIM NATIONAL PARK

Eine völlig andere Szenerie bietet der Pacific Rim National Park. Er erstreckt sich über 200 Kilometer entlang der pazifischen Küste von Vancouver Island. Besucht wird vor allem der nördliche Teil zwischen Tofino und Ucluelet, **Long Beach** genannt, der durch den Barkley Sound vom südlichen, zweiten Teil des Parks geschieden ist. Dieser ist nur mit dem Boot oder von Victoria aus zu erreichen.

INFORMATIONEN

Pacific Time

AUSKÜNFTE
Siehe Pacific Rim Nationalpark.

ZUFAHRT
Über den Highway 28 von Campbell River aus ca. 100 Kilometer. Von dem Fährhafen Nanaimo Anfahrt über Highway 19.

REISEZEIT
Juli/August.

UNTERKUNFT
Im Park keine. Einfache Hotels in Gold River, Camping bei Elk Falls nahe Campbell River.

AKTIVITÄTEN
Wandern am Lupine Trail, Marvel Meadows, Flower Ridge Trail, Höhe bis zu 1500 Metern. Regenkleidung und Kopfbedeckung sind notwendig.

Es ist der Long Beach, den wir aufsuchen wollen, in der Ferne überragt vom 1951 Meter hohen Mount Septimus. Brandungswellen von beängstigender Höhe schmettern auf den Strand, die Erschütterung ist in den Füßen spürbar. Einsame Bachmündungen, nah ans Meer herantretende, feuchtgemäßigte Wälder, die Bäume behangen mit tropfenden Moosen und Flechten, dazwischen wildromantische Felspartien und einzelne Inseln im Barcley Sound, die wie Klippen aus der aufgischtenden Brandung herausragen und in deren Felsschründen unerschütterlich einige tapfere Sitkafichten (*Sitka Spruce*) aushalten, prägen das Bild.

Long Beach erreicht man am besten von **Nanaimo** aus; bei **Port Alberni** überquert man das Gebirge. Ein Abstecher nach **Cathedral Grove** im **MacMillan Provincial Park** mit seinen gewaltigen Rotzedern (*Red Cedar*), die wir Lebensbaum nennen, und seinen bis zu zehn Meter dicken und 75 Meter hohen Douglasien (*Douglas Fir*), die ein wenig an die Küstensequoien (*Redwood*) in Kalifornien erinnern, lohnt sich allemal. Einige von ihnen sind 600 bis 800 Jahre alt.

Die Sandstrände am Wickaninnish Beach im Pacific Rim National Park erinnern an Süd

Der Raubbau an den Wäldern ist heute, zumindest in den Nationalparks, einer vernünftigeren Holzwirtschaft gewichen. Außerhalb der Parks werden aber, vor allem auf Vancouver Island, immer noch große Flächen abgeholzt. Die Hälfte der kanadischen »Holzernte« stammt aus der Provinz British Columbia, und Jahr für Jahr verschwindet ein Prozent des etwa 6,5 Millionen Hektar großen Urwaldes. Das Nutzholz, mit dem heute aufgeforstet wird, braucht nur etwa 100 Jahre, bis es geschlagen werden kann. Ältere Bäume erscheinen uns imposant und gigantisch, stellen aber auch einen strengen Despotismus der Natur dar. Der nahezu totale Lichtmangel läßt jüngeres Holz nicht aufkommen, doch die Natur hilft sich gelegentlich selbst und fällt diese Methusaleme des Waldes durch Blitzschlag oder Hurrikane. Die Unverrottbarkeit ihres tannin- und harzreichen Holzes führt dazu, daß abgestorbene Stämme noch lange Zeit, silberhaarig und silberrindig, ehrfurchtgebietend stehenbleiben.

Die Landschaft des Pacific Rim Nationalparks ist gewaltig, geprägt durch die anstürmenden Wogen des offenen, meist heftig bewegten Meeres. Die von weit draußen kommenden Brecher des Pazifiks stürzen donnernd auf den Sand, wirbeln Wasserstaub und Holzreste auf und ziehen in gewaltigen Wellen, von links nach rechts abrollend, den Strand entlang. Ihre Flanken leuchten gespenstisch, als seien sie aus grünem Glas. Die Buchten sind oft von einem rätselhaften silbrigen Staub erfüllt, dessen Geschmack auf der Zunge verrät, daß es sich um getrocknetes Meersalz handelt. Glitschiger Blasentang bedeckt die Ufer, zwischen dem sich ungewohnt große Krabben und Muscheln blitzschnell eingraben. Sie sind eine beliebte Beute von Meerscharben und riesigen Möven, während sich die lustigen Papageitaucher (*Puffins)* dem Fang von Fischen im Wasser widmen. Den Menschen ist das Muschelausbuddeln untersagt, aber verboten ist vieles, und mancher kocht an einsamen Stellen seine »clam chowder«, das sind Muscheln mit etwas Kartoffeln und Speck – eine rechte Mahlzeit für einen hungrigen Backpacker.

Gespenstische Skelette riesiger Nootka-Scheinzypressen (*Yellow Cedar)* genannt, liegen an **Combers Beach**, von Stürmen herbeigetragen. Die grotesken Verzweigungen und Wurzelknollen sprechen in uralten Bildern, und

nde – aber hier kann man Schwarzbären begegnen.

dahinter steht im Nebel wie eine Mauer der unheimliche schwarze Wald aus Sitkafichten und Hemlocktannen.

Die kleinen Ortschaften **Tofino** und **Ucluelet** sind Zentren der Lachsfischerei in der offenen See. Sie bieten dem Touristen aber auch die Möglichkeit, Wale zu beobachten, wenn Mitte April die Formationen der bis zu 12 Meter langen und 40 Tonnen schweren Grauwale nahe der Küste vorbeiziehen. Begleitet werden sie oft von weißen Porpoise-Delphinen. Bis zu 13000 Wale will man in einem Jahr gezählt haben; das maritime Leben ist hier noch von ungewohnter und ungestörter Vielfalt.

Hinter der Landzunge von Tofino breitet sich ein weitverzweigtes Netz von Buchten und fjordartigen Meeresarmen, sogenannten Inlets, mit einer anderen Meeresfauna aus. Vor der Küste liegen zahllose Felsen im Meer, die kleineren sind oft in der zerstiebenden Gischt der Brecher kaum noch zu sehen.

Von Tofino und Ucluelet aus tuckert ein Schiffchen im Sommer nach Nootka, jener berühmten kleinen Bucht an der Westküste von Vancouver Island. Bei **Esteban Point** quert man eine kabbelige Strömung und erreicht schließlich den tief ins Land reichenden Sund, vorbei an seiner verfallenen Kirche, den baufälligen Blockhäusern – so, wie es der Schweizer Zeichner Johann Webber an Bord von James Cooks »Resolution« 1778 zu Papier brachte.

Niemand würde vermuten, daß sich in diesem verlassenen Nest einst eines der wichtigsten Ereignisse der Neuen Welt im 18. Jahrhunderts abspielte. Der ganze Ärger beruhte darauf, daß die Haida-Indianer dem spanischen Capitano Juan Pérez, der 1774 hier geankert hatte, einige spanische Silberlöffel mit Monogramm gestohlen hatten. Der Name Nootka als Tauschstation für Seeotterfelle war damals aber schon ein Geheimtip für Pelzhändler aus St. Petersburg, wo die Damen mit ihren entblößten Schultern so entsetzlich froren. Viele Russen und Spanier versuchten, dem durch Otterfelle aus dem fernen Kanada galant abzuhelfen, und die armen, possierlichen Seeotter wurden fast ausgerottet.

Als Kapitän James Cook 1778 Vancouver Island erreichte, tauschte er die Silberlöffel bei den Haida gegen Messing, die es für Gold hielten, und verkaufte sie dann in Londons Trödlerstraße, der Portobello Road. Das hatte wieder ein Spanier erspäht. Diese Löffel sollten der englischen Diplomatie später noch große Schwierigkeiten machen, denn sie bewiesen die spanische Priorität in Nootka.

Von Ucluelet verkehren auch Boote zu den **Broken Islands**. Das Archipel kleiner Felsinseln liegt mitten im **Barcley Sound**, bewohnt von großen Herden von Kalifornischen Seelöwen (*Californian Sea Lion*) und See-Elefanten (*Northern Elephant Seal*). Die imponie-

Undurchdringlicher feucht-gemäßigter Regenwald auf Vancouver Island.

renden Harems der Seelöwenweibchen sind von den Booten aus gut zu beobachten. Die mächtigen, plump wirkenden graubraunen Seelöwenmänner (wer redet hier schon von Männchen) ruhen träge auf den Felsen, während das unruhige Volk ihrer Damen mit erstaunlicher Eleganz auf einen Schwatz ins Wasser rutscht und mit Hilfe einer hochgehenden Welle wieder auf den Felsen »landet«, worauf sich auch die brüllenden Haremsherrscher wieder beruhigen. Der Sund selbst ist ein fischreiches Eldorado für die *Harbor Seals*, die Seehunde, die ihre Jungen gelegentlich vor den Angriffen einer großen Zahl von Weißkopfseeadlern (*Bald Eagles*) mit auffallend hellem Kopf und enormer Flügelspannweite in Schutz nehmen müssen. Die weitaus ärgeren Feinde der Seehunde sind jedoch die mächtigen *Killer Whales* oder *Orcas*, die Schwertwale, die in elegantem schwarz-weißem »Frack« auf Jagd gehen. Schon auf der Überfahrt nach Vancouver Island kann man manchmal beobachten, wie sie in Formationen mit hochaufgerichteten Rückenflossen lautlos und elegant durch das Wasser gleiten. Ob der manchmal immer noch verwendete Name »Killerwale« zutrifft und ob sie Fischer in Booten angreifen, wird mittlerweile zu Recht bezweifelt. Heute können wir die Schwertwale auch in Meeresaquarien beobachten, wo sie bei den Vorführungen wie ein dicker Torpedo auf uns zuschießen. Die Indianer sahen im Schwertwal, den sie in Schnitzereien verewigten, ein sagenumwobenes Wesen, das einst als verzauberter Prinz eine Indianerprinzessin entführt und zu einer einsamen Insel gebracht hatte. Ähnliches erzählten die alten Griechen vom Delphin, der ihnen zum Objekt ihrer Vasenmalerei wurde.

Jamie's Bootstouren führen direkt zu den Grauwalen im Clayoquot Sound vor Tofino.

In den kleinen Ferienhotels in Tofino, Wickaninnish und Ucluelet ist jede Schickeria fehl am Platz. Familien mit Kindern gehen in Langschäftern in den Backwater Creeks angeln, und abends bestaunen die Kleinen die mächtigen Kisutsch- und Blaurückenlachse (*Coho* und *Sockeye Salmon*), die von den stolzen Anglern vor dem Hause und dem Abendessen zur Schau ausgelegt werden, während die kleinen Marys und Johns scheu mit dem winzigen Finger die Reihe der scharfen Lachszähne abtasten. Sagenhaft ist das Orangerot der Kiemen und das leuchtende Rot ihres Fleisches. Und anders als früher, als die Köche des Landes mit diesem köstlichen Lachs nichts besseres anzufangen wußten als »cooking and frying« – also dünsten und fritieren –, gibt es heute beispielsweise auf Wickaninnisch Beach oder Tofino eine große Auswahl an vorzüglichen Restaurants und Hotels.

Südlich des Barkley Sound beginnt das mit Auto nicht befahrbare Stück des Pacific Rim National Park zwischen **Bamfield** und **Port Renfrew**, das nur von Victoria aus zu erreichen ist. Es ist berühmt und berüchtigt durch den **West Coast Trail**, einen 77 Kilometer langen Wanderpfad, der nur für Backpacker mit Verpflegung und Ausrüstung geeignet ist. Er führt teils durch den Regenwald, windet sich schier endlos zwischen Buchten und Bächen, die in Mäandern der See zufließen. Dann folgen wieder felsige Partien, die man nur unten am Meer, solange Ebbe herrscht, passieren kann. Wehe dem, der hier durch die heranrollende Flut abgeschnitten wird und nicht zum rettenden Hochpfad findet, der oft auf Holzbohlen im Dickicht der Hemlocktannen und Fichten versteckt ist. Diese Pfade waren noch im

INFORMATIONEN

Pacific Time

AUSKUNFT
The Superintendent, Pacific Rim National Park, P.O. Box 280, Ucluelet, B.C V0R 3A0, Tel. 604-726-7721.

ANREISE
Von der Fähre in Nanaimo über den Highway 4 und Port Alberni nach Ucluelet, ca. 170 Kilometer. West Coast Trail erreichbar von Victoria aus über den Highway 14 nach Port Renfrew.

REISEZEIT
Ganzjährig bei 5°C im Winter und 25°C im Sommer.

UNTERKUNFT
Hotels in Ucluelet und Tofino, bescheiden, aber angenehm. Campingplatz am Green Point im Park.

AKTIVITÄTEN
Wanderung entlang des Trails am Long Beach nur nach vorheriger Information über die Gezeiten! Bootstouren zu den Broken Islands (Seelöwen), West Coast Trail (77 Kilometer) von Bamfield nach Port Renfrew, nur mit Ausrüstung. Bootsfahrt zum Nootka Sound. Im Frühjahr und Herbst Whale Watching vor der Küste; Im Clayoquot Sound halten sich sogar das ganze Jahr über Grauwale auf. Im Wickaninnish Centre Informationen und Filme über den Pazifischen Ozean und Flora und Fauna der Küste.

Auch von Telegraph Cove aus kann man per Boot zur Walbeobachtung fahren.

19. Jahrhundert die einzige Chance für gestrandete Segler, deren Mannschaft jedoch, sofern sie das rettende Ufer bei gewaltigen Unterströmungen überhaupt gewann, dem um so sichereren Tod in der Wildnis ausgeliefert war.

Ein Sturm an dieser Küste ist ein Erlebnis. Im Westen drohen dunkle Wolken, ein Hurrikan zieht aus der Tiefe der See heran, irgendwo steigt ein roter Warnball an einem Mast hoch, die Brandung überschlägt sich, und dicht gestaffelt rollen gewaltige Wogen unaufhaltsam von der offenen See heran. Gegen Mitternacht flaut der Wind ab, das volle Licht des Mondes läßt die See silbrig schimmern. Anderntags ist der Strand völlig umgewühlt. Sand ist angeschwemmt, neue Baumriesen aus Alaska oder aus Oregon liegen kreuz und quer, umschlungen von den glitschigen, oft 30 Meter langen Schlangen des Blasentangs, Seehunde robben eilig ins Meer zurück, die Meerscharben stehen am Ufer und haben ein üppiges Picknick, gelegentlich gestört von einigen Hunden und den aggressiv anfliegenden Möwen. Die ersten illegalen Muschelsammler tauchen auf. Es ist ein witziges, komisches Bild, wenn ein Mensch mit seinem kurzen Spaten wie wild im Sand wühlt und die buddelnde Riesenmuschel, nach der er sucht, sich viel rascher immer tiefer verbirgt.

Dieses so unterschiedliche Panorama wird im Hintergrund überschattet von blauen, diesigen Bergen, an denen sich die feuchten Seewinde stauen. Sie schaffen ein regenreiches Klima, in dem ein dichter Urwald gedeiht, der an die tropischen Regenwälder erinnert. Am Ufer stehen schlanke Sitkafichten und Hemlocktannen, umwachsen von roten *Salmonberries*, deren Beeren oft ganz salzverkrustet sind und in dieser Form als interessante und schmackhafte Beilage zum Braten dienen.

SOUTH MORESBY NATIONAL PARK

In den letzten Jahren ist auf den Queen Charlotte Islands, benannt nach der Gemahlin Georgs III. von England und Hannover, der mecklenburgischen Prinzessin Charlotte, ein neuer Nationalpark entstanden. Er liegt auf der südlichen Insel Moresby und wird zu Ehren der einstigen Herren der Insel, der Haida-Indianer, auch **Gwaii Haanas** genannt, nach dem alten indianischen Namen der Inselgruppe.

Auf der nördlichen Insel **Graham Island** – beide Inseln trennt eine schmale Wasserstraße – ist zwischen dem Masset Inlet und der Hecate Strait der **Naikoon Provincial Park** entstanden. Die Inseln sind geologisch ein Rest der alten Küste von British Columbia. Westlich der Inseln liegt der Rand des Kontinentalschelfs. Der Meeresboden fällt hier plötzlich über 3000 Meter in die Tiefe ab. In der Hecate Strait dagegen ist der Pazifik nur 15 Meter tief. Dies macht deutlich, daß sich in dieser Region vor Jahrmillionen gewaltige, geologische Kräfte ausgetobt haben, die auch heute noch wirken: Noch immer schiebt sich die Juan-de-Fuca-Platte am Meeresboden zentimeterweise unter die Platte des Festlandes. Dabei bröckelt von der Kontinentalplatte Gestein ab, der Hauptgrund für die vielen, in das Festland tief einschneidenden Sunde und der vorgelagerten Inseln, die nichts anderes sind als Bruchstücke des Kontinents. Auch die vulkanischen Eruptionen, vom berühmten Ausbruch des Mount St. Helens 1980 bis zu den alaskischen Vulkanen nahe Anchorage, haben ihre Ursache in diesen gewaltigen unterirdischen Bewegungen in der Tiefe des Pazifiks.

Nur einen Steinwurf weit entfernt sind die kleinen Ansiedlungen, die man mit der Fä

Der **South Moresby National Park** ist schwierig zu erreichen. Man kann von Vancouver aus nach **Masset** auf Graham Island, der Nordinsel, fliegen oder mit der Fähre von **Prince Rupert** vom Festland übersetzen. Moresby Island besitzt einen winzigen Flugplatz bei **Sandspit**, und es gibt eine Fähre über den trennenden **Skidegate Channel**. Auch Leihwagen sind verfügbar. Die eigentliche Überraschung aber ist die Südspitze von Moresby Island. Hier ist **Anthony Island** vorgelagert, eine einzigartige Insel mit dichtem gemäßigtem Regenwald, in dessen Halbdunkel noch immer die riesigen Totempfähle der Haida-Indianer stehen, geschnitzt und gekrönt von einem Raben. Manche dienten auch als Nischengrab der Häuptlinge. Dieser einsame Platz von außerordentlichem Reiz an einer der einsamsten Stellen der Welt nennt sich **Ninstints**. Er ist verlassen und wurde von den Vereinten Nationen zum »Natural Heritage Site« erklärt, also in die Liste der wichtigsten Kulturdenkmale der Erde aufgenommen.

Auf den Inseln der Königin Charlotte, die noch heute von den Haida bewohnt sind, kann man es gar nicht vermeiden, über das

INFORMATIONEN

Pacific Time

AUSKUNFT
The Superintendent, South Moresby National Park, P.O Box 37, Queen Charlotte City, B. C. V0T 1S0, Tel. 604-559-8818, Fax 604-559-8366.

ANREISE
Fähren verkehren täglich von Prince Rupert (ca. 5–6 Stunden), Lokalflüge von Vancouver und Prince Rupert nach Sandspit und Haida vor Ort erfragen. Zwischen Skidegate und Alliford auf der Südinsel gibt es Busse und Fähre, außerdem bekommt man Leihwagen. Nur der Naikoon Provincial Park ist mit Wagen erreichbar. Der South Moresby National Park ist lediglich von Skidegate aus mit Booten zugänglich. Die Anmeldung beim Watchman in Skidegate ist zwingend.

REISEZEIT
Sommer, nur bei ruhiger See.

UNTERKUNFT
Nur auf der Nordinsel bescheidene Hotels in Haida und Skidegate.

AKTIVITÄTEN
Wanderungen im Naikoon Park, Bootsausflüge zum South Moresby National Park mit Anthony Island (Totems!). Wetterfeste Kleidung, nicht bei Neigung zu Seekrankheit und nur mit erstklassiger Führung zu empfehlen.

iert.

Werden und Vergehen von Kulturen, ihre Spuren und den Sinn des Erhaltens solcher Spuren nachzusinnen. Vor Jahren führte mich ein Segeltörn auf die Inselgruppe. Bei Hot Bishop Springs fanden wir am Strand einen Zeltplatz. Eine alte Badewanne stand dort, und aus zwei Schläuchen floß heißes und kaltes Wasser aus den nahen vulkanischen Quellen in diese Wanne, während nebenan die Seehunde nach uns seltsamen, rosafarbenen Lebewesen äugten.

Heiße Quellen und eine im Jahresdurchschnitt nicht unter 8 °C sinkende Temperatur machten die Inseln zu einem Paradies der Indianer, bis die unselige Seeotterjagd und die Verhökerung der Beute an die Russen und Engländer die Haida schließlich zum Alkohol brachten. Heute ist eine gewisse Rückbesinnung spürbar; die kunstvollen Schnitzereien aus dem Holz der Scheinzypressen und aus Argillitstein haben wieder Tradition. Wer nicht hierher kommt, hat im Provincial Museum in Victoria und im Museum of Anthropology der University of British Columbia in Vancouver Gelegenheit, diese ungewöhnliche Kunst zu studieren, deren Exponate noch 1956 in den Regenwäldern der Küste bei regelrechten Expeditionen entdeckt wurden. Heiß ist der Streit darüber entbrannt, ob diese Kunstwerke vor Ort bleiben oder in Museen gebracht werden. Hier in Ninstints ist der Eindruck der Totems im regenfeuchten, geheimnisvollen Urwald überwältigend – aber wie lange noch bleiben sie dort erhalten? Die Tempelsäulen Griechenlands stehen in einem warmen und trockenen Klima, die Langhäuser, Kultpforten und Totempfähle der Haida fallen vielleicht in wenigen Jahrzehnten der Nässe, dem Insektenfraß und den Moosen und Flechten, die sich auf ihnen ansiedeln, zum Opfer.

Daß hier auch sonst die Uhren anders gehen und die alten Götter vielleicht immer noch Macht haben, zeigt uns die Goldene Fichte in Port Clements. Mit ihrem stolzen Alter von 300 Jahren grünt sie nicht mehr, sondern zeigt sich zu allen Jahreszeiten herbstlich gol-

Der rauhe Pazifik spült reichlich Fundstücke an den Sandstrand.

den gefärbt. Aus ihren Samen aber wachsen normale, grüne Bäume, von deren hohen Ästen die Wanderfalken nach Beute spähen und sie in kühnem Fluge schlagen. In den gigantischen Weiß- und Hemlocktannen nisten Weißkopfseeadler (*Bald Eagle*). Manche Horste mit den braunen, weiß gefleckten Jungen sind gut zu sehen. Erst im vierten Jahr sind die Raubvögel schließlich dunkelfarben und emsig auf der Jagd nach dem Lachs in den überschäumenden Bächen der Inseln. Im dichteren Unterholz hämmert der Haarspecht, der *Woodpecker*, und nahe dem Wasser brüten die Lummen in den Felsen.

GARIBALDI PROVINCIAL PARK

Der Garibaldi Provincial Park bietet dem Besucher der Stadt Vancouver zusammen mit dem angrenzenden Golden Ears Provincial Park die angenehme Gelegenheit, ein Stück kanadischer Wildnis zu erleben. Der Highway 99 »Sea to Sky« führt uns vom Zentrum von Vancouver über die beeindruckende Lions Gate Bridge zur **Horseshoe Bay**, von wo die Fähre nach Nanaimo auf Vancouver Island ablegt. Besonders in den nebelverhangenen Morgenstunden, wenn die tutenden Dampfer aus dem Dunst auftauchen und der 50 Kilometer lange und 20 Kilometer breite **Howe Sound** vor uns liegt, präsentiert sich uns an einem hellen Sonnentag eine der prachtvollsten Fjordlandschaften der Westküste.

Sie war einst der Lebensraum der Salish-Indianer, die ihre Lebensgrundlage weit mehr im Meer als in den dichten Küstenwäldern fanden. Die Topographie erlaubte ihnen keinen Brandackerbau oder die Jagd mit rasch wechselndem Wohnsitz, wie sie die Indianerstämme im Osten betrieben. Die Salish, Haida und andere Stämme waren seßhaft. Sie lebten in ihren hölzernen Langhäusern, waren Beerensammler, jagten Seehunde und Seeotter, deren Felle ihnen als Kleidung dienten, sie fischten Lachse und waren eifrige Muschelsucher. Wegen dieser einseitigen, hauptsächlich auf tierischem Eiweiß basierenden Ernährung litten sie an Kohlehydratmangel, und über Jahrhunderte hinweg war ihre zahlenmäßige Entwicklung sehr bescheiden. Erst gegen 1000 n. Chr. erreichten sie ihren kulturellen Höhepunkt. Hier im relativ sturmsicheren Howe Sound bauten sie ihre riesigen Jagd- und Kriegskanus aus ausgehöhlten Stämmen der Nootka-Scheinzypresse, von denen man einige vermodert im Urwald fand. Die Länge dieser Boote, die leicht kenterten, entsprach der Schiffslänge europäischer Karavellen des 17. Jahrhunderts.

Die abendliche Strait of Georgia nördlich der Horseshoe Bay bei Vancouver.

Der Howe Sound ist eine Gletscherrinne der letzten Eiszeit, die sich vor etwa 11 000 Jahren tief zwischen die begleitenden Gebirge gegraben hat. Mit dem Abschmelzen des Eises stieg außerdem der Meeresspiegel und füllte den breiten Mündungstrichter des Sundes. Rechts grüßt Mount Brunswick mit 1897 Metern Höhe und jenseits des Sundes der 1768 Meter hohe Mount Ellesmere, und manche der Seitentäler fielen mit dem Verschwinden des Eises sozusagen ins Leere. Ihre Bäche stürzen heute als Kaskaden hinunter in den Howe Sound. Der Sund verengt sich nun rasch, manchmal überholt uns der nostalgische *Royal Hudson*, ein prustender Dampf-

zug, dessen violette Waggons an die optimistische Aufbruchsstimmung der noch jungen Nation um 1900 erinnern. Der zähe Wille der Vancouverites, der Einwohner von Vancouver, sorgte dafür, daß das hübsche Bild des auf schmaler Ufertrasse dahinschnaubenden Zuges vor dem ruhigen Hintergrund des blauen Sunds und zahlloser Segelboote erhalten blieb.

Die immer wieder weiten Buchten folgende Uferstraße ist eine Augenweide; sie führt vorbei an **Shannon Falls**, einem 200 Meter hohen Wasserfall, und endet in **Squamish**, einem Zentrum der Holzindustrie. Einst war es ein Indianerdorf, es ist kaum 100 Jahre von Weißen besiedelt. Nördlich von Squamish, in **Brackendale**, finden wir den ersten Zugang zum Garibaldipark, einem riesigen Naturschutzgebiet mit dem Mount Garibaldi (2679 Meter) als höchster Erhebung. Diese Zufahrt führt nur an den Rand des Parks, dessen fast 2000 Quadratkilometer große Fläche von zahlreichen markierten Wanderwegen durchzogen ist. Hier herrscht die Wildnis, und in den entlegenen Teilen des Parks hausen noch Schwarzbären (*Black Bear*). Auf den meist vergletscherten Höhen klettern die Schneeziegen, die *Mountain Goat*, und unterhalb der im Frühsommer wundervoll blühenden Zone der Bergwiesen bilden Weiß- und Hemlocktannen, Rotzedern und die majestätischen Balsamtannen lockere Bestände.

In **The Gargoyles** nahe dem Parkeingang hat das Eis eigenartige Formationen in den Fels gemeißelt, und auf dem Wege nach Pemberton ist rund um den **Mount Whistler** ein üppiges Skigebiet mit über 200 Abfahrten und wunderschönen, langgezogenen Pisten entstanden. Im Sommer ist Whistler Village ein beliebter Stützpunkt für Wanderungen zum nahen **Cheakamus Lake.** Ausgangspunkt für Wanderungen zum **Garibaldi Lake** und dem **Black Tusk**-Gebiet mit seinen berühmten Blumenwiesen ist der 37 Kilometer nördlich von Squamish gelegene Parkplatz am Rubble Creek. Der Garibaldi Lake wird durch eine 300 Meter hohe Lava-Felswand, **The Barrier**, aufgestaut. Dieser natürliche Damm entstand, als Lava auf Gletscherreste stieß und rasch abkühlte.

Die Indianer mieden seit eh und je den Raum des Garibaldi Provincial Park. Er bot ihnen keine Le-

INFORMATIONEN

Pacific Time

AUSKUNFT
Ministry of Parks, Alice Lake Provincial Park, P.O. Box 220, Brackendale, B. C. V0N 1H0, Tel. 604-898-3687.

ANREISE
Von Vancouver über den Highway 99, die Abzweigung hinter Squamish (Main Gate) oder vor dem Alta Lake, ca. 100 bzw. 130 Kilometer.

REISEZEIT
Juli bis September. Für Skitouren: Schnee von Oktober bis Mai.

UNTERKUNFT
Hotels in Whistler Village (Resort Association Box 1400, Whistler B. C. V0N 1B0, Tel. 800-634-9622 und 604-932-4222), Camping am Diamond Head, am Garibaldi Lake und Singing Pass Trail. Hotels, Motels und Campingplätze sind im Sommer wie auch im Winter oft sehr voll, da Vancouver nahe ist.

AKTIVITÄTEN
Wandern über ein gut markiertes Wegenetz. Skiwandern und Skifahren bei Whistler Village mit 28 Kilometer Loipen und 200 Abfahrten.

Der Felsturz »The Barrier« im Garibaldi Provincial Park ging vor 150 Jahren nieder und verwüstete das Tal.

bensgrundlage, und nur im Norden des Parks, in Mount Currie und am Lillooet Lake, siedelten kleine Gruppen der Salish.

Er bietet noch heute, vor allem im Herbst mit seinen leuchtenden Farben, eine wunderschöne Landschaft, etwa am Carpenter und Little Gun Lake, wo die Little Gun Lake Lodge mit ihrem Blockhaus eine angenehme Bleibe bietet. Abends prasselt das Feuer im Kamin, die Dielen knarren, und die Hunde fegen durch die Türe, weil irgend etwas sich im Mondlicht am Waldrand bewegt.

Das Klima des Garibaldi Provincial Park ist eine typische Folge der eigenartigen meteorologischen Situation. Die mit Feuchtigkeit beladenen Seewinde regnen bereits an den küstennahen Bergen, den Coastal Ranges, ab. Deshalb gibt es dort die für diese feuchtkühle Region typischen Regenwälder. In den höheren Bergketten der Coastal Ranges, etwa hier im Park, fällt dagegen weniger Regen, nur an den Westhängen finden sich gemäßigte Regenwälder. Im Winter kann es zu starken Schneefällen kommen. Jenseits dieser Gipfelregion liegt schließlich ein niedrigeres, riesiges Plateau zwischen dem Küstengebirge und den Rocky Mountains, in dem die abgeregneten Winde sich erwärmen und ein fast wüstenartiges Klima schaffen.

Der sich südlich an den Garibaldi Park anschließende **Golden Ears Provincial Park** schmiegt sich zwischen den Pitt Lake, Alouette Lake und den unteren Fraser River. Der 1706 Meter hohe Golden Ear Mountain ist die Landmarke des Parks, den man von Vancouver über den Highway 7 auf einer Abzweigung hinter Haney erreicht. Der **Alouette Lake**, an dem auch die meisten Wanderwege beginnen, ist ein Anglerparadies. Die ganze Region, Teil der Coastal Ranges, zeigt basaltischen Charakter, meist schon vom Flugzeug aus erkennbar an den manganschwarzen Farben, die auf den Bergspitzen in scharf akzentuierendes Schneeweiß übergehen. Die seenreiche Landschaft ist ein Refugium für Kanadareiher (*Blue Heron*) und zahllose Stockenten (*Mallard*), aber auch für die berühmten Kanadagänse (*Canada Goose*), die hier in ganzen Geschwadern landen.

Kehren wir aus dem Garibaldi Park zurück, können wir von der Horseshoe Bay mit einer Autofähre über den Howe Sound nach **Langdale** hinüberfahren, wo sich der Highway 101 entlang der tief gefurchten Küstenlinie bis Lund erstreckt. Es ist eine langsame Fahrt für Genießer, immer wieder unterbrochen durch kleine Fischerorte, in denen heute freilich mehr Segelyachten zu finden sind als Lachskutter. Die Straße führt zu verwunschenen Buchten wie Smugglers Cove, vorbei an Madeira Park, wo man häufig sogenannte Schulen von Schwertwalen beobachten kann, bis nach Earls Cove, wo sich das **Jervis Inlet** tief ins Land schiebt. Dieser Fjord findet in gewundenen, völlig unübersichtlichen und darum reizvollen Windungen fast wieder zurück zum offenen Meer. Das Jervis Inlet zeigt noch normale Tidenströmungen, aber in den noch weiter ins Land reichenden **Skookumchuck Narrows** erreichen die Gezeitenströmungen mit 20 Kilometern pro Stunde und fünf Metern Tidenhub ungewöhnliche Ausmaße. Gurgelnd und strudelnd schießt hier das Meer in das schmale Inlet. Eine kleine Fähre bringt uns über das Jervis Inlet. Die Fahrt geht weiter zur Thunder Bay und nach Myrtle Point. Schließlich erreichen wir einen heute fast von der See abgetrennten Meeresarm, den **Powell Sound**, ein Eldorado für Taucher, die auf der Suche nach Gorgonenkorallen sind. Der Highway 101, dem wir folgen, ist die Fortsetzung des US-amerikanischen Highway 101, der aus dem tiefen Süden Kaliforniens heraufzieht, und es ist, als ob er den Sonnenschein Kaliforniens auch in diesen *Sunshine Coast* genannten Landstrich mitgebracht hätte. Wer hier seine Ferien verbringt, sollte ein Liebhaber von Lachsen sein, denn üppig ist die Beute an Quinnat-, Kisutsch-, Blaurücken- und Bukkellachsen. Die Quinnats bringen bis zu 55 Kilogramm auf die Waage, während die Buckellachse, die kleinsten, nur etwa zwei Kilogramm schwer werden. Mit ihrem gepunkteten Rücken erinnern sie an unsere Forellen. Die Kiemenfarbe sowie die Seiten- und Rückenstreifen der Lachse ergeben ein herrliches Farbenspiel.

Der klirrend kalte Wintermorgen am Green Lake bei Whistler läßt den Tag eindrucksvoll beginnen.

PFLANZEN- UND TIERWELT

Überall entlang der Westküste ist der Einfluß des Pazifiks spürbar, der sich auch nachhaltig auf die Tier- und Pflanzenwelt dieser Region auswirkt. Das feuchtkühle Klima mit geringen Temperaturschwankungen, Niederschlag um 3000 Millimeter pro Jahr und der fehlende Frost im Winter ließen einen feucht-gemäßigten Regenwald entstehen, der zu den beeindruckendsten Lebensgemeinschaften Kanadas gehört. Baumriesen aus **Douglasien** (*Pseudotsuga menziesii*), **Hemlocktannen** (*Tsuga canadensis*) **Purpurtannen** (*Abies amabilis*), **Sitkafichten** (*Picea sitchensis*) und **Lebensbäume** (*Thuja plicata*), die bis zu 80 Meter hoch werden können, prägen einen Waldtyp, der von seiner Ökologie her durchaus mit den tropischen Regenwäldern vergleichbar ist und gleichzeitig den größten Artenreichtum aller kanadischen Waldtypen aufweist. Weltweit ist dieser gemäßigte Regenwald äußerst selten, nur zwei Tausendstel der Erdoberfläche werden davon bedeckt. Immerhin kommen die Hälfte aller gemäßigten Regenwälder entlang der kanadischen Westküste vor und reichen von Nordkalifornien bis hinauf nach Alaska.

Während der letzten 11 000 Jahre, also seit dem Ende der Eiszeit, konnten sich diese Regenwälder unbeeinträchtigt entwickeln, besonders auf Vancouver Island und den Queen Charlotte Islands, aber auch entlang der zerklüfteten und reich gegliederten Küstenlinie von British Columbia.

Ähnlich den Regenwäldern der Tropen werden auch die gemäßigten Regenwälder heute industriell genutzt und großflächig abgeholzt. Unbeeinträchtige Wälder mit all ihrer Üppigkeit an Bäumen und Sträuchern und den darin vorkommenden Tieren können nur noch innerhalb der Schutzgebiete angetroffen werden. Auf Vancouver Island können im Cathedral Grove Provincial Park die ältesten und mit 85 Meter die höchsten Douglasien besichtigt werden. Sitkafichten mit 95 Metern Höhe stehen im Carmanah Valley, und die größten Lebensbäume mit Stammumfängen von 20 Metern wachsen auf Meares Island. Der Reichtum an pflanzlicher Substanz kann doppelt so hoch sein wie in den tropischen Regenwäldern. Dementsprechend sind diese Regen-

Im Cathedral Grove Provincial Park stehen die höchsten Douglasien von Vancouver Island. Sie sind bis zu 90 Meter hoch.

wälder schwer zugänglich. Im Pacific Rim National Park führen zwei Naturlehrpfade durch typische *Rainforest Groves*, wie die äußerst dichten, undurchdringlichen Wälder genannt werden. Entlang der auf Stegen und Holzbrücken errichteten Wege läßt sich der Urwald besonders gut studieren.

Der stark gegliederte Boden ist mit verschiedensten Farnen überzogen, darüber folgen immergrüne **Heidelbeersträucher** (*Vaccinium myrtillus*), **Prächtige Himbeeren** (*Rubus spectabilis*) und **Büffelbeeren** (*Shepherdia canadensis*). Die hoch aufragenden Baumkronen der riesenhaften Regenwaldbäume bewirken, daß im Waldesinneren auch am Tag eine eigenartige Dunkelheit herrscht. Nur zehn Prozent des Lichtes erreichen den Erdboden, direktes Sonnenlicht kann nur durch Lücken einfallen. Typisch sind auch die epiphytischen Farne, vor allem Tüpfelfarne, und epiphytische Blütenpflanzen. Das sind Pflanzen, die ohne Kontakt zum Erdboden auf Stämmen und Ästen wachsen und Wasser und Nährstoffe durch Luftwurzeln aufnehmen. Die von den Ästen herabhängenden Bartflechten verstärken noch den Urwaldcharakter. In den Baumwipfeln tummeln sich **Rothörnchen** und die tiefblauen **Diademhäher**, regionale Verwandte der Blauhäher, die in Westkanada sehr häufig sind. Im Herbst erfreuen sich **Schwarzbären** an den fruchtreichen Sträuchern, um letzte Reserven für den Winter zu sammeln.

Zu den selteneren Säugetieren gehören die **Berglöwen**, die in den letzten Jahren in den gebirgigeren Teilen von Vancouver Island eine Heimat gefunden haben. Dazu gehört der Strathcona Provincial Park, der als erstes dieser Schutzgebiete in British Columbia gegründet wurde. In diesem Park im Herzen von Vancouver Island findet man noch Talregenwälder, Bergwälder und Bergwiesen in unmittelbaren Übergängen zu den schroffen felsigen Gipfelbereichen.

Im feuchten Moos unter dem Gewirr aus Sträuchern und Farnen findet die **Bananenschnecke** ihren bevorzugten Lebensraum. Diese gelbe Nacktschnecke, die man im Sommer häufig sieht, gehört zu den typischen Regenwaldbewohnern, ebenso der **Pazifische Laubfrosch**, der sich im bodennahen Astgewirr der Sträucher oder kleineren Bäume aufhält. Mit Glück läßt sich noch eine zweite Froschart erspähen, der **Red-legged Frog**, der an den Bächen und langsam fließenden Rinnsalen innerhalb des Waldes vorkommt. Diese sind jedoch von auffälligen Pflanzen zugewuchert: Der **Stinkkohl** (*Lysichiton americanum*), ein Aronstabgewächs, der im Frühjahr mit gelben Schaublüten auf sich aufmerksam macht, entwickelt im Sommer Blätter, die bis zu eineinhalb Meter hoch werden. Dann ist von den Bächen nichts mehr zu sehen, denn dazu gesellen sich noch die krautreichen Fluren der Riesenschachtelhalme.

Typisch für die Wälder auf Vancouver Island: der Diademhäher.

Die Natur der gebirgigeren South Moresby Island, der zweiten großen Insel des Queen Charlotte-Archipels, wird im Gwaii Haanas National Park bewahrt. Gemäßigte Regenwälder an der Küste gehen mit zunehmender Höhe in subalpine Bereiche über. Über 240 Vogelarten werden innerhalb des Parks registriert, man schätzt, daß jähr-

Bizarre Gewächse gibt es im Regenwald – hier ein etwa ein Meter großer Pilz.

In Brackendale nördlich von Vancouver finden sich im Februar bis zu 3000 Weißkopfseeadler ein.

lich eine Million Paare Seevögel, darunter **Weißkopfseeadler**, im Park brüten. Pazifische **Papageitaucher**, **Nashornalken** und **Cassin's Alken** kann man im Spätsommer rund um Flatrock Island und Adams Rock sehen. **Wanderfalken** bevorzugen Kunghit Island. Der Juan Perez Sound ist bekannt für die **Porpoise-Delphine**, die den Booten nachschwimmen und in den Fahrtwellen ihre kunstvollen Sprünge zeigen. Irgendwann wurde für die Queen Charlotte Islands der Begriff »Galapagos des Nordens« geprägt. Doch die Inseln erfuhren in den vergangenen 200 Jahren eine zum Teil intensive Veränderung durch Siedler und Holzfäller, die die Reichtümer von South Moresby ausbeuteten. South Moresby besticht zwar auch heute noch durch die exotisch wirkenden Inseln und Küstenformen, durch die Regenwälder und durch die unmittelbar aus dem Meer aufragenden Inselberge, ist aber weit davon entfernt, eine unberührte Wildnis zu sein.

An den Küsten hat sich überall entlang der West Coast ein reiches marines Leben ausgebildet. Besonders in der Nähe zum offenen Meer wachsen die **Sitkafichten** (*Picea sitchensis*), die in Kanada nur hier an der Westküste vorkommen. Die landeinwärts gerichteten Äste zeigen die stete Windrichtung der Stürme an, die im Winter sehr heftig sein können. Die Buchten, das sogenannte Sublitoral, die auch bei Ebbe von Wasser gefüllt sind, haben sich artenreicher entwickelt als in vergleichbar temperierten Meeresabschnitten. **Seeanemonen**, **Seesterne**, **Seeigel**, **Krabben** und **Seetange** bilden bunte Unterwasserrasen. In der Zwischengezeitenzone, die nur bei Flut überspült wird, müssen sich Tiere und Pflanzen an den rhythmischen Wechsel von Trokkenheit und Überflutung anpassen. Kalifornische Muscheln haften in »Bänken« an den Felsen, Seesterne und Seeigel benutzen Saugnäpfe, um den Kräften der Flut zu widerstehen. Gezeitentümpel können am besten am Wya Point im Pacific Rim National Park beobachtet werden.

Zahlreiche Meeressäuger wie **Wale**, **Delphine**, **Seehunde** und **See-Elefanten** halten sich das gesamte Jahr über vor der Westküste auf oder nützen die nahrungsreichen, temperierten Gewässer für ihre Wanderungen von den Polarmeeren zu den Gewässern am Golf von Mexiko. Eine Besonderheit für die Naturfreunde sind die **Grauwale** im Clayoquot Sound nördlich des Pacific Rim National Park. 40 Tiere halten sich das gesamte Jahr über hier auf, obwohl sie eigentlich wie ihre 17 000 Artgenossen im Mai nach Norden und im Oktober nach Süden ziehen müßten. Bis heute ist ungeklärt, warum einige Grauwale hier heimisch wurden. Mit Sicherheit konnten Wissenschaftler einen überdurchschnittlichen Nahrungsreichtum feststellen, der den Grauwalen in den Gewässern des Clayoquot Sound beste Lebensbedingungen bietet. Unterschiedliche Wassertemperaturen in tieferen Schichten dieser Meeresbucht bewirken den Planktonreichtum. Von Tofino an der Nordspitze des Pacific Rim unternehmen Reedereien Walbeobachtungsfahrten in den Sund, und die Wahrscheinlichkeit, die riesigen Meeressäuger zu sehen, ist groß. Da sie ja regelmäßig auftauchen müssen, um Luft zu holen, werden ihre Rücken und ihre Atemlöcher sichtbar. Die bis zu 30 Tonnen schweren und bis zu 13 Meter langen Wale tauchen bis 120 Meter tief, um vom Meeresgrund Nahrung in Form von Weichtieren, Würmern und Schalentieren aufzunehmen. Etwa sieben Minuten liegen zwischen den Tauchgängen, bei denen ein Wal etwa drei- bis viermal Luft holt, ehe er mit aufgericheter Schwanzflosse in der Tiefe des Wassers verschwindet.

Schwertwale oder **Orkas** durchschwimmen vor allem die Georgia Strait zwischen dem Festland und Vancouver Island. *Whale-Watching*-Touren werden u.a. in Telegraph Cove und Port Hardy an der Nordspitze von Vancouver Island angeboten. Auf speziell ausgestatteten Booten, die über Echolot und eigene Beobachtungsplattformen verfügen, wird die Inselwelt der Strait erkundet. Die Orkas schwimmen in Trupps von fünf bis zu 50 Tieren durch die Wasserstraße, um ihren Weg in die nördlich gelegeneren Meere zu finden. Die schwertförmigen Schwanzflossen ragen dabei aus dem Wasser, beim Auftauchen wird der weiß-schwarz gefärbte Körper der Wale sichtbar. Häufig tauchen auf diesen Touren die verschiedenen Delphinarten wie **Pazifische Weißseitendelphine** und **Porpoise-Delphine** neben den Booten auf. Seltener wird man **Buckelwale**, **Minkwale** und **Finnwale** zu Gesicht bekommen.

Die felsigen und meist unzugänglichen Küstenabschnitte sind Paradiese für Seehunde und Seelöwen. **Kalifornische Seelöwen**, die schnellsten Meeressäuger, schätzen die warmen Felsküsten der kleinen Inseln und Inselchen rund um die nördliche Küstenlinie von Vancouver Island. **Steller's Seelöwen** bevorzugen die Inseln der nördlichen Georgia Strait, während sich die größeren **Nördlichen See-Elefanten** ab und zu im Barkley Sound rund um die Broken Island Group aufhalten. Dieser Abschnitt des Pacific Rim National Park ist außerdem wegen seines Lachsreichtums bekannt

Die unberührten Küsten, die entlang der West Coast Unit des Pacific Rim Park als weitläufige Sandstrände ausgebildet sind, beherbergen ein reiches Vogelleben, vor allem zur Zeit des Vogelzuges. **Meerscharben**, eine pazifische Kormoranart, nisten gemeinsam mit **Mantelmöven** auf White Island, Sea Lion Rocks und Florencia Island. **Weißkopfseeadler** leben das gesamte Jahr über in den Inselgruppen rund um Vancouver Island. **Pazifische Papageitaucher** errichten ihre Nistplätze nahe der Pachena Bay in der West Coast Unit des Pacific Rim National Park. Die Sandstrände von Florencia, Wickaninnish und Schooner Bay sind Paradiese für **Schlammtreter**, **Langschnabel-Schlammläufer** und **Marmorschnepfen**, während die schlammigen Buchten der Grise Bay von **Trompeterschwänen** und Tausenden **Kanadagänsen** geschätzt werden. Eine **Austernfischerart** (*Black Oystercatcher*) sucht in den Übergangszonen der Strände nach Muscheln. Insgesamt konnten im Pacific Rim 260 Vogelarten registriert werden, von denen 60 im Park brüten.

Hohe Gebirgszüge und romantische Wasserläufe prägen das Hinterland von Vancouver Island, hier bei Port Alberny.

Der Garibaldi Lake im Garibaldi Provincial Park liegt zwar nur knapp über 1000 Meter hoch, dennoch reichen die Gletscherzungen bis in den See.

Von Tofino nahe dem Pacific Rim National Park aus starten Bootstouren in den Clayoquot Sound. Dort kann man Grauwale beobachten.

23717
29916
SURREY GUARDIAN
Bayliner

Die Black Tusk Meadows im Garibaldi Provincial Park sind zur Blütezeit im Juli und August ein lohnendes Ziel, im Hintergrund der Gipfel des Black Tusk.

Der Sandhill Creek im Pacific Rim National Park.

Oft kann man in der Strait of Georgia die schwarz-weißen Schwertwale sehen.

Seeotter bevorzugen kleine Buchten entlang der Meeresküste.

Ein Sommerabendspaziergang an Wickaninnish Beach.

Long Beach im Pacific Rim National Park gehört zu den schönsten Abschnitten der Pazifik-Küste.

Zwei Naturlehrpfade erschließen im Pacific Rim National Park typische Abschnitte des feuchtgemäßigten Regenwaldes und geben Einblicke in die Tier- und Pflanzenwelt.

DIE ROCKY

Die einsamen Höhen der Rocky Mountains führen uns zu außergewöhnlichen Landschaften, in deren Stille türkisblau und grün schillernde Bergseen vor hochaufragenden, eisbedeckten Bergen ruhen. In den Tälern rauschen wild vagabundierende Flüsse, im Herbst gesäumt von goldenen Espen, die an den Hängen von wild zerzausten Weißfichten und Felsengebirgstannen abgelöst werden. Die gewaltige Gletscherlandschaft des Columbia Icefield unter einem strahlenden, sommerlichen Himmel und der eisige Atem aus abgrundtiefen bläulichen Eisspalten bilden einen ungeheueren Kontrast.

MOUNTAINS

Die Nationalparks dieses Gebietes liegen zum Teil in British Columbia, zum Teil in Alberta, und stellen nicht nur geographisch, sondern auch geschichtlich gesehen das Rückgrat der kanadischen Nationalparks dar. So entstand bereits 1885 der Banff National Park. Ausgelöst wurde seine Gründung ursprünglich allerdings durch die Entdeckung von heißen Quellen bei Banff und die Hoffnung auf ihre Nutzung. Den kanadischen Nationalparks der Rocky Mountains haftet darum von Anbeginn sehr stark der Gedanke an, nicht nur die Natur zu schützen, sondern auch dem Menschen zur Erholung zu dienen.

ZWISCHEN GLETSCHERN UND CANYONS

Die großen und berühmten Nationalparks auf den Höhen der Rocky Mountains bilden den Kern des touristischen Interesses im westlichen Kanada. Das birgt die Gefahr, daß die Parks in den Sommermonaten gelegentlich einem zu starken Ansturm ausgesetzt sind. Dem wirken aber zwei Faktoren entgegen: Zum einen ist der Zulauf auf die Zufahrt über den Highway 1, den *Trans Canada Highway* und den Highway 16, der als *Yellowhead Highway* bekannt ist, beschränkt. Zum zweiten wirkt vor allem die jahreszeitliche Beschränkung auf den Zeitraum von Juni bis allenfalls September entlastend. Um ein übriges zu tun, hat die kanadische Parkverwaltung den Parks Reservate zugeordnet, wie die Willmore Wilderness, die von Touristen kaum zu erreichen sind. Im Vergleich zu anderen Nationalparks sind Hotels und Lodges in den Parks der Rockies relativ häufig. In Jasper und Banff nehmen sie rasch den Charakter sehr städtischer Mammuthotels an und stören eher die Stille der weiten Landschaft. Was man gerne hätte, nämlich kleine Familienhotels in den Tälern und an den Seen, ist kaum zu finden.

Der Trans Canada Highway ist die große Zufahrt zu den Parks der Rocky Mountains auf der Grenze zwischen British Columbia und Alberta. Manche Besucher ziehen den Flug nach Calgary vor und durchqueren die Parks im Leihwagen von Südosten nach Nordwesten. Empfehlenswerter ist jedoch der Flug nach Vancouver. Man kann zunächst die maritimen Küstenlandschaften erkunden, durchquert dann das halbwüstenartige Interior Plateau und erlebt schließlich den ungeheueren Kontrast der schneebedeckten Gebirgsregionen. Der Besuch aller Parks benötigt, wenn man noch den Kootenay National Park sowie die Willmore Wildlife Preserve und den Mount Robson Provincial Park miteinschließt, etwa vier Wochen.

Die Takakkaw Falls gehören mit 384 Metern zu den höchsten in ganz Nordamerika.

Wenige werden diese Zeit aufbringen können, und so besteht auch hier die Kunst in der Auswahl. Es ist auch sehr die Frage, ob nicht ein zu ausgedehnter Besuch der Nationalparks auf den Höhen des Felsengebirges Kanada in einem zu engen Blickwinkel zeigt. Stets würde ich empfehlen, die Küste von British Columbia miteinzubeziehen.

MOUNT REVELSTOKE NATIONAL PARK

Der Mount Revelstoke National Park liegt in den **Selkirk Mountains**, die sich in die große Schleife des jungen **Columbia River** schmiegen. Der Columbia entspringt zwischen den Purcell Mountains und den eigentlichen Rockies, fließt nach Norden, um schließlich nach Süden umzukehren und, sehr zum Ärger der Kanadier, sein Wasser den Vereinigten Staaten von Amerika zuzuführen. Der Park selbst ist über den Trans Canada Highway 1 leicht zugänglich und besitzt in Revelstoke eine große Zahl von Hotels und anderen Unterkünften.

Die Summit Road führt aus den dichten Wäldern der unteren Parkregionen hinauf zu den Bergwiesen und in die Nähe des 1938 Meter hohen **Mount Revelstoke**, Ausgangspunkt einer großen Zahl von Wanderwegen in die Bergregion um Mount Coursier und Mount Dickey sowie das Clachnacudainn

INFORMATIONEN
Pacific Time

AUSKUNFT
The Superintendent, Glacier and Mount Revelstoke National Park, P.O. Box 350, 301 Campbell Avenue, Revelstoke, B. C. V0E 2S0, Tel. 604-837-5155.

ANREISE
Der Park wird vom Highway 1, dem Trans Canada Highway, durchquert. Er liegt etwa eine Tagesfahrt von Calgary und zwei Tagesfahrten von Vancouver entfernt.

REISEZEIT
Ganzjährig geöffnet.

UNTERKUNFT
Viele Hotels und Motels in Revelstoke. Im Park keine Unterkunft. Camping nahe Revelstoke.

AKTIVITÄTEN
Wandern im Sommer (Juli und August) auf dem Mountain Meadows Trail u. a. Wanderwegen. Skitouren im Winter.

Gletschergebiet. Schön sind die Wanderungen auf dem *Mountain Meadows Nature Trail.* Die Blüte im Juni und Juli führt uns durch ein Farbenmeer von roter *Indian Paintbrush,* blauen Lupinen, üppigen, gelben Arnika, deren Heilkraft den Indianern ebenso wie unseren Vorfahren bekannt war, sowie lilaweißem Bergbaldrian. Wir kommen an der *Icebox* vorbei, einer von einem Felszirkus eingekesselten eisgefüllten Felsquelle, und können auf den **Upper** und **Lower Jade Lake** herabschauen, deren Wasser aber eher türkisfarben ist und nur an bedeckten Tagen einen jadegrünen Ton annimmt. Die Aussicht vom Mount Revelstoke ist berühmt, sie ermöglicht einen weiten Blick in das breit ausgehobelte Trogtal des Columbia River im Osten.

GLACIER NATIONAL PARK

Unberührt vom unübersichtlichen Weg des Columbia River fließt der bescheidene, aber dennoch stürmische Illecillewaet River vom **Rogers Pass** aus die Purcell Mountains hinab. Folgen wir seinem Tal flußaufwärts, gelangen wir in die eisigen Höhen des Glacier National Park. Es gibt, und das ist etwas verwirrend, drei Nationalparks mit diesem Namen: den US-alaskischen an der Glacier Bay, den US-amerikanischen, der übergangslos in den kanadischen Waterton Lakes National Park führt, und den Glacier National Park zwischen den Selkirk und Purcell Mountains, um den es hier geht.

Der Trans Canada Highway windet sich mühsam im engen Tal des Illecillewaet empor, gelegentlich zusammen mit der Trasse der Canadian Pacific Railway. Beide verschwinden immer wieder in den Tunnels einer Gebirgsregion, die zu den schneereichsten der Erde zählt. Zwischen dem Eagle und dem Rogers Pass merken wir, wie es ernst wird mit den Rocky Mountains. Das bekamen auch die Erbauer der Bahntrasse in den 80er Jahren des vergangenen Jahrhunderts zu spüren, denn sie wollten den Umweg über die langatmige Schleife des Columbia River im Tal vermeiden. Legionen von chinesischen Kulis sind hier

Nationalpark wurde Mount Revelstoke wegen seiner üppigen Blumenwiesen.

INFORMATIONEN

Pacific Time

AUSKUNFT
The Superintendent, Glacier and Mount Revelstoke National Parks, Box 350, 301 Campbell Avenue, Revelstoke, B.C. V0E 2S0, Tel. 604-837-5155

ANREISE
Der Park wird vom Trans Canada Highway No. 1 durchzogen. Etwa einen Tag Anfahrt von Calgary, zwei Tage von Vancouver aus.

REISEZEIT
Wandern im Juli und August. Skifahren im stets schneereichen Winter, am besten erst im frühen Frühjahr, der barbarischen Temperatur wegen.

UNTERKUNFT
Glacier Park Lodge auf dem Rogers Pass (B. C. V0E 2S0, Tel. 604-837-2126), drei Campingplätze auf der Paßhöhe, meist überfüllt. Weiterer Campingplatz am Illecillewaet River, sonst in Revelstoke.

AKTIVITÄTEN
Wanderwege vom Illecillewaet Campground aus, Skifahren und Skiwandern im Gebiet des Asulkan-Gletschers mit einer Ausdehnung von 250 Quadratkilometern. Nichts für Anfänger und ohne Führung!

irgendwo verscharrt, viele Züge wurden von Lawinen hinabgerissen und tauchten erst bei der Schneeschmelze wieder auf.

Noch heute sieht man im Winter die Dieselloks mit gigantischen Eisbärten an ihren Kühlwasserstutzen, und immer noch steht auf der Höhe des Rogers Pass eine Haubitze und feuert gelegentlich ein paar Granaten in die Schneehänge, um die Lawinengefahr zu bannen. Dann steht ein Schild vor dem Autostau: »*STOP – Howitzer is fired*«. Im Zeitalter des Flugzeugs können wir gar nicht mehr nachvollziehen, was es bedeutete, als man 1885 die beiden Schienenstränge der Canadian Pacific Railway unweit **Revelstoke** zusammennietete: Es war buchstäblich das Zusammennieten von Ost- und Westkanada; die Alternative war eine Segelschiffsreise um Kap Hoorn.

Der Glacier National Park besitzt auch im Sommer viele firnschneebedeckte Gipfel und Täler, und im Spätwinter sind im Gebiet des **Asulkan Valley** Skitouren beliebt. Der Rogers Pass auf 1367 Meter Seehöhe wird überragt von den vier Gipfeln der **Sir Donald Range** und der leuchtenden Eispyramide des **Mount Cheop**. Ein Wanderweg führt zum eigentlichen Rogers Pass, abseits der Straße, begleitet von Alpenanemonen und *Glacier Lilies* oberhalb der Baumgrenze. Die Berge haben ausgeprägte, dreieckige Formen. Aus hartem Basalt, geologisch noch kaum erodiert, unterscheiden sie sich sehr stark von den Bergen unserer Kalkalpen.

YOHO NATIONAL PARK

Fährt man vom Glacier National Park weiter zum Yoho National Park, führt der Trans Canada Highway plötzlich steil und tief hinab in den breiten Graben des Columbia Valley, auch Mountain Trench genannt. In den Geröllbetten wachsen große Bestände an Espen und Birken, der junge Columbia River kann sich nicht recht zwischen Fließen und Verweilen entscheiden und hält manchmal vor einer schwarzdunklen Barriere von Fichten beinahe inne. Bei **Golden** trennt sich der Highway vom Columbia River und steigt vom Talboden den Kicking Horse River entlang hinauf. Dies ist eine der berüchtigsten Steigstrecken der Rocky Mountains. Bald sind wir im Yoho National Park, dessen Name »Yoho« im Dialekt der Cree-Indianer soviel wie »Ehrfurcht« bedeutet. Der Park ist 1300 Quadratkilometer groß und von 360 Kilometern Wanderwegen, die zuweilen Klettersteige sind, durchzogen. Charakteristisch ist die Wandlung des Baumbestandes. Die schlanke, dunkle Engelmannsfichte übernimmt hier die Rolle der Colorado- und Hemlocktannen und der Lebensbäume der Coastal Ranges. Ihr Einfluß auf das Landschaftsbild ist unverkennbar. Bei Field zweigt eine Straße zum **Emerald Lake** ab, einem malerisch gelegenen See, in dessen geheimnisvoll smaragdgrünem Schmelzwasser sich die Ufervegetation spiegelt. An seinem Ufer steht versteckt die Lodge der Canadian Pacific Railway. Darüber erhebt sich der **Michael Peak**, und zahlreiche Wanderwege führen um den See, queren den Gebirgskamm, führen über den 2180 Meter hohen **Bur-**

Der Kicking Horse River fließt durch einen ausgewaschenen Gesteinsbogen.

Vom Zug aus hat man oft einen wunderschönen Blick auf die Rocky Mountains – wie hier im Yoho National Park.

gess Pass zum nördlich gelegenen **Wapta Icefield** und zu den **Takakkaw Falls**, in denen das Wasser in zwei Stufen 384 Meter tief in den **Yoho River** hinabstürzt. Eigentlich ist der Takakkaw nur ein mächtiger Bach, der über den Kicking Horse River noch zum Pazifik entwässert. Er ist ein Laichgebiet der pazifischen Lachse, während nur wenige hundert Meter weiter, hinter der kontinentalen Wasserscheide, die dem Bow River zueilenden Bäche zur Hudson Bay entwässern und dem atlantischen Lachs gehören.

Auch eine Stichstraße führt das Yoho-Tal aufwärts bis zu den Takakkaw Falls, in denen die Schmelzwasser des Daly Glacier, einer Gletscherzunge des Waputic Icefields, in einer imposanten zweiten Stufe 254 Meter tief herabstürzen. Andere Wege führen zum Lake O'Hara, über dessen geheimnisvoll irisierendem Grün die Gipfel der Presidential Range aufleuchten. Der **Kicking Horse Pass** in 1625 Meter Seehöhe markiert den Ostausgang des Yoho National Park. Der Paß hat seinen Namen von einem Unfall, bei dem ein scheuendes Packpferd Sir James Hector 1858 so trat, daß seine indianischen Begleiter ihn für tot hielten und um ein Haar begraben hätten.

Der steile Paß-Anstieg stellte die Canadian Pacific Railway einst vor eine besondere Herausforderung. Selbst prustende Doppelloks taten sich schwer, die Züge hier hinaufzuschleppen. An die Front der ersten Lok hatte man Freiluftsessel für Zahlungskräftige montiert, denn der Zug fuhr nur im Schritt-Tempo, und böse Zungen sagten, für den Aufpreis hatte man die Chance, noch abzuspringen, bevor bei so manchem Zug die Bremsen versagten und die Loks samt Waggons in den Abgrund stürzten. Erst 1909 baute man zwei Spiraltunnel nach dem Vorbild der Gotthardbahn. In einer gewaltigen Achterbahn wurde der Mount Ogden durchtunnelt, und von einem Aussichtspunkt können wir sehen, wie ein langer Zug, wie eine sich im Felsen windende Schlange, sich selbst in den Schwanz zu beißen scheint.

Das Kalkgestein im Bereich des Yoho Park hat seltsame Gebilde entstehen lassen, so die Wapta Falls, in denen der Fluß wie eine

INFORMATIONEN

Pacific Time

AUSKUNFT
The Superintendent, Yoho National Park, P.O. Box 99, Field, B.C V0A 1G0, Tel. 604-343-6324.

ANREISE
Über den Trans Canada Highway No. 1, ein Tag von Calgary und zwei Tage von Vancouver entfernt.

REISEZEIT
Im Sommer Juli bis September, im Winter März bis Mai.

UNTERKUNFT
Oft komfortable Lodges: Emerald Lake Lodge, Lake O'Hara Lodge, West Louise Lodge. Berghütten des Alpine Club of Canada (P.O. Box 1026, Banff, Alberta, T0L 0C0, Tel.403-762-4481), einige private Chalets an Twin Falls und in der Nähe des Kicking Horse Campingplatzes. Camping am Hoodoo Creek, Chancellor Peak, Lake O'Hara und an den Takakkaw Falls. Begrenztes Stellangebot im Sommer. Ausweichen nach Golden und Edelweiss im Tal des Columbia River.

AKTIVITÄTEN
360 Kilometer Wanderwege im Sommer. Schöne Wanderung zum Emerald Lake und zu den Takakkaw Falls. Zum Lake O'Hara hinauf verkehrt ein Shuttlebus ab Field. Im Winter Ski-Information vom Alpine Club in Banff besorgen. Die Burgess Shale nahe Field empfiehlt sich dem geologisch Interessierten.

glatte Wasserwand herniederstürzt, oder die Natural Bridge nahe Field, ein Kalksteinrelikt, unter dem der Kicking Horse sein Bett gebohrt hat. Beeindruckend ist auch das Hoodoo Valley mit seinen Mergelsäulen, auf denen eine Steinkappe die Erosion bremst, sowie die **Burgess Shale Fossil Beds** mit maritimen Fossilien, die Charles Walcott 1909 im nach ihm benannten Steinbruch, der Walcott Quarry, gefunden hat. Diese Fundstätte mit ihren rund 530 Millionen Jahre alten Fossilien aus dem Kambrium gilt als die bedeutendste.

BANFF NATIONAL PARK

Östlich von Field winden sich die Canadian-Pacific-Bahn und der Highway in steilen Spiralen die letzten hundert Meter zur Paßhöhe hinauf, die zugleich die Grenze zu Alberta ist. Die Straße ist so steil, daß sie zum Talboden des Bow River förmlich hinunterstürzt; bei Glatteis im späten Herbst kann dies sehr unbehaglich sein. Das breit gehobelte Tal des Bow River ist eine östliche Schwester des Columbia Valley und eine der eiszeitlichen Gletscherstraßen nach dem Süden. Obwohl klimatisch trockener als das Columbia Valley, ist der Herbst mit seiner besonders schönen Farbenpracht nebelreich. Wir fahren zum **Lake Louise** hinauf, dessen sommerliche, aber kalte Postkartenschönheit plötzlich wie verzaubert ist. Still liegt er im wabernden Dunst, geheimnisvoll steigen Nebel aus dem noch warmen Wasser in die kühle, herbstliche Luft. Durch die rötlich schimmernden Wipfel fällt nur wenig Licht, und die fast schwarzen Fichtenwälder an seinem Ufer wirken ernst und beeindruckend. Am Ufer leuchten ein, zwei Lichter im Dunkel, sonst haben um diese Stunde wieder die Berggeister und Nixen vom See Besitz ergriffen.

Wo bleibt man hier am besten zur Nacht, wenn der Mond hinter dem Mount Richardson auftaucht? Zwar gibt es einsame Campingplätze mit wachsamen Hunden oder das Chateau Louise Hotel, behangen mit wenig einladenden Feuerwehrleitern. Aber dann entdecken wir das kleine Post Hotel mit seinem rostroten Dach, ein zweistöckiges Blockhaus, dicht gefügt, mit prasselndem Kaminfeuer und mit kanadisch ungewohnter Gastronomie. Das ist der rechte Stützpunkt für einige Tage. Der Lake Louise, anderntags im Sonnenschein, ist ein wunderschönes Wandergebiet. Wege führen hinauf zum **Mirror Lake** und weiter zu **Lake Agnes**. Der Pfad führt vom Seeufer am Hang des **Devil's Thumb** aufwärts durch einen schütteren Wald aus Engelmannsfichten. Langsam wird der Blick frei auf das tiefgrüne **Bow Valley**, in dessen Wäldern Bahn und Straße spurlos verschwunden sind. Der Lake Louise tritt nun deutlicher als Schmelzbecken der beiden Gletscher zutage, die sich breit zwischen Pope's Peak (3244 Meter) und Mount Victoria (3464 Meter) im Norden und Fairview Mountain (2835 Meter) im Süden bis zum Hauptkamm der Rockies hochziehen. Auf 1739 Metern Seehöhe gelegen, bricht die Seefläche mit ihrer leichten Silttrübung das Kobaltblau des Himmels zu einem milderen Ultramarin und Türkis. Nach Norden führt eine Abzweigung des Pfads um den Hang der Bee Hives (zwei runde, bienenkorbförmige Berge) herum, bis wir auf den Mirror Lake stoßen.

Dann schwingt der Weg wieder durch Geröllhalden und Krüppelholz zum Lake Agnes hinüber, eine abflußlose Gumpe, an der ein Teehaus im Sommer geöffnet hat.

Jetzt im Herbst ist alles einsam, der Blick fällt hinab auf den Lake Louise, der zwischen steilen Felsabstürzen und fichtenbestandenen Geröllhalden eingezwängt liegt. Gelegentlich durchbricht eine Sandreiße den Waldansatz, und an windgeschützten Stellen leuchtet das Gelb der Lärchen bezaubernd bis zum Talboden hinab. Ihre in der Sonne aufglühende Farbe lebt vom unerhörten Kontrast zum Schwarzgrün, Blau und blendenden Weiß der Umgebung.

Ein etwa sieben Kilometer langer Wanderpfad führt auf die **Plain of Six Glaciers** unterhalb des **Victoria Glacier**. Wir erreichen sie vom Lake Louise aus und können dann am plätschernden Bach entlang hinabsteigen zum See.

Blick vom Hoodoo-Aussichtspunkt südlich von Banff Townsite auf das wildreiche Tal des Bow River.

Lake Louise ist aber auch im Winter gern von Skifahrern besucht, seit die Gondel östlich des Bow Valley auf den Mount Whitehorn führt und der »Skihaltepunkt« der Canadian Pacific die Anreise noch bequemer macht.

Eine zweite Empfehlung gilt dem **Moraine Lake** vor der Kette der **Ten Peaks**. Die Stoney-Indianer, die einst hier wohnten, nannten die Berge Wenkchemna, nach ihrem Wort für Zehn. Sie hatten ihre Not, die harten Winter zu überleben.

Die zum See führende Bergstraße zeigt uns die eigentümlich waagrechte Schichtung der Ten Peaks: Es handelt sich dabei um durch geologische Bewegungen aufgefaltete Sedimentgesteine der Kreidezeit, zu denen im Gebiet der Nationalparks noch Tiefen- und Ergußgesteine hinzukommen. Mit großer Eleganz schwingen die horizontalen hellen und dunklen Schichtlinien die Bergflanken entlang. Moraine Lake ist durch Wanderwege erschlossen, sein Charakter ist gewaltiger, alpiner und rauher als der des verträumten Lake Louise. Zu diesem Eindruck trägt auch ein gewaltiger Bergsturz des **Tower of Babel** im Südosten des Sees bei. Seine Geröllmassen stauten das Wasser wie eine Moräne auf. Durch diese Halden kann man zu den **Consolation Lakes** wandern, nordwärts windet sich ein Pfad zum **Larch Valley**. Die Lärche hat hier ihren nördlichsten Stand, und die aus ihrem Holz gebaute Lodge war, als wir sie nach der anstrengenden Wanderung erreichten, leider längst geschlossen, womit man in Kanada stets rechnen muß. Die Stämme der Lodge waren von Krallen und Zähnen völlig zerkratzt, denn Bären lieben es, bei schmaler Küche unter der Rinde und in weichem Holz nach Maden zu suchen.

Pflanzen und Tiere haben einen harten Stand im Winter. Es ist eigentümlich, daß vor allem die

Im Winter liegen gewaltige Schneemassen in den Rocky Mountains – hier im Bow River Valley vor dem Castle Mountain.

Südhänge kahl sind. Offenbar werden die Spuren der wenigen warmen Sommermonate vom Winter immer wieder erbarmungslos ausgelöscht. Die Schwarzbären halten dann Winterschlaf in den tieferen Tallagen, und nur die frechen, grauen Meisenhäher (*Grey Jay*) sitzen auf den Bäumen am Straßenrand.

Am Abend umgibt uns wieder die Wärme des Post Hotel. Hier wird allen Ernstes die Post für 50 Meilen im Umkreis verteilt. Draußen heult der Canadian Pacific schaurig durch das Tal. Gegen Mitternacht liegt tiefe Stille über den endlosen, schweigenden Wäldern. In sternklarer Nacht, bei schwachem Mondlicht, friert es zum ersten Mal, und am Morgen ist das ganze Bow Valley vom Rauhreif winterlich weiß geworden, die Camper kratzen mißmutig an ihren Scheiben und betrachten etwas sorgenvoll ihre Sommerreifen.

Wir wollen zunächst den Nordteil des Banff National Park besuchen. Der 245 Kilometer lange **Icefields Parkway** folgt der großen Gebirgsfurche, die vom Lake Louise durch das obere Bow Valley verläuft, überklettert den **Bow Pass** und führt dann in das sanft abfallende Tal des **Mistaya River** bis zum Zusammenfluß von Howe River und North Saskatchewan. Schließlich erreicht er an der Gebirgsschwelle des Athabasca-Gletschers das Ende des Banff National Park. Hier beginnt ein zweiter Abschnitt des Parkway, der zum Fuß des **Columbia Icefield** führt, zu den **Sunwapta Falls** und schließlich nach **Jasper** im gleichnamigen Jasper National Park. Von Lake Louise aus genügt zur Not ein Tag, um wenigstens bis zum Columbia Icefield vorzudringen und wieder zum See zurückzukehren. Will man die Athabasca Falls, Jasper und Lake Maligne mitbesuchen, so muß man in Jasper übernachten.

Es war A. O. Wheeler, der Präsident des kanadischen Alpenclubs, der 1911 die Vision hatte, daß hier eines Tages eines Straße entlang führt. Damals war dieses Gebiet noch eine fast undurchdringliche Wildnis und nur mühsam mit Packpferden und indianischen Führern passierbar. Erst 1940 wurde die Traumstraße Wirklichkeit. Es ist eine der schönsten

Strecken der Rocky Mountains. Die Straße windet sich in eleganten, weitgeschwungenen Kurven durch die Tallandschaft; sie erlaubt ein angenehmes Fahren, da sie für Lastwagen geschlossen ist und viele Ausweichen zum Schauen und Parken besitzt. Zur Linken glänzen die eisbedeckten Berge und Gletscher der Continental Divide. Zunächst kommt die Kette der Waputik-Berge mit dem mächtigen Crowfoot Glacier ins Bild, die noch zum Yoho National Park gehören. Zur Rechten erheben sich die weithin herausragenden Gebirgsstöcke der **Castle Mountains**, einer kreidezeitlichen Auffaltung mit ungewöhnlich horizontal geschichteten Felsbändern in verschiedenen Farben. Von nicht minder beeindruckender Schönheit sind die Seen des Talbodens, der **Hector** und der **Bow Lake**, die mit ihrem irisierenden Türkisgrün inmitten tiefdunkler Fichtenwaldungen bezaubern. Die merkwürdige Lichtbrechung ist auch hier die Folge des Gletscher-Silts, einem zu mehlfeinem Staub zermahlenen Gestein, das nicht sedimentiert und jene außergewöhnliche Lichtbrechung von Blau zu Grün verursacht.

Moränen verhindern, daß alles Wasser aus den Seen abfließt. Diese geben ihr Wasser nur in dem Maße ab, wie neues Schmelzwasser aus den beiden »Zehen« des Crowfoot Glacier nachströmt. Einst, bevor die Gletscher immer stärker zu schmelzen begannen, hatte der Gletscher drei Zehen, und daher kommt auch der Name, den die Indianer ihm gaben: *Crowfoot*, auf Deutsch Krähenfuß.

Wir erkennen deutlich die Lawinenkare als Schneisen in den Waldhängen, einzelne Lärchenbestände setzen schon im September herbstliche Farbtupfer. Die Tierwelt lebt recht verborgen: Grizzly, Schwarzbär, Luchs und Murmeltiere werden wir nur höchst selten sehen. Dafür bauen die Biber ihre Wehre in den Abflüssen der Seen, und gelegentlich verebbt der Autoverkehr auf dem Parkway, und alle pirschen zum Rand des undurchdringlichen Waldes, in dessen Unterholz ein kapitaler Elch steht oder eine viel kleinere Elchkuh zwei Jungtiere führt. Die dunklen, urtümlichen Gestalten im Schatten der Bäume wirken fast gespenstisch, eines der Kälber will sich hinlegen und ausruhen, aber da hat die Alte die klickenden Touristen entdeckt, und sie verschwinden schnell im dunklen Wald. Der Elch heißt auf Englisch *Moose*, während *Elk* der Name für den Wapiti-Hirsch ist.

Kurz vor dem Anstieg zum Bow Pass auf 2068 Metern Höhe bietet auch der kleinere **Bow Lake** schöne Ausblicke. Hier steht die Num-ti-jah-Lodge, gegen 1930 erbaut. Doch sie ist nur im kurzen Sommer geöffnet. Diese kurzen Zeiten sind auch eine Folge der Personalsituation: Man kann hier nicht auf die Bewohner naher Alpendörfer zurückgreifen. Personal stellen in erster Linie jobsuchende Studenten aus Vancouver und Calgary, und damit endet die Saison mit deren Sommerferien.

Wir stehen mit Blick auf die Gipfelregionen des **Wapta Icefield** auf der Wasserscheide zwischen der arktischen Beaufort-See und der zum Atlantik sich öffnenden Hudson Bay. Die Seen sind reich an atlantischen Lachsen, Forellen und Hechten.

Hinter dem Paß entspringt der **Mistaya River** im **Peyto Lake** und schlängelt sich durch das relativ breite **Mistaya Valley**. Der See wird im Westen vom Peyto Glacier überragt, der noch den bergnäheren Caldron Lake speist – eine interessante Wandergegend. Im Osten ragen die trutzigen Felstür-

Einen Schwarzbären in den Rocky Mountains zu sehen, gehört zu den eindruckvollsten Erlebnissen einer Reise.

me der Castle Mountains mit ihren Bastionen drohend auf, und die Tallandschaft wird lieblicher. Zwischen die Fichten mischen sich Espen- und Birkenbestände. Wir erreichen die Waterfowl Lakes, Seen, die durch das Einfallen von Wasservögeln auf ihren jährlichen Wanderungen berühmt sind. Es sind fünf Seen, unter ihnen der **Mistaya**, **Cirque** und **Chephren Lake**, die den hier breiten Talboden in eine überaus reizvolle Landschaft verwandeln. Darüber ragt westlich die Continental Divide als eine geschlossene Felsbarriere mit dem Howse Peak (3291 Meter) und Mount Chephren (3266 Meter) empor. Auch hier führt ein markierter Pfad zwischen Cirque und Chephren Lake bis an den Fuß des gigantischen Amphitheaters der Felskare. Ein anderer Weg führt von einem Parkplatz zum Mistaya Canyon, einer Felsklamm, die von dem tosenden Wildwasser des Mistaya River aus dem Kalkgestein gefräst wurde. Über eine schmale Brücke gelangt man zum fünf Kilometer entfernten **Sarbach Lookout**, nahe der Stelle, an der sich die drei Flüsse Mistaya, Howse und North Saskatchewan treffen, um gemeinsam nach Osten durch die Ketten der Rockies zu brechen.

Diesen Übergang fand der kanadische Entdecker David Thompson gegen 1807; es ist ein Weg, der eine Querung der Rockies in ihren Hauptkämmen erlaubt. Hunderte von Kilometern von allen Ressourcen entfernt, angewiesen auf Trapper und Métis – das waren die Nachkommen von Indianern und französischen Siedlern –, war dies ein Unternehmen, wie es vielleicht heute noch im Hindukusch oder in Nepal stattfindet. Drei Jahre später folgte Joseph Howse als »Trader« der Hudson Bay Company. Nichts davon ist nach Europa gedrungen: eine Folge schottischer Wortkargheit und englischen Understatements. Heute verläuft hier der Highway 11, der »David Thompson Highway«, als einer der wenigen Straßen, die den Kamm der Rocky Mountains queren.

Wir wenden uns nun dem südlichen Teil des Banff National Park zu, der Strecke zwischen Lake Louise und Banff, durch die der Highway 1 oder der weniger verkehrsreiche Highway 1A führt.

Die Strecke ist lieblicher als die Nordroute zum Columbia Icefield, besitzt aber im Castle Mountain (2862 Meter) einen imposanten Gebirgsstock mit einem doppelten Felswall und einzelnen hervorstehenden Türmen, hinter denen **Tower** und **Rockbound Lake** versteckt liegen und zu denen ein acht Kilometer langer Wanderweg führt. Die 1A führt auch in die Nähe des Johnston Canyon, aus dem der Creek über zwei Fälle zum Bow River herabstürzt. Einzelne Quellen mit eisblauem Was-

INFORMATIONEN

Mountain Time

AUSKUNFT
The Superintendent, Banff National Park, P.O.Box 900, Banff, Alberta, TOL OCO, Tel. 403-762-3324. Wanderkarten sind unbedingt zu empfehlen; sie sind aber nur selten in den Lodges erhältlich.

ANREISE
Von Calgary über den Trans Canada Highway No. 1 ca. 130 Kilometer. Von Vancouver muß man mit etwa drei Tagen Fahrzeit rechnen, wenn man nicht hasten will.

REISEZEIT
Juli bis Anfang September. Auch im Sommer Schneefall auf den Bergen, rascher Witterungswechsel möglich. Im Sommer 25°C, im Winter –40°C.

UNTERKUNFT
Ziemlich unbeschränkt nach Preis und Angebot in Banff (Central Reservations Banff Tel. 403-762-5561) mit dem altberühmten Banff Springs Hotel. Sonst am Lake Louise: Chateau Lake Louise, King's Domaine, Lake Louise Inn (Tel. 403-522-3791), Post Hotel des Ski Club of the Canadian Rockies, Lake Louise, Alberta TOL 1E0 (Tel. 403-522-3989) und die Lodge am Moraine Lake. Am Bow Lake die renommierte Num-ti-jah Lodge. Zahlreiche Campingplätze mit fast 3000 Stellplätzen, dennoch sind sie im Sommer meist überfüllt.

AKTIVITÄTEN
Ausgezeichnete Chancen zur Beobachtung von Wasservögeln, Elch und Schwarzbär. Auf den Bergen kann man Schneeziegen, Dickhornschafe und Murmeltiere sehen. Sehr attraktive Wanderwege um Lake Louise, Lake Moraine und von den Talparkplätzen am Icefields Parkway und um Banff. Winterskilauf bei Banff und Lake Louise mit zahlreichen Pisten und Liften sowie Gondelbahnen.

Das luxuriöse Banff Springs Hotel wurde um die Jahrhundertwende errichtet.

Ein unvergeßliches Erlebnis: Spirit Island im Jasper National Park.

ser, den sogenannten **Ink pots**, setzen Akzente, während westlich über Bergwiesen ein Pfad zur verlassenen Silbermine von Silver City führt, einer der zahllosen Enttäuschungen des Booms der Jahre um 1880. Vom südlich des Bow gelegenen Sulphur Mountain (2348 Meter), auf den ein Lift führt, hat man einen guten Ausblick auf die drei **Vermilion Lakes**, die bereits unmittelbar vor den Toren von Banff liegen. Auch der Mount Norquay im Norden ist über eine Panoramastraße und einen Lift erschlossen.

Banff ist als südliches Einfallstor zum Icefields Parkway von Calgary aus stark überlaufen. Doch die Stadt bietet, je nach Saison, das ganze Jahr über Attraktionen für Wanderer, Reiter, Kletterer und Skifahrer bei einer reichen Auswahl an Unterkünften aller Art. Im Sommer ermöglicht der nahe und große **Lake Minnewanka** Kanufahren und Segeln vor den massiven Felswänden des Mount Inglismaldie (2964 Meter). Banff ist außerdem Ausgangspunkt zu dem nahegelegenen Kootenay National Park, zu dem eine Straße über den Vermilion Pass hinüberführt.

JASPER NATIONAL PARK

Das Kernstück der mit europäischen Verhältnissen nicht vergleichbaren, sich über 400 Kilometer erstreckenden und praktisch zusammenhängenden Nationalparks auf der Höhe der Rocky Mountains sind der Jasper und Banff National Park. Beide werden vom Highway 93 durchquert, der als **Columbia Icefields Parkway** von Jasper im gleichnamigen Park bis hinunter zum Kootenay National Park verläuft. Auf einem kleinen Stück zwischen Lake Louise und Johnston Canyon ist diese Straße identisch mit dem sonst in West-Ost-Richtung verlaufenden Trans Canada Highway No 1, der von Vancouver nach Calgary führt.

Goldmantel-Ziesel fressen sich im Sommer ein dickes Fettpolster für den Winterschlaf an.

Wir wollen nun, aus dem **Banff National Park** kommend, auf dem Sunwapta Pass zunächst die Grenze zum **Jasper National Park** nahe dem **Athabasca Glacier** queren. Aus den Schotteretagen des North Saskatchewan am Fuß der Cirrus Mountains steigt der Highway in einer gigantischen Kurve, Big Bend genannt, um über 400 Meter an. Die Dimensionen in dieser urweltlichen Landschaft sind ohne Maßstab, es fehlt uns jeder Vergleich zu Menschenwerken. Autos wirken winzig wie Ameisen, und tief drunten im Canyon ahnt man noch das grünliche Wasser des Saskatchewan. Der North Saskatchewan verabschiedet sich Richtung Hudson Bay, im Norden fließt der Sunwapta, in den Athabasca mündend, dem Großen Sklavensee und schließlich der Beaufort-See zu.

Der Icefield Parkway führt im Jasper National Park lange am Athabasca River entlang,

Hier hat sich der größte Gletscher der Rocky Mountains um den Mount Columbia gebildet. Diese gigantische Gletscherlandschaft, die sich in den Flanken in viele Täler öffnet, ist das bereits erwähnte **Columbia Icefield**. Es streckt seine Zunge bereits südlich des Sunwapta-Passes als Saskatchewan-Gletscher aus, aber am meisten beeindruckt der Athabasca Gletscher nördlich des Passes. Selbst an klaren Tagen und bei strahlend blauem Himmel liegt ein leichter Dunst über der gewaltigen, zerklüfteten, zu Tal drängenden Eismasse. Über sieben Kilometer kriecht der Gletscher vom Snow Dome des Columbia-Massivs herab, der enorme Druck der Eismassen verflüssigt geringe Mengen Eis, der Gletscher kriecht ein paar Millimeter pro Tag, schafft sich Luft, und das Gleitwasser erstarrt wieder. Leider ist der Fuß des Gletschers von mitgeführtem Geröll und Sand vergraut.

Im Sommer bringt uns ein Snowmobil näher an diese majestätische Pracht. Es fährt uns wie eine Art roter Omnibus auf Raupenketten hinauf in jene Region, in der wir einige hundert Meter Eis unter uns wissen. Manchmal wimmelt es von recht unpassend ausgerüsteten Kletterern, die Angst haben, in eine der tiefen Glet-

Der Maligne River hat einen der größten Canyons in das Kalkgestein gefräst.

nanchen Stellen fast das ganze Tal einnimmt.

scherspalten, *Crevasse* genannt, hinabzustürzen. Später im Jahr, wenn der Betrieb des Snowmobils eingestellt wurde, fahren wir von der rotgeschindelten Lodge am Rande des Highways, dem Columbia Icefield Chalet, mit dem Wagen zu einem Parkplatz und kraxeln über die Endmoräne hinauf. Unser Eifer wird merklich gebremst, als wir in die ersten blauschimmernden, endlos tief scheinenden Spalten hineinblicken, aus denen ein eiskalter Atem weht. Gruppen der kanadischen Bergwacht üben fleißig und nicht grundlos das Anseilen an einen surrenden Helikopter.

Über die Dicke des Eises und sein Alter hat man lange spekuliert. Eine einfache Rechnung der Art: Dicke geteilt durch jährlichen Niederschlag minus Abfluß, führt zu Fehlschlüssen. Was zählt, ist die jährliche Bilanz. Manchmal findet man in Bohrkernen organische Substanz, deren Alter mit der Radiokarbonmethode bestimmt werden kann. Das heute aus dem Gletschergrund abfließende Druckwasser ist 2000 Jahre alt, es ist der Schnee, der zu Jesu Zeiten fiel. Die etwa 310 Quadratkilometer umfassende Gletscherlandschaft läßt, blickt man vom Tal hinauf, ihre wahre Größe nicht erkennen. Millionen und aber Millionen Tonnen von Wasser sind hier gebunden und werden verteilt übers Jahr wieder abgegeben, eine wohldosierte Klimaanlage.

Der Highway 93 verläßt nun die Höhe und fällt recht steil, vorbei am **Mount Wilcox**, hinab in den Canyon des Sunwapta River, der sich in den **Sunwapta Falls** über einige Klippen stürzt und dabei ein winziges Eiland umschließt, zu dem wir auf einem Wanderweg hinabsteigen können. Der Sunwapta River vereinigt sich kurz danach mit dem Athabasca River und berührt einige kleinere Seen, um schließlich erneut in den Athabasca Falls 25 Meter tief in einen blaudurchschäumten Canyon zu stürzen. Aus dem breiten Trogtal des Bow River sind schmale, klammartige Täler geworden, farblich geprägt von rötlichem Quarzitgestein und dem silttrüben Blau des Athabasca, das schon die arktischen Regionen erahnen läßt, zu

INFORMATIONEN

Mountain Time

AUSKUNFT
The Superintendent, Jasper National Park, P.O. Box 10, Jasper, Alberta, T0E 1E0, Tel. 403-852-6161.

ANREISE
Über den Highway 93 (Icefield Parkway) von Banff, 240 Kilometer; über Highway 16 (Yellowhead Highway) von Edmonton, 370 Kilometer; über Highway 5 und 16 von Kamloops (Vancouver), 380 Kilometer.

REISEZEIT
Ende Juni bis Ende August. Im Umfeld von Jasper auch bis Ende September bei erstem Dauerfrost und Schnee.

UNTERKUNFT
Hotels und Motels in Jasper und am Pyramide Lake sowie in Sunwapta Falls. Das große Columbia Icefield Chalet direkt am Gletscher. Zehn Campingplätze mit 1800 Plätzen, jedoch im Sommer meist sehr voll.

AKTIVITÄTEN
Wandern auf markierten Wegen (Karten beim Park Center in Jasper!), Skyline Trail entlang dem Maligne River, Vogel- und Tierbeobachtung entlang der Straße und an den Seen, Besuch des Columbia Icefield (kältefeste Kleidung, trittfestes Schuhwerk), eventuell zu Fuß vom Parkplatz oder mit dem Snowmobil. Kabinenseilbahn zum Mount Whistler. Thermalbäder in Miette Hot Springs. Touren zum Maligne Lake (Maligne Lake Tours, 626 Connaught Drive, Jasper, Tel. 403-852-3370). Die Bootstouren schließen Spirit Island ein (bis Anfang Oktober möglich).

denen er fließt. Das heute **Mount Edith Cavell** genannte Massiv im Westen wurde einst von den französischen Coureurs du bois, den Waldläufern, »La Montagne de la Grande Traverse« genannt, das Gebirge der großen Querung. Zu Füßen des Massivs liegt der auf kleiner Straße erreichbare **Cavell Lake**. Er trägt den Namen von Edith Cavell, einer englischen Krankenschwester, die 1917 von der deutschen Armee erschossen wurde, weil sie britischen Kriegsgefangenen zur Flucht verholfen hatte.

Wir nähern uns Jasper, das bereits sehr städtisch wirkt und viele gute, aber etwas unpersönliche Hotels bietet. Es ist ein geeigneter Ausgangspunkt für Touren zum Maligne Lake, nach Miette Hot Springs und schließlich zum Mount Robson Provincial Park und der Willmore Wilderness. Eine Alternative ist die Jasper Park Lodge am nahen Lac Beauvert, dem See des »schönen Grüns«. In Jasper haben wir außerdem die Chance, mit einer Kabinenseilbahn auf den 2500 Meter hohen **Mount Whistler** zu fahren, falls das Wetter eine umfassende Aussicht gestattet. Der Name kommt von den »Whistlers«, den Murmeltieren, die sich mit lautem Pfeifen gegenseitig vor herannahenden Feinden warnen. Im Westen sieht man den 100 Kilometer entfernten und 3953 Meter hohen **Mount Robson**, den höchsten Berg der kanadischen Rockies.

Etwa 80 Kilometer weiter liegt Miette Hot Springs mit seinen 54°C heißen Mineralquellen. Sie mag uns in dieser schon nördlich kühlen Landschaft, wenige Meilen neben den eisgepanzerten Bergriesen, vor Augen führen, daß die vulkanischen Aktivitäten im Erdinneren noch nicht völlig erloschen sind, wie ja auch der Ausbruch des Mount St. Helens 1980 gezeigt hat. Vielleicht ist dies der richtige Ort, auf langer Reise zu entspannen.

Von Jasper führt ein Highway durch den Maligne Canyon zum **Maligne Lake**, den die Waldläufer »Lac maligne«, also »bösartig verhexter See«, getauft hatten. Doch die Hexen waren wohl eher Nixen und Kobolde, die den unbeschreiblich schön in den Bergen eingebetteten See bewachten. Überragt von Brazeau und Mary Vaux Mountains liegt das mit dem Boot erreichbare **Spirit Island** mit ihren geisterhaften Fichten mitten in dem traumhaft blaugrünen See.

Von Jasper führt der Highway 16, der Yellowhead Highway, den jungen Miette River entlang und folgt hinter dem Yellowhead Pass dem jungen Fraser nach Tête Jaune Cache, einem der seltsamen Orte, die aus der Zeit der französisch-indianischen Waldläufer stammen. Es gibt hier viele Orte, wie Tranquille, Lac La Hache und Quesnel nahe dem Mount Robson, deren Namen an diese Zeit erinnern. Die Trapper der Compagnie des Cents Associés, einer Konkurrentin der Hudson Bay Company, nahmen vom Frieden von Paris 1763 keine Notiz. Sie hatten eine besondere Art des Zusammenlebens mit den Indianern entwickelt, wie sie am ehesten zwischen Menschen, die keine Macht mehr haben, zustande kommt. Die Indianer hatten die Kenntnisse des Landes, die Trapper europäisches Wissen, aber sicher auch die Wünsche von Männern, und so mag mancher Blick auf indianische Dorfschönheiten gefallen sein. Allmählich entstanden Mischehen, Frauen und Kinder blieben im Dorf, die Männer jagten, die Pelzbeute wurde gegen Feuerwaffen und Munition, Werkzeuge und bestimmt auch etwas Trinkbares eingehandelt. Die Mischlinge der nächsten Generation nannten sich Métis und blieben diesem Leben treu. Fast 100 Jahre, von 1750 bis 1850 gab es diese deutlich erkennbare Zwischenschicht, und Kanada dankt ihr Ungewöhnliches an Kenntnissen. Einer dieser Métis, François Decoigne, hatte strohblondes Haar, vielleicht war er ein halber Bretone. Er fiel unter den schwarzhaarigen Indianern natürlich auf und wurde Tête Jaune oder Yellowhead genannt, also Gelbkopf. Er besaß an den Quellen des Fraser ein Versteck, eine Cache, wie die Franzosen sagen, und so hielt sich der Ortsname bis zum heutigen Tag. Tragisch ist das Ende dieser *Coureurs de bois.* David Thompson hatte noch 1810 einige von ihnen unter Kontrakt, bis die beiden letzten bei den Auseinandersetzungen der Küsten-Salish mit den Piegan ums Leben kamen. Sie hielten übrigens zäh an ihrem katholischen Glauben fest. Sie brauchten nicht Papst noch Priester, nur Gott in der Unendlichkeit der Wälder.

WILLMORE WILDERNESS RESERVE

Die sehr viel einsamere **Willmore Wilderness Reserve** erreicht man von Jasper aus ebenfalls über den Yellowhead Highway in entgegengesetzter Richtung. Wir gelangen

INFORMATIONEN

Mountain Time

ANREISE
Von Jasper über den Highway 16 ostwärts bis zur Kreuzung mit Highway 40, dann ab Grande Cache westlich bis Rock Lake Recreation Area, dem Haupteingang zur Wilderness.

REISEZEIT
Juli und August.

UNTERKUNFT
Hotels in Jasper oder Hinton, Camping in Rock Lake oder Grande Cache.

AKTIVITÄTEN
Cross-Country-Wandern mit kompletter Tag-/Nachtausrüstung, Kanufahrten mit aller Ausrüstung.
Örtliche Führung ist notwendig.
Lokale Outfitter in Grande Cache: Reitwandern, Jagd im Herbst.

Das Columbia Icefield, das größte Gletschergebiet der Rockies, liegt zwischen dem Banff und dem Jasper National Park.

zur Abzweigung nach **Grande Cache** und biegen von dort nochmals zur Rock Lake Recreation Area ab. Dieser Park kennt keine Straße oder Piste. Nur wandernd, zu Pferd mit dicken Packtaschen, streckenweise im Kanu oder im Winter auf Ski ist er zugänglich. Von den hohen Bergen bis zu versumpften Seeufern bietet sich eine Landschaft in ihrem Urzustand, wie sie Indianer und Trapper noch gegen 1800 angetroffen haben. Nur wer es wagt, hier einzudringen, mit sorgsam ausgewählter Ausrüstung und guter Planung, wird ahnen können, was es im 19. Jahrhundert hieß, in diese Wildnis vorzustoßen. Am **Smoky River** und seinen Prärien grasen die mächtigen Wapitihirsche, Elche lieben die sumpfigen Niederungen am Wasser, Karibus ziehen im arktischen Winter hierher, und auf den Bergen sind die *Bighorns* noch zahlreich, die Dickhornschafe mit ihren gewaltigen Widderhörnern, und *Mountain Goates*, die Schneeziegen mit ihren altväterlich langen Bärten. Luchs, Bär, Vielfraß und Berglöwen oder Pumas finden einen ungestörten Lebensraum. Lokale Outfitter in Cache Creek sind unerläßlich, um die Willmore Wilderness zu erleben.

MOUNT ROBSON PROVINCIAL PARK

Der Highway 16 führt uns hinter Decoigne und dem Paß direkt in den **Mount Robson Provincial Park,** der im Westen des Jasper National Park angrenzt und kurz vor Tête Jaune Cache endet. Er ist das Quellgebiet des Fraser, des bedeutendsten kanadischen Zuflusses zum Pazifik, denn der Columbia River überquert ja die Grenze zu den Vereinigten Staaten. In der Nähe entspringt auch der North Thompson River, der aber erst in Lytton, in den Plains, dem Fraser zufließt. Es ist eine Ironie der namengebenden Geographen, den unbedeutenderen Fluß Fraser zu nennen, der sich zunächst im Norden bei Prince George fast verliert, bis er sich endlich nach Süden bequemt. Das wurde auch einer Gruppe von Goldsuchern fast zum Verhängnis, die 1862 in Ontario aufbrachen und hier im Gebirge beschlossen, sich zu trennen, um sich mutig im Kanu dem Thompson und dem Fraser River anzuvertrauen. Sie erreichten beide ihr Ziel: Eine schwangere Frau namens Schubert und 200 Männer. Die Frau gebar am Tag ihrer Ankunft in Kamloops das erste weiße Kind in British Columbia.

Uns führt der 22 Kilometer lange Trail durch das Tal der tausend Wasserfälle zum **Berg Lake**, am Fuß des gewaltigen und kantigen Mount Robson, umgeben von einem Dutzend Gletschern, deren Abbrüche oft im See schwimmen. Im Sommer ist die Landschaft geprägt durch die blauen Vergißmeinnicht, die auch im Englischen *Forget-me-not* heißen, durch blaue Klematis, gelbe Akelei und rote *Indian Paintbrush*.

INFORMATIONEN Pacific Time

AUSKUNFT
Ministry of Parks, P.O. Box 579, Valemount, B. C. V0E 2Z0, Tel. 604-566-4325, Visitor Center im Park am Highway.
ANREISE
Über den Yellowhead Highway No. 16.
REISEZEIT
Juli und August.
UNTERKUNFT
Hotels in Valemount, Tête Jaune Cache und in Jasper. Camping im Park beim Visitor Center nahe dem Red Pass.
AKTIVITÄTEN
Wandern, etwa zum Berg Lake (20 Kilometer) durch das Tal der tausend Wasserfälle, Bergsteigen am Mt. Robson (3954 Meter) nur für Erfahrene in Begleitung. Beobachtung der Lachswanderung im North Thompson River im September.

Fast senkrecht ragen die Felswände über dem Cameron Lake im Waterton Lakes Nati

WATERTON LAKES NATIONAL PARK

Aus dem zentralen Bereich der kanadischen Rocky Mountains dringt nur die relativ schmale Livingstone Range nach Süden vor und erreicht die Grenze zu den USA. Hier beginnen sich die Rockies erneut in eine breitgefächerte Gruppe von Bergketten aufzusplitten, die ein gutes Drittel der West-Ost-Ausdehnung der USA auf der Höhe von Denver umfassen. Der kanadische Gürtel der Rocky Mountains ist viel schmaler, umfaßt nur ein Fünftel der Breite des Subkontinents und wird im Süden vom Clark River begrenzt. Der südlichste Punkt der großen Nationalparks auf den kanadischen Höhen der Rockies ist der Waterton Lakes National Park, der sich übergangslos im Süden auf US-amerikanischem Boden als Glacier National Park fortsetzt. Beide sind bereits 1931 als International Peace Park praktisch vereinigt worden.

Herzstück des kanadischen Parks sind die drei **Waterton Lakes**, durch schmale Landstreifen verbunden, die sinnigerweise Bosporus und Dardanellen heißen. Die Seen sind der Rest eines eiszeitlichen Tales, haben aber keine Verbindung nach Süden, da

INFORMATIONEN Mountain Time

AUSKUNFT
The Superintendent, Waterton Lakes National Park, Waterton Park, Alberta, T0K 2M0, Tel. 403-859-2224.
ANREISE
Über Highway 2 von Calgary südlich nach Cardston, dann über den Highway 5 zum Waterton Lakes Informationszentrum in Waterton Townsite, ca. 280 Kilometer.
REISEZEIT
Ganzjährig geöffnet, beste Zeit Juni bis September.
UNTERKUNFT
Hotels und Motels in Waterton Townsite, darunter das sehenswerte Prince of Wales Hotel. Camping in Waterton Townsite, Crandel und am Belly River, 300 Plätze.
AKTIVITÄTEN
160 Kilometer Wanderpfade u. a. zu Red Rock Canyon und Cameron Falls. Bootsfahrt auf dem Upper Waterton Lake. Bisonherde am nördlichen Parkeingang nahe dem Waterton River.

auf.

die kontinentale Wasserscheide im Westen des Parks von Nordwest nach Südost verläuft.

Eine kleine Schiffahrt auf dem Upper Waterton Lake mit der »International« führt über die ganze Länge des Sees. Der Highway 6, der uns aus Cardston/Alberta herbeigeführt hat, setzt sich östlich der Parks als Highway 17 in den USA fort. Bei St. Mary gelangen wir auf den großen Highway 2, der zum Visitor Center unweit des Logan-Passes führt.

Liegt der Waterton Lakes National Park zwischen den noch mäßig hohen Bergen der Lewis und Clarke Gruppe, so erreichen die Rocky Mountains im US-Glacier National Park Höhen von 3000 Metern.

Im Waterton Park können wir zum **Red Rock Canyon** fahren, zum **Cameron Lake**, wo uns etliche Kilometer Wanderwege erwarten. Am Chief Mountain hat sich die Erdgeschichte auf den Kopf gestellt: Älteres Gestein liegt über jüngerem und stürzt in einer Klippe ab. Der Red Rock Canyon ist eine durch Eisenoxid rot gefärbte Klamm, durch die der Blakiston Creek fließt. Je nach Oxidationsgrad des Eisens changieren die Farben nach Gelb und Orange. Unser Blick wird jedoch vom **Mount Blakiston** (2940 Meter) angezogen, dem höchsten Gipfel im Park. Vor allem zwei Vegetationszonen werden uns begleiten: die subalpine Zone zwischen 1300 und 1800 Metern Höhe, reich bewaldet mit Felsengebirgstannen, Weißfichten und Drehkiefern. Die Bergwiesen stehen voller Büffelbeeren, Lupinen und Bärengras.

Die darunter liegende Park- und Präriezone ist eher Grasland mit hohem Büffelgras und dem vom Büffel wegen der Bitterstoffe verschmähten *Sage-brush*, einer salbeiduftenden Beifußart (*Artemisia tridentata*), die über weite Flächen verbreitet ist und gelb blüht. Hier wachsen die Prärie-Krokusse und die knallrote *Indian Paintbrush*. Auch die zugehörigen Bisons finden wir in einer großräumigen Einzäunung am östlichen Parkeingang. Die eigentliche Schönheit des Parks sind seine reichgegliederte Berglandschaft, seine blauen Seen, die zum Schwimmen, Kanufahren und Angeln einladen.

Berühmt ist das Prince of Wales Hotel im Waterton Lakes National Park.

PFLANZEN- UND TIERWELT

Die Rocky Mountains gehören zu den am meisten besuchten Landschaften Kanadas. Fast ihr gesamter südlicher Teil ist durch Nationalparks unter Schutz gestellt. Dazu kommen noch angrenzende Provincial Parks und zwei weitere Nationalparks, die in den westlichen Columbia Mountains liegen. Damit werden die beiden Naturregionen der Rocky und Columbia Mountains durch insgesamt sieben Nationalparks repräsentiert. Die nord-süd-gerichteten Gebirge werden durch zahllose Berggipfel, ausgedehnte Nadelwälder, tief eingesenkte Flußtäler mit unbegradigten Flußläufen und durch ein reiches Tierleben charakterisiert. Die Columbia Mountains, die westlich an die Rocky Mountains anschließen, sind steiler, schroffer und enger. Hohe Schneefälle im Winter und reichlich Niederschlag im Sommer ließen im westlichsten Park sogar inneralpine Regenwälder entstehen. **Lebensbäume** (*Thuja plicata*) und **Hemlocktannen** (*Tsuga canadensis*) kommen in tiefen und mittleren Lagen vor, während die Anhöhen und Bergrücken von **Engelmannsfichten** (*Picea engelmannii*), **Felsengebirgstannen** (*Abies lasiocarpa*) und **Drehkiefern** (*Pinus contorta* var. *latifolia*) bewachsen sind.

Die westlichen Gebirge setzen sich aus mehreren parallel verlaufenden Gebirgsstöcken zusammen. Direkt aus der Ebene ragen die *Foothills* auf, knappe Vorberge, die rasch große Höhen erreichen und in die *Front Range* übergehen. Diese kann in Banff Townsite besonders gut gesehen werden. Die *Main Range*, die die mittlere der drei Rocky-Mountains-Ketten darstellt, verläuft durch Jasper und nimmt rund um den Honeymoon Lake besonders bizarre Formen an. Die *Western Range* am Übergang zu den Columbia Mountains wird besonders im Kootenay auffällig, wo sie im Sinclair Canyon in die große Faltensenke des Columbia River ausläuft. An der Grenze zwischen Main und Western Range verläuft die kontinentale Wasserscheide, nach Osten fließen die Gewässer der Beaufort-See zu, nach Westen münden sie in den Pazifik. Die vier Nationalparks Banff, Jasper, Kootenay und Yoho bilden auf mehr als 20000 Quadratkilometern eine *World Heritage Site* der UNESCO und schützen jeder für sich einen typischen Abschnitt der unterschiedlichen Bergketten mit dem charakteristischen Tier- und Pflanzenleben.

Dickhornschafe sind leicht zu beobachten.

Auf einer Fahrt von Banff in Richtung Norden den Icefield Parkway entlang werden die drei hauptsächlichen Vegetationszonen durchquert. In den Tälern ist die montane Nadelwaldstufe ausgebildet, die sich aus **Douglasien** (*Pseudotsuga menziesii*), **Weißkiefern** (*Pinus sabiniana*), **Drehkiefern** (*Pinus contorta* var. *latifolia*), **Espen** (*Populus tremula*) und **Balsamtannen** (*Abies balsamea*) zusammensetzt. Unten im Tal suchen sich, unbeeinträchtigt von menschlichen Veränderungen oder Begradigungen, die Flüsse ihren Weg talauswärts, werfen Sandbänke auf, graben neue Flußläufe oder überschwemmen angrenzende Waldstücke. Besonders im späten Frühjahr, wenn das Schmelzwasser aus den Gebirgen abfließt, stürzen sich die Fluten die Täler hinab und verändern die Landschaft der Flußläufe. Diese ungebändigte Dynamik ist ein wesentliches Merkmal eines Schutzgebietes bzw. Nationalparks, in dem die Natur noch unbeeinträchtigt walten und wirken kann.

In den Talwäldern wachsen allerlei interessante Blumen wie **Frauenschuh** (*Cypripedium calceolus*), **Dreiblatt** (*Trillium undulatum*) und **Rosarotes Wintergrün** (*Pyrola asarifolia*). Die rotleuchtende **Indian Paintbrush** (*Castilleja miniata*), die im Sommer fast überall in den Parks anzutreffen ist, prägt die subalpine Stufe. Die schlanken, dunkelgrünen Engelmannsfichten bauen zusammen mit Felsengebirgstannen und vereinzelten Kiefern und Gebirgslärchen dichte subalpine Nadelwälder auf. Besonders typisch sind die blumenreichen Bergwiesen, die rund um die Waldgrenze anzutreffen sind. Vor allem der Mount Revelstoke und das Kananaskis Gebiet, aber auch die Sunshine Meadows in Banff und Bergrücken rund um den Maligne Lake in Jasper sind im Sommer ein Blumenmeer. **Arktische Lupinen** (*Lupinus arcticus*), violettes **Berufkraut** (*Erigeron peregrinus*), das *Mountain Daisy* genannt wird, gelbes **Greiskraut** (*Senecio pauperculus*), der grün blühende **Germer** (*Veratrum viride*) und andere krautige Hochstauden blühen auf den mäßig steilen Berghängen und sind meist von einem sehr lockeren Baumbewuchs durchsetzt. Das Becken des Lake O'Hara im Yoho ist bekannt für die Anemonenwiesen mit den weißfarbenen **Windröschen** (*Anemone occidentalis*). Diese blühen bereits im frühen Juli, während die Bergwiesen noch bis in den August hinein ihre Blütenpracht erhalten. Im Waterton Lakes National Park, dem südlichsten aller kanadischen Rocky-Mountains-Parks, können im späten Juni Wiesen mit **Bärengras** (*Xerophyllum tenax*) bewundert werden. Das Bärengras, ein Liliengewächs, wird bis 70 Zentimeter hoch und trägt Blütenköpfe, die aus Hunderten weißer Einzelblüten zusammengesetzt sind.

Kootenay gilt als der einzige Nationalpark der Welt, in dem Gletscher und zugleich Kakteen vorkommen. Der östliche Teil des Parks wird ganz von hoch aufragenden, vergletscherten Gebirgen beherrscht, während im Westen am Übergang zum Columbia River durch besondere klimatische Verhältnisse inneralpine Trockengebiete entstanden sind. Auf den sandigen Böden wachsen die gelbblühenden **Zerbrechlichen Ohrenkakteen** (*Opuntia fragilis*), die eigentlich in südlicheren Gefilden in den USA beheimatet sind.

Die alpinen Regionen der Rocky Mountains beginnen in Höhen über 2200 Meter. Nur noch windgeformte, krüppelwüchsige Engelmannsfichten können zusammen mit Gebirgslärchen aufkommen und deuten auf die rauhen klimatischen Bedingungen hin. Die schütteren Hänge sind von arktischer Tundra bewachsen, die aus alpinen Gräsern, Krüppelweiden, alpinen Heiden und Polsterpflanzen besteht. **Arktisches Weidenröschen** (*Epilobium latifolium*), **Stengelloses Leimkraut** (*Silene acaulis*), **Silberwurz** (*Dryas integrifolia*) und **Steinbrecharten** (*Saxifraga*) entwickeln im Sommer überaus farbenfrohe alpine Matten, die jedoch nur kurz in Blüte stehen. **Haariges Murmeltier** und **Pikas** beeilen sich, zwischen den Felsblöcken ihre Vorräte für den Winter zu sammeln, der in diesen Höhen acht bis neun Monate dauern kann. Die auffälligsten Tiere dieser Region, wie auch der subalpinen Zone, sind die weißen **Schneeziegen**. Ein zottiges Fell, speziell ausgebildete Hufe und ein hervorragender Gleichgewichtssinn befähigen sie, das gesamte Jahr über in den alpinen Regionen zu bleiben, selbst im Winter. Im Sommer ziehen die Muttertiere, die *Nannys* genannt werden, mit ihre Jungen in kleinen Rudeln durch die Bergwelt. Die Männchen sind Einzelgänger und treffen nur zur Paarungszeit

Der Wapitihirsch bewohnt die Täler und sanften Berghänge der Rockies, hier im Jasper National Park.

Vögel, Elche und Hirsche bekommt man oft an den Vermilion Lakes nördlich von Banff Townsite zu sehen.

auf die Herde. Es gehört sicherlich zu einem der beeindruckendsten Erlebnisse, Schneeziegen in freier Wildbahn zu erleben, wenn sie über ein Schneefeld rutschen, mit den Jungtieren über die Tundren ziehen oder im Frühjahr die Berghänge mit blühenden Gletscherlilien zum Äsen aufsuchen.

In den sanfteren Talabschnitten entstanden ausgedehnte Sümpfe wie die drei Vermilion Lakes in Banff oder der Athabasca Lake in Jasper, die ausgezeichnete Plätze sind, um Wildtiere zu beobachten. Besonders in der Morgendämmerung empfiehlt sich im Sommer eine Wanderung zu den Vermilion Lakes und entlang des Fenland Nature Trail nahe Banff Townsite. **Elche**, **Weißwedelhirsche**, **Kanadabiber**, aber auch verschiedene Wasservögel wie **Keilschwanzregenpfeifer**, **Gänsesäger**, **Rothalstaucher**, **Bekassine**, **Fischadler** und **Kanadareiher** sind hier zu sehen.

Nahe *Cave and Basin* wurde der *Marsh Trail* angelegt, der auf Holzstegen zu Sümpfen führt, die von heißen Quellen gespeist werden. Schon vor 70 Jahren haben Naturfreunde hier tropische Fische ausgesetzt, die sich in den über 30°C heißen Quellen sehr wohl fühlen und von den Stegen aus heute noch beobachtet werden können. Mitten im Sumpf liegt ein Aussichtsstand, von dem aus man manchmal sogar Elche und Wölfe zu Gesicht bekommt.

Rund um Banff Townsite werden dem Besucher mit großer Sicherheit **Wapitihirsche** begegnen. Ein größeres Rudel hält sich das Jahr über in der Gegend des Tunnel Mountain und des Hoodoo Trail auf, der einen wunderschönen Blick auf das Talbecken des Bow River und die auf den steilen Uferhängen aufragenden Sandsteinpyramiden erlaubt. **Dickhornschafe**, die ebenfalls sehr typische Tiere der Rocky Mountains sind, weiden oftmals entlang des Bow Valley Parkway, der alten Straßenverbindung von Banff nach Lake Louise. Kleine Hinweisschilder entlang der Straße, die die Silhouetten der jeweiligen Tiere zeigen, mahnen zur Vorsicht vor den Wildtieren. Trotz ihrer Nähe zur Straße und ihrer kaum vorhandenen Scheu vor Menschen müssen die Nationalparkbesucher stets den Respekt vor ihnen bewahren, dürfen ihnen nicht zu nahe kommen und sie nicht füttern. In allen Nationalparks besteht ein generelles Fütterungsverbot, das unbedingt beachtet werden sollte.

In den sommerlichen Wiesen der Talböden etwa in den MacLeod Meadows im Kootenay, rund um die Waterton Lakes oder in den lichten Waldbereichen des Bow Valley wird man Weißwedelhirsche und die etwas kleineren **Maultierhirsche** antreffen, deren Unterscheidung nicht leicht ist. Lediglich die Schwanzspitze, ob weiß oder schwarz gefärbt, verrät die eindeutige Zuordnung. Ebenso schwer zu unterscheiden sind die zahlreichen Hörnchen und Ziesel, die überall auffallen, besonders in den Bereichen rund um die Waldgrenze. Die kleinen flinken Tierchen mit dem goldenen, gestreiften oder dunkelbraunen Fell können besonders am Sulphur Mountain in Banff und am Whistlers in Jasper gesehen werden, zwei Berge, die durch Seilbahnen erschlossen sind. Entlang jedes Bergpfades begleiten den Wanderer **Goldmanteltelziesel**, **Kleines Chipmunk** und **Columbia-Ziesel**. **Karibus** sind hingegen nur mehr selten zu beobachten. Kleinere Herden halten sich im Sommer in Höhen westlich des Maligne Lake und im Glacier National Park auf. Zu den seltensten Gebirgsbewohnern gehört der **Puma** oder **Berglöwe**, der im Kananaskisgebiet und im Waterton Lakes National Park in geringer Zahl vorkommt.

Ein Thema für sich sind die Bären. Schon beim Eintritt in den Nationalpark wird man darauf hingewiesen, daß man sich in einem »Bären-Land« befindet und deshalb besondere Vorsicht walten lassen soll. Oft wird der Besucher ohne die heißersehnte Begegnung mit einem Bären – natürlich geschützt vom Auto aus – die Parks wieder verlassen. **Schwarzbären** und **Grizzlybären** halten sich in den Parks auf, sind jedoch wegen des hohen Besucherstroms im Sommer oft in ferne Bergtäler abgewandert. Grizzlybären benötigen riesige Areale zwischen 200 und 1200 Quadratkilometern, um ihr Revier abzugrenzen. Am häufigsten können sie im Herbst zur Zeit der Lachszüge in den westlich an die Parks liegenden Tälern des Columbia und Fraser River beim Fischen beobachtet werden. Die Schwarzbären fressen außer den Buckelbeeren auch gerne den süßen Weißklee, der oft entlang der Straßenränder wächst. Dann kann man sie oft vom Auto aus aus nächster Nähe sehen.

Erst die Fertigstellung der Eisenbahnlinie 1885 und des Trans Canada Highway 1962 durch die Rocky Mountains gab vielen Menschen die Möglichkeit, die Bergwelt zu betreten. Damit stiegen aber auch die Beeinträchtigungen dieser äußerst sensiblen Lebensräume. Deshalb sollte sich jeder Besucher trotz seiner Freude an den Landschaften und den Wildtieren respektvoll in den Parks verhalten, damit Kanadas beliebteste Nationalparks auch in der Zukunft ein Eldorado der Natur bleiben.

Mit Glück trifft man in den Tälern an Salzlecken die scheuen Schneeziegen.

Der Winter, wenn das Bergland unter einer dicken Schneeschicht liegt, ist in den Rocky Mountains die stillste Jahreszeit – hier die Vermilion Lakes nahe Banff.

Hoodoos nennt man die größten Erdpyramiden der Rocky Mountains, die im Hoodoo Creek im westlichen Yoho Natinal Park zu finden sind.

Zum Dog Lake im Kootenay National Park wandert man zunächst durch dichte Bergwälder, ehe man auf der Mittelgebirgsstufe den eindrucksvollen See erreicht.

Der alte Feuerbeobachtungsturm im Revelstoke National Park.

Die Wiesen am Mountain Meadows Trail im Revelstoke National Park.

Der Weißwedelhirsch ist nur an der weißen Schwanzspitze zu erkennen.

Der Red Rock Canyon ist eine der zahlreichen Natursehenswürdigkeiten des Waterton Lakes National Park. Er ist der südlichste aller Parks in den Rocky Mountains.

Nahe Jasper Townsite liegt auf einem Mittelgebirgsplateau der Pyramid Lake mit dem im Norden aufragenden Pyramid Mountain.

PYRAMID LAKE
BOAT RENTALS

Der Jasper Lake im Jasper National Park wird vom weit ausladenden Athabasca River durchflossen. Auch Dickhornschafe schätzen die unberührten Lebensräume.

DIE PRÄRIEN UND

Die Großen Prärien sind in unserer Erinnerung die Indianerlandschaft der den Bison jagenden Stämme der Blackfoots und Cree. Nüchterner ist die Vorstellung von herbstlich gelben, riesigen Weizenflächen, der Kornkammer Kanadas. Die Geographen sehen das wieder anders. Für sie sind die Prärien Teil der Lowlands zwischen dem Kanadischen Schild und den Rocky Mountains. Lowlands sind eine Art »Alpenvorland« vor den Rockies, das wie bei uns durch aufgestaute Endmoränen sehr seenreich ist. Das Gelände fällt in der Fließrichtung seiner Flüsse, des Saskatchewan und Churchill River, langsam nach

DIE GROSSEN SEEN

Osten zur Hudson Bay ab. Nur mäßig wird dieses Gefälle durch den dazwischentretenden Kanadischen Schild gestört. In dessen Felsenplatte bricht die Hudson Bay, eine Fortsetzung der Labradorsee, von Norden herein und bringt mit ihren Eismassen arktisches Klima tief in den Süden Kanadas. Die Klimazonen Kanadas verlaufen daher von Nordwest nach Südost. Gegen Osten, der Grenze zu den USA folgend, schmiegen sich die Großen Seen an den Südrand des Kanadischen Schilds, fallen im Niagara Escarpment um hundert Meter ab und bilden die Niagarafälle.

IM ALTEN REICH DER BISONS

Der Norden dieser Region ist auch heute noch Prärie und nur schütter bewaldet. Nur der südliche Teil dieses Gebiets in den Provinzen Alberta, Saskatchewan und Manitoba ist Teil des *Wheatbelts*, des Weizengürtels. Klimatisch begünstigt entstand in der Provinz Ontario, rund um die Großen Seen, der »Golden Horseshoe«, die hufeisenförmig um die Großen Seen liegende Region mit ihrer reichen Landwirtschaft, aber auch mit Industrie. Die Nationalparks dieser Region sind meist gut erreichbar, liegen aber dennoch abseits. Sie bewahren einen Rest der Landschaft, wie sie einst zu Zeiten der Irokesen und Huronen gewesen war.

Lockere, lichte Espenwälder wechseln sich in den Prärien mit dem weiten Grasland ab.

ELK ISLAND NATIONAL PARK

Der Nationalpark im Norden der **Beaver Hills** ist mit seinen dichten Wäldern das Revier der *Elks*, der Manitobahirsche, einer nur hier vorkommenden Rasse des Wapiti-Hirschs, mit ihrem dunklen, fast schwarzglänzenden Fell und mächtigen Geweih. Die Hügel waren landwirtschaftlich kaum zu bearbeiten, sie sind eine Endmoränenlandschaft mit vielen *Bogs* und *Ponds*. Diese Seen und Sümpfe, *Kettles* genannt, sind für dieses Gebiet typisch. Gegen Ende des 19. Jahrhunderts war diese Region deshalb, wie so manches Waldgebiet in Europa auch, eine ungeliebte inselartige Oase inmitten des üppigen Weizenanbaugebiets der Provinz Alberta.

Die Zufahrt erfolgt von Edmonton über **Fort Saskatchewan**, das am gleichnamigen Fluß liegt, den wir bereits in den Rocky Mountains kennengelernt haben. Schon im Jahr 1906 wurde das Gebiet unter Schutz gestellt, und heute sind die einstigen Jagdgründe der Sarcee- und Plains-Indianer wieder reich besetzt mit Wapitihirschen, dem dunklen Waldbison im Südteil und dem kleineren Präriebison im Nordteil des Parks, mit *Mule Deers* oder Maultierhirschen, mit Kojoten und mit Bibern, die gelegentlich scheinbar entrüstet zusehen, wie mächtige Elche ihren kunstvollen Burgen zu nahe kommen. Trompeterschwäne (*Trumpet Swans*) sind häufig auf den Seen, die im Frühjahr und Herbst den Zugvögeln als Sammelplatz dienen. Der 194 Quadratkilometer große, eingezäunte Park bedarf leider eines gewissen biologischen Managements, um die überbordende Zahl von Rotwild und Bibern zu reduzieren.

INFORMATIONEN Mountain Time

AUSKUNFT
Elk Island National Park, R. R. 1, Site 4, Fort Saskatchewan, Alberta, T8L 2N7, Elk Island Info Line, Tel. 403-992-6392.

ANREISE
Über den Yellowhead Highway 16. Im Park Abzweigung nach Norden über die 831. Von Fort Saskatchewan über die 15 bis kurz vor Lamont, dann nach Süden auf die 831 abbiegen.

REISEZEIT
Ganzjährig, am besten Mai bis Oktober bei gemäßigtem Klima.

UNTERKUNFT
Motels und Hotels in Fort Saskatchewan und in Edmonton. Camping im Sandy Beach Campground.

AKTIVITÄTEN
Wanderwege um den Astotin Lake. Der See bietet Kanutouren und Picknick auf über 20 kleinen Inseln. Im Winter Skiwandern.

Der eher lockere Wald besteht aus Zitterpappeln (*Quaking Aspen*), Paperbirken (*Paper Birches*) mit ihrer blendend weißen Rinde, Balsampappeln (*Balsam Poplars*) sowie Weiß- und Schwarzfichten (*Black* beziehungsweise *White Spruce*). In den nassen Niederungen um die zahlreichen Seen blühen Sumpfdotterblumen (*Marsh Marigolds*) und hohes Riedgras.

Nur das Westufer des **Astotin Lake** ist stark erschlossen mit Campingplätzen und Golfanlagen. Die milde Parklandschaft zwischen Blackfoot Lake und großem und kleinem Tawayik Lake ist dagegen auch heute noch für Besucher nur schwer zugänglich.

PRINCE ALBERT NATIONAL UND LAC LA RONGE PROVINCIAL PARK

Gehört der Elk Island National Park trotz der Nähe des Saskatchewan River noch zu Alberta, so liegt der Prince Albert National Park im Norden der Provinz Saskatchewan. Seine Lage zwischen dem vereinigten Saskatchewan River im Süden und dem Churchill River im Norden, die beide der eisigen Hudson Bay zufließen, lassen ihn als Grenzgebiet zwischen der lockeren Bewaldung des Aspen Parkland im Westen und den borealen dunklen Fichtenwäldern des Ostens und Nordens erscheinen. Erreichbar über Highways im Süden, am besten über den Highway 2 von **Prince Albert**, ist der Park teilweise für Autoverkehr erschlossen und besitzt im Osten, bei Waskesiu Lake, Unterkünfte und ein Informationszentrum. Der nächste Ort ist Prince Albert, eine Kleinstadt und Zentrum der Holzindustrie, in der der Geist der Pioniertage des 19. Jahrhunderts noch stark zu spüren ist.

Die zahllosen Seen und Tümpel dieser Region prägen das Bild der Landschaft. An einem von ihnen, dem **Boundary Bog**, ist ein beeindruckender Naturlehrpfad angelegt. Ein weiteres Merkmal des Parks sind die *Kames*, von den Schmelzwasserströmen der zurückweichenden Gletscher abgelagertes Schürfmaterial, das in terrassenförmigen Hügeln abgelagert wurde.

Die gewaltigen Bestände von Schwarzfichten (*Black Spruce*) werden zu Papier und Spanplatten verarbeitet, während die wertvollere Weißfichte (*White Spruce*) als Zimmerholz gilt. Ganze Wälder werden hier im Sommer systematisch geerntet und in die sogenannten *Papermills* gefahren. Die Flächen werden dann mit Setzlingen wieder aufgeforstet. In dieser Umgebung war der Prince Albert Nationalpark eine Notwendigkeit, um den ursprünglichen Landschaftscharakter zu erhalten. Vor allem die borealen Fichtenwälder mit ihren wandernden Waldkaribus sind einen Besuch wert.

Lake Astotin ist das Zentrum des kleinen, attraktiven Elk Island National Park.

Der Boundary-Bog-Lehrpfad liegt am Übergang der Espenwälder zum Nadelwald.

INFORMATIONEN

Mountain Time

AUSKUNFT
The Superintendent, Prince Albert National Park, P.O.Box 100, Waskesiu Lake, Saskatchewan, S0J 2Y0, Tel. 306-663-5322.

ANREISE
Von Prince Albert über den Highway 2, 90 Kilometer; vom Westen aus Edmonton über den Yellowhead Highway No. 16 bis North Battleford, dann die Straße 40 bis Shellbrook und die Straße 3 bis Prince Albert.

REISEZEIT
Ganzjährig, am besten Mai bis September, im Sommer sehr überfüllt.

UNTERKUNFT
Hotels und Camping am Waskesiu Lake und Townsite.

AKTIVITÄTEN
140 Kilometer Wanderwege, Panoramastraße am Südende des Waskesiu Lake. Fischen, Angeln, Kanufahren, Schwimmen und Segeln auf dem See. Im Winter Langlaufloipen.

Man erreicht dieses Gebiet über die Straße am **Waskesiu Lake**, von der Wege zum See, zu Biberburgen und zu den Horsten der Nashornpelikane (*American White Pelican*) führen. Als Wegmarkierung dient meist die alte indianisiche Methode: Man kappt einfach die unteren Äste hoher Fichten.

Neben den borealen Fichtenwäldern mit den Waldkaribus besitzt der Park Anteil am *Aspen Parkland*, einem lichten Waldgebiet aus Zitterpappeln oder Espen (*Quaking Aspen*). Sie werden vom Wapitihirsch durchstreift, und in den kleinen Seen lebt noch der Fischotter. Sein Hauptverbreitungsgebiet liegt aber im Lac La Ronge Park, wo er dem Otter Lake und den Otter Rapids, den Stromschnellen, seinen Namen gegeben hat.

1906 bis 1938 lebte im Prince Albert National Park der Schotte Archibald S. Belaney, der sich als Sohn eines Apachen und einer schottischen Mutter ausgab und unter dem Namen Grey Owl in einer Hütte hauste, sich den Bibern widmete, auch ein bedeutendes Buch über sie schrieb. Der Naturliebhaber und Dichter gilt als einer der frühen Pioniere der Bewahrung von Land und Tieren. Sein Grab liegt neben seiner Hütte im Park am Ajawaan Lake. Die Hütte kann man heute entweder über einen 20 Kilometer langen Wanderweg vom Südende des Sees oder mit dem Kanu erreichen.

Der nahe **Lac La Ronge Provincial Park** am gleichnamigen großen See ist ein Paradies für Angler in einsamen Blockhütten, zu denen lokale *Outfitter* ihre zahlungswilligen Kunden mit dem Wasserflugzeug bringen. Hundert Seen bilden eine verwirrende amphibische Landschaft am mäandernden Churchill River, der zur Hudson Bay fließt. Wir ahnen, wie schwierig die Erkundung dieses Gebietes ohne Luftaufnahmen war, noch heute verirren sich Bootsfahrer hoffnungslos trotz Karte und Kompaß.

Ein Waldbison-Kalb im Elk Island Park. Heute leben hier etwa 1000 Bisons.

Der Fischreichtum Kanadas ist sprichwörtlich. Dem Angler öffnet sich ein Paradies, und an jedem See glimmt abends das Feuer, an dem der Glückliche seine Beute genüßlich brutzelt. Unter den Fischen ragt an Häufigkeit der *Northern Pike*, der Hecht, hervor. Ihm zur Seite steht der gewichtige *Muskie Pike*, der bis zu 100 Pfund wiegen kann. Auch der Zander (*Pick Perche*) ist bis zum Mackenzie hinauf zu finden. Der Aal dagegen ist in Kanada als Speisefisch nicht geschätzt. Er wird kommerziell gefangen und geräuchert nach Europa exportiert. Die begehrtesten der Fische sind jedoch die Familie der Salmonidae oder Lachsartigen. Zu ihnen gehören der arktische Saibling (*Arctic Char*) und der Bachsaibling (*Red* or *Brown Trout*), den wir als Seeforelle einstufen würden. Der kanadische Seesaibling (*Lake Trout*) ist viel größer und kann 30 Pfund schwer werden. Er kommt im Lac La Ronge häufig vor. Daneben gibt es noch die bekannte Regenbogenforelle (*Rainbow Trout*). Saiblinge haben im Gegensatz zu den spitzköpfigen Forellen, Renken und Huchen zwei hakenförmig aufeinander zugehende Kiefer. Von den charakteristischen Streifen, Farben und bunten Punkten der Saiblinge wollen wir gar nicht reden, sie sind so vielfältig wie die Flaggen vor dem UNO-Gebäude in New York.

RIDING MOUNTAIN NATIONAL PARK

Dieser und der folgende Park liegen im südlichen Teil der Provinz Manitoba, sie sind von zahlreichen Highways aus leicht zu erreichen. Die Lage am Ostrand des Manitoba Escarpment, wie der Geländebruch zu den tiefer gelegenen Seen genannt wird, beschert den Parks eine Höhenlage um 300 bis 500 Meter. Sie sind von dichten Wäldern bedeckt, unterbrochen von lichtem Espen-Parkland.

Der Riding Mountain National Park wird vom Highway 10 von Nord nach Süd durchquert. Außerhalb des Park bieten sich zahlreiche Seen dem Angler an und außerdem wird dort eine enorme Aquakultur betrieben. Es ist fast die einzige Erwerbsquelle in dieser sonst nur der Landwirtschaft dienenden Landschaft.

Am **Audy Lake** hat man wieder Waldbisons in Gehegen im lichten Aspen Parkland ausgesetzt. Im Vergleich zum mächtigen Vorderkörper und den Schultern mit zotteligem Fell um Kopf und Nacken wirkt der Hinterkörper dieser Tiere fast zierlich. Nähert man sich ihnen, wenden die scheuen und schreckhaften Tiere mit unerwarteter Eleganz und preschen davon.

DUCK MOUNTAIN PROVINCIAL PARK

Der Duck Mountain Provincial Park hat im Baldy Mountain mit 831 Metern seine höchste Erhebung. Von dort haben wir einen weiten Blick von der Höhe des Escarpments hinüber zu der Seenplatte mit dem Dauphin Lake, Lake Manitoba im Südosten, Lake Winnipegosis im Nordosten und dahinter – man ahnt ihn mehr als daß man ihn sieht – dem riesigen Lake Winnipeg. Alle diese Seen sind Reste des urzeitlichen Lake Agassiz, der fast das ganze heutige Manitoba ausfüllte und weit nach Montana im Süden reichte. Lake Agassiz entstand in den letzten 14000 Jahren viermal, je nachdem, wie sich die Gletscher zurückzogen und wieder vorstießen. Erst nach der letzten Eiszeit flossen die Wassermassen schließlich zur Hudson Bay, vorher mündeten sie in den Mississippi. Der zurückgebliebene fruchtbare Lehm ist heute die Basis dieser landwirtschaftlichen Oase inmitten der Wälder.

Obwohl von zwei Highways durchkreuzt, ist der Duck Mountain Park schiere Wildnis, durchsetzt von zahlreichen kleineren Seen, an denen der Kanadareiher (*Blue Heron*) hoch in den Bäumen nistet. Auch hier sind die Maultierhirsche zahlreich, die oft ganz ungeniert aus dem Waldrand treten und ihre Revierkämpfe neben den fotografierenden Touristen

INFORMATIONEN

Mountain Time

AUSKUNFT
The Superintendent, Riding Mountain National Park, Wasagaming, Manitoba, R0J 2H0, Tel 204-848-2811. Die Duck Mountain Park Information ist in Grandview südlich des Parks.

ANREISE
Von Winnipeg über den Highway 16 sind es 235 Kilometer bis Minnedosa, dann über den Highway 10 zu beiden Parks.

REISEZEIT
Mai bis September, ganzjährig geöffnet.

UNTERKUNFT
Motels und Camping in Wasagaming, Hotels und Motels in Dauphin.

AKTIVITÄTEN
Wandern, Schwimmen, Kanuten in über 80 kleineren Seen. Wintersport in schöner Mittelgebirgslandschaft.

»Kettle Ponds« sind von Gletschern geformte Teiche.

Typisch für die Wiesen der Prärieparks sind die vielfältigen bunten Blumen.

austragen. Es sind zwar Scheinkämpfe, sie führen aber doch häufiger zu blutenden Verletzungen durch die riesigen und scharfkantigen Geweihe. Die Hirschkühe des Rudels stehen dann irgendwo im nahen Unterholz und knabbern inzwischen am frischen Grün. Ist die Sache ausgestanden, trollt sich der Verlierer, meist ein Junghirsch, und befriedigt wendet sich der »Alte« mit seinem mächtigen, fast schwarzen Fellkragen wieder der Herde zu und bricht durchs Unterholz. Hinter sich eine offene Wagentüre zu haben ist für den Zuschauer dennoch empfehlenswert. Immer noch reich ist der Bestand an Timberwölfen und den nahe verwandten Kojoten. Man kann sie nachts melancholisch heulen hören, ein anrührender Ton, und manche Parkranger in Kanada verbringen abends Stunden mit ihren Gästen im Wald, lehren sie das Geheul der Wölfe nachzuahmen und deren Antwort zu lauschen. Wölfe halten die Rute im Laufen stets waagrecht, während die Kojoten die Rute herabhängen lassen. Die Fußabdrücke der Wölfe sind bis 14 cm lang. Ob Wölfe gefährlich sind, darüber gehen die Ansichten auseinander. Sieht man von Hungerwintern und von unvorsichtigen, hastigen Reaktionen des Menschen ab, so wird ein Wolf, der nicht gerade seine Beute oder Jungen verteidigt, nicht angreifen und auf eine ruhige Stimme ähnlich reagieren wie ein Hund.

FATHOM FIVE MIT BRUCE PENINSULA NATIONAL PARK

Fathom Five war der erste National Marine Park. Er liegt an der äußersten Spitze der **Bruce Peninsula**, die die Georgian Bay im Südwesten abschließt. Außerdem ist der Park ein National Historic Site, berühmt für seine Riffe und zahlreichen Unterwasserwracks, die samt der unterseeischen Flora viele Taucher anlocken.

Charakteristisch sind die Felsformationen des Kalkgesteins. Die Erosion hat einzelne Pfeiler aus härterem Dolomitgestein in der See stehen lassen, heute bewachsen mit Blumen und Schlingpflanzen. Man nennt sie *Flowerpots*. Sie gaben auch der nahen Flowerpot Island im Lake Huron den Namen, die wegen ihrer vom Wasser ausgewaschenen Kalksteinhöhlen bekannt ist. Die Fauna beider Parks ist reich an Reptilien und Schlangen. So sind beispielsweise die gebänderte Massasauga-Klapperschlange, wilde Truthähne und Wanderfalken auf den Wegen zu sehen. Auch viele Versteinerungen haben sich in den Kalksteinklippen der Bruce Peninsula erhalten, die Teil des Niagara Escarpments sind, jener geologischen Schwelle, die quer durch Kanada zum Lake Erie zieht und vom Bruce Trail auf 720 Kilometer Länge begleitet wird. Auch die Flora ist mit Orchideen, seltenen Farnen und an der Westküste der Halbinsel mit interessanten Beständen von im Brackwasser stehenden *Northern White Cedars*, den Lebensbäumen, bemerkenswert. Zerteilt von Sanddünen und von von Gletschern zerschrammten Kalkplatten bieten diese lichten Wälder ein Wandergebiet, in dem noch immer Schwarzbären, Kanadagänse und auch Maultierhirsche zu finden sind.

An Tobermory Pinpoint gibt es ein Besucherzentrum, und in der Inselwelt zwischen Russel Island, Cove Island und Flowerpot Island, durch die der Macgregor Channel führt, liegen die hölzernen Wracks der Segler des 19. Jahrhunderts. Sie scheiterten an den Riffen bei heftigen Stürmen, für die die Great Lakes berühmt und berüchtigt sind. Die Größe der Seen führt zu Wellenhöhen, die denen des Atlantiks entsprechen und noch heute Schiffe von zehntausend Tonnen in Minutenschnelle zum Sinken bringen können. Die damals eher leichten Fahrzeuge suchten in Seenot die Georgian Bay auf, wo sie Schutz vor den mächtigen Wogen suchten, um desto sicherer an den Riffen zu scheitern.

Der auf der Halbinsel gelegene Bruce Peninsula National Park führt zu ungewöhnlichen Felsformationen, und am nahen Cabot Head hat man einen schönen Ausblick auf die Georgian Bay und ihre Inseln, auch Thousand Islands genannt.

INFORMATIONEN

Eastern Time

AUSKUNFT
The Superintendent, Bruce and Fathom Five Parks, P.O. Box 189, Tobermory, Ontario, N0H 2R0, Tel. 519-596-2233. Informationen zum Bruce Park erhält man auch im Visitor Center am Cyprus Lake.

ANREISE
Von Toronto über den Highway 6, der die Bruce-Halbinsel durchquert.

REISEZEIT
Mai bis September.

UNTERKUNFT
Motels in Tobermory am Ende der Landzunge. Camping am Cyprus Lake. Auf Flowerpot Island sechs Zeltplätze mit Bootssteg.

AKTIVITÄTEN
Im National Marine Park Tauchen mit Gerät, Glasbodenbootstouren von Tobermory aus. Besichtigung der Unterwasserwracks und von Flowerpot Island durch drei Unternehmen, z.B. Blue Heron, Tel. 519-596-2020. Man kann sich auf Flowerpot Island absetzen und wieder abholen lassen, nachdem man Höhlen und die eigenartige Seenlandschaft gesehen hat. Im Bruce Peninsula Park gibt es ein ausgedehntes Netz von Wanderwegen. Die Kaps liegen häufig im Nebel, reiche Vogelwelt.

Bizarre Ufer bildet das Niagara Escarpment im Bruce Peninsula National Park.

PFLANZEN- UND TIERWELT

Die Inneren Ebenen reichen vom Ostrand der Rocky Mountains über eine Strecke von mehr als 2000 Kilometern bis an den Westrand der Großen Seen. Im Norden umfassen sie die Taiga und Tundra der Northwest Territories und grenzen an die Beaufort-See. Doch so eben, wie der Name sagt, sind diese Ebenen nicht. Sie steigen von Winnipeg im Osten über drei große terrassenförmige Stufen über 700 Meter an und erreichen am Übergang zu den Rocky Mountains westlich von Calgary immerhin 900 Meter Seehöhe. Die Inneren Ebenen sind in fünf Naturregionen gegliedert, die durch weitflächige Grasländer und Waldlandschaften gekennzeichnet sind. Im Süden, an der Grenze zu den USA, liegen die Prärien, regelrechte Grassteppen, die noch vor 150 Jahren die Heimat der riesigen Bisonherden waren. Etwa auf der Höhe des Prince Albert National Park gehen die Grasländer allmählich in den borealen Nadelwald über. An dieser Grenzlinie bewirkte das Fehlen der Bisonherden die Entstehung eines charakteristischen Vegetationsbildes, das als **Aspen Parkland** bezeichnet wird. Lichte Bestände der **Zitterpappel** oder **Espe** (*Populus tremula*) mischen sich mit grasreichen Steppen zu einem äußerst lichten Laubwaldtyp, der insbesondere für den Elk Island und Prince Albert National Park typisch ist. Wie so viele kanadische Nationalparks sind auch diese genau an Übergangszonen von Lebensräumen angelegt worden, da solche Gebiete stets eine hohe Individuenzahl an Tieren und Pflanzen beinhalten. Auch das Wood Buffalo Sanctuary, im Norden Albertas gelegen und noch ein Stück in die Northwest Territories hineinreichend, schützt eine Übergangszone. Boreale Salzebenen, weltweit bedeutende Sumpfgebiete und Nadelwälder der borealen Ebenen treffen aufeinander. Riding Mountain hingegen bildet eine »Naturfestung« innerhalb der intensiv landwirtschaftlich genutzten Landschaften westlich von Winnipeg. Seine Funktion kommt am ehesten unserer Auffassung von Schutzgebieten gleich, nämlich Rückzugsgebiete für bedrohte Tier- und Pflanzenarten inmitten von vom Menschen stark veränderten Landschaften zu bilden. Und der Grasslands National Park an der Südgrenze Kanadas schützt eine ursprüngliche Prärielandschaft mit reinen *Blue Grama* (*Bouteloua gracilis*) und **Federgrassteppen** (*Stipa*), Hügelketten und einer eigentümlichen Tierwelt. Vor allem **Gabelböcke**, **Präriehunde**, **Königsbussarde** und **Kaninchenkauze** gehören zu den Besonderheiten, die eigentlich weiter südlich innerhalb der Vereinigten Staaten beheimatet sind.

Der Elk Island National Park, nahe Edmonton in den Beaver Hills gelegen, gilt als der beste Punkt, um **Elch**, **Bison**, **Biber** und **Wapiti** zu sehen. Hier wird auch eine Herde der **Manitobahirsche**, eine lokale Unterart der Wapitihirsche, geschützt. Sie waren zusammen mit einer kleinen Bisonherde der Grund, warum der Nationalpark 1906 gegründet wurde. Heute werden Präriebison und Waldbison streng getrennt, um eine reine Entwicklung beider Arten zu ermöglichen. Elk Island ist der im Verhältnis zu seiner Größe von 195 Quadratkilometern am dichtesten mit Wildtieren besetzte

Immer aktiv ist der König der zahlreichen Tümpel und Teiche: der Kanadabiber.

Baum mit Nagespuren des Bibers.

Kanadagänse ziehen über den abendlichen Lake Astotin im Elk Island National Park.

Park. Hauptsächlich Tagesbesucher erfreuen sich entlang der gut angelegten Naturlehrpfade an Bibern, Bisamratten, Richard's Zieseln, zahlreichen Wasservögeln wie Kanadagänsen und den Bisons. Diese können schon von der Straße aus beobachtet werden.

Die Besonderheit des Prince Albert National Park, dessen Landschaft sehr an Elk Island erinnert, ist im Norden rund um den Lac Lavallee zu finden. Hier nisten die gefährdeten Nashornpelikane, es ist die zweitgrößte Kolonie Nordamerikas. Die Gebiete sind ganzjährig für Besucher gesperrt.

Entlang des Boundary Bog Trail kann man den Übergang vom Aspen Parkland zum boreal geprägten Nadelwald kennenlernen. Der Naturlehrpfad, der zu den schönsten aller kanadischen Nationalparks gehört, erschließt auch einen Moorsee und gibt Einblick in die Feucht-Lebensräume des Parks. Das fleischfressende **Trompetenblatt** (*Sarracenia purpurea*) leuchtet mit seinen rot-gelben Blättern aus dem Torfmoos, während die unmittelbare Umgebung des Moorsees von verschiedenen Weidensträuchern gesäumt wird.

Wood Buffalo, der größte aller kanadischen Nationalparks mit der Größe etwa der Schweiz, wurde wegen der letzten freilebenden Bisonherde 1922 eingerichtet. Ganz nebenbei stellte sich heraus, daß dieses Gebiet der einzige natürliche Nistplatz der gefährdeten **Schreikraniche** ist. Diese überwintern in den Sümpfen von Texas und kommen zur Eiablage in den Park. Am Zusammenfluß des Slave und des Athabasca River hat sich ein Sumpfgebiet von weltweiter Bedeutung gebildet. Schwarzbären, Wölfe, Elche, Luchse und Kanadabiber kommen zahlreich in den ausgedehnten Wald- und Präriegebieten vor.

Die Landschaften rund um die Großen Seen gehören bereits zu Ostkanada und sind am Südrand des kanadischen Schildes entstanden. Die fünf Seen, die Reste eines ehemaligen Binnenmeeres sind und durch die formende Kraft der Gletscher während der letzten Eiszeiten maßgeblich verändert wurden, sind die größten Süßwasserreservoirs der Welt. Während an den südlicheren Seen Kanadas größte industrielle Anlagen entstanden sind, ist der Lake Superior im zentralen Ontario auffallend rauh und einsam.

An der Ostküste des Lake Superior wurde 1971 der Pukaskwa National Park zum Schutze eines typischen Küstenabschnittes der Großen Seen gegründet. Eine äußerst entlegene und wilde Landschaft prägt das Erscheinungsbild des Parks, das unmittelbar durch den größten der Großen Seen beeinflußt ist. Das kalte Wasser, das selbst im Sommer kaum wärmer als 10°C wird, sowie die kalten landeinwärtsziehenden, feuchten Winde ließen einen moosreichen Nadelwald entstehen, der undurchdringlich wirkt. Dazu kommt eine rauhe Küste, die aus vulkanischem und kristallinem Gestein

In der Umgebung der Seen und Tümpel Ostkanadas blüht die Kardinalslobelie.

auf engstem Raum aufgebaut ist. Gebänderter Quarz trifft bei Hattie Cove auf kissenförmige Lavamassen, die vom tiefblauen Wasser des Lake Superior stetig abgetragen werden. In der Horseshoe Bay hat sich ein feiner Sandstrand gebildet, der im Herbst von **Sandstrandläufern** besucht wird. Touristen erfreuen sich im späten Frühjahr an den zum Teil seltenen Orchideen innerhalb der Wälder, **Nornen** und **Frauenschuharten**, wie der unter Schutz stehende **Franklin's Frauenschuh**. Pukaskwa wird aber vor allem wegen des »Coastal Hiking Trail«, eines über 58 Kilometer langen Wanderwegs, aufgesucht, der durch den feuchtkühlen Wald die Küste entlangführt.

An der Westspitze der Halbinsel Bruce, die über 100 Kilometer in den Lake Huron hineinreicht, bestehen zwei Nationalparks. Bruce Peninsula schützt die Landspitze selbst, während Kanadas erster Marine Park, Fathom Five, eine Inselgruppe vor der Landspitze umfaßt. Landschaften aus Kalksteinriffs, steilen Klippen, unter Wasser liegenden Höhlen, einsamen Inseln, geschichteten Steinsäulen und Kiesstränden prägen das Landschaftsbild beider Parks. Dazu kommt das glasklare, tiefblaue Wasser des Lake Huron, der an der Nordseite beider Parks mit 90 Meter die tiefste Stelle erreicht. Bruce entstand durch die Anhebung des sogenannten Niagara Escarpments, einer Kalksteinformation, die wie ein Band von den Niagarafällen im Osten bis zur Manitolin Island reicht. Nur hier im Bruce National Park wird der Felsabbruch so deutlich und ragt 60 Meter über den Erdboden. Auch die Inseln des Fathom Five Park bestehen zum Teil aus diesem Escarpment, vor allem die spektakulärste, Flowerpot Island.

Die Wälder von Bruce, die entsprechend der Exposition völlig unterschiedliche Ausbildungen zeigen, sind vor allem für ihren Orchideenreichtum bekannt. 43 verschiedene Arten können im späten Frühjahr gefunden werden, darunter auch einige seltene wie **Grüne Hohlzunge**, **Glanzkraut** und **Einblütiger Kleingriffel**, ferner 20 Farnarten teils nördlicher Herkunft und zahlreiche Blütenpflanzen. Am Rand der sehr flachen Inlandseen sind Moore und Verlandungsbereiche entstanden, in denen **Sonnentau**, **Trompetenblatt**, **Röhrichtarten**, **Wasserschlauch** und **Pogonia-Orchideen** wachsen. Die Wälder an der Südseite rund um Dorca's Bay wachsen auf trockenen Sanddünen. Bankskiefern (*Pinus banksiana*) und Wacholderbüsche (*Juniperus*) bilden den Bewuchs, im Frühjahr wachsen die violettroten **Hundszahnlilien** (*Erythronium grandiflorum*).

Aber auch aus zoologischer Sicht stellt Bruce ein Paradies dar. In den trockenen Waldbereichen, den Feuchtgebieten und an den warmen Felsküsten leben zahlreiche Schlangen und Frösche. Die seltene **Massasauga-Klapperschlange** kommt ebenso vor wie **Strumpfbandnattern**, **Milchschlange** und **Nördliche Wasserschlange**. **Leopardfrosch** und **Kleiner Sumpffrosch** halten sich in den warmen Tümpeln rund um die Inlandseen, vor allem den Cyprus Lake, auf. Die Nordküste wartet mit Karstphänomenen, Seehöhlen und bizarren Küstenabschnitten vor allem rund um

Die gefleckten Leopardfrösche zählen zu den häufigsten Amphibien in Kanada.

Indian Head Cove auf. Wegen der Trennung vom Festland konnten sich auf Flowerpot Island, die übrigens als einzige von Nationalparkbesuchern betreten werden darf, Strumpfbandnattern ohne Feinde ausbreiten. **Rothörnchen** und **Streifenbackenhörnchen** sind die größten Säugetiere der Insel. Auf Russel Island leben **Rotfüchse**. Natürlich halten sich in beiden Parks zahlreiche Vogelarten auf. **Kanadareiher** nisten zu Hunderten auf Devil's Island, **Silbermöwen** und **Ringschnabelmöwen** folgen in großen Scharen den Fischerbooten. **Ohrenscharben**, **Raubseeschwalben** und **Flußseeschwalben** bevorzugen die steilen und felsigen Küstenabschnitte, während **Brautenten**, **Karolinakrickenten**, **Bekassinen** und **Kanadaschnepfen** die ruhigen Buchten des Cyprus Lake und des Emmett Lake schätzen. Wer aber die Unterwasserwelt von Fathom Five erkunden will, dem steht ein Eldorado für Taucher offen. Mehr als 20 Schiffswracks liegen in mäßigen Tiefen zum Teil in unmittelbarer Ufernähe und sind wegen der Klarheit des Wassers auch von Booten aus zu sehen.

Am Nordrand der Georgian Bay schützt der Georgian Bay Islands National Park eine Übergangszone zwischen Kanadischem Schild und dem St.-Lorenz-Tiefland. Scherenähnliche Granitinseln sind mit **Weymouthskiefern** (*Pinus strobus*) bewachsen und bestimmen zusammen mit den zahllosen Buchten und den Mischwäldern das Landschaftsbild dieses Nationalparks mit seinen 59 Inselchen, von denen Beausoleil die größte ist. Sie darf zusammen mit zwei kleineren besucht werden, die anderen Eilande gehören ausschließlich der Natur. Mit 34 verschiedenen Amphibien- und Reptilienarten, darunter auch die seltene Massasauga-Klapperschlange, weist dieser Nationalpark das höchste Vorkommen aller kanadischen Parks auf. Auf Beausoleil wird der Übergang vom Kanadischen Schild zu den gletschergeformten Landschaften des westlichen St.-Lorenz-Tieflandes besonders deutlich. Während der nordwestliche Abschnitt der Inseln aus präkambrischen Graniten besteht und nur recht spärlich mit Weymouthkiefern bewachsen ist, konnte sich auf dem moränenüberlagerten südöstlichen Inselteil ein vielfältiger, artenreicher Hartholzlaubwald entwickeln.

Von Gletschern geformte Granite des Kanadischen Schilds auf Beausoleil Island.

Point Pelee, an einer Landspitze im Lake Erie gelegen, stellt den südlichsten Landpunkt Kanadas dar. Vor allem die zahlreichen **Monarchfalter**, die hier etwa Mitte September auftreten, und die große Vogeldichte zur Vogelzugzeit machten diesen Park bekannt. Zudem war er 1918 der erste kanadische Nationalpark, der nicht wie die älteren Parks aus landschaftsästhetischen, sondern aus ökologischen Gründen eingerichtet wurde.

Die von Gletschern geformte Landschaft der Inseln im Georgian Bay Island National Park erinnert an die Schären Skandinaviens. Sie sind auch auf die gleiche Weise entstanden.

Kleine Inlandseen – hier der Marr Lake – sind typisch für das Hinterland des Bruce Penisula National Park. Sie werden über unterirdische Zuflüsse gespeist.

Seehöhlen an der Küste des Bruce Peninsula National Park.

Schwarzer Sonnenhut wird diese Rudbeckia-Art genannt.

Die Indianernessel gehört zu den typische Blumen der Prärien.

Der Bison lebte einst in großen Herden in den Prärien.

Am Ominik Nature Trail im Riding Mountain National Park.

Der Leuchtturm am Big Tub Harbour im Fathom Five National Marine Park zeigte früher den Segelschiffen die Einfahrt in den Hafen an.

Die Buchten des Pukaskwa National Park sind vom Lake Superior geprägt und selten so sanft wie die der Horseshoe Bay, die aus Gründen des Naturschutzes nicht betreten werden darf.

ONTARIO UND

Die einstige Nouvelle France, das »Neue Frankreich«, jenseits des Atlantik erstreckte sich in ihren historischen Teilen längs des unteren St.-Lorenz-Stroms. Es ist eine ländliche, fruchtbare Gegend, deren Dorfnamen noch heute wie ein Heiligenkalender der »belle et douce France« erscheinen. Es ist aber auch eine Flußlandschaft der Fischer und der Begegnung mit dem in grauen Wogen heranrollenden Atlantik im Mündungstrichter des St. Lorenz, wo uns der Parc de la Gaspésie, die Réserve Faunique de Matane und der Parc National de Forillon bedeutende Eindrücke schenken. Der gewaltige Mündungstrichter des

QUÉBEC

St. Lorenz, den wir fast als Meer empfinden, ist eine einzigartige Landschaft, in der sich die Fische des Meeres mit denen des Süßwassers treffen und wo manche Walarten regelmäßig die Buchten aufsuchen, in denen sie ihre Jungen gebären. Der Norden der Provinz ist politisch erst viel später hinzugekommen. Er liegt auf dem Laurentidischen Plateau und ist ein Teil des Kanadischen Schilds. Dieses Land der unermeßlichen Wälder und der Holzfäller können wir im Parc de la Gatineau, in der Réserve Faunique des Laurentides, im Parc Mont Tremblant sowie im Parc National de La Mauricie kennenlernen.

AM GROSSEN STROM

Der Hardwood Trail im Algonquin Provincial Park führt durch lichte Ahornwälder zu einem romantischen See.

Ostkanada wird vor allem durch den St.-Lorenz-Strom und das dadurch entstandene Tiefland beherrscht, das von den Großen Seen im Süden Ontarios bis in den trichterförmigen St.-Lorenz-Golf im Norden von Québec reicht. Vom Norden reichen die uralten Gesteine des Kanadischen Schildes heran, während im Südwesten die abgeschliffenen Gebirgsstöcke der Appalachen das Tiefland begrenzen.

ST. LAWRENCE ISLANDS NATIONAL PARK

Irgendwann in der Vergangenheit hatte der Große Geist, der Manitu der Indianer, einen Garten am Rande des St. Lawrence. Er hoffte, in diesem Garten die ewigen Kämpfe der indianischen Stämme zu befrieden. Vergeblich. So packte der Große Geist die Inseln in eine Decke und wollte sie in seine himmlische Heimat bringen. Aber die Decke riß. Ihr Inhalt fiel in den Fluß zurück und bildete die Thousand Islands. Eine menschlich anrührende Geschichte angesichts der Irrtümer der Menschen auf ihrem langen Weg, aber auch eine Geschichte von der Ohnmacht der Götter, die schon die Griechen besangen.

Der St. Lawrence Islands oder Thousand Islands National Park besteht aus etwa 1800 kleinen Inseln. Die Wasser aus den Großen Seen treffen sich hier und bilden den St.-Lorenz-Strom, der den Franzosen als Fluß des Heiligen Laurentius galt. Die Thousand Islands sind ein Sternregen von Inseln und Felsklippen, malerisch begrünt oder von einzelnen aufrechten Pechkiefern (*Pitch Pine*) bestanden, Symbolen der Unerschütterlichkeit. Der Park liegt auf 60 Kilometer verteilt zwischen Gananoque und Brockville inmitten eines breiten Stroms, der fast einem Meer gleicht. Hinter den Inselkonturen tauchen gelegentlich die riesigen Aufbauten der St. Lawrence Steamer mit ihren bugnahen Brücken auf, die Landschaft völlig verfremdend, und gelegentlich gleitet ein Segler an ihrer bunten Bordwand vorbei. Dies ist eine Landschaft, die uns vor Augen führt, daß Stärke nicht immer siegt. Die alten Felsgebirge, die einst hier dominierten, wurden vom Wasser und Eis in Jahrmillionen langsam abgetragen. So wurde den Großen Seen der Abfluß zum Atlantik möglich.

Zentraler Anlaufpunkt des Nationalparks ist **Gananoque** am Nordufer des St.-Lorenz-Stroms, wo zwei bis dreistündige Bootstouren durch den Park beginnen. Der Thousand Island Parkway läuft am Nordufer entlang und zeigt uns den St. Lorenz als eine gewaltige Stromlandschaft mit **Grenadier Island**, **Halsteads Bay** und den **Admiralty Islands.** Ihre Namen verraten uns, daß die heute so bukolische Landschaft auf der Grenze zum US-amerikanischen Staat New York einst heftig umkämpft war. Die mächtigen Frachter in ihrer typischen Form scheinen in der verkürzten Perspektive fast die langnadeligen Pechkiefern zu streifen. Hier wachsen Rot- und Weißeichen (*American Red* und *White Oak*), die unseren Sommereichen ähneln, Kanadareiher sitzen auf ihren hohen Horsten, eingewachsen von Efeu, und Rohrdommeln nisten in den schilfigen Marschen. Bei **Ivy Lea** zweigt der Highway in die USA ab und quert

den Strom über **Hill Islands Skydeck**. Ein 120 Meter hoher Aussichtsturm bietet einen weiten Ausblick auf die Stromlandschaft. Die Brücke wurde 1938 in der Ägide von Franklin D. Roosevelt – und als Mackenzie King kanadischer Premier war – gebaut.

Der St. Lawrence National Park selbst besteht aus 23 Inseln zwischen Kingston und Brockville. Diese wunderschöne Flußlandschaft ist ein Paradies für Bootsfahrer, für Motorboote und für Segler. Die Tier- und Pflanzenwelt dieser Region mutet schon südlich an mit *Carolina Wrens*, einer Zaunkönigart, wilden Truthähnen, den für Kanada typischen Weißkopfseeadlern und rotbrüstigen Mittelsägern (*Mergansers*). Blaugefleckte Salamander, gebänderte Schlangen wie die *Eastern Ribbon Snake* und eine ungemein reiche Fischpopulation bilden eine Gemeinschaft, die sich offenbar gegenseitig wenig stört.

Ein Blick sei noch auf die langsam stufenförmig abfallenden Seehöhen der Great Lakes erlaubt. Der Lake Superior fällt bei Sault Ste. Marie über Kanal und Schleuse wenige Meter in den Lake Huron, der ohne Gefälle an Detroit vorbei zum Lake Erie wird. In den Niagarafällen stürzt dann der Lake Erie über 50 Meter hinunter zum Lake Ontario, umgangen vom Welland Canal, um in weiteren Stau-

INFORMATIONEN

Eastern Time

AUSKUNFT
National Park Headquarters, RR No. 3, Mallorytown Landing, Ontario K0E 1R0, Tel. 613-923-5261.

ANREISE
Von Montréal und Toronto aus über den Highway 401, nahe dem Park auf den ufernahen Thousand Islands Parkway in Butternut Bay (östlich) oder Gananoque (westlich) übergehend. Grenzübergang zu den USA über Route 137 und Hill Island Bridge.

REISEZEIT
Ganzjährig, im Juli und August sehr überfüllt. Winterlicher Eisgang auf dem St. Lorenz.

UNTERKUNFT
Hotels in Kingston, Ivy Lead und Gananoque. Camping Mallorytown und wilde Campplätze auf einigen Inseln.

AKTIVITÄTEN
Wandern, aber auch Autotouren entlang dem Parkway. Besuch der Inseln mit großartigem Panorama der weiten Seelandschaft des hier bis zu 15 Kilometer breiten St. Lorenz. Bootstouren und Segeln in dem Inselgewirr zwischen Admiralty und Grenadier Island über lokale Anbieter.

Die Inseln des St. Lawrence Islands National Park erkundet man bequem per Boot.

stufen an Montreal vorbei als St. Lawrence River in den Atlantik zu münden. Hier im St. Lawrence Islands National Park hat der Strom noch die Höhe des Lake Erie. Erst an den alten Iroquois-Stromschnellen sinkt das Stromniveau ab, um kurz vor Montréal im St. Lambert Lock die Höhe des unteren Stromtals des St. Lorenz zu erreichen.

ALGONQUIN PROVINCIAL PARK

Als einer der größeren Parks Kanadas bereits 1893 geschützt, erstreckt sich der Algonquin Provincial Park auf 7600 Quadratkilometern und wird vom Highway 60 durchquert, der vom Highway 17, der aus Ottawa kommt, abzweigt. Auch aus Toronto ist der Zugang über den Highway MCF und Peterborough bei einer Entfernung von 200 Kilometern leicht zu finden. Im Norden führt nur bei Kiosk eine schmale Straße zum Park. Die Route 60 führt zum Park Museum, in dem Fauna und Flora vorgestellt werden. Der Park ist trotz seiner rechteckigen Grenzen wenig aus der umgebenden Landschaft ausgegrenzt, sein wirksamster Schutz sind die spärlichen Zufahrtsstraßen, die ihn trotz des starken Zulaufs aus den nahen Großstädten und aus Ottawa vor einem zu starken Zustrom von Besuchern bewahren. Über 1000 Seen lassen den Park als eine bewaldete Seenplatte erscheinen, die nach dem Rückzug der eiszeitlichen Gletscher zahllose Felskuhlen und Schründe des felsigen Kanadischen Schildes mit Wasser füllten.

Der Algonquin Provincial Park ist einer der seltenen Fälle in Kanada, wo die Einsamkeit und stille Schönheit der Landschaft künstlerisch festgehalten wurden. Die um Toronto beheimatete *Group of Seven*, eine Malerschule, die in der McMichael Canadian Collection unweit Torontos ausstellt, hat schon zu Beginn dieses Jahrhunderts versucht, die landschaftlichen Schönheiten Kanadas wiederzugeben. Die Künstler gehen zuweilen stark ins Graphische und Stilisierte, denn es ist schwer, die Unberührtheit des Landes in die uns gewohnten, mehr lyrischen als dramatischen Töne umzusetzen. Jacksons Ahornstudien, Lawren Harris arktische Impressionen, sein berühmter Maligne Lake, sowie indianisch beeinflußte Arbeiten der Westküste stellen im Verein mit Tom Thomsons Bildern aus dem Algonquin Park das Vermächtnis dieser Schule dar. Thomson ertrank 1917 im Canoe Lake bei einer Kanufahrt und hinterließ zwei in Kanada berühmte Gemälde, »The West Wind« und »The Jack Pine«.

Die *Jack Pine*, auf deutsch Bankskiefer, mit ihren fünf Zentimeter langen Nadeln und stets gekrümmten Zapfen bildet zusammen mit den Weißkiefern (*White Pine*) den Hauptbestand der Wälder

Verbindet Luxus und wilde Landschaft auf angenehmste Weise: die Arowhon Pines

INFORMATIONEN Eastern Time

AUSKÜNFTE
Algonquin Park Ministry, P.O. Box 219, Whitney, Ontario, K0J 2M0, Tel. 705-633-5572. East Gate bei Whitney Highway 127/60, West Gate nördlich von Dwight am Highway 60.

REISEZEIT
Juli und August zum Wandern und Kanuten. Indian Summer im späten September und in den ersten Oktobertagen. Ganzjährig geöffnet. Infozentrum und Kioske an den Parkeingängen Mai bis Oktober geöffnet.

UNTERKUNFT
Zahlreiche Campingplätze. Komfortable Lodges: Bartlett am Cache Creek, Killarney am Lake of Two Rivers, Arowhon Pines am Joe Lake. Im Sommer recht voll.

AKTIVITÄTEN
Highland Trail mit 19 bzw. 35 Kilometer Wanderwegen ab Mew Campground. Western Upland Trail mit mehreren Schleifen vom Oxtongue River ausgehend. Karten in den Kiosken an den Gates gegen Gebühr verfügbar.

m Joe Lake im Algonquin Provincial Park.

des Parks. Sie nehmen bescheiden mit dem nur wenig fruchtbaren Boden vorlieb. Je ärmer der Boden und je exponierter die Lage, um so malerischer und individueller ist das Aussehen der Bäume. Der Park besitzt auch große Bestände an Rotahorn (*Red Maple*) und Zuckerahorn (*Sugar Maple*), berühmt für ihre flammenden Herbstfarben und Quelle des beliebten Ahornsirups.

Der Name des Parks ist eine Erinnerung an die Indianer vom Stamme der Algonquin, die zwischen dem Gatineau River und den Großen Seen wohnten und jagten. Zu ihnen gehörten vor allem die den Franzosen freundlich gegenüberstehenden Huronen, die wir noch aus Coopers Lederstrumpf-Erzählungen kennen. Der karge Boden des Landes bot ihnen keine Möglichkeit zur Brandrodungs-Landwirtschaft. So lebten sie als Fallensteller und Jäger in den unermeßlichen Wäldern, wo sie Hirsch und Reh als Nahrung und dem Biber als begehrter Jagdbeute nachstellten, während die südlicheren Irokesen am St. Lorenz bereits halb seßhaft waren und Landbau betrieben, der sie in Konkurrenz zu den französischen Siedlern der Nouvelle France brachte.

Die große Familie der Algonquin-Indianer stellte auch das Gros der Bisonjäger, die als Cree oder Krähenindianer, als Cheyenne oder Gros-Ventre-Stämme die Großen Prärien und die niederen Lagen der Rocky Mountains seit etwa 4000 Jahren besiedelten. Unweit des Algonquin Park sind im **Petroglyphs Provincial Park** bei Stony Ridge am Stony Lake Felsbilder der Algonquins erhalten. Sie stellen Tiere und eigentümlich stilisierte Kultfiguren dar, die um das Jahr 1000 n. Chr. in Kalkstein eingeritzt wurden. Ihren Spuren wollen wir folgen, wenn wir den zwölf Lehrpfaden nachgehen, die jeweils einem anderen ökologischen Thema gewidmet sind. Die Pfade beginnen am Highway 60 und machen auf Wildwechsel, Pilze und Blumen aufmerksam.

Die Indianer hatten eine dualistische Religion und auch Medizin, in der das heute naturwissenschaftlich Feststellbare in Kontrast stand zu den dunklen, metaphysischen Seiten des Daseins, den vielschichtigen unwägbaren Bereichen, wo Körper und Seele, Sinn des Daseins und das Göttliche ineinandergreifen. Bereits Jacques Cartier hat gegen 1530 be-

Schon im Herbst kann im Algonquin Park Schnee fallen.

Der Gatineau Provincial Park liegt am Übergang des Kanadischen Schildes zum St.-Lorenz-Tiefland.

richtet: »...dieses Volk kennt keinen Glauben an einen wachenden Gott; sie glauben aber an eine Gottheit, die sie Cudouagny nennen; und sie sagen, daß diese oft mit ihnen spreche und ihnen die Zeit sage, wenn etwas zu tun sei. Sie glauben ferner, daß sie nach dem Dahinscheiden zu den Sternen gehen, dann zum Horizont niedersinken, wie die Sterne selbst, um in ein schönes, grünes Land zu gehen, voll von herrlichen Bäumen, Blumen und saftigen Früchten...« Wie nah sind doch diese Vorstellungen den unseren, gelöst von der Starrheit der Glaubensbekenntnisse und raumgebend für ein über den Tod hinausreichendes Gefühl.

PARC DE LA GATINEAU

Der Parc de la Gatineau liegt in der Nähe von Ottawa. Er ist ein Regional Park und mit 356 Quadratkilometern ein Stück echte Wildnis, die sich über 50 Kilometer in den Kanadischen Schild hineinzieht. In **Old Chelsea** am Südzipfel des Parks gibt es ein Visitor Center, an dem der Gatineau Parkway und der Champlain Parkway beginnen, bevor wir später über den Highway 5 oder 105 am Gatineau River entlang nach Norden fahren. Beide Highways enden bei **Rockhurst.** Von hier aus führt eine Reihe kleinerer und malerischer Straßen durch den Park. Der Park besitzt ausgewiesene Campingplätze und Badestrände, aber jede Ausuferung von Freizeitaktivitäten ist verhindert. Im Winter werden aus den Kanufahrern auf den zahlreichen Seen, dem Lac Meech, Lac Mousseau, Lac Philippe und Lac Lapeche, Ski-Langläufer, die hier nahe Kanadas Hauptstadt ideale Bedingungen vorfinden.

Der Park gehört zur Provinz Québec und schmiegt sich zwischen den **Rivière Gatineau** und den **Rivière des Outaouais**. Letzterer kommt hoch aus dem Seengewirr des nördlicheren Kanadischen Schildes und war einst einer der wichtigen Wege der Pelzhändler, die mit ihren Biberfellen Québec und Montréal ansteuerten. Oft mußten sie die großen Rindenkanus über Portagen tragen – das sind Stellen, an denen der Fluß wegen seiner gefürchteten Stromschnellen nicht befahrbar war. Jenseits der Rivière Outaouais, den die Anglophonen Ottawa River nennen, liegt Ottawa, und gleich nebenan Orte wie Hull und Buckingham, was einen Francophonen nur irritieren kann.

Der Waldbestand des Parc de la Gatineau ist nicht sehr alt, er wurde erst vor 60 Jahren wieder aufgeforstet und zeigt dennoch schöne Bestände an Roteichen (*Red Oak*) mit ihren gezackten Blättern, an mächtigen Balsamtannen (*Balsam Fir*) mit buschigem Nadelbesatz und struppige Tamaracklärchen (*Tamarack*). An Seen und Flüssen dominieren eher die Weißfichte (*White Spruce*) und die Schwarzesche (*Black Ash*) sowie herbstlich gelbe Birkenstände. Der Herbst verwandelt die Farbe der mächtigen Rotahorn-Bäume (*Red Maples*) in einer einzigen kalten Nacht, wenn die arktischen Winde plötzlich den St. Lorenz hinauffegen, in ein flammendes Rot. Der kommerzielle Holzeinschlag ist heute zwar zu Ende, prägte aber noch 1890 die ganze Landschaft.

INFORMATIONEN Eastern Time

AUSKÜNFTE
Tourist Information in Hull.
ANREISE
Von Ottawa über Highway 148 am Nordufer des Ottawa River.
REISEZEIT
Juni bis September.
UNTERKUNFT
Hotels und Motels in den nahen Städten Hull, Rockhurst und Aylmer; Camping: an drei markierten Plätzen im Park.
AKTIVITÄTEN
Wandern auf 190 Kilometer markierten Pfaden, Skilanglauf auf guten Loipen, die den sommerlichen Wanderpfaden folgen. Schwimmen in und Kanufahren auf einigen der Seen; Angeln.

Im Indian Summer wirken manche Szenen in den Wäldern wie ein Aquarell.

In diese alte Zeit führt uns auch der **Champlain Lookout**. Samuel de Champlain, den man noch immer »Vater der Nouvelle-France« nennt, stand hier gegen 1630 und betrachtete sorgenvoll die endlosen Wälder, durch die er zur Hudson Bay kommen wollte. Am Lac des Allumettes verlor er sein Astrolabium, ein Gerät zur Bestimmung der geographischen Breite, Champlain kehrte um, und das Astrolabium fand sich in der fast menschenleeren Landschaft 1867 beim Pflügen wieder.

PARC REGIONAL DU MONT TREMBLANT

Der Provinzpark du Mont-Tremblant, des »zitternden Berges«, liegt etwa 140 Kilometer nördlich von Montréal und ist über die »Autoroute des Laurentides« und einige Highways bequem zu erreichen. Auch das Parkinnere besitzt eine Reihe kleinerer Forststraßen, die meist vom Highway 117 in östlicher Richtung abzweigen. Am interessantesten ist vielleicht die Ringstraße, die in **Sainte-Agathe-des-Monts** außerhalb des Parks beginnt, über St-Donat den Park am Lac Archambault erreicht und vorbei an den Seen des Sables, l'Escalier und Monroe zurückführt nach Mont-Tremblant-Village am Lac Tremblant. **Donat** und **Tremblant** sind denn auch die touristischen Zentren. Gray Rocks in Mont-Tremblant-Village ist das älteste Hotel in den Laurentians, es wurde 1906 gegründet. Aber auch die vielen malerischen Orte südlich des Parks zwischen St-Sauveur-des-Monts und den genannten Orten bieten eine Fülle von Unterkünften sowie Möglichkeiten zum Bootfahren und Angeln an zahllosen kleinen Seen. Der Angelfisch ist vor allem die gesprenkelte Seeforelle und der Hecht. Die Wirte bereiten den Fisch auch sehr interessant zu, etwa in Cidremousse oder in Wein, und wer aus Toronto oder aus dem Westen kommt, wird wohltuend die französische Küche registrieren, leider aber auch die entsprechenden Preise.

Nahe dem Ort liegt auch der namengebende **Mont Tremblant** mit 936 Metern Höhe ganz am Rande des 1500 Quadratkilometer großen und 1894 eröffneten Parks, der sich nach Norden noch um die Ré-

Der Mont Tremblant Provincial Park nördlich von Montréal ist eines der beliebtesten Naherholungsgebiete der Stadt.

INFORMATIONEN

Eastern Time

AUSKÜNFTE
Nahe den Parkeingängen zum Mont Tremblant lokale Visitor Center in St-Donat.

ANREISE
Von Montréal über den Highway 15 nach Ste-Agathe-des-Monts, dann Highway 329 nach St-Donat oder 117 bis St-Jovite und Highway 327 nach Mont-Tremblant.

REISEZEIT
Juni bis September, schöner Indian Summer Ende September. Wintersport.

UNTERKUNFT
In Mont-Tremblant-Village am Südrand des Parks und in St-Donat. Camping: Am Lac des Sables und Lac Tremblant. Stark belegt in der Saison.

AKTIVITÄTEN
Schwimmen und Kanu am Lac des Sables, Segeln am Lac Tremblant. Skifahren und Langlaufski, ausgedehnte, meist markierte Wanderwege. Der Südrand des Parks ist sehr touristisch geprägt, Golfplätze. Der Norden ist eher einsam.

serve Faunique Rouge-Matawin erweitert. Der Name Tremblant kommt übrigens nicht von dem Getöse der zahlreichen Flüße, sondern von dem französischen Wort tremblant für Zitterpappel.

Der ganze Südrand des Kanadischen Schilds, die man hier Laurentidisches Plateau oder Laurentides nennt, ist mit Parks und Wildreservaten bestückt: Papineau-Labelle, Mont Tremblant, Mastigouche, La Mauricie, Portneuf und wie sie alle heißen. Im Osten grenzen sie schließlich an die riesige Réserve Faunique des Laurentides. Man muß allerdings sagen, daß dies nur juristische Unterschiede sind, denn die Region zwischen Rivières Saguenay und Rivière des Outaouais ist nahezu unbesiedelt und ein einziges Meer von Seen, wenn man so etwas Paradoxes sagen darf. Die meisten von ihnen sind erst durch Satellitenaufnahmen in unserer Zeit kartographiert worden, durchzogen von der einsamen Bahntrasse der Canadian National.

Die Erschließung dieser weiten Landschaften war im 17. und 18. Jahrhundert eine Aufgabe von Jesuiten, die eine erstaunliche Weltoffenheit besaßen. Noch 1891 waren es die Priester der Provinz Québec, die in der Tradition der Jesuiten Siedler ins Land führten, aber auch gleichzeitig zum Schutz des Landes vor Übernutzung und Ausbeutung warnten – so der Curé Antoine Labelle, dessen Denkmal in **St-Jérome** steht. Kartographierung, das Setzen von Strommarkierungen auf dem St.-Lorenz-Strom, wissenschaftliche Expeditionen bis weit in das Mississippi-Delta hinunter und an den Rand des Felsengebirges waren damals eine Pflicht des Seminars in Québec, das heute zur Université Laval geworden ist. Durch diese jesuitischen Forscher von einst haben wir wesentliche Erkenntnisse über die Religion, die Techniken und die Lebensgewohnheiten der Huronen und Irokesen erhalten, von denen die Provinz Québec noch heute zehrt.

INFORMATIONEN

Eastern Time

AUSKUNFT
Besucherzentrum St-Jean-des-Piles, Tel. 819-538-3232, Superintendent La Mauricie, Box 758, 465 Fith Street, Shawinigan, Québec, G9N 6V9, Tel. 819-536-2638.

ANREISE
Von Trois-Rivières über Highway 157 nach Shawinigan, dann Highway 351 bis zum Südeingang St-Mathieu oder zum östlichen Eingang St-Jean-des-Piles über Grand-Mère.

REISEZEIT
Ganzjährig geöffnet. Im Sommer am besten von Juni bis September, Indian Summer Ende September.

UNTERKUNFT
Hotels in Grand-Mère und Shawinigan. Wabenaki Lodge und Andrew Lodge. Camping in Shawinigan und Mistigance und Rivière-à-la-Peche.

AKTIVITÄTEN
Wandern vor allem im Indian Summer. Segeln und Kanuten auf dem Lac de Wapizagonke. Im Winter ab Rivière-à-La-Peche Langlauf auf gut markiertem Loipennetz mit zahlreichen Hütten.

PARC NATIONAL DE LA MAURICIE

Der Nationalpark La Mauricie liegt zwischen Québec und Montréal auf der Höhe von Trois-Rivières, der zweitältesten Stadt Kanadas. Sie wurde 1634 gegründet und ist von den alten Herrenhäusern der Seigneurien im Tal des St.-Lorenz-Stroms umgeben. Der stark bewaldete Park liegt 50 Kilometer vom Strom entfernt im schwach ausgeprägten Tal der Rivière St-Mauricie. Durchsetzt von zahlreichen Seen, ist vor allem der langgestreckte und von Klippen gesäumte **Lac Wapizagonke** die Freude der Kanufahrer und Segler. Eine schmale Asphaltstraße windet sich vom Osteingang des Parks am Saint-Mauricie-Fluß entlang, unweit von **St-Jean-des-Piles** mit einem Informationszentrum. Sie führt durch die Wildnis und in einer Schleife zurück nach St-Gérard-des-Laurentides. Ist der Südteil des Parks für Camper eingerichtet, so ist der Nordteil jenseits der genannten Straße schiere Wildnis und nur für ausgerüstete Wanderer geeignet.

An den Seen wird man häufig riesige Elche sehen. Schwarzbären, Luchs, Biber und selten auch Wölfe sind auf den sanften Hügeln des Parks mit seinen schönen Bestände an Schwarzesche (*Black Ash*) und Weißesche (*White Ash*), Amerikanischer Ulme, Schwarzfichte (*Black Spruce*), Hemlocktannen (*Eastern Hemlock*), Weymouthkiefer (*Eastern White Pine*) und Roter Eiche (*American Elm*) zu Hause. Im späten Frühjahr und Sommer sind Waldlichtungen und exponierte Felspartien mit Wildastern, dem goldenen Heroldstab, Weidenröschen und Waldveilchen übersät.

RÉSERVE FAUNIQUE DES LAURENTIDES

Die **Réserve Faunique des Laurentides** erstreckt sich nördlich des sich ab hier stark verbreiternden St.-Lorenz-Stroms und der

Der Wasserfall Les Cascades im La Mauricie National Park legt die uralten Gesteine des Kanadischen Schilds frei.

Stadt Québec. Obwohl vom Highway 175 von Québec nach Chicoutimi am Rivière Saguenay durchzogen, ist dieses kaum abgegrenzte Gebiet, einst eine Domäne des Holzeinschlags, heute unendlich einsam.

Nur im Parc de Conservation Jacques-Cartier im Süden und im ähnlichen Parc de Conservation des Grands-Jardins finden sich schmale Waldsträßchen und Campingplätze.

Gegen den St.-Lorenz-Strom zu geht der aus dem Eozän stammende Kanadisch-Laurentidische Schild in jüngere, offen lagernde Gesteine des Silurs und Kambriums über, aus denen New Brunswick und New England aufgebaut sind und aus denen sich weiter südlich das allmählich aufsteigende große Gebirge der Appalachen aufbaut.

Auffallend ist die Sauberkeit in diesen Gebieten. Keine Blechbüchsen, kein Abfall, hier und da ein Schild, das dem Sünder eine saftige Strafe von 200 $ androht und das offenbar befolgt wird. Kanada kennt nicht die ewige Nachsorge irgendwelcher Verwaltungen, das Besorgen, Entsorgen und Versorgen von Mensch und Natur. Sorgen muß hier in alter Pioniertradition jeder für sich selbst, und es funktioniert bemerkenswerterweise auch fast immer.

Hunderte von Seen liegen in den schweigenden Wäldern wie verwunschene Nixenaugen, nur dem Elch mit seinen mächtigen Schaufeln und seinem fast häßlich großen Kopf bekannt. Am **Lac Jacques Cartier** unweit des einzigen Servicezentrums mit Tankstelle und Polizeistation der Sureté de Québec erhebt sich der Lac Louis-Hémon inmitten der eiszeitlich modellierten Mittelgebirgslandschaft um 400 Meter Höhe.

Wer noch ein Stück der alten Nouvelle France erleben will, der sollte zum Tal der sagenumwobenen Rivière Saguenay weiterfahren, zum **Lac Saint-Jean**. Hier stehen noch die manchmal schon elegisch vor sich hinmodernden Ruinen alter Sägewerke und Papiermühlen, aber auch die altmodischen Häuser einer vergangenen Zeit, deren man sich heute in Québec mit einer gewissen Melancholie erinnert. Hier herrschte zu Cartiers Zeiten der indianische König von Saguenay, dem die Franzosen mehr als Häuptlingswürde zusprachen. Cartier erzählt am 1. September 1535: »...an der Mündung in den St-Laurent sehen wir einen tiefen und reißenden Fluß, der der Fluß und Transportweg des Königreiches von Saguenay ist. Der Fluß liegt zwischen hohen Bergen mit nackten Felsen, und dennoch hat es dort viele Bäume verschiedener Sorten... darunter solche um ein Schiff von dreißig Tonnen zu bemasten. An der Flußmündung des Saguenay trafen wir vier kanadische Barken mit denen Indianer Meerwölfe und andere Fische fangen...«

Das Bild, das Cartier zeichnete, zeigt uns die weitgehende Isoliertheit der indianischen Stämme in diesen einsamen Waldlandschaften. Jeder Stamm zog je nach Jahreszeit dem Wild nach, den Kriegern folgten die Frauen, die Kinder und Alten. Radlos, aber nicht ratlos, wie diese Gesellschaft war, zog man auf einem primitiven Gestell aus zwei Stangen Zelt und Hausrat. Später wurde das von eingefangenen verwilderten Pferden besorgt, die von den Europäern mitgebracht worden waren und sich langsam über den Halbkontinent ausgebreitet hatten. Die jagenden Huronen litten unter Kohlehydratmangel, einer einseitigen Eiweißernährung aus Fleisch und Fisch und schwerverdaulichen tierischen Fetten. Das Leben dauerte kaum über 35 Jahre, und nur der ausgiebige Gebrauch und die enorme Kenntnis von Heilpflanzen, eßbaren Beeren und Gemüsen wie den zarten Farntrieben im Frühjahr brachte Abwechslung in die einseitige Diät. Noch heute sind die Wälder der Laurentides reich an Blaubeeren, die noch immer zu gewaltigen, köstlichen *flan et tartes des myrtilles* verarbeitet werden.

Durch das Schmelzwasser entstand nach der Eiszeit der Lac Wapzigonke.

INFORMATIONEN Eastern Time

AUSKUNFT
Keine offizielle Stelle, nur Tierschutzgebiet von ungestörter Schönheit.
ANREISE
Von Québec über Highway 175, der den Park durchläuft, ca. 60 Kilometer bis zum südlichen Parkrand. Vom Lac St-Jean über Highway 169 zum Nordrand oder über Highway 175 von Chicoutimi aus.
REISEZEIT
Juni bis September.
UNTERKUNFT
In Québec in allen Preislagen oder am Lac St-Jean in fast allen Orten des den See umrundenden Highway 169. Camping an gleichen Orten.
AKTIVITÄTEN
Wandern ist mangels Markierung und der riesigen Ausdehnung wegen problematisch.
Man kann den Park aber mit dem Auto erkunden. Rundfahrt um den Lac-St-Jean in Verbindung mit einer Fahrt entlang oder auf dem sagenreichen Rivière Saguenay hinab zum St. Lorenz.

Wacholder (*Juniper*), Büffelbeeren (*Buffalo Berry*) und gelbblühendes strauchiges Fingerkraut, das wir als *Potentilla* im Garten haben, gedeihen im Unterholz. Feuchte Stellen sind reich an Seggen, und in den Wäldern kommen Lilien und Orchideen vor. Lichtungen glühen rosa vom Schmalblättrigen Weidenröschen (*Fireweed*), und im Unterholz blüht ein dichter Teppich des Kanada-Hartriegels (*Bunchberry*).

Sehr reizvoll liegt der **Lac St-Jean** fast kreisrund am Zusammenfluß vieler Bäche und Flüße und speist in seinem Auslauf den jungen Saguenay. Die Namen der Flüße sind noch indianisch: Métabetchouane, Ashuapmushuan, Mistassini, doch die Ortsnamen sind französisch: St-Félicien, Hébertville, St-Gédéon-sur-le-Lac. In ihnen spiegelt sich noch die alte Lebensform des 17. Jahrhunderts. Die Huronen jagten und brachten ihre Beute auf »ihren« Flüssen zum See. In den Dörfern mit den bretonisch anmutenden Häusern lebten die Kolonisten und trieben Handel. Heute ist der See von Booten befahren und ein Anglerparadies, in dem man vor allem die *Ouananiche*, eine Seeforelle, die man für einen Landlocked Salmon hielt, fangen kann. Den Saguenay kann man heute auf Bootsfahrten erleben, manchmal in einer fjordartigen Landschaft, deren rosa Granitfelsen in lebhaftem Kontrast zum dunklen Grün der Tannen stehen.

Wir folgen dem Rivière Saguenay flußabwärts und betreten die ungewöhnliche Landschaft des sich verbreiternden Tals des St. Lorenz, eine Landschaft, in der sich zunehmend Meer und Strom vermählen.

PARC DE LA GASPÉSIE UND RÉSERVE FAUNIQUE DE MATANE

Der Weg zur Gaspésie wird normalerweise über die Brücken von Québec führen. Von dort erreicht man am Südufer des St. Lorenz die Halbinsel der Gaspésie. Dem Liebhaber dieser eigentümlichen Stromlandschaft bietet es sich an, am Nordufer bis **Tadoussac** an der Mündung des Saguenay zu fahren oder gar bis **Baie-Comeau** und dann auf der Autofähre den 20 beziehungsweise 50 Kilometer breiten Strom zu queren, der bereits zum St.-Lorenz-Golf geworden ist.

Die freundliche, altbehäbige Ile d'Orléans unweit Québecs mit ihren barocken Kirchen und einladenden Landgasthöfen haben wir längst hinter uns gelassen. Am Strom bricht sich erstmals Ebbe und Flut des Atlantik mit dem abfließenden Süßwasser. Der Unterlauf des St. Lorenz ist darum das Habitat einer ungewöhnlich interessanten Meeres- und Süßwasserfauna. Hier steigen die Lachse im Parc Faunique de Matane die Fischtreppen und Bäche hinauf, hier lebt der amerikanische Aal, dicker als unser Flußaal, in den brackigen Tümpeln, der Bachsaibling (*Brook Trout*) wandert für längere Zeiten ins Meer und kommt, satt vom nahrhaften Labradorstrom, wieder in Fluß und Bach zurück, auch die ungeliebten Neunaugen (*Lampreys*) wurden, an Schiffswänden festgesaugt, eingeschleppt, der ansonsten arktische Saibling (Red Char, Truite

Der Lac aux Americains im Zentrum des Gaspésie Regional Park.

INFORMATIONEN Eastern Time

AUSKUNFT
Parc de la Gaspésie, C. P. 550, Sainte-Anne-des-Monts, Québec, G0E 2G0, Tel. 418-763-3301.

ANREISE
Von Québec am Südufer des St. Lorenz über den Highway 20, dann Highway 132. Ab Matane zur Réserve Faunique die Straße 195 und ab Ste-Anne-des-Monts zum Gaspésie Park die 299.

REISEZEIT
Hoch- und Spätsommer, Herbst.

UNTERKUNFT
Hotels in Matane und Ste-Anne-des-Monts. Camping in beiden Parks am Straßenende.

AKTIVITÄTEN
Ein großes Revier für den Angler, aber auch den Wanderer auf gut gekennzeichneten Pfaden. Bergwanderungen auf den Mont Albert. Wildbeobachtungen: Karibu, Hirsch, Schwarzbär und Kojote sowie Biber an den Seen.

RÉSERVE FAUNIQUE DE MATANE

AUSKUNFT
In Matane Touristeninformation, vor allem für die Fischtreppen. Ansonsten gilt die Beschreibung für den Parc de la Gaspésie.

rouge du Québec), eigentlich bereits eine Lachsforelle, bevölkert die Wildwasserzonen und bereichert die Speisekarte. Bei Tadoussac, am Zufluß des Saguenay, treffen sich die weißen Belugawale, um sich an Shrimps sattzufressen. Man vermutet, daß sie in der Baie Sainte-Marguerite ihre Jungen gebären und nach einer gewissen Zeit wieder zurück in die offene See wandern. Auch Finnwale, Buckelwale und Blauwale schwimmen den St. Lorenz hinauf, so daß man sie mit Glück bei Bootsfahrten von dort oder Tadoussac aus beobachten kann.

Bei Matane mit seinem Fischerhafen steigt der Highway entlang der **Rivière Matane** hinauf in die **Réserve Faunique de Matane** und verzweigt sich in tief eingeschnittenen Tälern zwischen den Chic-chocs-Bergen. Im Frühjahr sieht man die drängelnden und bis zum Bersten mit Eiern und Sperma gefüllten Lachse hinaufsteigen, gelegentlich durch Fischtreppen unterstützt, über die einige Glasböden gesetzt sind, so daß man die eilig und wie gehetzt stromaufwärts springenden Fische sehen kann. Sie laichen in den nahen Seen des Parks, dem **Lac Matane** und **Lac Duvivier**, und kehren im Gegensatz zu den erschöpften und rasch sterbenden pazifischen Lachsen wieder hinab zum Golf und zum Atlantik. Ihr Lebenszyklus kennt vier bis fünf solcher Laichzüge. Die Seen sind auch das ständige Habitat der Seeforellen, denen gelegentlich die Schwarzbären in den stillen Stunden des Tages nachstellen. In den Wäldern wechseln sich dunkle Fichten, üppige Balsamtannen und weißrindige Papierbirken ab. Matane ist berühmt für seine Fischrestaurants, in denen die *Crevettes roses* oder *Shrimps*, der delikate *Baby Salmon*, der *Flétan* oder Heilbutt und der Kabeljau (*Morue*) serviert werden. Ein Stück meerwärts zweigt dann in **Ste-Anne-des-Monts** ein zweiter Highway ab und führt in den einsameren **Parc de la Gaspésie** mit dem 1268 Meter hohen Mount Jacques-Cartier. Hier lebten noch das Waldkaribu und der scheue Elch am Lac Madeleine. Um den breitgelagerten **Mont Albert** zeigen die Berghänge im Frühjahr eine üppige Blütenpracht mit lappländischen Alpenrosen, *Lapland Rosebay* genannt, und der hübschen Grasnelke. Durch den Park ziehen etwa 200 Kilometer Wanderwege. Steinadler horsten, hier und in den tief gelegenen Wäldern haust der Uhu.

Die Chute Sainte-Anne – eine der Attraktionen des Gaspésie Regional Park – sieht man direkt von der Straße aus.

In den Seen und Flüssen stehen hier die *Ouananiche*, die Lachsforellen. Einst glaubte man, daß diese Fische durch geologische Ereignisse vom Meer abgeschnitten worden sind und sich dem Süßwasser angepaßt hätten. Heute sieht man diese Arten als anadronym an, das heißt, sie können im Salz- wie auch im Süßwasser leben. Die Fische finden in den langen Brackwasserstrecken des St. Lorenz Gelegenheit, sich an den wechselnden Salzgehalt anzupassen.

PARC NATIONAL DE FORILLON

Der Forillon National Park liegt auf einer kleinen Landzunge am Ende der Halbinsel Gaspésie. Hohe Kalkklippen, vom Wechsel von Ebbe und Flut zerklüftet, fallen auf beiden Seiten in die **Baie de Gaspé**, mit dem kleinen Fischernest Gaspé, und den gewaltigen St.-Lorenz-Golf. Es ist vor allem ein Vogelparadies; es wurde erst 1971 unter Schutz gestellt. Die Lüfte sind erfüllt vom Geschrei der riesigen Heringsmöwen (*Herring Gulls*) der Baßtölpel *(Gannets)*, der Papageientaucher (*Puffins*), der Alken und der stoisch fischenden Kormorane. All ihre Nester sitzen zu Tausenden auf den Klippen, gelegentlich sind sie der Ort erbitterter Luftgefechte und lautstarker Debatten, während draußen im Golf sich im Sommer die Wale tummeln. Groß ist auch der Reichtum an Muscheln, an denen man die Flutzonen gut unterscheiden kann: Die gewundene *Periwinkle* ist als Schneckenart in der höchsten Flutzone zu finden, die fest haftenden *Gooseneck Barnacles* als echte Muscheln im Grenzbereich und die räuberischen Seesterne (*Starfishes*) in der Ebbezone, in der die erstaunlich beweglichen Tiere reichlich Nahrung finden.

Die Touristen finden zahlreiche, rustikale Landgasthöfe, mit Namen wie »Normandie« oder »Bleu-blanc-rouge« mit ihrem *Agneau présalés*, dem Lammbraten, der schon auf der Weide das Meersalz aufgenommen hat. Am Wochenende rufen dann die Feinschmecker aus Québec an, um Madame zu fragen, ob die Küche gut bestückt sei.

Von den Felsen von Percé mit dem Vogelschutzgebiet der kleinen Insel Bonaventure werfen sich die Baßtölpel mit erschreckender Flügelspannweite in den Wind hinein. Bei Gaspé hat Jacques Cartier am 24. Juli 1534 seinen Fuß an Land gesetzt und dieses im Namen von Franz I. in Besitz genommen. Er berichtet aber nicht ohne etwas schlechtes Gewissen: »...als wir auf unsere Schiffe zurückkehrten kam der Häuptling mit seinen drei Söhnen und seinem Bruder... und zeigte auf die Erde ringsumher, als ob er sagen wollte, daß dies alles ihm gehöre...« Cartier beschenkte die MicMac-Indianer mit Äxten und Messern und erhielt im Tausch wertvolle Pelze. Aus den Gastgeschenken wurde blitzschnell ein wilder Handel, bis die Indianer, fast nackt, endlich nachließen. Die kanadische Börse war eröffnet, noch heute wird dort mancher bis auf die Haut ausgezogen...

Die eigentliche Schönheit dieser Küste sind die dunklen Nadelwälder voller Balsamtannen (*Balsam Fir*), die grau getönten Kalkklippen unter blauem Himmel und die hellen, von der Brandung aufgewühlten Sandstrände. Es ist ein wunderschönes Farbspiel, zumal am späten Nachmittag, wenn einzelne malerische Felsgebilde vor der Küste in der weißen Gischt bizarre Konturen annehmen und über den weiten atlantischen Himmel die Wolken jagen. Es würde uns unter diesem Himmel stehend nicht verwundern, wenn langsam eine altmodische Galeone am Horizont angesegelt käme, an Bord die Letzten, die aus Honfleur, Dieppe und der Saintonge aufbrachen, aufgehalten von widrigen Winden...

Baßtölpel brüten auf der Insel Bonaventure nahe Percé.

INFORMATIONEN

AUSKUNFT
Informationszentrum Le Havre, Tel. 418-892-5572, Superintendent Forillon National Park, P.O. Box 1220, Gaspé, Quebec, G0C 1R0, Tel. 418-368-5505.

ANREISE
Von Québec am Südufer des St. Lawrence über den Highway 132, ca. 700 Kilometer.

REISEZEIT
Sommer bis Spätherbst. Im Winter ist der St. Lorenz zugefroren, Temperaturen um –30°C.

UNTERKUNFT
Hotels angenehmer Art in Gaspé. Camping in Petit-Gaspé, Cap-aux-Os, L'Anse-aux-Griffon.

AKTIVITÄTEN
Wandern, Vogelbeobachtung, Bootsausflüge bei ruhiger See zum Percé Rock mit dem Parc-de-l'Ile Bonaventure und ihrem reichen Vogelparadies.

Der Point Pelee National Park besteht praktisch nur aus einem riesigen Sumpf.

PFLANZEN- UND TIERWELT

Zwischen Toronto und Montréal werden 23 kleine Inselchen der Thousand Islands Group im St. Lawrence Islands National Park vor weiteren Veränderungen bewahrt. Diese Inselchen, die aus hartem Granit bestehen und nur wenige Meter aus dem Strom ragen, sind vor allem wegen der seltenen **Pechkiefer** (*Pinus rigida*) geschützt worden, die hier im Nationalpark ihre nördliche Verbreitungsgrenze hat und in Kanada selten ist. Das Gebiet ist reich an Reptilien und Amphibien, darunter auch fünf Schildkrötenarten.

Die Provincial Parks Gatineau und Algonquin sowie der Parc National de la Mauricie liegen nordwestlich des Tieflandes im Bereich des Kanadischen Schildes. Während im Gatineau-Park nahe Ottawa noch Übergangszonen und direkte Steilabbrüche zum Tiefland bewahrt sind, umfassen Algonquin und La Mauricie uralte Gesteinsmassen des Kanadischen Schildes. Diese »Gebirge«, die heute kaum höher als wenige hundert Meter sind, besaßen einst die Dimensionen der heutigen Rocky Mountains. Erosion und Gletscher schliffen sie während unvorstellbarer 980 Millionen Jahre ab und formten sanfte Hügelländer, die heute von artenreichen Laubwäldern überzogen sind. Im Norden beider Parks beginnt der boreale Nadelwald, der sich in Zusammensetzung und Ökologie wesentlich von den sommergrünen Laubwäldern unterscheidet. Zahlreiche Laubbaumarten, vor allem fünf verschiedene Ahornarten wie **Rotahorn** (*Acer rubrum*) und **Zuckerahorn** (*Acer saccharum*) lassen in der zweiten Septemberhälfte das Land in den Farben des *Indian Summer* leuchten.

Zahlreiche Feuchtlebensräume, Seen, langsam fließende Flüsse und nur selten scharfkantig aufragende Felswände gestalten das Landschaftsbild dieser Parks. Algonquin, einer der beliebtesten Provincial Parks Kanadas, gilt als Paradies der Kanuten. Entlang der 1200 Kilometer langen Paddelstrecken sind **Schwarzbären**, **Elche**, **Weißwedelhirsche**, **Vielfraß** und natürlich **Kanadabiber** nicht selten. Die Besonderheit des Parks sind jedoch die **Timberwölfe**, die hier besonders häufig sind. Auf *Wolfhowling*-Touren können Parkbesucher im Sommer in der Dämmerung sogar erleben, wie die Wölfe auf die imitierten Heullaute der Besucher antworten. Zu sehen bekommt man die Tiere jedoch selten. Eher erspäht man einen der zahlreichen Elche, die besonders gerne abends in Tümpeln nahe des Parkways nach salzhaltigen Pflanzen suchen. Der Salzgehalt stammt noch von der Salzstreuung im Winter. **Eistaucherpärchen** bewohnen fast jeden See, wobei meist einem Pärchen ein See »gehört«. Bemerkenswert sind die etwa 30 **Fischadlerpaare**, die vor allem im nordöstlichen Park rund um den Barren Canyon nisten. Zahlreiche Vogelarten kommen innerhalb der drei Hauptlebensräume vor. Zu den größten gehören die **Breitflügelbussarde**, die häufigsten Greifvögel im Algonquin, zu den kleinsten die **Kolibris**, die an den Lodges im Sommer beobachtet werden können. 16 Naturlehrpfade, die jeweils ein spezielles Thema der Natur Algonquins beschreiben, führen zu allen Natursehenswürdigkeiten und Lebensräumen des Parks. Zusammen mit dem neu erbauten vorbildlichen Besucherzentrum zählt Algonquin zu den für Besucher am besten ausgestatteten Parks Kanadas.

Einsamer und weniger bekannt, aber ebenso reizvoll, liegt der Parc National de la Mauricie im Hinterland des St.-Lorenz-Stroms zwischen Montréal und Québec Stadt. Parkbeherrschend sind ebenfalls die Laubmischwälder und die in tiefen Gletscherrinnen liegenden smaragdblauen Seen wie Wapiza-

Vor Tadoussac am St.-Lorenz-Strom leben noch Belugawale.

Seehunde und Seelöwen sind ständige Sommergäste im Forillon National Park, hier am unzugänglichen Cap Bon Ami.

gonke oder Lac Édouard. Zu den Parksehenswürdigkeiten gehören die kaskadenartigen Wasserfälle im westlichen Parkabschnitt, die Gesteine des Kanadischen Schildes freilegen und sichtbar machen. Die Seen und Flußläufe sind voll von Biberburgen und Dämmen des Kanadabibers, aber auch nordamerikanische **Fischotter** bevölkern die grasigen Uferbereiche der Flüsse. **Amerikanischer Nerz**, **Kojoten**, **Schwarzbären** und **Elche** leben innerhalb der Wälder, die etwa auf der Höhe des Parkways nach Norden in den borealen Nadelwald übergehen.

Stromabwärts von Québec mündet der Saguenay-Fjord bei Tadoussac in den St. Lorenz. Dieser Fjord wird in naher Zukunft zum zweiten kanadischen Marine-Park. Aber nicht nur die Tatsache, daß Saguenay der einzige echte Fjord Ostkanadas südlich von Neufundland ist, wird die Einrichtung des Nationalparks bewirken, sondern das häufige Vorkommen der Wale. Diese folgen, vom Atlantik kommend, der Trichtermündung des St.-Lorenz-Stromes 500 km flußaufwärts in das Becken vor Tadoussac. Ein überaus großer Nahrungsreichtum zieht die Tiere an, die im Sommer auf Waltouren bewundert werden können: Mink-, Finn- und Buckelwale, die seltenen weißen Belugawale und manchmal sogar Blauwale. Den salzhaltigen Strömen folgen auch Seehunde und Seelöwen, die die felsigen Buchten bevorzugen.

Forillon an der Südspitze der Halbinsel von Gaspé schützt Felsformationen, die als Cap Forillon weit in den St.-Lorenz-Golf reichen. Klimatische Faktoren ermöglichen das Vorkommen arktischer Polsterpflanzen auf diesen Felsklippen, während auf sandigen Buchtenabschnitten an der südlichen Küste dünen-ähnliche Zwergstrauchheiden ausgebildet sind.

Nicht unweit von Forillon liegt die kleine Insel Bonaventure am Rande der Bucht von Gaspé. Nicht weniger als 60000 Baßtölpel finden sich hier jährlich zu einer der größten Brutkolonien dieser Vögel auf den felsigen Steilküsten zusammen, um ungestört und geschützt vor Feinden ihre Jungtiere aufzuziehen.

Vor allem verschiedene Ahornarten, Espen und Birken bewirken die Farbenpracht des Indian Summer – hier im Algonquin National Park.

Der La Mauricie National Park nahe Montréal und der Stadt Québec gilt als beliebtes Kanurevier, besonders der Lac Wapizagonke hier bei Shewenegan.

Eine Inselgruppe des St. Lawrence Island National Park.

Eine Elchkuh bei der abendlichen Futtersuche im Algonquin Provincial Park

Zuckerahorn im Herbstkleid, Algonquin Provincial Park.

Der Eistaucher trägt seine Jungen auf dem Rücken.

Der Mew Lake im Algonquin Provincial Park zur Zeit des Indian Summer.

Der Rocher Percé in der Nähe des Forillon National Park gehört zu den herausragenden landschaftlichen Besonderheiten der Halbinsel Gaspé.

ATLANTIK –

Die Atlantischen Küsten sind äußerst vielgestaltig. In New Brunswick und den anschließenden Inseln Nova Scotia und Prince Edward Island springen sie weit in den Atlantik vor, der hier nach dem Abdrehen des Golfstromes von der eiskalten Labradorströmung beherrscht wird. Nördlich schließt sich die riesige Insel Newfoundland an, ein bereits arktisch wirkendes Territorium, das auf dem Kontinent in die Provinz Newfoundland übergeht. Der weite Golf des St.-Lorenz-Stroms wird dadurch fast zu einem Binnenmeer, zu dem nur die schiffbare Cabot Strait führt. Wie der Golf ist sie im Winter zugefroren, so daß nur

KANADA

Halifax auf Nova Scotia als eisfreier Atlantikhafen Kanadas bleibt. Die atlantischen Küsten sind immer noch von portugiesischen, französischen und schottischen Erinnerungen geprägt und sehr europäisch in Namen und Sitten. Sie sind von der stillen, aber tiefbewegenden Schönheit maritimer Landschaften mit ihren malerischen Fischerdörfern, bunten Kabeljau-, Shrimps- und Hummerkuttern vor den wilden, rosafarbenen Granitfelsen der Küste, bestanden von windzersausten Fichten und Hemlocktannen. Diese Küste ist in vielem das Gegenstück zur bretonischen Küste im Ärmelkanal.

ROSA GRANIT UND BLEIGRAUES MEER

Betrachtet man die Entstehung dieser Region, so fällt sie mit der nördlichen Anhebung der Appalachen zusammen. Dieses einst stolze Gebirge, das den Rocky Mountains Westkanadas um nichts nachstand, bildet in erodierter Form die geologische Grundlage für die vier atlantischen Provinzen Kanadas. Zudem standen diese Regionen in den letzten vier Jahrhunderten im Zeichen der europäischen Einwanderungen und Landerschließungen, die die jüngste Vegetation mitgestaltet haben.

Das Erscheinungsbild ihrer Nationalparks steht in unmittelbarem Zusammenhang mit dem Atlantik. Während ausgedehnte Sandstrände mit den höchsten Dünen Kanadas die Küsten von Kouchibouguac und Prince Edward Island beherrschen, sind die höchsten Gezeitenunterschiede in der Bay of Fundy für die Ausbildung der Küstenformationen verantwortlich.

Die Steilküsten aus rosarotem Sandstein an der Herring Cove im Fundy National Park.

FUNDY NATIONAL UND KOUCHIBOUGUAC NATIONAL PARK

Der Fundy National Park liegt an der Küste von New Brunswick und reicht mit seinen steilen Sandsteinklippen weit in die **Bay of Fundy** hinein, die berühmt und berüchtigt ist für ihre gewaltigen Gezeitenunterschiede, die bis zu 14 Metern zwischen Ebbe und Flut erreichen. Vor allem bei auflaufender Flut und Stürmen aus nordöstlicher Richtung gewinnt das Meer beängstigende Macht und Gewalt und donnert hochaufgischtend an die Klippen.

Das Plateau des Fundy Parks wird durchschnitten von tiefen Tälern und rasch strömenden Flüssen, wie dem **Pointe Wolfe River**, es ist ein Land der herbstlich blutroten Zuckerahornbäume (*Sugar Maples*) und gelbflammender Birken auf den Höhen und schwarzdunkler Fichten, Balsamtannen (*Balsam Fir*) und Rotahorn-Bäumen (*Red Maples*) in den tieferen, feuchten Lagen. Die salzhaltige Luft läßt den Bäumen bärtige Flechten wachsen, oft *The Old Man's Beard* genannt. Weißwedelhirsche (*White-tailed Deer*), Schneehasen (*Snowshoe Hare*) und Stachelschweine (*Porcupine*) sind häufig zu sehen. Die Vogelwelt ist meist dunkel von Farbe, Schwarzspecht (*Blackbacked Woodpecker*), Meisenhäher (*Gray Jay*) und zahllose Schwarzkopfruderenten (*Ruddy Ducks*) bevölkern die seenahen Marschen und Wälder, gelegentlich in Zucht gehalten vom Habicht (*Goshawk*).

Außerhalb des Parks liegt **Alma** an der Mündung des Salmon River und bietet Unterkunft vor allem für Gesteins-Sammler, die *Rock Hounds*, die aber auf zwei Beinen gehen und in den Küstenfelsen nach seltenen Steinen suchen. Manche rundliche und gänzlich unscheinbare belanglose Steine entpuppen sich beim Aufschlagen als eine amethystführende Druse voller Schönheit.

Fährt man weiter nach Osten, liegt kurz vor dem Petitcodiac River der kleine **Rocks Provincial Park**, berühmt für seine bizarren Felsformationen aus rotem Sandstein, den *Flower Pots* oder »Blumentöpfen«, an denen man Ebbe und Flut besonders gut beobachten kann. Bei Ebbe ragen die Säulen bis zu 15 Meter hoch aus dem Meer, gekrönt von eigenwillig und individuell geformten Hemlock- und Bal-

INFORMATIONEN

Atlantic Time

AUSKUNFT
The Superintendent, Fundy National Park, P.O. Box 40, Alma N.B., E0A 180, Tel. 506-887-2000.

ANREISE
Von Moncton über Highway 114, ca. 110 Kilometer.

REISEZEIT
Juni bis September.

UNTERKUNFT
Hotels in Alma, Caledonia Highland Inn (Tel. 506-887-2930) mit Chalets. Camping am Besucherzentrum in Chignecto und Pointe Wolfe.

AKTIVITÄTEN
Wandern, reiche Tierwelt mit z.B. Luchsen, zahlreiche Vogelarten. Besuch der *flowerpots.* an der Küste im Rocks Provincial Park.

KOUCHIBOUGUAC NATIONAL PARK

AUSKUNFT
The Superintendent, Kouchibouguac National Park, Kouchibouguac, Kent, New Brunswick, E0A 2A0, Tel. 506-876-2443.

ANREISE
Von Moncton über Highway 15 und 134.

REISEZEIT
Juni bis September.

UNTERKUNFT
Hotels in Richibucto und Shediac. Camping im Park in South Kouchibouguac.

AKTIVITÄTEN
Im Sommer Schwimmen in der warmen Northumberland Strait. Kanuten in den Lagunen, Wandern in den Dünenlandschaften, Angeln in den tiefen Buchten.

samtannen. Bei Flut wird das winzige Plateau mit seinen zwei, drei Bäumchen zur Insel, die sich gerade noch über das Wasser erhebt.

Strandwanderungen am Parkufer sind nur bei ruhiger See zu empfehlen und auch nur dann, wenn man die Zeiten von Ebbe und Flut sorgsam beachtet – nicht überall führen rasche Fluchtwege nach oben. Im Sommer besitzt der blaue Atlantik zwar etwas vom Charme des Mittelmeers, doch im morgendlichen Dunst des Herbsts, wenn die Hummerfischer mit ihren Booten ausfahren, wirkt er mit seiner langanrollenden Dünung wild und bedrohlich. Dennoch ist der Herbst die große Zeit, zumal gegen Mittag, wenn das an das trübe Licht gewohnte Auge plötzlich durch gleißende Sonnenstrahlen irritiert wird und die Ahorn-Bäume förmlich rot zu glühen beginnen. Es ist dies keine Landschaft für schnelle Sightseeing-Touristen. Wer sich aber ein Gefühl für Landschaften, die noch nicht vom kommerziellen Tourismus beherrscht werden, bewahrt hat, wer den herben Geruch von Tang und Meer, die rauhe Herzlichkeit der Bewohner, die unendlich feinen Pastelltöne im Wechsel des Lichts liebt, der wird hier reich belohnt.

Bis zu 16 Meter hoch ist der Gezeitenunterschied am Hopewell Cap.

Breite und ganz flache Flüsse durchziehen den Kouchibouguac National Park.

Jenseits von Cape Tormentine, wo die Fähre nach Prince Edward Island ablegt, beginnt nach etwa 100 Kilometern der **Kouchibouguac National Park** mit seinen langgezogenen Küsten und lagunenartig vorgesetzten Inseln. Abgeschirmt von der rauhen See durch Prince Edward Island, hat sich hier an der **Northumberland Strait** eine mildere Küstenform entwickelt. Sanddünen und salzige Marschen, bedeckt mit Strandhafer (*Beach Grass*), Strandheide (*False Heather*) und dem ausdauernden Marramgras bilden weite Zonen, in denen der Moor-Lorbeer (*Bog Laurel*) und die Vielblättrige Lorbeerrose (*Pale Laurel*) blühen sowie Orchideen und der insektenfressende Sonnentau. Die inneren Teile des Parks hinter dem Haff sind dicht bewaldet. Im Sommer sind die Dünen am und im Meer beliebte Badezonen, während Kouchibouguac und das nahe St-Louis-de Kent Unterkünfte und Campingplätze bieten.

Charmant, aber manchmal verwirrend sind die europäischen Ortsnamen und ihre manchmal abenteuerliche Kombination mit einem unaussprechlichen indianischen Wort. Europäisch und herzhaft ist die Küche mit den Poutines rapées, einer Art Kartoffelklöße, die mit gepökeltem Schweinefleisch serviert werden. Daneben gibt es den Pot-en-pot, einen Hühner- und Nudeleintopf. Gleich nebenan löffelt man die Clam chowder, jene mehr englische Variante unserer Kartoffelsuppe und ausnahmsweise auch die bessere: Muscheln, etwa Miesmuscheln, Austern, die hier etwas ganz Alltägliches sind, und Hummerstückchen werden mit zerdrückten Kartoffeln, Zwiebeln und etwas Speck verkocht. Das war und ist das vorgekochte Gericht, das die Fischer und Sportsegler in einer Wärmekiste mit hinaus auf See nehmen.

KEJIMKUJIK NATIONAL PARK

Die große Halbinsel Nova Scotia oder Neu-Schottland liegt vor der Bay of Fundy wie ein Wellenbrecher im Atlantik. Sie ist lediglich durch den Isthmus von Chignecto bei Amherst mit dem Festland verbunden. Nur die sich im Osten anschließende Cape Breton Island ist eine echte Insel. Auch sie bewahrt wie weite Teile dieser atlantischen Regionen Kanadas die Erinnerung an die einstige französische Besiedlung, trotz der brutalen Versuche der Briten im 18. Jahrhundert, diese Spuren zu vernichten.

Der Kejimkujik National Park liegt mitten in der »Hauptinsel« Nova Scotia und ist von **Annapolis Royal** und **Liverpool** über eine gute Straße leicht zu erreichen. Der Park ist ein sanft hügeliges Waldgebiet, durchsetzt von zahllosen Seen, in denen für Kanada eher untypische Reptilien und Amphibien leben wie Strumpfbandnattern (*Common Garter Snake*), der Leopardfrosch (*Leopard Frog*) und der Kleine Sumpffrosch (*Pickerel Frog*), die langhalsige Blandings Schildkröte (*Blandings Turtle*) sowie zahlreiche Salamander und Eidechsen. Der die Seen umgebende eher lockere Wald zeigt uns die Kanadische Hemlocktanne (*Eastern Hemlock*), eine schlankere Form der Westamerikanischen Hemlocktanne (*Western Hemlock*), oft riesig und Jahrhunderte alt.

Der Park ist ein Eldorado für Kanufahrer, die in dem großen Kejimkujik Lake ein weites Revier finden, auch ein gutes Angelrevier, zu dem man von Maitland Bridge im Osten des Parks auf guter Straße gelangt. Am Seeufer finden sich im Schiefergestein indianische Petroglyphen, die erstaunliche detaillierte Ritzzeichnungen alter europäischer Schiffe, indianischer, aber auch offensichtlich europäischer Jäger und Soldaten zeigen. Man vermutet in ihnen Felszeichnungen der Micmac-Indianer. Entstanden sind sie etwa zur Zeit der französischen Besitznahme gegen 1630. Die Erinnerung an jene Zeit sollte uns auch zu einem Besuch in den restaurierten Bauten von Annapolis Royal führen, dem einstigen Port Royal der Franzosen, gelegen an einer schmalen und versteckten Seitenbucht der Bay of Fundy – aber nicht versteckt genug, um nicht von den grimmigen Puritanern aus Boston gefunden zu werden, die es 1745 mit alttestamentarischem Eifer zerstörten.

Auch südlich des Parks empfiehlt es sich, die besondere und charmante Küstenlandschaft zwischen **Lunenburg** und **Halifax** zu besuchen. In diesem abenteuerlich unübersichtlichen Gewirr von Halbinseln, Inseln und Klippen war einst der Schiffbau der *Bluenoses* beheimatet, der berühmten Walfänger und ihrer Besatzungen, deren stets blaugefrorene Nasen dem Schiffstyp den Namen gaben. Es war auch die Heimat der Teeklipper, die Kap Horn auf der Jagd nach dem chinesischen Tee umrundeten. Meist waren es Menschen aus der Lüneburger Heide, damals Teil des Königreiches von England, Schottland und Hannover, die hier siedelten.

Ein Lehrpfad führt durch den uralten Hemlock-Wald im Kejimkujik National Park.

INFORMATIONEN Atlantic Time

AUSKUNFT
The Superintendent, Kejimkujik National Park P. O. Box 36, Maitland Bridge, Nova Scotia, B0T 1N0, Tel. 902-682-2772. Besucherzentrum mit guten Karten und Broschüren, ganzjährig geöffnet, Tel. 902-682-2772.

ANREISE
Von Halifax über Highway 103, 325 und 8, ca. 190 Kilometer.

REISEZEIT
Juni bis September, überwiegend feuchtes Klima.

UNTERKUNFT
Camping am Kejimkujik Lake und in Jeremys Bay. Hotels in Annapolis Royal.

AKTIVITÄTEN
Wandern und Kanuten auf dem Kejimkujik Lake. In Port Mouton gibt es ein angeschlossenes Küstengebiet mit Dünenwanderwegen und Vogelbeobachtung. Besuch von Annapolis Royal, der alten französischen Kolonialstadt und Festung.

CAPE BRETON HIGHLANDS NATIONAL PARK

Über einen schmalen Meeresarm und eine Brücke gelangt man bei Hastings hinüber nach **Cape Breton Island**. Die stark zerklüftete und sehr malerische Insel wird auf großer Schleife vom *Cabot Trail* durchlaufen, in dessen »Nordschlaufe« der Cape Breton Highlands National Park liegt. Schon der Name der Insel verrät die alte und enge Beziehung zu den bretonischen Siedlern des 17. und 18. Jahrhunderts. Es waren bretonische Fischer, die an der atlantischen Küste und an den geschützteren Sunden, jenseits derer man die Prince Edward Island sieht, ihre kleinen Fischerdörfer bauten, der Austernernte und dem Hummerfang nachgingen und in der See nach Kabeljau und Heilbutt fischten, die in unermeßlich großen Schwärmen an der Küste vorbeizogen.

Der berühmte *Cabot Trail*, eine den Inselküsten folgende Autostraße, hat seinen Namen von Giovanni Caboto, einem Genuesen, der zusammen mit seinem Sohn Sebastiano am 24. Juni 1497 die nordamerikanische Küste nahe des Golfs des St. Lorenz erreichte. Die Engländer haben ihn, ziemlich unsensibel, als John Cabot vereinnahmt. Die riesigen Fischschwärme auf den nahen Neufundlandbänken waren ihm aufgefallen, aber auch der tiefblaue Atlantik, der sich mit Anmut an den feinen,

INFORMATIONEN Atlantic Time

AUSKUNFT
Cape Breton Highlands National Park, Ingonish Beach, N. S. B0C 1L0, Tel. 902-285-2691. Cape Breton Tourist Association, 20 Keltic Drive, Sydney River, N. S. B1S 1P5, Tel. 902-539-9876.

ANREISE
Vom Ostende der Hauptinsel Nova Scotia über die Landenge von Mulgrave und über den Highway 19 zum Cabot Trail.

REISEZEIT
Juni bis Anfang September. Selbst im Sommer relativ rauhes Klima, das dem schottischen Klima nahekommt.

UNTERKUNFT
Reichlich Motels und Hotels in den Küstenstädten. Camping in Ingonish, Broad Cove und Chéticamp sowie weiteren kleine Plätze.

AKTIVITÄTEN
Im wesentlichen die Fahrt um den ausgedehnten Cabot Trail, der innerhalb des Parks 110 Kilometer umfaßt. Die Wanderwege gehen von den Parkplätzen aus. Am 24. Juni jeden Jahres wird das Fest von John Cabots (Giovanni Caboto's) Landing in der Aspy Bay gefeiert.

Der Bog Trail am French Mountain im Cape Breton Park führt um ein Hochmoor mit

weißen Stränden und den rosaroten Granitfelsen bricht. Der Gedanke, daß er hier landete, ist sicher nicht abwegig, aber unbewiesen.

In sanften Schwüngen führt der Highway von einer Meeresbucht zur anderen, gelegentlich zu kleinen Fischernestern mit spitztürmigen, weißen, kleinen Kirchen. Morgens, wenn sich die ersten Morgennebel lichten, fahren die Hummerfischer mit ihren Fangkästen hinaus, begleitet vom wilden Geschrei der Möwen. Die Wälder an den Wegen sind sturmzerzaust, sie zeigen das andere Gesicht des Atlantiks. Die Strände sind voll von absonderlichem Strandgut, und die guten, aber seltenen Gasthöfe tragen Namen wie »Keltic Lodge«, »Ingonish Motel« oder »Black Whale Restaurant« und sind berühmt für ihre Fischgerichte. Die fjordartigen Einschnitte der Küsten erinnern natürlich jeden Schotten an die Lochs und Fjorde in Schottland, aber die Namen, zumal die der Westküste der Insel, sind noch immer französisch. Mitten ins umgebende Mittelgebirge hat sich tief der **Bras d'Or Lake**, der »goldene Arm«, eingegraben.

Der 1936 eröffnete Cape Breton Highlands National Park ist knapp 1000 Quadratkilometer groß und besitzt in **Ingonish Beach** im Osten und in **Chéticamp** im Westen zwei Eingänge zum Park. Vom Cabot Trail gehen zahlreiche Wanderpfade in das Parkinnere, das von unzähligen Flüßchen und Bächen durchzogen ist. Windzerzauste Weißfichten (*White Spruce*) begleiten uns, vorbei an sumpfigen Stellen und Waldteichen, in denen die Biber ihre Dämme bauen. In der weglosen Mitte des Parks leben noch Schwarzbären, Luchse und Elche. Die Vogelwelt ist mit Steinadlern, Fischreihern sowie verschiedenen Eulen wie Waldohreule, Virginia-Uhu oder Streifenkauz vertreten. Auf der Golfseite bietet sich an den Mackenzie

...en Blüten des Wasserschlauches.

Sugarloaf vermutet man die Stelle von Cabotos Landeplatz. Die einsame St.-Lorenz-Bay mit ihrem winzigen See ist berühmt für ihre Ausblicke und besitzt eine weiße Kirche mit einer gewölbten Tonnendecke, die wie ein gen Himmel ragender gekenterter Schiffsrumpf wirkt und am Ende der Welt zu stehen scheint.

PRINCE EDWARD ISLAND NATIONAL PARK

Dieser Nationalpark beeindruckt durch die längsten und feinsten Sandstrände entlang der kanadischen Küsten, die von den warmen Wassern des St.-Lorenz-Golfes umspült werden. Der Park umfaßt ca. 40 Kilometer des nördlichen Küstenabschnittes von Prince Edward Island, der kleinsten kanadischen Provinz, und ist oft nur wenige Meter breit und auf den Strand beschränkt. Dünen, Buchten, Inlandsümpfe und sogenannte »Barachois« – Teiche, die aus ehemaligen Meeresbuchten hervorgegangen sind – bestimmen das Landschaftsbild des Parks. An steileren Küstenabschnitten treten rote Sandsteinfelsen hervor. Landeinwärts folgen Weißfichtenwälder und ausgedehnte Sumpfflächen. Über die Küstenstraße, die bei **Cavendish** beginnt, erreicht der Besucher alle Küstenabschnitte und

Mountains ein schöner Blick oberhalb der **Pleasant Bay**. Wir durchfahren The Lone Shieling und fahren steil in die MacGregor-Brook-Klamm hinab, sehen das Tal des reizvollen North Aspy River und gelangen nach **Cape North** am Atlantik. Außerhalb des Parks verläuft eine Aussichtsstraße nach dem eigentlichen Cape North. Rosa Granit steht zwischen dem saftigen Grün der Grashügel, und in

Der kurvenreiche Cabot Trail zählt zu den schönsten Küstenstraßen Kanadas.

Der Hummer ist für die Bewohner der sonst so kargen Insel Newfoundland eine gute Einnahmequelle.

Buchten: Rustico Bay, Covehead Bay und Brackley Beach. Mehrere Stege führen durch die Dünen zum Sandstrand, im östlichen Park stellen zwei Naturlehrpfade einen Barachois sowie die Tier- und Pflanzenwelt des Hinterlandes von Prince Edward Island vor.

Der Leser möge mir vergeben: Sind im Süden Wein, Weizen und Ölbaum eine fast heilige Dreiheit, so ist die Prinz-Edward-Insel berühmt für die Dreiheit von Austern, Hummer und Kartoffeln. Da wird denn der Ausflug zum Prince Edward Island National Park für viele auch zum kulinarischen Erlebnis. Eigentlich ist es nur ein schmaler Küstenstreifen am Golf des St. Lorenz, beliebt wegen des hier seltenen weißen Sandstrandes, der zum Baden einlädt und dessen Farbe manchmal ins Rosa umschlägt. An manchen Stellen erheben sich rote Sandsteinklippen, und durch die Dünenlandschaft führen hölzerne Stege. Nach schwimmen und in der Sonne dösen lädt das altmodische Dalvay-by-the-Sea Hotel zum Dinner, bei dem wir Gelegenheit haben, die berühmten Austern der nahen **Malpeque Bay** zu kosten. Austern und Hummer sind auch das Hauptangebot in den vielen Tavernen und Restaurants zwischen Rustico Bay und der Malpeque Bay.

Von Neuengland bis nach Neufundland zieht sich jene Küste hin, deren reiches Angebot an Krusten- und Schalentieren allein schon eine Reise wert ist. Hier werden sie einfach *Seafood* genannt oder *Fruits de mer* für die Francophonen. Ein ebenso prächtiges wie preiswertes Angebot von Schalentieren, im Englischen *Shellfish*, belebt die Speisekarten, wobei eßbare Muscheln *Clams* heißen, sofern es keine *Oysters*, also Austern, oder *Scallops*, Jakobsmuscheln, sind. Mit *Mussels* sind allenfalls Miesmuscheln gemeint, die hier jedoch kaum vorkommen. Die vielfältigen Krustentiere, *Crustaceas* genannt, leben wie überall auch hier oft unter falschen Namen. Da wimmelt es an andern Orten von Krabben, die keine sind, von Shrimps, die mit Scampis verwechselt werden, oder von *Crab meat*, das sich nicht gegen ein falsches Etikett wehren kann.

Dabei ist alles ganz einfach: Die meist scherenlosen Krabben haben in allen Größen spinnenartige Beine, die Hummer oder *Lobster* tragen große Scheren bei gedrungenem Körper und unterscheiden sich damit von den südlicheren Langusten ohne Scheren. Dem Hummer nahe verwandt sind die Schlankhummer, die wir als Scampi kennen. Auf dem Teller, ohne ihre Scheren zu sehen, kann man scherentragende Scampi und scherenlose große Shrimps kaum mehr unterscheiden.

Bescheidener ist die Familie der Garnelen, die wir als Sandgarnelen, Granat oder Krabben, *Crevettes rose* oder *Shrimps* kennen. Hier auf der Insel sind sie eher ein gering geschätztes Produkt des Meeres. Auch die etwas größeren Steingarnelen oder *Crevettes grise* oder *Prawns* sind hier wenig beliebt.

Wo Hummer gefangen werden, stehen an den Häusern große Stapel von Hummerfangkästen. Sie werden in 10 bis 50 Metern Wassertiefe ausgesetzt. Die Hummer folgen dem eingesetzten Köder und gehen so in die Falle. Nach fünf Jahren gilt ein Hummer als marktreif und wiegt mindestens ein Pfund. Je nach der Farbe des felsigen Meeresbodens sind die gepanzerten Recken grünlich, bräunlich, manche blaugrün. Die Farbe wird durch den Farbstoff Zooxanthin hervorgerufen, der beim Kochen zum feuerroten Astaxanthin wird.

Eine dem Hummer zumindest ebenbürtige Rarität der Prince Edward Island sind die berühmten Austern der Malpeque Bay. Die bereits in indianischen Zeiten massenhaft verzehrte Auster, *Flat Oyster*, ist die auch in Nordwesteuropa bekannte Form. Champlain fand ganze Berge von Austernschalen bei **Cape Cod** und nannte es Cap aux Huistres. Die Austern litten im 18. und 19. Jahrhundert unter verheerenden Epidemien durch Parasiten, die an manchen Küsten die Austern fast ausgerottet haben, lange bevor von Umweltverschmutzung die Rede sein konnte. Man hat dann die portugiesische Auster eingeführt, knorpeliger in der Form und resistenter, aber weniger wohlschmekkend. Nach langer Zeit haben sich die alten Austernbänke wieder erholt, sind immun geworden gegen die Parasiten. Heute sind die berühmtesten amerikanischen Muscheln die *Malpeque* und die *Blue Points* aus Cape Cod, beide größer als die französischen berühmten *Bélons*.

Als Autotour auf der Insel ist neben der Hauptstadt Charlottetown der *Pink Lady Slipper Drive* zu empfehlen. Er ist benannt nach dem Roten Frauenschuh, der Orchidee, die die schattigen Wälder und sandigen Böden der Nordspitze der Insel liebt, in der noch ein kleines Reservat der Micmac-Indianer liegt. Den Lady Slipper hat aber, entgegen der humorvollen Lokalpropaganda, nicht Königin Charlotte, Prinzessin von Mecklenburg-Strelitz, hier verloren.

INFORMATIONEN

Atlantic Time

AUSKUNFT
The Superintendent Prince Edward Island National Park, Box 487, Charlottetown, P.E.I. , C1A 7L1, Tel. 902-672-2211.

ANREISE
Fähre der Northumberland Ferries (Tel. 902-566-3838) von Caribou nach Souris, Nova Scotia; Fähre von Cape Tourmentine nach Border (Tel. 800-565-9470). Highway 2 auf Prince Edward Island.

REISEZEIT
Juni bis Oktober, viele Sommerbesucher an den Badestränden und in den Hotels.

UNTERKUNFT
Hotels und Motels in Cavendish, Rusticoville. Camping in Stanhope und an den Stränden.

AKTIVITÄTEN
Wandern in den Dünen, Schwimmen im relativ warmen Meerwasser, Vogelbeobachtung (Kanadareiher), Angeln, Autofahrt entlang dem Lady Slipper Drive, Austernfischerei in der Malpeque Bay, Blue Heron Drive, August bis Oktober Großfischangeln von Bord ab North Lake Harbour (Fairfield). Besuch von Anne of Green Gables Museum in New London.

Prince Edward Island wird wegen der Sandstrände auch von den Flötenregenpfeifern geschätzt. Sie brüten hier jedes Jahr.

Eine geologische Sensation sind die Tablelands: Sie bestehen aus schwermetallhaltigem Tiefengestein.

GROS MORNE NATIONAL PARK

Newfoundland erstreckt sich sehr ausgedehnt ins Meer und versperrt fast dem St. Lorenz den Weg in den Atlantik. Die Insel ist Teil von Labrador, das sich auf dem Festland fortsetzt und von der Provinz Québec getrennt ist. Seit dem letzten Krieg, als die Langstreckenflüge in ihrer Reichweite noch begrenzt waren, wurde Newfoundland mit dem Flughafen von Gander zu einer wichtigen Drehscheibe des Luftverkehrs. Noch heute sind das Funkfeuer und die Radaranlage von Gander für den Transatlantikverkehr bedeutungsvoll, und mancher hat bei schlechtem Wetter hier landen müssen, was Gelegenheit gibt, sich umzusehen. Neben L'Anse-aux-Meadows mit den spärlichen Resten einer Wikingersiedlung, gegen 1000 n. Chr. entstanden, ist es vor allem der Gros Morne National Park, der bei einem Zwischenstop auf dem Flughafen von Gander zum Besuch lockt. Überragt vom **Gros Morne**, dem »großen, düsteren« Berg mit 806 Meter Höhe, ist der fast 2000 Quadratkilometer große Park ein Hochplateau mit zahlreichen kleinen Seen inmitten der Tundralandschaft.

Dieser Park ist, in Ermangelung eines Besuchs der Parks in den Northwest Territories, eine Chance, nordische Tundren kennenzulernen. Der Südteil jenseits des fjordartigen **South Arm** besteht aus ockerfarbenem, schwermetallhaltigem Gestein, das steil in den Fjord stürzt, während nördlich der **Bonne Bay** Moorvegetation hinter einer Dünenlandschaft vorherrscht, die im Landesinneren auf den Plateaus in echte Tundra übergeht.

Schneeschuhhasen (*Snowshoe Hare*) und das Newfoundland-Karibu bewohnen den Park zusammen mit den nördlichsten Schwarzbären und dem Luchs. Im arktischen Frühsommer, also im Juli, blüht weithin leuchtend die prächtige Lappländische Alpenrose (*Lapland Rosebay*).

Newfoundland lag wohl um 5000 v. Chr. an der Grenze der indianischen Besiedlung. In Port-aux-Choix hat man Grablegen von mit Eisenocker rotbemalten Menschen gefunden, vielleicht Indianern, die fischten und jagten und ihre Fellgewänder zu nähen verstanden. Doch finden sich auch Artefakte der Inuit, die aus der Zeit der Zeitenwende stammen.

Gros Morne wurde weniger zum Schutze seltener Tiere oder Pflanzen gegründet, sondern vielmehr wegen der zahlreichen geologischen Besonderheiten des Parks. Am auffälligsten sind die Fjordtäler, die heute vom Meer abgetrennt und mit Süßwasser gefüllt sind. Sie werden als »Ponds« bezeichnet, sind aber sehr tief und besitzen steil aufragende Felswände. Die Hebung der Kontinentalplatten nach dem Abschmelzen des Eises in der Nacheiszeit führte dazu, daß diese Fjorde heute über dem Meeresspiegel liegen. Der **Western Brook Point** öffnete sich vor 10000 Jahren noch zum Meer, liegt aber heute 2400 Meter landeinwärts und 30 Meter über dem Meeresspiegel.

Eine markante ockerfarbene Bergkette steht im südlichen Parkabschnitt in deutlichem Kontrast zu der sehr grünen Landschaft. Dieser als **Tablelands** bezeichnete Gebirgsstock besteht aus Gesteinen, die eigentlich 16 Kilometer im Inneren des Erdmantels zu finden sind. Hier traten sie durch die Plattenverschiebungen im Zuge der Gebirgsbildung an die Oberfläche. Da das Gestein, vorwiegend Periodite, schwermetallhaltig ist, konnte es bis heute kaum von Pflanzen besiedelt werden. Nur fleischfressende Pflanzen, wie das Trompetenblatt, die ihre Stickstoffversorgung durch das Einfangen und Verdauen von Insekten bewerkstelligen, können hier überleben.

Nicht unweit der Tablelands kann man an der Meeresküste im Bereich von Green Gardens Formationen von Kissenlava bewundern, die aus Spalten am ehemaligen Grund des Iapetus-Ozeans ausgetreten ist.

Broom Point und **Green Point** warten mit uralten Gesteinsformationen auf. Sie setzen sich aus Sedimenten und Gesteinsschichten zusammen, die vor 600 Millionen Jahren am Grund des Iapetus-Urmeeres gebildet wurden. Gebänderte Sandsteine und Kalke wurden über 100 Kilometer verlagert und dabei um 115 Grad gedreht. Es ist dies das deutlichste Beispiel auf der Welt für das Aufeinandertreffen von Gesteinen zweier verschiedener Erdzeitalter, nämlich des Kambriums und des Ordoviciums. Diese Gesteinsformationen trugen dazu bei, daß Gros Morne heute auch als »Galapagos der Geologen« bezeichnet wird.

An der Bonavista Bay an der Ostküste liegt der zweite Nationalpark Newfoundlands, der **Terra Nova National Park**. Die im Chandler Reach tief ins Land ziehende Bonavista Bay ist bedeutend für die maritimen Beobachtungen im Gebiet der Neufundlandbänke. Wale aller Arten ziehen landeinwärts, Delphine und Schwertwale kreuzen in Küstennähe, Seehunde sind häufig, und an Bord heimkehrender Trawler zeigt man Kalmare (*Squids*) von bis zu sechs Metern Länge, doch die meisten werden nur etwa einen Meter lang.

Das Meer ist hier unermeßlich reich an Lebewesen aller Größen. Der eisige Labradorstrom ist sehr nährstoffreich, und so treiben auch Fische aus südlicheren Gegenden mit dem Golfstrom nordwärts, um sich hier sattzufressen. Das hatten die Portugiesen bereits 1501 entdeckt, und Gaspar Corte Real beanspruchte namens des Königs von Portugal dieses Land und wurde Gouverneur. Die Ortsnamen dieses 1578 endenden Intermezzos sind in Namen wie Catalina, Bonavista, Cabo del Rei und Baia de Verde noch bewahrt. Aber auch Corte Reals Ruhm blieb erhalten, er nannte das Land *Lavrador*, nach dem portugiesischen Wort für Bauer. Es ist eine kuriose Geschichte, daß Corte Real an den endlosen, tannenbestandenen Küsten am Cap Bonavista, Giovanni Cabotos Landeplatz von 1497 sowie einige venezianische Glasperlen aus Murano wiederfand, die Caboto den Indianern geschenkt hatte.

INFORMATIONEN

Newfoundland Time

AUSKUNFT
The Superintendent, Gros Morne National Park., P.O. Box 130, Rocky Harbour, Newfoundland, A0K 4N0, Tel. 709-458-2417.

ANREISE
Mit der Fähre von North Sydney auf Cape Breton Island (N. S.) nach Channel Port-aux-Basques, dann Canada Highway No. 1 bis Deer Lake und Highway 430 zum South Gate.

REISEZEIT
Juli und August, im Juni viele Mosquitos.

UNTERKUNFT
Hotels in Rocky Harbour und Trout River, Camping an Berry Hill, Green Point und Trout River.

AKTIVITÄTEN:
Wandern, Fischen. Besuch der Fjorde am Terra Nova National Park über Highway 1, vorbei am Flughafen Gander nach St. John's.

Die bis 300 Meter tiefe Bonne Bay im Gros Morne National Park verdankt ihre Entstehung eiszeitlichen Gletschern.

Iris versicolor, eine der zwei Iris-Arten im Gros Morne National Park.

PFLANZEN- UND TIERWELT

Atlantik-Kanada kann aus mehreren Gründen als Region der extremen Gegensätze bezeichnet werden. Cape Breton, im Norden von Nova Scotia gelegen, umfaßt drei Vegetationszonen, die vom typischen **Akadischen Laubwald** bis zu krummholzbewachsenen, taigaähnlichen Hochländern reicht. An der in New Brunswick gelegenen Westküste entlang der Bay of Fundy prägen **Rotfichten** (*Picea rubens*) die Wälder, während an der Ostküste auf Nova Scotia vor allem **Weißfichten** (Picea *glauca*) vorherrschen. Fundy selbst enthält Akadische Laubwälder reinster Ausprägung, die für das Kaledonische Hochland typisch sind.

Nördlich des Akadischen Hochlandes beginnt die atlantische Tiefebene, die durch den Kouchibouguac und Prince Edward Island National Park repräsentiert sind. Ausgedehnte Sandstrände, Sanddünen, Salzmarschen, rote Felsklippen, Lagunen, in denen Quallen beobachtet werden können, charakterisieren das Landschaftbild dieser Region. Eine Besonderheit stellen die Barrier Islands dar: Es sind Sandbänke, die vor der Küste die Lagunen abtrennen und wattähnliche Lebensräume bilden. Im Hinterland der Küsten sind auf staunassen Böden riesige Moore entstanden. Kelly's Bog in Kouchibouguac beispielsweise hat einen Durchmesser von drei Kilometern und enthält alle Moortypen bis hin zum Moorwald. **Wasserschlauch**, **Sonnentauarten**, **Orchideen** und Zwergsträucher wachsen innerhalb der Moorfläche, die über einen Knüppelpfad, also zum Schutz der Pflanzen und des Bodens mit Holzbohlen versehene Wege, besucht werden kann. Die Sandstrände von Prince Edward Island beherbergen im Sommer etwa 250 Brutpaare des **Flötenregenpfeifers**, der weltweit gefährdet ist. In den Buchten kommen außerdem zahlreiche verschiedene Watvögel- und Strandläuferarten vor.

Im Hochland des nördlichen Cape Breton liegt der gleichnamige Nationalpark, der durch drei Vegetationszonen gekennzeichnet ist. In den Tallagen und Flußtälern auf Meeresniveau ist ein artenreicher akadischer Laubmischwald ausgebildet. Die steilen Flanken des Hochlandes, die von den felsigen Küsten 400 Meter ansteigen, werden vom borealen Nadelwald eingenommen. Auf den Hochflächen selbst wächst aufgrund des rauhen Klimas und der starken Winde ein krummholzähnlicher Bewuchs, der als »Tuckamore« bezeichnet wird. Dazwischen wachsen buschförmige Birken und Zwergsträucher des **Grönländischen Porst** (*Ledum groenlandicum*). Der Boden ist an windgefegten Stellen von Teppichen der **Krähenbeere** (*Empetrum nigrum*) und arktischen Polsterpflanzen überzogen. **Weißkopfseeadler** und **Fischadler** ziehen den Küstenlinien entlang, und in den borealen Nadelwaldabschnitten halten sich Luchse auf. 28 Wanderwege, die alle vom Cabot Trail ausgehen, erschließen die Lebensräume des Nationalparks. Der Cabot Trail, eine kurven- und aussichtsreiche Panoramastraße, umläuft den Park und macht straßennahe Bereiche leicht zugänglich. Das zentrale Hochland hingegen liegt abseits und ist weitgehend der Natur vorbehalten.

Kejimkujik im südlichen Nova Scotia umfaßt Waldgebiete, die zu Beginn dieses Jahrhunderts zum Teil durch Siedler genutzt wurden. Vor allem die **Weymouthkiefern** (*Pinus strobus*) fielen den Holzfällern zum Opfer. Im unberührten Teil des Parks sind typische Wälder des atlantischen Küstenhochlandes erhalten. Hemlocktannen (*Tsuga canadensis*), Balsamtannen (*Abies balsamea*), Rotfichten (*Picea rubens*) und vereinzelte Weymouthkiefern bauen einen akadischen Mischwald auf, zu dem noch Laubbaumarten wie Zuckerahorn (*Acer saccharum*), Amerikanische Buche (*Fagus americana*) und Gelbbirke (*Betula alleghaniensis*) kommen. Kejimkujik ist für das größte Vorkommen an Schildkröten aller kanadischen Parks bekannt, die am Mersey River und in den Verlandungszonen der zahlreichen Seen bevorzugte Lebensräume finden: **Schmuckschildkröte**, **Schnappschildkröte** und die seltene **Blandings Sumpfschildkröte**. Die meisten Flüsse und Bäche sind durch Tannin braun gefärbt und werden als Schwarzwasser bezeichnet. An den Ufern gedeihen große Silberahorne (*Acer saccharinum*), die auf der Blattunterseite einen silbernen Haarflaum aufweisen.

Der spektakulärste aller Atlantik-Parks ist sicherlich Gros Morne im westlichen Hochland von Neufundland. Er besticht vor allem durch seine geologischen Formationen, die in Ausprägung und Alter einzigartig sind. Dehalb wird Gros Morne auch gerne als das »Galapagos der Geologen« bezeichnet. Fjordähnliche Täler, die heute keinen Zugang zum Meer besitzen und als »Ponds« bezeichnet werden, wie **Ten Mile Pond** oder **Western Brook Pond**, sind weitere Attraktionen des Parks. Sedimentschichtungen am **Green Point** oder am **Broom Point** sind zwischen 500 und 600 Millionen Jahre alt und liegen direkt an der Meeresküste. Im Süden des Parks ragen die ockerfarbenen Tablelands auf, ein Stück einer Erdscholle, die normalerweise 16 Kilometer tief unter der Erdoberfläche zu finden ist. Wegen des schwermetallhaltigen Gesteins können kaum Pflanzen aufkommen, weshalb diese Berge heute noch kahl sind. Das Alter wird auf 460 Millionen Jahre geschätzt. Am **Green Garden** liegen 480 Millionen Jahre alte Vulkanformationen direkt an der Erdoberfläche.

Der Frauenschuh blüht in den akadischen Laubwäldern Atlantik-Kanadas.

Der Atlantische Kormoran wird Ohrenscharbe genannt und gehört zu den häufigsten Seevögeln der Atlantikküste.

Von Woody Point an der Bonne Bay läßt sich das Massiv des Gros Morne einsehen. Die Bucht selbst ist bis zu 300 Meter tief.

Über den James Callaghan Trail gelangt man auf das Gipfelplateau des 806 Meter hohen Gros Morne. Von dort hat man einen wunderschönen Blick in den Ten Mile Pond.

Die roten Sandsteinklippen im Prince Edward Island National Park.

Das Tannenhuhn lebt am Rand der Moore.

Unüberhörbar ist der Ruf des Flötenregenpfeifers.

Papageitaucher gehören zu den attraktivsten Vögeln der Küsten.

Wolfe Point im Fundy National Park.

Die Landschaft des Fundy National Parks liegt innerhalb der arkadischen Waldregion. Aus früherer Zeit sind Waldweiden erhalten, auf denen heute auch Waldlilien wachsen.

Der Western Brook Pond ist der größte und tiefste der vier fjordähnlichen Täler des Gros Morne National Parks, die die Landschaft der Ostküste prägen.

Am Peter Point am Ufer des Kejimkujik Lake im gleichnamigen Nationalpark können geduldige Besucher Leopardfrosch, Teichfrosch und Strumpfbandnattern beobachten.

IM HOHEN

Kanadas Norden beginnt beim 60. Breitengrad und erstreckt sich weit über den 80. Breitengrad in arktische Regionen. Er zählt zu den entlegensten und am wenigsten besiedelten Landschaften der Welt. Zwar bedecken seine Provinzen Yukon, Northwest Territories und Nunavut mehr als die Hälfte der kanadischen Landfläche, doch kaum mehr als 60 000 Einwohner besiedeln dieses karge Gebiet, in dem die Natur – abgesehen vom Meer – den Menschen kaum noch Nahrung bietet. Trotz oder gerade wegen der rauhen Umwelt erstrahlen die nördlichen Landschaften in einer eigenartigen Schönheit, die von Eis,

NORDEN

Felsen und Wasser geprägt ist: die aus dem Meer aufragenden Gebirgszüge und die Fjordlandschaften von Baffin Island, die arktischen Ebenen auf Banks und Ellesmere Island, die weiten Tundren im nördlichen Yukon, die riesigen Sumpfgebiete in den Northwest Territories, die unendlichen Wälder der Taiga rund um den Großen Sklavensee, die jungen und höchsten Gebirge Kanadas im Kluane-Gebiet und die Archipele des nördlichen Eismeeres, die bis auf 800 Kilometer an den Nordpol heranreichen. Um diese Lebensräume zu bewahren, wurden dort sieben Nationalparks eingerichtet.

IM LAND DER KARIBUS

Im Licht der Mitternachtssonne leuchtet das Gelb des Arktischen Mohns in der kargen Landschaft besonders hell.

Auyuittuq, Nahanni und Kluane können am ehesten von allen nördlichen Nationalparks besucht werden. Dennoch sind stets beste Ausrüstung, eine gute körperliche Verfassung, Bergerfahrung und eine ausreichende Vorbereitung notwendig. Nur den Kluane National Park im Yukon Territory kann man von der Straße aus erreichen, auch wenn innerhalb des Parks selbst keine Fahrwege angelegt sind. Die beiden anderen Parks sind nur mit Flugzeug oder mit dem Boot zu erreichen. Beschränkungen der Besuchergruppen und hohe »Eintrittsgebühren« sollen dazu beitragen, nur wenige Menschen in die entlegenen Wildnisgebiete zu locken. Denn die arktische Natur ist äußerst empfindlich und soll nachhaltig bewahrt werden. Wer dennoch zu einem dieser Parks aufbricht, wird mit reichen Erlebnissen und Eindrücken einer Natur wiederkehren, die ihre Unerbittlichkeit und Härte, aber auch ihre Schönheit und ihren Reichtum allseits spüren läßt.

AUYUITTUQ NATIONAL PARK

Dieser kanadische Nationalpark ist der erste, der nördlich des Polarkreises eingerichtet wurde. Er schützt einen wildreichen Abschnitt der **Cumberland-Halbinsel** auf Baffin Island. Das von Gletschern geformte Tal des **Auyuittuq-Passes**, das vom Pangnirtung Fjord entlang dem Weasel River etwa 35 Kilometer zum **Summit Lake** aufsteigt und nach Norden im **Owl Valley** zum nördlichen Pangnirtung-Fjord abfällt, bildet die »begehbare« Kernlandschaft des Parks, der über 20000 Quadratkilometer groß ist. Abseits dieser Talroute liegen riesige Eisfelder, von denen das **Penny Icecap** das größte ist. Steile Granitwände wie die des **Mount Thor** – immerhin mit 1500 Meter Wandhöhe die höchste geschlossene Felswand der Welt – oder abgeflachte Berge wie **Mount Asgård** locken Alpinisten aus aller Welt in den Park. Alpinen Wanderern ist das Tal des **Weasel River** vorbehalten. Dieser Fluß nimmt den gesamten Talboden ein und läßt kaum Platz für Vegetation. Im Juli, wenn die arktische Flora ihre explosionsartige Blüte hervorbringt, sind die ausgedehnten Schuttfächer mit dem rotblühenden Arktischen Weideröschen (*Broad-leaved Willowherb*) übersät. Dann überziehen auch die Polster und Pflanzenteppiche der Zwergsträucher und alpinen Polsterpflanzen die Talhänge.

Der Nationalpark liegt im Gebiet der Inuit, wie die kanadischen Ureinwohner der arktischen Gebiete heißen. Der Name bedeutet soviel wie »das Land, das niemals schmilzt« und gibt sprachlich wieder, welche Bedingungen in der arktischen Umwelt für die Lebewesen herrschen. Während von Mitte Juni bis Ende Juli 24 Stunden lang die Sonne scheint, beginnt Ende November die arktische Nacht, die bis Ende Januar andauert. Die Höchsttemperaturen erreichen im Juli gerade 7–8 °C, im Winter sind –60 °C keine Seltenheit. Dennoch kamen schon vor 3500 Jahren Menschen in dieses Gebiet. Nomadische Stämme der Dorsets wanderten über die Beringstraße aus Sibirien ein und errichteten Zeltlager. Eine dauerhaftere Besiedlung kann erst seit dem 13. Jahrhundert nachgewiesen werden, als Jäger des Stam-

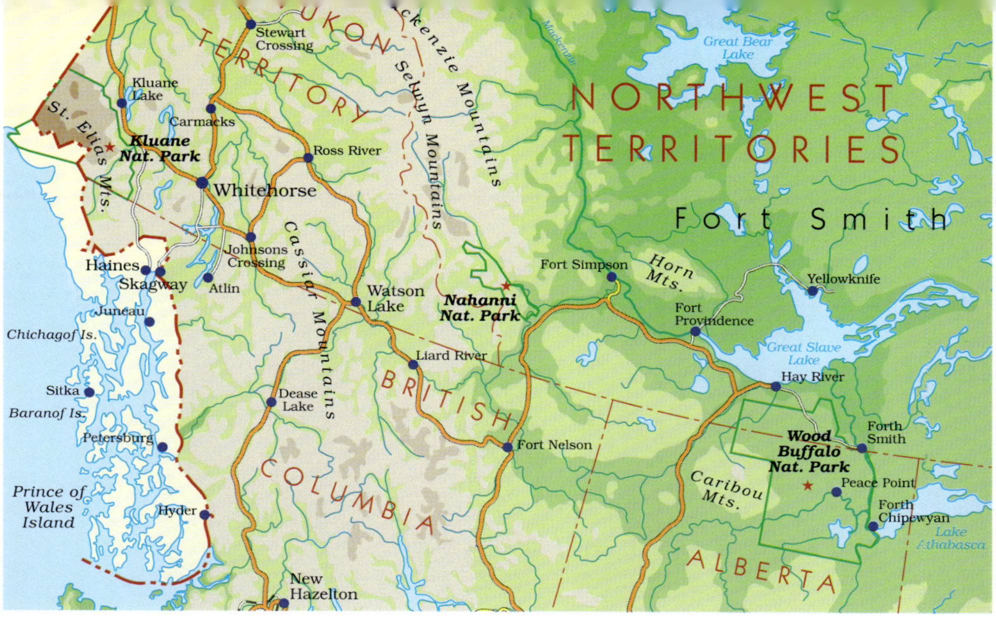

mes der Thule Lehm- und Steinhäuser errichteten. Sie erfanden das Umiak, ein Boot für mehrere Personen, und konnten sich so in den Gewässern rasch fortbewegen. Das reiche Vorkommen verschiedener Walarten bescherte den Menschen damals fast alles, was sie zum Leben brauchten. Die Thules sind die Vorfahren der heutigen Inuit.

Aber auch europäische Seefahrer erkundeten schon ab dem 16. Jahrhundert die Meeresbuchten rund um Baffin Island. Das Interesse galt vor allem den reichen Fischgründen und den Walen. Die Inuit wurden als Jäger angeheuert und mit Naturalien wie Kaffee, Tabak und Zucker entlohnt. Im Gegenzug gaben sie an die Europäer ihre jahrtausendealten Erfahrungen und Traditionen (Fischfangmethoden, Zeltbau etc.) weiter, die ein Überleben in diesem Gebiet erst möglich machen. Nationalparkbesucher können auf **Kekerten Island**, nur zwei Bootsstunden von Auyuittuq entfernt, eine Walfangstation aus dem 18. Jahrhundert besichtigen.

Heute kommen Besucher ausschließlich mit dem Flugzeug aus **Iqualuit**, der Hauptstadt von Baffin Island, in den Nationalpark und erfahren gleich bei der Landung auf der Schotterpiste von **Pangnirtung**, daß hier andere Gesetze gelten. Die Piloten steuern im Sichtflug ohne moderne Elektronik ein kleines Flugfeld am Nordrand des Pangirtung Fjordes an und können jedoch nur fliegen, wenn die Windverhältnisse es zulassen.

Auch die Ortschaft hat wenig mit europäischen Vorstellungen zu tun: Zeit, Uhren, Termine und Hektik sind hier unbekannt und durch ein tiefes, instinktives Verstehen der Natur ersetzt. Dieses befähigt die Inuit, in der Wildnis zu überleben. Heute sind es die ungefähr 1000 Einwohner von Pangnirtung gewöhnt, daß im Sommer einige hundert Touristen in ihr entlegenes »Paradies« kommen, um den Nationalpark zu besuchen. Sie halten ihre Kunstwerke als Souvenir bereit und verkaufen ihre Steinschnitzereien, ge-

INFORMATIONEN

Eastern Time!

AUSKUNFT
Park Superintendent, Eastern Arctic District, P.O. Box 353, Pangnirtung NWT, X0A 0R0, Tel. 819-473-8829. Tourismuszentrum Tel. 819-473-8737, Fax 819-473-8685.

ANREISE
Bei gutem Wetter täglich Flüge von Iqualuit auf Baffin Island (früher Frobisher Bay) nach Pangnirtung. Nach Iqualuit von Ottawa und Montréal täglich mit Canadian Airways.

REISEZEIT
Juli und August, Temperaturen tagsüber um 10 °C.

UNTERKUNFT
In Pangnirtung die Auquittuq Lodge und kleiner Campingplatz ohne jeden Komfort. Registrierpflicht für Parkbesucher!

AKTIVITÄTEN
Trekkingtouren nur mit bester Ausrüstung und guter Kondition. Im Juli arktische Blütenpracht.

Pangnirtung, das Tor zum Auyuittuq National Park auf Baffin Island.

knüpfte Teppiche und Malereien gerne an die staunenden »Fremden«.

Der Besucher kann die 30 Kilometer durch den Pangnirtung-Fjord zum Park von Juli bis September mit dem Boot zurücklegen. Den Park selbst kann man ausschließlich zu Fuß erkunden. Ein schmaler Steig führt von **Overlord**, wo der Fjord endet, durch das Tal des Weasel River. Auffallend sind die Steinmännchen, die als Markierungen den Weg begleiten und von den Inuit »Inukshuks« genannt werden; sie stellen uralte Formen der Inuitkultur dar. Etwa alle 10 bis 15 Kilometer hat die Nationalparkverwaltung primitive Camp-Stellen und orangefarbene Nothäuschen eingerichtet. Vor allem die reißenden Gletscherströme, die aus Seitentälern zum Weasel River herabstürzen, und die breiten Schuttfächer lassen den Wanderer nur langsam weiterkommen. Der Rucksack, der alles enthalten muß, was man während des Aufenthaltes im Nationalpark benötigt, verlangsamt das Gehtempo nochmals. Dafür hat man Gelegenheit, die Natur Auyuittuqs in einer angemessenen Geschwindigkeit kennenzulernen. Nach drei Etappen erreicht man, sofern das Wetter mitspielt, den **Summit Lake.** 35 Kilometer sind seit Overlord zurückgelegt, vorbei an den **Schwartzenbach Falls**, **Mount Odin**, der steilen Felswand des **Mount Thor**, an zahlreichen Gletscherflüssen und der Talenge bei **Windy Lake**. Der 10 Kilometer lange Summit Lake liegt auf dem höchsten Punkt des Tals, das nach Norden noch etwa 50 Kilometer bis zum nördlichen Pangnirtung-Fjord reicht. Der Summit Lake ist aber auch der Ausgangspunkt für Wanderungen zum **Penny Icefield**, **Highway Glacier**, zum **Mount Battle** und vor allem zum **Mount Asgård**. Dieser 2200 Meter hohe Berg liegt westlich der Paßhöhe und ragt als abgeflachter Berg aus einem Meer von Gletschern empor. Sein spektakuläres Aussehen und vor allem die senkrechten Felswände an allen Seiten des Gipfels ziehen Alpinisten aus aller Welt

Windy Lake ist der zweite Campplatz im Weasel River Valley des Auyuittuq National

Mount Thor beeindruckt mit der höchsten Felswand der Welt.

Weg zum Summit Lake.

jährlich in ihren Bann. Mount Asgård, der nach nordischen Legenden benannt ist, stellt nicht zu Unrecht den landschaftlichen Höhepunkt einer Wanderung im Auquittuq dar.

WOOD BUFFALO NATIONAL PARK

Nördlich von Edmonton wurde 1922 der zur Zeit größte Nationalpark Kanadas eingerichtet. Er schützt zum Teil Landflächen der Provinz Alberta wie auch der Northwest Territories. Diese einsame Wildnis, die mehr als 44000 Quadratkilometer umfaßt, verkörpert eine typische Landschaft der nördlichen borealen Ebenen. Der größte Teil des Parks wird von Nadelmischwäldern aus Fichten, Kiefern und Espen bedeckt. Die südlichen und nordwestlichen Abschnitte enthalten Anteile des hügeligeren borealen Hochlandes, das vor allem aus Salzsteppen und prärieähnlichen Grasländern besteht. Im Nordosten haben sich entlang der Flüsse ausgedehnte Feuchtlebensräume entwickelt, vor allem am Zusammenfluß des Peace und des Athabasca River. Mäandrierende Flußläufe, flache Seen, Sümpfe, Toteislöcher und das größte noch aktive Karstgebiet der Welt, das auf Gips entstanden ist, sind hier zu finden. Nur in zwei Abschnitten des Parks erreichen die Hügel der Caribou und Birch Mountains Höhen um 400 Meter. Sie stellen für Besucher eine unzugängliche Wildnis dar und bestehen aus uralten fossilreichen Sedimenten, die für Wissenschaftler von großem Interesse sind.

Die Salzebenen sind auf Landteilen entstanden, die zum Kanadischen Schild gehören. Sie liegen in der nordwestlichen Parkecke im Tiefland des Slave River. Auf der etwa 250 Quadratkilometer großen Fläche, die eine einzigartige Landschaft in Kanada darstellt, gedeihen salztolerante Pflanzen, die sonst nur in der Nähe der Meere vorkommen. Salzmarschen und Grasländer bieten den rund 1500 Präriebisons, die heute freilebend in Wood Buffalo vorkommen, ideale Lebensräume. Ferner leben Schwarzbären, Wölfe, Luchse, Kanadabiber und Elche, aber auch Weißkopfseeadler und Wanderfalken im Park. 1954 entdeckte ein Rangertrupp zufällig, daß im Park der einzige Nistplatz der gefährdeten Schreikraniche liegt, die in den mit Fichten und Lärchen bestandenen Randbereichen der Moore ihre Nester anlegen. Etwa 160 Kraniche brüten jährlich im Nordwesten des Parks, nachdem sie in Texas überwintert haben. Im Peace-Athabasca-Delta,einem der größten Inlanddeltas der Welt, leben zahllose Wasser- und Küstenvögel, vor allem Gänse, Schwäne und Enten.

INFORMATIONEN

Mountain Time

AUSKUNFT
The Superintendent, Wood Buffalo National Park, P. O. Box 750, Fort Smith, NWT, Tel. 403-872-2349

ANREISE
Von Edmonton über Peace River und den Mackenzie Highway 35 und 1 nach Hay River am Großen Sklavensee, ca. 1160 Kilometer in zwei Tagen. In den Nationalpark von Hay River über Highway 5.

REISEZEIT
Juli und August. Harte Winter und enorme Moskitoplage im Frühjahr und Sommer.

UNTERKUNFT
Hotels in Peace River und Fort Smith Camping und Outfitter in Fort Smith.

AKTIVITÄTEN
Kaum gekennzeichnete Wanderwege für Trekker. Kanufahrten in den Seen. Ein Erlebnis sind die freigrasenden Herden der Waldbisons, oft handelt es sich allerdings um eine Kreuzung mit dem Steppenbison. Der einzige, allerdings unzugängliche Sommernistplatz der Schreikraniche, die man lange für ausgestorben hielt.

Hölzerne Stege führen zu den Aussichtsplätzen auf die Virginia Falls.

Der Park ist in zwei Tagen von Edmonton aus über das Mackenzie-Highway-System und den Highway 5 zu erreichen. Die am nächsten am Park gelegenen Städte sind **Fort Smith**, 19 Kilometer nordwestlich des Parks, und **Fort Chipewyan** am Highway, wo auch die Nationalparkverwaltung sitzt. Nur etwa 9000 Naturfreunde wagen sich pro Jahr in diese Wildnis vor; sie finden rund um den **Pine Lake** einige Besuchereinrichtungen vor. Zwei Naturlehrpfade führen ins Karstland und zu den Salzebenen. Parkranger unternehmen im Sommer geführte Wanderungen – man muß sich jedoch mit ungeheuren Mückenschwärmen auseinandersetzen.

NAHANNI NATIONAL PARK

In den Ausläufern der **Selwyn Mountains** in der südwestlichen Ecke der Northwest Territories liegt der Nahanni National Park und schützt auf einer Fläche von etwa 4765 Quadratkilometern einen Abschnitt des Mackenzie-Gebirges. Zwei Drittel des südlichen Nahanni River durchfließen den Nationalpark, der hauptsächlich aus dem Flußtal und den links und rechts aufragenden Gebirgen besteht. Nahanni schützt vor allem eine flußgeformte Landschaft aus Schluchten und Canyons, die zu den tiefsten Nordamerikas gehören. Als Höhepunkt fällt der Fluß etwa in der Mitte des Parks über eine Felsstufe 120 Meter in die Tiefe. Diese **Virginia Falls** sind zugleich die höchsten Nordamerikas. Sie beeindrucken nicht nur durch die Superlative, sondern vor allem durch ihre ungewöhnliche Gestalt: Ein hoher Felszahn ragt wie ein Monolith hoch aus dem Wasserfall auf und teilt diesen in zwei Hälften. Die nachfolgende Schlucht des **Forth Canyon** unterstreicht

INFORMATIONEN

Mountain Time

AUSKUNFT
Parkverwaltung in Fort Simpson, NWT, P.O. Box 300, X0E 0N0, Tel. 403-695-3151.

ANREISE
Über Fort Simpson über den Liard Highway 7 bis Nahanni Butte. Von Edmonton auf dem Alaska Highway über Fort St. John und Fort Nelson und zum Liard Highway.

REISEZEIT
Juli und August, im Frühjahr Moskitoplage. Früher Schneefall.

UNTERKUNFT
Hotels und Camping in Fort Simpson, auch in Fort Liard sowie drei kleine Zeltplätze im Park in Rabbitkettle Hot Springs, Virginia Falls und Kraus Hot Spring für Kanuten.

AKTIVITÄTEN
Flug in den Park von Fort Simpson oder Blackstone aus: Blackstone Aviation, Fort Simpson, P. O. Box 30, X0E 0N0, Fax 403-695-2132 oder Simpson Air, Fort Simpson, P. O. Box 30, X0E 0N0, Tel. 403-695-2050. Kanufahrten über lokale Veranstalter: Nahanni Ram Tourism Association, P. O. Box 117, Fort Simpson, X0E 0N0, Fax 403-695-251. Der Besuch des Parks ist persönlich bei der Parkverwaltung meldepflichtig. Eintritt: 100 Kanadische Dollar.

diesen Eindruck und verstärkt außerdem das Tosen des Wassers. Die für die Kanuten als Holzstege angelegten Portage-Wege führen an zahlreichen Aussichtspunkten vorbei, von denen aus man den Wasserfall sehen kann.

Nicht nur die eindrucksvolle Natur machte den Nahanni bekannt, sondern auch die zahlreichen Legenden, die rund um diesen wildreichen Fluß entstanden. Verlassene Goldminen, Landschaftsbezeichnungen wie *Funeral Range*, *Deathmen Valley*, *Murder Lake* oder *Headless Cave* sind Zeugnisse dieser Sagen. Zahlreiche Canyons und die heißen Thermalquellen von **Kraus** und **Rabbitkettle Hot Springs** unterstreichen den mystischen Charakter der Landschaft.

Einst war Nahanni das Gebiet der Slavey-, Goat- und Kaska-Indianer, die in den Gebieten der Mackenzie und Selwyn Mountains lebten. Der Name, der aus der Sprache der Indianer stammt, bedeutet übersetzt in etwa »Menschen von weit her« oder auch »Menschen aus dem weit entfernten Westen«. Um 1800 drangen europäische Entdecker in das Gebiet vor und errichteten in **Fort Simpson** einen Pelzhandelsposten. Erst Alexander McLeod konnte 1823 entlang des Flusses nach Norden vordringen und das Gebiet des heutigen Nationalparks erkunden. Etwa 1900 entstanden die Legenden um verunglückte Abenteurer: Vor allem Funde von kopflosen Skeletten veranlaßten die Menschen, allerlei Mysteriöses in Nahannis Landschaft zu interpretieren. Die Abgeschiedenheit, die Unwegsamkeit des Berggebietes mit den dichten Nadelwäldern, das rauhe Klima und das Fehlen jeglicher Verkehrswege trugen aber auch dazu bei, das Gebiet in seiner Ursprünglichkeit zu belassen.

Wer sich heute zum Nahanni National Park aufmacht, muß entweder das Buschflugzeug für Tagesbesuche oder das Kanu wählen. Mit diesem dauert die Fahrt von der Nordgrenze des Parks bei Rabbitkettle Hot Springs bis zur Nahanni Butte im Süden – eine 320 Kilometer lange Flußstrecke – etwa 2–3 Wochen. Bei den Virginia Falls ist ein kleiner Zeltplatz eingerichtet. Die Buschflugzeuge, die Abenteurer aus Fort Simpson und Blackstone zum Park bringen, dürfen bei den Wasserfällen landen und an einem Steg die Tagesbesucher absetzen. Kanuten, von denen seit 1995 nur mehr zwei Gruppen pro Tag starten dürfen, beginnen ihre abenteuerliche Fahrt in Rabbitkettle Hot Springs, wobei der Streckenabschnitt bis zu den Virginia-Fällen leichter zu befahren ist. Schwieriger wird der Fluß stromabwärts der Virginia Falls, wo er die engen Canyons durchfließt und zahlreiche enge Richtungsänderungen mit Strudeln und Wirbeln aufweist. Die Kanuten können entlang des Flusses campieren und so die nördliche kanadische Wildnis hautnah erleben.

1979 erklärte die UNESCO den Park und die Virginia Falls als erstes Gebiet Kanadas zum »World Heritage Site«. Höhlensysteme wie die **Grotte Valerie**, die älter als 350 000 Jahre sind, die Canyons und Thermalquellen, aber vor allem der Wasserfall selbst waren dafür ausschlaggebend.

KLUANE NATIONAL PARK

Etwa zwei Autostunden westlich von Whitehorse liegt in der südwestlichen Ecke des Yukon Territory der Kluane National Park. Er bewahrt Abschnitte der **St. Elias Mountains**, die zugleich die jüngsten und höchsten Berge Kanadas sind und zur Naturregion der nördlichen Coast Mountains gehören. Kluane enthält das größte Vorkommen an pazifisch-arktischen Pflanzen und Tieren von Nordkanada. Auf 22 000 Quadratkilometern erstrecken sich drei Bergketten mit zahlreichen Gipfeln, die von tiefen, von Gletschern ausgefüllten Tälern durchbrochen

Wild und abweisend: der Kaskawulsh Glacier im Nahanni National Park.

Im Sheep Creek Valley im Kluane Park sind auch Tageswanderungen möglich.

werden. Dem Tagesbesucher wird der eigentliche Park weitgehend verborgen bleiben, da von dem vorbeiführenden Alaska Highway und der Haines Road nur die östlich verlaufende Front Range zu sehen ist. Mit Höhen um 3000 Meter verstellt diese den Blick auf die im Hinterland liegenden Berggipfel, die mit dem **Mount Logan** mit 5951 Metern den höchsten Berg Kanadas aufweisen. Mehr als zehn Gipfel sind höher als 4500 Meter, und die Gletscher des Parks gelten als das größte Eisfeld der Welt außerhalb der Polgebiete. Mehr als 2000 Gletscher gehen von diesem Eisfeld aus, und aus der Luft wirkt die Landschaft des Parks wie ein Meer aus Eis und Schnee, aus dem die Felsgipfel wie Inseln herausragen.

Zwei Gebirgsketten durchziehen den Park von Nordwest nach Südost, die **Kluane Range** im östlichen Abschnitt und die **Icefield Ranges** im Inneren des Parks. Die Gesteinsplatten sind nur zwischen 6 und 20 Millionen Jahre alt. Sie sind deshalb von den Erosionskräften noch nicht so stark abgetragen und ragen noch heute hoch auf. Das Aussehen des Parks wurde weitgehend von der letzten Eiszeit geprägt, die vor 25000 Jahren begann. Die mächtigen Gletscherströme gestalteten vor allem die Front Range und die Flußtäler. Die Icefield Range hingegen sieht noch heute fast genauso aus wie in der Eiszeit.

Kluane gilt als der einzige Nationalpark Kanadas, in dem kein Haus steht und kein Meter Straße errichtet wurde. Einen Zugang bilden nur die Flußtäler des Alsek, Slim River oder Dezadeash River. Man muß mehrere Tage bis Wochen für die Touren einplanen, in dieser Zeit sind jedoch Gipfelbesteigungen nicht vorgesehen. Etwa 80000 Besucher genießen jährlich die Schönheit des Parks, aber nur die wenigsten werden in das Kerngebiet vordringen. Für die Bergwanderer stehen wenige Tagestouren zur Wahl, die in den Schutt-

INFORMATIONEN

Pacific Time

AUSKUNFT
Informationszentrum des Kluane National Parks in Haines Junction, Yukon, Y0B 1L0, Tel. 403-634-2251. Tourism Yukon, P.O.Box 2703, Whitehorse, Yukon, Y1A 2C6, Tel. 403-667-5340.

ANREISE
Über den Alaska Highway von Whitehorse 160 Kilometer bis Haines Junction. Oder von Skagway (USA) oder Haines (Schiffsanreise aus Vancouver mit BC Ferries, 1112 Fort Street, Victoria, B. C., V8V 4VZ, Tel. 604-386-3431 oder Vancouver 604-669-1211) über die Haines Road nach Haines Junction.

REISEZEIT
Juli bis Mitte September bei bis zu 19 Stunden Tageslicht. Sommerliche Hitze, aber bereits Frost im Oktober.

UNTERKUNFT
Motels in Haines Junction und Camping in Haines Junction und am Kathleen Lake im Park. Wandercamping entlang den Pfaden.

AKTIVITÄTEN
Mehrtägige Wanderungen im Park für Wanderer mit sehr guter Kondition nach Registrierung im Informationszentrum. Tageswanderungen etwa zum St. Elias Lake oder auf dem Rock Glacier Trail und Sheep Mountain, Angeln in den Seen.

Blick vom Helikopter in ein Seitental des Slim River Valley im Kluane National Park.

kessel des **Auriol**, rund um den **St. Elias Lake** oder zum **Sheep Mountain** führen. Eine Wanderung zum **Observation Mountain**, die durch das **Slim River Valley** führt und einen unverstellten Blick auf die Kaskawulsh-Gletscherzunge freigibt, dauert schon drei bis fünf Tage. Am Alsek River verläuft eine dreitägige Wanderung entlang einer alten Goldgräberroute, während der **Cottowood Trail** auf 85 Kilometer tiefer in das Hinterland von Kluane eindringt. Aber schon die Fahrt entlang des Alaska-Highway, der weitgehend an der Ostgrenze des Parks entlang führt, läßt die Weite und den arktischen Charakter des Gebietes erkennen.

Tagesbesucher können die Schönheit des Hinterlandes durch Helikopterflüge erleben, die vor allem einen Einblick in die beeindruckenden Gletscherlandschaften von **Donjek**, **Lowell** oder **Kaskawulsh** gewähren. Das Schmelzwasser des Kaskawulsh-Gletschers durchfließt das Slim River Valley und mündet bei Sheep Creek als sechs Kilometer breites Flußtal in den **Kluane Lake**. Diese Region war um 1898 das Ziel von Goldsuchern, die in Seitentälern des Slim River Claims absteckten und nach dem begehrten Edelmetall schürften. Im Tal unterhalb des Kaskawulsh-Gletschers fand man Waffenreste, deren Herkunft 5000 Jahre zurückreicht. Damals dürften in einer nacheiszeitlichen Wärmeperiode auf ausgedehnten Grasländern Bisonherden im Gebiet rund um den Kluane-Park gelebt haben.

Den entscheidenden Wandel erfuhr das Kluane-Gebiet durch den Bau des Alaska-Highway im Jahre 1942, als eine Landverbindung zwischen den USA und Alaska hergestellt wurde. Seit dieser Zeit gilt der Yukon nicht mehr als entlegene und abgeschiedene Landschaft.

PFLANZEN- UND TIERWELT

Kanadas Norden umfaßt mit mehr als fünf Millionen Quadratkilometern mehr als die Hälfte der Landesflächen und teilt sich in drei Provinzen auf. Nicht weniger als 11 Naturregionen zeigen, daß die Landschaften nördlich des 60. Breitengrades nicht einfach als einheitliche arktische Wüste abgetan werden können. Von Baffin Island im Osten, über die höchsten Berge Kanadas im Kluanegebiet im Westen reicht der Norden, bis zum Archipel von Ellesmere Island über den 80. Breitengrad hinaus. Acht Nationalparks bewahren bis heute sehr unterschiedliche Abschnitte der Naturregionen, von denen die meisten für Menschen nur schwer zugänglich sind. Auyuittuq, Kluane und Nahanni wurden gleichzeitig 1972 gegründet und im Nationalparksakt von 1974 festgeschrieben.

Auyuittuq schützt auf Baffin Island einen Abschnitt der östlichen Cumberland Halbinsel, die zur nördlichen Davis-Naturregion gehört. Eine einzigartige arktische Landschaft mit dem riesigen Penny Eisfeld und dem gletschergeformten Flußtal des Weasel und Owl River kennzeichnet den Nationalpark. Abgeflachte Berge wie der Mount Asgård, aber auch die 1500 Meter hoch aufragende Granitwand des Mount Thor bedingen, daß etwa 1000 Alpinisten jedes Jahr Auyuittuq besuchen. Im Sommer, wenn es 24 Stunden hell ist, entfaltet sich im kurzen, aber sehr intensiven arktischen Sommer eine überaus reiche Pflanzenwelt. Die Schuttfluren entlang der Flußläufe und Seitenarme erstrahlen im Rot der **Arktischen Weidenröschen** (*Epilobium angustifolium*). Auf Anhöhen gedeihen **Lappländische Alpenrose** (*Rhododendron lapponicum*), **Stengelloses Leimkraut** (*Silene acaulis*), **Diapensia** (*Diapensia lapponica*), **Krähenbeere** (*Empetrum nigrum*) und **Moosbeere** (*Vaccinium oxycoccus*), **Zwergbirken** (*Betula nana*), **Netzweiden** (*Salix reticulata*) und **Krautweiden** (*Salix herbacea*) überziehen mit ihren zarten Sträuchern den kargen Boden, während die Polster der **Silberwurz** (*Dryas integrifolia*) vor allem auf schottrigen Stellen aufkommen. Die Hauptblütezeit richtet sich nach der Strenge des Winters, beginnt aber meist Anfang bis Mitte Juli und dauert knapp vier Wochen. Bald zu Beginn der Vegetationszeit entfalten sich die leuchtend gelben Blütenstände des **Arktischen Mohns** (*Papaver radiatum*).

Für die meisten Tiere sind die unwirtlichen Bedingungen, die vor allem im Winter herrschen, zu hart. Nur 34 Arten kommen insbesondere im Tal des Owl und Weasel River vor. Zu den am häufigsten gesehenen gehören die **Schneeschuhhasen** und in manchen Jahren der **Grönländische Halsbandlemming** mit seinem berüchtigten Massenauftreten. Im nördlichen Owl Valley leben die **Schnee-Eulen**, während die **Karibus** wegen des zunehmenden Besucherstroms im Sommer in entferntere Talböden abgewandert sind. **Eisbären** sind innerhalb des Parks kaum anzutreffen, manchmal kommen einzelne Tiere im Nördlichen Pangnirtungs-Fjord ein wenig ins Tal, um nach Nahrung zu suchen. Im Fjord halten sich zahlreiche Seevögel wie **Eiderenten**, **Dreizehenmöwen**, **Gryllteiste** und **Dickschnabellummen** auf. **Belugas**, **Buckel-** und **Grön-**

Rote Arktische Weidenröschen überziehen im Sommer die Schuttböden entlang der Bäche im Weasel River Valley.

landwale sind ebenso wie die **Seehunde** auch im südlichen Fjord und im Cumberland Sound regelmäßig anzutreffen. **Narwale** und **Walrosse** kommen nur an der Nordküste von Baffin Island in die Buchten des Nationalparks.

Der **Nahanni-Nationalpark** liegt in den südlichen Mackenzie-Bergen inmitten des borealen Nadelwaldes, der in Westkanada wegen der fehlenden Wirkung der Hudson Bay weit nördlicher reicht als in Ostkanada. Die Mackenzie-Mountain-Naturregion gehört den nordwestlichen Gebirgen an, die in Verlängerung der Rocky Mountains bis nach Alaska reichen. Nahanni wird durch den Fluß und durch die tiefen Canyons geprägt. An den Hängen wachsen boreale Nadelwälder, die aus verschiedenen Fichtenarten und Balsampappeln (*Populus balsamifera*) bestehen und im Unterwuchs zahlreiche Moose und Flechten enthalten. Die subalpinen Bergrücken sind von arktisch-alpiner Tundra bedeckt. An Großsäugern leben **Schwarzbären**, **Elche**, **Wölfe**, **Weißwedelhirsche** und **Grizzlybären** im Park. Einsame Bergplateaus der Range Mountains sind die Heimat kleinerer **Karibuherden**. Im südlichen Parkabschnitt wurde von Wildbiologen eine **Waldbisonherde** angesiedelt, die bei einem Flug in den Park auf den Sandbänken des South Nahanni River eindrucksvoll gesehen werden kann.

Das Steinschaf ist eine Unterart des weißen Dallschafs.

Kluane im nordwestlichen Eck an der Grenze zu Alaska enthält die höchsten Berge Kanadas. Entsprechend einsam und unerreichbar ist dieser Park, der fast zu 80 Prozent aus Hochgebirgen und Eisfeldern besteht und die größte Eiskappe außerhalb der Pole darstellt. Tiere und Pflanzen können fast ausschließlich auf der *Front Range* leben, die als östlichste Gebirgskette der St. Elias Mountains »nur« Höhen um 3500 Meter erreicht. Die nicht allzu steilen Hänge, die von den breiten Tälern der mächtigen Gletscherströme durchbrochen sind, sind mit Nadelwäldern aus **Weißfichten**, **Birken** und **Balsampappeln** bewachsen. In Höhen über der Waldgrenze folgen Zwergsträucher, Gebüschbirken und Zwergbirken, die sich vor allem am Beginn des Herbstes, Ende August, in ein Farbenmeer verwandeln. Kluane ist gleichbedeutend mit der größten Population an **Dallschafen**, weiß gefärbten Verwandten der Dickhornschafe. Etwa 4400 Tiere leben im Park, und ganzjährig können kleinere Herden am Sheep Mountain nahe des Slim River von der Straße aus gesehen werden. Im Süden des Parks übernehmen **Schneeziegen**, die rund um den Kathleen Lake in Höhen über der Waldgrenze leben, die Rolle der Dallschafe. Auch im Winter steigen sie nicht ins Tal herab, während die Dallschafe in tiefere Lagen kommen, um ihre spezielle Nahrung, ausgewählte Beifuß- und Wermutgewächse, aufzunehmen. Ungefähr 250 **Grizzlybären** halten sich vor allem auf den Grashängen der Front Range knapp über der Waldgrenze auf. Dort erleuchtet im Sommer eine bunte Flur aus Bergblumen wie **Akelei-**, **Eisenhut-** und **Ritterspornarten** die grauen Schuttkegel. Über den Tälern des Slim und Alsek River kreisen die **Steinadler**.

Der Schneeschuhhase lebt in den arktischen Weiten von Baffin Island.

Im Tal des Weasel River im Auyuittuq National Park liegt selbst im Juli noch der Schnee des vergangenen Winters. Im Hintergrund ragt der Mount Thor auf.

Die Espenwälder präsentieren sich im Herbst wie alle Laubwälder in leuchtenden Farben, im Unterwuchs blüht das als Fireweed bezeichnete Weidenröschen.

Die Kluane Ranges mit dem bewaldeten Vorland sind das jüngste und höchste Gebirge Kanadas.

Alte Trapperhütte nahe Blackstone beim Nahanni National Park.

Junger Schneeammer am Boden der Tundra.

Dichtes Blütenpolster des Moosglöckchens.

Das Waldkaribu im Stone Mountain Provincial Park.

Die alte Goldgräberroute in den Sheep Creek ermöglicht einen guten Einblick in das hintere Tal des Slim River im Kluane National Park.

Im Kluane Country beeindruckt neben der Abgeschiedenheit vor allem die Weite der nördlichen Landschaften Kanadas, hier am Kluane Lake mit dem Sheep Mountain.

Die Virginia Falls im Nahanni National Park sind die höchsten Wasserfälle Nordamerikas; sie liegen in einem der entlegensten Gebiete Kanadas.

PRAKTISCHE REISEHINWEISE

ADRESSEN

In Kanada:

Botschaft der Bundes-
republik
Deutschland:
Embassy of Germany,
275 Slater Street,
Ottawa, ON K1P 5H9,
Tel. 613-232-11 01.

Schweizerische Botschaft:
Embassy of Switzerland,
5 Marlborough Avenue,
Ottawa, ON K1N 8E6,
Tel. 613-235-18 37.

Österreichische Botschaft:
Austrian Embassy,
445 Wilbrod Street,
Ottawa, ON K1N 6M7,
Tel. 613-563-1444.

In Deutschland, Schweiz und Österreich

Kanadische Botschaft,
Friedrich-Wilhelm-Straße 18,
53044 Bonn,
Tel. 0228-968-0.
Visaabteilung:
Godesberger Allee 119,
53175 Bonn,
Tel. 0228-810060.

Kanadische Botschaft,
Kirchenfeldstr. 88,
CH-3005 Bern,
Tel. 031-446381.

Kanadische Botschaft,
Dr.-Karl-Lueger-Ring 10,
A-1010 Wien,
Tel. 01-533-33691.

Tourisme Québec,
Immermannstr. 65 D,
40210 Düsseldorf,
Tel. 021-17863-O,
Fax 0211-17863-31.

Air Canada,
Friedensstr. 7,
60311 Frankfurt/M,
Tel. 069-27115-111,
Fax 069-27115-112.

Eisenbahn:
Kanada Reisedienst
(Generalvertretung für
Via Rail Canada
und Rocky Mountaineer),
Rathausplatz 2,
D-22926 Ahrensburg,
Tel. 04102-51167,
Fax 04102-31713.

ANREISE

Flugverbindungen zwischen Frankfurt/Main u. a. deutschen oder europäischen Flughäfen mit Montreal, Toronto, Calgary, Edmonton, (Winnipeg) und Vancouver durch Lufthansa, Canadian Airlines, Swiss Air und Austrian Airlines. Verbilligte Tarife auf Linienflügen bedingen feste Buchungen und Einhaltung bestimmter Zeiten. Zeitzonen im Weltverkehr und innerhalb Kanadas beachten, sie sind in der Karte eingetragen.

In den Flugplänen ist die Ortszeit unter Angabe der Abweichung dieser Ortszeit von der GMT (General Mean oder Greenwich Time) angegeben.

BANKEN UND GELD

Die Währung ist der kanadische Dollar, der in 100 Cents geteilt wird. Das Zahlungsmittel ist meist die Kreditkarte. Am besten besitzt man mehrere und verteilt sie auf sich und den Reisepartner. Mit ihnen bekommt man bei Banken das nötige Bargeld und zahlt in Geschäften auch kleinere Beträge von mehr als 30 bis 40 Dollar. Unter diesem Betrag wird die Annahme oft verweigert. Man achte auf das Verfallsdatum der Karten und notiere an getrenntem Ort die Kartennummer und die Telefonnummer, bei der etwaiger Verlust angemeldet werden muß. Auch auf Kanadische Dollar ausgestellte Reiseschecks sind zu empfehlen. Europäische Banknoten, lokale Kreditkarten und Eurocheques etc. werden nicht eingelöst. Banken haben meist Montag bis Freitag von 10.00 bis 15.00 Uhr geöffnet.

BESONDERHEITEN

Funkgeräte (Walkie-talkies) bis 100 mW Leistung sind im Frequenzbereich 26,97 bis 27,27 MHz genehmigungsfrei. Sie

dürfen wie Radios etc. an Bord von Flugzeugen nicht betrieben werden. Striktes Rauchverbot bei Flügen kanadischer Fluggesellschaften. Auch in öffentlichen Einrichtungen herrscht Rauchverbot.

Europäische Führerscheine, Segelscheine und Motorbootführerscheine werden anerkannt. Vorsicht: Es gelten besondere Vorschriften über das Mindestalter des Fahrers (21 Jahre). Die Verkehrszeichen entsprechen denen in Europa. Auf Fernstraßen gilt eine Geschwindigkeitsbegrenzung von 100 km/h, auf Landstraßen 80 km/h; innerhalb von Ortschaften 50 km/h Höchstgeschwindigkeit. Nie haltende Schulbusse passieren!

EINREISE UND AUSREISE

Ein noch sechs Monate gültiger Reisepaß ist zwingend. Das Einreisevisum (3 Monate gültig) wird am Flughafen erteilt. Schweizer und Österreicher brauchen inzwischen kein Vorausvisum mehr. Impfungen sind nicht erforderlich. Gelegentlich kann der Nachweis des Rückflugtickets und von genügend Zahlungsmitteln (Kreditkarte) verlangt werden.
Diese Bestimmungen gelten auch für die Einreise nach USA über die kanadische Grenze. (In der USA Visumfreiheit nur für EU-Bürger; Devisenmitnahme unbegrenzt.) Besondere Vorschriften für Schußwaffen zur Jagd. Nach Kanada dürfen bestimmte Lebensmittel nicht sowie generell keine Pflanzen eingeführt werden. Ansonsten entsprechen die Zollvorschriften den europäischen. Die Mitnahme von Tieren ist äußerst problematisch. Erkundigen Sie sich vorher genau bei den Konsulaten.

Kinder unter 16 Jahren im Familienpaß eintragen lassen. Jugendliche zwischen 16 und 18 Jahren brauchen einen eigenen Reisepaß mit Lichtbild bei Begleitung durch einen Erziehungsberechtigten oder mit seiner beglaubigten Genehmigung.

EISENBAHN

Auch die Bahnfahrt durch die Rocky Mountains und weite Teile Kanadas hat ihre Reize. So fährt der *Rocky Mountaineer* von Vancouver nach Kamloops und teilt sich dort auf in einen Zug nach Jasper und einen nach Banff. Der Zug nach Banff quert die Rockies auf spektakulären Trassen, die man aus den Pan-

orama-Waggons erleben kann. Es sind ca. 1000 Kilometer Fahrt, die nur am Tage stattfindet und eine Übernachtung in Kamloops einschließt. An den Endstationen kann man dann einen Leihwagen nehmen und nach dem Besuch der Rockies mit dem Wagen nach Calgary fahren, um von dort zurückzufliegen.

ESSEN UND TRINKEN

In kanadischen Hotels wird selten das Frühstück eingenommen, man geht zum Coffeeshop oder zu einer der preiswerten Ketten. Das reichliche Frühstück ermöglicht es, auf das Mittagessen zu verzichten oder nur einen kleinen Snack unterwegs zu nehmen. Man kann auch im feinsten Restaurant ein Glas Milch verlangen, ohne daß der Kellner erschrickt. Am Abend Fastfoodketten meiden, die auf raschen Verzehr drängen und kaum zum Sitzen und Unterhalten geeignet sind. Die Restaurantpreise sind höher als bei uns, die Fastfoodketten billiger als europäische Schnellimbisse. Trinkgeld ist nur bei individueller Bedienung und im Taxi üblich (ca. 15 %).

FESTE UND FEIERTAGE

Neben den bei uns üblichen Festtagen gelten: *Victoria Day* um den 20. Mai, *Canada Day* am 1. Juli, *Labour Day* Anfang September, *Thanksgiving* um den 12. Oktober und *Remembrance Day* am 11. November. Hinzu kommen sehr unterschiedliche regionale Festtage.

FISCHEN

Lizenzen sind an Ort und Stelle erhältlich, oft bei Outfittern (Ausrüster). Heimischer Angelschein unnötig.

INFORMATIONEN UND HILFE

Hilfe erhält man in Notfällen über die Botschaften. Auch die Luftverkehrsgesellschaften wie Lufthansa, Swiss Air, Austrian Airlines, Air Canada und Canada Airlines sind im Regelfall bereit, mit deutschsprachigen Informationen und Empfehlungen weiterzuhelfen.

LEIHWAGEN

Der unvermeidliche Leihwagen oder das Campmobil wird am preiswertesten in Europa zu einem festen Tarif mit unbeschränkter Kilometerzahl (*unlimited mileage*) angemietet. Fahrer unter 21 Jahren werden oft nicht akzeptiert. Eine zusätzliche Versicherung gegen Blechschäden (*Collision Damage Waver*) empfiehlt sich, da man sonst bis zu einigen tausend Dollar haftet. Die (eingeschränkte) Haftpflichtversicherung ist in der Miete regelmäßig enthalten, jedoch keine Insassenversicherung. Benzin kostet bleifrei (*unleaded*) 0,59 bis 0,64 Kanadische Dollar. Straßenhilfsdienst über den CAA (*Canadian Automobile Association*), für ADAC-Mitglieder meist kostenlos.

MASSEINHEITEN

Temperaturen werden in Grad Celsius, Entfernungen in Kilometern und Maße in Kilogramm und Liter angegeben.

NOTFÄLLE

Notrufnummer in Kanada ist einheitlich die 0 aus Telefonzellen, sonst über den Operator im Hotel. Nottelefone der CAA (Canadian Automobil Association) an den Highways. Die Polizei ist die einst berittene Royal Canadian Mounted Police, die man schon von weitem an ihren breiten Hüten und Reitstiefeln erkennt. Sie gelten als streng und hilfsbereit zugleich.

POST UND TELEFON

Briefe oder Karten nach Europa kosten 1$. Postämter sind meist von Montag bis Freitag von 9.00 bis 18.00 Uhr geöffnet. Man telefoniert im Hotel über Zimmerrechnung (zwar mit Zuschlag, aber bequem) oder in öffentlichen Telefonzellen mit Münzen (nur 25-Cent-Münzen werden angenommen) oder über den sich meldenden Operator, der einem sagt, wieviel man einwerfen muß. Kreditkartentelefone gibt es fast überall, außer im Yukon und in den Northwest Territories. In diesem Buch beginnen Telefonnummern mit der kanadischen Vorwahl. Die Vorwahl aus Kanada für Europa ist 011, gefolgt von 49 für die BRD, 41 für die Schweiz und 43 für Österreich. Es folgen die Ortsvorwahl ohne die Null und dann die Rufnummer. Telegramme werden von den privaten Gesellschaften CN (*Canadian National*) oder CP (*Canadian Pacific*) befördert, eine davon findet sich überall.

REISEN IN KANADA

Für eine Reise durch ganz Kanada, z. B. eine Fahrt quer durch Kanada von Nova Scotia bis Vancouver auf dem Trans Canada Highway werden vernünftigerweise sechs Wochen Zeit benötigt. Ansonsten sind zwei Wochen knapp ausreichend, um einige Nationalparks im französisch sprechenden Kanada zwischen Québec und Montreal einschließlich Toronto und Ottawa zu besuchen oder die Nationalparks in den Rocky Mountains zwischen Calgary und Vancouver Island. Es empfiehlt sich dringend, alle Flugtickets, auch die Zwischenstrecken innerhalb Kanadas in einem Ticket in Europa zu kaufen.

REISEZEIT

Die touristische Saison in Kanada ist verglichen mit Europa sehr kurz. Vor Mitte Juni öffnet kaum eine Lodge in den Nationalparks der Rocky Mountains, und sie schließen bereits Ende August/September wieder. Dennoch kann man die Nationalparks der Rocky Mountains auch noch im September (und vielleicht im Oktober, je nach Witterung) besuchen, man muß sich aber auf Schnee einstellen und sorgsam sein Quartier wählen.

SPRACHE

Mit Englisch ist auch in den französisch sprechenden Teilen Kanadas gut durchzukommen. Ein paar rasch erlernte französische Worte sind Balsam für die Francophonen.

STROM

In Kanada sind 110 V (60 Hz) Wechselstrom üblich. Nur umschaltbare Rasierer, Föns etc. mitnehmen und einen Zwischenstecker, sog. Amerikastecker, nicht vergessen.

UNTERKUNFT

Die Abwägung Campmobil gegen Hotel oder Motel ist in Kanada schwieriger als in den USA. In manchen Etappen sind die Motels (noch) recht rar. In der Vor- und Nachsaison ergeben sich dennoch kaum Probleme. In der Hauptsaison kann dies kritisch werden. Es empfiehlt sich auf jeden Fall, über ein Reisebüro wenigstens am Ankunfts-, Zwischen- und Abflughafen ein festes Hotel anzumieten. Der Preisunterschied zwischen Wohnmobilkosten und Hotel ist für ein bis zwei Personen recht gering und kein Kriterium. Für eine Reise durch Nationalparks bietet ein Wohnmobil wegen des Mangels an Hotels erhebliche Vorzüge.

VERSICHERUNGEN

Man prüfe rechtzeitig, ob Krankenversicherung und Unfallversicherung in Kanada (und USA) gültig sind und schließe gegebenenfalls gegen eine geringe Gebühr eine Reisekrankenversicherung inclusive Rückholversicherung ab. Auslandskrankenscheine sind wertlos.

Der Auslandsschutzbrief des ADAC ist in Amerika ungültig. Alle Leistungen in Kanada sind im Regelfall bar zu leisten, was de facto nur mit Kreditkarten möglich ist.

REGISTER

Kursive Seitenzahlen verweisen auf Abbildungen

Nationalparks
Skandinavien

Unterwegs zu den letzten unberührten Naturlandschaften Europas: Die skandinavischen Nationalparks mit ihren gewaltigen Gebirgsketten, den tief ins Land hineinragenden Fjorden, weiten Tundren, wildschäumenden Wasserfällen, breiten Strömen, uralten Fichten- und Kiefernwäldern, zerklüfteten Gletscherzungen und sanften Moorlandschaften begeistern jeden.

Nationalparks
Skandinavien

Text und Fotos: Peter Mertz

mit Finnland

Inhalt

Special 6

Dänemark und südliches Schweden 30

Südnorwegen und das Fjordland 56

Nord-Norwegen 90

Die Faszination einer Urlandschaft

Skandinavien wurde schon vor langer Zeit zu meiner großen Leidenschaft. Zwei Ereignisse trugen dazu bei, daß ich mit diesen Ländern vor mehr als 25 Jahren in Berührung und seither nicht wieder von ihnen los kam. Es waren zum einen die Reiseschilderungen eines Bekannten über Finnland, der damals allein zu einer Weitwanderung am Karhunkierros, dem Bärenpfad, aufbrach. Zum anderen bekam ich ungefähr gleichzeitig ein Buch von Robert Crottet, dem bekannten Schweizer Schriftsteller, der seit 1937 mit einem Stamm der Skolt-Lappen verbunden ist, in die Hand und fand darin ein Bild des finnischen Sees Kilpisjärvi. Der Blick vom Saana, einem der heiligen Berge der Samen, auf den einsamen, nur von unberührter Natur umgebenen See zusammen mit der weiten, ja fast unendlich wirkenden Landschaft faszinierte mich so sehr, daß ich den unbändigen Wunsch hatte, dieses Land mit eigenen Augen zu sehen. Erst mehrere Jahre später konnte ich meinen Traum in die Tat umsetzen. Die Wirklichkeit hielt, was die Abbildung von Crottet versprochen hatte, und setzte sich fast als Philosophie in mir fest. Die Landschaft ermöglicht – nach Crottets Worten – eines der schwierigsten Vorhaben im Leben eines Menschen, nämlich »sein zu können, ganz ohne jeden Wunsch«.

Kilpisjärvi steht aber nicht nur für die glanzvolle Weite der lappländischen Landschaft, sondern symbolisiert auch einen Teil der skandinavischen Mentalität. Ganz in der Nähe liegt das Dreiländereck, wo Norwegen, Schweden und Finnland zusammentreffen.

Traditionell fährt man zum Briksdalsbreen mit der Pferdekutsche.

Dieser Grenzpunkt besteht bereits seit vielen Jahren und war nie umstritten. Doch Lappland durchbricht als eigenes Land diese politischen Grenzen und bildet ein von der Natur und vom Nomadenvolk der Samen geprägtes übergeordnetes Territorium. Seine Grenzen bestimmen nicht Regierungsbeschlüsse, sondern die vorgegebenen Wanderrouten der Rentierherden, die bereits vor Beginn der geschichtlichen Überlieferung bestanden. Kilpisjärvi steht somit auch für das friedliche Nebeneinander, die Toleranz und Offenheit, die die skandinavischen Völker in vielen Lebensbereichen unter Beweis stellen.

Mit dem Norden Europas verbindet sich aber auch die landläufige Meinung von kühlen, verregneten Sommern und Stechmückenschwärmen, von den eigenwilligen skandinavischen Sprachen oder der sprichwörtlichen Einsamkeit in den Wäldern – wie bei allen Pauschalierungen wird manches zutreffen, anderes nicht. Doch eine Reise durch die skandinavischen und finnischen Nationalparks verdeutlicht, daß eine Verallgemeinerung in jedem Falle ihre Richtigkeit hat: Im hohen Norden finden wir noch jene rauhe und übermächtige Natur, die einstmals ganz Europa beherrschte. Und gerade die Nationalparks garantieren, daß diese Natur langfristig erhalten bleibt, ohne jedoch Besucher auszuschließen.

Der Naturraum Fennoskandiens

Norwegen, Schweden und Finnland bilden zusammen mit Karelien und der Halbinsel Kola die naturgeographische Einheit Fennoskandien. Hier vereinigen sich uralte Stücke der Erdkruste und

Der dunkelrote Rapakiwigranit des Skuleskogen-Nationalparks gehört zu den urtümlichsten Landschaften Nordskandinaviens.

Gesteine, die 1,8 Milliarden Jahre alt sind, zu ganz ursprünglichen Landschaften. In erdgeschichtlich jüngerer Zeit verliehen die Gletscher der Eiszeiten diesen Regionen den letzten Schliff und hinterließen ausgedehnte Flachländer, Seengebiete, sanfte Hügelketten und schroffe Gebirge in allen Übergangsformen. Tiefe Schluchten wie die des Altajoki oder die im finnischen Nationalpark Kevo, die weltweit bekannten norwegischen Fjorde, die für Europa einzigartigen und unerschlossenen Gebirgsebenen der Hardangervidda oder Jotunheimens, der größte Gletscher Europas, der Jostedalsbreen, ins Meer kalbende Gletscherzungen oder der unendliche Waldreichtum, der in allen Staaten zusammen fast zwei Prozent des Waldvorkommens der Welt ausmacht, sind nur einige der Superlative, mit denen diese Länder aufwarten. Dazwischen liegt aber eine liebliche und unvergleichlich schöne nordische Landschaft, die durch ihre Ausstrahlung jeden Besucher in ihren Bann zieht. Zu diesen drei Staaten steht Dänemark auf den ersten Blick in einiger Distanz, was sich bei näherer Betrachtung jedoch nicht bewahrheitet. Sowohl die vorgeschichtliche Zeit, als anstelle der Ostsee eine Landbrücke den mühelosen Austausch des Tier- und Pflanzenlebens zuließ, als auch die jüngere Geschichte, als Schweden zu Dänemark gehörte, beweisen, daß die Staaten eng in Verbindung stehen. So faßt man heute Dänemark, Schweden und Norwegen zu Skandinavien zusammen, zu dem vom Naturraum her auch Finnland gehört. Doch die völlig unterschiedliche Abstammung des finnischen Volkes gegenüber den »Skandinaviern« veranlaßte die Verantwortlichen, die heute gebräuchliche Unterteilung vorzunehmen.

»Wir haben allen Grund, uns über die Nationalparks zu freuen und auf sie stolz zu sein«, erklärt Valfried Paulsson vom schwedischen Amt für Umweltschutz, »die Nationalparks sind unsere am stärksten geschützten Naturgebiete, geschützt sowohl für als auch vor dem Menschen.« Damit umschreibt der schwedische Biologe sehr treffend die Stellung der Nationalparks im skandinavischen und auch finnischen Gesellschaftsleben. Ähnlich den mitteleuropäischen Kunstschätzen verkörpern sie einen charakteristischen Teil der Staaten und tragen zum Nationalbewußtsein der Bevölkerung bei. Sie beweisen auch das hohe Naturverständnis der Skandinavier, das sich nicht zuletzt in einem sehr ursprünglichen Zugang und Umgang mit der Natur widerspiegelt.

Dieses Buch will in Wort und Bild die Faszination der skandinavischen Natur aufspüren und die vielfältigen Landschaftsformen und Natursehenswürdigkeiten von 35 ausgewählten Nationalparks vorstellen. Es werden aber auch einige Landschaften porträtiert – beispielsweise die Lofoten oder das norwegische Fjordland –, deren Schönheit und deren Pflanzen- und Tierwelt der der Nationalparks ebenbürtig sind.

SKANDINAVIEN
N
0
150 km
Nordkapp
Barentssee
Nordmeer
Atlantischer Ozean
NORWEGEN
SCHWEDEN
FINNLAND
RUSSLAND
ESTLAND
LETTLAND
LITAUEN
RUSSLAND
POLEN
WEISSRUSSLAND
DEUTSCHLAND
DÄNEMARK
Finnmark
Hammerfest
Honningsvåg
Varangerhalvøya
Tanafjord
Kirkenes
Alta
Lakselv
Karasjok
Inari
Ivalo
Tromsø
Storslett
Andenes
Vesterålen
Harstad
Sortland
Lofoten
Narvik
Svolvær
Reine
Vestfjorden
Abisko
Kebnekaise 2111 m
Kiruna
Nikkaluokta
Vittangi
Kilpisjärvi
Karesuvanto
Kittilä
Sodankylä
Kolari
Bodø
Malmberget
Jokkmokk
Gällivare
Rovaniemi
Kemijärvi
Kuusamo
Ylitornio
Haparanda
Kemi
Boden
Luleå
Mo i Rana
Mosjøen
Tärnaby
Arjeplog
Arvidsjaur
Gardjönäs
Storuman
Vennesund
Oulu
Raahe
Pudasjärvi
Skellefteå
Lycksele
Dorotea
Åsele
Umeå
Holmsund
Namsos
Grong
Steinkjer
Trondheim
Kristiansund
Molde
Ålesund
Åndalsnes
Sunndalsøra
Støren
Røros
Östersund
Sollefteå
Kramfors
Örnsköldsvik
Vaasa
Jakobstad
Kokkola
Kajaani
Iisalmi
Kuopio
Joensuu
Savonlinna
Jyväskylä
Lapua
Kristinestad
Pori
Tampere
Rauma
Mikkeli
Lappeenranta
Lahti
Kouvola
Kotka
Hyvinkää
Espoo
Helsinki
Hanko
Turku
Uusikaupunki
Åland
Bottnischer Meerbusen
Finnischer Meerbusen
Sundsvall
Hudiksvall
Ljusdal
Sveg
Särna
Mora
Falun
Gävle
Borlänge
Ludvika
Malung
Sala
Uppsala
Kapellskär
Västerås
Stockholm
Örebro
Karlstad
Arvika
Kopparberg
Säffle
Vänern
Vättern
Lidköping
Motala
Norrköping
Linköping
Jönköping
Västervik
Visby
Gotland
Gotska Sandön
Fårösund
Burgsvik
Öland
Kalmar
Oskarshamn
Växjö
Nybro
Karlskrona
Karlshamn
Kristianstad
Ostsee
Bornholm
Rønne
Florø
Nordfjordeid
Førde
Vadheim
Bergen
Voss
Gol
Lillehammer
Hønefoss
Oslo
Moss
Sandefjord
Larvik
Haugesund
Stavanger
Egersund
Porsgrunn
Notodden
Valle
Evje
Arendal
Kristiansand
Skagerrak
Uddevalla
Göteborg
Borås
Varberg
Halmstad
Helsingborg
Helsingør
Kopenhagen
Malmö
Trelleborg
Kattegat
Hirtshals
Hanstholm
Frederikshavn
Ålborg
Viborg
Randers
Århus
Jütland
Holstebro
Herning
Vejle
Varde
Esbjerg
Odense
Fyn
Slagelse
Seeland
Næstved
Lolland
Sønderborg
Tønder
Nordsee
Gedser
Kiel
Travemünde
Rostock
Saßnitz
Hardangervidda N.P.
Jotunheimen N.P.
Dovrefjell N.P.
Rondane N.P.
Sarek N.P.
Padjelanta N.P.
Stora Sjöfallet N.P.
Abisko N.P.
Muddus N.P.
Lemmenjoki N.P.
Urho Kekkonen N.P.
Oulanka N.P.
Haparanda Schärengarten

Südnorwegen ist reich an spektakulären Hochgebirgen; sie sind fast alle als Nationalpark ausgewiesen. Am Rande des Jotunheimen-Parks erreicht das Sognefjell mit dem Landschaftsschutzgebiet rund um den Fannaråken Höhen um 1400 Meter.

Südskandinavien ist relativ stark besiedelt, und nur in Schutzgebieten kann der ursprüngliche Zustand der Landschaft erhalten werden. Eine besonders attraktive Gegend ist der Tiveden-Nationalpark mit seinen von Föhren bewachsenen Granitfelsen.

Dank der eng zusammenstehenden und hoch aufragenden Bergflanken ist er Norwegens Fjord der Fjorde: der Geiranger. Von diesem Aussichtspunkt ist die S-förmige Krümmung des Meeresarms besonders gut zu sehen.

In der unvergleichlichen Stille eines frühen Morgens liegt der Lovatnet wie ein natürlicher Spiegel vor der dramatischen Szenerie des Jostedalsbreen-Nationalparks.

Der Oldenvatnet am Rande des Jostedalbreen-Nationalparks in hochsommerlicher Blütenpracht.

Die Rundblättrige Glockenblume am Gjendesee im Osten des Jotunheimen-Nationalparks.

m Herbst überziehen die Wälder die sonst eher düster wirkenden Rondaneberge mit ihren prächtigen Farben.

ogar im Mai herrscht in den Bergen von Jotunheimen – hier das Bøverdalen – noch der Winter.

Typische Landschaft im östlichen Teil des Saltfjell-Svartisen-Nationalparks: Kurz vor dem Bredekfossen mäandert die Stormdalsåga durch das wildreiche Stormdalen.

Das hochnordische Fjällgebiet des Padjelanta-Nationalparks. Das »Land dort oben« – so die Übersetzung des Namens – ist relativ leicht zu begehen; so können Wanderer trotz der abgeschiedenen Lage die landschaftlichen Schönheiten und im Sommer die reiche Flora genießen.

Felshügellandschaften, urzeitliche Geröllfelder und alte Waldgebiete in Meeresnähe machen den Skuleskogen-Nationalpark zu einem für Schweden unvergleichlichen Gebiet. Der liebliche Lagerplatz am Tärnättvattnen lädt zu einer Rast ein.

Das Delta des Rapaätno im Sarek-Nationalpark gehört zu den außergewöhnlichsten Landschaften Skandinaviens. Mit seinen zahllosen Seitenarmen und Lagunen wird der Fluß zum Sinnbild für die Dynamik und Kraft der Natur.

Die Landschaft Nordkareliens im östlichen Finnland besteht aus einem Mosaik aus Seen, Inseln und Moorgebieten. Von den Koli-Bergen aus hat man einen nahezu unverstellten Blick auf den Pielinen-See.

Dänemark und südliches Schweden

Dänemark und Südschweden gehörten in erdgeschichtlicher Zeit zusammen und wurden erst durch das Abschmelzen der eiszeitlichen Gletscher und das Ansteigen des Meeresspiegels getrennt. Zuvor konnten Tiere und Pflanzen mühelos zwischen den beiden Gebieten hin- und herwandern, weshalb in Südschweden ganz ähnliche Lebensgemeinschaften vorzufinden sind wie in Dänemark. Südschweden entspricht auch klimatisch den Bedingungen des dänischen Festlandes. Die Laubwaldlandschaften sind von weiten Kulturflächen unterbrochen und enthalten schützenswerte Natur nur noch in kleinen Inseln oder an den Küsten. Sie leiten gleichsam als Ouvertüre von den Kulturlandschaften Mitteleuropas zu den Urlandschaften über, die wir mit Skandinavien verbinden.

Skandinavische Ouvertüre

Dänemarks Landschaft gestaltet sich bei näherer Betrachtung weit vielfältiger, als man auf den ersten Blick annehmen möchte. Zu viele Klischees von den überfüllten, adriaähnlichen Sandstränden Westjütlands, von den Weihnachtsbaumkulturen, die halb Mitteleuropa versorgen, oder von den eintönigen und ebenen Heidelandschaften prägen eine falsche Vorstellung. Vor allem die Küstenlinie ist längst nicht so eintönig, wie ihre weiche, geschwungene Form in der Landkarte vermuten läßt. »Es ist ein lieblich Land«, heißt es in der dänischen Nationalhymne: Weite Buchten mit schmalen Nehrungen, Steilküsten, hundert Meter hohe Kalkfelsen, Wattenmeerbuchten, Dünengürtel und die Granitschären Bornholms zeigen die ganze Vielfalt des Landes.

Die Kalkbuchenwälder auf Møn erstrahlen im Mai im bunten Frühjahrskleid.

Dänemarks Landfläche, die aus einem Festlandanteil, der Halbinsel Jütland, und zahlreichen Inseln mit den großen Hauptinseln Seeland und Fünen besteht, gehört erdgeschichtlich der großen Tiefebene an, die im Norden Mitteleuropas von Belgien bis weit ins Baltikum reicht. Die größte Erhebung des Landes, der *Yding*, ist gerade 173 Meter hoch. Das Meer spielt in allen Landesteilen eine große Rolle. Insgesamt 7474 Kilometer Küstenlinie ziehen sich rund um die 400 bis 500 Inseln und Inselchen sowie die wenigen Schären rund um das felsige Bornholm ganz im Osten. Jütland, Dänemarks kontinentaler Teil, besitzt trotz der intensiven Landveränderung immer noch interessante Heide- und Moorlandschaften, die meist zu kleinflächigen Naturschutzgebieten zusammengefaßt sind. Auch Buchenwälder sind für das natürliche Landschaftsbild typisch; immer öfter jedoch müssen sie Kiefern und Fichten weichen.

Die West- und Ostküste Jütlands wirken sehr unterschiedlich. Ursache dafür ist, daß sie ungleich stark vom Eis bedeckt waren. Die Nordseeseite, die von Eismassen der älteren Eiszeit überlagert war, kennzeichnet eine sandige »Ausgleichsküste« mit weitgehend glattem Verlauf und eingesprengten Strandseen. An der Ostseite lagern hingegen die fruchtbaren End- und Grundmoränen der jüngsten Vereisung. Sie ist durch weit ins Land reichende Einschnitte – Förden und Sunde – stark gegliedert. Nach Osten löst sich Dänemark dann in zahlreiche Inseln auf. Im Norden wird Jütland vom **Limfjord** unterbrochen. Dieser langgezogene Einschnitt, der geologisch betrachtet kein echter Fjord ist, zerschneidet ganz Jütland und mündet sowohl in die Nordsee als auch in den Kattegat. An manchen Stellen erreicht er eine Breite von mehr als 25 Kilometern. Vor allem rund um die Insel Mors nördlich und westlich von Nykøbing sind eindrucksvolle und vogelreiche Brack- und Süßwasserbiotope entstanden. In der Nähe von **Skagen**, der nördlichsten Spitze von Jütland, befindet sich die letzte dänische Wanderdüne, Råbjerg Mile. Sie rückt jährlich mehrere Meter ostwärts.

Dänemarks Schutzgebiete

Was die Gründung von Nationalparks betrifft, ist Dänemark eher rückständig. Bisher wurde nur ein Park eingerichtet, der aber in untypischer Weise ein historisch wertvolles Gebiet schützt. Herausragende Naturlandschaften werden in kleineren Schutzgebieten bewahrt, zu den bedeutendsten

zählen sechs Küstenabschnitte: Die Wanderdüne **Råbjerg Mile** an der Nordspitze von Skagen, die Kreidefelsen der Insel Møn, **Møns Klint**, die Heiligtumsklippen auf Bornholm, **Helligdomsklipperne**, die Steilküste von Vodrup, **Vodrup Klint** auf der Insel Aerø und die Berge von **Mols** an der Ostküste. Drei interessante Schutzgebiete liegen im Landesinneren: ein ehemaliger Heerweg, **Haervejen**, ein typischer und naturbelassener Abschnitt der jütländischen Heidegebiete, **Den jyske Hede**, und ein Teil der Insel **Fur** am Limfjord im Norden Jütlands. Ein äußerst wertvolles Schutzgebiet ist der Abschnitt des Dänischen Wattenmeeres, der nördlich von Sylt an die deutschen Wattenmeergebiete anschließt und mit diesen zusammen zu einem Lebensraum gehört, den es auf der ganzen Erde nur hier gibt. Zu den Attraktionen zählen Wasservögel, vor allem zur Zeit des Vogelzugs.

Rebild: Einziger Nationalpark Dänemarks

Auch wenn Rebild nicht den internationalen Kriterien der IUCN – der Internationalen Konvention für Nationalparks – entspricht, wird er in Dänemark als Nationalpark betrachtet. Er schützt nicht unbedingt einen unberührten Landschaftsteil oder wertvolle Lebensgemeinschaften, sondern erfüllt eher die Funktion eines »Andenkens«. Dänen, die nach Amerika ausgewandert sind, kauften das heidebewachsene Hügelgebiet von **Rebild Bakker** und schenkten es dem Staat mit der Bedingung, es so zu erhalten, wie es die Auswanderer in Erinnerung hatten. Am 4. Juli jedes Jahres treffen sich die Nachkommen dieser Auswanderer und feiern in Rebild den amerikanischen Nationalfeiertag.

Der Park wurde bereits 1912 gegründet und schließt nördlich an eines der größten dänischen Waldgebiete an. Der über 64 Quadratkilometer große Laubwald von **Rold Skov** enthält die typischen Buchenwälder, die in den Moränenlandschaften Nord- und Ostdänemarks einst flächendeckend heimisch waren und aus ehemaligen Heidegebieten hervorgingen. Heute hat man zahlreiche Gehölzarten durch Pflanzungen ergänzt, so daß die Baumarten ein weites Spektrum umfassen. Gemütliche Wege schlängeln sich im Schutz der Baumriesen durch den Wald und erlauben selbst in der Wärme des Sommers schattige Wanderungen. Die Wege führen zu den Sehenswürdigkeiten, zu den unterschiedlichen Landschaftsteilen und zu den kleineren Seen.

Am Eingang zu Rebild steht das **Tophus**, ein ehemaliges Gehöft, das bis 1929 eine beliebte Ausflugsgaststätte war, und eine Blockhütte namens **Lincolns Cabin**. Sie wurde aus Baumstämmen aufgebaut, die eigens aus Amerika eingeführt wurden. Gleich anschließend fällt das Gelände zu einem Trockental ab, das jährlich der Schauplatz der Gedenktreffen

Nationalpark Rebild

Gründungsjahr 1912

Grösse 117 ha

Lage In Jütland zwischen den Städten Hobro und Ålborg im Waldgebiet von Rold.

Schutzzweck Ursprüngliche Heidelandschaft mit Trockentälern, Wacholderheiden und Laubwaldabschnitten.

Anreise Von der E45 nach Osten abzweigen Richtung Rebild-Ost, von dort noch 8 km beschildert bis zum Park.

Besucherzentrum, Naturlehrpfad Keine.

Besondere Pflanzen und Tiere 200 bis 300 Jahre alte Buchen; Haubentaucher, Fischadler.

Reisezeit Ganzjährig, besonders zwischen Mai und September.

Wanderrouten 28 km langer Rundweg vom Tophus aus, mehrere Wanderrouten durch die Waldgebiete von Rold Skov und Troldeskov. Parkplatz mit Restaurant beim Tophus.

ist. Im Umfeld liegen noch wacholderbewachsene Hügel, die seit Jahrhunderten von Schafen beweidet werden und den ursprünglichen Landschaftscharakter dieses Heidegebietes bewahren. Der Aussichtsturm **Skovtårn** ermöglicht einen Ausblick auf die Hügel aus der Vogelperspektive. Um das anschließende Waldgebiet von Rold Skov ranken sich Mythen und Legenden. Der **Troldeskov**, Wald der Trolle also, verdankt seinen Namen den bis zu 300 Jahre alten verkrüppelten Buchen. Die Formen entstanden, weil Bauern in früherer Zeit ständig Zweige abschnitten. Manche verdrehten sich beim Weiterwachsen so stark, daß ein regelrechtes Loch entstand. Wer durch ein solches Loch kroch oder gezogen wurde, war, so hieß es, vor Krankheiten gefeit. Südlich vom Troldeskov erstreckt sich der **Urskov**, ein Waldabschnitt mit 200 Jahre alten Buchen.

Innerhalb des Waldgebietes liegen kleinere und größere Seen, so der **Store Økssø** mit dem Restaurant Mosskov. Am See selbst lädt ein kleiner Kiesstrand zum Baden ein, obwohl das Wasser durch die Moore dunkelbraun gefärbt ist. An den Gewässern des Waldgebietes wachsen nicht nur interessante Pflanzen, sie sind auch Heimat einiger Wasservögel. Am See Madum Sø kommt ein fester Bestand des Haubentauchers vor, ebenso ist der Fischadler häufig zu beobachten. Zur Zugzeit versammeln sich verschiedene Entenarten. Etwas abseits des Store Økksø befinden sich Überreste eines ehemaligen Kammergrabes sowie kleinere strohgedeckte Häuschen wie das Gehöft Bitte Hedekrog und das Haus Klodholm. Rold Skov entspricht dem Bild eines mitteleuropäischen Wirtschaftswaldes, in dem verschiedene Tannen-, Fichten- und Kiefernarten, Lärchen, Bergahorn, Eschen und zahlreiche Straucharten vorkommen. Wer die verschiedenen Arten kennenlernen will, kann im Botanischen Forstgarten von **Skovhave** alle Pflanzen gut beschriftet studieren.

In Rebild herrscht eine traditionelle Kulturlandschaft mit Wacholderheiden vor.

Halbinsel Møn: Kreidefelsen und Steilküsten

Dieses beliebte Feriengebiet im Südosten Dänemarks zwischen Seeland und Falster ist mit der Hauptinsel Seeland über die Königin-Alexandrine-Brücke verbunden. Diese Straßenverbindung ist nicht zuletzt dafür verantwortlich, daß **Møn** heute immer häufiger von Touristen besucht wird. Auch die Lage nahe der Hauptverkehrsroute zwischen Deutschland und Kopenhagen trägt dazu bei, daß Møn zu den populärsten dänischen Inseln zählt. Größte Sehenswürdigkeit sind die mächtigen Kreidefelsen der Küste, die in einem Naturschutzgebiet auch entsprechend gewürdigt werden. Sie liegen östlich des Hauptortes Stege und sind als **Møns Klint** bekannt. Der deutsche Schriftsteller Günther Grass, häufiger Sommergast auf Møn, schrieb dazu: »Sommer für Sommer legen Touristen den Kopf in den Nacken und sehen hoch zu den Kuppen der Kreidefelsen, die Klinten heißen und dänische Namen tragen.«

Die Kreidefelsen ziehen sich etwa zwölf Kilometer die Küste entlang und sind bis zu 128 Meter hoch. Sie stammen aus der Zeit vor 75 Millionen Jahren und bestehen aus den Fossilien eines Urmeeres, auf dessen Grund sie entstanden sind. Nachdem die Felsen

Møns Granitkiesel stammen aus Schweden, etwa vom Siljansee.

nach der letzten Eiszeit durch den fehlenden Druck der abschmelzenden Gletscher aus dem Meer gehoben wurden, formte die Brandung sie in den letzten 5000 Jahren zu jener Steilküste, die sich heute dem Besucher präsentiert. Besonders im gleißenden Sonnenlicht, das jedoch nur sehr früh am Tag auf die Klippen fällt, bieten sie zusammen mit dem tiefblauen Meer ein einmaliges Bild. Doch nach und nach werden die Felsen vom Meer abgetragen. Der Aussichtsplatz von Sommerspiret, der 102 Meter hoch kühn auf der Spitze eines Felsen thronte, ist bereits durch die Erosionstätigkeit abgestürzt.

Den imposantesten Abschnitt dieser Felsküste erreicht man vom nahen Hotel Store Klint. Ein Spazierweg führt zum **Dronningstolen**, dem Königinnenstuhl, wie der höchste Punkt aller Klippen heißt. Jetzt steht man 128 Meter über dem Meer und genießt nicht nur den Blick in die Tiefe, sondern an klaren Abenden auch eine herrliche Aussicht bis zu den Kreidefelsen der Insel Rügen, dem deutschen Gegenstück zu Møn. Drei mächtige Holztreppen führen bei Store Klint und Jydeleie steil zum Kiesstrand hinab, wo man allerlei Versteinerungen von Pflanzen und Tieren der Urmeere finden kann – vor allem Fossilien von Korallen und Muscheln, aber auch von Tintenfischen. Herbststürme spülen sogar Bernsteinstücke an, die erdgeschichtlich betrachtet aus einer jüngeren Periode vor 40 bis 50 Millionen Jahren stammen. Auch der Aussichtspunkt **Forchhammers Pynt** bietet einen faszinierenden Blick auf die weißen Steilhänge.

Die Halbinsel Møn verrät, wie die dänische Landschaft ursprünglich einmal ausgesehen haben muß. Im Hinterland der Felsen wachsen eindrucksvolle Buchenwälder, die einen eigenen, auf den Kreideuntergrund abgestimmten Buchenwaldtyp darstellen. Der Kalkuntergrund fördert das Vorkommen eines artenreichen krautigen Unterwuchses, der vor allem im Frühjahr blüht. Goldnessel, Waldmeister, Gelbes Windröschen, Buschwindröschen, Leberblümchen und auch Bärlauch gehören zu den häufigsten Arten. Im Sommer kommen zahlreiche Orchideen wie Waldvögleinarten, Kleinblättrige Stendelwurz sowie Pflanzenarten hinzu, die normalerweise nur in subkontinentalen Bereichen Mitteleuropas heimisch sind: Pfirsichblättrige Glockenblume, Elsbeere und Schwalbenwurz. Manchmal kann man in den Wäldern Rehe sehen, in den Baumstämmen brüten Schwarzspechte und Hohltauben, die verlassene Schwarzspechthöhlen als Nachbrüter ausnützen. Die Buchenwälder setzen sich im südlichen Schweden fort und werden uns unmittelbar in der Nähe der südlichsten Landspitze bei Malmö im Nationalpark von Dalby Söderskog wieder begegnen.

Halbinsel Møn

Lage Halbinsel im Südosten Dänemarks.

Schutzzweck 120 Meter hohe Kreidefelsen, Fossilien, Buchenwälder; Vogelschutzgebiet im Norden.

Anreise Von der E 47 nach Storstrømmen abzweigen, auf der Landstraße 287 oder 59 zur Küste.

Besucherzentrum, Naturlehrpfad Keine.

Besondere Pflanzen und Tiere Unterwuchsreicher Kalk-Buchenwald; Säbelschnäbler.

Reisezeit Ganzjährig, besonders zwischen Mai und September.

Wanderrouten Zahlreiche Wanderwege entlang der Küste und ins Hinterland; drei Stiegen führen über den Abbruch zur Küste.

Der Naturraum Süd- und Mittelschwedens

Schweden, mit 450000 Quadratkilometern Landfläche einer der größten europäischen Staaten, wird in drei Großlandschaften unterteilt, die aus insgesamt 25 »Läns« bestehen. Süd- und Mittelschweden umfaßt die Großlandschaften Götaland und Svealand, die von der Südspitze von Skåne bis an die Nordgrenze von Dalarna in der Region des Siljansees reichen. Im Gegensatz zum uralten Norden Skandinaviens stammen die Landschaften des südlichen Schwedens aus dem Zeitalter des Silur, sind also »erst« rund 400 Millionen Jahre alt. Auch die Inseln Öland und Gotland gehen auf diese Zeit zurück. Die jüngsten Landschaften sind etwa 200 Millionen Jahre alt und liegen im Südwesten.

Der Süden Schwedens im Gebiet von Skåne und Blekinge ist die Kornkammer des Landes und gilt als ausgesprochenes Sommer- und Ferienland. Weite, ebene Feldkulturen wechseln mit kleineren Wäldern und kleinen Städten ab. Lange Sandstrände säumen die Küste und lassen kaum das Gefühl aufkommen, im Norden zu sein. Vieles erinnert – nicht zufällig – an das nahe Dänemark. Nicht nur die Ähnlichkeit der Landschaft, auch die architektonischen und kulturellen Parallelen beweisen, daß hier in historischer Zeit Verbindungen bestanden.

Einst gab es eine Landverbindung zwischen dem schwedischen Schonen und dem dänischen Seeland, während die Nordsee über

Der Sånfjället-Nationalpark schützt ein typisches südschwedisches Fjällgebiet.

Mittelschweden mit der Ostsee in Verbindung stand. Von dieser Meeresverbindung sind als Zeugen der Vänern- und Vätternsee übriggeblieben, heute die größten Süßwasserreservoirs Nordeuropas. Als Vermächtnis der Eiszeit treffen wir überall auf Spuren der Vergletscherung. Beispielsweise heben sich die Schären, da die nacheiszeitliche Landhebung noch immer nicht abgeschlossen ist, mit einer Geschwindigkeit von einem Zentimeter pro Jahr aus dem Wasser. Die schönsten dieser vegetationslosen Granitkuppen sind die vor Karlskrona und Stockholm, wo der »Schärengarten«, wie die Schweden das Gewirr aus Inseln und Inselchen bezeichnen, bis zu den Ålandinseln reicht.

Nördlich von Skåne schließen sich die waldreichen Provinzen von Väster- und Östergötland, Dalsland, Värmland, Småland und schließlich Dalarna an. Fichten- und Tannen- wechseln mit Kiefernwäldern, dazwischen liegen zahllose Moorflächen sowie kleinere und größere Seen. Die sanften Landschaftszüge werden nach Norden hin allmählich gebirgiger. Im Norden Dalarnas erreicht das Idrefjäll bereits Höhen um 1000 Meter. Es gehört dem kaledonischen Hochland an, das sich vor ca. 500 Millionen Jahren aufzufalten begann und den südlichen Ausläufer des Skandengebirges bildet.

Süd- und Mittelschweden mit den größten Städten des Landes – Malmö, Göteborg, Karlskrona und der Hauptstadt Stockholm – sind die am stärksten besiedelten Regionen Schwedens. Es ist deshalb ähnlich schwierig wie in Mitteleuropa, Nationalparks einzurichten, und so umfassen Schutzgebiete entweder Küstenabschnitte, Reste ehemaliger Urwaldgebiete oder auch einsame Waldregionen außerhalb der Kulturlandschaften. Die klassischen Wildnisregionen, die wir als Mitteleuropäer erwarten, liegen weit nördlicher.

Dennoch übernahm Schweden 1910 die Vorreiterrolle und gründete die ersten Nationalparks auf europäischem Boden. Ausschlaggebend dafür war der Vortrag des deutschen Professors Hugo Conwentz 1904 vor der Schwedischen Gesellschaft für Anthropologie und Geographie, wo er über die Gefahren, die die natürliche Landschaft bedrohen, und Vorschläge zum Schutz derselben sprach. Die Ausführungen veranlaßten die Reichstagskammer und die Akademie der Wissenschaften, Grundlagen für die Einführung eines Naturschutzgesetzes samt der Ausweisung größerer Schutzgebiete zu erarbeiten. 1909 trat bereits das erste schwedische Naturschutzgesetz in Kraft, gleichzeitig wurden neun Schutzgebiete eingerichtet, unter ihnen die bekanntesten wie Sarek-, Abisko- und Stora-Sjöfallet-Nationalpark. Die weiteren Parks der ersten Stunde waren Hamra, Sånfjället, Pjeljekaise, Garphyttan, Ängsjö und ein kleiner Teil der Insel Gotska Sandön in der Ostsee. Das Gesetz bot auch die Möglichkeit, kleinere Gebiete oder Einzelobjekte unter Naturschutz zu stellen. Die Bezeichnung »Nationalpark« übernahm man aus den USA, anfänglich war auch der Name »Naturpark« gebräuchlich.

Heute bestehen 25 Nationalparks, die zwar typische Naturräume erhalten, aber keinem System wie etwa in Finnland folgen. Die Nationalparks erfüllen gemäß dem Gesetzestext die Aufgabe, größere zusammenhängende Flächen bestimmter Landschaftstypen zu bewahren. Sie sollen so weit wie möglich im natürlichen Zustand erhalten werden, gleichzeitig den Besuchern aber die Möglichkeit einräumen, die unberührte Natur innerhalb der Nationalparks zu erleben. Daß bestimmte Regeln eingehalten werden müssen, versteht sich dabei von selbst.

Dalby Söderskog: Urwald und Kulturlandschaft

Östlich von Lund, inmitten der typischen südschwedischen Kulturlandschaft, liegt Dalby Söderskog, der südlichste Nationalpark Schwedens. Als kleines Schutzgebiet, das genaugenommen nach den IUCN-Richtlinien zu wenig Fläche aufweist, bewahrt es einen ursprünglichen Laubwaldtyp, der in früherer Zeit die Landschaften von Skåne weitgehend beherrschte. Schon 1904 bemühte sich der botanische Verein von Lund um einen gesetzlichen Schutz des Waldgebietes. Seit 1918 ist der prächtige Edellaubwald, der insbesondere im Frühling durch seine eindrucksvoll bunt blühende Flora besticht, ein Schutzgebiet. Charakteristisch sind die alten Eichen- und Buchenbestände, die im Sommer ein dichtes Blätterdach über den schattigen Waldwegen breiten. Umgestürzte knorrige Stämme verstärken den Eindruck eines Urwaldes und bezeugen, daß der Wald längst sich selbst überlassen ist. Doch das war nicht immer so. Die nördlich anschließenden Weidegebiete von **Dalby Hage** deuten darauf hin, daß das Gebiet im 19. Jahrhundert als Weidefläche genutzt wurde und ständigen Rodungen unterworfen war. Die älteren Bäume, die heute noch den Hauptbestand des Parks ausmachen, stammen aus Pflanzungen des vorigen Jahrhunderts. Einige Eichen mit besonders breiten Kronen sind noch älter und zeigen, daß sie sich als Einzelbäume frei nach allen Seiten entwickeln konnten.

Das Gebiet des Nationalparks liegt auf Resten baltischer Moränen, die ton- und kalkreich sind, aber nicht aus groben Blöcken bestehen. Entlang des kleinen Bächleins, das durch den Wald fließt und sich bis zu 15 Meter tief in den Untergrund eingegraben hat, tritt die Urgesteinsmoräne mit groben Blöcken zutage, die im Untergrund des Parks abgelagert wurde. Der fruchtbare Boden der Umgebung ermöglicht dem Wald sein üppiges Wachstum. Heute trifft man vorwiegend gemischte Waldbestände aus Eichen, Eschen und Ulmen an, nur in den östlichen und südlichen Teilen kommen reine Buchenbestände vor. Da der Eichenanteil immer stärker abnimmt, sind Esche und Bergulme die häufigsten Baumarten. Be-

Nationalpark Dalby Söderskog

Gründungsjahr 1918

Grösse 37 ha

Lage In der südwestschwedischen Landschaft Schonen.

Schutzzweck Edellaubmischwald mit reichem Unterwuchs, alter Buchen- und Eichenbestand.

Anreise Von Lund aus von der E 66 auf die RV 16 nach Dalby abbiegen. Kurz vor dem Ort der Beschilderung folgen.

Besucherzentrum, Naturlehrpfad Info-Tafel am Parkplatz.

Besondere Pflanzen und Tiere Buschwindröschen, Gelbes Windröschen, Gelbstern, Waldbingelkraut, Echte Nelkenwurz, Aronstab; Wendehals.

Reisezeit Ganzjährig, besonders zwischen Mai und September.

Wanderrouten Der Park läßt sich vom Parkplatz aus auf mehreren Waldwegen bequem durchqueren.

Schon vor der Gründung des Nationalparks stand das Kerngebiet von Dalby mit seinen uralten Eichen unter Schutz.

sonders die Frühjahrsflora mit Buschwindröschen, Gelbem Windröschen, Gelbstern, Hohlem Lerchensporn und Leberblümchen sucht ihresgleichen. Im Sommer bedecken Waldbingelkraut, Waldsauerklee und Zaungiersch den Boden, und an feuchteren Stellen wachsen Echte Nelkenwurz, Goldtaubnessel und Gemeines Hexenkraut. Eine Besonderheit sind im April oder Mai die trichterförmigen Fruchtstände des Aronstabs. Voller Abwechslung ist auch die Vogelwelt, besonders Höhlenbrüter nützen die alten Baumstämme. Dreißig Arten, darunter Hohltaube, Schwarz-, Bunt- und Grünspecht sowie Wendehals, brüten regelmäßig in Dalby. Der gesamte Park ist von einem Schutzwall umgeben, der aus historischer Zeit stammt und möglicherweise eine Kultstätte oder ein Befestigungswerk war.

Stenshuvud: Küstenwildnis an der Ostsee

Ökologisch wertvoller als Dalby ist der Nationalpark Stenshuvud, der einen östlichen Küstenabschnitt von Skåne einnimmt. Auch dieser Park ist nach den internationalen Richtlinien zu klein, dennoch genießt er in Schweden den höchsten Schutzstatus. Der Name **Stenshuvud** bedeutet soviel wie »Steinerner Kopf« und bezeichnet damit den 97 Meter hohen Granithügel, der unmittelbar an der Küste der Ostsee aufragt: Er ist das charakteristische Merkmal des Nationalparks und Teil eines Karstausläufers, dessen Grundgestein aus rotem Gneis besteht. Von der Spitze des Hügels hat man einen phantastischen Rundblick auf die umliegende Landschaft und auf die Ostsee.

Die Zwergstrauchheide von Stenshuvud.

Den hohen biologischen Wert des Parks machen aber die vielfältigen Landschaftstypen aus, die kleinräumig verwoben sind und vielen verschiedenen Tieren und Pflanzen einen Lebensraum bieten. Während unmittelbar an der Küste trockene Heidegebiete dominieren, wachsen auf der Westseite des Hügels üppige Laubwälder aus Eichen, Linden, Eschen und Hainbuchen. Efeu wuchert über dem Boden und an Stämmen hinauf, so daß der Eindruck einer urwaldähnlichen Wildnis entsteht. Ein feiner Sandstrand säumt die Küste, rund um den Leuchtturm formen glatt geschliffene Granitkuppen zusammen mit scharfkantigen Blöcken eine bizarre Felsküste. Der Nationalpark besitzt eine artenreiche Flora mit über 450 Gefäßpflanzen, darunter zumindest 18 Raritäten wie Gewöhnliche Küchenschelle, Wiesenküchenschelle, Astlose Graslilie, Stranddistel und mehrere Orchideenarten. Im Frühling fallen in den Laubwaldabschnitten besonders die Frühjahrsblüher auf.

Die trockenen, karstähnlichen Gesteinsformationen sind zusammen mit dem warmen Klima des Parks dafür verantwortlich, daß Stenshuvud eine reiche Reptilien- und Käferfauna hat. Bemerkenswert ist auch das Vorkommen der Haselmaus, die die Wärme des Parks schätzt und eine jener Arten ist, die vor rund 7000 Jahren über die Landbrücke zwischen Seeland und Skåne nach Südschweden einwanderten. Viele seltene Käfer und Insekten verdanken ihr Vorkommen im Park ausschließlich den alten Laubbäumen. Schutzprogramme des Parks beschäftigen sich vor allem mit dem Wald. Man versucht, einen durch Waldwirtschaft beeinträchtigten Laubwald wieder in einen ursprünglichen Urwald zurückzuverwandeln.

Nationalpark Stenshuvud

Gründungsjahr 1986

Grösse 390 ha

Lage In Österlen, etwa südlich von Kivik.

Schutzzweck Außergewöhnliche Felskuppe mit Edellaubmischwald, Pflanzenwelt mit 450 Arten, zahlreiche Orchideen; Schlingnatter; Haselmaus.

Anreise Von Ystad aus auf der RV 10 Richtung Simrishamn, Hinweisschild an der Straße bei Rørum.

Besucherzentrum, Naturlehrpfad »Naturum« mit Ausstellung am Parkplatz im Norden, kein Lehrpfad.

Besondere Pflanzen und Tiere Gewöhnliche Küchenschelle, Wiesenküchenschelle, Astlose Graslilie, Stranddistel, Orchideen; Haselmaus.

Reisezeit Ende April bis September.

Wanderrouten Mehrere Wanderwege, zum Gipfel des Stenshuvud, zur Küste und von Norden nach Süden quer durch den Park; behindertengerechte Wanderpfade.

Tiveden: Urwälder zwischen Vänern- und Vätternsee

Tiveden ist einer der jüngeren schwedischen Nationalparks und liegt in der waldreichen Region zwischen Vänern- und Vätternsee. Er enthält den unberührtesten Abschnitt des Tiveden-Gebirges mit ursprünglichsten Wäldern und Landschaften. Mit 125 Metern sind die Höhenunterschiede innerhalb des Territoriums für südschwedische Verhältnisse beträchtlich. Durch steile, 25 bis 50 Meter tiefe

Rißtäler, die durch Verwerfungen der Erdkruste entstanden, wirkt die Landschaft stark zerklüftet: Schroffe, teils bergförmig aufgeworfene Felsblöcke, föhrenbestandene Gesteinsrücken und moorgefüllte Senken wechseln sich ab. Die teils steilen Bodenwellen und Geländerücken sind entlang der markierten Wanderwege mit Holzstiegen und Brücken überbaut; sie erlauben einen bequemen Einblick in die reizvolle Landschaft von Tiveden.

Das Tiveden-Gebirge bildet den Übergang zwischen den Ebenen der Provinzen Västergötland im Süden und Närke im Norden. Die Landschaft galt jahrhundertelang als sagenumwoben und geheimnisvoll: Die haushohen Granitblöcke beschworen die Erfindung von Märchen- und Fabelwesen geradezu herauf. Manche Gesteinsformationen sind so stark übereinandergeschoben, daß Grotten entstanden sind. **Stenkälla** beispielsweise im Westen des Parks ist eine der größten Grotten und war in heidnischer Zeit eine Opferstätte. Der Felsblock über der Grotte ist mehr als zehn Meter hoch. Er wurde wie andere auch vom Inlandeis herantransportiert und in den Rißtälern des Parkgebietes abgelagert. Hier befinden sich auch die ältesten Waldanteile, die mehr als 200 Jahre alt sind. Ein weiterer Bergrücken mit ähnlichen Block- und Grottenformationen ist der **Tärnekullen** im Nordwesten des Parks. Den schönsten Ausblick auf den Wald bietet der Felsrücken **Lilla Trollkyrka** im südlichen Parkzentrum: Bei klarem Wetter reicht der Blick bis zum weit entfernten blau schimmernden Vättersee.

Das »exklusivste« Gewächs, sozusagen das Aushängeschild der sonst sehr artenarmen Vegetation des Parks, ist die Frühlingsküchenschelle. Ansonsten herrschen Heidekrautgewächse, Moose und Flechten vor, die den kargen Boden und die nackten Gesteins-

Föhren klammern sich mit kunstvoll geformten Wurzeln an die Granitfelsen.

Nationalpark Tiveden

Gründungsjahr 1983

Grösse 1353 ha

Lage Provinz Skaraborg und Örebro.

Schutzzweck Erhaltung einer zusammenhängenden, nahezu unberührten Wald-, Seen- und Felslandschaft, in der sich der Waldbestand zum Urwald entwickeln konnte.

Anreise Von der Reichsstraße 49 (Karlsborg – Askersund) sowie über Undenäs – Askersund und Tived – Granvik; keine öffentlichen Verkehrsmittel.

Besucherzentrum, Naturlehrpfad Informationskiosk, 1 Naturlehrpfad (Stenkälla-Trail); Besucherkiosk mit Informationsausstellung.

Besondere Pflanzen und Tiere Frühlingsküchenschelle; Sterntaucher, Auerhuhn, Dreizehenspecht.

Reisezeit Juni bis September.

Wanderrouten 25 km Wanderwege, Bergslagsleden.

kuppen überziehen. Entlang der teils gemütlichen, teils etwas mühsamen Wanderwege läßt sich der Park jedoch angenehm kennenlernen. Auffällig sind die zahlreichen Waldvögel wie etwa Dreizehenspecht, Rauhfußkauz, Eichelhäher und Auerhuhn. Häufig kommen Hase und Eichhörnchen vor, Rehe, Elche und Dachse werden dagegen nur sporadisch gesichtet. Vom Sandstrand des westlich des Parks gelegenen Sees **Trehörnigen** aus kann man Prachttaucher und Schellenten beobachten.

Der Park ist über eine Nebenstraße, den **Tivedsleden**, leicht zu erreichen. Sie führt zu einem kleinen Informationskiosk. Auch der Fernwanderweg **Bergslagsleden** verläuft durch das Parkgebiet.

Rund um den Kävsjön im Nationalpark Store Mosse breiten sich weite Sumpfwiesen und

Norra Kvill: Urwaldwildnis in Småland

Norra Kvill schützt als kleinster aller schwedischen Nationalparks ein Urwaldgebiet im småländischen Hochland. Der Wald mit den unangetasteten flechtenbehangenen Baumriesen wurde seit 150 Jahren nicht mehr verändert und stellt daher etwas Besonderes in Småland dar. Denn fast ganz Südschweden ist vom Menschen kultiviert worden. Im Gegensatz dazu erhält der Park rund um den geheimnisvollen See **Stora Idgölen** Kiefern- und Fichtenforste in reinster Ausprägung. Manche Bäume sind über 350 Jahre alt und verstärken zusammen mit umgestürzten Stämmen und den groben Felsblöcken den wildnisartigen Charakter des Gebietes. Der Felsuntergrund des Parks besteht aus Smålandgranit und gehört einem Höhenrücken an, dessen höchster Punkt 230 Meter erreicht. Der kleine Park, etwa 10 Kilometer nördlich von Rumskulla in der Gemeinde Vimmerby, besteht seit 1926. Die Felsbrocken sind vor allem von Moosen und Flechten überzogen, insgesamt kommen 300 verschiedene Arten vor, dazu gesellen sich etwa 200 Blütenpflanzen. Alle typischen Nadelwald-Vogelarten brüten in den uralten und zum Teil schon morschen Stämmen. Ein Wanderweg durchquert den Park, führt rund um den See und auf den höchsten Punkt, die **Idhöjden** im Westen des Parks. In der Umgebung des Parks trifft man auf kleine Natursehenswürdigkeiten wie Schwedens ältesten Baum, eine Stieleiche, die »Rumskulla-Eken« genannt wird, und die uralte Waldkiefer »Tallen«.

Nationalpark Nora Kvill

Gründungsjahr 1926

Grösse 27 ha, 1993 auf 114 ha erweitert.

Lage In Småland nordwestlich von Vimmerby.

Schutzzweck Erhaltung eines Nadelurwalds inmitten der stark genutzten südschwedischen Nadelwaldregion.

Anreise Von Vimmerby Richtung Ydrefors. 7 km südlich weist ein Schild den Weg nach Nordosten zum Parkplatz mit Informationstafel.

Besucherzentrum, Naturlehrpfad Information am Parkplatz.

Besondere Pflanzen und Tiere Alpen-Bärentraube, Leberblümchen, Waldschwingel, Sumpfporst, Gewöhnliche Küchenschelle; Haselhuhn, Buntspecht.

Reisezeit Mai bis September.

Wanderrouten Rundweg um den Stora und Lilla Idgölen und zum Aussichtspunkt Idhöjden.

Store Mosse: Grösstes Moorgebiet Südschwedens

Endlose, imposante Moorflächen mit Flugsanddünen prägen die Provinz Jönköping nordwestlich von Värnamo. Store Mosse –

…gras bestandene Flachmoore aus. Sie bieten einer reichen Vogelwelt eine Heimat.

Großes Moor – erhält ein riesiges zusammenhängendes Moorgebiet, das größte Südschwedens, in seinem ursprünglichen Zustand. Fast 70 Quadratkilometer Moor liegen innerhalb des Nationalparkterritoriums. Das Landschaftsbild des Parks weckt einen Vorgeschmack auf die Weiten Lapplands: Bis zum Horizont reicht das Moor, lediglich umrahmt von Fichtenwäldern. Store Mosse ist – wie es typisch ist für Südschweden – von Wirtschaftsland umgeben. Doch auch vor dem Nationalpark mit seiner ursprünglichen Natur hat die Erschließungstätigkeit des Menschen nicht Halt gemacht: Heute durchqueren eine Straße und eine Eisenbahnlinie den Park, früher wurden durch Torfabbau einige Gebiete so weit beeinträchtigt, daß drei Moorseen austrockneten.

Die Landschaft entstand am Ende der letzten Eiszeit, als fast die gesamte Region von Westsmåland unter einem riesigen, vom Inlandeis aufgestauten Schmelzwassersee lag. Als der See vor 8000 Jahren auszutrocknen begann, sammelten sich am Grund feinste Sandsedimente, die später trockenfielen und versumpften. An mehreren Stellen hat sich der noch vorhandene Sand zu großen Dünen aufgetürmt, die dem Wanderer als natürliche Brücken zum Überqueren der Moorflächen willkommen sind.

Bei Moorwanderungen fallen die dicken Torfschichten auf, die sich an den Rändern uhrglasförmig aufwölben. Sie haben bis heute eine Dicke von fünf bis sieben Metern erreicht und stellen eigentlich natürliche Deponien dar: Das Torfmoos, das für das Wachstum verantwortlich ist, wächst an der Oberfläche ständig weiter und gibt nach unten absterbendes Pflanzenmaterial ab. Da es wegen des Luftabschlusses innerhalb des Moores nicht abgebaut wird, wächst es ständig an und hebt das Moor in die Höhe. Trocknet das Moor aus, wird es von Kiefern bewachsen, während sich auf feuchteren Bereichen wie dem Sumpf **Blådöpet** hellgrüne Seggen ansiedeln.

Der größte Sumpf des Nationalparks, **Stora Gungflyet** – »großer Schwingrasen« –, entstand, als

Nationalpark Store Mosse

Gründungsjahr 1982

Grösse 7850 ha

Lage Provinz Jönköping.

Schutzzweck Erhaltung des größten zusammenhängenden Moorgebietes Südschwedens in seinem natürlichen Zustand; Wahrnehmung ornithologischer, botanischer und wissenschaftlicher Interessen; Erhaltung der Kulturlandschaft von Lövö.

Anreise Auf der LV 151 von Värnamo Richtung Hillertorp, die Straße führt durch den Park; Zufahrt zum Ostteil auf der E 4 von Värnamo, zum Westteil auf einer kleinen Nebenstraße von Fosheda an der RV 27. Mehrere Parkmöglichkeiten.

Besucherzentrum, Naturlehrpfad Keines, Parkplatz mit Informationstafeln an der LV 151; Vogelbeobachtungsturm in Parkplatznähe (300 m).

Besondere Pflanzen und Tiere Kranich, Reiherente, Lachmöwe.

Reisezeit Frühsommer, Juni, Juli; Heideblüte im August.

Wanderrouten 15 km Rundweg um den Kävsjön, Wanderroute durch den Westteil vom Parkplatz an der LV 151 bis Björnakullen. Aussichtshügel bei Björnakullen, von dort Wanderweg vorbei am Schutzgebiet Björnekullakärret nach Lövö und zum Kvarnberget.

Naturschutzhinweis Das Gebiet Björnkullakäret ist vom 1. 4.–15. 7. gesperrt, der durch das Gebiet führende Wanderpfad ist jedoch geöffnet. Das Gebiet um den Kävsjön ist als Vogelschutzgebiet vom 1. 3. bis 30. 9. gesperrt.

Kahle, dunkelrote Granitfelsen mit lockerer Waldvegetation vor der tiefblauen Ostsee kennzeichnen die Insel Blå Jungfrun.

1840 der Wasserspiegel des **Kävsjön** um einen Meter abgesenkt wurde. Heute liegt gleichsam der versumpfte Seegrund an der Oberfläche und bietet zahlreichen Vögeln einen wertvollen Lebensraum. Dieses Gebiet ist deshalb vom 1. März bis 30. September für jedermann gesperrt. Von zwei Beobachtungstürmen in der Nähe kann man jedoch einen Blick auf das reiche Vogelleben werfen. Der See ist vor allem ein Paradies für Enten, aber auch die Lachmöwenkolonien zählen ebenso wie die Kraniche und die Singschwäne zu den Besonderheiten.

Die artenarme Moorflora hält in erster Linie seltene Orchideen wie Kugelorchis und Sumpfsitter bereit. Im August blühen in den Heidegebieten Heidekraut und Glockenheide. Die kaum 50 Zentimeter hohe Zwergbirke mit ihren zarten, fast kreisrunden Blättchen wächst ebenfalls im Park: Sie gilt als Vorbotin der Moore Lapplands und ist gleichzeitig eine Erinnerung an die Eiszeit. Wer auf seiner Reise nur bis Mittelschweden kommt, kann in Store Mosse einen Vorgeschmack der lappländischen Weiten Nordschwedens und Finnlands genießen, auch wenn dem »Großen Moor« weitgehend die Unberührtheit fehlt.

Blå Jungfrun: Felseninsel im Kalmarsund

Die Schäreninsel Blå Jungfrun im Kalmarsund gilt wohl als der sagenumwobenste aller schwedischen Nationalparks. Die knapp einen Kilometer lange Insel, die sich wie eine Felsenkuppel aus dem Meer zwischen dem Festland und der Insel Öland erhebt, soll in alter Zeit am Gründonnerstag Treffpunkt für Hexen gewesen sein. Nicht nur die Silhouette, sondern auch die Natur haben zur Mythenbildung beigetragen. Carl von Linné, der berühmte schwedische Naturforscher, beschrieb die Insel mit folgenden Worten: »Wenn irgendein Ort auf der Welt schauerlich ausschaut, dann gehört dieser zu den grimmigsten.«

Damals war der Bewuchs der Insel nahezu undurchdringlich, auch die Klippen und Felsen empfand man als unwirtlich. Dabei entspricht Blå Jungfrun weitestgehend den typischen Schären der Ostsee. Sie ist nur größer als andere vergleichbare Inseln. Nackte Klippen mit glatt geschliffener Oberfläche und auffällig rötliche Felsformationen prägen das Aussehen. Das Rot des ungewöhnlichen Urgesteins, das als Rapakiwi bezeichnet wird, stammt vom Kalifeldspat. Dieser grobkörnigen Granitart wird ein Alter von 1370

Millionen Jahren zugeschrieben. An der Südküste bedecken riesige Felsblöcke den Strand.

Obwohl die Insel mit nur einem Kilometer Durchmesser nicht allzu groß ist, ist sie voller Kontraste. Während der nördliche Teil aus kahlem Fels besteht, der nur spärlich mit Flechten und Moosen bewachsen ist, gedeihen in der südlichen Hälfte dichte Laubwälder aus Eichen, Linden, Eschen und Ahorn. Einst machte der Efeu diese Wälder nahezu undurchdringlich. Die Entstehung der glatt geschliffenen Granite geht auf die Eiszeit zurück. Als die Insel während der Gletscherbedeckung unter dem Meeresspiegel lag, lagerten die Gletscher Moränenschutt über den Felsen ab. Bei der anschließenden Landhebung legte die Brandung die Felsplatten frei und spülte auch das letzte Sandkorn ins Meer. Die Grotten der Strandzone von **Sikhamn** entstanden ebenfalls durch die Meeresbrandung.

Im nördlichen Inselabschnitt trifft man auf große Felsblöcke, die das Inlandeis aus dem Felsgrund herausgearbeitet oder vom Festland hierher transportiert hat. Die größten Blöcke etwa in der Mitte der Insel türmten sich so dramatisch auf, daß darunter Grotten entstanden. Diese erhielten mythische Namen wie »Kyrkan« oder »Jungfrunkammeren«. Wahrscheinlich war die Insel aber niemals von Menschen bewohnt. Aschereste, die in den Grotten gefunden wurden, deuten auf frühgeschichtliche Besuche von seefahrenden Völkern hin, ohne daß diese aber Siedlungen errichtet hätten. Bereits Linné, der das Dickicht des Waldes als »versponnen« bezeichnete, erwähnte das Steinlabyrinth von **Trojeborg** im südlichen Teil der Insel, dessen Herkunft und Bedeutung bis heute ungeklärt ist.

Nur wenige Tiere leben auf der Insel, Charaktervogel ist die Gryllteiste. Um die Jahrhundertwende nahm die Vegetation starken Schaden, als Wildkaninchen auf der Insel ausgesetzt wurden, die vor allem dem Efeu zu schaffen machten. Anfang der vierziger Jahre verendeten die Kaninchen infolge eines kalten Winters. 1955 trat die nächste Invasion ein: Hasen kamen im Winter über die zugefrorene Ostsee auf die Insel und vermehrten sich rasch. Heute wird die Zahl der Feldhasen künstlich unter Kontrolle gehalten. Die auffälligsten Tiere der Insel sind sicherlich die Kröten, die unverhältnismäßig groß werden: Man fand hier die größte Kröte Skandinaviens mit mehr als 12 Zentimetern Länge. Ab und zu werden die Inselstrände von Seehunden aufgesucht. Naturfreunde können im Sommer mit Bootstouren von Oskarshamn vom Festland oder von Byxelkrog von Öland aus zur Insel fahren. Doch schon bei mäßigem Wind werden die Touren abgesagt, da es keinerlei Landestege gibt. Auf der Insel bietet der drei Kilometer lange Rundweg die beste Möglichkeit, die Natur des Nationalparks kennenzulernen. Der Weg führt auch auf den höchsten Punkt der Insel, den 86 Meter hohen **Toppen**.

Rätselhaft ist die Bedeutung des Steinlabyrinths »Trojeborg« im Süden der Insel.

Nationalpark Blå Jungfrun

Gründungsjahr 1926

Grösse 66 ha

Lage Im Kalmarsund in der Ostsee zwischen Oskarshamn und Öland.

Schutzzweck Erhaltung einer Insel im natürlichen Zustand mit glatten Felsplatten, dichtem Edellaubwald und reicher Untervegetation.

Anreise Mit Booten von Oskarshamn vom Festland aus, von Byxelkrog von Öland aus.

Besucherzentrum, Naturlehrpfad Keines, kein Lehrpfad.

Besondere Pflanzen und Tiere Schwarze Platterbse; Robben; Kröten, Blindschleiche, Ringelnatter; Wespenbussard.

Reisezeit Ende Juni bis Anfang September (Bootsbetrieb).

Wanderrouten Rundweg quer durch die Insel und über den Toppen.

Hamra: Erster Nationalpark Schwedens

Hamra wurde 1910 nach dem im Jahr zuvor gefaßten Reichstagsbeschluß als erster Nationalpark eingerichtet. Die Fläche beträgt heute 171 Hektar und besteht fast ausschließlich aus einem urwaldähnlichen Nadelwald, der wie eine Insel von Wirtschaftswald und Moorflächen umgeben ist. Alte, prachtvolle Bäume, umgestürzte Stämme und große, moosbewachsene Felsblöcke verleihen dem Gebiet den Charakter einer unangetasteten Wildnis. Im Untergrund des Parks liegen zwei flache Moränenhügel, die durch eine feuchte, moorige Senke voneinander getrennt sind und dem Gelände eine sanft wellige Oberfläche geben.

Trotz der geringen Fläche präsentiert sich die Natur des Parks sehr variantenreich. Im Osten überwiegen die Fichten, deren Äste mit dichten Büscheln der Bartflechten behangen sind. Ansonsten hat die Kiefer die Vorherrschaft übernommen, vor allem

Kleine Moorseen sorgen im Nationalpark Hamra für Abwechslung.

auf trockenen Bodenstellen. Die ältesten Bäume haben bereits ein Alter von mehr als 300 Jahren und stammen aus einer Zeit, als das Waldgebiet von finnischen Einwanderern genutzt wurde. Großflächige Heidekrautteppiche und Zwergstrauchbestände aus Preiselbeere, Rauschbeere und Heidelbeere bedecken den Boden. Dazwischen fällt im Sommer das Kleine Zweiblatt auf, eine winzige Orchidee mit grünlich-bräunlichen Blüten. Überall liegen – durch Windwurf verursacht – umgefallene Stämme herum, die das Begehen des Waldes beträchtlich erschweren. Das Totholz zeigt, daß der Wald schon lange sich selbst überlassen ist. Etwa 450 Käferarten schätzen diesen für sie paradiesischen Zustand. Ansonsten enthält die artenarme Tierwelt die für den mittelschwedischen Raum typischen Arten.

Im südlichen Abschnitt sorgt der einsame und fast kreisrunde See **Näckrostjärnen** für Abwechslung im Waldgebiet. Schwingrasen und Fieberklee bewachsen den kleinen Teich, und vor allem im Abendlicht erscheinen die Spiegelbilder der Föhrenstämme auf der Wasseroberfläche in einem leuchtenden Rotbraun. Ein Wanderpfad durchquert den Park auf einer Länge von knapp drei Kilometern; er beginnt etwa 300 Meter östlich des Nationalparks.

Nationalpark Hamra

Gründungsjahr 1910

Grösse 28 ha, 1987 auf 171 ha erweitert.

Lage Provinz Dalarna südöstlich von Sveg.

Schutzzweck Erhaltung eines Gebietes mit urwaldartigem Waldbewuchs, vegetationsreicher Nadelurwald.

Anreise Von Sveg über die RV 45 Richtung Mora, ca. 45 km südlich von Sveg. Hinweisschild an der Straße, eine Schotterstraße führt zum Park.

Besucherzentrum, Naturlehrpfad Informationstafel am Parkplatz.

Besondere Pflanzen und Tiere Kleines Zweiblatt, Kriechendes Netzblatt, Sonnentau, Flechten; Weidenmeise; reiche Käferfauna.

Reisezeit Mai bis September.

Wanderrouten Knapp 3 km Rundweg durch den Park.

Öland und Gotland: Inselwelt mit Heiden, Wiesen und Raukaren

Zu Schweden gehören auch zwei Inseln, die in der Ostsee liegen. Während Öland heute über eine sechs Kilometer lange Brücke mit dem Festland in Verbindung steht, ist Gotland nur mit dem Schiff zu erreichen. Beide Inseln verbindet der gemeinsame historische Hintergrund, und auch der Naturraum ist es wert, sich ihm kurz zu widmen, selbst wenn keine der Inseln als Nationalpark ausgewiesen ist.

Öland entstand der Sage nach, als ein großer Schmetterling im Sturm seine Flügel verlor und sein Rumpf vor dem schwedischen Festland ins Meer stürzte. Er versteinerte zur Insel Öland. Die langgestreckte und schmale Insel besteht aus einem Kalkplateau und gehört nach Linné zu den sonnigsten und wärmsten Landesteilen Schwedens.

Für Geologen und Biologen wurde Öland früh zum Paradies, denn es unterscheidet sich sehr stark vom Festland: Die schwedischen Urgebirge liegen gut 200 Meter unter der Oberfläche und sind von Sandstein, Kalkstein und Schiefer überlagert. Im Norden sind Ablagerungen aus der Eiszeit zu finden, im Süden schließen sich einzigartige Kalk-Heidelandschaften an, die **Alvare** genannt werden. Zu beiden Seiten der Küste verlaufen Strandwälle aus der Zeit, als die Ostsee ein Binnenmeer war (Naturreservate **Byrums raukar** und **Neptuni åkrar** mit Küstenformationen und Felspyramiden; Laubwaldreservat **Halltorps Hage** mit 400 Jahre alten Eichen). Die Landschaft wird teilweise von Weideland und Laubwald geprägt. Meist herrscht aber Buschwerk vor, das in vegetationslose Böden oder steppenähnliche Grasländer übergehen kann. Der nördliche Teil ist fast ganz von Wald bedeckt. Zu den botanischen Kostbarkeiten zählen Orchideen wie das Holunder-Knabenkraut sowie das Öländische Sonnenröschen.

Vor etwa 400 Millionen Jahren bildete sich das Kalkgestein der Insel **Gotland** in einem warmen Meer aus Überresten zahlloser Organismen. Trotz historischer Reichtümer und bewegter Vergangenheit prägt auch hier die Natur das Land. Felsige Steilküsten, Geröllhalden, imposante Kalksteinformationen, weißer Sandstrand, reich blühende Weidegründe, einsame Wacholderheiden und ein vom Wind zerzauster Kiefernwald spiegeln die Vielfalt von Gotland wider. Auf der im Norden anschließenden Insel **Farö** hat die Natur in Form der Kalksteinsäulen, **Raukare** genannt, ihre eigenen Skulpturen geschaffen. Eigentümlich ist auch die Flora. Zu den Seltenheiten gehören als Überreste einer vorgeschichtlichen Wärmeperiode Arten, die sonst nur im Mittelmeergebiet zu finden sind. Auf Gotland sind zum Beispiel 36 Orchideenarten heimisch. Eindrucksvoll sind die Kiefern- und Wacholdersteppen an den Küsten Farös, die direkt an die Meeresklippen heranreichen oder in vegetationsarme Buchten übergehen.

Wer Gotland besucht und Schweden kennt, der sieht den Unterschied: Es ist etwas Neues, nicht nur eine weitere Provinz. Die Phantasie läßt sich angesichts der Natur Gotlands zu zahlreichen Vergleichen mit bizarren Landschaften unserer Erde hinreißen. Höhepunkt von Gotland ist die Insel **Gotska Sandön**, nördlich in der Ostsee gelegen und heute ein Nationalpark. »Die Natur ist streng und unerbittlich«, schrieb Hans-Friedrich Baessler über dieses ferne Eiland, »die Welt der Menschen scheint hier zu Ende.« Die Insel ist völlig mit Sand bedeckt, der Mittelteil besteht aus einer Dünenlandschaft. Im Südosten steht der »Tote Wald«, dessen Bäume von einer Wanderdüne abgetötet wurden. Der Großteil der Insel ist jedoch von Nadelwäldern bedeckt. Etwa 400 Pflanzen- und 50 Vogelarten beleben die Dünenlandschaft, viele Zugvögel nützen die Insel als Rastplatz. Ein kleines Areal am **Kap Säludden** wurde als Schutzgebiet für Seehunde ausgewiesen.

Die Insel Öland wird durch Kulturlandschaften mit wertvollen Hecken und mehr als 40 Orchideenarten geprägt.

Eines der spektakulärsten Naturphänomene Dänemarks sind die Kreidefelsen auf der Halbinsel Møn. Sie brechen an der höchsten Stelle mehr als 120 Meter steil ins Meer ab.

Besonders im April und Mai ist der Lauburwald von Dalby Söderskog von einem bunten Blütenteppich aus Buschwindröschen, Milzkraut, Lerchensporn und Leberblümchen überzogen.

Der Näckrostjärnen, ein kleiner Moorsee im Hamra-Nationalpark, ist rundum von Fichtenurwald umgeben. Auf seiner Wasseroberfläche gedeihen Seerosen.

Der Nationalpark Norra Kvill schützt in Südschweden eines der letzten Nadelurwaldgebiete mit uralten Fichten und Kiefern.

Der Sumpfporst wächst am Rand des Moors.

Auf stillen Waldteichen: Weiße Seeros

Im Juni blühen die Gelben Schwertlilien.

Breitblättriges Knabenkraut.

Die zierlichen Orchideenblüten des Weißen Waldvögleins.

Die Raukare auf der Insel Farö im Norden Gotlands gehören zu den ungewöhnlichsten Naturphänomenen Südschwedens. Sie wurden vom Meer kunstvoll geformt.

Südnorwegen und das Fjordland

Norwegen, ein Land der Fjorde? Absolut. Ist Norwegen ein Land der Wälder? Oh ja. Ist Norwegen ein Land der Berge, der Seen und des Meeres? Natürlich. Auch ein Kulturland ist Norwegen. Gar nicht davon zu reden, daß es ein Land des Nordlichts, der Dunkelheit und der Mitternachtssonne ist. Ein Land der Elche, der Lachse und der Menschen ist es auch, und außerdem das Reich der Trolle, Kobolde und Elfen!« Die Worte des Schriftstellers Pål Hermansen zeigen, mit welcher Vielfalt Norwegens Süden überrascht: Einsame Hochflächen, tief eingeschnittene Fjorde, eisblaue Gletscher, verträumte Täler mit bunten Holzhäuschen – Südnorwegen ist ein Land der Extreme, ein Land der Harmonie aus Wasser und Stein, ein Land, wo jede Jahreszeit ihre Wunder hat.

Im Land der Superlative

Keinem Land Skandinaviens werden so viele Klischees zugesprochen wie Norwegen: Es ist das Land der Stabkirchen, der einzigartigen Fjorde oder der Mitternachtssonne – doch um Norwegen in seiner ganzen Bandbreite zu kennen, bedarf es mehr als einiger Schlagworte. Von seiner Südspitze reicht es fast 2000 Kilometer nach Norden bis an die russische Grenze und an die Halbinsel Kola, es umfaßt mehrere große Berggebiete, Gletscherlandschaften, die für Europa einzigartigen Fjorde, aber auch sanfte und liebliche Täler. Und wer würde annehmen, daß selbst Tauchparadiese in diesem Land zu finden sind, das mit dem vielgepriesenen und vielbereisten Nordkap auch Europas nördlichste Landspitze besitzt? Und natürlich darf man die Insel Spitzbergen nicht vergessen, die über den 80. Breitengrad hinausreicht und gewissermaßen nach dem Nordpol greift. Das Meer hat dieses Land geprägt, sowohl seine Gestalt in erdgeschichtlicher Zeit als auch die Entwicklung seiner Bewohner.

Der Naturraum Südnorwegens enthält zahlreiche landschaftliche Superlative: den höchsten Berg Skandinaviens, das größte Wildnisgebiet Europas, den höchsten Wasserfall Europas, den längsten Fjord und das größte Gletschergebiet des europäischen Festlandes. Doch diese Extremwerte allein sind nicht genug, um die ganze Palette der Landschaften Südnorwegens zu beschreiben. Denn jede

Der Vettisfossen im Utladalen: Norwegens höchster Wasserfall.

Bergregion, jedes Fjell, jedes Tal und jeder Fjord besitzen ihr eigenes Gepräge. Die Norweger gebrauchen den Begriff »Fjell« (auf schwedisch »Fjäll«) für eine baumlose Landschaft oberhalb der Nadelwaldgrenze, auf der nur Zwergbirken und andere niederwüchsige Sträucher sowie Zwergstrauchheiden gedeihen. Umfassender sind unter »Fjell« jene Landschaften zu verstehen, die während der Eiszeit überformt wurden und zusammen mit den Gipfeln, Graten, Bergrücken und den Gletschern weitläufige Hochebenen bilden.

Rogaland im Süden wird oft mit dem Ölboom und flacheren Landschaftsabschnitten gleichgesetzt. Das Aushängeschild dieser Naturlandschaft ist der Lysefjord mit dem Prekestolen, der als Felssäule senkrecht aus dem Meer ragt. Das wunderschöne Wandergebiet Ryfylkeheien wartet mit Granitwänden in allen Größen auf und wurde von den Kletterern bald entdeckt. Einen ganz anderen Charakter zeigt die Hardangervidda. Während der östliche Teil nahezu flach ist, ist der Westteil gebirgig. Hier lebt Europas größter Bestand an wilden Rentieren. Wieder völlig anders ist Norwegens größtes Berggebiet, Jotunheimen. Über 200 Gipfel, zu denen auch die zwei höchsten Berge des Landes, der Glittertinden (2452 Meter) und der Galdhøpiggen (2469 Meter), gehören, ragen aus einer fast waldfreien Hochebene. Weite, tiefe Täler mit Wasserfällen, zahlreiche Gebirgsseen und die berühmtesten Wanderrouten wie Galdhøpiggen und Besseggengrat machen den Reiz von Jotunheimen aus. Sanfter und versteckter wirkt Trollheimen, ein Berggebiet, das mit der Heimat dieser Fabelwesen in Verbindung gebracht wird. Ganz in der Nähe befinden sich die weit ausladenden Fjellgebiete von Rondane mit den ausgeprägten Gebirgssteppen oder das Dovrefjell, wo heute wieder die arktischen Moschusochsen leben. Gletscherlandschaften mit beträchtlichen Ausmaßen bestimmen den

Gebirgsstock des Jostedalsbreen, der nach Westen bereits an die Fjorde heranreicht. In Europa ist nur der Gletscher des Vatnajøkull auf Island größer. Die gebirgige Küste mit dem Fjordland, das von Stavanger im Süden bis Kristiansund im Norden reicht, ist eine für Europa einzigartige Landschaft. Das Meer hat sich weit ins Landesinnere vorgewagt und trifft dort auf die vergletscherten Gebirge. Während der Osten mit dem kulturträchtigen Gudbrandsdal in die waldreichen und flachen Gebiete Mittelschwedens übergeht, schließt sich im Norden das Romsdalen-Gebiet mit einer imposanten Gebirgslandschaft an: die 1000 Meter hohe Trollvaggen-Wand, die sogenannte Trollstigen, und das Matterhorn Norwegens, das Romsdalshorn. Fast alle herausragenden Landschaften Südnorwegens sind – mit Ausnahme der Fjorde – heute Nationalparks.

Norwegens Nationalparksystem

Norwegens Nationalparksystem ist relativ jung und wurde im Jahre 1962 vom Reichstag beschlossen. Inzwischen ist das damals besprochene Programm mit 21 Nationalparks erfüllt, von denen acht in Südnorwegen, zehn in Nordnorwegen zwischen Trondheim und Kirkenes liegen und weitere drei die einsamen und menschenleeren Arktisgebiete Spitzbergens schützen. Seit 1986 ist ein Programm zur Ergänzung des Nationalparksystems wirksam, das in den kommenden Jahrzehnten umgesetzt werden soll. In den nächsten Jahren sollen die Berggebiete von Sulitjelma, Tysfjord-Hellemo, das blumenreiche Junkerdalen, die Inseln Røst und Helgelandsöyene und die Fjellgebiete Visten-Lomsdal und Øvre Valnesfjord zu neuen Nationalparks werden. Auf den Vesterålen sollen der Indrefjord und das Svellingsflaket den höchsten Schutzstatus erhalten. Wie überall stehen die Gebiete – unter Einhaltung der Nationalparkregeln – dem Naturfreund und Wanderer offen.

Hardangervidda: Europas grösstes Hochfjell

Eine riesige Wildnisinsel ist die Hardangervidda in Südnorwegen, sie ist das größte zusammenhängende unberührte Gebiet Europas. Unberührt bedeutet, daß keinerlei Straßen oder menschliche Siedlungen die Einsamkeit stören. 3420 Quadratkilometer – immerhin drei Prozent der Gesamtfläche Norwegens – wurden 1981 in dem insgesamt 9000 Quadratkilometer großen Berggebiet zum Nationalpark erklärt und damit vor weiterer Nutzung und Beeinträchtigung bewahrt. Dieser Park liegt nur wenige hundert Kilometer von den norwegischen Stadtzentren wie Oslo, Bergen und Kongsberg entfernt, was dem Gebiet eine besonders große Bedeutung als Wanderziel verleiht. Umgeben von den »klassischen« norwegischen Landschaften wie der waldreichen und sanften Telemark im Süden und dem beginnenden Fjordland im Westen und Norden, ist die Hardangervidda einzigartig: Nicht umsonst erfreuen sich die wildniserprobten Norweger im Sommer wie im Winter an ihrer Natur.

Schon das Umfeld der Hochfläche ist dramatisch: An der

Westseite fällt der Gebirgsstock unvermittelt zum sonnendurchstrahlten **Sørfjord** ab, der klimatisch so begünstigt ist, daß an seinen Ufern Apfelbäume wachsen. Im Nordwesten, wo der **Hardangerfjord** in den **Eidfjord** übergeht, stürzt der **Vøringfossen**, einer der größten Wasserfälle Norwegens, zu Tal. Mächtige Abbruchkanten bezeugen, wie tief sich die Gletscher in Meeresnähe in die Gebirgsstöcke eingeschnitten hatten.

»Vidda« bedeutet »Weite«, und von welcher Himmelsrichtung man auch die Landschaft betrachtet, selten wird der Blick durch ein Hindernis gestört. Als der norwegische Professor C. Hansteen Anfang des 19. Jahrhunderts über die Hardangervidda nach Westen wanderte, empfand er ein erdrückendes Gefühl angesichts der Stille und Weite, die ihn umgab. Er verglich die Vidda mit einer Wüste, »wo es den Wassern an freundlichem Uferbewuchs mit grünen Wäldern und grasbewachsenen Hügeln fehlt«. Und wahrlich, Bäume oder üppigere Vegetation sind es nicht, die den landschaftlichen Reiz ausmachen, sondern vielmehr die topografischen Ausformungen und die geologische Entstehungsgeschichte. Das Hochland zeigt das typische Bild der südnorwegischen Fjellgebiete mit weiten, ebenen Flächen, aus denen die Berggipfel einsam herausragen. In der Hardangervidda erreichen sie gerade mal eine Höhe von 1600 Metern und sind bedeutend niedriger als in den Regionen von Rondane und Jotunheimen. Im östlichen Abschnitt der Hochfläche wird das Fjell sanfter; weitgestreckte, flache Partien mit Seen und Mooren wechseln sich mit heidebewachsenen Sandrücken ab. Größere Flüsse wie der Lågen, Djupi und Heinelvi bahnten sich im Laufe der Jahrtausende ihren Weg durch das Gestein und gaben der Landschaft ihr Profil. Im Norden wird die Vidda vom fünftgrößten Gletscher Norwegens, dem **Hardangerjøkulen**, begrenzt; mit 1876 Metern ist er auch der höchste Berg Südnorwegens. Bei klarem Wetter ist er von beinahe jedem Punkt der Hochfläche aus zu sehen und wird so zur Orientierungshilfe und zum Blickfang mit ständig wechselndem Aussehen.

Am Westrand der Hardangervidda stürzt der Vøringfossen über 180 Meter zu Tal.

Der westliche Abschnitt der Hardangervidda besitzt Hochgebirgscharakter, die Gipfel ragen bis zu 1600 Metern Höhe empor. Dazwischen liegen karge Hochtäler, vereinzelte Gletscher und markante Gipfel. Das Gelände wirkt hier grüner und weniger karg, weil das Kalkgestein im Untergrund eine üppigere Vegetation zuläßt. Südlich des Zentrums entspringt der mächtige Fluß **Kvenna**, der sein Bett bis zu 200 Meter tief zwischen die ihn umgebenden Berggipfel eingegraben hat. Dieses Flußtal spiegelt am besten die landschaftliche Variation und geologische Vielfalt des Schutzgebietes auf engstem Raum wider.

Man muß schon eine Milliarde Jahre zurückgehen, um auf die geologischen Anfänge des Gebietes zu stoßen. Aus dieser Zeit stammen die uralten Landmassen von Fennosarmatia. Vor 450 Millionen Jahren verschoben sich in der sogenannten kaledonischen Faltungsperiode gewaltige Erdschollen von West nach Ost. Später wurden diese zusammen mit Westnorwegen angehoben. Daher stammen die dramatischen und steilen Landschaftsformen der Westseite der Region mit den tiefen Schluchten und Flußtälern. Die Eiszeiten hinterließen die jüngsten Spuren. Weitreichende Moränenlandschaften wie im Ostteil und markante Reste von Gipfeln und Gletschern im Westen erzählen von den großen Veränderungen während der Eiszeit. Aus geologischer wie auch landschaftlicher Sicht bemerkenswert ist der Gipfel des 1680 Meter hohen **Hårteigen**, der unvermittelt aus der Hochfläche aufragt und gerne der norwegische »Fujijama« genannt wird. Weil der Gipfel aus härterem Gestein besteht, konnte er von den Gletschern nicht abgeschliffen werden.

Trotz der Wildnis und Einsamkeit und obwohl die letzte Vereisung erst im 18. Jahrhundert zu Ende ging, kamen schon in der Eiszeit Menschen in dieses Gebiet. Etwa 250 steinzeitliche Wohnstätten hat man bis heute entdeckt, von denen die ältesten um 6300 v. Chr. angelegt wurden. Die Ursache für die Besiedelung dürften die großen Rentierherden sein, darauf weisen auch prähistorische Fanggruben hin. Es gibt auch Anzeichen, daß die Vidda vor 7000 Jahren infolge eines günstigeren Klimas bewaldet war und die Hochebene den Menschen damals gute Lebensbedingungen bot. Erst vor 1000 Jahren, als die riesigen Wälder der ersten »industriellen« Nutzung von Sumpferz zum Opfer fielen, vertrieb das rauher werdende Klima die Menschen. Noch bis ins 19. Jahrhundert dienten die Berggebiete den Bauern aus

Der Weg zum Valurfossen führt hoch über dem Hjølmodalen an der typischen Landschaft der westlichen Hardangervidda vorbei.

Südostnorwegen als Weidegründe für die Rentierherden. Erst als 1909 die Bergenbahn gebaut wurde, wurde die Landschaft mehr und mehr zu einem Refugium der Natur. Immer mehr Menschen entdeckten die Faszination dieser Landschaft. Die drohende Nutzung der Wasserkraft veranlaßte die norwegische Regierung 1981, das Gebiet als Nationalpark für alle Zeit vor Eingriffen zu schützen.

Oft werden Nationalparks in Übergangszonen verschiedener klimatischer oder unterschiedlicher Verbreitungsregionen angelegt, da dort die Flora und Fauna vielfältiger ist. Dies trifft auch auf die Hardangervidda zu: Die hochliegende Gesteinsterrasse verbindet das südnorwegische Tiefland mit der im Norden anschließenden Bergregion. Tiere und Pflanzen, die ansonsten nur weit im Norden anzutreffen sind, finden hier einen Lebensraum. Beispiele dafür sind Polarfuchs und Rentier, die Arktische Himbeere und das Lemminge-Moos, das ausschließlich auf Gewöllehaufen von Greifvögeln oder auf Tierkadavern – zum Beispiel von Lemmingen – wächst. Vor allem die Gebiete rund um Finse im Norden, entlang des Langesjøen im Nordosten und zwischen Eidfjord und der Litlos-Hütte sind besonders reich an bemerkenswerten Pflanzen.

Für die Vogelwelt ist die Hardangervidda der südlichste Vorposten für die Arten, die in den arktischen Gebieten des Hohen Nordens zu Hause sind. Besonders interessant ist außerdem der reiche Bestand an wilden Rentieren – der größte in ganz Europa. Die großen Raubtiere wie Bär, Luchs und Wolf fehlen ganz. Hingegen zählen die Greifvögel zur häufigsten Tiergruppe des Parks. Steinadler, Merlin, Fischadler, Gerfalke und Rauhfußkauz jagen nach Kleinnagern, vor allem nach Berglemmingen. Auch die Schnee-Eule lebt in den subarktischen Landschaftsstrichen des Parks.

NATIONALPARK HARDANGERVIDDA

GRÜNDUNGSJAHR 1981

GRÖSSE 3422 qkm

LAGE Telemark, nördlich von Kongsberg und östlich des Sørfjord.

SCHUTZZWECK Europas größtes zusammenhängendes Hochfjellgebiet mit Bergheiden, Gipfeln und Gletschern, größter Wildrentierbestand Europas.

ANREISE Von Oslo aus über die RV 7 nach Geilo, Tråastølen; durch die Telemark über die E 76 nach Odda, dem Sørfjord entlang nach Kinsarvik oder Eidfjord.

BESUCHERZENTRUM, NATURLEHRPFAD Neu errichtetes modernes Besucherzentrum in Øvre Eidfjord unmittelbar an der RV 7 Kinsarvik – Geilo; der Eintritt ist kostenpflichtig; kein Lehrpfad.

BESONDERE PFLANZEN UND TIERE Vertreter der arktischen Flora; Schnee-Eule; ca. 6000 Wildrentiere.

REISEZEIT Juli bis September; Skitouren im Winter ab März.

WANDERROUTEN 1200 km Wanderwege, zumeist Mehrtages- und Wochenrouten, mehrere Hütten.

Midtronden und Høgronden: schroffe Berge im Norden des Rondane-Nationalparks.

Dem Wanderer stehen nicht weniger als 1200 Kilometer Wanderwege und 35 Touristenhütten als Schutzstätten gegen die klimatischen Launen der Vidda zur Verfügung. Ausgangspunkte liegen im Norden und sind von der Reichsstraße 7 (Oslo–Bergen) aus leicht zu erreichen. Der Ort **Haugastøl** oder die Gebirgsstation **Dyranut** auf 1250 Metern Seehöhe sind Ausgangspunkte für Sommer- und Winterwanderungen entlang dieser Straße.

Ein besonderes Ziel in der nördlichen Vidda ist **Finse**, die mit 1222 Metern Seehöhe höchstgelegene Bahnstation der Bergenbahn. Sie gilt als der Stolz der Norweger und ist das Sinnbild für die grandiose technische Leistung, die der Bau dieser Bahnstrecke erforderte. Schon vom bequemen Zugabteil aus erkennt man die beeindruckende Landschaft der Hochebene. Hier beginnt die klassische Nord-Süd-Durchquerung, die in **Haukeliseter** am Südrand der Vidda endet. Eindrücke besonderer Art hinterläßt eine Wanderung im Mai, die am Westabfall der Vidda von der Hochfläche an den Rand der Fjorde führt. Während meterhoher Schnee auf der Vidda den Einsatz von Schiern verlangt, leuchtet an den Hängen im Fjord das weiße Blütenmeer der Obstbäume. Tagestouren kann man nur im Randbereich unternehmen, und angesichts der Größe des Nationalparks stößt man nur wenig in die Hochfläche vor. Lohnend ist die Wanderung von Haukeliseter in Richtung der Hütte **Hellevassbu**.

Die berühmte Paßstraße 11 berührt den Süden des Parks und gibt Einblicke in die Gebirgswelt. Am einfachsten ist die Besichtigung des Vøringfossen, der zwar nicht zum Nationalparkgebiet gehört, aber unmittelbar an der Straße 7 liegt. Über schmale Pfade erreicht man unterhalb des Hotels Fossli den 182 Meter hohen Wasserfall, flankiert von den mächtigen Felswänden des Måbødalen. Unbedingt sollte man auch das neu errichtete Besucherzentrum in **Øvre Eidfjord** besuchen. Es bietet eine lohnenswerte Ausstellung und eine Videoshow zur Hardangervidda in einem modern gestalteten Gebäude.

Rondane: Ältester Park mit alpinem Charakter

Nördlich der sagenumwobenen und lieblichen Landschaft des Gudbrandsdalen und östlich des Peer Gynt Veien ragen schroffe und unwirtliche Höhenzüge auf. Hier wurde 1962 der erste nowegische Nationalpark geschaffen, der das Rondane-Gebiet umfaßt und mehr als 580 Quadratkilometer dieser Gebirgslandschaft mit den weiten Karen, den Moränen und Schuttfächern schützt. Die mächtige Landschaft zwischen Odda und Dombås ist heute ein beliebtes und teilweise leicht zugängliches Wandergebiet. Während der Waldreichtum mit den vom Menschen geschaffenen Wiesenlandschaften und den unzähligen rot gefärbten Holzhäuschen das Gudbrandsdalen kennzeichnet, regiert in Rondane eine fast beängstigende Einöde und Weite. Man kann verstehen, daß die Menschen zur Zeit von Peer Gynt den Wohnsitz der Trolle hier vermuteten und den kahlen Regionen mythische Eigenschaften zuschrieben.

Das Gudbrandsdalen ist das »Tal der Täler«, es ist Norwegens bekannteste Tallandschaft. Kaum eine andere Region, vielleicht abgesehen von der Telemark, ist so durch die Kulturgeschichte seiner Bewohner geprägt wie diese. Überall ist der Talboden bewirtschaftet, wozu die sedimentreichen Böden besonders beigetragen haben. Die Gehöfte ziehen sich weit die bewaldeten Hänge hinauf; es ist die abwechslungsreiche, liebliche, typische Kulturlandschaft Norwegens. Der Kontrast zu der rauhen Gebirgswelt ist spürbar, er läßt die Mühen der Menschen ahnen, die in früherer Zeit hier seßhaft waren. Zahlreiche norwegische Persönlichkeiten wie Henrik Ibsen, Knut Hamsun oder Edvard Munch bewiesen ihre Verbundenheit mit dem Gudbrandsdalen. Die berühmteste Figur des Tales fand

Eingang in norwegische Kunstwerke, die heute zu den literarischen und musikalischen Aushängeschildern des Landes gehören: Peer Gynt. Er soll sich im weiteren Umfeld Rondanes aufgehalten und als Jäger und Bauer gelebt haben. Henrik Ibsen verknüpfte die Mythen und Sagen um diese Figur zum weltbekannten Drama, das die Grundlage für die Peer-Gynt-Suite des norwegischen Komponisten Edvard Grieg wurde. Auch der Nationalpark Jotunheimen steht mit der Sagenfigur in Zusammenhang. In Rondane treffen wir den Abenteurer und Weltenbummler namentlich auf der Per Gynthytta an, die 1842 der »Geburtsort« des Helden war.

Rondane gilt als Meilenstein in der norwegischen Umweltpolitik. Die zunehmende Industrialisierung, der Bau von Straßen und Stromleitungen sowie der verstärkte Hüttenbau in den Gebirgen veranlaßten 1957 den Reichstag, Initiativen zum Schutz größerer Landstriche zu ergreifen. Ein königlicher Erlaß erklärte das Rondane-Gebiet zum ersten norwegischen Nationalpark. Im Vergleich zu anderen europäischen oder nordamerikanischen Staaten kamen diese Maßnahmen sehr spät, dennoch bestehen heute mehr als 20 solcher Schutzgebiete in ganz Norwegen. Die Hänge rund um Mysuseter mit den zahllosen Holzhütten zeigen deutlich, wie wichtig diese Maßnahmen waren, um reine Naturlandschaften für die nachfolgenden Generationen zu erhalten.

Die Erdpyramiden »Kvitskriuprestene« im Uladalen südlich des Nationalparks Rondane sind die einzigen in ganz Skandinavien.

Das herbe Rondanegebirge erhebt sich wie eine Kulisse aus der Hochfläche, so daß man die Größenverhältnisse nur schwer einschätzen kann. Die klassischen Fjellgebiete Südnorwegens sind so ganz anders als die Gebirgszüge der Alpen: Nicht schroffe Grate oder nackte Felswände formen die Landschaft, sondern rund geschliffene Kuppen, zwischen denen weite Trogtäler liegen. Früher vermuteten die Menschen, die Kuppen seien schlafende Riesen, die daliegen und ihre Bäuche in den Himmel strecken.

Auf der Anfahrt zum Park über den Peer Gynt Veien ist die Landschaft voll von Erinnerungen und Schauplätzen dieser Sagenfigur. Schließlich tauchen die Gebirge, die bei klarem Wetter schon oberhalb von Lillehammer zu sehen sind, vor dem **Furusjøen** auf. Ganz in der Nähe des Sees liegt die Hüttensiedlung **Mysuseter**. Sie ist der Ausgangspunkt für den Besuch und ermöglicht trotz der Einöde und unwirtlichen Landschaft einen gemütlichen Zugang zum Park.

Vor allem die Gletscher der Eiszeiten formten das Relief der 600

Hoch über dem Atnasjøen hat man einen herrlichen Blick über die Rondane-Berge.

Millionen Jahre alten Gebirge. Trogtäler, Kare, steile Abbrüche und Moränenschutt beweisen eindrucksvoll die Gestaltungskräfte der Eismassen. Dazu kam die Erosion durch Frostsprengung, Wind und Wasser. Heute gibt es hier keine Gletscher mehr, weil das westlicher liegende Jotunheimen-Gebirge den meisten Regen abfängt und Rondane zu einem Trockengebiet macht.

Eine sieben Kilometer lange Straße führt bis zur **Rondvassbu-Hütte.** Sie ist selbstverständlich für jeglichen Individualverkehr gesperrt. Mit dem Fahrrad ist sie jedoch spielend zu bewältigen, da die Höhenunterschiede gering sind. Die Straße verläuft bereits über typische Fjell-Landschaft und wird von flechtenbewachsenen Hängen gesäumt. Im Tal windet sich die **Store Ula** gemächlich dahin, bildet Mäander aus oder fließt über geringe Hangstufen, ehe sie in ein kaskadenreiches Schluchttal eintritt. Die Fjellstation Rondvassbu ist das Zentrum des Parks. Sie bietet beste Möglichkeiten zu Rundgängen und Bergtouren im Parkgebiet. Die Hütte wurde unmittelbar am Rondvatnet errichtet, der wie ein Fjord zwischen den mächtigen Berggipfeln liegt und der größte und zugleich tiefste See des Parks ist. Östlich davon erheben sich die Hauptgipfel Rondslottet und Storronden auf über 2100 Meter Höhe. Westlich beginnt der Gebirgsstock Smiubelgen, dessen Gipfel zwischen 1800 und 1900 Meter hoch sind. Nördlich davon breitet sich das trogförmige Dørålen-Tal aus, das von der Atna durchflossen wird. Nochmals nördlicher beginnt die einsamste und wildeste Landschaft des Parks, die Stygghø, mit Höhen um 1800 Meter und weiten, öden Fjellgebieten. Die Nordgrenze des Parks bildet schließlich das Haverdalen.

Bei Rondvassbu beginnt das in West-Ost-Richtung verlaufende **Illmanndalen**, das zu den schönsten Landschaften des Parks zählt. Vorbei am Storronden begrenzt es im Süden den Bergstock der Rondvasshøgda und endet bei Bjørnholia an der Ostgrenze. Südlich davon liegen die weitläufigen, aber sanfteren Gebirgslandschaften von Illmannhø und Hornflågån. Das Illmanndalen wirkt lieblicher als die übrige Landschaft. Der Fluß fließt durch mehrere kleinere Seen, die zwischen Wiesenflächen liegen und sich damit von den kargen, beinahe vegetationslosen Flanken der Gebirge abheben. Höhepunkt dieses Tales ist der langgezogene Illmanntjørni.

Von einer kleinen Geländestufe oberhalb der Hütte überblicken wir das Zentrum des Parks. Nach Norden durchbricht der langgestreckte **Rondvatnet** die graue Gebirgsfläche. Von seinen Ufern ragen die Berghänge so steil empor, daß die Wanderwege nicht in Seenähe verlaufen können. Gegenüber der Hütte schiebt unmittelbar am Ausfluß der Store Ula ein Seitenbach, der vom Ljosåbelgen herabkommt, einen breiten Schuttfächer in den See. Zuvor hat er – wie alle Seitenflüsse – eine tiefe Schlucht ausgewaschen, die entstanden ist, als die Gletscher abschmolzen. Auch am Weg zur Rondvassbu überquert die Fahrstraße eine solche Schlucht.

Rechts von der Straße beginnt der Aufstieg zu den höchsten Gipfeln des Parks. Die Wanderung ist – abgesehen von den zahllosen Gesteinsblöcken – nicht allzu schwierig, das rasch wechselnde Wetter jedoch erfordert Erfahrung und gegebenenfalls den Mut zum Umkehren. Die dunkelgrauen Felskuppen, die unseren Blick schon seit Beginn der Wanderung oberhalb von Mysuseter anziehen, wirken wie eine Mondlandschaft. Nicht selten sind sie auch im Sommer noch von Schnee bedeckt. Nach drei Stunden Gehzeit ist der Gipfel erreicht, und man blickt auf das eindrucksvolle Panorama des Parks. Im Norden ragt der Gipfel des **Rondslottet** – »rundes Schloß« – auf, der mit 2178 Metern höchste Berg der Rondane-Gruppe. Auch er kann ohne größere Schwierigkeiten bestiegen werden, allerdings ist die um fünf Stunden längere Gehzeit und der durch mehrere Gegenanstiege bedingte größere Höhenunterschied von 1150 Metern zu beachten. Eine gemütliche Wandertour beginnt gegenüber der Rondvassbu und verläuft zu Füßen des **Veslemeden** hoch über dem See nach Norden. Im Sommer betreibt die Hüttenverwaltung ein Wassertaxi, das Wanderer an das Nordende des Sees bringt oder von dort abholt. So erreicht man die östliche Landschaft des Parks, wo die Felswände noch steiler aufragen; zu ihren Füßen liegen gewaltige Kare mit leuchtend blauen Seen.

Ein begehrtes und leicht zu erreichendes Ziel des Parks ist die **Peer Gynthytta**, die im westlichen Abschnitt liegt und im Norden von den zahlreichen Gipfeln des **Smiubelgen** umrahmt wird. Neben der neuen Hütte, die man von Smukksjøseter aus in etwas mehr als einer Stunde Gehzeit erreicht, steht noch die alte Steinhütte, die Uløyhytta oder Gamle Peer Gynthytta genannt wird. Die reizvolle und abwechslungsreiche Hochebene rund um die Hütte lädt zu einfachen Tagestouren ein. Die sanfteren Gipfel lassen sich allesamt leicht besteigen, ferner bieten sich im Anschluß Wanderungen zur Rondvassbu und zum Aussichtsberg **Bråkdalsbelgen** an.

Die Landschaft Rondanes wirkt bei Sonnenlicht trotz des kargen Bewuchses wie ein bunter Flickenteppich. Auch der Vergleich mit einem marmorähnlichen Muster drängt sich angesichts der gelblichgrünen Flechtenheiden auf, die nur von Zwergbirken, Kriechweiden und einzelnen Polsterpflanzen bewachsen sind. Ausschnitte der Hangflanken leuchten wie verschneit, da wegen des quarzhaltigen, nährstoffarmen Gesteins fast nur die Rentierflechte und verschiedene Cladonia-Arten gedeihen. Höhere Blütenpflanzen kommen kaum vor, sie überlassen das Gebiet den Spezialisten der Gebirge. Oberhalb der Rondvassbu am Aufstieg zum Storronden wächst die Alpenazalee, die ihre zarten Äste über die Jahrhunderte hinweg zu breiten Fächern ausdehnen konnte. Im Juli zieren ihre zahllosen winzigen, dunkelroten Blüten die karge Landschaft. Wie auch die Flechten ist die Alpenazalee – auch Gemsheide genannt – besonders an das Überleben in kargen Regionen angepaßt. Alpenazaleen bevorzugen dem Wind ausgesetzte Plätze, die im Winter sogar schneefrei sein können und auf denen Temperaturen um minus 30 bis minus 40° C herrschen. Spezielle physiologische Anpassungen ermöglichen es dem Zwergstrauch aus der Familie der Heidekrautgewächse, solche extremen Standorte zu besiedeln. Das geringe Wachstum und die große Anfälligkeit gegenüber mechanischen Belastungen erfordern allerdings, daß Wanderer unbedingt auf den Wegen bleiben. Mit einem einzigen Fußtritt kann das Wachstum einer Pflanze von mehreren Jahrzehnten zerstört sein. Die Alpenazalee gehört neben der Lappländischen Alpenrose, die ebenfalls hier vorkommt, zu den auffälligsten Pflanzen des Gebietes. Wer das Glück hat, diese Landschaft kurz nach einem Regenguß bei Sonnenlicht zu erleben, wird vom Farbenspiel aus Gelb, Grün, Rot und Weiß vor der

Nationalpark Rondane

Gründungsjahr Ältester Park Norwegens, gegründet 1962.

Grösse 580 qkm

Lage Östlich des oberen Gudbrandsdalen (E 6) bei Otta, südlich von Folldal.

Schutzzweck Alpines Kahlfjellgebiet mit flechtenbewachsenen, geröllreichen Tälern; einzige Erdpyramiden Skandinaviens im nahen Uladalen.

Anreise Von Oslo und Trondheim aus über die E 6, Auffahrt zum Park bei Otta bis Mysuseter, etwas nördlicher bis Smukksjøseter; östliche Zufahrt über die RV 27, abzweigen nach Bjørnhollia und Døralseter.

Besucherzentrum, Naturlehrpfad Keine.

Besondere Pflanzen und Tiere Flechten und Moose, Alpenazalee, Gletscherhahnenfuß; Schneeammer, Alpenschneehuhn; Schneehase.

Reisezeit Juni bis September (Oktober), Langlauftouren ab März.

Wanderrouten Zahlreiche Touren, Weg von Mysuseter zur Rondvassbu (7 km) fahrradtauglich, Bergpfade zum Rondslottet und Storronden, Tagestour zur Peer Gynthytta.

Mehrtagestour durch das Illmanndalen von Bjørnhollia zur Rondvassbu und weiter nach Døralseter.

Rentierflechten, Cladonia und Zwergsträucher: der karge Bewuchs der Rondane-Berge.

Kulisse der tiefgrauen Berggipfel begeistert sein. Von einem Moment zum anderen erstrahlt die öde und eigentümlich karge Gebirgswelt im bunten Glanz.

Auch die Tiere haben es schwer, in dieser Gebirgswelt dauerhaft zu überleben. Rentierherden halten sich seit Urzeiten in den Tälern und im Sommer an den Berghängen auf. Sie zogen früh die ersten Siedler an, für die sie eine begehrte Jagdbeute waren. Noch immer sind die steinernen Leitzäune und Fanggruben zu erkennen, hinter denen die Schützen mit ihren Speeren lauerten. Heute begegnet der Wanderer bestenfalls einigen Vögeln wie Schneeammer und Steinschmätzer – größere Säugetiere sind kaum zu sehen.

Abschluß eines Besuches des Nationalparks ist das **Uladalen** bei Indretjørni westlich von Mysuseter. Die Store Ula fließt nördlich des Bergetjønn in malerischen Schluchten und tosenden Kaskaden talauswärts. Einer der zahlreichen Wasserfälle, der **Bruresløret-Wasserfall**, ist mehr als 20 Meter hoch. An den Ufern wächst Fjellbirkenwald. Vor Mysuseter hat die Store Ula einen tiefen Cañon in das Gestein gegraben und mündet schließlich auf das flachere Hochplateau des Dorfes. Im anschließenden Talausgang, der nun schon im Bereich des Kiefern- und Fichtenwaldes liegt, treffen wir auf eine in Nordeuropa seltene Sehenswürdigkeit, die **Kvitskriuprestene**, die »weißgekleideten Priester«. Diese weißen Erdpyramiden mit den dunklen Steinplatten ragen aus einem vegetationsfreien Hang auf und bestehen aus Moränenmaterial. Ähnliche Formationen kommen in Euopa sonst nur an einigen wenigen Stelle, z. B. in Südtirol, vor. Ein steiler Steig führt von der Mautstraße, die am Talboden des Uladalen von Tofte nach Holen verläuft, einige hundert Meter durch den Wald aufwärts bis zu einer Aussichtskanzel.

Das Oldental, ein Seitental im Jostedalsbreen-Gebiet, führt zur vielbesuchten Gletscherzu

Jostedalsbreen: Europas grösstes Gletschergebiet

Norwegens jüngster Nationalpark, der erst 1991 gegründet wurde, umfaßt 1230 Quadratkilometer des größten Gletschergebietes auf europäischem Festland. Er liegt im zentralen Fjordland zwischen dem Fjærlandsfjord im Süden und dem Nordfjord im Norden. An mehreren Stellen sind die Eisschichten mehr als 500 Meter mächtig und fließen in mehreren Zungen nach allen Richtungen über die steilen und blanken Felswände herab. Umgeben ist das Bergmassiv von tief eingeschnittenen Trogtälern mit einer sattgrünen Kulturlandschaft und tiefblauen Seen. Über den Innvikfjorden, wie der hinterste Abschnitt des Nordfjord genannt wird, können große Hochseedampfer bis an den Westabfall des Nationalparks heranfahren. Der **Briksdalsbreen** ist der bekannteste, zu ihm werden bereits seit 100 Jahren Schaulustige mit Pferdekutschen herangekarrt. Am beeindruckendsten sind jedoch die wilden und

Briksdalsbreen; das Tal ist eine der reizvollsten Gegenden Fjord-Norwegens.

beinahe unerreichbaren Gletscherwelten des Jostedalsbreen.

Das neu errichtete Besucherzentrum an der Reichsstraße 15, das malerisch mit hervorstechender Architektur in **Oppstryn** unmittelbar am Ufer des Sees liegt, bietet einen lehrreichen Einstieg in das Berggebiet. Hinter dem Gebäude ragen die nackten Felswände auf, die so blankgeschliffen sind, als hätte sich der Gletscher gerade erst zurückgezogen. Dahinter beginnt südwärts eine Welt aus Eis und Stein, wie sie in Europa erst wieder auf Island zu finden ist. Im Osten begrenzen zwei weitere spektakuläre Bergregionen den Nationalpark: Breheimen und das so berühmte Jotunheimen-Gebiet, auch als »Dach« Norwegens bezeichnet. Im Norden endet der Park im Ottadalen, das von der wilden Otta durchflossen wird und bis zum Gudbrandsdalen reicht. Alle Gletscher des Gebietes zusammen nehmen eine Fläche von mehr als 1900 Qudratkilometern ein. Der Jostedalsbreen umfaßt als Hauptgletscher immerhin 486 Quadratkilometer und ist über 100 Kilometer lang. Nur wenige Felsspitzen durchdringen die Eismassen, die verhältnismäßig jungen Datums sind. Sie stammen nicht aus der eiszeitlichen Vergletscherung, sondern aus einer Kälteperiode, die vor 5000 Jahren einsetzte und über 2500 Jahre lang das Eis wachsen ließ. Der letzte »Wachstumsschub« erfolgte um 1750, als es zu einem generellen Gletschervorstoß in Norwegen kam. Ein Seitengletscher, der Nigardsbreen, hat sich dabei um drei Kilometer in das Tal vorgeschoben und das Gehöft Nigard, nachdem er auch benannt wurde, unter sich begraben. Seit Ende des 18. Jahrhunderts nehmen die Eismassen jedoch wieder ab, auch wenn einige Gletscherzungen heute wieder im Vormarsch sind – so der Kjenndalsbreen in der Gemeinde Loen, der mittlerweile bis zum Birkenwald auf eine Seehöhe von 160 Metern herabreicht. Nur 60 Meter über dem Meer trifft man am Ende des Fjærlandfjordes auf den Supphellbreen, der nicht mit dem Hauptgletscher in Verbindung steht und über Lawinen genährt wird.

Die durchschnittlichen Höhen des Gletscherplateaus liegen zwischen 1700 und 2000 Meter. Der höchste Punkt des Gletschers, die Eiskuppel des **Høgste Breakulen**, erreicht 1957 Meter Höhe. Gleich daneben ragt eine kleine Felsspitze aus dem Eis – ein typischer Nunataker. Einige Dutzend Gletscherzungen fließen rund um das Zentralplateau in die umliegenden Täler und enden manchmal erst auf 300 Meter Seehöhe. Die Oberfläche des Gletscherplateaus ist wellig und weist keine größeren Höhenunterschiede auf, sie besteht fast nur aus Eis und Fels. Erst durch die steil abfallenden Täler rund um den Gletscher entsteht der äußerst spannungsreiche Kontrast dieser Landschaft. An den Hängen künden Kare und Moränenansammlungen davon, daß die

Nationalpark Jostedalsbreen

Gründungsjahr 1991

Grösse 1230 qkm

Lage Nördlich des Sognefjord und südöstlich des Nordfjord.

Schutzzweck Größtes Gletschergebiet von Festland-Europa, verschiedene Gletscherzungen; reizvolle Tallandschaften mit Gletscherabschluß und malerischen Seen.

Anreise Von Lom über die RV 15, von Sogndal über die RV 55, von Westen aus über die RV 14 von Skej und Byrkjelo nach Olden.

Besucherzentrum, Naturlehrpfad Neu errichtetes Nationalparkcenter in Oppstryn (Eintritt kostenpflichtig) mit botanischem Garten und Ausgangspunkt von Naturlehrpfaden. Die Begleitbroschüren sind zum Großteil nur auf norwegisch erhältlich. Gletschermuseum in Fjærland; Breheimsenter in Jostedal.

Besondere Pflanzen und Tiere Höhepunkt des Schutzgebiets sind vor allem die Gletscher; typische Gebirgsflora; Steinadler, Schneeammer.

Reisezeit Juni bis September.

Wanderrouten Tagestour zum Briksdalsbreen, Kjenndalsbreen und Nigardsbreen, Kurztour zum Böyabreen, Gletschertouren auf Anfrage mit kundigen Bergführern.

Gletscher in der Eiszeit die Trogtäler in Jahrmillionen aus dem Fels geschliffen haben und dadurch die Verbindung zum Meer schufen.

Ungezähmte, mächtige Bäche und Wasserfälle stürzen schäumend zu Tal und münden in langgezogene, tiefblaue Seen, die nichts anderes als uralte Gletscherwannen sind. Ganz besonders reizvoll präsentiert sich das Tal, das von Olden am Innvikfjord 40 Kilometer nach Süden ins Gebiet des Briksdalsbreen reicht und fast ganz vom **Oldenvatnet** eingenommen wird. An einem klaren Sommertag spiegeln sich die silbrigen Bergflanken im türkisblauen Wasser, das von saftigen Talwiesen umschlossen wird, und hoch oben am Grat krönen die Gletscherränder die Bergketten. Weiter talabwärts, wenn sich die Gletschersedimente abgesetzt haben, hat das Wasser seine typische grünliche Färbung. Moränenwälle, die längst zu fruchtbarem Kulturland wurden, riegeln das Tal am Ausgang ab, so daß sich die Seen aufstauen konnten. Noch enger stehen die Bergflanken im Tal von Loen zusammen und schließen den malerischen **Lovatnet** ein.

Der Bøyabreen mit dem Brevatnet nahe dem Fjærlandsfjord.

Der geologische Untergrund des Gebietes ist uralt und reicht mehr als eine Milliarde Jahre zurück. Demgegenüber ist das erst 450 Millionen Jahre alte eigentliche Plateau erdgeschichtlich relativ jung; es wurde durch die damals einsetzende Auffaltung angehoben. Die heutige Oberfläche des Gebirgsstockes stammt aus einer zweiten Landhebungsphase, die vor 50 Millionen Jahren das mittlerweile abgetragene Urgebirge auf 2000 Meter über Meereshöhe anhob.

Trotz der riesigen Gletscher bietet der Nationalpark eine reiche Flora. Ausschlaggebend dafür ist nicht etwa das Untergrundgestein, das weitgehend aus nährstoffarmem Gneis besteht, sondern die großen Mengen an Tonpartikeln und Sedimenten, die durch die Schmelzwasserströme abgelagert wurden. Sie ließen fruchtbare Böden entstehen – die Grundlage für ein vielfältiges Pflanzenwachstum. Die Pionierpflanzen, die diese Böden als erste besiedelten, waren die Flechten, die auch heute noch weit verbreitet sind. Die gelbliche Landkartenflechte zaubert zusammen mit der Ziegelroten Sackflechte kunstvolle Muster auf die glatten Steine. Dazwischen siedelten sich auffällige Gebirgspflanzen an, die an diese Lebensbedingungen optimal angepaßt sind. Weil Insekten zur Bestäubung fehlen, vermehrt sich beispielsweise der zarte weißblühende Nickende Steinbrech, der Stellen mit offenem Schotter und Sand bevorzugt, nicht über seine Blüten, sondern über Brutknospen, die in den Achseln der Stengelblätter sitzen. Der anpassungsfähige Alpen-Säuerling gehört im Gletschervorfeld zu einer der häufigsten Pflanzen. Weitere typische Pionierarten sind das Alpen-Mastkraut, das Zwerg-Ruhkraut, das Dreigrifflige Hornkraut und die Kraut-Weide. Nur am Unterlauf der Gletscherflüsse konnte sich im Laufe der Zeit ein krautreicher Birkenwald entwickeln. Tierisches Leben wird man am Gletscherrand kaum vermuten. Dennoch haben auch kleinste Mikroorganismen diesen Lebensraum besiedelt. Auffälliger sind Schneeammer und Alpenschneehuhn sowie die Wasseramsel, die an den Gebirgsflüssen lebt.

Am eindrucksvollsten erlebt man das Gebiet bei einer Gletscherwanderung. Diese sollte aber stets mit ortskundiger Führung und gut vorbereitet unternommen werden, da zu jeder Jahreszeit unvorhersehbare Gefahren auftreten können. Im Sommer 1881 versuchte der Engländer Cecil Slingsby zum ersten Mal, in die Gletscherwelt vorzudringen und brach von einer Alm im Tungsbergdal zum Jostedalsbreen auf. Nach sechsstündigem Marsch erreichte er den Høgste Breakulen und beschrieb die Umgebung als »weiße Sahara« mit enormer, beeindruckender Weite. Slingsby leitete indirekt eine Bewegung ein, die heute viele Bergfreunde aus aller Welt ins Gebiet des Jostedalsbreen zieht. Denn die bizarren Formationen aus Eis und Schnee, die unendliche Weite des Plateaus, die eindrucksvollen und kontrastreichen Tallandschaften mit den Gletscherzungen, das weiträumige Gebirgsgelände oder die tiefblauen Eishöhlen lassen jede Begegnung mit dem Jostedalsbreen zu einem unvergeßlichen Erlebnis werden. Wem eine Gletscherwanderung zu anstrengend oder zu gefährlich erscheint, kann im Tal des Briksdalsbreen über den gemütlichen Fahrweg und den anschließenden Fußsteig unmittelbar die Gletscherzunge erreichen. Die im Sommer stark frequentierte Route, die auch mit den berühmten Pferdekutschen befahren wird, vermittelt aber nur einen teilweisen Eindruck dieser gewaltigen Bergwelt. Keinesfalls aber sollte der beinahe mühelose Anmarsch den Respekt vor der Gewalt des Gletschers schwinden lassen.

Der Bødalsbreen läßt verstehen, warum man von einer »Gletscherzunge« spricht.

Jotunheimen: Auf dem Dach Norwegens

Mitten in Südnorwegen liegt der mächtige Gebirgsstock Jotunheimen, der im Osten vom Gudbrandsdal bis an die Ausläufer des Sognefjordes heranreicht. Nicht weniger als 200 Gipfel ragen aus der Hochfläche auf, die in den letzten Jahren zum Paradies für Bergsteiger wurde. Aber auch auf ausgedehnten Trekkingtouren läßt sich die Region erkunden. Noch um 1820 war Jotunheimen eine beinahe unbekannte Landschaft. Eine Zeitung beschrieb die Gegend damals als »unbekanntes Stück Land, von dem die Norweger genauso viel wußten wie von Patagonien«. Die sehr entlegene Lage brachte Jotunheimen, das zuvor »Jotunfjellene« hieß, seinen heutigen Namen und ließ die »Heimat der Riesen« in die Sagenwelt Eingang finden. Man vermutete hier die Heimat der Frost- und Reifriesen aus der Edda-Sage. Die Dramatik und Ruhe dieser Gebirgslandschaft zogen seit dem 19. Jahrhundert Dichter, Maler, Komponisten und Wanderer in gleichem Maße an und wurden zur Quelle für ihre künstlerische Kraft und Inspiration. Edvard Grieg notierte sich auf der damaligen Alm Gjendebu die Lieder der Sennerin, um sie später in seinen »Norwegischen Volksweisen« zu verarbeiten. Henrik Ibsen ließ seinen Volkshelden Peer Gynt mit einem Rentier den Besseggen-Grat überqueren und ihn 400 Meter über die Südwand in den smaragdgrünen Gjendesee abstürzen.

200 Gipfel von mehr als 2000 Metern Höhe prägen zusammen mit Gletschern, Geröllfeldern, Gebirgsseen und weiten Hochtälern die Landschaft Jotunheimen. Auch Nordeuropas höchste Berge, der 2469 Meter hohe Galdhøpiggen und der 2452 Meter hohe Glittertind, gehören zu Jotunheimen. Weitere 20 Gipfel ragen über 2300 Meter auf. Das gesamte Berggebiet umfaßt mehr als 3000 Quadratkilometer, von denen 1145 seit dem Jahr 1980 als Nationalpark ausgewiesen sind. 300 Quadratkilometer des Ultladalen südlich des Parks wurden als Landschaftsschutzgebiet angeschlossen. Damit bleibt ein Großteil des riesigen

An den Südrand von Jotunheimen schließt das Landschaftsschutzgebiet Utladalen mit seinen sanften Hochebenen an.

Berggebietes von Erschließungen, Staudämmen und Straßen verschont, keine Seilbahnen oder Bergrestaurants werden die vielfältige und abwechslungsreiche Hochgebirgsregion in Zukunft zerstören. Der Nationalpark ist aber nicht nur ein Paradies für Wanderer, Kletterer und geübte Schifahrer, sondern auch eine Schatztruhe für Botaniker und Geologen.

Im Norden grenzt das weitläufige Sognefjell an Jotunheimen, das man bei der Anreise auf der aussichtsreichen Paßstraße durchqueren muß. Sie steigt vom Lustrafjord ausgehend in vielen Kurven bis auf 1550 Meter an und führt nach Osten ins Leirdalen. Von der Straße aus scheinen die Gletscher greifbar nahe, und nicht selten wirken die Autos noch im Mai angesichts der meterhohen Schneewächten wie Spielzeugfahrzeuge. Im Südwesten schließt sich das wild zerklüftete Gebirgsmassiv Hurrugane an, das durch das wilde Utladalen vom Hauptgebiet des Nationalparks abgeteilt wird. Im Süden fällt der Gebirgsstock steil zum fjordähnlichen Bygdinsee ab, und im Osten begrenzt die Reichsstraße 51 den Nationalpark. An dieser eindrucksvollen Paßstraße liegen die bekannten Bergsteigerorte **Gjendesheim** und **Bygdin**, die Ausgangspunkte zu den Touren ins Nationalparksgebiet sind.

Der botanische Reichtum der Region ist ebenso lange bekannt wie der Reiz der Landschaft. In den breiten Trogtälern können sich mannigfaltige Bergpflanzen halten, die im kurzen Sommer zwischen Juni und September ihre Blütenpracht entfalten. Die seltene Frühlingsküchenschelle blüht oft noch Mitte Juli im Visdalen, und auf den Schuttflächen leuchtet der Gletscherhahnenfuß mit seinen dichten, weißlichrosa Blütenköpfen. Auch die Lappland-Alpenrose konnte sich im Gebiet halten, obwohl sie eigentlich nur in der Region um den Polarkreis vorkommt. Einige Steinbrecharten, Zwergsträucher, Netzweiden, Silberwurzteppiche und die auffällige Rosenwurz gehören wie die Alpenazalee zu den häufigen Pflanzenarten. In Jotunheimen erreichen die Waldgrenzen die größten Höhen Nordeuropas: Für den borealen Nadelwald liegen sie bei 1100 Meter, für die Fjellbirken bei 1200 Meter. Schon in der Steinzeit lockten größere Rentierbestände Jäger ins Gebiet. Heute halten sich etwa 6000 Tiere vor allem im Ostteil auf. Ansonsten trifft man verschiedene Greifvögel, Falkenarten und Schneehühner an. Im Utladalen lebt eine größere Elchkolonie. Dieses Tal, das bei Øvre Ardal direkt an den Sognefjord heranreicht, ist durch den **Vettisfossen** bekannt, mit 260 Metern Höhe Norwegens höchster Wasserfall. Man erreicht ihn vom Tal aus in zwei Stunden Gehzeit. Der Weg führt am reizvoll gelegenen Berggehöft Vetti vorbei, einem der schönsten Winkel des Talgebietes von Jotunheimen.

Seit mehr als 100 Jahren besuchen Bergfreunde das Gebiet. Den Anfang machte um 1859 ein Kaufmann aus Oslo namens Thomas Heftye, der von der Wildheit der Berge derart begeistert war, daß er maßgeblich für den Bau der ersten Schutzhütte in Bygdin 1863 verantwortlich zeichnete. 1874 wurde der erste Wanderweg angelegt und mit den charakteristischen »Steinmännchen« als Markierung ausgestattet. Glitterheim, die erste Hütte, die auch im Winter betrieben werden konnte, stammt aus dem Jahre 1901. Damit begann auch die Zeit der Kletterer, die die Gipfel mit klassischen alpinen Techniken bestiegen. Daß man hier ein Kraftwerk errichten wollte, war maßgeblich für die Gründung des Nationalparks verantwortlich. Die grandiose Landschaft konnte damit bewahrt werden.

Durch den Nationalpark kam es zu keinen Einschränkungen für die acht Hütten, die entlang des dichten Wanderwegenetzes ideale Etappenlängen vorgeben. Sie werden vom norwegischen Wanderverein DNT betrieben; die Selbstversorgungshütten stehen auf der für Norwegen typischen Vertrauensbasis zur Verfügung. Ohne jegliche Kontrollen sind die Wanderer selbst dazu angehalten, die Hütten sauberzuhalten, aufzuräumen und den nachfolgenden Wanderern in bestem Zustand zu hinterlassen.

Die bekannteste und wohl am meisten begangene Bergroute Norwegens führt im Südosten des Parks von **Gjendesheim** zum berühmten **Besseggen-Grat** und über das **Veslefjell**. Ein Wassertaxi bringt die Wanderer zur Hütte Memurubu im Westen des Gjendesees, von wo das Veslefjell bestiegen wird. Der Wanderweg verläuft über den besagten Grat und führt dann wieder nach Gjendesheim hinab. Henrik Ibsen beschreibt den Grat, der nach Süden 400 Meter zum Gjendesee und nach Norden zwischen 200 und zehn Meter zum Bessvatnet abfällt, als sensenscharf. Auch wenn der Weg in Wirklichkeit deutlich breiter ist, so verlangt er dem Bergsteiger doch einige Schwindelfreiheit ab. Das einzigartige Bergpanorama belohnt jedoch jede Anstrengung: Der fjordartige Gjendesee liegt tief unten im Tal zu Füßen, rund herum ragen die silbergrauen Gebirgswände auf. Rechts scheint der Bessvatnet fast an den Gjendesee heranzureichen, lägen nicht 400 Höhenmeter dazwischen.

Weitere klassische Wanderrouten gehen von der **Leirvassbu** im Norden des Parks aus, zu der eine 13 Kilometer lange Mautstraße vom Sognefjell führt. Sie ist eine der Hütten, die entlang des Rundweges durch das gesamte Parkgebiet als Etappenziel angelaufen wird. Nach Süden führen Routen zum **Utladalen**, nach Osten läßt sich vorbei am markanten Berg Kyrkie das **Visdalen** durchqueren, und die Hütte Spiterstulen ist in einer Tagesetappe zu erreichen. Fast jeder Gipfel des Parks ist relativ einfach zu besteigen.

Alle Wanderer bewegen sich jedoch auf den Spuren der historischen Figur Jo Gjende, der um

NATIONALPARK JOTUNHEIMEN

GRÜNDUNGSJAHR 1980

GRÖSSE 1145 qkm

LAGE Nordöstlich des Lustrafjordes, nördlich der RV 5, Gemeindegebiet von Lom.

SCHUTZZWECK Schutz einer hochalpinen Gebirgslandschaft mit über 200 Gipfeln, Gletschern und Norwegens höchstem Berg, Rentierstamm, reiche Gebirgsvegetation, größter Wasserfall Norwegens.

ANREISE Von Oslo über die E 6 nach Otta, über die RV 15 nach Lom und weiter zum nördlichen Parkrand (Spiterstulen, Leirvassbu), über die E 68 nach Fagernes und die RV 51 nach Gjendesheim; über die RV 55 vom Lustrafjord; direkte Zufahrt zum Park teilweise mautpflichtig und nicht für größere Wohnmobile möglich.

BESUCHERZENTRUM, NATURLEHRPFAD Keine; Museum in Eidsbugarden. Norwegisches Fjellmuseum in Lom.

BESONDERE PFLANZEN UND TIERE Frühlingsküchenschelle, Rosenwurz, Strauß-Steinbrech, alpine Pflanzenarten.

REISEZEIT Juni bis September/Anfang Oktober.

WANDERROUTEN Zahlreiche Bergpfade und Klettertouren im gesamten Gebiet, Mehrtagestouren; Übernachtungshütten.

Vettismorki, eine Hochfläche im südlichen Jotunheimen-Gebiet.

1800 als Einsiedler und Philosoph eine Hütte am Gjendesee bewohnte. Fridtjof Nansen bezeichnete ihn als typischen norwegischen Charakter, der das Leben im Tal verachtete, um in der Bergwelt seine Persönlichkeit zu finden.

Den Höhepunkt des Jotunheimen-Aufenthaltes stellt mit Sicherheit die Besteigung des höchsten Berges Norwegens, des **Galdhøpiggen**, dar. In vier Stunden ist der Gipfel von der Touristenhütte Glitterheim zu erreichen, wobei die nicht allzu schwierige Tour trotzdem nur mit einem ortskundigen Bergführer unternommen werden sollte. Der Rundblick am Gipfel erklärt, weshalb diese Berggegend als das Dach Norwegens bezeichnet wird. Fast alle typischen Landschaften liegen einem zu Füßen: Im nächsten Umfeld breiten sich die Gletscher aus, im Westen schließen die tiefblauen Fjorde an, nach Osten die grünen Hochebenen und nach Süden tief eingeschnittene Täler. Hier werden die Mythen und Gesänge der norwegischen Künstler auf die grandiose »Heimat der Riesen« verständlich.

Dovrefjell: Hochfjell mit Moschusochsen

Der Dovrefjell-Nationalpark liegt in einem der schönsten Berg- und Fjellgebiete Südnorwegens. Kennern ist er vor allem wegen seiner Moschusochsen bekannt, die hier zwar schon während der letzten Eiszeit von Natur aus vorkamen, deren heutiger Bestand aber aus einer im Jahre 1945 ausgesetzten Herde hervorgegangen ist. Was viele jedoch nicht wissen, ist, daß der Naturraum des Nationalparks aus botanischer Sicht ein Juwel darstellt und schon vor 200 Jahren Wissenschaftler aus ganz Europa anzog.

Das Dovrefjell befindet sich in einem der interessantesten Abschnitte der südnorwegischen Gebirgslandschaft und gilt als einer

Typisch für die Region: die Frühlingsküchenschelle.

der unberührtesten norwegischen Nationalparks. Weil die rauhen Hochebenen und Grate auch früher nie durch menschliche Einflüsse oder Siedlungstätigkeit verändert wurden, stellt der Park heute ein einmaliges botanisches und zoologisches Refugium dar.

Der Nationalpark ist zweigeteilt, und das nicht nur aus topografischer Sicht. Er besteht aus dem kleineren und schrofferen östlichen Abschnitt, der vor allem durch die beiden Gipfel der Knutshø (1687 und 1690 Meter) beherrscht wird. An den vielgestaltigen Hängen dieser beiden Berge treffen wir auf eine besonders reichhaltige und seltene Flora. Den westlichen Anteil des Nationalparks prägt eine ausgedehnte Fjell-Landschaft, die in der 2216 Meter hohen Snøhetta ihren höchsten Punkt erreicht. Die einsamen Hochebenen rund um diesen vergletscherten Gipfel, der zudem einer der höchsten Norwegens ist, sind der Lebensraum für eine Herde von etwa 50 Moschusochsen. Eine weitere faunistische Attraktion des Parks sind die seltenen Fjordpferde, die noch dunkle Querstreifen auf den Beinen tragen und eng mit dem Przewalskipferd verwandt sind. Beide Nationalparkteile werden vom Tal der Driva getrennt, die sich tief zwischen den Gebirgsstöcken eingegraben hat. In diesem Tal verläuft heute die breite Straße E 6 von Dombås nach Oppdal sowie die Bahnlinie. Ausgangspunkt zu den beiden Parkabschnitten ist **Kongsvoll**, ein ehemaliger Bauernhof, der bereits 1670 gegründet wurde und damals unmittelbar an der alten Königsstraße lag. Dieser »Gamle Kongsvei« führte von Oslo kommend durch das Gudbrandsdal in die Bergregion des Dovrefjells und weiter nach Trondheim. Jeder norwegische König mußte zumindest einmal den »Gamle Kongsvei« benützen, da die Krönungszeremonie der norwegischen Könige ausschließlich im Nidarosdom zu Trondheim stattfand. Kleinere Abschnitte dieses Königspfades sind heute als reizvolle Wanderwege erhalten und führen den Besucher durch die schönsten Abschnitte des Drivatals. Vor allem die fünf Kilometer nördlich von Kongsvoll liegende Wanderstrecke **Vårstigen** ist ein lohnender Tagesausflug auf geschichtsträchtigen Pfaden.

Doch zurück nach Kongsvoll. Vom Jahr 1704 bis 1921 war hier ein Postamt eingerichtet, das ein wesentlicher Baustein im norwegischen Postsystem war. Unmittelbar von der E 6 abzweigend treffen wir heute auf die Kongsvoll Kro, einen restaurierten und dem traditionellen Stil der Region nachempfundenen Holzbau. Im Erdgeschoß hat die norwegische Nationalparkverwaltung ein kleines Informationszentrum eingerichtet, das auf über 30 Schautafeln die Flora, Fauna und Ökologie des Dovrefjell-Nationalparks vorstellt. Wenn auch die Erklärungen ausschließlich in norwegischer Sprache gehalten sind, können wir zahlreiche Tiere, Pflanzen und Flechten aus nächster Nähe kennenlernen und auf eindrucksvollen Fotos einen ersten Überblick von der uns umgebenden Natur gewinnen.

Kongsvoll war schon im 18. Jahrhundert ein Treffpunkt für Botaniker aus ganz Europa. Die unberührten und pflanzenreichen Fjells, aber auch die ehemaligen Almen an den Berghängen entlang der Driva veranlaßten Professor G. C. Oeder, 1751 als erster Forscher in das Gebiet zu kommen, um eine Übersicht über die Pflanzenarten zu erstellen. Er beschrieb beispielsweise auch das gelbblühende Bunte Läusekraut mit den braunen Blütenspitzen, das – nach ihm benannt – als *Pedicularis oederi* in die Literatur einging. Um 1800 interessierten sich namhafte Botaniker für die Flora des Dovrefjells und machten es europaweit bekannt. Weniger einzelne seltene Arten, die hier gefunden wurden, waren für den Ruf des Gebietes verantwortlich, als vielmehr Pflanzen mit eigentümlichen und bemerkenswerten Verbreitungsgeschichten. Dies führte zur Erarbeitung wertvoller Theorien zur norwegischen Pflanzengeographie, die heute noch Gültigkeit haben.

Zu den 420 hier vorkommenden Pflanzen zählen mehrere Arten, die die letzte Eiszeit hier überlebt haben und ansonsten nur in Nord-Norwegen vorkommen. Beispiele sind die Einblütige Glockenblume oder der Norwegische Beifuß. Aber auch die schon zeitig im Jahr blühende sehr seltene Frühlingsküchenschelle ist eine botanische Kostbarkeit, ebenso wie Pflanzen, die nur hier im Dovregebirge und im nahen Trollheimen wachsen, zum Beispiel der Dovre-Löwenzahn oder eine Unterart des Arktischen Mohns – *Papaver radicatum ovatilobum.*

Offene Fjells mit Polsterpflanzen und Flechten überwiegen, Wald ist nur selten zu finden. Lediglich niederwüchsige Birkenwälder kommen an den unteren Hängen der Drivatalung vor und erinnern an die Fjellbirkenwälder Nordskandinaviens. Besuchern, die im Frühsommer hierher kommen, werden die saftiggrünen Krüppelwälder in Erinnerung bleiben, die durch einen mannshohen krautigen Unterwuchs beeindrucken. Dieser besteht aus dem tiefblauen Eisenhut, den gelbblühenden Trollblumen, dem Weißen Germer und den breitfächrigen Straußfarnen.

Auf den steinigen und rauhen Fjellebenen des Westteils gedeiht eine artenreiche und äußerst bunte Gebirgsflora, wobei die rotblühende Alpenazalee besonders auffällt. Sie bildet auf den humusarmen, dem Wind ausgesetzten Flächen regelrechte Teppiche aus und taucht die Landschaft Anfang Juli in ein rotes Kleid. Daneben finden wir Roten Steinbrech, Silberwurz, Schnee-Enzian und Polster anderer Steinbrecharten. Besonders auffällig ist die rote Gebirgsflechte, die auf den mineralreichen Boden des Gebietes hinweist. Insgesamt kommen im Dovrefjell-Park 170 aller 250 in Skandinavien heimischen Gebirgspflanzen vor.

Entlang des Wanderweges nach **Reinheim**, der den Westteil des Parks durchquert, ist es fast immer möglich, auf kleinere Gruppen der Moschusochsen zu treffen. Den imposanten Tieren mit dem zotteligen Fell sollte man aber nicht zu nahe kommen. Sie wirken ohnedies wie ein Urbild an Kraft und ebenso angsteinflößend, au-

Nationalpark Dovrefjell

Gründungsjahr 1974

Grösse 256 qkm

Lage Unmittelbar an der E 6 Dombås–Trondheim, zwischen Hjerkinn und Drivstua.

Schutzzweck Hochfjellgebiet mit reicher Alpenflora, Vorkommen einer Moschusochsen-Herde; Fjordpferde, reiches geologisches Spektrum.

Anreise Von Oslo und Trondheim über die E 6 bis Kongsvoll (Parkplatz, Hotel und Kaffeestube); östliche Zufahrt über die RV 29 nach Bekkelegret; Haltestelle der Bahnlinie Oslo–Trondheim.

Besucherzentrum, Naturlehrpfad In Kongsvoll, Naturlehrpfad zur Knutshø, Naturlehrpfad entlang des alten Kongsveien; Botanischer Garten in unmittelbarer Nähe von Kongsvoll am Parkplatz; Forschungsstation.

Besondere Pflanzen und Tiere Läusekrautarten wie Oeders Läusekraut, Dovre-Löwenzahn, Norwegischer Beifuß; wilde Rentiere, Moschusochsen, Vielfraß.

Reisezeit Juni bis September.

Wanderrouten Bergpfad zur Knutshø (östlicher Abschnitt), Bergpfad ins Gebiet der Moschusochsen, zur Hütte Reinheim (westlicher Abschnitt) und weiter zur Snøhetta (höchster Berg des Gebietes), Route nach Norden durch das Kaldvelldalen; im Drivadalen Wanderung an einem Abschnitt des alten Königspfades Vårstigen.

Die Kongsvoll-Fjellstue mit der Forschungsstation und dem botanischen Garten.

ßerdem kündigen sie es mit Schnauben und Scharren an, wenn sie sich gestört fühlen.

Wem die Mühen eines Aufstieges zur **Knutshø** oder ins Gebiet des **Kaldvelldalen** allzu anstrengend sind, kann die botanischen Raritäten gut beschildert und reizvoll arrangiert im botanischen Garten von Kongsvoll bewundern, der etwa 200 Meter südlich der Ansiedlung angelegt wurde.

Norwegisches Fjordland: Grandiose Naturlandschaft

Grönland macht heute noch deutlich, wie Norwegen zur Zeit seiner größten Vergletscherung ausgesehen haben muß: Damit ein Fjord entsteht, muß ein Gletscher vom Gebirge zum Meer fließen. Dabei sucht er sich stets den Weg des geringsten Widerstandes, also weiches Gestein und bereits vorhandene Täler. Zusätzlich bedarf es gewaltiger Kräfte, um die enormen Vertiefungen auszuhöhlen. In Südnorwegen trafen während der Eiszeiten alle Notwendigkeiten zusammen: Die natürlichen Kräfte konnten sich frei entfalten, weil die Gebirge zum Meer hin steil abfielen. Nach dem Abschmelzen der eiszeitlichen Gletscher füllten sich die Becken mit Meerwasser, und aus den ehemaligen Gletschertälern entstanden die schluchtartigen Meeresarme, die genauso tief sind wie die sie umgebenden Berge hoch.

Frühling am Sørfjorden bei Odda, im Hintergrund der Folgefonn-Gletscher.

Es ist schwierig, die landschaftliche Vielfalt der zahlreichen Fjorde Südnorwegens in Worte zu fassen. Am Lysefjord erreicht die Landschaft ihren ersten Höhepunkt. Ein 600 Meter hoher quaderförmiger Felsturm ragt am Rande des Fjordes senkrecht in die Höhe. Der **Prekestolen**, eine kühne Felskanzel, erlaubt mit den glatt geschliffenen Oberflächen nur Wagemutigen den Blick in die Tiefe. Weiter nördlich, rund um den Boknafjorden zwischen Stavanger und Haugesund, verliert die Landschaft etwas an majestätischer Würde; sie wird weitläufiger, flacher und gleicht einer herkömmlichen Meeresküste. Erst der Hardangerfjord mit seinen unzähligen Seitenarmen wartet wieder mit »Höchstleistungen« auf. Rund um den Gebirgsstock des Folgefonn hat sich der nord-süd gerichtete Sørfjorden als Nebenarm des Hardangerfjord bis nach Odda an den Rand der Hardangervidda vorgeschoben. Er gilt als der klimatisch gemäßigste der norwegischen Fjorde und erstrahlt im Mai im Weiß und Rosa der Obstbaumblüten – ein außergewöhnliches Bild vor den noch schneebedeckten Gipfeln. Bei Eidfjord am östlichen Ende des Meeresarmes stürzt der **Vøringfossen** von den Höhen der Hardangervidda donnernd ins Tal.

Auf der Reise nordwärts lädt die Fjordmetropole Bergen mit ihrer unvergleichlichen Lage zur Rast. Auch wenn Bergen selbst mehr von Schären umgeben ist, gilt die Stadt als klassischer Ausgangspunkt zum Aufbruch ins Fjordland der Provinz Sogn og Fjordane. Schon macht der Sognefjord seine Aufwartung, der von vielen als der König aller norwegischen Fjorde bezeichnet wird. Keiner greift so weit ins Gebirge, keiner besitzt so viele enge Seitenarme, keiner zeigt ein so anmutiges Aussehen wie dieser. Während der äußere Fjordabschnitt eher den Eindruck einer schlauchförmigen Meerenge hinterläßt, streckt er bei Balestrand zum ersten Mal seine Seitenarme aus. Der **Fjærlandsfjord** reicht nach Norden bis an die äußeren Gletscher des Jostedalsbreen heran und scheint nach den Nachfahren der gewaltigen Eismassen zu greifen, die ihn einst aus dem Gestein geschliffen haben. Im hinteren Abschnitt des Fjords dringt der **Lustrafjorden** bis an den Südrand der Gebirgslandschaft von Jotunheimen vor, während im Süden der **Aurlandsfjord** knapp vor dem Gebirgsstock der nördlichen Hardangervidda halt macht. Dazwischen liegen weite, fast unüberwindliche Fjells. Als besondere Ingenieursleistung wurde durch das Aurlandsdalen eine Eisenbahnverbindung zur Bergenbahn errichtet, um eine Verbindung von der Hochebene zum Meer zu schaffen. Die berühmte Flamsbahn, die auf 20 Kilometer Wegstrecke 800 Höhenmeter überwindet, gilt heute als ein »Muß« jeder Rundtour durch das Fjordland.

Vom Aurlandsfjord zweigt der **Næroyfjord** nach Westen ab. Nirgends sonst stehen die Felswände so eng beisammen wie hier und scheinen beim Durchfahren beinahe auf das Deck der Schiffe zu stürzen.

Zeichen menschlicher Anwesenheit entlang der Fjordufer sind die hölzernen Stabkirchen. Sie sind zwar nicht auf das Fjordland beschränkt, wirken aber in dieser Landschaft noch eindrucksvoller: In Urnes steht die älteste aller norwegischen Stabkirchen, in Undredal die kleinste, in Borgund eine der bekanntesten.

Der Kjösnesfjord ist einer der schönsten Fjorde Norwegens. Dahinter der zum Jostedalsbreen-Park gehörende Gletscher Grovebreen.

Aus der Sicht des Genießers ebenso wichtig sind im Fjordland die romantischen hölzernen Hotels, die aus Großvaters Zeiten stammen und das Flair der Belle Epoque ausstrahlen. Auf der Veranda des Kvikne Hotels in Balestrand, Norwegens ältestem Holzbau, nimmt der Gast das Abendessen vor dem bläulich glänzenden Sognefjord ein, das Familienhotel Walaker in Solvorn verspricht familiäre Atmosphäre bei Kaminfeuer und hervorragender Küche. Es liegt direkt am Lustrafjord. Kunstfreunde schätzen außerdem die hauseigene Galerie. Seit 270 Jahren beherbergt das Hotel Utne seine Gäste in Zimmern mit knisterndem Gebälk, und im Hotel Union in Øye nächtigte schon Kaiser Wilhelm.

Der **Nordfjord**, nur knapp einen Steinwurf nördlicher gelegen, schwächt dieses landschaftliche Fortissimo ein wenig ab, bevor das Fjordland zum Finale ausholt. Die Berge stehen nicht so eng zusammen und ragen mit sanfteren Rundungen aus dem Meer auf. Besonders reizvoll gestaltet sich der hinterste Abschnitt, der **Innvikfjord**, der als breiter Meeresarm das Gletschergebiet des Jostedalsbreen im Nordwesten umrahmt. Typische norwegische Tallandschaften mit fruchtbarem Ackerland tauchen zum ersten Mal bei Olden und Loen auf, umgeben von steilen Bergen, glitzernden Gipfeln und bläulich schimmernden Gletschern. Nach der Fjordstadt Ålesund, geprägt durch Jugendstilhäuser und auf mehreren Inseln liegend, erreicht die Reise durch das Fjordland den dramatischen Höhepunkt. Der **Storfjord** dringt tief in die Gebirge vor und verzweigt sich in den Hjørund- und Sunnylvsfjord. Dieser hat wiederum seine eigenen Ableger, den Norangsfjord und den Fjord aller Fjorde, den **Geiranger**. Hierher kamen die ersten schaulustigen Touristen schon vor mehr als 100 Jahren, um mit Dampfern bis an das Talende vorzustoßen und die eindrucksvolle, unwirtliche Landschaft bequem von Deck aus zu erleben. Auch heute noch tauchen jedes Jahr zahllose rauchende Schlote der Luxuskreuzer im etwas geweiteten Talschluß von Geiranger auf, und Tausende von Fjordtouristen stürmen die Aussichtspunkte **Flydalsjuvet** und **Dalsnibba** oberhalb des Meeresarmes. Gegenüber erstrahlen die Sunnmørsalpen in ihrer ganzen Pracht und lassen nicht ahnen, wo der Ausgang zum fernen Ozean liegen könnte. Von den Seitenwänden stürzen Wasserfälle herab, die »Sieben Schwestern« sind die bekanntesten.

Nördlich von Ålesund schließt der **Moldefjord** mit dem engen Romsdalsfjorden das südnorwegische Fjordland ab. Bei Andalsnes endet der Fjord. Hier beginnt eines der gewaltigsten Täler Norwegens, das **Romsdalen**, das den Eindruck erweckt, als wären die Gletscher eben erst aus dem Tal gewichen. Markantester Punkt in der Umgebung von Andalsnes ist die »Trollstigen«, die als kühne Gebirgsstraße fast 1000 Höhenmeter vom Talende bis auf die Höhen des Fjells führt.

Der Gaustatoppen, auch »Fudschijama Norwegens« genannt, bietet am Südrand der Hardangervidda einen spektakulären Blick über die menschenleere Hochebene. Manche Norweger behaupten, man könne vom Gipfel bei klarem Wetter bis zu 50 000 Quadratkilometer unberührtes Land überblicken.

Das Leirdalen mit dem markanten Berg Kyrkje gehört zu den schönsten Wandergebieten des Nationalparks Jotunheimen. Der Wanderweg von der Hütte Leirvassbu nach Glitterheim führt an unzähligen Bächlein, Bergblumen und Geröllhalden vorbei.

Der Besseggengrat bei Gjende im östlichen Jotunheimen-Nationalpark gilt als die bekannteste und meistbegangene Wanderroute Norwegens: Links liegt der Bessvatnet, rechts der 400 Meter tiefer liegende Gjendesee. Obwohl relativ viele Menschen unterwegs sind, kann man dort eine unvergleichliche Bergnatur mit zahlreichen alpinen Pflanzen bewundern.

Rondane mit seiner kargen Hochebene ist Norwegens ältester Nationalpark. Auf dem Weg zur Rondvassbu, der Hütte inmitten des Parks, kann man bereits das Panorama der zentralen Berge wie Stormeden und Storronden genießen.

Ende Mai liegt das Gebiet von Jotunheimen noch unter einer dicken Schneedecke, hier der Nedre-Leirungen-See bei Gjende, im Hintergr

Das Lodalen mit dem Lovatnet am Rande des Nationalparks Jostedalsbreen mit dem Hüttendorf Breng vor dem Gletscher des Kjenndalsbreen.

Besseggengrat.

Das Dovrefjell ist neben der reichen Flora für seine wilden Moschusochsen bekannt.

Auf den Bergen von Rondane wachsen vorwiegend Flechten und Alpenazaleen.

Auch durch Südnorwegens Berge ziehen vereinzelt wilde Rentiere, vor allem in der Hardangervidda.

Gletscherzungen und Wasserfälle reichen an allen Seiten des Jostedalsbreen bis in die Täler hinab. Entlang des Wanderwegs ins Bødalen stürzt die Bødalselva in zahlreichen Wasserfällen in die Tiefe; im Hintergrund die Berge rund um den Kjenndalsbreen.

Norwegens Fjordland ist zwar kein Nationalpark, aber eine der eindrucksvollsten und abwechslungsreichsten Gegenden Europas. Der Aurlandsfjord, ein Seitenarm des Sognefjords, liegt bereits mehr als 180 Kilometer von der Küste entfernt im Landesinneren und reicht bis an den Nordrand der Hardangervidda.

NORD-
NORWEGEN

Der Süden mag vielfältig und wunderbar sein, doch nur der Norden besitzt das unvergleichliche Licht der Mitternachtssonne. Schier endlos, steinig und unwegsam ist das Land, das mit dem Meer an jeder Ecke verwachsen ist. Dies ist auch die Heimat der Samen, der Ureinwohner, die mit ihren Rentierherden in den Weiten der Finnmark ein nomadenähnliches Leben führen. Nur ein schmaler Streifen bleibt den Bewohnern zwischen der Küste und dem Hochfjell als bewohnbares Land. Die Empfindungen der Menschen, die dieses Land für sich als Heimat auserkoren haben, werden selten so klar ausgedrückt wie in der norwegischen Nationalhymne von Bjørnsterne Bjørnson: »Ja, wir lieben dieses Land, das, zernagt und durchfurcht, mit tausend Heimen aus dem Meer ragt.«

Die Magie des Nordens

Die Stadt Trondheim liegt genau am Übergang zwischen Südnorwegen und den Landschaften des Nordens. Auch hier bestimmen Bergmassive das Landschaftsbild; es handelt sich vor allem um den Westabfall des Skanden-Gebirges, dessen größter Teil in Nordschweden liegt. Die Küstenlinie präsentiert sich immer zerklüfteter, Fjorde, Schären und Inselgruppen wechseln unablässig. Insgesamt besitzt die Küstenlinie im gesamten Land die unvorstellbare Länge von mehr als 23 000 Kilometern.

Da Norwegen so schmal ist, wirken sich die klimatischen Einflüsse des Atlantiks bis weit ins Landesinnere aus. Durch die extreme Nord-Süd-Ausdehnung vom Eismeer bis zum Skagerrak sinkt die Waldgrenze zum Norden hin auf Meeresniveau ab. Am Polarkreis finden sich die letzten Bäume in 500 Metern Höhe. Im Süden treffen wir auf Laubwälder aus Eiche, Ulme, Esche und Buche, während die Fichte etwa bis auf die Höhe von Trondheim dominiert. Danach beginnt das Reich der Kiefern, das ab dem Polarkreis vom Fjellbirkenwald abgelöst wird. Die Ausnahme stellt der nördlichste Kiefernwald im Nationalpark Stabbursdalen etwas südlich von Hammerfest dar, ein Wald aus uralten, knorrigen Bäumen.

In Stabbursdalen wächst der nördlichste Föhrenwald der Welt.

In Nordnorwegen werden vor allem die Spuren der Kaledonischen Gebirgsbildung sichtbar, die an den Eruptiv- und Schiefergesteinen der Gebirgsstöcke von Svartisen, Okstindan, Sulitjelma und Lyngsalpen zu erkennen ist. Das Resultat ist eine stark gegliederte Landschaft aus Tälern, Fjorden, Inseln und Meerengen. Die eindruckvollsten Bergregionen stehen als Nationalparks unter Naturschutz. Das reizvollste Gebiet nördlich von Mo i Rana ist der Nationalpark Saltfjell-Svartisen, der von weitläufigen Hochebenen und großen Gletschern geprägt ist. Hier liegen sowohl Norwegens längste Karsthöhlensysteme als auch weite Gletscherzungen, die in türkisblaue Gebirgsseen münden. Der einsame Rago-Nationalpark nördlich von Fauske gewährt zum ersten Mal Einblick in die entlegene und rauhe Gebirgswelt Lapplands; er grenzt an das schwedische Sarek-Padjelanta-Gebiet.

Ganz aus der Reihe tanzen die Inselwelten der Lofoten und Vesterålen, die als schroffe Kegel unvermittelt aus dem Meer ragen und wie umspülte Gipfel mächtiger Gebirge wirken. Diese Landschaft steckt voller Überraschungen: Während auf der dem Festland zugewandten Seite schmale Fjorde liegen, steigen auf der Atlantikseite die Berge ohne Übergang 1000 Meter hoch aus dem Meer. Viele der kleinen Inseln sind heute durch Brücken verbunden, früher war das Schiff das einzige Fortbewegungsmittel. Die Buchten werden von malerischen, bunten Fischersiedlungen belebt. Nusfjord, das unter dem Schutz der UNESCO steht, oder Reine sind Beispiele solcher Dörfer, in denen die »Rorbuer«, die kleinen Fischerhütten, noch im Urzustand erhalten sind. Nördlich folgen nach der Erzstadt Narvik die Fjordgebiete um Tromsø und Alta, wo die Gletscher der arktischen Gebirgswelt am Lyngenfjord bereits direkt ins Meer kalben. Zwischen Alta und Kautokeino breitet sich die Tundraebene der Finnmark aus. Schließlich besitzt Norwegen mit dem Nordkap Europas nördlichsten Punkt und endet in den zur russischen Taiga übergehenden Gebieten rund um Kirkenes.

Die Abfolge der Lebensräume

Die extremste Abstufung der Lebensräume findet von den Tieflagen bis zu den Gipfelregionen der Fjells statt. Die Waldstufe wird von borealen Nadelwäldern geprägt. Fichten, die großen Schneedruck ertragen können, wachsen zusammen mit Zwergsträuchern wie Heidel- und Preiselbeeren, zahlreichen Torfmoosen und wenigen Kräutern auf den feuchten Waldböden. Auf den großflächigen Mooren wiegen sich im Sommer die weißköpfigen Wollgräser im Wind, und im Herbst überraschen die Moltebeeren mit ihren aromatischen, orangefarbenen Früchten. Sobald es für den Nadelwald zu unwirtlich wird, tritt der Fjellbirkenwald an seine Stelle. Er ist im Sommer von einem krautreichen Hochstauden-Unterwuchs gekennzeichnet, der in allen Farben blüht: Blau der Nordische Eisenhut, violett der Waldstorchschnabel, gelb die Goldruten und Trollblumen, rot die Weidenröschen und weiß der Wiesenkerbel: All diese Farben ergeben mit dem lichten Grün der Moorbirken ein äußerst beeindruckendes Bild. Dieser Wald bildet bereits den Übergang zu den Fjellregionen, wo er nur mehr als lückiger, krüppelförmiger Gebüschwald aufkommen kann.

Das Fjell beginnt an der untersten subalpinen Stufe. Dort wachsen Zwergstrauchheiden aus Heidekraut, aus Krähenbeere und Rauschbeere sowie Moose und Flechten. In trockenen Fjellgebieten herrschen Strauchflechten vor, die die Landschaft in ein fahles Gelb tauchen. Mit zunehmender Höhe wird die Vegetation spärlicher. Alpenazaleen übernehmen die Rolle der Zwergsträucher und werden bald von alpinen Rasenmatten abgelöst. Dazwischen gedeihen Alpenkräuter, die meist besondere Anpassungen »erfinden« mußten, um in dieser rauhen Gebirgsnatur rund um den Polarkreis zu überleben. Immerhin stehen oft kaum mehr als vier Wochen zum Wachsen, Blühen und Fruchten zur Verfügung. Polster- oder Kriechwuchs hilft, die geringe Bodenwärme besser auszunützen. Mit extrem langsamem Wachstum passen sich die Zwergweiden wie Netz-, Kraut- und Polarweide diesen unwirtlichen Bedingungen an. Die kleinsten »Bäume« der Welt entwickeln pro Jahr nur zwei Blätter und erreichen nach 50 Jahren kaum mehr als fünf Zentimeter Höhe. Die obere alpine Stufe, etwa ab 1800 Meter, bevölkern sogenannte Schuttsiedler, die auf den Steinschutt-Rohböden eine spärliche Vegetationsdecke bilden. Alpen-Säuerling, Steinbrecharten, Arktischer Mohn und Gletscherhahnenfuß sowie Flechten und Moose gehören zu den häufigsten Arten. Auf kalkreichen Böden breitet die Silberwurz weiße Blütenteppiche aus. In die allerhöchsten Regionen können schließlich nur noch Flechten vordringen.

Kahl ist die Landschaft der Femundsmarka; sie gleicht der lappländischen Finnmark. Im Zent

Femundsmarka: Unberührte Waldwildnis

Der Femundsmarka-Nationalpark liegt in Ostnorwegen im Bezirk Nord-Österdal, nur 40 Kilometer von der alten Bergwerksstadt Røros entfernt, in den Provinzen Sør-Trondelag und Hedmark. Norwegens zweitgrößter See, der Femund, schließt die Landschaft nach Westen ab, nach Osten folgt bis an die schwedische Grenze eine waldreiche Fjell-Landschaft von nahezu urwüchsiger Prägung. Der 390 Quadratkilometer große Nationalpark enthält neben unendlich wirkenden Kahlfjells, weiten uralten Kiefernwäldern, eiszeitlich geprägten Felsblocklandschaften und Sümpfen auch zahlreiche kleinere Seen und einige sanfte Gipfel, die Höhen zwischen 800 und 1415 Metern erreichen. Langgezogene Bergkämme bestimmen das Landschaftsbild unmittelbar an der Grenze zu Schweden. Zwischen Nationalpark und Femundsee erfüllt ein 70 Quadratkilometer großes Landschaftsschutzgebiet die Funktion einer Pufferzone und säumt den Park und das Seeufer als etwa zwei Kilometer breiter Streifen. Auf schwedischem Staatsgebiet schließt das der Femundsmarka sehr ähnliche Wildnisreservat von Rogen an, das nochmals eine Größe von 487 Quadratkilometern hat.

Wer die Femundsmarka besucht, kommt unweigerlich an der alten Bergwerksstadt Røros vorbei, die heute noch ein sehr altes, aber liebliches Stadtbild zeigt. Sie steht unter Denkmalschutz – ein kultur-

t das Hochland Falkfangarhøgda, an dessen Rand karge Föhrenwälder stehen.

historischer Nationalpark also – und wird in jedem Winkel von den bis 1977 geöffneten Bergwerksgruben geprägt. Heute ist im Werksgebäude das Bergbaumuseum untergebracht. Wegen des historischen Ambientes wurde Røros in die Liste der Kulturdenkmäler der UNESCO aufgenommen. Sowohl die Kirche als auch der alte Teil »Bergstad«, die Arbeitersiedlung Sleggveien und die Kupfermine sind sehenswerte Stationen entlang eines geschichtsträchtigen Rundganges. Am oberen Ende der Kjerkegata steht die sehenswerte Pfarrkirche, die 1780 erbaut wurde und am Turm die Bergmannszeichen Hammer und Schlegel zeigt. Rund um Røros liegen in den Hochebenen weitere Gruben, von denen die Olavsgrube die bekannteste ist.

Doch der Femundsmarka-Nationalpark ist nur eingeschränkt zugänglich, man erreicht das einsame und unbesiedelte Gebiet nur zu Fuß oder mit dem Boot. Keine Straße reicht bis an das Parkgebiet heran. Die Abgeschiedenheit dieser Waldlandschaft macht den Aufenthalt zu einem echten Wildniserlebnis. Die beiden Schiffe M/S Femund II und M/S Svuku verkehren von Juni bis September am Femund-See und laufen mehrere Orte an. Parkbesucher, die mit dem Auto von Røros bis Sørvika fahren, verlassen in Røsanden das Boot, um die letzten zwei Kilometer zur Parkgrenze zu Fuß zurückzulegen. Danach beginnt der Anmarsch zur unbewirtschafteten Hütte von **Rovollen**, die als Ausgangspunkt für die Durchquerung des Parks dient. Der Weg verläuft der Røa entlang, die den Nedre Roasten und Øvre Roasten zum Femund-See hin ableitet. Der sonst sehr gemächliche Fluß überwindet bei Rovollen temperamentvoll einige Geländestufen und bildet kleinere Kaskaden aus. Ganz in der Nähe durchzieht die mehrere Meter tiefe Schlucht **Litj-hevete** die Waldlandschaft.

Die Landschaft der Femundsmarka ist trotz ihrer Unberührtheit sanfter als die des Rondane oder Dovrefjells. Weitläufige Waldlandschaften werden von Seen unterbrochen, um die sich breite Verlandungsgürtel gebildet haben. Dazwischen liegen auffällige Blockansammlungen, die von den Eiszeiten herrühren und von den Gletschern, die sich über das Gebiet geschoben haben, abgelagert und zusammengeschoben wurden. Die Waldlichtungen und die Seeufer geben den Blick auf die sanften Erhebungen des Parks frei. Zwischen den Gipfeln des **Store Svuku** oder der **Falkfangarhøgda** breiten sich flache und weithin mit Zwergstrauchheiden bewachsene Fjellplateaus aus. In den Wäldern herrschen alte, knorrige Kiefern vor. Vor allem in Ufernähe der Seen gesellen sich Birken dazu. In feuchte-

Nationalpark Femundsmarka

Gründungsjahr 1971

Grösse 390 qkm

Lage In Ostnorwegen zwischen Femund-See und der schwedischen Grenze.

Schutzzweck Ursprüngliches Wildmarkgebiet mit kahlen Hochflächen, Wäldern, fisch- und vogelreichen Seen.

Anreise Über die E 6 von Oslo, in Hamar auf die RV 25 abbiegen und in Nyberg-sund auf die RV 26 bis Femundsenden. Von dort in Richtung Elgå. Von Røros auf einer Nebenstraße 34 km bis Sørvika zum Schiffsanleger.

Besucherzentrum, Naturlehrpfad Keine.

Besondere Pflanzen und Tiere Uralte Kiefern, Hochstaudenfluren, Geflecktes Knabenkraut; Moschusochsen; Wanderfalke, Gerfalke, zahlreiche Entenarten, Prachttaucher, Gänsesäger, Regenbrachvogel, Goldregenpfeifer.

Reisezeit Juni, August/September.

Wanderrouten Von Røsanden aus nach Rovollen und über die Rövettjørnane zum Schiffsanleger Haugen (Tagestour, 13 km). Von Elga durch den Park nach Rovollen und weiter nach Muggsjølia, Steig auf den Store Svuku.

ren Abschnitten gedeihen auch Hochstaudenfluren, bemerkenswerter sind jedoch die seggenbestandenen Flachwasserbereiche der Seen. Der üppigste Bewuchs aus Birken und Fichten konnte sich im südlichsten Abschnitt des Parks im **Revlingdalen** entwickeln.

Carl von Linné besuchte die Femundsmarka im Jahre 1734. Dabei überquerte er auf Pferden die südwestlichen Fjellgebiete des Parks und bewunderte die herrliche Aussicht auf dem Gipfel des Store Svuku. Schließlich gelangte er nach Nordvika am Nordende des Femund-Sees. Wahrscheinlich mußte auch Linné feststellen, daß der Reiz des Parks mehr in der Landschaft und der Abgeschiedenheit liegt als in einer artenreichen oder seltenen Tier- und Pflanzenwelt. Naturfreunde werden daher eher die Bilder der Landschaft mitnehmen als Tierbeobachtungen: den Herbstmorgen beispielsweise, wenn die goldene Sonne die aufsteigenden Nebelschwaden erleuchtet, oder das einsame Holzboot am See von Røasten mit dem Store Svuku im Hintergrund. Doch Linné entdeckte auch die schwefelgelbe Wolfsflechte, die sehr giftig ist und von den Lappen zum Vergiften der Köder verwendet wurde, mit denen sie Wölfe fingen. Die »Ulvelav« wächst vorwiegend auf alten Kiefernstämmen.

Rund um den **Muggsjøen** hält sich eine Gruppe von 30 Moschusochsen auf, die aus dem Dovrefjell-Gebiet abgewandert sind. Den Winter verbringen die Tiere auf der schwedischen Seite des Fjells. Die wald- und wasserreichen Gebiete sind natürlich auch eine Heimat für Biber und Elche. Der Name »Falkefangerhøgda« läßt noch den früheren Reichtum an Wanderfalken erahnen, die von hier aus in großen Mengen an mitteleuropäische Herrscherhäuser verkauft wurden. Heute sind hin und wieder Merline, Fischadler und Rauhfußbussarde zu sehen.

Die Femundsmarka ist sowohl für Wanderfreunde als auch Kanuten ein beliebtes Revier. Dazu tragen die gemächliche Landschaft und die ruhigen Flüsse, die die Seen des Parks mit einem Netz aus Wasserwegen verbinden, bei. Zwei Hauptwanderwege durchqueren das Gebiet. Von **Elga** am Südende des Femund-Sees, das man über eine Fahrstraße von Femundsenden aus erreicht, wandert man nach **Svukuriset** und gelangt westlich des Store Svuku ins Parkgebiet. Nun durchquert der Weg den Park in Richtung Norden und teilt sich südlich der Falkfangarhøgda in Richtung Rogen. Der Hauptweg führt, vorbei an der Hütte von Rovollen und der Kuppe von Gravola, ins nördliche Parkgebiet rund um den Nedre Muggsjøen nach **Muggsjølia**. Schließlich endet der Pfad in Ljøsnåvollen.

Børgefjell: Fjell mit breiten Flüssen

Der Børgefjell-Nationalpark, nördlich des touristisch gut erschlossenen Namsentales gelegen, gehört zu den weniger besuchten Gebieten Norwegens. Er liegt in einer einsamen Gebirgslandschaft östlich des Øvre und Nedre Fiplingsvatnet. Erst seit kurzem führt eine Schotterstraße bis auf zwei Kilometer an die Parkgrenze heran, die zuvor am einsamen Westufer des Fiplingsvatnet entlangläuft und zwei Vogelschutzgebiete berührt. Sie wurde zur Erschließung des Gehöfts von Simskar angelegt, das am äußeren Rand des Parkgebietes die Ziegenweiden betreut. Der etwas mehr als 1100 Quadratkilometer große Park wurde 1963 gegründet und liegt in der Provinz Nord-Trøndelag. Hier ist Norwegen sehr schmal, so daß der Park im Osten bis an die schwedische Grenze reicht. Die Landschaft zeigt typisch hochnorwegische Züge und umfaßt weite Fjell- und Gebirgslandschaften. Das Parkgebiet liegt bereits außerhalb des geschlossenen Nadelwaldgürtels, an den flacheren West- und Südgrenzen gedeihen noch lichte Birkenwälder. Auf mageren und trockenen Rücken kommen vereinzelt stattliche Föhren vor. Breite Flüsse, die bei dem häufigen Regenwetter rasch anschwellen können, führen aus dem Gebiet und leiten das Wasser der zahlreichen Gletscher und Seen des Parks ab. An den größeren Geländestufen bilden sie tosende Wasserfälle, die später an der Westgrenze als ruhige Ströme zum Fiplingsvatnet, zum Maiavatnet und zum Namsvatnet fließen.

Vom Zentrum des Parks erstrecken sich bis an die Ostgrenze beeindruckende Fjellebenen, die durch zahlreiche Seen und Gipfel gegliedert sind. Hier dominieren nur noch kahle Granitfelsen, die in Senken von Tundravegetation bewachsen sind. Höhepunkt des Gebietes ist der gletscherverhangene **Kvigtind**, der südlich des Bisegelva-Tales 1703 Meter hoch aufragt. Der malerische **Simskar-See** und die **Simskarelva** bestimmen das Landschaftsbild im Nordteil. Im Südwesten breitet sich das mächtige **Store Børgefjell** aus, das im Osten von den Gipfeln des Jetnamsklumpen und Ekkotinden abgeschlossen wird. Die Landschaft rund um den **Jengelvatnet** im Südwesten des Parks wurde durch einen großen Schmelzwassersee nach den Eiszeiten gestaltet und zeigt heute neben kaskadenartigen Wasserfällen terrassenförmige Plateaus früherer Seeufer.

Auch wenn Elch, Bär, Luchs, Vielfraß und der Polarfuchs zu den ständigen Bewohnern des Parks gehören, ist vor allem die reichhaltige Vogelwelt von Interesse. Neben den großen Greifvogelarten wie Steinadler und Fischadler, die am Namsvatnet jagen, leben in den baumlosen Fjellgebieten Rauhfußkauz und Schnee-Eule. Die ausgedehnten Moorlandschaften rund um den See **Vestre Tiplingen** im Norden des Parks sind Lebensraum für Sing- und Watvögel, die im sumpfreichen Gelände beste Bedingungen vorfinden. Auch Entenarten und der Prachttaucher zählen zu den ständigen Bewohnern. In den Berggebieten gibt vor allem der Goldregenpfeifer mit seinen klagenden Rufen den Ton an. Nur im östlichen Abschnitt treffen

Der Børgefjell-Nationalpark ist trotz seiner Größe wenig bekannt.

Nationalpark Børgefjell

Gründungsjahr 1963

Grösse 1107 qkm

Lage Nordtrøndelag südlich von Mosjøen, zwischen Grong und Trofors.

Schutzzweck Erhaltung einer gebirgigen Fjell-Landschaft mit abwechslungsreicher Flora; zahlreiche Vogelarten; Schluchten und wildreiche Wasserläufe.

Anreise Auf der E 6 zwischen Trondheim und Narvik, nördlich von Grong, liegt die Abzweigung zum Øvre Fiplingsvatnet (20 km Schotterstraße zu einem kleinen Parkplatz in Parknähe), weitere Parkplätze am Majavatn und im Süden am Store Namsvatnet.

Besucherzentrum, Naturlehrpfad Keine.

Besondere Pflanzen und Tiere typische Fjellarten, Birkenwälder und Zwergsträucher; Elch, Bär, Luchs, Vielfraß, Hermelin, Fischotter, Eisfuchs.

Reisezeit Juli, August.

Wanderrouten Vom Øvre Fiplingsvatnet zur Simskarhytta und ins Tal des Bisegelva (3–4 Std. Rundweg), Pfad zum Simskarvatnet; Besteigung des 1703 m hohen Kvigtindes; vom Majavatn aus zur Hütte am Jengelvatnet; ansonsten unwegsames Gelände, Brücken über die Bäche gibt es nur im Randgebiet.

wir auf eine reichhaltigere Flora, die knapp 300 Arten umfaßt. Wanderer schätzen vor allem die reichen Heidelbeer- und Moltebeerenbestände, die im Simskaret oberhalb der Hütte gedeihen. In den Tieflagen des westlichen Bereiches stehen entlang der Flüsse Birkenwälder, im Sommer blühen dort Trollblumen und Orchideen. Dazwischen liegen weitreichende Moore und Sümpfe mit Seggen und Wollgräsern. Kleinere Moortümpel begleiten den Wanderer entlang des Weges zur Simskarhytta. Auf den Fjellgebieten herrschen Gebirgspflanzen und Zwergsträucher vor.

Im Parkgebiet sind praktisch keine Wege angelegt. Nur im westlichen Randbereich bestehen zwei Pfade; Hangbrücken überqueren die reißenden Bäche. Fünf offene Übernachtungshütten, die von der Forstverwaltung errichtet wurden, sind die einzigen Einrichtungen des Nationalparks, über die der Wanderer verfügen kann. Zur **Simskarhytta** im Nordwestteil führt ein markierter und mit Brücken gesicherter Weg. Am Ausgangspunkt zur Hütte fallen dem Wanderer die von Ziegen abgefressenen Birken auf, die vom Erdboden weg etwa eineinhalb Meter kahl sind. Die einsame Hütte, die auf einer Geländenase zwischen dem Simskarelva und der Golverskardelva liegt, steht jedermann offen. Ein zweiter Pfad erreicht das Gebiet vom Parkplatz **Tomasvatn** am Maiavatn aus und führt zu einer Übernachtungshütte am nördlichen Jengelvatnet.

Saltfjellet-Svartisen: Gletscherlandschaft am Polarkreis

Nördlich von Mo i Rana breitet sich eine ursprüngliche und wildreiche Gebirgslandschaft aus, die zu den größten Gebirgszügen Norwegens gehört. Nordkapfahrern wird das erste größere Fjell, das auf dem Weg nach Norden trotz gut ausgebauter E 6 auf markanten Steigungen und Windungen überquert werden muß, durch das neu errichtete Polarkreishaus bekannt sein. Denn quer durch das Nationalparkgebiet verläuft der nördliche Wendekreis. Saltfjellet-Svartisen wurde erst 1989 gegründet und ist somit einer der jüngsten, mit 1840 Quadratkilometern aber einer der größten norwegischen Nationalparks. Atemberaubende Gletscherzungen, von denen eine relativ leicht besucht werden kann, aber auch Grotten und Höhlen sowie typische weite und karge Hochfjells prägen diesen Park.

Die Grönligrotte in der Nähe des Saltfjellet-Svartisen-Nationalparks.

Der Doppelname des Parks beschreibt auch die landschaftliche Teilung. Während sich nach Osten das Saltfjell-Massiv mit den weiten Hochebenen ausbreitet, schließen nach Westen zur Küste hin die gletscherreichen Gipfel an, die zum Svartisen-Gebiet gehören. Dazwischen liegen mehrere Täler, die auch den Zugang zu den Gletscherzungen und Gipfeln ermöglichen. Die Vielfalt der Landschaft des Nationalparks selbst, aber auch die kontrastreiche Umgebung machen dieses Schutzgebiet zu einem lohnenden Ziel. Im Süden steigen die saftig grünen Täler allmählich zu den rauhen und vergletscherten Hochebenen auf, im Westen liegt die steil abfallende Meeresküste von Helgeland, die sich in Hunderte von Inseln und Buchten auflöst. In Richtung Osten gelangt man schnell auf schwedisches Gebiet, wo Rentiere ausgedehnte Weiden finden. Hier fand man Spuren jahrtausendealter Jagdkulturen und ebenso alter Wege.

Schon kurz nach Mo i Rana, wenn die Hauptverkehrsstraße ins Dunderlandsdalen eintritt, liegen am südlichen Rand noch außerhalb des Parkgebietes die **Grønli- und Setergrotten**, die zu den bekanntesten in Norwegen zählen. Noch bewegen wir uns in Fichten- und Tannenwäldern, doch bald nachdem die Straße höher gestiegen ist, folgen karge fjellbirkenbewachsene Hochebenen. Noch im Juli liegen Schneewächten am Straßenrand und lassen die Schneehöhen des Winters erahnen. Erste vergletscherte Gipfel tauchen auf, die Landschaft ist

Der Weg zum Østisen-Gletscher führt über blankgeschliffene Felsen, die erst vor kurzem vom Eis freigegeben wurden.

von weiten, kahlen Kuppen mit schuttgefüllten Karen geprägt. Der Svartisen-Gletscher, mit 369 Quadratkilometern der größte Nordnorwegens, besitzt nicht weniger als 60 Gletscherzungen. Das Gletscherplateau besteht aus zwei Teilen, dazwischen schiebt sich das Glåmdalen, das vor 100 Jahren noch unter den Eismassen verborgen lag. Es spiegelt die gesamte Dramatik der Landschaft wider. Im Westen liegt der Engabreen, im Osten reicht der Østisen bis an den Talrand und läßt seine Eismassen scheinbar schwerelos über die Talflanken fließen. Noch am Ende des 19. Jahrhunderts registrierte man Bewegungen von mehr als eineinhalb Meter pro Tag.

Heute ziehen sich die Gletscherzungen mächtig zurück und geben eine nackte, felsglatte Landschaft frei. Am eindrucksvollsten läßt sich dieses Phänomen am Gletscherbruch des Østerdalisen beobachten. Noch vor wenigen Jahrzehnten reichte die Gletscherzunge über die Talstufe oberhalb des Svartisvatnet herab und kalbte in diesen See. Heute muß man am Ende des Sees über die Talstufe auf ein höher gelegenes Plateau wandern, um nahe an die Gletscherzunge heranzukommen. Die Eismassen brechen ununterbrochen in den neu entstandenen türkisblauen Gletschersee ab, der 1982 noch völlig mit Eis bedeckt war. Die Gletscherzunge hat sich in kurzer Zeit mehr als einen Kilometer zurückgezogen. Trotzdem hinterläßt der Østerdalisen mit seinen unzähligen Spalten, Rissen und Eistürmen den Eindruck einer bizarren, vom Eis geformten Landschaft.

Vier Täler durchschneiden in Nord-Süd-Richtung das Gebirgsmassiv und schaffen nicht nur in der Landschaft deutliche Zäsuren. Ein wildreiches und eindrucksvolles Gebiet eröffnet sich im **Blåkkadalen**. Obwohl Wege und Schutzhütten fehlen, kann man dieses ursprüngliche Tal erkunden. Auf der Westseite liegen noch die eisbedeckten Hochflächen des Svartisen, nach Osten folgen die offenen Weiten des Saltfjell. Am Horizont tauchen immer wieder neue Gipfel auf, bis man im Norden den **Bøgvatnet** erreicht. Er läßt den rauhen Charakter der Landschaft besonders spüren. Danach schließt sich das üppige **Bleiradalen** an und mit ihm wieder erste Anzeichen von Zivilisation. Doch schon vor 150 Jahren nahmen viele Norweger diese Verbindungsroute, um aus dem Dunderdalen kommend am Nordrand des Saltfjell neue Lebensgrundlagen zu suchen.

Ganz anders präsentiert sich das **Bjøllådalen**, das vom Tespadalen ausgehend zum Bjøllåvatn führt. Ausgangspunkt zu dieser historischen Wanderung ist die

Nationalpark Saltfjellet-Svartisen

Gründungsjahr 1989

Grösse 1840 qkm

Lage Nördlich von Mo i Rana unmittelbar am Polarkreis.

Schutzzweck Großes Gletscher- und Fjellgebiet mit einsamen Gebirgstälern, eindrucksvollen Gletscherzungen, artenreicher Tier- und Pflanzenwelt; weitreichende Höhlen- und Grottensysteme.

Anreise Auf der E 6 etwa 20 km nördlich von Mo i Rana, durch das Dunderlandsdalen und Lönsdalen; auf der Küstenstraße 17 am Nordfjorden vorbei nach Glomfjord.

Besucherzentrum, Naturlehrpfad Informationskiosk am Parkplatz des Svartisvatnet mit einigen Ausstellungstafeln; Polarkreiszentrum an der E 6 mit naturkundlichem und kulturellem Museum; Tonbildschau zu Norwegen.

Besondere Pflanzen und Tiere Typische Pflanzenarten der Kahlfjells und des Fjellbirkenwaldes; Nordgrenze des natürlichen Fichtenwaldes; Eisfuchs, Luchs, Vielfraß; Alpenschneehuhn, Steinadler, Schnee-Eule, Tannenmeise.

Reisezeit Mitte Juni bis September.

Wanderrouten Bootsfahrt über den Svartisvatnet, einstündige Wanderung zur Gletscherzunge des Østerdalsisen; Mehrtageswanderung durch das Bjølladalen, über das Saltfjell, durch das Blakkådalen und das Vesterdalen; Grönli- und Setergrotten (im Sommer mehrmals täglich Führungen).

Ortschaft Bjøllanes unmittelbar an der E 6. Durch ein Tal mit zahlreichen Natursehenswürdigkeiten wie Grotten, Gletschermühlen, zahlreichen Gebirgspflanzen und Karstphänomenen erreicht man die beiden Seen Søndre und Nordre Bjøllåvatn. Nicht nur die großartige Landschaft, auch der Fischreichtum der Gewässer und die große Auswahl an Beeren und Pilzen locken jedes Jahr Wanderer und Naturfreunde ins Bjøllådalen. Am Søndre Bjøllavatn liegt die Saltfjellhütte. Hier kreuzen sich Wege, die ebenfalls in West-Ost-Richtung bis zum Lönsdalen und damit zur E 6 führen. Nach Norden folgt schließlich der Übergang von der Hochebene zum arktisch geprägten Nadelwald. Das Saltfjell gilt eben nicht nur wegen seiner Lage am Polarkreis als Übergang in die Tundragebiete Nordnorwegens.

Eine einfache Tagestour führt von Dunderlandsdalen unmittelbar von der E 6 aus ins wildreiche Stormdalen und zu den ehemaligen Gehöften von Granneset und Bredek. Dabei passiert man den eindrucksvollen Bredekfossen und durchquert die Flußtäler der Stormdalsåga und Tespadalsåga. Eine eindrucksvolle Wanderung mit Bootsfahrt ermöglicht es, die Gletscherzunge des Østisen aus nächster Nähe zu sehen. Eine beliebte Mehrtagestour führt durch das Bjøllådalen zur Hütte am Nordre Bjøllåvatn und weiter ins Lønsdalen. Eine Alternative ist der Weg zum Kvitbergvatnet, der am nördlichen Parkeingang zu Füßen des »Weißen Bergs« liegt.

Die Vielfalt an Landschaftstypen, der häufige Wechsel der Gesteine und die Lage des Parks am Übergang zur nördlichen Tundra ermöglichen einer äußerst artenreichen Tier- und Pflanzenwelt das Überleben. Die Charakterpflanze des Parks ist die Lappland-Alpenrose, die eigentlich in den zentrallappländischen Gebieten vorkommt und durch die Eiszeit bedingte Einzelvorkommen südlich des Polarkreises hat. Die zarte, violettrote Pflanze hat die Eiszeit hier an der Küste überdauert und konnte nach dem Abschmelzen der Gletscher ins Gebirge vordringen. Manche Pflanzenarten wie z. B. die Fichten erreichen hier ihre nördliche Verbreitungsgrenze, nördliche Arten hingegen kommen nicht weiter südlich vor. Für den seltenen Svartis-Mohn ist das Nationalparkgebiet der einzige bekannte Standort. Zahlreichen Tieren dient der Pflanzenreichtum als Nahrungsgrundlage. Elch, Ren, Schneehase und Luchs kommen ständig vor, während der Braunbär nur hin und wieder zu Gast ist. Und immer mehr Wanderer und Naturfreunde besuchen heute das Gebiet, um die Gletscherzungen, die Grotten und einzigartigen Naturschönheiten in den Tälern zu bewundern. Die meisten Regionen des Nationalparks kann man jedoch nur in mehrtägigen Wanderungen erkunden.

Rago: Steile Gipfel, tiefe Schluchten, weites Hochfjell

Obwohl der Nationalpark Rago nur wenige Kilometer abseits der E 6 zwischen Mo i Rana und Narvik liegt, ist er eines der einsamsten und am wenigsten besuchten Schutzgebiete Norwegens. Er schließt im Osten an der norwegisch-schwedischen Grenze direkt an Europas größte Wildnis, das Padjelanta-Sarek-Gebiet, an. Der Park besteht weniger wegen seltener Tier- und Pflanzenarten – die Vegetation ist infolge der Granitgesteine artenarm –, sondern vielmehr wegen der einmaligen und schwer zugänglichen Gebirgsnatur.

Schon bei der Einfahrt ins Tal wird die Abgeschiedenheit deutlich. Von der E 6 führt bei der Trengselbrücke eine schwer zu erkennende Abzweigung durch den 400 Meter langen Nordfjord-Tunnel unvermittelt ins stille Ragodalen. Das Meer ragt als Fjord ein paar Kilometer ins tief eingesenkte Tal und läuft allmählich in zartschimmernden grünbläulichen Farbtönen aus. Der einzige markierte und halbwegs ausgetretene Pfad durch die wildreiche und stark gegliederte Landschaft führt vorbei an zwei Hütten in östlicher Richtung quer durch den Park nach Schweden zum See Virihaure im Padjelanta-Nationalpark. Weite Hochfjells, tiefe Talschluchten, Wasserfälle und schneebedeckte Gipfel begleiten den Wanderer.

Auf dem Weg entlang der türkisblauen **Laksåga** – ein Bild, das den Wanderer während der gesamten Strecke zum Nationalpark begleiten wird – erkennt man rasch den urwüchsigen und stillen Charakter der Landschaft. Der Fluß gleitet sanft dahin und verwandelt sich, sobald Felsstufen im Weg stehen, in tosende Kaskaden. Am Talende bei Lakshola, wo sich das Ragodalen etwas weitet, stehen ein paar rote Häuschen zwischen einigen Feldern und Wiesen, umrahmt von kahlen Granitwänden, über die breite Wasserfälle herabstürzen. Am kleinen Parkplatz beginnt der steile Aufstieg, der zunächst durch einen üppigen Birken-Farn-Wald führt. Hier läßt die Laksåga nichts von ihrer tosenden Kraft erkennen, die sie später nach dem Zusammenfluß mit der Storkogselva gewinnt.

In stillen Buchten spiegeln sich weiße Birkenstämme, die zusammen mit den Straußfarnen den urwaldartigen Charakter dieser Landschaft unterstreichen. Dazwischen wachsen Trollblumen, Mädesüß und Storchschnabel. An den breiten Flußabschnitten des Storkogsdalen wurden im Jahr 1968 Biber ausgesetzt. Diese entwickelten bis heute eine stattliche Population und machen mit abgenagten Baumstämmen und den charakteristischen Biberburgen auf sich aufmerksam.

Bald ist der letzte Talkessel erreicht, dessen dunkler Fichtenwald die letzte üppige Vegetation ist, die der Wanderer zu sehen bekommt, bevor er den Fluß, der durch das mit Moränenkies gefüllten Talbecken mäandert, verläßt. Zum Nationalpark steigt man am **Helligfossen** entlang aufwärts, einem kleinen Seitenfluß, der bei Schneeschmelze den rotgrauen Granit der Felskaskaden mit seinem schäumenden Wasser überzieht. Rechts und links des Flusses klammern sich Föhren an den Fels. Das Ziel des Weges, der durch das Nordskaret hoch über dem Tal der Storkogselva zum **Storkogsvatnet** führt, ist eine kleine romantische Hütte am See. Ringsum eröffnen sich eindrucksvolle Panoramen: hinunter ins Tal, zu den umliegenden Bergen und auf die zahlreichen Wasserfälle der Umgebung. Der größte stürzt aus dem **Litj Værivatnet** im südlichen Abschnitt des Nationalparks herab. Die Hänge, durch die der Weg führt, sind übersät mit Felsblöcken. Wo das Gelände kleine Plateaus bildet, sind Moore entstanden, in denen Wollgras blüht. Auch in Senken zwischen den Felsrücken breiten sich Sümpfe aus, die in der Abenddämmerung gerne von Elchen aufgesucht werden.

Stärkster Blickfang ist jedoch die Schlucht des **Trollfossen** am Talende. Nach vier Stunden Gehzeit empfängt den müden Wanderer die einsame und entlegene **Storkogsvasshytta**, die malerisch im Herzen des Nationalparks am Westufer des Sees errichtet wurde. Umgeben von lichten Kiefern,

Reizvolle Ouvertüre zum gebirgigen Rago-Nationalpark ist der Fluß Lakselva.

Nationalpark Rago

Gründungsjahr 1971

Grösse 167 qkm

Lage Nördlich von Fauske.

Schutzzweck Faszinierende Fjell-Landschaft mit schroffen Gipfeln, tiefen Schluchten und zahlreichen Wasserfällen. Übergang zum schwedischen Padjelanta-Nationalpark.

Anreise Über die E 6, Abzweigung mit unscheinbarem und verdecktem Schild am Nordende des Tennfloget-Tunnels, am Nordfjord entlang 7 km bis Lakshåla; Parkplatz mit Informationstafel zum Park.

Besucherzentrum, Naturlehrpfad Keine.

Besondere Pflanzen und Tiere Birkenwald mit Straußfarnen und Hochstaudenfluren im Tal der Storkogselva; Biber, Elche; Bergfink, Schneeammer, Goldregenpfeifer.

Reisezeit Juli bis Mitte September.

Wanderrouten Nur ein deutlich ausgetretener Wanderpfad von Lakshåla durch das Tal der Storkogselva zum Storkogsvatnet und zur Storkogsvasshytta (3–4 Std.), von dort zur Rago-Hütte und über die norwegisch-schwedische Grenze in den Padjelanta-Nationalpark mit dem Wanderweg Padjelantaleden.

die sich im rötlichen Abendlicht im See spiegeln, steht die idyllische Hütte jedermann für eine Nacht zur Verfügung. Wer nicht zu müde ist, kann mit dem Boot, das neben dem kleinen Kiesstrand an einem Baum verankert ist, auf den See hinausrudern. Obwohl man gerade mal 190 Höhenmeter erreicht hat, fühlt man sich wie auf einem Gebirgsplateau. Dazu hat auch das stete Auf und Ab durch Schluchten und über Abhänge beigetragen, das den Weg viel länger erscheinen läßt, als er ist.

Noch wirkt das Land friedlich und glänzt in der Wärme und in den Farben der Sonne. Doch dahinter beginnt eine Landschaft von unvergleichlicher Wildheit. Als Vermittler gleichsam staut sich über mehrere Kilometer der Storkogsvatnet auf und führt zum Gebirgstal der **Trolldalselva**. Die Nordflanke oberhalb des Sees zu Füßen des Trollnesfjellet ermöglicht einen eindrucksvollen Rundblick auf den von wellenförmigen Gebirgszügen umrahmten See. Eine Hängebrücke in unmittelbarer Hüttennähe überspannt die Schlucht oberhalb des 18 Meter hohen Wasserfalls **Storkogsvassfossen** und gibt den Weg zu den nackten, gletscherpolierten Höhen des Parks frei, die sich bis hinüber nach Schweden ziehen. Sie erreichen genau an der Grenze, am **Rakotjåkkå**, 1300 Meter Höhe und sind damit die höchste Region des Parks.

Lofoten und Vesterålen: Alpenkulissen und unberührte Küste

Die Inselwelt der Lofoten und Vesterålen vor der nördlichen Westküste gehört zu den bizarrsten Landschaften Norwegens. Die »Alpenkulisse, die aus den Fluten des Meeres steigt«, wie in einer Reisebeschreibung zu lesen ist, fasziniert durch die steil aufragenden Berge, die nicht, wie sonst in Norwegen, glattgeschliffene, runde Formen zeigen, sondern unvermittelt und schroff aufragen. Der Kontrast zum Meer könnte nicht gewaltiger sein. Dennoch gibt es derzeit noch keinen Nationalpark auf diesen Inseln, dafür trotzen kühne Brückenverbindungen der

Der Weg zur Storskogsvasshytta verläuft hoch über dem Tal der Storskogselva.

Die Kapelle von Sildpollen liegt auf einer Landzunge zwischen Fiskebol und Svolvær auf der Lofoteninsel Austvågøy.

Trennung durch das rauhe Nordmeer, und Tunnels untergraben Meeresarme, um die zerstreuten Landflächen an die moderne Zivilisation anzubinden.

Der Vestfjord trennt die etwa 200 Kilometer lange Inselgruppe der Lofoten, die etwa auf der Höhe von Narvik beginnt und bis zur Inselgruppe Røst mit den berühmten Vogelfelsen reicht. Schon zur Zeit der Wikinger siedelten hier Fischer und schätzten Dorsch und Kabeljau, die zwischen Januar und April in großen Schwärmen in den Vestfjord kamen. Doch diese goldenen Zeiten sind vorüber, weshalb sich die Archipelbewohner nach anderen Einnahmequellen umschauen müssen – eine willkommene Alternative ist der Tourismus. Sogar die kargen Fischerhütten, die »Robuer«, werden zu begehrten Ferienhäuschen umfunktioniert, wodurch zumindest kulturell bedeutende Fischersiedlungen wie Nusfjord oder Reine erhalten werden. Die Fischkutter, die früher mit vollbeladenen Netzen die Häfen anliefen, befördern heute schaulustige Touristen, Ausflügler, Hobbyangler und Walbeobachter aufs Meer hinaus. Besonders an der Nordspitze der Vesterålen in Andenes wird dieses Schauspiel zum lohnenden Naturspektakel: Mit neunzigprozentiger Sicherheit – so heißt es – kann man auf den fünf- bis sechsstündigen Bootstouren Pott- und Schwertwale aus nächster Nähe beobachten. Andenes besitzt auch ein Walmuseum und das Polarmuseum, das sich mit den Spitzbergen-Expeditionen von Hilmar Nøis beschäftigt. Wer jedoch die eindrucksvolle Landschaft aus Buchten, tiefen Fjorden, Holmen, Schären und den zuckerhutähnlichen Felsbastionen dazwischen genießen will, hält sich an die Hauptroute durch die Inselwelt von Sortland bis nach Reine, die die Hauptinseln der Vesterålen, Hinnøya, Langøya und Andøya, und die der Lofoten mit Austvågøy, Vestvågøy, Flagstadøya und Moskenesøya verbindet.

Überraschend für die meisten Mitteleuropäer ist die sommerliche Blumenpracht in den Tälern und entlang der Küsten, die wie ein Saum aus bunten Blüten die Meeresbuchten umrahmt. Der südlichste Zipfel des Archipels hinter dem Fischerdörfchen Å verbirgt sich hinter einem unüberwindlichen Massiv aus Granit und wird von keiner Straße und keinem Pfad erschlossen: Es ist, als sei man am Ende der Welt angelangt.

Weit abgelegen, aber für Vogelfreunde unbedingt einen Besuch

Papageitaucher bevölkern die Vogelfelsen auf den Inseln Værøy und Røst.

wert sind die Insel Væroy und der Inselarchipel von Røst. Beide werden im Sommer regelmäßig von Moskenes bzw. Bodö aus angelaufen. Berühmt ist der Vogelfelsen Mostadtjfellet auf Væroy, der per Boot oder zu Fuß zu erreichen ist. Auf Vedøya, einer kleinen Vogelinsel vor der Hauptinsel von Røst, brüten von Juni bis Juli Hunderttausende von Papageitauchern, Tordalken, Trottellummen, Dreizehenmöwen und Krähenscharben. Auch hier werden von Røst aus Tagestouren angeboten. Die Insel soll in den nächsten Jahren zum Nationalpark erklärt werden.

Stabbursdalen: Der nördlichste Kiefernwald der Welt

Trotz ihrer Eintönigkeit fasziniert die Landschaft der Finnmark mit ihrem eigentümlichen Charakter: Weder üppiger Pflanzenbewuchs noch ausgeprägte topografische Formationen beleben das Bild. Um so mehr birgt der Nationalpark Stabbursdalen neue kontrastreiche Dimensionen, die die Stimmung dieser Region des hohen Nordens noch bereichern und die Aufmerksamkeit des Naturfreundes auf sich ziehen. Nicht nur die rauhe Gebirgsnatur der nördlichen Finnmarksvidda führte 1970 dazu, daß das rund 98 Quadratkilometer große Gebiet unter Schutz gestellt wurde, sondern vor allem der nördlichste Kiefernwald der Welt, dessen Vorkommen auf einer geographischen Breite von 70° 10' zu den biologischen Besonderheiten Norwegens gehört. Denn in solch nördlicher Lage können größere Bäume kaum oder zumindest nur mehr sehr langsam wachsen. Eigentlich wäre diese Zone vom Breitengrad her dem Fjell-Birkenwald vorbehalten. Um so bemerkenswerter sind die mächtigen, bis zu 500 Jahre alten Kiefern von Stabbursdalen, die mit ihren uralten Stämmen und knorrigen, verdrehten Ästen ein wenig die extremen Lebensumstände dieser nordischen Umwelt erahnen lassen. Auch andere Pflanzen wie der Straußsteinbrech oder das Einblütige Wintergrün erreichen hier ihre nördliche Verbreitungsgrenze.

Außerhalb der breiten Flußtäler zeigt die Landschaft des Parks alle Merkmale einer typischen Gebirgslandschaft der Finnmarksvidda. Rauhe Gebirgslagen, weite Moore, Krüppelbirkenwälder, vom Wind zerzauste Heiden und öde Steinebenen charakterisieren das Bild. Die Höhenlagen wechseln zwischen 50 Meter im östlichen Gebiet rund um die Seen und 615 Meter in den südwestlichen Gebirgen. Zu erreichen ist das Parkgebiet nur über eine kleine Straße, die von Osten kommend bei Lakselv in Richtung des gleichnamigen Stabbursdalen verläuft. Eine Hängebrücke führt über den **Dilljajokka** und öffnet das »Tor« zum Reich der nördlichsten Kiefern. Zuerst treffen wir auf das Talbecken, in dem vor und während der Eiszeit ein breites Flußdelta ausgebildet war, und wo der Stabburselva ins Meer mündete. Aus dieser Zeit blieben die drei kleinen Seen erhalten, die eigentlich erweiterte Flußläufe sind und in der Sprache der Samen als »Luobbal« bezeichnet werden: Vuolleluobbal, Bagjeluobbal und Gumpeluobbal. Sie stehen mit dem Stabburselva in Verbindung und bilden am Beginn des Parks ein kleines Seensystem aus.

Flußaufwärts wird der östliche Abschnitt des Nationalparks vom weiten Tal der Stabburselva beherrscht. Diese fließt in dem beckenförmigen Talboden mit weiten Schwüngen gemächlich dahin, begleitet von breiten, sandigen Ufern. Der Fluß schneidet mächtige Sand- und Schotterterrassen an, die er während und nach der Eiszeit aus den Hochflächen hierher transportiert und abgelagert hat. An den sanft ansteigenden Talflanken konnten sich auch die Kiefernwälder halten, die mit einzelnen Bäumen in der Umgebung des **Vuolleluobbal** beginnen und mit den schönsten und ältesten Exemplaren bis zum Fjell **Hal'di** reichen. Ansonsten begleitet der typische Fjellbirkenwald den Fluß, gesäumt von üppigen Hochstaudenfluren. Hangaufwärts wird der

Die Stabburselva bildet im Unterlauf und an der Ostgrenze des Nationalparks Stabbursdalen seenförmige Erweiterungen, die von den Samen als »Luobbal« bezeichnet werden, hier der größte, der Vuolleluobbal.

Wald aber immer niedriger, bis er auf etwa 300 Meter Höhe die Waldgrenze erreicht. Darüber folgen die kahlen Hochfjells mit den Polster- und Gebirgspflanzen. Im Oberlauf hat der Stabburselva enge Schluchten mit Stromschnellen wie dem markanten Stabbursfossen ausgewaschen. An manchen Stellen erstrecken sich zu beiden Seiten langgezogene Schutthänge, die nur spärlich mit Fjellbirkenwald bewachsen sind. Im Westen des Parks mündet der größte Seitenfluß, der **Njakkajokka**. Er bildet etwa einen Kilometer vor dem Zusammenfluß den Wasserfall Njakkafossen aus.

Am berühmtesten im Stabbursdalen sind aber ohne Zweifel die Kiefernwälder. Sie gelten als eiszeitliches Relikt und erzählen von einer Zeit vor 4500 Jahren, als das Klima der Finnmarksvidda wärmer war als heute und diese weithin von Kiefernwäldern bewachsen war. Als die durchschnittliche Temperatur wieder sank, konnten die Kiefern den härter werdenden Umweltbedingungen trotz ihrer Anspruchslosigkeit nicht mehr widerstehen und verschwanden. Nur in der geschützten Tallage des Stabbursdalen konnte sich ein heute zehn Quadratkilometer großer Wald behaupten. Die größten Gefahren für ihn sind Überalterung und Elche: Denn zum Keimen benötigen die Kiefern warme Sommerperioden, die noch dazu

Nationalpark Stabbursdalen

Gründungsjahr 1970

Grösse 98 qkm

Lage Nord-Finnmark bei Lakselv in der Nähe des Porsanger-Fjord.

Schutzzweck Erhaltung des nördlichsten Kiefernwaldes der Welt mit bis zu 500 Jahre alten Bäumen, typische Landschaft der Finnmarksvidda; Seensystem als Rest eines eiszeitlichen Deltas.

Anreise Von der E 6 Lakselv – Kistrand bei Stabbursnes abbiegen, 2 km südlich der Brücke über die Stabburselva auf einem unbefestigten Weg zum Parkplatz; auf einem Fußpfad zum Tal der Dillja-jokka.

Besucherzentrum, Naturlehrpfad Stabbursnes Naturhus mit Naturlehrpfad zum wattenmeerähnlichen Küstenabschnitt von Stabbursnes mit dem Naturschutzgebiet am Vesterbotn.

Besondere Pflanzen und Tiere Kiefern, Straußsteinbrech, Hochstaudenfluren, Glockiges Sperrkraut; Gartenrotschwanz, Gänsesäger, Entenarten, Flußuferläufer, Zwergammer, Fischadler, Auerhahn; Lachse.

Reisezeit Mitte Juli bis Mitte September.

Wanderrouten Vom Parkplatz in Richtung des Berges Binalvarre und zum Njakkafossen (20 km).

hintereinander auftreten müssen. Sind die Sommer zu kalt, können keine jungen Kiefern nachwachsen. Und für die Elche sind die jungen, saftigen Triebe der älteren Bäume ein Leckerbissen, so daß die geringe Wachstumsleistung von maximal drei Zentimetern im Jahr oft den hungrigen Großsäugern zum Opfer fällt.

Øvre Dividal: Mächtige Fjells, schneebedeckte Gipfel

Im Grenzgebiet zu Schweden schützt der 740 Quadratkilometer große Nationalpark in der Region Troms eine der abwechslungsreichsten und schönsten nordischen Landschaften. Er liegt etwa 50 Kilometer nördlich des schwedischen Nationalparks Vadvetjåkka in einer unwegsamen Wildnis, die von weiten Hochfjells, breiten Flußtälern und Schluchten geprägt ist. Das Dividalen in der Region Troms führt von Westen direkt zum Park und setzt sich in diesem im Flußtal der Divielva fort. Von Südwesten mündet das breite Anjavassdalen, das den westlichen Abschnitt des Parks fast völlig einnimmt und vom Anjavasselva durchflossen wird, der wie ein langgestreckter See wirkt. Die Hochfjells mit der höchsten Erhebung, dem 1633 Meter hohen **Kistefjell**, ragen südlich des Tals auf. Der nördliche Abschnitt zeigt

Der einsame Nationalpark Øvre Dividal wird von breiten Flußtälern beherrscht. Rund

ein vielfältiges Bild aus Einzelbergen, Flußtälern und Seen. Der Skakterelva bildet zusammen mit dem Rostaelva ein Seensystem, das die Täler wie Ketten durchzieht. Dazwischen ragt das Fjell bis über 1000 Meter hoch auf. Eine Sonderstellung nimmt das weite Tal **Havgavuobmi** im südlichen Zentrum des Parks ein. Hier kommen die ältesten Wälder vor, weshalb es stärker geschützt wird als der übrige Teil des Nationalparks. Das gesamte Jahr über ist die Jagd verboten.

In den weiten Talbecken gedeihen alte Kiefernwälder, während auf den Berghängen bis auf eine Höhe von 700 Meter Fjellbirkenwälder wachsen. Darüber folgt das baumlose Hochfjell mit Flechtenteppichen und Zwergstrauchheiden. Dividalen ist eine der wenigen Gegenden Norwegens, in denen noch regelmäßig die vier klassischen Raubtiere Bär, Wolf, Luchs und Vielfraß gesichtet werden oder man zumindest ihre Spuren findet. Auch die Geologie des Parks ist hochinteressant. Alte Urgesteinsvorkommen treffen auf Dolomit- und Kalkgesteine, daneben bestimmen eiszeitliche Formationen das Landschaftsbild. Sowohl der Divielva als auch der Anjavasselva haben tiefe Schluchten und wildreiche Flußabschnitte aus dem Gestein herausgeschürft. Einige Wanderwege führen im Parkgebiet durch das Tal des **Anjavasselva** und nach Norden durch das **Skakterdalen** in Richtung Dærktadalen. Die Parkgrenze erreicht man von der RV 87 aus über eine Nebenstraße, die durch das äußere Dividalen bis Frihetsli und zu einem kleinen Parkplatz 5 km östlich des Gehöfts führt.

Nedre Divifossen hat der Fluß tief ins Gestein eine reizvolle Schlucht eingegraben.

Nationalpark Øvre Dividal

Gründungsjahr 1971

Grösse 741 qkm

Lage Nordöstlich von Narvik in der Provinz Troms.

Schutzzweck Hochfjell, Urwald, Rückzugsgebiet von Bär, Wolf, Luchs und Vielfraß; fischreiche Flüsse; tiefe Schluchten.

Anreise Von der E 6 entweder auf den RV 87 oder 857 abzweigen, von Øvergård führt ein Fahrweg den Divielva entlang bis Frihetsli.

Besucherzentrum, Naturlehrpfad Keine.

Besondere Pflanzen und Tiere Lappland-Alpenrose, Arktischer Mohn, Lappland-Spitzkiel; Bär, Wolf, Luchs, Vielfraß.

Reisezeit Juli bis Mitte September.

Wanderrouten Eine Wanderroute durchquert den Park, eine weitere führt durch das Tal des Anjavasselva.

Die Femundsmarka ist das Bindeglied vom Süden Norwegens zu den Landschaften der hochnordischen Finnmark. Kahle Hochflächen mit kargen Föhrenwäldern wechseln mit kleineren Seen und Mooren ab. Besonders stimmungsvoll präsentiert sich diese Region in den frühen Morgenstunden.

Der Nationalpark Saltfjell-Svartisen wird durch Gletschergebiete, Hochfjells und abwechslungsreiche Täler gekennzeichnet. Höhepunkt ist das Gebiet des Østisen-Gletschers, der mittels Boot und einer kurzen Wanderung leicht zu erreichen ist.

Die Gletscherzunge Østerdalisen des Østisen-Gletschers hat sich in den letzten zwei Jahrzehnten um mehr als einen Kilometer zurückgezogen; dadurch entstand ein neuer Gletschersee.

Eine typische Fjellpflanze ist die Rosenwurz.

Am Gehöft Haugen in der Femundsmarka.

Ein »Unterschlupf« im Rago.

Straußfarne an der Lakselva.

Der Fluß Røa in der Femundmarka bildet et

erhalb der Hütte Røavollen schäumende Kaskaden aus, die noch Holzverbauungen früherer Flößertätigkeiten erkennen lassen.

Der Herbst gehört im Nordland zu den prächtigsten Zeiten, wenn sich die Birken gelb und die Zwergsträucher von Orange bis Rot verfärben, hier auf der nördlichen Vesterålen-Insel Hinnøya am Forfjord.

Überall auf den Vesterålen trifft man auf pittoreske Fischerhäuschen, sogenannte »Robuer«, wie hier am Gullesfjorden auf der Insel Hinnøya.

NORDSCHWEDEN UND LAPPLAND

Die waldreichen Gebiete und menschenleeren Gebirgslandschaften, zu denen abenteuerhungrige Mitteleuropäer jedes Jahr in Scharen aufbrechen, befinden sich im Norden Schwedens. Lappland, die letzte Wildnis Europas, hält noch die Versprechungen von Einsamkeit und Naturerlebnis, obwohl auch hier immer mehr erschlossen wird. Das Land der Mitternachtssonne nördlich des Polarkreises, Heimat der Samen und der Rentiere, wird in zahlreichen Reisebeschreibungen – unter anderem von Carl von Linné – gepriesen. Ausgedehnte Wälder, endlose Moore, lachsreiche Flüsse, karge Fjälls, schroffe Berge und zauberhafte Täler geben Raum für den Traum des Abenteuers.

Die Urlandschaften Skandinaviens

Waldbach im Muddus; die Steine sind vom eisenhaltigen Wasser braun gefärbt.

Carl von Linné, zur Zeit seiner Reisen in den Norden Schwedens und nach Västerbotten im Jahre 1732 noch weitgehend unbekannt, kam als junger Wissenschaftler mit dem Auftrag in die Gegend, die Natur der schwedischen Nordprovinzen zu beschreiben. Damals betrat der bedeutende schwedische Forscher noch eine »Terra incognita«, die kaum zu begehen war. Unter lebensbedrohenden Entbehrungen und Mühen bereiste Linné die wenigen erreichbaren Gegenden, die er zusammen mit den Helfern, meist Samen, zu Fuß oder mit einfachen Booten erreichte. Die »Lappländische Reise«, wie Linnés Aufzeichnungen später benannt wurden, erschienen erst lange nach seinem Tod und beschreiben in ungekünstelter und eindringlicher Sprache seine Reiseerlebnisse. Wasserfälle, Moorgebiete oder Stromschnellen waren damals unüberwindliche Hindernisse und mußten mit langen Umwegen umgangen werden.

Diese Strapazen sind mit den heutigen Bedingungen nicht zu vergleichen. Über breite Straßen erkunden wir mit geräumigen Wohnmobilen die letzte »Wildnis« und genießen diese auf »überfüllten« Campingplätzen, überstrahlt von der goldglänzenden Mitternachtssonne. Doch wo sonst läßt sich in Europa noch der Hauch der Wildnis erleben, wenn nicht hier – obwohl Linnés Stromschnellen heute mit Staumauern zur Energiegewinnung genutzt werden, obwohl wir die quellenden Moore auf Dämmen durchqueren und die Flüsse von kühnen Brücken überspannt sind. Doch wer bereit ist, seine ganze Ausrüstung in einen Rucksack zu packen und mit Wanderstiefeln fernab der Straßen in die Wildnis aufzubrechen, der wird einen Teil der Entbehrungen Linnés vor 250 Jahren wiederfinden und mit ihnen zusammen die Faszination der lappländischen Natur entdecken.

Nordschweden fällt weitgehend mit der Großlandschaft Norrland zusammen, die in acht »Läns« unterteilt wird und etwa die Hälfte der schwedischen Landfläche einnimmt. Während die südlichen Regionen Nordschwedens, Hälsingland, Medelpad und Västerbotten, relativ junge Landschaften sind und ihr heutiges Aussehen wesentlich durch die letzte Vereisung in der Weichselzeit erhalten haben, liegen im Norden Lapplands die ältesten skandinavischen Landmassen des Kaledonischen oder Skanden-Gebirges. Es verläuft im Landesinneren an der Grenze zu Norwegen südwärts und begann sich vor ca. 500 Millionen Jahren aufzufalten. Nach Osten fällt es allmählich in weiten Waldlandschaften ab und wird von großen Flüssen durchschnitten, die alle in den bottnischen Meerbusen münden: Luleälv, Ångermanälv, Umeälv oder Ljusnan. Sie rühren von Seitengletschern her, die sich nach dem Abtauen des Eises in den bereits vorhandenen Tälern am längsten halten konnten. Die Küstengebiete sind flach und lagen zur Ancycluszeit vor 8500 Jahren noch unter einem riesigen Eissee verborgen, der über den Svea- und Götastrom im Gebiet der heutigen Seen Vänern und Vättern mit der Nordsee in Verbindung stand.

Zum Höhepunkt der Vereisung lag der gesamte Norden Schwedens zusammen mit den angrenzenden Berggebieten Nordnorwegens und Finnlands unter einem riesigen Eispanzer, der über 2000 Meter mächtig war. Lange vorher hatten sich Pflanzen und Tiere nach Süden in wärmere Regionen zurückgezogen, oder sie überdauerten die Eiszeit auf sogenannten Nunatakern, auf Berggipfeln also, die über den Eispanzer hinausragten und eisfrei blieben. Heute sind Nunataker – das Wort stammt aus der Sprache der grönländischen Inuit – daran zu erkennen, daß sie schroff und spitz in den Himmel ragen, während die tiefer gelegen Gebirgsregionen durch den Gletscher abgeschliffen wurden. Die Nunataker waren später wertvolle Regionen für die Wiederbesiedelung des Landes durch Pflanzen.

Gebirgiger als die Küstengebiete sind Härjedalen und Jämtland, die einen Anteil am Skanden-Gebirge haben. Hier wird es ruhig, einsame Fjälls und menschenleere Wälder beherrschen das Landschaftsbild. Dazwischen liegen – seltener als noch in Mittelschweden – Siedlungen, so der Hauptort von Härjedalen Sveg und das Handelszentrum Jämtlands, Östersund. Härjedalen ist die am dünnsten besiedelte Provinz Schwedens. Da es im Norden keine Industrieorte gibt, leben hier noch weniger Menschen als in Lappland – nur ein Einwohner kommt auf einen Quadratkilometer. Der Rest sind endlose Nadel- und Birkenwälder und großartige Fjälls, wie das Idrefjäll oder Helagfjäll, das mit knapp 1800 Metern höchste Fjäll Schwedens im südlichen Norrland.

Im Norden folgt Lappland, das größte »Län« Schwedens. Hier befindet sich auch Schwedens größtes Bergmassiv sowie mit dem 2117 Meter hohen Kebnekaise auch Schwedens höchster Berg. Die vielgepriesene letzte Wildnis Europas mit den weitläufigen Gebirgfjälls, den tosenden Flüssen und riesigen gletschergeschliffenen Trogtälern wird von einer fast baumlosen Tundra beherrscht, die mit Teppichen aus Zwergsträuchern und Flechten sowie Pilzen bewachsen ist. In den breiten Flußtälern, in denen sich das Wasser ungehindert seinen Weg bahnen kann, blühen im Sommer Trollblumen und der blaue Nordische Eisenhut. Als Übergang entwickelte sich der Fjällbirkenwald zu jenem charakteristischen Waldtyp, der vielleicht am eindrucksvollsten die nordische Flora vertritt. Da die Sommer sehr kurz sind, brechen die Blüten der Pflanzen fast gleichzeitig auf und erfüllen die karge Landschaft im Juli mit ihren bunten Farben. Der Herbst, der bereits Ende August die Herrschaft übernimmt, verwandelt das Land dann in ein flammendes Schauspiel, wenn das Gelb und Rot der Birken und Zwergsträucher die »Ruska«-Zeit ankündigen. Die langen Winter dauern in der Regel sieben Monate und erklären, warum hier lediglich 120000 Menschen dauerhaft leben. Die Namen der wenigen Siedlungen wie Arjeplog, Kvikkjokk oder Jokkmokk deuten auf die samische Herkunft. Nur in den großen Bergbaugebieten wie Gällivare und Kiruna setzt die Stille Lapplands aus. Zwar nimmt der Erzabbau jedes Jahr ab, doch dafür steigt die Zahl der Touristen, die zu den letzten Wildnisrefugien Europas aufbrechen.

Klimatisch gesehen ist der Norden Schwedens relativ begünstigt. Der Gebirgszug des Skanden wirkt wie eine Wetterscheide, so daß die dicken atlantischen Wolken am Westabfall in Norwegen abregnen. Dazu kommt eine Art Föhnwirkung, die im Regenschatten eine sehr trockene Gebirgsregion entstehen läßt. Diese Voraussetzungen ermöglichen, daß der Kiefernwald bis weit über den Polarkreis in die norwegische Finnmark vordringen konnte und im Nationalpark Stabbursdalen sein nördlichstes Vorkommen hat. Die Fjällgebiete entsprechen den subarktischen Regionen, in denen vor allem die lichten Birkenwälder und die Zwergstrauchheiden vorherrschen. Der gebirgige Teil der Fjälls ist von baumlosen Kältesteppen, der Bergtundra, überzogen: Hier gedeihen Polsterpflanzen wie die Alpenazalee sowie verschiedene Steinbrecharten. Die Taiga endet dort, wo keine Bäume mehr wachsen – wobei alles als Baum bezeichnet wird, was die winterliche Schneedecke überragt. Lediglich diese Grenze ist in den skandinavischen Gebirgen scharf ausgeprägt und entspricht der auch bei uns bekannten Baumgrenze.

Den südlichen Teil Nordschwedens überzieht borealer Nadelwald, unterbrochen nur von Mooren und großen Flußtälern. Er stellt den häufigsten Vegetationstyp Skandinaviens dar und besticht im Sommer durch die kniehohen Heidelbeersträucher sowie seinen Moos- und Flechtenreichtum. Heute besitzt dieser Waldtyp als Holzlieferant eine wichtige ökonomische Bedeutung und wird daher oftmals großflächig und wenig naturschonend gerodet.

Eine Besonderheit des Björnlandet-Nationalparks sind die Sumpf-Fichtenurwälder.

Das Land der Samen

»Solange wir Wasser haben, wo der Fisch lebt, solange wir Land haben, wo das Ren weidet und wandert, solange wir Wälder haben, wo das Wild sich verbirgt, haben wir Trost auf dieser Erde. Aber wenn es unsere Heimat nicht mehr gibt und unser Land verwüstet ist, wo sollen wir dann leben?« Diese Worte des Samen Paulus Utsi geben eindringlich Aufschluß über die Situation dieses Volkes, das mit seinen ureigenen Lebensgewohnheiten heute auf mancherlei Unverständnis trifft. Wie jeder Minderheit wird auch den Samen nicht jene Wertschätzung zuteil, die ein so kulturträchtiges und traditionsreiches Volk braucht. Doch um die nördliche Landschaft verstehen zu können, muß man sich mit den Ureinwohnern und deren Traditionen und Gewohnheiten beschäftigen. Sie sind keine motorschlittenfahrenden und souvenirverkaufenden »Überbleibsel« aus früheren Zeiten, sondern ein Volk, das es erfolgreich und behutsam verstand, in der rauhen, empfindlichen Natur des Nordens zu überleben.

Björnlandet: Urwald in gebirgiger Landschaft

Das Urwaldgebiet von Björnlandet liegt südlich von Lyksele. Das Territorium wurde 1991 als 22. Park einer langen Liste schwedischer Schutzgebiete hinzugefügt und umfaßt einen Fichtenurwald, der von mehreren Sumpftälern durchsetzt ist. Die beste Aussicht über das hügelige Gebiet hat man vom Gipfel des Björnberget, der einen weiten Rundblick auf das Nationalparkgebiet und den See Angsjön erlaubt. Der kleine Park mit knapp elf Quadratkilometern beheimatet eine vielgestaltige Natur in Form eines ursprünglich erhaltenen Waldgebietes in einer Moränenlandschaft. Die Höhenunterschiede erreichen 200 Meter, der höchste Punkt des Parks ist der 550 Meter hohe **Storberget**. Auf den trockenen Bergrücken wachsen uralte Kiefernwälder mit bis zu 450 Jahre alten Bäumen. Der ungewöhnlichste Waldtyp des Parks ist jedoch der Fichtensumpfwald, der in feuchten Senken entstanden ist und die ältesten Fichten des Parks beherbergt. Hier kommen die meisten botanischen Raritäten der sonst eher eintönigen Pflanzenwelt vor. Die Sumpfstellen sind mit dichten Torfmoospolstern gefüllt, die durch ihr charakteristisch leuchtendes Grün auffallen. Dazwischen finden sich Waldschachtelhalm, Moltebeeren und das Lappländische Scharbockskraut, das durch die zunehmende Waldwirtschaft bereits vom Aussterben bedroht ist.

Der Name des Parks könnte verraten, daß sich hier ständig Bären aufhalten – sie durchstreifen das Parkgebiet aber nur gelegentlich. Ansonsten entspricht die Tierwelt der des borealen Nadelwaldes. Zahlreiche Biber tummeln sich an den Sümpfen und Flüssen wie dem Svärmorsbäcken oder Björkbäcken. Besuchern steht zur Erkundung des Parks der Weg vom See **Angsjön** zum Gipfel des **Björnberget** zur Verfügung, der alle Lebensräume des Parks durchquert und auch durch einen typischen Fichtensumpfwald führt.

Charakteristisch für Björnlandet: karge Föhrenwälder mit vielen Flechten.

Nationalpark Björnlandet

Gründungsjahr 1991

Grösse 11 qkm

Lage In der Provinz Västerbotten nordwestlich von Umeå.

Schutzzweck Zum Schutze einer typischen und wertvollen Gebirgslandschaft mit ursprünglichen, unberührten nordischen Wäldern; Fichtensumpfurwälder.

Anreise Von Fredrika kommend, biegt man von der RV 92 südwärts ab und folgt der Beschilderung (25 km lange Schotterstraße zum Park).

Besucherzentrum, Naturlehrpfad Keine.

Besondere Pflanzen und Tiere Fichtensumpfurwälder, Lappländisches Scharbockskraut; Biber; Auerhuhn.

Reisezeit Mitte Mai bis Ende September.

Wanderrouten Markierter Wanderpfad im östlichen Abschnitt des Parks zum Björnberget, ausgehend vom Parkplatz am Angsjön – hier befindet sich auch ein Rastplatz mit Windschutzhütte, Toiletten und Informationstafel.

Skuleskogen: Höchste Steilküste am Bottnischen Meerbusen

Skuleskogen liegt 40 Kilometer südlich von Örnsköldsvik am Übergang von den Küstenlandschaften zu den Regionen des hohen Nordens. Felshügellandschaften, unwegsame Wildnis mit Urwäldern, Felspartien mit Blockfeldern, tief eingeschnittene Rißtäler zwischen bewaldeten Felsrücken und eindrucksvolle Ausblicke auf die nahe Meeresküste machen die auffällige und imposante Landschaft von Skuleskogen aus. Der Park schützt auf knapp 30 Quadratkilometern das höchstgelegene Küstengebiet Schwedens am Bottnischen Meerbusen, das bis auf eine Höhe von 300 Metern ansteigt. Das hügelige Terrain macht Skuleskogen zu einem wilden und einsamen Waldgebiet. Dennoch deuten historische Funde von Grabhügeln auf Besiedelungen aus der Bronzezeit (1500 bis 500 v. Chr.) hin. Sie befinden sich heute etwa 40 bis 50 Meter oberhalb der Küste und dürften damals direkt am Meer angelegt worden sein.

Die geologische Entstehung des Gebietes hält manch Außergewöhnliches bereit. Die Landmassen wurden während der Eiszeit durch die hier besonders hohen Inlandeismassen unter das Meeresniveau gedrückt. Nach dem Abschmelzen der Gletscher hob sich das Land wieder. Die ehemalige Küstenlinie liegt heute 280 Meter über dem Meeresniveau und fällt durch breite Geröllfelder auf. Das Geröll stammt von der Meeresbrandung, die die Granitfelsen allmählich in kopfgroße Gesteinsbrocken zertrümmerte. Sie beweisen eindrucksvoll die enorme Landhebung des Gebietes. Einige Berge konnten wegen ihrer großen Höhe nicht unter Meeresniveau

Die Slåttdalsskrevan, eine 40 Meter tiefe Felskluft, ist das auffälligste Naturphänomen von Skuleskogen.

Nationalpark Skuleskogen

Gründungsjahr 1984

Grösse 29,5 qkm

Lage Südlich von Örnsköldsvik am Bottnischen Meerbusen.

Schutzzweck Höchste Steilküste am Bottnischen Meerbusen, Schlucht Slåttdalskrevan.

Anreise Von der E 4 biegt man Richtung Näske ab zum nördlichen Parkeingang, zum südlichen gelangt man, wenn man von der E 4 Richtung Sund abbiegt und Richtung Käl fährt.

Besucherzentrum, Naturlehrpfad Das Naturum in Skuleberget in der Nähe der E 4 stellt in einer permanenten Ausstellung die Entstehungsgeschichte der Landschaft vor.

Besondere Pflanzen und Tiere Hasel, Linde, Spitzahorn, Alpen-Milchlattich, Alpen-Lichtnelke, Rippenfarn; Elch, Reh, Schneehase; Specht.

Reisezeit Mitte Mai bis September.

Wanderrouten Zahlreiche Wanderwege, Rundweg zum Slåttdalsskrevan und zu den Grabhügeln.

gedrückt werden. Man bezeichnet sie als Kalottberge, die von einer Kappe aus Moränengeröll bedeckt werden und heute von dichtem Wald bewachsen sind. Den Untergrund für das stark zerklüftete Relief bildet der für Schweden ungewöhnliche rötliche Rapakiwigranit. Da diese Gesteinsart leicht verwittert, konnten sich Grotten und Schluchten bilden. Die berühmteste und gewaltigste ist die **Slåttdalskrevan**, ein mächtiger, 200 Meter langer Einschnitt, der 40 Meter tief senkrecht in die Tiefe stürzt und nur sieben Meter breit ist. Seine Entstehung ist bis heute nicht eindeutig geklärt.

Unmittelbar darüber bietet der lange und bizarre Felsrücken des Slåttdalsberget eine unvergleichlich schöne Aussicht auf das nördliche Parkgebiet und das daran anschließende Meer. Zahlreiche Inseln und Schären, die der Küste Skuleskogens vorgelagert sind, durchbrechen das einheitliche Blau. Unterhalb der Schlucht trifft man auf den romantischen See Tärnättvattnen mit Badeplatz und Feuerstelle. Dahinter fällt das Land zum Meer hin ab; das spärlich bewachsene rötliche Gestein steht in schönem Kontrast zum Meer. Hier hat das Wasser eine kleine Grotte ausgewaschen, weiter unterhalb folgen einige prähistorische Grabhügel. Schließlich beginnt der Hochwald, dessen Duft sich mit der salzigen Meerluft vermischt. Sandige Buchten und Blockhalden bilden den Spülsaum.

Aber nicht nur die Landschaft von Skuleskogen ist eindrucksvoll. In enger Nachbarschaft zu den borealen Nadelwaldgesellschaften wachsen Pflanzen, die ansonsten nur südlicher und westlicher oder in gebirgigeren Zonen Schwedens vorkommen. Das bemerkenswerteste Gewächs des Parks ist die Langbartflechte, die nur an 30 weiteren Fundorten in Schweden bekannt ist und nur in Verbindung mit der Fichte vorkommt. Als Relikte aus vergangenen Wärmeperioden konnten sich an den Südhängen der Felsklippen Ahorn, Winterlinde und Hasel halten, auf den fruchtbaren Böden gedeiht der Seidelbast.

Botaniker schätzen auch die zahlreichen Orchideen des Parks wie die Sumpfweichwurz oder die Zweiblättrige Waldhyazinthe. Das Vorkommen einiger Fjällgewächse des hohen Nordens, wie der Alpenpechnelke und dem Rippenfarn, denen aus pflanzengeographischer Sicht ganz besondere Aufmerksamkeit gebührt, weist auf die Lage des Skuleskogen-Nationalparks in einer Übergangszone hin. Auch bei den Vögeln treffen südliche mit nördlichen Arten zusammen. Vor allem der seltene Grauspecht liebt die Mischwaldbestände. Dagegen vertreten Moorschneehuhn und Unglückshäher die nördlichen Vogelarten des Parks.

Man erreicht den Nationalpark am besten von Käl aus; der Ort ist nur wenige Kilometer von der Küstenstraße entfernt. Knapp hinter dem schroffen Skuleberget, einem Naturreservat mit der Linné-Grotte, zweigt eine Schotterstraße zum Parkplatz bei Käl ab. Hier beginnt ein Pfad, der als Teil des »Höga-Kustleden« den Park durchquert, aber auch als Tagestour mit anderer Route bewältigt werden kann. Dieser etwa elf Kilometer lange Rundweg erreicht alle Sehenswürdigkeiten des Parks, führt an den Slåttdalsskrevan und den Grabhügeln vorbei und endet wieder in Käl.

Geröllhalden im Skuleskogen; vor der Landhebung waren sie die Meeresküste.

Muddus: Unberührter Urwald

Seit 1942 steht das etwa 500 Quadratkilometer umfassende Gebiet südlich von Gällivare und nördlich von Jokkmokk unter Schutz und bewahrt die größte zusammenhängende ursprüngliche Wald- und Moorlandschaft außerhalb der lappländischen Berggebiete. Charakteristisch für den Park sind die uralten kargen Föhrenwälder im Süden und die riesigen Moorflächen im Norden. Diese sind auf dem granitartigen Felsuntergrund entstanden, der überall von Moränen bedeckt ist. Aber die Landschaft, die flach und beinahe langweilig anmutet, wird im Süden durch die Schlucht des Muddusälven unterbrochen. Der Fluß bildet einen 42 Meter hohen Wasserfall mit einem wildreichen Cañon aus. Weitere landschaftliche Höhepunkte sind der **Muddusjaure**, ein See, der ziemlich genau im Zentrum des Parks liegt, und die 500 Meter lange und 100 Meter tiefe Schlucht **Måskoskårså** im Südosten des Parks.

1967 verlieh der Europarat dem Park das »Europa-Diplom« für Naturschutz. Und wahrlich: Der Park gilt als hochkarätiges Schutzgebiet, dessen zentraler Teil wie auch die Schlucht Måskoskårsa im Sommer der reichhaltigen Vogelwelt vorbehalten bleibt und für Wanderer gesperrt ist.

Der Park liegt auf einem flachen Urgesteinsplateau, das vereinzelte flach gerundete Kuppen aufweist. Einige dieser Erhebungen ragen über die Baumgrenze hinaus, ansonsten sind die riesigen zusammenhängenden Wald- und Moorflächen für den Park typisch. Der ökologische Wert besteht vor allem in der Großflächigkeit, die eine uneingeschränkte Entwicklung seiner Lebensräume erlaubt. Sümpfe, Moore und Föhrenwälder wechseln von Nordwesten nach Südosten ab und verleihen der Landschaft ein mosaikähnliches Aussehen. Die Moore, die baumbestanden oder von Seggen bewachsen sind, gehören zum Typ der Aapa- oder Strangmoore. Der nördliche Teil des Parks ist undurchdringlich, es gibt dort auch keinerlei Wege.

Ebenso schwer zu begehen ist das südliche Waldgebiet, in dem wir auf die blockhaldengefüllten Felsschluchten treffen. Sie werden als »Kursu«-Täler bezeichnet und sind durch abfließendes Gletscherwasser entstanden. Heute fließt kein Wasser mehr am Talboden, der mit großen, vom Frost zersprengten Felsblöcken bedeckt ist. Nur das Kursu-Tal des Muddusjokk, der den Muddusjaure zum Luleälv entwässert, führt noch Wasser. Der Muddusfallet stürzt in den Kolksjön, der kreisrund ist und einer enormen Gletschermühle gleicht. Die Kursu-Täler zählen neben dem Urwald zu den Besonderheiten des Parks.

Die Landschaft von Muddus unterlag nie einer starken Veränderung. Obwohl Waldflächen am Muddusjaure um 1850 zu Siedlungszwecken gerodet wurden, blieben die meisten Gebiete verschont. 1909 verließen die Siedler die Region und kapitulierten vor den harten und unwirtlichen Lebensbedingungen. In späteren Jahren veränderten vor allem Waldbrände die Landschaft und hinterließen verkohlte Baumstämme.

Die Größe des Gebietes schafft ideale Bedingungen für die Tierwelt. Eine große Anzahl an Wat- und Wasservögeln halten sich in den Sümpfen rund um den Muddusjaure auf. Auch seltene und scheue Arten wie der Singschwan, die Saatgans, der Zwergsäger und die Spießente gehören zu den regelmäßigen Gästen. Stein- und Fischadler sieht man ebenso wie das Auerhuhn, dessen Bestand im Muddus-Nationalpark weit größer ist als in angrenzenden Regionen. Die Urwaldgebiete, die nirgendwo Kahlschläge aufweisen, ermöglichen den scheuen und bedrohten Säugetieren wie Luchs, Bär und Wolf eine Zuflucht. Die Elchpopulation variiert von Jahr zu Jahr.

Den Muddusfallet erreicht man in einer gemütlichen Tageswanderung von Skaite aus.

Nationalpark Muddus

GRÜNDUNGSJAHR 1942

GRÖSSE 493 qkm

LAGE Taigazone Nordschwedens, 30 km nördlich des Polarkreises westlich der Straße Porjus-Gällivare.

SCHUTZZWECK Urwald- und Moorlandschaft, Brutgebiet für zahlreiche Vogelarten, Bären. Größtes, zusammenhängendes Moorgebiet Nordschwedens außerhalb der Finnmark.

ANREISE Südlich von Porjus geht von der E 97 die RV 45 ab, die wiederum beim Staudamm Liggadammen nach Skaite abzweigt. Nach 11 km erreicht man den Parkplatz Skaitekojan.

BESUCHERZENTRUM, NATURLEHRPFAD Informationstafel am Parkplatz.

BESONDERE PFLANZEN UND TIERE Moosglöckchen, Rentierflechte, Mädesüß, Schwedischer Hartriegel, Alpenpecknelke, Rundblättriges Wintergrün, Nordische Nierenflechte, Korallenwurz; Birkhuhn, Auerhuhn, zahlreiche Entenarten, Singschwan, Kornweihe, Saatgans, Kranich, Bruchwasserläufer; Bären, Luchse, Vielfraß, Fischotter, Elche.

REISEZEIT Mai bis September.

WANDERROUTEN Von Skaite aus führt ein ca. 48 km langer Rundweg durch den Park. Zum Muddusfallet 7 km vom Parkplatz Skaite aus, Übernachtungshütte.

Aus pflanzengeographischer Sicht ist der extrem nördliche Standort der Seesimse interessant. In den steilen Schluchten, die ein rauheres Mikroklima aufweisen, konnten sich Arten wie die Alpenpechnelke halten, die eigentlich in den nördlicheren Fjälls weit entfernt von Muddus vorkommen.

Man kann den Park entlang eines Rundwegs erkunden, für den man sich zumindest drei bis vier Tage Zeit nehmen muß. Der Ausgangspunkt, **Skaite**, liegt an der südlichen Parkgrenze. Schon die erste Etappe, die auf dem Höhenrücken über der Schlucht des Muddusälven verläuft, erreicht nach etwa sieben Kilometern das Wahrzeichen des Parks, den **Muddusfallet**. Zuvor geht der Weg, der stets durch borealen Nadelwald führt und Moore auf Holzbohlen quert, am schmalen, aber beeindruckenden **Askas**-Wasserfall vorbei. Bei der Übernachtungshütte Muddusfallet mündet der Rückweg der Rundtour auf den Hauptpfad. Der Wendepunkt der Rundtour liegt am See **Muddusluobbal** bei der gleichnamigen Übernachtungshütte unmittelbar an der Grenze zum Vogelschutzgebiet. Ein Vogelbeobachtungsturm gibt auch zur Sperrzeit die Möglichkeit, Singschwäne, Adler und manchmal auch Elche zu beobachten.

Typisch für den nördlichen Teil des Muddus-Nationalparks: die riesigen Moorflächen.

Sarek: Europas letzte Wildnis

Südlich von Abisko liegt eine Gruppe dreier Nationalparks, die eng aneinandergrenzen und die größte geschützte Urlandschaft Schwedens bilden: Sarek, Padjelanta und Stora Sjöfallet. Sie zählen gleichzeitig zu den bekanntesten und spektakulärsten Schutzgebieten Europas.

Sarek, der mit einer Gesamtfläche von mehr als 1970 Quadratkilometern eine einzigartige Hochgebirgslandschaft mit unglaublichen Flußtälern zwischen den Quellseen Stora Lule und Lilla Lule westlich des Städtchens Jokkmokk schützt, war nicht nur einer der ersten schwedischen Nationalparks überhaupt, sondern auch schon kurz nach seiner Gründung im Jahre 1910 der bekannteste. Der Geograph A. Hamberg hatte hier bereits um die Jahrhundertwende umfangreiche topografische Untersuchungen vorgenommen, 1902 befaßte sich T. Vestergren mit der Pflanzenwelt dieser Gebirge. Die erste umfassende Darstellung der Vegetation stammt aus dem Jahre 1920. Eine Gruppe von Biologen unter der Leitung von Tor Åke Tengwall von der Universität Uppsala besuchte das Gebiet in den Jahren 1913 bis 1918, um die Vegetationsverhältnisse des Sarekgebietes zu erkunden. Dabei dehnten die Forscher ihre Wanderungen auch auf die umgebenden Gebirgslandschaften aus und erreichten das Gebiet des heutigen Padjelanta-Nationalparks.

Sarek ist der zweitgrößte Park des Landes. Auf einsamen Spuren läßt sich in ihm die skandinavische Bergwildnis ohne jegliche Hilfsmittel, technische Einrichtungen, Hütten oder markierte Wege durchqueren. Gewaltige gletscherverhangene Gebirgsmassive, einsame Hochebenen mit gletschergeschliffenen Steinwüsten, unzugängliche Stromtäler wie etwa das Rapadalen und wildbrausende, eiskalte Wasserläufe beherbergen landschaftliche Schönheiten, in denen sich die Natur in voller Kraft entfaltet. Nirgends sonst in Schweden gibt es so mächtige Gipfel, so viele Gletscher und so extreme Höhenunterschiede. Mehr als 200 Gipfel sind zu verschiedenen Gebirgsstöcken zusammengeschlossen. Der größte Teil des Sarek wird von kargen Fjälls und Gletschern bedeckt, kleine Waldreste können sich nur in geschützten Lagen am Fuße der Gebirge behaupten. Ein unvergleichliches Bild bieten im Frühsommer die von Blumen erfüllten Täler vor den vergletscherten Bergrücken, vor allem auf den Wiesenflächen von Aktse und am Rande des Rapadalen. Daneben hat Sarek Hochgebirgsebenen zu bieten wie die arktisch anmutende und öde Luottalaka-Ebene, aber auch tiefe Schluchten wie die des Sarvesjokk und des Smailajokk im Westteil. Hier fällt das Gebirgsgelände in Richtung Padjelanta ab.

Das **Rapadalen** ist der bekannteste Abschnitt des Nationalparks. Das mächtige Trogtal wird von Sareks längstem Fluß, dem 45 Kilometer langen Rapaätno durchflossen. Er entspringt unter den mächtigen Massiven der Gebirgsstöcke des Sarektjåkko, Ruotes und Alkatjåkka und wird von zahlreichen Gletschern gespeist. Am Zusammenfluß mit dem großen Seitenarm, dem Sarvesjokk, ist das breite Delta Rapaselet entstanden. Danach schlängelt sich der Fluß, bedingt durch die Strömungsverhältnisse, kunstvoll durch das äußere Rapadalen und kann mit Recht als Sareks Pulsader bezeichnet werden. Die Vegetation leuchtet in zarten Grün- und Gelbtönen, umflossen vom milchigblauen Wasser. Dazwischen liegen graue Kiesflächen. Ein fast schon künstlerisches Bild aus Wasser, Sand und Inseln ist im Rapadelta an der Mündung in den Laitajaure entstanden. 180 000 Tonnen Schlamm lagert der Strom hier jährlich ab. Die Lagunen und aderförmigen Verästelungen des Flusses ändern sich ständig und sind Zeugnis für die Dynamik dieser wohl schönsten Wasserlandschaft Europas.

Unmittelbar am Ausgang des Rapadalen ragt der schroffe Berg **Skierfe** empor, der wie eine ausgezeichnete Tribüne zum Beobachten dieses Naturschauspiels einlädt. Der Gipfel fällt mit einer 700 Meter hohen Steilwand ins Tal ab. Ihm gegenüber liegt der 1214 Meter hohe **Tjakkeli**, der zusammen mit dem Skierfe das dramatische Eingangsportal zum Rapadalen bildet. Nicht umsonst besteigen viele Wanderer jährlich den Berg, der von der Übernachtungshütte Aktse am Kungsleden in wenigen Stunden zu erreichen ist. Zu allem Überfluß ragt in der Mitte der 300 Meter hohe Berg Nammatj auf, einer der heiligen Berge der Samen, der von allen Seiten vom Rapaätno umflossen wird.

Im eindrucksvollen Tal, das für Wanderer jedoch der schwierigste Abschnitt im Sarek ist, treffen alle Vegetationsstufen des Parks aufeinander. Auf die dichten Birkenwälder und undurchdringlichen Weidengebüsche in Flußnähe folgen die Geröll- und Felsabschnitte der Gebirge, die bereits in 600 Metern Höhe beginnen. Westlich schließt zwischen den Gebirgsstöcken des Ålkatjåkka und des Luottolako das Tal Sarvesvagge an. Es wird auf seinen 20 Kilometern Länge von zahlreichen hohen Bergen, Plateaus und Gletschern gesäumt und wirkt dadurch isoliert. Der schönste und biologisch interessanteste Abschnitt dieses Tales ist das Delta des Sarvesjokk etwa in der Mitte des Tales, dessen Weidengebüsche im Parkgebiet einzigartig sind. Nördlich des Ålkatjåkka folgen zwei weitere Täler, die ebenfalls am Oberlauf ins Rapadalen münden: Kuopervagge und Ruotesvagge gelten als die Quelltäler des Rapaätno und werden von gewaltigen Gebirgsmassiven umgeben. Unter den vielen Sarek-Plateaus ist das Luottolako vielleicht das schönste. Es liegt nördlich des Parte-Gebirges auf Höhen zwischen 1200 und 1400 Metern. Die zahlreichen Gletscher der Umgebung und die lange Schneelage im Sommer verleihen diesem Gebiet seinen arktischen Charakter. Die Ebene von **Skarja**, wo Ruotesvagge, Kuopervagge und Alkavagge aufeinandertreffen, stellt neben dem Aussichtsplatz auf das Rapadalen den reizvollsten Punkt im Park dar. Im »Herzen des Sarek« vereinigt sich der Smailajåkkå mit dem Kuoperjåkkå und wird in der Folge als Rapaätno bezeichnet.

Das Sarekgebiet ist vor allem auch als letzte konstante Heimat der Braunbären bekannt. Hier

Tagestouren von der Hütte Aktse am Kungsleden auf den markanten Gipfel des Skierfe biet

können sie sich ungestört aufhalten und bevölkern die Waldgebiete der Flußtäler und Berghänge noch in beträchtlicher Anzahl. Wie auch die anderen typischen Säugetiere des Parks, zeigen sich die Bären selten. Die Zahl der Elche hält sich wegen der strengen Winter in Grenzen, auch die Wölfe haben seit den sechziger Jahren stark abgenommen. Mit viel Glück sichtet man den scheuen Luchs. Zur Zeit der Mitternachtssonne durchqueren große Rentierherden die Täler.

Wanderungen im Sarek sind selbst im Sommer nicht ungefährlich und nur erfahrenen Wildniskennern vorbehalten. Das Fehlen von Wegen und Hütten, das sehr häufig schlechte Wetter – sogar im Juli kann es schneien –, plötzliche Wetterumschwünge und das Durchwaten der reißenden und eiskalten Flüsse erfordern Erfahrung im Umgang mit der nordischen Natur. Weniger Erfahrenen bleibt der Kungsleden, der den Park im Südosten zwischen Aktse und Parte im Grenzgebiet durchquert.

…en phantastischen Ausblick auf das Delta des Rapaätno.

Nationalpark Sarek

Gründungsjahr 1910

Grösse 1970 qkm

Lage Schwedisch-Lappland, westlich von Jokkmokk.

Schutzzweck Erhaltung eines der letzten Wildnisgebiete Europas mit beinahe unzugänglichen Gebirgstälern, Fluß-Deltas, hohen Bergen, Fjällplateaus und Gletschern; Rapadalen, größtes Tal des Parks mit dichten Birkenwäldern und Flußsystem.

Anreise Fernab jeglicher Straßen, der Kungsleden berührt den Park am südöstlichen Rand.

Besucherzentrum, Naturlehrpfad Keine; keinerlei Besuchereinrichtungen.

Besondere Pflanzen und Tiere Reiche nordische Flora und Fauna; Birkenwälder, Alpinpflanzen; Braunbären, Luchse; Fischadler.

Reisezeit Juli bis September.

Wanderrouten Keine; Tagestour am Südrand von Aktse aus zum Berg Skierfe mit Ausblick auf das Rapadalen. Ebenfalls von Aktse aus Bootstour und Wanderung zum Nammatj.

Naturschutzhinweis Der Sarek soll als Wildnisgebiet erhalten bleiben, daher bestehen keinerlei Wanderrouten oder Besuchereinrichtungen.

Ausnahme Ein Nottelefon am Ruotesvagge.

Padjelanta: Fjällregion mit Schwedens schönstem See

Padjelanta ist ein riesiges offenes Gebirgsplateau mit weich gerundeten Bergrücken, riesigen Seen und einigen herausragenden Gipfeln. Große Teile sind reine Wildnisgebiete und liegen oberhalb der Waldgrenze, nur ein kleiner Teil ist von Birkenwald bedeckt. Die Weite des Horizonts zwischen Wasser, Land und Himmel nimmt den Besucher gefangen und führt ihm besonders eindrucksvoll die verschwindende Größe des Menschen angesichts der Einsamkeit und Abgeschiedenheit dieser Landschaft vor. Padjelanta wird als eines der schönsten hochnordi-

Der Kieddejåkkå mündet bei Staloluokta in den Virihaure, im Hintergrund ist der Berg Kierkevare zu sehen.

Nationalpark Padjelanta

GRÜNDUNGSJAHR 1963

GRÖSSE 1984 qkm

LAGE Schwedisch-Lappland, westlich von Jokkmokk, westlich an den Sarek-Nationalpark anschließend.

SCHUTZZWECK Erhaltung einer hochnordischen Gebirgslandschaft mit riesigen Seen und ausgedehnten Fjällgebieten; Schwedens schönster See, der Virihaure.

ANREISE Das Parkgebiet liegt fernab aller Straßen und ist nur über Padjelantaleden oder von Kvikkjokk im Süden oder aus der Luft erreichbar.

BESUCHERZENTRUM, NATURLEHRPFAD Keine.

BESONDERE PFLANZEN UND TIERE Überdurchschnittlich reiche Flora, von Carl von Linné erforscht; zahlreiche botanische Raritäten wie Arktische Glockenblume oder Karlszepter.

REISEZEIT Mitte Juli bis Mitte September.

WANDERROUTEN Berühmtes Wandergebiet; Mehrtages- und Wochenwanderungen von Kvikkjokk, Ritsem und Sulitjelma aus, Knotenpunkt ist das Lappenlager Staloluokta (auch per Helikopter erreichbar), ein Pfad führt von Norden nach Süden durch den Park, von Vaisaluokta und Akka am Akkajaure über Staloluokta bis Kvikkjokk; Seitenpfad über Staddajåkk nach Kvikkjokk.

schen Fjällgebiete mit einzigartiger Landschaft bezeichnet. Die infolge des Serpentingesteins außergewöhnlich reichhaltige Flora im Westen des Parks ist für Naturfreunde besonders beeindruckend.

Die markanten Berggipfel des Jeknaffo, des Kierkevare und des Alatjåkkå überragen mit mehr als 1800 Metern Höhe die seenreichen Hochflächen, in denen der **Virihaure** und **Vastenjaure** einen Großteil der Fläche einnehmen. Der Virihaure gilt als schönster See Schwedens. Interessante Geländeformationen wie z. B. Moränen oder die Kisuris-Felsterrassen im

Nordostteil des Parks, die einst in einem riesigen Flußdelta entstanden sind, deuten auf die Tätigkeit der Gletscher hin.

Im Park gibt es wegen der Höhenlage nur schütteren Birkenwald. Nadelbäume können die extremen Standortbedingungen nicht mehr bewältigen. Zufällig besuchte Carl von Linné auf seiner Lapplandreise im Sommer 1732 das Gebiet des heutigen Nationalparks und stieß, ohne es vorher zu wissen, auf eine für ihn damals unbekannte Flora. Über 400 verschiedene Arten von Blütenpflanzen wachsen im Padjelanta, eine angesichts des rauhen Klimas und der nördlichen Lage ganz ungewöhnlich hohe Zahl. Dafür sind die Gesteine des Parks verantwortlich: Kalksandstein, Tonschieferschichten und Serpentin. Eine Enzianart (*Gentianella aurea*) kommt in ganz Schweden nur hier vor. Daneben gehört die zart blaßviolette Einblütige oder Arktische Glockenblume, die auf die baumlosen Fjällgebiete spezialisiert ist, zu den Kostbarkeiten des Parks. Wie in allen Gebirgsregionen Nordschwedens, kommt auch die Lappland-Alpenrose häufig vor. Sie ist im übrigen Skandinavien nur in den Fjällregionen Südnorwegens zu finden und fehlt in den anderen Gebieten. Auch die majestätische Schnee-Eule schätzt die hochnordischen Lebensräume des Parks und jagt in den Berggebieten nach Lemmingen und anderen Kleinnagern. Die Kleine Raubmöwe, ein souveräner Flieger, der nur die Sommer in den Bergen verbringt und im Winter am Meer zu finden ist, bevorzugt diese Nahrung ebenfalls. Ansonsten weist die Tierwelt alle typischen nordischen Arten auf, insbesondere auch den Eisfuchs und den Vielfraß.

Padjelanta ist seit jeher die Heimat der Samen. Noch immer liegen die drei Samendörfer Tuorpan, Jåkkåkaska und Sirkas innerhalb der Parkgrenzen. Während der

Die »grossen Vier« des Nordens

Bär, Luchs, Wolf und Vielfraß galten jahrhundertelang als der Schrecken der Rentierzüchter und Bauern, sie wurden deshalb gnadenlos verfolgt und gejagt. Heute sind die Bestände aller vier Räuber so weit zurückgegangen, daß sie in manchen Regionen so gut wie ausgestorben sind. Gleichzeitig versucht man, durch Schutzprogramme lebensfähige Populationen zu erhalten.

Für den Wolf kommen diese Maßnahmen wahrscheinlich zu spät. Er gilt praktisch in ganz Skandinavien als ausgerottet, denn die wenigen verbliebenen Tiere können keinen lebensfähigen Bestand mehr aufbauen. Längst wurde er aus seinem angestammten Lebensraum, dem Wald, auf die Kahlfjälls verdrängt und findet dort außer dem Ren keine nennenswerten Beutetiere.

Der Vielfraß steht seit 1969 in Schweden unter Schutz, und die Bestände konnten sich dank seiner raschen Reproduktionsrate wieder erholen. Diese große Marderart erbeutet vor allem Rentiere.

Der Braunbär, das größte Raubtier Lapplands, nimmt in seinem Bestand wieder zu, nach Schätzungen gibt es heute wieder 500 bis 1000 Tiere. Der skandinavische Bär, eine kleine Unterart des Braunbären, reagiert auf den Menschen scheu und wird selten gefährlich. Der Allesfresser mit dem Raubtiergebiß frißt fast nur im Frühjahr und Frühsommer Fleisch und Aas, ab dem Hochsommer lebt er fast rein vegetarisch. Dann stehen Kräuter und ab dem Spätsommer auch zuckerreiche Beeren auf seinem Speiseplan, ehe er erst im Herbst wieder mit Fleisch die Reserven für die lange Winterruhe schafft.

Der Luchs war im Norden nie besonders zahlreich. Der ausgesprochene Einzelgänger, der sich im Süden vor allem von Rehen und im Norden von Rentieren und Hasen ernährt, ist auf waldreiches Gebiet angewiesen. Ein Tier kann ein Revier von bis zu 600 Quadratkilometern für sich in Anspruch nehmen. Heute bemüht man sich um die Wiedereinbürgerung, und der Bestand hat sich in den letzten Jahrzehnten erholt. Weil der Luchs weder viel Kraft noch große Ausdauer besitzt, kann er nur Beute erlegen, die wenig wachsam oder krank ist. So erbeutet er in der Regel nur den Überschuß sowie geschwächte Tiere und trägt so dazu bei, daß der Wildbestand gesund bleibt.

Beinahe ausgerottet ist der Wolf.

Sommermonate weiden die Rentierherden rund um die Lager Staloluokta am Virihaure, Arasluokta und Käsatakka. Der Name Padjelanta stammt auch aus der Sprache der Samen und bedeutet soviel wie »das höhere Land« oder »Hochland«. Die Samen genießen streng geachtete Sonderrechte für Fischerei sowie für die Land- und Wassernutzung. In Staloluokta steht eine eigentümliche lappländische Kapelle: ein kuppelförmiger Bau aus Steinen und Erdschollen mit einem hölzernen Glockenturm. Wanderern steht nur ein Pfad zur Verfügung, der in Abständen von zehn bis 20 Kilometern mit Übernachtungshütten ausgestattet ist, im Süden in Kvikkjokk beginnt und in Vaisaluokta am Akkajaure im Norden endet. Dazwischen liegen 160 Kilometer unberührte und beeindruckende Wildnis des »Landes dort oben«.

Stora-Sjöfallet: Hohe Gipfel zwischen Gletschern

Stora Sjöfallet – der »große Wasserfall« – umfaßt die hochnordische Fjäll-Landschaft rund um die Quellseen des Stora Luleälv. Der einstmals so prächtige Wasserfall wurde zusammen mit dem Herzstück des Parks nur zehn Jahre nach der Gründung im Jahre 1910 einem Kraftwerk geopfert, weshalb der Park heute über eine Straße zugänglich ist. Diese führt unmittelbar an das Nordufer des gewaltigen Akkajaure, der zu beiden Seiten von mächtigen vergletscherten Gebirgen eingeschlossen ist. Der Park liegt rund 100 Kilometer westlich von Gällivare.

1910 beeindruckte der Wasserfall Stora Sjöfallet, der in einer breiten Geländestufe das Wasser des Kårtjejaure über mehrere Kaskaden in den nachfolgenden Oberlauf des Stora Luleälv stürzen ließ, den damaligen Forstdirektor F. Holmerz so sehr, daß er sich für die Gründung des Parks einsetzte. Doch schon zehn Jahre später gliederte der Schwedische Reichstag den Akkajaure und den Wasserfall aus dem geschützten Territorium aus und gestattete, daß die Wasserkraft nutzbar gemacht wurde. Nachdem der Wasserfall heute, kontrolliert und reguliert durch die Technik, an Größe und Gewalt beträchtlich verloren hat, sind es vor allem die Fjälls und die Pflanzenwelt, die die Aufmerksamkeit des Naturfreundes wecken.

Die großen Höhenunterschiede bewirken die sehr unterschiedlichen Charaktere der Landschaft. Der breite **Akkajaure** teilt den Park in einen nördlichen und einen südlichen Abschnitt. Im Norden überragt der **Kallaktjåkkå** mit 1810 Metern das kahle Gelände, während im Süden der als »Königin von Lappland« bezeichnete Berg **Akka** mit 2016 Metern den Höhepunkt dieser Parklandschaft darstellt. Am Ufer des Akkajaure fallen große würfelförmige Gesteinsbrocken auf, die aus verwittertem Syenitgestein bestehen, das im Nationalpark am häufigsten in ganz Lappland vorkommt. Rund um den Wasserfall tritt der rötlich gefärbte »Sjöfall-Quarzit« hervor. Die Hochgebirge hingegen bestehen aus dunklem und nur langsam verwitterndem Amphibolit-

Der Kårtjejaure mit dem Kierkau-Gebirge im Hintergrund.

Nationalpark Stora Sjöfallet

Gründungsjahr 1910

Grösse 1278 qkm

Lage Nördlich an den Sarek-Nationalpark anschließend, westlich von Gällivare.

Schutzzweck Erhaltung der nordischen Gebirgslandschaft rund um den Akkajaure, Wasserfälle, unberührter Kiefernwald bei Vietas; Berg Akka.

Anreise Einer der am leichtesten zugänglichen lappländischen Nationalparks, vom RV 45 zweigt die Zufahrtstraße zum östlichen Akkajaure ab und endet bei Vietas, Weiterfahrt nach Ritsem entlang des Nordufers des Akkajaure nur mit Genehmigung möglich.

Besucherzentrum, Naturlehrpfad Keine.

Besondere Pflanzen und Tiere Bär, Luchs, Seeadler, Goldregenpfeifer; artenreiche Fjällflora, Flechten, Zwergsträucher.

Reisezeit Juni bis September.

Wanderrouten Der Kungsleden führt vom Norden kommend nach Vietas, von Kebnats mit der Fähre über den See nach Saltoluokta; Wanderroute zum Berg Nieras von Vietas aus. In Ritsem am Westrand des Parks beginnt der Padjelantaleden.

In der Nähe des Stora Sjöfallet, des »Großen Wasserfalls«, liegt eine steinzeitliche Siedlungsstätte am Kårtjejaure.

Gestein. An der Ostgrenze haben Schmelzwasserströme nach der Eiszeit die Schlucht von Ahutjukårså ins Gestein gefräst. Am Fuße des Akka liegen eiszeitliche Schotterterrassen, die an den Hängen nur spärlich mit Birkengebüschen bewachsen sind. Sie wirken wie kürzlich aufgeworfene Schutthalden, gehörten aber einst zu einem Flußdelta, das während der Eiszeit entstanden war.

Aus botanischer Sicht stellt der 7000 Jahre alte Kiefernurwald bei Vietas den Höhepunkt dar. Das reich gestaltete Relief des Waldes entsteht durch grobe Felsblöcke, die von Bärentrauben und großen Heidelbeersträuchern überwachsen sind. Die morschen, silbriggrauen Stämme der Kiefern zeigen die charakteristische gedrehte Stammform. Im **Teusa-Tal** hat der Nordische Eisenhut seine Verbreitungsgrenze. In den Gebirgen des Kierkau-Massivs kommt neben der Lappland-Alpenrose und der Silberwurz auch der seltene schwefelgelbe Alpenmohn vor. Das auffälligste Tier des Parks ist der Seeadler, der in den größeren Seen des Parks fischt. Aber so wie diese größte Greifvogelart des Nordens haben auch alle anderen Tiere durch die technischen Eingriffe Schaden genommen. Nur die Elche ließen sich nicht vertreiben und bevorzugen die bewaldeten Täler.

Die als »Weg nach Westen« – »Vägen västerut« – bezeichnete Straße bietet die Möglichkeit zu einer Panoramafahrt durch den Park. Auch der Kungsleden kreuzt das Gebiet. Kanuten schätzen die Seengebiete westlich des Parks und nützen Ritsem an der Westgrenze als Ausgangspunkt. Den von Gällivare ankommenden Besuchern stehen in Vietas ein Campingplatz und eine Touristenstation zur Verfügung. Kurz davor starten in Kebnats die Boote nach Saltoluokta, eine Touristenstation am Kungsleden.

Abisko: Hochnordisches Fjäll und arktische Flora

Abisko ist für seine Schönheit berühmt und war immer schon ein bevorzugtes Ziel von Naturfreunden aus ganz Europa. Es ist nicht nur die Weite der Landschaft und die Mächtigkeit der Gebirge, es ist auch das Blau des Torneträsk und die dahinter aufragende Lappenpforte – auch das »Fenster zur Unendlichkeit« genannt –, die die Schönheit des Parks ausmachen. Es ist der Himmel zwischen den Wolken über dem breiten Tal, das der Abiskogletscher in den Fels gegraben hat. Es ist die Weite des Birkenwaldes, der sich mit seinen frischen Blättern leuchtend vom ernsten Grün des Nadelwaldes abhebt und im Herbst mit seinem unübertroffenen Farbenspiel die Landschaft verzaubert. Es ist nicht zuletzt auch die Frische und Reinheit der Luft, die die Landschaft des Abiskodalen sowohl zur Zeit der Mitternachtssonne wie auch in den Polarnächten in der typischen nordischen Klarheit erstrahlen läßt. So wird Abisko zum Sinnbild für eine Harmonie, wie sie nur eine unberührte Landschaft bieten kann.

Um die Jahrhundertwende waren die melancholisch-fremden Landschaften im äußersten Nordschweden nur den Arbeitern bekannt, die im Tal des Torneträsk die Eisenbahnlinie von Kiruna nach Narvik anzulegen hatten. Dieser Eingriff brachte die erste großräumige Veränderung in diese bis zu diesem Zeitpunkt unberührte Landschaft. Vielleicht war die frühe Erschließung die Ursache, daß der Abisko-Nationalpark schon 1909 gegründet wurde. Heute führt eine bequeme Inlandschnellstraße in diese Gegend, und eine Fahrt mit dem Personenzug, dem »Lapplandpfeil«, durch das Tal des Torneträsk ist ein eindrucksvolles Erlebnis. Entlang des 70 Kilometer langen Bergsees wechseln die Landschaften rasch. Zuerst ist alles gemächlich. Es beginnt mit einem typisch lappländischen Bild: Kleine Birken wischen am Zug vorbei, im Hintergrund öffnen sich majestätisch sanfte Gebirgsketten in unendlicher Weite. Dazwischen liegen Moore, Seen und hin und wieder Wiesen – das alles unter einem tiefblauen Himmel. Bald taucht das lappländische Wahrzeichen auf, der Gletscherdurchbruch der Lappenpforte, die als Kulisse den Nationalpark von Abisko nach Süden abschließt. **Lapporten** ist das größte schwedische Trogtal.

Am Beginn jedes Nationalparkbesuches steht das Besucherzentrum Abisko-Naturum. Nebenan hat der Schwedische Tourismusverband die große Touristenstation errichtet, die vor allem von den Wanderern frequentiert wird, die sich zum Kungsleden aufmachen. Der als Königspfad bezeichnete Wanderweg, der zu Fuß über 220 Kilometer durch die schönsten Landschaften Lapplands führt, nimmt in Abisko seinen Ausgang. Das Naturum hält Karten und wichtige Informationen für den Nationalparkbesuch bereit. Mehrere Wanderwege, darunter zwei Naturlehrpfade, führen durch die Wildnis, außerdem durchqueren schwedische Knüppelpfade die Moorflächen, und Hängebrücken überspannen die vor allem im Frühsommer reißenden Flüsse.

Das größte Läusekraut: das Karlszepter.

Der Park nimmt mit seinen 77 Quadratkilometern den größten Teil des Abiskodalen ein und wird vom **Abiskojåkka** durchflossen, dessen vogelreiches Delta ein Treffpunkt für alle Nationalparkbesucher ist. Innerhalb des Parks liegt am Nordwestrand der 1169 Meter hohe Berg **Njulla**, der einen unverstellten Ausblick über den Torneträsk und den Nationalpark bietet. Zu Abiskos Attraktionen gehören neben der eindrucksvollen Landschaft und dem Cañon die üppigen Birkenurwälder, die am Fuße des Njulla, des Slåttatjåkka und oberhalb des Abiskojaure vorkommen. Sie zählen zum Typ der Wiesen-Birkenwälder und beeindrucken durch eine beinahe urwaldähnliche, bis zu eineinhalb Meter hohe, dichte Krautflur, die aus Straußfarnen, Trollblumen, violettem Storchschnabel, weißem Mädesüß und zahlreichen Weidenarten besteht. Außerhalb des Waldgürtels kommen an den baumlosen Hängen die für Lappland typischen Kräuter wie Tragant, Helmkraut, Wintergrün, Schwedischer Hartriegel, Alpenpechnelke, Norwegisches Ruhrkraut und Nordisches Moosglöckchen vor – die Charakterblume des Nationalparks, die Linnés Namen trägt: *Linnea borealis*. In den Mooren gedeihen zur Freude der Besucher im Spätsommer die orangeroten Moltebeeren, aus denen eine wohlschmeckende Marmelade hergestellt wird.

Die alpinen Fjällheiden sind keineswegs karg. Sie gehören zu den wertvollsten Teilen des Nationalparks und kommen ausschließlich über der Waldgrenze vor, die im

Park bei etwa 550 Metern liegt. Die Blumenpracht der Fjälls beeindruckt: Fast gleichzeitig schießen im Sommer alle Blütenköpfe hervor und nützen die kurze, oft nur vier Wochen lange Vegetationsperiode. Meist sind es typische Arten der kahlen Hochflächen des Berglandes, die besonders harte und ungünstige klimatische Verhältnisse ertragen müssen. Zusammen mit Steinbrech-Arten blühen Krähenbeere und Bärentraube. Besonders zierlich und zerbrechlich wirken die zarten Blüten und Zweige der Alpenazalee, der Diapensie und der Rosmarinheide. Wird der Boden kalkreicher, dann gedeiht das Fettkraut und als eine Besonderheit die zart rosaviolette Lappländische Alpenrose. Sie bewältigt am besten die Trockenheit und den Frost der schneearmen Winter. Daher hält sie es an windexponierten Kuppen aus und ziert im Sommer oft malerisch den weißen Dolomitfels. Polsterpflanzen und Zwergsträucher müssen auf dem Fjäll jeden deckenden Winkel ausnützen. Jeder Zweig, der im Winter über den Schnee ragt, ist durch Frosttrocknis im kommenden Frühjahr zum Tode verurteilt. Besonders die Zwergbirke muß sich am Fjäll der Schneedecke anpassen, sie kann kaum höher wachsen, als es die Schneebedeckung zuläßt. Bei geringer Schneelage wird sie zu Kriechwuchs gezwungen. Nach der Lappländischen Alpenrose blüht im Frühsommer die prächtig weiße Silberwurz, die auch in den Alpen zu Hause ist. Dazwischen ist immer wieder die Vierkantige Moorheide zu finden, die ihre kleinen weißen Blüten auf einem schuppig geformten Stengel in die Höhe reckt.

Auch Abiskos Tierwelt ist reich. Elch und Fuchs sind im Torneträsk-Gebiet wie in Abisko weithin anzutreffen. Der Vielfraß, die größte Marderart, scheint sich nur sporadisch im Nationalpark aufzuhal-

Kebnekaise: Schwedens höchster Berg

Das Kebnekaise-Massiv liegt in einer Gegend Schwedens, die von den klassischen Weitwanderwegen erschlossen wird. Der bekannteste aller Wege, der Kungsleden, führt nur eine Tagesetappe von der Kebnekaise-Fjällstation entfernt nordwestlich im Tal von Tjäktavagge an Schwedens höchstem Berg vorbei.

Der Kebnekaise selbst ist relativ leicht zu erreichen, zumindest der Fuß des mächtigen Bergmassivs. Die Kebnekaise-Fjällstation liegt nämlich von Nikkaluokta gerade eine Tagesetappe von 19 Kilometern entfernt. Nimmt man das Boot nach ungefähr fünf Kilometern Wegstrecke, das den Ladtjojaure überquert, bleiben noch neun Kilometer bis zur Fjällstation. Schon von weitem leuchtet einem die Tarfalapakte, eine dunkle Felswand, entgegen und bietet eine gute Orientierungshilfe innerhalb des mächtigen Tales.

Nach der Kebnekaise-Station verläuft der Weg zuerst über Schutt, bald aber durch Schneefelder, und dann kommt das ewige Eis der Gletscher zu Füßen des majestätischen Bergs immer näher. Rentierherden, die wegen der Mücken und der Hitze im Tal die frischen, vom Morgentau glitzernden Weidegründe der Berge aufsuchen, begegnen dem Wanderer. Hat man die »Topstugorna«, die kleine Schutzhütte, am Beginn des Gipfelplateaus erreicht, fehlt noch ein einstündiger Marsch den schneebedeckten Grat entlang zum 2117 Meter hohen Südgipfel. Das Ziel ist erreicht, und die Belohnung ist ein Panorama, an dem man sich lange Zeit nicht satt sehen kann: Die Erde – oder besser Lapplands Wildnis – liegt einem zu Füßen. Der Blick schweift bis zum Sarek, nach Abisko, zum Tarfala-Fjäll und zum Stora Sjöfallet.

Rund um die Kebnekaise-Fjällstation werden überall in der Landschaft die mächtigen Spuren sichtbar, die die Gletscher während der Eiszeiten in das Gestein geschürft haben. Das trogartige Tarfalavagge im Osten des Kebnekaise wurde genauso wie die übrigen Täler dieser Landschaft während der Eiszeit zu riesigen Trogtälern geformt.

ten. Er gilt bei den nordischen Völkern als das gefürchtetste Raubtier, fallen ihm doch weit mehr Rentiere zum Opfer als Luchsen oder Bären. Der Name »Vielfraß« rührt von einer falschen Ableitung vom älteren norwegischen Namen »fjellfross«, d. h. Bergkatze, her. Der Luchs ist in den letzten Jahren sehr selten geworden, der Gesamtbestand ging auf wenige Tiere zurück. Der Wolf gilt bereits als biologisch ausgerottet, auch wenn immer wieder ein paar Tiere beobachtet wurden. Der Bär lebt nur mehr im östlichen Teil des Torneträsk-Gebietes, etwa zehn bis 15 Exemplare verteilen sich auf eine riesige Fläche im östlichen Bergland. Alpenschneehuhn und Moorschneehuhn sind hingegen häufig. Letzteres findet in den lichten Birkenwäldern seinen angestammten Lebensraum, während sich das Alpenschneehuhn ausschließlich auf der Bergheide aufhält. Dort lebt auch der Goldregenpfeifer, der als gut getarnter Vogel mit seinem melancholischen Gesang die Stille der Fjälls auflockert. Der Fitis ist neben Blaukehlchen, Wacholderdrossel, Polarbirkenzeisig oder Schafstelze der häufigste Vogel in den Birkenwäldern der Gebirge und in den Heidelandschaften der tieferen Lagen, während die Lapplandmeise und der Bergfink in den Fjällregionen vorkommen.

Als Erlebnis besonderer Art gestaltet sich der Besuch des Mündungsdeltas des **Abiskojåkka**, das als Vogelschutzreservat zwischen April und Ende Juli für jedermann vor dem Zutritt geschützt ist. Viele Wasservögel benützen die Kiesflächen, die vom Abiskofluß angeschwemmt werden, als Nahrungs- und Brutstätte. Besonders in den Morgen- und Abendstunden, wenn dämmriges Licht das Delta umfängt und See und Berge in fahlem Blau leuchten, kommt die Zeit für Bekassine, Reiherente und Sandregenpfeifer. Unmittelbar davor hat der Abiskojåkka einen 20 Meter tiefen Cañon ausgehöhlt, den er in zahlreichen Kaskaden durchfließt. Die schroffen Felswände geben Einblick in die 400 Millionen Jahre alte Entstehungsgeschichte der Landschaft. Wir stehen riesigen Erdschollen gegenüber, die aus dem alten atlantischen Meer emporgehoben und nach Osten verschoben wurden. Gelbweißer Dolomit, Abiskomarmor genannt, wechselt mit grünlichem Schiefer.

Entlang des Abiskojåkka verläuft zu Füßen des Njulla ein gemütlicher Wanderpfad, gesäu

Leider wird das Paradies des Abisko-Nationalparks wie auch die Wildnis Lapplands überhaupt immer mehr gefährdet. Schon lange

n nordischer Blütenpracht und Birkenwäldern.

bevor man in Europa an das Waldsterben und den sauren Regen dachte, errichtete die Schwedische Akademie der Wissenschaften in Abisko eine Forschungsstation, die sich mit den Auswirkungen der atmosphärischen Verschmutzungen auf die arktischen Ökosysteme beschäftigt. Die Schäden sind heute schon enorm. Aber auch natürliche Bedrohungen haben dem Park zugesetzt. 1955 befielen zwei Schmetterlingsarten die Birkenwälder und schlugen einen wahren Kahlfraß durch den Park. Abertausende Birken starben ab, wodurch die Birkenwälder an der Nordseite des Torneträsk beinahe völlig verschwunden sind. In der Folge des Eisenbahnbaus, des Straßenbaus und des zunehmenden Besucherstromes entlang des Kungsledens kommen immer mehr Menschen in den Park. Infrastrukturelle Erweiterungen als Konsequenz des Fremdenverkehrs und die Vergrößerung der Siedlung Abiskos stellen natürlich auch für den Nationalpark ein Problem dar. Daher muß sich jeder Besucher streng an die Nationalparkregeln halten, damit Abiskos Schönheiten für die Zukunft erhalten werden können.

Nationalpark Abisko

Gründungsjahr 1909

Grösse 77 qkm

Lage 200 km nordwestlich von Kiruna am südwestlichen Torneträsk; 50 km östlich von Narvik.

Schutzzweck Hochnordische Fjäll-Landschaft mit Cañon, außergewöhnlichen Fjällbirkenwäldern und artenreicher Gebirgsflora; Vogelschutzgebiet am Mündungsdelta des Abiskojåkka.

Anreise E 10 Kiruna–Narvik, führt direkt zum Park, Eisenbahnlinie Kiruna – Narvik mit Bahnstation Abisko-Tourist.

Besucherzentrum, Naturlehrpfad Abisko-Naturum mit naturkundlicher Ausstellung; Naturlehrpfad »Kanjonstigen«, 1 km vom Beginn des Kungsleden den Abiskojåkka entlang, zurück zum Ausgangspunkt (9 Stationen, Beschreibung im Naturum erhältlich).

Besondere Pflanzen und Tiere Lappland-Alpenrose, Trollblume, Diapensia, Birkenwald mit Hochstaudenunterwuchs; Elch, Rentier, Lemming; Wanderlaubsänger, Rotdrossel.

Reisezeit Mitte Juni bis Mitte September, Herbst ab Ende August.

Wanderrouten Beginn des Kungsleden, führt durch den Park bis zur Abiskojaure-Hütte (15 km), Wanderung auf den Njulla (4 bis 5 Std.). Abisko-Delta, Rundweg 1 Std.

Naturschutzhinweis Das Delta ist vom 30. 4. bis 15. 7. für jedermann gesperrt!

Im Nationalpark Skuleskogen erhebt sich die Küste mehr als 300 Meter über das Meeresniveau. Die dunkelroten Felsformationen bestehen aus dem für Schweden ungewöhnlichen sogenannten Rapakivigranit.

Der Muddusjåkka durchfließt das gesamte Parkgebiet und hat im Süden eine tiefe Schlucht ausgewaschen. Schließlich mündet er am Südostrand in den Stora Luleälven.

Kennzeichen der Region um den Abisko-Nationalpark ist die Lappenpforte, ein markantes U-förmiges Tal.

Nur auf kalkreichem Boden: die Silberwurz.

Typisch für den Norden: vierkantige Moorheide.

Rauhes Klima gewohnt: die Alpenpechnelke.

Häufige Fjellpflanze: der Berghahnenfuß.

eiht an geschützteren Plätzen: das Lappland-Läusekraut.

Bildet dichte Polster: der Gegenblättrige Steinbrech.

Der Sarek-Nationalpark gilt nicht zu Unrecht als eines der letzten Wildnisgebiete Europas. Das Rapadalen durchzieht den Park wie eine Lebensader und mündet in den Laitaure. Inmitten des Deltas steht einer der heiligen Berge der Samen, der Nammatj.

Staloluokta liegt im Zentrum des Padjelanta-Nationalparks. In der kleinen Lappen-Siedlung steht diese typisch lappländische Kapelle mit Blick auf den See Virihaure. Während der Sommermonate werden hier Gottesdienste abgehalten.

Abisko, 1909 gegründet, ist ein Nationalpark der »ersten Stunde«. Durch seine typische nordschwedische Fjäll-Landschaft mit den krautreichen Birkenwäldern fließt der Abiskojåkka in einer 20 Meter tiefen Schlucht, bevor er in den See Torneträsk mündet.

Finnland – Land der tausend Seen

Sie ist wert, daß man sie liebt, die vielbesungene Natur Finnlands. Betrachte sie in einer Morgenstunde vom berühmten Kangasalarücken aus, wenn der Nebel seinen weißen Schleier forthebt und all diese Seen zwischen hellgrünen Wiesen und dunklen Waldstreifen enthüllt. Oder sieh diese Natur unter einem lichten Mittsommernachtshimmel: überall Seen, Wiesen, Täler und sanfte, waldbestandene Höhen in immer wechselnder Schönheit und in immer neuen Farbtönen.« Die Worte von Gustaf Retzius aus dem Jahre 1875 schildern sehr treffend alle Facetten der finnischen Landschaft. Die Natur ist für die Finnen ein Bestandteil ihrer nationalen Identität, sie betrachten sie als ihr Kapital und ihren Reichtum. Denn Suomis Herz schlägt in den Seen, Wäldern und Gebirgen.

Vom Bottnischen Meer zur Sibirischen Taiga

Finnland ist das einzige Land Europas, das über ein regelrechtes Nationalparksystem verfügt. Ein entsprechendes Memorandum wurde 1976 ausgearbeitet. Demnach ist der Staat ähnlich wie beim kanadischen Modell bestrebt, jeden Landschaftstyp durch ein repräsentatives Schutzgebiet in Form eines Nationalparks exemplarisch zu bewahren. Seit 1982 wurden nicht weniger als 21 neue Nationalparks gegründet. Die Wurzeln dieser Bestrebungen sind alt: Schon 1880 schlug der schwedische Forscher A. E. Nordenskiöld vor, auf staatlichen Ländereien Parks zum Erhalt der urwüchsigen Natur zu gründen. Obwohl seine Initiative viel Zustimmung fand, vergingen fast 60 Jahre, bis 1938 die ersten beiden Nationalparks – Pallas-Ounastunturi und Pyhätunturi in Lappland – gegründet wurden. Heute bestehen 31 Nationalparks mit einer Gesamtfläche von 7500 Quadratkilometern. Drei Parks werden von der Finnischen Forstlichen Forschungsanstalt betreut, die übrigen sind der Naturschutzabteilung der Finnischen Staatsforstverwaltung unterstellt. Für jeden Park besteht eine offizielle Gesamtplanung, die vom Umweltministerium anerkannt und bestätigt werden muß. Es entstehen Informationszentren nach nordamerikanischem Vorbild, in denen der Besucher mehr über Schutzfunktionen und ökologische Bedingungen erfahren soll.

Naturlehrpfad zum Nadelurwald Autiovaara im Patvinsuo-Nationalpark.

Gleichzeitig führte der finnische Staat eine weitere Schutzkategorie ein, die – als Totalreservat bezeichnet – besondere Wildnisgebiete ausweist. Hier ist das Betreten für das Publikum entweder nur auf einem markierten Wanderpfad erlaubt, der nicht verlassen werden darf, oder sogar ganz verboten.

Die Nationalparks selbst unterliegen den Richtlinien der IUCN-Konvention, wonach unberührte Natur in ihrem ursprünglichen Zustand erhalten werden soll. In einigen Parks werden auch Kulturlandschaften aus früheren Zeiten geschützt. Dies spiegelt die engen Beziehungen der Menschen zu ihrer Umwelt wider. Probleme bestehen örtlich durch zu hohe Elchbestände, aber auch durch alte Jagd- und Fischereirechte, wie zum Beispiel im jüngsten aller Nationalparks, dem Urho-Kekkonen-Park in Lappland.

Der Naturraum Finnlands

Finnland läßt sich topografisch in vier Großlandschaften untergliedern. Im Süden breitet sich die Finnische Seenplatte aus, die aus einem unüberschaubaren Mosaik aus Seen, Inseln und kleinsten Inselchen besteht. Die Mitte Finnlands beherrschen weitläufige und nicht allzu hohe Hügelketten. Erst im Norden hinterließen die Gletscher etwas größere Erhebungen, die Mittelgebirgshöhen bis 1300 Meter erreichen und mit dem Haltitunturi im Dreiländereck von Norwegen, Schweden und Finnland ihren Extremwert erreichen. Das Eis schliff die einst mehrere tausend Meter hohen Gebirge zu rundgeschliffenen Buckeln ab, die sich als sogenannte Inselberge isoliert aus der flachen Tundra erheben. Einige dieser Hügelketten wurden als großflächige Nationalparks ausgewiesen, um die äußerst sensible und auf den Kuppen baumfreie Landschaft zu erhalten. Die Finnen bezeichnen diese Hügel als »tunturi«, was soviel wie »Kahlkopf« bedeutet.

Vor 10000 Jahren, als das Inlandeis der letzten Eiszeit abzuschmelzen begann, hinterließ es eine gletschergeformte Landschaft aus Rundhöckern, Moränenrücken und Schmelzwasserrinnen. Im Zuge der Landhebung, die bis vor 6000 Jahren anhielt und in Österbotten noch heute unvermindert wirksam ist, entstanden die zahllosen Seen und Inseln der südfinnischen Seenplatte. Als vor 9000 Jahren das Klima allmählich wärmer wurde, breitete sich die Vegetation auf den kahlen Felsplatten sehr rasch aus. Riedgräser und Beifußarten waren die ersten Pioniere, bald folgten Birken, und die Landschaft erhielt eine tundraähnliche Vegetation. Allmählich setzte sich die Kiefer durch und wurde zum dominierenden Baum. Nur 1000 Jahre später kehrten die meisten Vogel- und Säugetierarten zurück, es entstanden die Lebensgemeinschaften, die in der Folge nur mehr vom Menschen verändert wurden.

Die unzähligen Seen der Finnischen Seenplatte sind der Reichtum des Südens. Diese uralte und ebenfalls durch die Kraft des Eises geformte Landschaft reicht vom Finnischen Meerbusen bis etwa auf die Höhe von Oulu und Kajaani an den Oulu-See heran und umfaßt unvorstellbare 50000 Seen mit einer Landfläche von beinahe 30000 Quadratkilometern. Sie entstanden am Ende der Eiszeit vor 10000 Jahren, als die Moränenmulden und Gletscherbecken sich mit Schmelzwasser zu füllen begannen. Unzählige große und kleine Wasserflächen gliedern sich in Buchten, Landzungen und Halbinseln. Sie scheinen alle über Flußläufe und natürliche Kanäle miteinander in Verbindung zu stehen. Das größte Seensystem, das Saimaasee-Gebiet, liegt im Südosten des Landes im Dreieck zwischen Savonlinna, Mikkeli und Imatra. Eine besonders typische Schäreninsel des Saimaasees na-

mens Linnansaari wurde zum Nationalpark erhoben. Weitere große Seensysteme sind der Päijännesee nördlich von Lahti, der Näsisee nördlich von Tampere und der Pielinensee in Nordkarelien nördlich von Joensu. Hier liegt der Nationalpark Koli, der zu den schönsten Landschaften in Finnland gehört und einen majestätischen Ausblick über den See bietet.

Das mittelfinnische Hügelland schließt nach Norden an die Seenplatte an. Hier beginnt der ehemals mächtige Gebirgsstock Maanselkä, der entlang der finnisch-russischen Grenze nach Norden zieht und vor dem Becken des Inarisees nach Westen zu den schwedisch-lappländischen Bergen schwenkt. Mittelhohe Hügelketten rund um Kuusamo erreichen Höhen zwischen 400 und 600 Metern und können nur deshalb als »Hügelland« bezeichnet werden, weil Finnland an sich ein ausgesprochenes Tiefland ist. Die Zahl der Seen nimmt in Mittelfinnland rasch ab, nun beherrschen die weiten Waldgebiete mit den eingestreuten Sümpfen und Mooren die Landschaft. Die finnischen Wälder bedecken insgesamt 78 Prozent der Landfläche, eine Zahl, die deutlich macht, warum der Wald der ganze Stolz der Finnen ist. Im positiven Sinne »eintönige« Nadelwälder aus Fichten und Kiefern dominieren, nahe den Mooren und weiter nördlich in den Tundrengebieten gesellen sich Birken dazu.

Den dritten großen Landschaftsabschnitt nimmt Lappland ein, dessen Grenze ziemlich genau mit dem Polarkreis zusammenfällt und am Bottnischen Meerbusen etwas südlicher bis Kemi reicht. Während sich der südliche Anteil Lapplands kaum vom mittelfinnischen Hügelland unterscheidet, prägt weiter im Norden und südlich des Inarisees der Gebirgszug des Maanselkä das Bild. Finnlands drittgrößter See wirkt vom Aussichtsberg bei Ivalo wie ein türkisblaues Meer inmitten der sattgrünen Kiefernwälder. Der größte See Lapplands und mit 1000 Quadratkilometern drittgrößte See Finnlands liegt, zergliedert von 3000 Inseln, inmitten von Kiefernwäldern, die bis nach Kirkenes ans Nordmeer reichen. In Lappland konnten wegen der weitgehend unbesiedelten Landschaft einige großflächige Nationalparks eingerichtet werden, die teils sehr schwer zugänglich sind und teils nur in tagelangen Fußmärschen durchquert werden können. Einzige Straßenverbindung ist die berühmte Eismeerstraße, die von Rovaniemi vorbei am Inari-See nach Kirkenes in Norwegen führt. Ein zweiter wichtiger Verkehrsweg verläßt bei Karigasniemi das Land und führt durch die weite norwegische Finnmarksvidda in Richtung Nordkap.

Genaugenommen gibt es in Finnland sogar noch einen vierten Naturraum: den Küstensaum am Bottnischen und Finnischen Meerbusen. Diese etwa 30 bis 40 Kilometer weit ins Inland reichende Tieflandzone ist reich an Schären, Halbinseln und Buchten, die alle zusammen eine 4600 Kilometer lange Küstenlinie ergeben. Die tonigen und sandigen Ebenen werden vor allem als Ackerland genutzt, das sich im Wirtschaftsdreieck von Turku, Tampere und Helsinki zur hauptsächlichen »Kornkammer« Finnlands verdichtet. Die Hügel erreichen kaum mehr als 50 Meter Höhe – ein Beweis, daß dieses Land noch nicht lange dem Meer entstiegen und erst nach dem Abschmelzen der eiszeitlichen Gletscher durch die Landhebung trockengefallen ist.

Glaubt man der Statistik, so gibt es in Finnland 187888 Seen mit einem Durchmesser von mehr als 220 Metern samt 179584 Inseln. Dazu kommen Tausende von Meeresinseln in der Ostsee, deren bekannteste die Åland-Inseln sind. Sie liegen westlich von Turku im Bottnischen Meerbusen und werden die »Ouvertüre Finnlands« genannt. Nicht zu vergessen die Küstenformationen und Schären im Finnischen Meerbusen: Hier wurde 1982 der Nationalpark »Östlicher Finnischer Meerbusen« (»Itäinen Suomenlahti«) eingerichtet, der Hunderte größere und kleinere Inseln, Schären und Klippen umfaßt. Die meist baumlosen Eilande dienen den Kegelrobbe als Fortpflanzungsgebiet, weshalb dieser Nationalpark geschaffen wurde. Auch seltene und scheue Wasservögel wie Tordalke und Gryllteisten nützen dieses Schutzgebiet als wichtiges Refugium. Der zweite Nationalpark innerhalb der Schären ist Saaristomeri vor der Südwestküste. Dieses Gebiet ist wegen der vielfältigen Flora und Fauna – Graugans, Brantgans, Höckerschwan, Seeadler und Kegelrobben –, aber auch wegen kulturhistorisch bedeutsamer Überreste ehemaliger Siedlungen von internationaler Bedeutung.

Liesjärvi: Ausgedehnte Wälder in der südfinnischen Seenplatte

Liesjärvi liegt fünf Kilometer südöstlich von Forssa am Westufer des Liesjärvi-Sees unweit von Helsinki und ist der südlichste aller finnischen Nationalparks, sieht man von den beiden Schärenparks der südlichen Ostsee ab. Der 1956 gegründete und 1982 vergrößerte Park repräsentiert einen typischen Ausschnitt des Hochlands von Tammela, das zum Großteil aus dichten Fichten- und Föhrenwäldern besteht. Daneben gehören auch Moore und Sümpfe sowie zwei kleine Seen zum Park. Ein Teil der Wälder, vor allem im Bereich von Ahonnokka, befindet sich beinahe im Urzustand, sie enthalten sowohl alte und knorrige Einzelbäume wie auch interessante Pflanzenarten der nördlichen Tai-

Die Seen Juovanselkä im Westen und Liesjärvi im Osten werden durch den schmalen Moränenrücken Kyynäränharju getrennt.

ga-Gebiete. Liesjärvi ist einer jener Parks, der auch alte Kulturlandschaftsanteile schützt. Wir treffen auf das Försteranwesen **Korteniemi**, das nach wie vor bewohnt wird und von ursprünglichen Fichtenwäldern umgeben ist. Alte Zaunformen aus schmalen Stämmen und Ästen säumen die aus Brandrodungen hervorgegangenen Waldwiesenabschnitte. Sie liegen gemäß der damaligen Nutzung verstreut rund um die Häuser und stellen typische Almenden dar. Heute bilden sie einen reizvollen Kontrast zu den weiten Waldflächen und Seen. Weitere Einsiedlerhöfe wurden in dieser Gegend von Pechbrennern angelegt, die das Harz aus den Baumstämmen zu Teer verarbeiteten. Einfache Hütten ohne Rauchfang mit einem Loch im Dach als Rauchabzug sind eindrucksvolle Zeugen der damaligen Zeit.

In den Fichtenwäldern bilden Zwergsträucher, Wald-Schachtelhalm und der für nordische Wälder typische Siebenstern den Unterwuchs. Abwechslung auf Stellen mit sandigem Boden bieten die Kiefern-Schneeheidewälder. Im flachen und sumpfigen Randbereich des Liesjärvi-Sees bereichern Hochstaudenfluren aus Blut- und Strauß-Gilbweiderich die Flora. Landeinwärts folgen Schwarzerlengebüsche und Zwergsträucher wie Sumpfporst und Rauschbeere. Die Tierwelt des Parks ist beeindruckender: 1934 wurde der Weißwedelhirsch aus Nordamerika ebenso wie der Mink, ein dem Marder ähnliches Tier, in Südfinnland eingebürgert. Beide haben sich im Park gut eingelebt. Neben Fuchs und Dachs ist auch der Baummarder heimisch. In großen Baumhöhlen leben Flughörnchen. Die Vogelwelt ist reich an waldbewohnenden Arten, die aus Mitteleuropa bekannt sind, darunter der Dreizehenspecht, der Trauerschnäpper und der Baumfalke.

Auf 14 Kilometer Wanderwegen und einem Naturlehrpfad können Besucher das **Ahonnokka-Gebiet** erkunden. Ganz besonders beeindruckend ist die Wanderung über den knapp 1,5 Kilometer langen eiszeitlichen Felsrücken Kyynäränharju. Etwa fünf bis zehn Meter erhebt sich der schmale Landrücken über die Wasseroberfläche der Seen; er ist mit Kiefern und Erlen bewachsen. Ein reizvoller,

Nationalpark Liesjärvi

Gründungsjahr 1956, 1982 erweitert.

Grösse 630 ha

Lage Nordwestlich von Helsinki auf dem Hochland von Tammela.

Schutzzweck Beispiel für die südfinnische Landschaft mit Wäldern, Mooren und Seen, urwaldartiges Waldgebiet mit seltenen Taiga-Arten.

Anreise Die Straße Nr. 2 Helsinki – Pori führt zur westlichen Parkgrenze. Nördlich von Kärkälä zweigt eine Straße ins Parkzentrum ab, eine zweite führt in den nördlichen Parkteil.

Besucherzentrum, Naturlehrpfad Ausführliche Informationstafeln am Parkplatz beim Gehöft Korteniemi, auch auf den drei anderen Parkplätzen Informationstafeln.

Besondere Pflanzen und Tiere Sumpfporst, Maiglöckchen, Aspe; Weißwedelhirsch, Fuchs, Dachs, Baummarder, Mink, Gleithörnchen; Fischadler.

Reisezeit Mai bis Oktober.

Wanderrouten Mehrere markierte Wanderwege.

ein Kilometer langer Weg führt am Ufer des Liesjärvi zum romantischen Zeltplatz Savilahti. Der Weg durchquert Fichtensumpfurwälder. Die Informationen an den fünf Parkplätzen über ökologische und kulturhistorische Zusammenhänge gibt es jedoch leider nur in finnischer Sprache. Während der Brutzeit zwischen 1. Mai und 15. Juli dürfen einige Inseln des Liesjärvi nicht betreten werden.

Seitseminen: Liebliche, südfinnische Landschaft

In Südfinnland, nur wenige Kilometer nördlich von Kuru, liegt der Nationalpark Seitseminen, der rund um zwei Urwaldgebiete im Jahre 1982 errichtet wurde. Die Landschaft im Park ist faszinierend, lieblich und zugleich vielfältig; sie bietet alle typischen Lebensräume Südfinnlands auf relativ kleinem Raum. In der Kernzone des Parks befinden sich der Moorsee **Pitkäjärvi** und das Urwaldgebiet **Multiharju**, das auf einer Kuppe eines eiszeitlichen Moränenhügels entstanden ist. Dieser Wald stellt einen der bedeutendsten Kiefernurwälder Finnlands dar und wurde schon 1910 unter Schutz gestellt. Abgestorbene, silbriggraue Bäume gehören hier nicht nur zum typischen Landschaftsbild, sondern sind auch ein wichtiger Bestandteil der Lebensgemeinschaft dieses Urwalds.

Westlich und südlich der Kuppe von Multiharju verlaufen die langgestreckten und ebenfalls aus Moränenschutt aufgebauten Hügelketten von Seitsemisharju und Hirviharju. Dazwischen sind in den Geländemulden zahlreiche kleinere und größere Seen entstanden, umgeben von Sümpfen und mit Wollgras bewachsenen Mooren. Der Oberlauf des Seitseminjoki durchfließt den südlichen Abschnitt des Nationalparks.

Die Vielfalt an Lebensräumen spiegelt sich auch in einem artenreichen Tier- und Pflanzenvorkommen. Über 140 Vogelarten leben im Park, 80 Arten brüten regelmäßig hier. Entsprechend sind die für diese Urwaldgebiete typischen Tierarten anzutreffen: Luchse, Schneehasen, Baummarder und Flughörnchen, mehrere Spechtarten, Zwergschnäpper, Habichtskauz und Sperlingskauz. Der dichte Unterwuchs bietet dem Hasel- und Moorschneehuhn einen artgerechten Lebensraum, während Höckerschwan, Kranich und Tüpfelsumpfhuhn die Seen und versumpften Seeufer bevorzugen.

Rund um den Park erkennen wir noch deutlich, wie das Land einst vom Menschen genutzt wurde: Früher gewann man hier Torf zum Heizen. Die Nationalparkverwaltung unterhält Renaturierungsprogramme, um alle Parkteile langfristig wieder in den Urzustand zurückzuführen. Ein altes, restauriertes Gebäude eines ehemaligen Hofes dient heute gleichzeitig als Sehenswürdigkeit und Informationsstelle für die zahlreichen Wanderer. Seitseminen ist seit langer Zeit ein beliebtes Ausflugsziel, was nicht zuletzt dem Fernwanderweg **Pirkan Taival** zu verdanken ist. Dieser führt quer durch den Park, den er südlich des Liesjärvi erreicht und südwestlich von Multiharju wieder verläßt. 30 Kilometer Wanderwege erschließen alle Naturräume; durch das Urwaldgebiet von Multiharju führt ein Naturlehrpfad.

Rund um Seitseminen liegen im Umkreis von 200 Kilometern vier weitere Nationalparks. Der **Kauhaneva-Pohjankangas-Park** umfaßt das größte Moorgebiet der Region Österbotten und gewann dadurch internationales Ansehen. Unweit davon schützt der Nationalpark von **Lauhanvuori** die mit 231 Metern höchste Erhebung Südfinnlands. Die Bergspitze liegt fast 100 Meter über der übrigen Landschaft.

Ein Singschwan mit Familie am Liesilammi-See im Seitseminen-Nationalpark.

Ein Naturlehrpfad führt in Seitseminen durch das Urwaldgebiet Multiharju.

NATIONALPARK SEITSEMINEN

GRÜNDUNGSJAHR 1982, 1989 erweitert.

GRÖSSE 42 qkm

LAGE Im Gemeindegebiet von Kuru und Ikaalinen nördlich von Tampere.

SCHUTZZWECK Erhaltung einer Nadelwaldflora und -fauna an der Wasserscheide Suomenselkä; Vielfalt an Osern, Wäldern jeglichen Alters und Mooren.

ANREISE Von der Straße 332 Kuru – Parkano biegt man in Länsi-Aure nach Sisättö ab und folgt dem Hinweisschild zum Park; mehrere Straßen führen durch den Park.

BESUCHERZENTRUM, NATURLEHRPFAD Informationszentrum Kulomäki am Nordrand des Parks unmittelbar an der durch den Park führenden Straße; Museumshof Kovero; Naturlehrpfad Multiharju durch das Urwaldgebiet.

BESONDERE PFLANZEN UND TIERE Typische Zwergstraucharten der Wälder und Moore, Siebenstern; 140 Vogelarten; Waldspitzmaus, Fischotter, Elch.

REISEZEIT Mai bis September, im Winter Langlaufmöglichkeit.

WANDERROUTEN Zahlreiche, leicht begehbare Wanderrouten von den Parkplätzen an den Straßen ausgehend; zum Beispiel von Pitkäjärvi nach Multiharju oder von Pakkulakangas zum Museumshof Kovero; Weitwanderweg Pirkan Taival.

Meer- und Seephasen nach der Eiszeit haben die Bergsubstanz geformt und terrassenförmig ausgewaschen. Eis, Wellen und Wind modellierten das sich ständig hebende Land. Heute durchschneidet die Straße, die auf die Kuppe führt, diese erdgeschichtlichen Phänomene. Inmitten der Fichtenwälder liegt ein weites Geröllfeld, das vor Urzeiten das Meeresufer war. Unmittelbar nördlich von Seitseminen bewahrt der Park von **Helvetinjärvi** den typischen Landschaftsausschnitt der Region von Häme mit herrlichen Wäldern, Teichen und kleinen Mooren. Außergewöhnlich reizvoll ist der See **Haukkajärvi** mit einem Badeplatz und dem ehemaligen Gehöft Haukanhieta. Als berühmteste Sehenswürdigkeit des Parks gilt jedoch die am südöstlichen Ende des fjordartigen Iso Helvetinjärvi gelegene Schlucht Helvetinkolu, zu deutsch »Höllenspalt«. Diese Felsenschlucht mit steilen Abhängen kann durchwandert werden. Den besten Blick auf den romantischen See und den Badeplatz hat man von den Felsklippen aus. Der Nationalpark von **Isojärvi** liegt im Zentrum von Südfinnland östlich von Länkipohja. Ziel ist es, die bewaldeten Hügel westlich des Päijänne-Sees zu erhalten. Das Kernstück des Parks bildet aber der fjordartige See Isojärvi, dessen außergewöhnliche Form zahlreiche finnische Künstler inspiriert hat.

LINNANSAARI: INSELGRUPPE IM SEE

Finnland wird auch das Land der tausend Seen genannt. Diese einmalige Landschaft, die einem Flickenteppich aus Land, Wasser und Wald gleicht, wird beispielhaft im Nationalpark Linnansaari unter Schutz gestellt. Der Park liegt nördlich von Savonlinna inmitten des großen **Haukivesi-Sees** und setzt sich ausschließlich aus Inseln und Inselgruppen zusammen. Teilweise sind die Eilande sehr klein und bestehen nur aus größeren Steinhaufen. Die Hauptinsel jedoch ist vier Kilometer lang, dicht bewaldet und mit einer interessanten Flora bewachsen. Sie erhebt sich einige Meter über die Wasseroberfläche und bietet ein wunderbares Panorama über das umliegende Seengebiet.

Der Lebenstraum eines jeden Finnen besteht darin, einmal eine kleine Insel zu besitzen, wo er sein Holzhäuschen oder seine Sauna errichten kann. »Jedem Finnen seine Insel«, heißt es in Finnland. Im Gebiet der finnischen Seenplatte ließe sich dieses Vorhaben angesichts der Vielzahl an Inselchen leicht verwirklichen. In Linnansaari ist man jedoch bestrebt, einen ursprünglich erhaltenen Ausschnitt der typischen Seenlandschaft unverbaut zu bewahren. Insgesamt 150 Inseln werden vom Nationalpark eingeschlossen. Der Name des Parks ist identisch mit der Hauptinsel, die wörtlich übersetzt »Insel mit einer Burg« bedeutet. Als »Burg« wird Linnavuori, ein 30 Meter hoher Felsen, bezeichnet, der früher ein Zufluchtsort für die Inselbewohner war, wenn feindselige Besucher auftauchten.

Einer der markantesten Punkte im Schären-Park Linnansaari ist der Aussichtspunkt Linnanvuori auf der Hauptinsel Linnansaari.

Linnansaari ist in vieler Hinsicht wichtig für den Schutz der finnischen Natur. Sowohl die Tier- als auch Pflanzenwelt ist reich an interessanten und besonders wertvollen Arten.

Ein Schutzziel des Parks gilt den Saimaa-Robben, die als seltene Ringelrobben-Art (*Phoca hispida saimensis*) eine Unterart der Bottnischen Ringelrobben sind. Es ist nachgewiesen, daß sich diese Art im Gebiet des Haukivesi-Sees bereits 8000 Jahre lang isoliert von den Populationen im Bottnischen Meerbusen entwickelt hat. Dies dürfte mit der Entstehung des Seengebiets von Saimaa nach der letzten Eiszeit zu tun haben: Durch das Abschmelzen der Gletscher begann sich die Landmasse zu heben, die einstige Meeresbucht wurde vom Meer abgeschnitten und wurde so zum See – dem Saimaa-See. Die Landhebung bewirkte auch, daß der Abfluß zur Ostsee abtrocknete und das Seensystem heute zur russischen Ladoga-See entwässert. So verloren auch die Robben den Kontakt zu ihren Verwandten im Meer. Die Population ist sehr klein, weshalb ihr eine besondere Aufmerksamkeit der Naturschützer zuteil wird. Die meisten der ungefähr 2000 Tiere leben in Linnansaari.

Die Saimaa-Robbe hat einige besondere Anpassungen an die ökologischen Bedingungen im Seengebiet entwickelt: Zum Beispiel gebären die Muttertiere ihre Jungen unter dem Schnee, da es im Gebiet anders als im Meer kein Packeis gibt. Die ersten Lebenswochen verbringt das Junge in einem bauähnlichen Schneeloch, das über einen Gang mit der Außenwelt in Verbindung steht. Die Saimaa-Robbe, deren Bestand heute als stark gefährdet gilt, ist zudem das einzige endemische Säugetier Finnlands.

Die sanfte Landschaft Linnansaaris mit den kieferbewachsenen Granitkuppen wird im Sommer vor allem durch die reichhaltige Vogelwelt geprägt. Möwen und Seeschwalben nisten auf vielen Inseln, und der Ruf des Prachttauchers hallt durch das Inselgewirr. Der bestimmt prächtigste Vogel des Parks ist der Fischadler, von dem etwa ein Dutzend Paare hier nisten. In den laubwaldreichen Abschnitten singt im Sommer der Pirol.

Dem interessierten Besucher stehen im Park nicht allzu viele Einrichtungen zur Verfügung. Das Gebiet ist ausschließlich über das Wasser zu erreichen. Regelmäßige Bootstouren können im Sommer von Savonlinna aus mit den alten Saimaa-Dampfern durch das Inselgebiet des Haukivesi unternommen werden. Die Schiffe starten direkt bei der Burg Olivin Linna. Regelmäßige Bootsverbindungen, die einen mehrstündigen Aufenthalt auf der Insel Linnansaari ermöglichen, starten in Mustalahti nahe Rantasalmi und in Oravi. Als Einstimmung zum Nationalpark sollte man dem Informationszentrum (Lakeland Center) in Rantasalmi einen Besuch abstatten und das beeindruckende Video über die Saimaa-Robben genießen.

Nationalpark Linnansaari

Gründungsjahr 1956, 1982 erweitert.

Grösse 36 qkm

Lage Im Gemeindegebiet von Savonlinna und Rantasalmi im Saimaa-See-Gebiet.

Schutzzweck Erhaltung eines typischen Inselsystems im Haukivesi, Teil des Saimaa-Seen-Komplex; reizvolle finnische Natur mit Birken- und Kiefernwäldern; 130 Inseln und Inselchen gehören zum Park.

Anreise Von der Hauptstraße 14 Savonlinna – Parkumäki zur Nebenstraße 464 nach Rantasalmi; der Park ist nur mit Booten erreichbar; im Sommer regelmäßige Schiffsverbindungen zwischen Mustalahti und Oravi nach Linnansaari.

Besucherzentrum, Naturlehrpfad Informationszentrum Lakeland Center in Rantasalmi, kleinere Info-Stellen in Oravi und Savonlinna; zwei Kilometer langer Naturlehrpfad; Campingplatz Sammakkoniemi mit Kiosk und Anlegesteg.

Besondere Pflanzen und Tiere Edellaubwälder; Ringelrobbe.

Reisezeit Bootsverbindungen vom ca. 15. 6. bis 31. 8.

Wanderrouten Zwei markierte Wanderwege zum Aussichtsfelsen Linnavuori und zum Gehöft Louhimaa, das inmitten alter Brandrodungsflächen liegt und heute ein Museum ist.

Der Aussichtsturm Lintutorni bietet den besten Überblick über das große Patvinsuo-Moor. Zur Vogelwelt des Parks gehören auch Singschwäne und Kraniche.

Patvinsuo: Unberührte Moore und Kraniche

In Nordkarelien nördlich des Sees Koitere und östlich des Sees Pielinen liegt der Patvinsuo-Nationalpark. Karelien, die östlichste Provinz Finnlands, hat sich vor den Gebietsverlusten an Rußland nach dem Zweiten Weltkrieg viel weiter nach Osten erstreckt. Diese Landschaft wirkt noch entlegener und ferner als das übrige Finnland und strahlt einen ganz eigenen Reiz aus. Die Finnen nennen das hügelige Karelien auch das »Land der blau schimmernden Berge« und umschreiben damit die für Finnland fast schon ungewöhnlichen Höhen der bis zu 300 Meter hohen Bergrücken. Von den Koli-Bergen aus, die am Südwestufer den See Pielinen wie eine Felsenbastion umrahmen, wird der zeitlose Charakter dieser Landschaft aus unendlichen Wäldern und menschenleeren Sümpfen besonders deutlich. Man ahnt zum ersten Mal die sibirische Taiga. Von dort stammt auch der Waldlemming, der als »Botschafter des hohen Nordens« ein typischer Bewohner Kareliens wurde.

Patvinsuo ist einer der drei karelischen Nationalparks, die schon vor dem Zweiten Weltkrieg durch mehrere Totalreservate ergänzt wurden. Nach dem Krieg mußte Finnland diese zusammen mit weiteren Gebieten Rußland überlassen. Ein weiterer, kleinerer Nationalpark, Petkeljärvi, liegt in einem außergewöhnlichen Landschaftsabschnitt südlich von Patvinsuo und schützt ein labyrinthartiges

Es sind die Moore, die dem Patvinsuo-Nationalpark in Nordkarelien sein internationales A

Seen- und Hügelgebiet, bewachsen mit kargen Kiefernwäldern.

Patvinsuo selbst erhält einen Abschnitt der alten nordkarelischen Wildmark und liegt am Übergang von der südfinnischen Seenplatte zu den mittelfinnischen Moorgebieten. Der größte Teil des Parks besteht aus einsamen Hochmooren, die unterschiedliche Ausbildungs- und Entwicklungsstadien aufweisen. Wegen der Vielzahl an unterschiedlichen Moortypen gilt Patvinsuo als international bedeutender Park für die Moorforschung. Hier finden sich Hochmoore, Heidemoore und die eigentümlichen Strang- oder Aapamoore mit ihren offenen Wasserstellen und trockenen, strangartigen Erhebungen. Ein Teil des Nationalparkgebietes wird von trockenen Kiefernwäldern bedeckt, während dichte Fichtenwälder die fruchtbareren Berghänge am **Autiovaara-Rauvunvaara-Rücken** im Nordwesten des Parks überziehen.

Der Wildnischarakter und die Ursprünglichkeit von Patvinsuo spiegeln sich auch deutlich in der Tier- und Pflanzenwelt wider. Die typischen Tierarten Ostfinnlands wie Waldrentier, Bär, verschiedene Greifvogelarten, Saatgans und Singschwan sind im Park heimisch. Auf den großen Aapamoo-

Nationalpark Patvinsuo

Gründungsjahr 1982

Grösse 100 qkm

Lage Nördlich des Sees Koitere in Nordkarelien.

Schutzzweck Unberührte Hoch- und Aapamoore mit urwaldbewachsenen Moorinseln.

Anreise Von der Straße 73 Joensu – Lieksa biegt man bei Uimaharju (Straße 5202) ab. Von hier 26 km beschildert bis zum Parkeingang.

Besucherzentrum, Naturlehrpfad Informationshütte Suomu. Naturlehrpfade: Mäntypolku (Kiefernwald in Suoma), Kuusipolku (Fichtenwald bei Autiovaara), Lakkapolku (Moor in Surkansuo).

Besondere Pflanzen und Tiere Hochmoorarten, Schlammsegge, Sonnentau, Echte Bärentraube; Wiesenpieper, Schafstelze, Goldregenpfeifer, Regenbrachvogel, Singschwan, Kranich, Seeadler; Bären.

Reisezeit Mai bis September.

Wanderrouten 55 km Wanderpfade.

ehen verschaffen. Hier kommen Hochmoore ebenso vor wie Aapa- oder Strangmoore.

ren vollführen die Kraniche im Frühjahr ihre beeindruckenden Balztänze. Und die fast endlosen Moore mit den zahllosen Kanälen und Buchten stellen ein wahres Paradies für die Biber dar. Ihre Spuren sind überall zu sehen: Wo Biber entlang der Flüsse Nälmänjoki, Surkanpure und Suomunjoki ihre Dämme zum Aufstauen des Wassers angelegt haben, stehen Gruppen abgestorbener Bäume. Im Südteil des Parks findet man ausgedehnte Sandheiden und kleine Kiesrücken, um die Bäche mäandern. Vor allem im Umkreis des Sees **Suomunjärvi** treten diese Sandflächen häufig auf. Sie sind Relikte der Endphase der Eiszeit und wurden vor 10000 Jahren durch Schmelzwasserströme aufgeschüttet. Aus dieser Zeit stammt auch der weiße Sandstrand, der den See auf einer Länge von 24 Kilometern umgibt und zum Baden einlädt.

Der einsame Park ist über die Straßen 522 und 5202 zu erreichen. Über 55 Kilometer Wanderrouten, drei Vogeltürme, zwei Naturlehrpfade und die Informationshütte **Suomo** am Westufer des Suomunjärvi stehen den Besuchern zur Verfügung. Das Wanderwegenetz, das wegen der vielen Wasserstellen und Sümpfe zahlreiche Bohlenwege und Brücken aufweist, erschließt alle Lebensräume des Parks. Ein Rundweg, an dem einige Zeltplätze errichtet wurden, führt um den nördlich der Straße 5202 gelegenen Suomunjärvi. Der Naturlehrpfad Surkansao durchquert im Nordwesten des Parks ein Moorgebiet und erreicht einen Vogelbeobachtungsturm. Ein weiterer Lehrpfad erschließt im Westen das Waldgebiet von Autiovaara-Rauvunvaara.

Den besten Überblick über das Moorgebiet von Patvinsuo erhält man jedoch vom Beobachtungsturm Lintutorni, der etwa drei Kilometer südlich des Suomunjärvi am Wanderweg zum Koitere-See errichtet wurde.

Koli-Berge: Karelische Landschaft im Osten Finnlands

Die Koli-Berge sind seit 1991 als Nationalpark unter Schutz gestellt. Sie umfassen eine der reizvollsten Landschaften des südlichen Finnlands mit unvergleichlichen Ausblicken auf den Pielinen-See. Ausgehend vom Hotel Koli verläuft ein sieben Kilometer langer Naturlehrpfad den Berggrat entlang und erreicht dabei die einzelnen Nebengipfel des Berges wie Pieni-Koli, Paha-Koli und Ipatti. Stets begeistert die Aussicht auf den fast 100 Kilometer langen und bis zu 30 Kilometer breiten **Pielinen-See**. Es ist fast so, als ob man aus einem Flugzeug schaut – ein Anblick, der sich sonst nirgendwo in Südfinnland in dieser Form erleben läßt.

Die Koli-Berge sind ein Rest der uralten karelischen Gebirgskette, die vor mehr als 1000 Millionen Jahren vermutlich 6000 bis 7000 Meter hoch war. Der Naturlehrpfad (Luontopolku) führt südwestlich über die Lichtung von **Käräjäkallio**, die in alten Zeiten ein Versammlungsplatz war und später als Tanzplatz für das Mittsommernachtsfest genutzt wurde.

Die alte Kulturlandschaft Mäkra im Koli-Nationalpark.

NATIONALPARK KOLI

GRÜNDUNGSJAHR 1991

GRÖSSE 11 qkm.

LAGE Im Gemeindegebiet Lieksa am Pielinensee in Nordkarelien.

SCHUTZZWECK Erhaltung einer Hügelkette mit alten Wäldern, Kulturlandschaftsbiotopen und dem Berg Ukko-Koli; felsige Bergkuppen mit artenreichen Fichtenwäldern und lichten Birkenbeständen.

ANREISE Nationalstraße 18 Joensu – Kajaani, abzweigen auf die Straße 504 und zum Dorf Koli, weiter zum Hotel Koli und zum Nationalpark.

BESUCHERZENTRUM, NATURLEHRPFAD Informationsstelle im Hotel Koli und im modernen Einkaufs-Infozentrum in Akimovaara, unmittelbar an der Straßenkreuzung (Koli – Portti); 7 km langer Naturlehrpfad rund um den Ukko-Koli.

BESONDERE PFLANZEN UND TIERE Fichtenwaldarten, Flechten, Wiesenpflanzen; Wintergoldhähnchen, Grauschnäpper, Zaunkönig.

REISEZEIT Mai bis September.

WANDERROUTEN 50 km Wanderpfade, UKK-Wanderroute in Richtung Kajaani.

PALLAS-OUNASTUNTURI: TAIGALANDSCHAFT IM NORDEN

Im Nordwesten Finnlands, östlich der Stadt Muonio nahe Schweden, wurde an der nördlichen Verbreitungsgrenze der Fichte der Nationalpark von Pallas-Ounastunturi errichtet. Die karge, weitläufige Landschaft, die für Ruhesuchende mit viel Zeit ideal ist, kann man leicht über eine zur Hälfte in den Park führende Straße erreichen. Auch wegen des gut ausgebauten Wanderwegenetze, aber vor allem wegen der fantastischen Einsamkeit der hügeligen Fjell-Landschaft besuchen besonders viele Finnen in den Sommermonaten Pallas-Ounastunturi.

Der Park umschließt eine nordsüdwärts gerichtete Hügelkette aus gerundeten, kahlen Bergen, die Höhen zwischen 700 und 800 Meter erreichen. Der höchste ist mit 807 Metern der **Taivaskero** im Süden. Da die umgebende Landschaft weitgehend flach und von lockeren Fichtenwäldern bewachsen ist, fällt die gut 500 Meter über die Umgebung aufragende Hügelkette besonders auf. Die Hügel sind Überreste der einstmals kilometerhohen fenno-skandinavischen Gebirge, der Svekokareliden, die vor etwa 1800 Millionen Jahren entstanden sind und im Laufe der Zeit zur heutigen Höhe abgetragen wurden.

Pallas-Ounastunturi umfaßt in mancher Hinsicht Übergangs- und Grenzbereiche: Im Südteil des Parks herrscht noch die Fichte vor; sie wird nach Norden hin durch die Kiefer abgelöst. Die Übergangszone liegt etwa im Schluchttal von **Pahakuru**. Gleichzeitig ist dies das nördlichste Verbreitungsgebiet der Kreuzotter. Die Hügelkette ist außerdem die Wasserscheide zwischen den Gewässern des Tornionjoki im Westen und dem Kemijoki im Osten. Die zahllosen kleinen, kristallklaren Seen und Bäche des Parks münden an der Westseite in den Munionjoki, an der Ostseite in den Ounasjoki. Nördlich des Nationalparks verläuft schließlich die nördliche Nadelwaldgrenze.

Am Übergang zum baumlosen Fjell stehen die typischen nordischen Birkenwälder, die mit zunehmender Höhe immer stärkeren Krüppelwuchs aufweisen, bevor sie schließlich ganz verschwinden. Danach folgt die Zone der Zwergsträucher und Zwergbirken, die teppichartige Rasen ausbilden und den kargen Boden überziehen. Neben den häufigen Heidekrautgewächsen wie Heidelbeere, Preiselbeere und Krähenbeere kommen auch die typischen lappländischen Zwergsträucher wie Alpen-Bärentraube und Blauheide vor. Ihr Grün wird lediglich von den weißen Polstern der Rentierflechten unterbrochen. Insgesamt gedeihen im Park 180 Blütenpflanzenarten, eine stattliche Zahl für diese Region. Auch die Tierwelt ist wegen der unterschiedlichen Lebens-

Die Samen und das Rentier

Lappland wird heute noch von den Ureinwohnern, den Samen oder Samis, bewohnt, wie sie sich in ihrer Sprache nennen. Die Samen wanderten in vorchristlicher Zeit von Osten her nach Nordskandinavien ein, heute leben dort noch rund 60000, 17000 von ihnen in Finnland. Ihre Wohngebiete erstrecken sich über die gesamte skandinavische Nordkalotte und reichen bis nach Dalarna in Mittelschweden. Ursprünglich Jäger und Fischer, begannen die Samen nach und nach die Rentiere zu zähmen – ein Entwicklungsprozeß, der sich über Jahrtausende vollzog.

Bei der Rentierzucht gibt es zwei verschiedene Systeme: Eine ortsgebundene Zucht, bei der das Weidegebiet der Rentiere beschränkt ist; sie wird in waldreichen Gegenden praktiziert. Die zweite ist die nomadische Rentierzucht im Gebirge. Dabei folgen die Lappen ihren Herden, die ungestört ihren natürlichen Wanderrhythmus ausleben können. Am Ende des Sommers ziehen die Herden von den Bergen in die bewaldeten Täler, um vor der Winterkälte Schutz zu suchen. Im Frühjahr wechseln sie wieder ins Bergland, nicht zuletzt, um sich vor der Mückenplage in den feuchten Niederungen zu schützen. Heute leben nur noch rund 2500 Samen von der Rentierzucht, sie besitzen etwa 250000 Tiere. Wildrene kommen nur noch in geringer Zahl in der Hardangervidda und im Dovrefjell in Norwegen vor. Rentierzüchtende Lappen sind Mitglieder von Sami-Dörfern, die in ihrer Sprache »cearru« heißen. Cearrus sind verwaltungsmäßige und wirtschaftliche Genossenschaften, zu denen geographisch begrenzte Weidegebiete gehören. Heute haben viele Familien das Nomadentum aufgegeben und in den Waldgebieten einen festen Wohnort bezogen. Hubschrauber, Autos und Schneemobile wurden zu Hilfsmitteln bei der Rentierzucht. Zu einer wichtigen Nebenerwerbsquelle ist in letzter Zeit der zunehmende Tourismus geworden. Die Herstellung von Kunsthandwerk aus der kulturellen Tradition oder von Gebrauchsgegenständen als Souvenir ist ein lukratives Geschäft.

Lange Zeit wurden Sprache, Kultur, Tradition und die Werte der Samen gewaltsam unterdrückt. Davon hat sich die Kultur nicht erholt, auch wenn heute jedem Samen die gleichen Staatsrechte zustehen wie den Schweden, Norwegern und Finnen selbst. Doch wenn die Samen und ihre Kultur überleben sollen, müssen neben Sprache und Lebensweise auch die traditionelle Rentierzucht, das Fischen und die Jagd erhalten bleiben. Mittlerweile haben die Regierungen umfangreiche Maßnahmen ergriffen, um die Existenzgrundlage der Samen zu sichern. Die schwedischen Samen sind heute außerdem im »Weltrat der eingeborenen nationalen Minderheiten« vertreten, das gesamte Samengebiet wurde vor kurzem von der Unesco zum Weltkulturerbe erklärt.

Auf den Hochebenen des Pallas-Ounastunturi-Nationalparks wachsen nur Zwergsträucher.

Nationalpark Pallas-Ounastunturi

Gründungsjahr 1938

Grösse 500 qkm

Lage Nördlich von Kittilä und Muonio in Finnisch-Lappland.

Schutzzweck Schutz der gewaltigen Fjellkette und der darin enthaltenen Ökosysteme an der Baumgrenze sowie der Bäche und Teiche des Gebietes.

Anreise Von der Hauptstraße Rovaniemi – Kittilä – Muonio (97) führt eine rund 15 Kilometer lange Verbindungsstraße zum Besucherzentrum und Hotel Pallastunturi.

Besucherzentrum, Naturlehrpfad Pallastunturi mit Ausstellung zur Fauna und Flora des Parks, Dia- und Videovorführungen; zweites Besucherzentrum in Hetta im Norden an der Straße 956 mit der Ausstellung »Von den Fjells bis zum Eismeer« (mit Bibliothek, Ausrüstungsservice und Café); Naturlehrloipe im Winter.

Besondere Pflanzen und Tiere Fichtenwaldarten, Moorpflanzen und Fjellflora, großflächige Bärentraubenbestände; Bär, ab und zu Wolf und Vielfraß, Knirpsspitzmaus; Spornammer, Schneeammer; Kreuzotter.

Reisezeit Mai bis Mitte September.

Wanderrouten 260 km Wanderrouten, die wichtigste durchquert den Park in Nord-Süd-Richtung von Hetta nach Pallas (55 km).

räume relativ vielfältig. Man kann die kleinen Säugetiere wie Grauröteimaus und das kleinste Säugetier des Parks, die Knirpsspitzmaus, viel häufiger sehen als größere Vertreter wie Wolf oder Vielfraß. Diese zeigen sich immer seltener, während der Bär zu den ständigen Bewohnern des Parks gehört. Besonders artenreich präsentiert sich die Vogelwelt: Zum Symbol des Parks wurde die Schneeammer gewählt. Neben der sehr seltenen Ohrenlerche kommen die typischen Fjellarten wie Mornell- und Goldregenpfeifer sowie die Schnee-Eule vor.

Südlich von Taivaskero steht den Besuchern des Parks ein gemütliches Hotel und das Informationszentrum zur Verfügung, das über eine Zufahrtsstraße leicht zu erreichen ist. Hier beginnt der 55 Kilometer lange Wanderweg **Pallas–Hetta**, der den Park in Nord-Süd-Richtung durchläuft und fast alle Gipfel berührt. Entlang des Weges liegen mehrere Zeltplätze und Schutzhütten. Im Norden endet der Weg am **Ounasjärvi** bei der Ortschaft Hetta an der Straße 958. Die größten ökologischen Probleme des Parks entstehen übrigens nicht durch die Besucherströme, sondern durch Rentierherden, die die flechtenbewachsenen Hänge der Hügelkette beweiden. Seit dem 17. Jahrhundert wird hier Rentierhaltung betrieben, und Rentierzucht, Jagd, Fischfang und die Weidewirtschaft sind von alters her ein unverzichtbarer Wirtschaftsfaktor für den Norden.

Der Herbst, in Finnland »Ruska« genannt, verwandelt Ende August die Landschaft von Pallas-Ounastunturi in ein wahres Farbenmeer. Nicht nur die Birken, sondern auch die Zwerg- und Kriechsträucher färben sich dann in flammendes Gelb und tieffeuriges Rot. Für den Beginn der Ruska-Zeit ist vor allem die Tageslänge entscheidend, weshalb der Farbwechsel fast jedes Jahr zur gleichen Zeit beginnt.

Urho-Kekkonen: Wald- und Moorwildnis

Der 1983 gegründete finnische Nationalpark liegt in Finnisch-Lappland nördlich von Sodankylä in einer weiten Wald- und Fjell-Wildnis, die bis an die russische Grenze reicht. Das mit 2500 Quadratkilometern zweitgrößte Schutzgebiet des Landes reicht vom Gebiet Rautunturi-Saariselkä bis zu den ausgedehnten Wäldern Sasukoskis und zum Fluß Nuorttijoki. Es besteht aus den typischen, von Gletschern geformten Moränenhügeln, die den Eindruck einer beinahe endlosen, kargen, eintönigen und weitläufigen Landschaft erwecken. Obwohl es im Park einige Wanderwege gibt, kann man im Sommer fast beliebig weglos über das Fjell wandern und auch ohne Mühe den 546 Meter hohen **Kilopää** besteigen. Entlang des Aufstiegs wird die Weite dieser Landschaft besonders deutlich. Man gewinnt nur sehr langsam an Höhe und kann kaum feststellen, wo der Berg seinen »Gipfel« hat. Ebenso endlos gestaltet sich dann der Ausblick, denn ein klarer Horizont ist kaum zu erkennen. Unterbrochen wird diese gleichförmige Landschaft von den Flüssen Luttojoki und Suomojoki, vom See Luirojärvi und den Schluchttälern Lumikuru, Ukselmakuru und Paratiisikuru.

Der Wert des Nationalparks für den Naturschutz liegt zum einen in seiner Größe, zum anderen aber auch in der reichhaltigen Flora und Fauna, da der Park im Übergang zweier Klimagebiete liegt. Im Norden befindet sich die Wildmark des **Rautunturi-Fjells** und der Fjellgebiete von **Saariselkä**. Schluchten, Klippen, Schuttfelder und Blockhalden verbinden sich zu einer vielgestaltigen, von einer kargen Vegetation bewachsenen Landschaft. Baumlose Heideflächen wechseln sich mit Zwergstrauchmatten und Zwergbirkenbeständen ab. Wie in allen Fjellregionen des Nordens kommen besonders vielfältige und vielgestaltige Flechten vor. Auffällig sind auch die sandgefüllten Mulden, die aus feinstem Schluffmaterial der ehemaligen Gletscher bestehen und von wildlebenden Rentieren als Rastplatz genutzt werden.

Eine artenreiche und üppige Flora gedeiht nur in den Waldabschnitten und entlang der Flüsse im westlichen Teil des Parks. Hier sind auch weitläufige Aapamoore ausgebildet, die Brutgebiete für eine reichhaltige Vogelfauna sind. Im Sommer ist dieses Gebiet für Wanderer praktisch unbegehbar, um so mehr ist es für Wasservögel ein wichtiges Brut- und Rückzugsgebiet. Im Südteil dominiert die typische nordische Waldeinöde aus Kiefern- und Fichtenbeständen, der Boden ist mit mächtigen Moospolstern bedeckt. Hier leben die großen nordischen Säugetiere wie Braunbär, Wolf und Luchs. Obwohl Wolf und Vielfraß ihre Fortpflanzungsgebiete außerhalb des Parks haben, stellen die menschenleeren Weiten ein wichtiges Refugium der im Bestand zurückgehenden Säugetiere dar. Die ungestörten Moore bieten dem Singschwan und der Saatgans ideale Nistgebiete, und auf den kahlen Fjells findet der Goldregenpfeifer seinen Lebensraum.

Der Park ist von der Hauptstraße von Sodankylä nach Ivalo leicht zu erreichen, grenzt doch das Nationalparkterritorium beinahe an diese Straße. In **Tankavaara** wurde ein Informationszentrum eingerichtet, eine Informationshütte und ein Café befinden sich in **Luulampi**. Informationstafeln geben in Kiilopää, Tulppio, Luirojärvi und Raja-Jooseppi Auskünfte über Wissenswertes zum Park. Markierte Wanderpfade, die von Tankavaara, Kakslauttanen und Saariselkä ausgehen, erreichen vor allem die westlichen Fjellgebiete und die Gipfel **Kilopää** und **Kaunispää**. Entlang des Weges treffen die Wanderer auf Hütten und Zeltplätze. Von Tankavaara aus führt ein Naturlehrpfad zum Gipfel Pikku, fünf weitere Lehr-

Nationalpark Urho-Kekkonen

Gründungsjahr 1983

Grösse 2500 qkm

Lage Im Osten von Finnisch-Lappland bis zur russischen Grenze.

Schutzzweck Fjell-, Wald- und Moorwildnis an der Grenze der borealen Nadelwaldzone, Rückzugsgebiet für Großraubtiere.

Anreise Über die Straße 4/E75 Sodankylä – Ivalo. Die Straße berührt den Park im Westen.

Besucherzentrum, Naturlehrpfad Informationszentren in Savukoski und Tankavaara; Info-Hütte in Luulampi. Fünf Naturlehrpfade in Tankavaara und Kiilopää.

Besondere Pflanzen und Tiere Waldkiefer, Zwergbirke, Krähenbeere, Cassiope; Goldregenpfeifer, Singschwan, Saatgans; Wolf, Vielfraß, Bär, Fischotter.

Reisezeit Mitte/Ende Juni bis Mitte September.

Wanderrouten Zahlreiche Wanderwege und Hütten.

Wildmarkfjells und Geröllfelder sind typisch für den Urho-Kekkonen-Nationalpark.

pfade in Tankavaara und Kiilopää geben Aufschluß über die Fauna, Flora, Landschaft und Kulturgeschichte des Parks. Sie beginnen in Tankavaara beim Informationszentrum sowie in Kiilopää beim Fjellzentrum.

Das Gebiet wird bis heute von den Samen als Weidegebiet für ihre Rentierherden genutzt. Die Rentierzucht wird als Haupterwerbsquelle im Fortbestand des Parks stets eine Sonderstellung einnehmen und an die enge Verbundenheit der Samen mit der kargen Landschaft Lapplands erinnern.

Oulanka: Grandiose Flusslandschaft mit Cañons

Dieser Park, der nördlich von Kuusamo in einer einsamen Ecke Nordkareliens liegt, gehört zu den spektakulärsten und vielfältigsten aller finnischer Nationalparks. Seine Bekanntheit verdankt er dem beliebten Bärenpfad **Karhunkierros**, der auf den 80 Kilometern bis zu den nach Osten verlaufenden Fjells des Rukatunturi auch die wildreiche Flußlandschaft Oulankas berührt. Das Wegenetz im Nationalpark ermöglicht es, den schönsten Abschnitt dieses Wildnispfades als Tagestour zu gehen und gleichzeitig die eindrucksvollen Cañons und Flußabschnitte des Oulankajoki kennenzulernen. Entlang des Weges fällt die artenreiche Flora auf, die die Universität Oulu veranlaßte, in Kiutaköngäs-Ort eine Forschungsstation einzurichten. Hier befindet sich heute auch das Besucherzentrum des Nationalparks, wo sich die Besucher in einer Ausstellung und Diashow über die Naturschönheiten des Parks informieren können.

Der Oulankajoki und seine Nebenflüsse Savinajoki, Maaninjoki und Aventojoki prägen das Landschaftsbild. Der Oulankajoki entspringt als gemächlicher Fluß südlich von Salla und durchfließt zuerst weitläufige Moorabschnitte. Im Gebiet des Nationalparks verengt er sich zu schmalen Felsdurchlässen, die der Fluß zu tiefen Schluchten und cañonartigen Einschnitten ausgewaschen hat. Über mehrere Stromschnellen, von denen Kjutaköngäs die bekanntesten und prächtigsten sind, überwindet der Oulankajoki mit lautem Getöse die Höhenunterschiede. Der Fluß hat rötlich-braune Felswände freigelegt, die steil aus dem sonst eher ebenen Waldgebiet aufragen. In sprudelnden Stromschnellen läuft das Wasser über die Felskanten und rund um Grobblöcke; sie sind die Heimat der Wasseramseln, die man an ihren charakteristischen wippenden Körperbewegungen erkennt. Sie halten sich besonders gern auf Felsspitzen mitten im Fluß auf oder gleiten mit raschem Flügelschlag knapp über die Wasseroberfläche. Die Stromschnelle von **Taivalköngäs** nordwestlich von Kiutakongäs, die etwa zehn Höhenmeter in zwei Abstufungen abfällt, kann man gut von einer Hängebrücke aus einsehen. Ganz in der Nähe ragt der eindrucksvolle Felsen **Ristikallio** aus dem See **Aventolampi** empor.

Später wird der Fluß wieder ruhiger und bildet weitläufige Mäander aus, die in den tiefgrünen Wald eingebettet sind. In den Innenbögen konnten sich breite Sandfächer aufstauen, während die Prallhänge der Außenbögen durch die Flußdynamik ständig abgetragen werden. Auf den Sandufern halten sich im Sommer Rentierherden auf. Vom **Karhunkierros** aus, der im Gebiet des Nationalparks weitgehend dem Oulankajoki entlangführt, kann man sowohl die Schluchten als auch die Mäanderstrecken wunderbar erleben.

Der gesamte Nordteil von Oulanka von Savinajoki bis zur russischen Grenze ist dagegen unzugängliches Wald- und Moorgebiet. Er kam erst 1982 zum Park und besteht aus großflächigen Aapamooren, kleinen Seen und Bächen. Die Moore gehören zum riesigen Moorkomplex der Region Salla, die noch alle großen Säugetierarten wie Braunbär, Vielfraß und Wolf beherbergt. Auch der Kranich und andere seltene Vogelarten brüten hier.

Die eindrucksvollen Stromschnellen von Myllikoski im Oulanka-Nationalpark.

Vom Bärenpfad hat man einen der schönsten Blicke auf die weiten Flußschlingen des Oulankajoki.

In Oulanka treffen Pflanzenarten aufeinander, die normalerweise entweder in Süd- oder Nordfinnland heimisch sind. Hauptsächlich dominiert der typische nordische Fichtenwald mit seinem üppigen moos- und farnreichen Unterwuchs. Wanderer finden darin im Sommer reichlich von den berühmten finnischen Heidelbeeren. Trockenere Heide-Föhrenwälder sind vor allem auf den sandigen Böden, etwa an den steileren Flanken zu den Flußtälern und auf den sandigen Ufern entlang der Flüsse zu finden. Auch der Wechsel im Gesteinsuntergrund zwischen Granit- und Kalkgestein ermöglicht das Vorkommen unterschiedlichster Pflanzenarten. Zudem konnten sich im Park Eiszeit-

Nationalpark Oulanka

Gründungsjahr 1956; 1982 und 1989 erweitert

Grösse 270 qkm

Lage Nördlich von Kuusamo im Gemeindegebiet von Salla.

Schutzzweck Schutz des vielgestaltigen, einzigartigen Flußmilieus rund um den Oulankajoki, Savinajoki, Maaninjoki und Aventojoki mit tiefen Talschluchten, Waldgebieten und einer seltenen Pflanzenwelt (wegen des Zusammentreffens mehrerer Verbreitungsgrenzen).

Anreise Durch den Park verläuft die Straße Käylä – Liikasenvaara (Nr. 8693), erreichbar über die Straße Kemijärvi – Vallionniemi (Nr. 5), Busse von Kuusamo nach Juuma.

Besucherzentrum, Naturlehrpfad Besucherzentrum Kiutaköngäs und Hautajärvi (15. 2. bis 31. 10. täglich geöffnet); Naturlehrpfad rund um Kiutaköngäs.

Besondere Pflanzen und Tiere Seltene Pflanzen (Eiszeitrelikte) in den Schluchttälern, z. B. Gabelförmige Nelke, Wimperfarn, Taigafrauenfarn, Frauenschuh; Bären, Vielfraß, Dachs, Fischotter; Wasseramsel.

Reisezeit Mai bis Oktober.

Wanderrouten Wanderpfad Karhunkierros (Bärenweg, 80 km), Kleine Bärenrunde (von Juuma zur Myllikoski und nach Jyrävä und zurück, 9 km, sehr lohnend), Hiidenlampi-Pfad (vom Besucherzentrum Kiutaköngäs aus, 5 km) Rytilampi-Pfad (in der Nähe des Besucherzentrums Hautajärvi, 5 km), Keroharju-Pfad (durch Moorgebiete, 14 km), Ristikallio-Runde (im Norden des Parks von Hautajärvi beginnend, 28 km).

relikte wie die Silberwurz und der Arktische Steinbrech halten, die normalerweise nur im hohen Norden wachsen. Über 120 verschiedene Vogel- und 30 Säugetierarten leben in den Wäldern rund um den Oulankajoki. Die Flußtäler sind natürlich ein Paradies für Fischotter, ansonsten sind eher Kleinsäuger wie Spitzmausarten häufig. Sowohl in der Tier- wie auch Pflanzenwelt sind bereits Vertreter der Sibirischen Taiga zu finden.

Ein beliebtes Wanderziel südlich des Nationalparks sind die einsame Mühle von **Myllikoski** und die Stromschnellen von **Jyrävä**, die beide im Einzugsbereich des Bärenpfades liegen, aber nicht mehr zum Territorium des Nationalparks gehören. Nichtsdestoweniger handelt es sich hier um eine äußerst reizvolle und vielgestaltige Landschaft, die dem Park in nichts nachsteht. Die Holzhütte von Myllykoski liegt malerisch am Ufer des **Kitkanjoki**, wo ebenfalls kleinere Stromschnellen ausgebildet sind. Gemütliche Picknickplätze laden zur Rast, ehe man den Rundweg zu den Stromschnellen von Jyrävä durch eine nicht leicht zu begehende Landschaft fortsetzt. Myllikoski ist von der kleinen Ortschaft Juuma aus leicht zu erreichen; diese bietet ruhige Zeltplätze am malerischen Juuma-See an.

Lemmenjoki: Weglose Wildnis

Der Naturschützer denkt beim Namen Lemmenjoki an den größten Nationalpark Finnlands, der Historiker hingegen erinnert sich an die goldreichen Jahre dieses Gebiets und den damit verbundenen Goldrausch vergangener Zeiten. Doch bis zum heutigen Tag blieb die Landschaft rund um den Lemmenjoki eine wildreiche, einsame Wildnis. Schon die Tatsache, daß die Parkgrenze mehrere Kilometer von jeglicher Straße entfernt liegt und nur mit dem Boot oder zu Fuß erreicht werden kann, verleiht diesem Gebiet einen besonderen Reiz.

Der Lemmenjoki liegt westlich des Inarisees inmitten der zentralen Landschaft Lapplands und schützt eine riesige waldreiche Wildnis von 2855 Quadratkilometern. Die relativ unberührten Wälder entlang des zentralen Flußtals des Lemmenjoki stellen nur den kleineren, leicht begehbaren Abschnitt dar. Dahinter verbergen sich vor allem nach Süden und Norden die unzugänglichen Wildniszonen, die bis an die norwegische Grenze reichen. Diese Regionen sind fast das ganze Jahr über für Besucher gesperrt. Ansonsten stellt der Nationalpark jedoch ein Paradies für den Naturfreund dar. Ausgehend von der Lappensiedlung **Njurgulahti**, wo zwei Familien einen Fährbetrieb in den Nationalpark und einen kleinen Campingplatz unterhalten, beginnen die Wildnistouren an den Oberlauf des Lemmenjoki.

Im Flußtal des Lemmenjoki dominieren Kiefernwälder, hangaufwärts werden sie von Fjellbirkenwäldern abgelöst. In unmittelbarer Flußnähe sind Hochstaudenfluren und Verlandungszonen ausgebildet. Mit steigender Höhe wird der Wald immer lichter, bis die baumlosen Fjellspitzen erreicht sind. Den Ostteil des Parks beherrschen die Fjellgruppen **Viipustunturi** und **Maarestunturi**, die knapp 600 Höhenmeter erreichen. Im Nordwesten erhebt sich die steile und schmale Fjellkette **Kietsimätunturi**, während die Fjellgipfel von **Skärri**- und **Peltotunturi** im Südwesten flachgipfelig sind. Der Nationalpark liegt unmittelbar auf einer Wasserscheide und erreicht im Norden die Verbreitungsgrenze von Fichte und Kiefer. Wegen der menschenleeren Weiten konnten sich bis heute alle typischen nordischen Tierarten im Park halten. Während Braunbär und Wolf immer seltener werden, sind Fischotter, Eisfuchs, Steinadler sowie eine reichhaltige Vogelwelt eher zu beobachten. Die Hauptattraktion des Parks ist aber zweifelsohne das Flußtal des Lemmenjoki, das die Fjellketten von Viipus- und Maarestatunturi voneinander trennt.

Schon der Fluß selbst, der ab und zu einige Stromschnellen aufweist, meist aber mehr einem See als einem Fluß gleicht, strahlt den besonderen Reiz der nordischen Landschaft aus. Das tiefblaue Wasser leuchtet zwischen sattgrünen Wäldern, die sich im Herbst vor allem in den oberen Fjellstufen leuchtend gelb färben. Der Lemmenjoki fließt heute in einer Abflußrinne, die schon vor der letzten Eiszeit als Flußtal bestanden hat. Als das gesamte Fjell von den Gletschern bedeckt war, erhielt das Tal durch die Gewalt der Eismassen seine neue Form. Dort, wo das Eis

Nationalpark Lemmenjoki

Gründungsjahr 1956; 1971 und 1982 erweitert.

Grösse 2855 qkm

Lage Westlich des Inarisees in Finnisch-Lappland.

Schutzzweck Der größte finnische Nationalpark schützt eine weglose, unbewohnte, bewaldete Wildmarklandschaft mit großen Flüssen, Mooren und großflächigen Fjells.

Anreise Von der Hauptstraße Inari – Kittilä auf einer Nebenstraße nach Njurgulahti; hier fahren im Sommer Boote den Lemmenjoki aufwärts in das Kerngebiet des Parks (Ravadasjärvi).

Besucherzentrum, Naturlehrpfad Kleiner Besucherkiosk im Café Ahkun Tupa mit Naturlehrpfad in Njurgulahti.

Besondere Pflanzen und Tiere Fjellbirkenwald, Zwergsträucher; Fischotter, Eisfuchs, Rauhfußbussard und Steinadler.

Reisezeit Juni bis Mitte September.

Wanderrouten Njurgulahti – Kultasatama (20 km), von Repojoki zum Rentierscheidungsplatz in Sallivaara (6 km), Rundweg von Kultasatama zum Ravadasjärvi (20 bis 30 km).

Die Stromschnellen Ravadasköngäs sind zugleich Finnlands höchster Wasserfall; er stürzt in das Schluchttal des Lemmenjoki.

talwärts geflossen ist, hat sich das Gelände zu einem U-förmigen Trogtal geweitet – den heute sanften Flußabschnitten. Da die Gletscher dieses Tal auch ausgehöhlt und abgesenkt haben, münden heute die Seitenbäche in sprudelnden Wasserfällen in den Hauptfluß. Der Ravadasjoki, der im Fjellgebiet von Maarestatunturi entspringt, bildet den größten Wasserfall Finnlands, den **Ravadasköngäs**, aus.

Der Goldrausch, der in den vierziger Jahren das Tal erfaßte, sowie die zahlreichen Lappensiedlungen im Umfeld des Parks sind weitere Attraktionen. Die Goldgräberrunde, die entweder am Ravadasjärvi oder in Kultasatama, dem »Goldhafen«, beginnt, führt nordwestwärts des Flußtales in die flachen Fjellregionen südlich des **Jäkäläpää**. Zu Füßen dieses Fjells liegt das alte Goldgräberdorf von Morgamojon Kultala, wo noch gut die Spuren der Goldgräber zu sehen sind. Unentmutigte Abenteurer waschen auch heute noch den Bachkies der kleinen Rinnsale, um an das begehrte Edelmetall zu kommen. Für Wanderfreunde wird eher die Natur entlang der Wanderrunde zum Erlebnis; sie führt vom Flußtal durch das Fjellgebiet des südlichen Maarestatunturi und schließlich nördlich der Wasserfälle von **Ravadasköngäs** wieder ins Flußtal zurück. Hier steht die kleine Wanderhütte unmittelbar am Ufer des Ravadasjärvi, wo auch die Motorboote des Fährunternehmens anlegen.

Auch ein echtes Fjell-Lappendorf, **Lisma**, befindet sich im Parkgebiet. Die traditionellen Erwerbszweige werden auch heute noch, trotz Nationalpark, betrieben: Rentierzucht, Fischfang, Beerensammeln und der Fang von Moorschneehühnern.

Die stillen Buchten am Liesjärvi in der Nähe des Ahonnokka-Urwaldgebiets wählen Möwen und Seeschwalben im Sommer als ihr Revier aus. Sie brüten dann auf den vom Wasser umgebenen Steinen und erachten jeden »Besucher« als Eindringling.

Moore bedecken knapp die Hälfte des Nationalparks Seitseminen. Sie sind in erster Linie sogenannte fichtenbestandene Reisermoore und baumlose Weißmoore, in denen Scheuchzers Wollgras wächst.

Die Drachenwurz ist ein Aronstabgewächs.

Blüht im Juni: der Frauenschuh.

Typische Moorpflanze: Traunsteiners Knabenkraut.

Fast überall im Fjell zu finden: Preiselbeeren.

Im Nationalpark Seitseminen wird das Gebiet um die Farm Kovero als alte, traditionelle Kultur

Der Verbindungsfluß zwischen Liesijärvi und Liesilammi im Seitseminen-Nationalpark.

ndschaft innerhalb des Schutzgebiets erhalten.

Ein mit Moos bewachsenes Bächlein im Pallas-Ounastunturi-Nationalpark.

Der Nationalpark Linnansaari besteht aus rund 130 Inseln, Inselchen und Klippen, die verstreut im See Haukivesi liegen. Der Park zeigt die mannigfaltigen Nuancen der Inselwelt und der großen Seen mit ihrer speziellen Tier- und Pflanzenwelt – Naturelemente, die für Finnland charakteristisch sind.

Das Fjell-Massiv des Pallas-Ounastunturi-Nationalparks liegt genau in der Übergangszone von Südlappland zu Waldlappland. Kahle, bis zu 700 Meter aus der Landschaft aufsteigende Felskuppen bestimmen das Bild dieses Parks; sie sind Reste urzeitlicher Gebirge.

Die Koli-Berge in Nordkarelien am Westufer des Pielinensees gehören zu den reizvollsten Landschaften Finnlands. Dazu trägt besonders der freie Blick auf den See bei, aber auch die abwechslungsreiche Landschaft aus alten Bergwäldern und blumenreichen Wiesen.

Der Nationalpark Oulanka am Übergang zu Nordfinnland wird durch den Oulankajoki mit seinen wildreichen Flußstrecken und reizvollen Schluchten geprägt. Besonders eindrucksvoll sind die Stromschnellen Kiutaköngäs, die man über den Hiidenlampi-Pfad erreicht.

Praktische Reisehinweise

Adressen

In Deutschland:

Dänisches Fremdenverkehrsamt
Glockengießerwall 2, 20095 Hamburg
Tel. 040/327803

Schwedisches Touristik-Amt
Burchardstraße 22, 20095 Hamburg
Tel. 040/330185

Norwegisches Fremdenverkehrsamt
Mundsburger Damm 27, 22087 Hamburg
Tel. 040/22710810

Finnische Zentrale für Tourismus
Landstraße 180, 60589 Frankfurt
Tel. 069/9612360

In Österreich:

Dänisches Fremdenverkehrsamt
Ferstelgasse 3/4, 1090 Wien
Tel. 0222/422297

ÖAMTC-Reisen
(Repräsentant für Schweden)
Schubertring 1–3, 1010 Wien
Tel. 0222/71199

Norwegisches Fremdenverkehrsamt
Hamburg, s. o.

In der Schweiz:

Dänisches Fremdenverkehrsamt
Münsterhof 14, 8001 Zürich
Tel. 01/2119023

Schwedische Touristik-Information
Wiesenstrasse 9, 8008 Zürich
Tel. 01/3834130

Norwegisches Fremdenverkehrsamt
c/o Königlich Norwegische Botschaft
Dufourstrasse 29, 3005 Bern
Tel. 031/3105555

Finnische Zentrale für Tourismus
Schweizergasse 6, 9001 Zürich
Tel. 01/2111340

Bei der Fjällstation Kebnekaise südlich von Abisko.

Anreise

Mit dem Auto
Da viele Gebiete innerhalb Skandinaviens nur schwer mit öffentlichen Verkehrsmitteln zu erreichen sind, entscheiden sich viele Touristen für die Anreise mit dem Auto. Man setzt dann mit der Fähre von Deutschland bzw. Dänemark nach Schweden, Norwegen oder Finnland über (siehe Fährverbindungen). In Skandinavien sollte man sich unbedingt an die Geschwindigkeitsbeschränkungen und an die strikten Grenzwerte für Alkohol halten (0,5 Promille, in Schweden sogar 0,2 Promille). Auch tagsüber muß mit Abblendlicht gefahren werden. Ein besonderes Problem sind die häufigen Kollisionen mit Wild, besonders mit Elchen. Vor allem die Zeit der Dämmerung ist gefährlich. An größeren Straßen gibt es zwar oft Wildschutzzäune, an kleineren fehlen sie jedoch. Dort ist besondere Vorsicht geboten.

Mit der Bahn
Problemlos und umweltfreundlich kommt man mit dem Zug nach Kopenhagen, Stockholm, Oslo und Helsinki. Im Prinzip gibt es gute Eisenbahn- und Busverbindungen, in sehr entlegene Gebiete kommt man jedoch nur schwer. Durch Schweden führt die Bahnlinie nach Norden über Kiruna bis ins norwegische Narvik sowie die sogenannte Inlandsbahn von Mora nach Gällivare, durch Norwegen geht der Zug bis Bodö. Auch Finnland besitzt ein relativ gut ausgebautes Bahnsystem. Unter Umständen lohnt sich der ScanRail-Paß. Es gibt ihn mit unterschiedlicher Gültigkeitsdauer, und er gilt für alle skandinavischen Staatsbahnen.

Mit dem Flugzeug
Von vielen Flughäfen in Deutschland, Österreich und der Schweiz gibt es direkte Verbindungen nach Skandinavien. Auch die Verbindungen innerhalb Schwedens, Norwegens und Finnland sind sehr gut.

Ausrüstung
Für eine normale Urlaubsreise genügt eine einfache Ausrüstung und Freizeitkleidung, allerdings sollte man auch im Sommer warme und vor allem regen- und winddichte Kleidung sowie stabile Schuhe mitnehmen.
Wer dagegen zu einem Wanderurlaub aufbricht, muß selbstverständlich sehr gut ausgerüstet sein. Bergstiefel, geeignete Kleidung, Rucksack, Schlafsack, Mückenmittel, Karten und Kompaß sind unerläßlich. Wer eine solche Tour plant, sollte sich vorher außerdem unbedingt in der einschlägigen Literatur informieren!

Einreise
Für alle skandinavischen Länder benötigen Reisende aus Deutschland, Österreich oder der Schweiz lediglich einen gültigen Personalausweis oder Reisepaß. Bei Autoreisen muß man natürlich Führerschein, Kfz-Papiere und die grüne Versicherungskarte dabei haben.

Fährverbindungen

Deutschland–Dänemark
Puttgarden–Rødby 1 Std.
Rostock–Gedser 2 Std.

Deutschland–Schweden
Lübeck (Travemünde)–Malmö 12–15 Std.
Travemünde–Trelleborg 7–9,5 Std.
Rostock–Trelleborg 5 Std.
Saßnitz–Trelleborg 3 Std. 45 Min.
Kiel–Göteborg 14 Std.

Deutschland–Norwegen
Kiel–Oslo 17 Std.

Deutschland–Finnland
Travemünde–Helsinki 22 Std.

Dänemark–Schweden
Helsingør–Helsingborg 25 Min.
Dragør–Malmö 55 Min.
Grenå–Varberg 4,5 Std.
Frederikshavn–Göteborg 3 Std. 15 Min.
Grenå–Halmstad 4 Std.

Dänemark–Norwegen
Kopenhagen–Oslo 16 Std.
Frederikshavn–Oslo 11 Std.
Hirtshals–Kristiansand 4,5 Std.
Hirtshals–Oslo 9 Std.
Hirtshals–Larvik 3 St.

Schweden–Finnland
Stockholm–Helsinki 12,5 Std.
Stockholm–Turku 10–12 Std.
Kappelskär–Naantali 8–11 Std.
Umeå–Vaasa 4–5,5 Std.
Skellefteå–Pietarsaari 5 Std.

Geld
In allen Ländern erhält man bei Banken bzw. der Post mit Reise- oder Euroschecks Geld. Kreditkarten werden in Hotels, Restaurants, Tankstellen und Autovermietungen sowie in größeren Geschäften weitgehend akzeptiert. Eine Ein- oder Ausfuhrbeschränkung für Devisen besteht nicht.

Gesundheit
Das Gesundheitswesen hat in Skandinavien und Finnland einen hohen Standard. Vor Reiseantritt sollte man sich bei seiner Krankenkasse über die Kostenerstattung erkundigen und gegebenenfalls einen Auslandskrankenschein mitnehmen oder eine Auslandskrankenversicherung abschließen.

Jedermannsrecht
In Schweden existiert ein auf der Welt einzigartiges Gesetz, das das Verhältnis zwischen Mensch und Natur regelt. Das »Allemansrätten«, wie es auf schwedisch heißt, ist ein ungeschriebenes Gewohnheitsrecht, das aus der Zeit der Landfahrer überliefert wurde. Das Recht sollte ihnen in der weglosen Wildnis auch bei schwerem Wetter und Gefahren nachts das Überleben sichern. Es ermöglicht ein friedliches Nebeneinander von Grundbesitzern, Reisenden und der Natur. So durften Wanderer und Landfahrer im Notfall das Land anderer durchqueren, dort sogar für eine Nacht schlafen und sich von Beeren und Pilzen, die kein Privatbesitz waren, ernähren. Grundvoraussetzung sind gegenseitige Rücksichtnahme und guter Wille. Durch den zunehmenden Tourismus und Autoverkehr gerät der Grundgedanke des Jedermannsrechts jedoch leider zusehends »unter die Räder«.
Das oberste Gebot des Jedermannsrechts lautet: »Nicht stören, nichts zerstören.« Dies ist besonders im Frühjahr wichtig, wenn viele Tiere Junge haben. Hält man sich an diese Grundregel, sind folgende Dinge erlaubt: Private Wege dürfen zu Fuß oder mit dem Rad benützt werden, auf Seen und Flüssen darf man mit dem Boot fahren und anlegen, wildwachsende Beeren und Pilze dürfen nur zum unmittelbaren Verzehr gepflückt werden, und mit abgestorbenen, am Boden liegenden Ästen darf man mit größter Vorsicht ein Feuer machen (nach Möglichkeit Feuerstellen benutzen). Außerdem darf man ohne Erlaubnis eine oder zwei Nächte zelten, wenn man sich in genügendem Abstand zum Privatbesitz befindet. Das Allemansrätten verbietet das Abreißen lebender Bäume und Büsche, das Pflücken von unter Naturschutz stehenden Pflanzen, das Plündern von Vogelnestern sowie die Nutzung von privaten Gebäuden, Höfen oder Uferstreifen. Abfall muß eingesammelt und ordnungsgemäß entsorgt werden, unnötiger Lärm ist zu vermeiden. Bei Verbot darf kein Feuer angezündet werden, und das Gelände sollte so verlassen werden, wie man es vorgefunden hat. Dazu kommt in Lappland in besonderer Weise die Rücksichtnahme auf Rentierherden. Das Gesetz gilt nicht für Gruppen, und in Naturschutzgebieten und Nationalparks sind die dort geltenden zusätzlichen Regeln zu beachten.

Reisezeit
Hauptreisezeit im Süden von Mai bis Oktober, im Norden von Mitte Juni bis Ende August/Anfang September. Davor und danach kann es schneien. Der Hochsommer ist im Norden vor allem wegen der Mitternachtssonne reizvoll, dafür muß man mit Mücken rechnen, der Spätsommer und Herbst lockt vor allem Wanderer an.

Dauer der Mitternachtssonne

Abisko	12.6.–14.7.
Alta	16.5.–26.7.
Ivalo	22.5.–22.7.
Kebnekaise	23.5.–22.7.
Kiruna	31.5.–14.7.
Kuusamo	13.6.–30.6.
Narvik	29.5.–17.7.
Nordkap	11.5.–31.7.
Spitzbergen	20.4.–21.8.
Utsjoki	17.5.–27.7.

Mitternachtssonne am Eingang zum Rago-Nationalpark.

Staaten

Dänemark

Größe: 43094qkm (davon 406 Inseln mit 13309 qkm); 131. Platz in der Welt.
Einwohner: 5173000, davon in København 467250, 120 Ew. pro qkm.
Höchster Berg: Yding Skovhøj, 173 m.
Größte Insel: Seeland (7517 qkm), Fünen (2984 qkm); mit Grönland 2175600 qkm Fläche (größte Insel der Welt – teilautonomes Staatswesen).
Gewässer: Limfjord und Ringkøbingfjord.
Geschützte Landesfläche: 156000 ha oder 3,5% der Landesfläche sind Schutzgebiete, vor allem kleinere Vogel-, Landschafts- und Naturschutzgebiete.
Anzahl der Nationalparks (1997): 1.
Bodenbeschaffenheit: 11% Waldfläche, 8% sind noch natürliche Dünen, Heideflächen und Feuchtgebiete (von früher ca. 80%), der Rest wird von landwirtschaftlichen Flächen, Waldkulturen und Ackerland eingenommen.

Norwegen

Größe: 386958 qkm (323878 qkm) Festland, 62700 qkm Spitzbergen); 66. Platz in der Welt.
Einwohner: 4318000, davon in Oslo 477780, 13 Ew. pro qkm.
Höchster Berg: Galdhøpiggen, 2442 m.
Längster Fluß: Glåma mit 598 km.
Größter See: Mjøsasee mit 366 qkm; Hornindalsvatn mit 514 m tiefster See Europas.
Größte Insel: Spitzbergen.
Anzahl der Nationalparks (1997): 21.
Bodenbeschaffenheit: 3% bebaubares Ackerland, der Rest sind Gebirge, Fjells, Gletscher und Moore.

Schweden

Größe: 449964 qkm; 55. Platz in der Welt.
Einwohner: 8735000, davon in Stockholm 693100, 18 Ew. pro qkm.
Höchster Berg: Kebnekaise, 2117 m.
Längster Fluß: Klarälven-Götaälv, 720 km.
Größter See: Vänernsee, 5584 qkm.
Größte Insel: Gotland, 3000 qkm.
Gewässer: 96000 Seen, 15,4% Gewässer.
Geschützte Landesfläche: Nationalparks 6700 qkm (= 1,8% der Landesfläche), weitere 1400 Naturschutzgebiete mit einer Fläche von 23000 qkm (= 5,5% der Landesfläche).
Anzahl der Nationalparks (1997): 25.
Bodenbeschaffenheit: 53% Wald, 35% Fjells, Gebirge, 9% Ackerland, 2% Weideland.

Finnland

Größe: 338144 qkm, 1160 km lang, Finnland erstreckt sich über zehn Breitengrade und ist bis zu 400 km breit; 63. Platz in der Welt.
Einwohner: 5083000, davon in Helsinki 508600, 15 Ew. pro qkm.
Höchster Berg: Haltitunturi, 1300 m.
Längster Fluß: Kemijoki 512 km.
Größtes Seengebiet: Groß-Saimaa-See mit einer Fläche von 4380 qkm.
Gewässer: 188000 Seen, das sind 10% der Landesfläche. Pro Einwohner gibt es 837 m Seeufer.
Geschützte Landesfläche: 30 Nationalparks mit 7300 qkm, 19 Naturreservate mit 1500 qkm, 173 Moorschutzgebiete mit 4140 qkm, 53 Hainschutzgebiete mit 12 qkm, 92 Schutzgebiete für alte Wälder mit 92 qkm, 38 Naturschutzgebiete mit 514 qkm, Park der Freundschaft mit 223 qkm, 12 Wildmarkgebiete mit 14830 qkm, 1099 private Schutzgebiete mit 608 qkm; insgesamt 29219 qkm (= 8,64% der Landesfläche).
Anzahl der Nationalparks (1997): 31.
Bodenbeschaffenheit: 65% Wald, 10% Ackerland, 10% Seen, der Rest ist Brachland und Moorgebiet; 25% des Landes liegen nördlich des Polarkreises.

Falkenraubmöwe im Pallas-Ounastunturi-Park.

Telefon

Die Vorwahlnummern von Deutschland, Österreich und der Schweiz aus: Dänemark 0045, Norwegen 0047, Schweden 0046, Finnland 00358.

Unterkunft

Hotels sind in Skandinavien und Finnland sehr teuer und vor allem im Norden selten, deshalb sind Zelt oder Wohnmobil die ideale Übernachtungsmöglichkeit. Campingplätze bieten außerdem fast immer auch Hütten an. Die Plätze sind meist sehr gut ausgerüstet. Das Angebot an Ferienhäusern ist groß. Beliebt sind auch die Jugendherbergen (schwed. »vandrarhem«, norweg. »vandrerhjem), die in Skandinavien auch Erwachsenen zur Verfügung stehen und sehr gute Einrichtungen zur Selbstversorgung haben. In Nationalparks und Schutzgebieten stehen Wanderern Hütten zum Übernachten zur Verfügung.

Wandern

Mitglieder des Deutschen Jugendherbergswerkes bzw. der jeweiligen nationalen Wandervereine (STF, DNT) erhalten eine Ermäßigung in den Hütten. Informationen über Routen und Übernachtungsmöglichkeiten gibt es bei folgenden Adressen:

STF, Svenska Tourisföreningen
Drottninggatan 31–33
S-10120 Stockholm
Tel. 0046/8/7903100

DNT, Den Norske Turisforening
Stortingsgaten 28
N-0125 Oslo
Tel. 0047/22/832550

Adressen zu den Nationalparks

Norwegen

Direktoratet for naturforwaltning
Tungasletta 2, N-7005 Trondheim
Tel. 0047/73/580500; oder
Statskog SF, Boks 433, N-7801 Namsos
Tel. 0047/74/270500

Miljøverndepartement
Boks 8013 Dep, N-0030 Oslo
Tel. 0047/22/349090

Schweden

Naturvårds Verket (Swedish Environment Protection Agency)
Natural Resources Department
Blekholmsterrassen 36
S-10648 Stockholm
Tel. 0046/8/6981392
Fax 0046/8/6981662

Finnland

Amt für Staatswälder (AS)
(Metsähallitus), Naturschutz,
Postfach 94, SF-01301 Vantaa
Tel. 358/0/857841

Finnisches Institut für Waldforschung
(METLA) (Metsäntutkimuslaitos)
Postfach 18, SF-01301 Vantaa
Tel. 358/0/857051

Wichtige Begriffe

Luontopolku, Naturstig: Finnischer bzw. schwedischer und norwegischer Ausdruck für Naturlehrpfad, einem besonderen Wanderpfad, an dem Natursehenswürdigkeiten und Aspekte eines Nationalparks anhand von Informationstafeln erklärt werden, meist zu einem übergeordneten Thema.
Nasjonalpark (Nor), Nationalpark (Swe), Kansallispuisto (SF): Nationalpark.
Naturvårdsområde (Swe), Luonnonsuojelualue (SF): Naturschutzgebiet.
Landkapsvernområde (Nor): Landschaftsschutzgebiet.
Fuglelivsfredningsområde (Nor), Fågelskyddsområde (Swe): Vogelschutzgebiet.

ALLE NATIONALPARKS SKANDINAVIENS UND FINNLANDS AUF EINEN BLICK

	Name/Lage	Schutzziel	Grösse	Jahr
	Dänemark			
1	Rebild Nördliches Jütland	Historische Landschaft, Edellaubwälder mit uralten Einzelbäumen, Wacholderheiden	117 ha	1912
	Schweden			
1	Abisko Lappland, 150 km nordwestlich von Kiruna	Nordische Landschaft, Cañon, Fjäll-Birkenwälder, reiche alpine Flora; Vogeldelta	77 qkm	1909
2	Ängsö 8 km östlich von Bergshamra	Alte florenreiche Kulturlandschaft, Feuerlilie, Orchideen; vielfältige Vogelwelt	73 ha	1910
3	Björnlandet Lappland, 100 km nordwestlich von Umeå	Urwaldgebiet mit altem Baumbestand, Sumpf-Fichten-urwälder	11 qkm	1991
4	Blå Jungfrun Insel im Kalmarsund bei Oskarshamn	Kahle Granitinsel mit Grotten, Edellaubwald und Kieselstränden	66 ha	1926
5	Dalby Söderskog 10 km südlich von Lund	Prachtvoller Edellaubwald, Frühlingsflora, uralte Eichen und Buchen	37 ha	1918
6	Djurö Inselgruppe im Vänernsee	Vielfältiges Vogelleben, Vogelschutzgebiet, spärlich bewachsene isolierte Inseln, kein Zugang	2,4 qkm	1991
7	Garphyttan 15 km westlich von Örebro	Blumenreiche, alte Kulturlandschaft, vielfältige Vogelwelt	111 ha	1910
8	Gotska Sandön Insel, 50 km nördlich von Gotland	Sanddünen, Sandstrände, reiche Flora, Zugvögel, Käferfauna	36,4 qkm	1910 1963 erweitert
9	Hamra Dalarna, 40 km südlich von Sveg	Vegetationsreicher Nadelurwald, Moorseen	171 ha	1910 1987 erweitert
10	Haparanda-Schärengarten Südlich von Haparanda in Norrbotten	Inselgruppe mit Sanddünen und Stränden, Ringelrobben, reiches Vogelleben, herausragende Vegetation	6 qkm	1995
11	Muddus Lappland, 20 km südlich von Gällivare	Urwald mit Riesenkiefern, Moore, Felsschluchten mit interessanter Flora, Wasserfall	493 qkm	1942
12	Norra Kvill 20 km nordwestlich von Vimmerby	Vegetationsreiches Nadelurwaldgebiet, Moorseen, Moränenhügel, Sumpfporst, Flechten	114 ha	1926 1993 erweitert
13	Padjelanta Lappland, 35 km nordwestlich von Kvikkjokk	Hochgebirge, Kahlfjäll, große Seen, äußerst artenreiche Pflanzenwelt	1984 qkm	1963
14	Peljekaise Lappland, 60 km nordwestlich von Arjeplog	Kahlgebirge und Fjällbirkenwald; alpine Flora	153,4 qkm	1910
15	Sarek Lappland, 15 km nördlich von Kvikkjokk	Spektakuläre Hochgebirgslandschaft mit Flußtälern und Deltas, Tierwelt	1970 qkm	1910
16	Skuleskogen 40 km südlich von Örnsköldsvik	Felsiges Waldgebiet, Kalottberge, Flora, Grabhügel, Rapakiwi-Granit, Schluchten	29,5 qkm	1984
17	Stenshuvud Skåne, 6 km südlich von Kivik	Wald- und Küstengebiet, Reptilienfauna, typische Flora Südschwedens	390 ha, davon 90 ha Wasserfläche	1986
18	Stora Sjöfallet ca. 100 km nordwestlich von Jokkmokk	Gipfel und Gletscher des Akka-Massivs, Kiefernurwald, Bergschlucht	1278 qkm	1910
19	Store Mosse 10 km nordwestlich von Värnamo	Endlose Moore, Vogelwelt, Flugsanddünen im Moor	7850 qkm	1982
20	Sånfjället Härjedalen, 15 km südlich von Hede	Fjällmassiv, Gipfel des Sånfjället, Zwergstrauchheiden, Almgebiete	26,2 qkm	1910
21	Tiveden Zwischen Vänern- und Vättersee	Wildes Nadelwaldgebiet mit riesigen Felsblöcken	13,5 qkm	1983
22	Töfsingdalen 35 km nördlich des Idrefjells	Beeindruckende Felsblocklandschaft, Kiefernurwald, krautreiche Flora	16,15 qkm	1930

23	Tresticklan Värmland, westlich des Sees Stora Le	Überaus dichter, ungestörter Nadelurwald mit Seensystemen, seltene Tiere und Pflanzen	ca. 30 qkm	1996
24	Tyresta Provinz Stockholm, nördlich von Dalarö	Ausgedehnte Kiefernwälder in Stadtnähe – Rißtallandschaft, seltene Moose und Flechten	ca. 20 qkm	1993
25	Vadvetjåkka Lappland, nordwestlich des Torneträsk	Fjällbirkenwald, Flora der Südflanke, Vogelwelt im Delta, Grotten	26,1 qkm	1920
	NORWEGEN			
1	Anderdalen Westlich von Narvik auf der Insel Senja	Kahlfjell und Küstenlandschaft, urwüchsige Kiefern- und Birkenwälder	68 qkm	1970
2	Børgefjell Nordtrøndelag südlich von Mosjøen	Gebirgslandschaft mit Seen und Schluchten, Fjell-Flora	1107 qkm	1963
3	Dovrefjell Nördlich von Dombås	Hochgebirgslandschaft, reiche Flora und Vogelleben, Moschusochsen	256 qkm	1974
4	Femundsmarka Südöstlich von Røros	Seenreiches, einsames Wald- und Fjellgebiet, karge Föhrenwälder	390 qkm	1971
5	Gressåmoen Östlich von Steinkjer	Wald- und Moorlandschaft mit fischreichen Seen	182 qkm	1970
6	Gutulia In der Hedmark südlich von Femund	Urwaldgebiet mit altem Baumbestand an Kiefern und Fichten	19 qkm	1968
7	Hardangervidda Südnorwegen	Riesiges Hochfjellgebiet mit großem Wildrenbestand, Berge, Flora	3422 qkm	1981
8	Jostedalsbreen Zwischen Sognefjord und Nordfjord	Größter Gletscher auf europäischem Festland, wildreiche Landschaft	1230 qkm	1991
9	Jotunheimen Bei Lom nordöstlich des Lustrafjordes	Hochgebirge mit höchstem Berg Norwegens, Gebirgsseen, Flora	1145 qkm	1980
10	Nord-vest-Spitsbergen Nordwestteil der Inselgruppe	Arktisches Gebiet mit Gletschern, Fjorden und hohen Bergen, Eisbär, Rentier, Robbe, Walroß	3560 qkm	1973
11	Ormtjernkampen Zwischen Fagernes und Lillehammer	Urwaldreiches Gebiet mit lieblicher Landschaft, großer Elchbestand	9 qkm	1968
12	Prins-Karls-Forland Westliches Spitzbergen	Bergkette mit steilen Gletschern, Pflanzengesellschaften der Tundra, hocharktisches Ökosystem	567 qkm	1973
13	Rago Nordöstlich von Fauske	Entlegenes Berggebiet mit vielen Seen, Flüssen, Schluchten und Wasserfällen	167 qkm	1971
14	Reisa Westlich von Kautokeino	Fjellgebiet mit Birkenwäldern, Cañon und 270 m hohem Wasserfall	803 qkm	1986
15	Rondane Östlich von Otta	Gebirgsgebiet mit Fjells, flechtenbewachsene, geröllreiche Täler, ältester Park Norwegens	580 qkm	1962
16	Saltfjellet-Svartisen Nördlich von Mo i Rana	Gletscher und Fjellgebiete, einsame Täler, größte Höhlen Norwegens	1840 qkm	1989
17	Stabbursdalen Bei Laksälv in der nördlichen Finnmark	Fjellgebiet mit nördlichstem Kiefernwald der Welt	98 qkm	1970
18	Sør-Spitsbergen Südspitze von Spitzbergen	Vergletschertes Arktisgebiet mit arktischem Seevogelleben, Hornsund-Fjord, Eisbären	5300 qkm	1973
19	Øvre Anarjåkka Westlich von Kautokeino	Wellige, unwegsame Tundrenlandschaft mit Wäldern und Mooren	1399 qkm	1975
20	Øvre Dividal Östlich von Finsnes	Ausgedehnte Waldgebiete mit vielen Seen und mächtigen Fjells	741 qkm	1971
21	Øvre Pasvik Südlich von Kirkenes	Einsame Wälder- und Seenlandschaft mit Elementen der sibirischen Taiga	67 qkm	1970
	FINNLAND			
1	Helvetinjärvi Südlich von Virrat	Abwechslungsreiche Wildmarknatur mit Schluchten, Waldseen und einsamen Wäldern	30 qkm	1982
2	Hiidenportti Sotkamo, 200 km nördlich von Joensuu	Mosaik aus Mooren und Heidewäldern in der Wildmark Süd-Kainuu	44 qkm	1982

3	Isojärvi Kuhmoinen, nordöstlich von Tampere	Wälder- und Seenlandschaft auf der Westseite des Päjiännesee	19 qkm	1982
4	Kauhaneva-Pohjankangas 100 km nördlich von Pori	Moorgebiete und Oserkette, Strangmoore	33 qkm	1982
5	Koli Lieksa, nördlich von Joensuu	Nordkarelische alte Wald-, Hügel- und Kulturlandschaft am Westufer des Pielinen-Sees	11 qkm	1991
6	Kolovesi Enonkoski, nördlich von Savonlinna	Ökosystem der Saimaa-Schären, Lebensraum der Saimaa-Ringelrobbe	23 qkm	1990
7	Lauhanvuori Isojoki, 70 km nördlich von Pori	Geologisch wie floristisch herausragender Berg Lauhanvuori mit kargen Kiefernwäldern	36 qkm	1982
8	Lemmenjoki Westlich von Inari	Wegloses, bewaldetes Wildmarkgebiet, Flußtal des Lemmenjoki, Fjells, Moore	2855 qkm	1956 / 1971 und 1982 erweitert
9	Liesjärvi Tammela, nordöstlich von Turku	Hochland Tammela mit Wäldern, Seen und Moortümpeln	630 ha	1956 1982 erweitert
10	Linnansaari Bei Rantasalmi, nördlich von Savonlinna	Typische Insel- und Seenlandschaft im Haukivesi, Teil des Saimaa-Seenkomplexes	36 qkm	1956
11	Nuuksio Vihti, Espoo, westlich von Helsinki	Seenhochland von Nuuksio, ausgedehntes Ödwaldgebiet, Moore, bewaldete Felskuppen	24 qkm	1994
12	Östlicher Finnischer Meerbusen Östlich von Kotka	Außenschären der östlichen Küste mit Hunderten von Schären und Klippen	5 qkm	1982
13	Oulanka Nördlich von Kuusamo	Einzigartige Flußlandschaft mit Schluchten, Seen, Wasserfällen, Wäldern, besondere Flora	270 qkm	1956 1989 erweitert
14	Päijänne Südlich von Mikkeli	Ökosystem außerhalb des Saimaa-Gebietes, Ufer- und Waldlandschaft	10 qkm	1993
15	Pallas-Ounastunturi Nördlich von Muonio	Imposante Fjell-Landschaft mit rundlichen Kuppen und vielen Vogel- und Pflanzenarten	500 qkm	1938
16	Patvinsuo Nordöstlich von Joensuu	International bedeutsames Moor-Ökosystem mit alten Wäldern und Gewässern	100 qkm	1982
17	Perämeri Südlich von Tornio	Äußerer Schärengürtel bei Kemi und Tornio mit postglazialen Landaufwölbungen	157 qkm	1991
18	Petkeljärvi Östlich von Joensuu	Vegetationsarme Wälder, Oser und Seen im karelischen Grenzland	6 qkm	1956
19	Puurijärvi Südöstlich von Pori	Ausgedehnte Moorgebiete und Hochmoore rund um den See Puurijärvi	23 qkm	1993
20	Pyhä-Häki Nördlich von Jyväskylä	Unberührte alte Nadelwälder mit bemerkenswerten Insekten, Vögeln und Pflanzen	12 qkm	1956 1982 erweitert
21	Pyhätunturi Nordöstlich von Rovaniemi	Bewaldetes Moorgebiet mit geologisch einzigartigen Fjellketten und Nadelholzwäldern	43 qkm	1938 1982 erweitert
22	Riistunturi Nördlich von Kuusamo	Fjell- und Berglandschaft in der Waldzone Nordfinnlands mit Fichtenwäldern und Hangmooren	77 qkm	1982
23	Rokua Nordwestlich von Kajaani	Oserrücken mit Moor- und Dünenformationen, flechtenreiche Kiefernwälder	4 qkm	1956
24	Salamajärvi Kivijärvi, östlich von Vaasa	Ungewöhnlicher Wälder- und Moorkomplex mit wildmarkartiger Natur	60 qkm	1982
25	Südwestliches Schärenmeer Südlich von Turku	Tausende von Inseln und Eilanden im äußeren Schärengürtel mit seltenen Pflanzen	220 qkm	1983
26	Seitseminen Südlich von Virrat	Nadelwaldflora und -fauna mit Osern, Mooren und Urwäldern	42 qkm	1982 1989 erweitert
27	Tammisaari-Schären Südlich von Tammisaari	Inselsystem Älgö mit Kiefern- und Fichtenwäldern, Moorsenken und Seen	50 qkm	1989
28	Tiilikka Rautavaara, nördlich des Pielinen	See-Fluß-System mit Aapamooren und Kiefernwäldern	34 qkm	1992
29	Torronsuo Tammela, nordöstlich von Turku	Großes Strang- und Hochmoor in naturbelassenem Zustand	26 qkm	1990
30	Urho-Kekkonen Nördlich von Sodankylä	Weitgehend baumlose Wildmarkfjells mit Schluchten, Steilwänden und Geröllfeldern	2500 qkm	1983
31	Valkmusa Östlich von Helsinki bei Kotka	Ausgedehnte Hoch- und Flachmoore mit schütterem Kiefernbewuchs	12 qkm	1996

Register

Kursive Seitenzahlen verweisen auf Abbildungen.
NP = Nationalpark.

In das Register wurden nur Ortsnamen und geographische Begriffe aufgenommen.

Gedruckt auf chlorfrei gebleichtem Papier

Die Deutsche Bibliothek – CIP-Einheitsaufnahme

Ein Titelsatz für diese Publikation ist bei Der Deutschen Bibliothek erhältlich.

Gesamtverzeichnis gratis:
Bruckmann Verlag GmbH
Innsbrucker Ring 15
81673 München

Sonderausgabe 2001

Printed in Slovenia
by Mladinska
ISBN 3-7654-3714-X

€ 12,-